名誉主编 姜昆　主编 贾德臣　第三卷

中国传统相声大全

姜昆

作家出版社

图书在版编目（CIP）数据

中国传统相声大全：全5册 / 贾德臣 主编．－－北京：作家出版社，2017.1（2022.1重印）

ISBN 978-7-5063-9338-6

Ⅰ．①中… Ⅱ．①贾… Ⅲ．①相声－作品集－中国－当代 Ⅳ．①I239.7

中国版本图书馆CIP数据核字（2017）第022634号

中国传统相声大全：全五册

主　　编：贾德臣
责任编辑：王　烨
特约编辑：李恩祥
装帧设计：王汉军
出版发行：作家出版社有限公司
社　　址：北京农展馆南里10号　　　邮　　编：100125
电话传真：86-10-65067186（发行中心及邮购部）
　　　　　86-10-65004079（总编室）
E-mail:zuojia@zuojia.net.cn
http://www.zuojiachubanshe.com
印　　刷：北京中科印刷有限公司
成品尺寸：152×230
字　　数：2600千
印　　张：195.75
版　　次：2017年5月第1版
印　　次：2022年1月第3次印刷
ISBN 978-7-5063-9338-6
定　　价：368.00元（全五册）

目 录

单口相声

韩信击缸

一块白薯四两，两块白薯半斤，三块白薯十二两，四块白薯斤半。哪块大一点儿？

这分量啊，还不大一样。您看当初啊，有一韩信，他给卖油的分过一回油。因为这两个卖油的买卖不大好，不愿意做了。那么怎么办哪？两个人在半道找麻烦："你看看这买卖不能做了，老不卖钱，不能做了。"这个说："你不愿意做了，我也不愿意做了，既是都不愿意做了，咱俩分了得啦。""好吧，咱俩分了。"这两个人哪分十斤油。十斤油，可是那个提呀，一个三斤的，一个七斤的，这没法分。"咱俩分啦。""好吧，你给我多少？"这位拿起三斤一个提来呀，一共是十斤，这个桶是空的，那个桶里是十斤油，提出三斤油来往空桶里一倒："得咧，这是你的咧，这是我的咧。""你的咧？""噢，这是我的。""啊，你合适了对不？我不合适呀！你那里是七斤，我这里是三斤，哪儿行啊，这个？""那行，我再给你来一提，这是六斤啦，行了不？""行了。""你行了，我也不行了！"这两个人怎么也分不开。韩信走到这儿说："你们两个干吗哪？""俺俩分油呢。""分油怎么分不开呀？""你看一个三斤提，一个七斤提，我们俩一人五斤，这怎么分哪？"韩信说："不要紧，好分，我给你们分，把油都倒一桶里头，把这桶腾空喽。"腾空了，韩信啊，拿着这个三斤的提来呀，打这十斤油里头，提了一提："你看多少？""三斤。""再来一提，俩三斤六斤，再来一提，仨三斤是九斤哪，瞧准了没有，这是几斤，这里头还有一斤。"又拿七斤提在这九斤里头一提："你看这是七斤提，你看这里是多少？""这里是九斤哪！""提出七斤来，往这一倒，这里头有一斤，这是八斤对不对？""那是二斤。""啊行了。"再拿起三斤提来，打这八斤油里再提出三斤来往那二斤里一倒："你算算这是多少？""五斤。""这里头？""这里头也是五斤。""对了，完了，你们俩走人。"他这儿给分开了。

韩信小时念书的时候，他还击过一回缸，在学房里头，小孩儿念书，老师这天没在家。当院里有一个大水缸啊，是养活鱼的，很大一口缸。小孩儿淘气，捞鱼去了，一捞鱼，鱼跑缸底去了，小孩身子轻呀，头又沉，掉在缸里头了。小学生当时来不及呀，搬缸是搬不动。怎么样啊？韩信这点儿地方是快。老师有一大秤，赶紧拿起秤砣来，照这缸上，当！当！当！咚！哗啦啦……水流出来了，算是把小孩救了。打这儿老师很喜欢他，说这孩子很聪明。他的功课也很好，每天念书啊，老师教完了，提前放他，因为他路程远一些，好早点儿回家吃饭。韩信哪，出学房啊走在这山环儿里头，拐过山环儿有这么一道河，韩信刚拐过山环儿，就听喊救人。"救人哪！救人哪！"韩信这么一听，耳音很熟。临近了，他认识，是一个打鱼的老头儿。韩信天天打这儿走，老头儿天天在这儿打鱼。老头儿爱说话，跟这小孩儿说："韩信哪。""啊？""上学呀？""我上学。""看我今天能打多少鱼呀？""你打多少鱼呀？三十多斤。"小孩儿这么一说，老头儿一打鱼呀真就三十来斤。第二天老头儿还问："你看我今天打多少鱼呀？""我看你还打三十来斤。"哎，又打三十来斤。他这是怎么档子事情？这老头儿听这小孩儿说话呀，说打三十来斤，借口气儿，那嚼谷啊有点儿富余，他打三十来斤，有点儿累了，他就不打了，其实要是再打，还有，就这么档子事。这一天，韩信一早晨上学，这老头儿又问："韩信哪，你看我今天能打多少鱼呀？"小孩也有高兴的时候，也有不高兴的时候。"今儿个你呀，连龟尾巴你都逮不着！""我逮不着，好啊，你听听这孩子说丧话。"韩信上学去了。这老头儿一打这鱼呀，嗯！下去这网还真沉，自个儿都拽不动了，好容易才把这网拽上来呀，一摘开网这么一看哪，里头真是没鱼，有一个坛子。就这黄酒坛子，盛五十斤酒的大坛子，上头有黄绫子画着符，用红绒绳系着。这老头儿有点财迷，心说：这个呀，打不着鱼呀，这坛子里头挺沉，一定是金银财宝，这下我兴许打鱼的事儿甭干了，发点儿财，对了。解这红绒绳儿，打开一道符，还一道，再解红绒绳儿，又一道，三道符。这么一看，坛子里一道黄烟，吱！就跑出去了。老头儿一看坛子里任什么没有。嘿！费这么半天劲，我打一坛子，这管什么呀？这老头儿正在纳闷哪，就听半悬空上有人嚷："王老头儿！"这老头儿一听半悬空打雷，好大嗓子！抬头这么一看哪，自个儿吓一跳。嗬！好大个儿，平顶身高足够一丈开外，锯齿獠牙，红胡子蓝靛脸，虎皮号坎，虎皮战裙，光着两只脚巴丫儿。老头儿一瞧，这是妖精："嗬！我说你是什么呀？你可别吃我！""啊，王老头儿，你不要害怕呀，我是夜叉，老爷子。""啊，你是夜叉，跟我称老爷子怎么回事？""因为我在海里头尽吃人，龙王爷把我逮住了，把我装到坛子里头，永辈子不准出世，把我扔到河里头了。今天你把我救了，我要报答你的恩哪！""嗬！闹了半天，你敢情是夜叉，我把你救了，你要报答我的恩，那么你有钱给我俩钱儿吧，我穷得要命。""哎！我没钱哪，穷爷呀！""噢，没钱嘛，你还得穷爷爷？那么你应当怎么报我恩哪？""我这么些日子了，我圈了三年多了，任什么没吃哪！我打算把你吃喽！""啊？我还没听说过这么报恩的哪！你把我吃了怎么回事？""省得你再打鱼受罪呀，你要一死啊，你见着阎王爷，我给你托付托付，让你托生一个富贵之家，你看怎么样啊？""那不成您哪！我这么大岁数，我也不能让你白把我吃喽。""你让我吃我也得吃，不让我吃我也得吃你呀。""我说你这可不讲理，对不对？这么办，咱俩商量商量，你要吃我也成，咱们找这过路人哪，让人给评评这个理儿，你这人头公道不公道，我把你救了，你还要吃我，待会儿有过路人说应该吃，我认了，我让你吃；要说不该吃，你就不能吃我。""那个，得过来几个人，过来一个人就成啊？""那不成啊，得仨人。""好吧，就这么办了，咱们等人吧。"这老头儿直喊："救人哪！救人哪！"好容易盼来一个人，是个砍柴的："我说老头儿，你嚷什么呀？""因为我打鱼呀，打上一个坛子来，里边装个夜叉，他打算要吃我，我们俩正在磨烦哪。哎，你给说一句话，要应该吃，我让他吃了；要不该吃，他就不能吃我。"夜叉在半悬空说："打柴的樵夫，你要说该吃，我就吃他；要说不该吃，我就啃①你！"这打柴的一想，这好哇？啊！"哎！该吃，该吃！"这打柴的一走，心说："你真就不讲理，我没地方雇雷去，要有地方雇雷我给你一雷！"这砍柴的走了，老头儿说："我这个倒霉呀，咱们再等吧。"等着等着来了一个榜大地的，扛着大锄，又走过这儿了。"救人哪，救人哪！""哎，老头儿你喊什么呀？""嗯，夜叉他要吃我。"夜叉在半

---

① 啃：读 kèn，北京土话，表示吃的意思。

悬空说:"你看要该吃就吃他,要不该吃就啃你呀!"这榜大地的说:"该吃,该吃他!我管不着,我走了。"这榜大地的心说:想不到这地方闹妖精,嗯,愣吃人,这我没法子。这样就俩人了,老头儿喊着喊着正赶上韩信放学回来了。"救人哪,救人哪!"小孩儿过来:"哎,老头儿,你喊什么哪?""嘻,韩信,你家去吧,你这小孩儿别让妖精把你吓着。""我还没瞧见妖精什么模样呢!让我开开眼,我瞧瞧妖精什么模样?怎么档子事情?""我打鱼打出一个坛子来,是个夜叉,他净吃人,龙王爷把他圈起来了。我呀揭开符,他跑出来了,他要报我的恩,他打算把我吃了,到阎王爷那儿让我托生一个好人家。我跟他商量好了,过来仁人,要说该吃,他就吃我;要说不该吃,他就逮谁吃谁。"韩信说:"那不要紧。""不成,不成,夜叉瞧见一小孩儿,他把你吃了麻烦了!"韩信说:"不要紧,我看看。""你别看了,回头再把你吓着。"这夜叉在半悬空搭话了:"这一小娃娃!"韩信一抬头,嗬!好大个儿,这相儿,锯齿獠牙,红胡子蓝靛脸。这小孩儿胆子还真大:"你干什么的?""我是夜叉老爷子。""怎么回事呀?""王老头儿把我救了,我打算把他吃了。你要说该吃,我就吃他;要说不该吃,我就吃你呀!""要吃我,敢情好吃啊,嫩胳膊嫩腿儿的一点儿不塞牙,就这样,你别瞧我好吃,就是难淘换!你是怎么档子事情?""因为龙王爷把我装进坛子里头,这老头儿把我救上来了,我要报答他的恩哪!""啊?报恩就吃人?你说龙王爷把你装坛子里了?""啊。""我不信。""你怎么会不信?""你那么大的个儿,一丈多,那坛子那么点儿,就会把你装到里头,这不是说瞎话你都不挑好日子吗?""啊,你不信!""我不信。这么办,我说夜叉老爷子,你要是真跑坛子里去,待会儿连我饶上,你把我也开喽!""啊,那好吧,我告诉你,我会变哪!我嗖的一阵风,我就钻到坛子里面。""那总得试验试验我瞧瞧,你跑到坛子里头,我在坛子口喊你几声,你要答应三声,回头你出来,你连我一齐吃。""好,就这么办,你可不许撒谎啊!""那多新鲜,我这一个小孩子,多咱也不会撒谎。""好吧,你先闭上眼睛。""我干吗闭上眼睛?干脆我拿手捂上眼睛成不成?""好,你捂眼睛吧!"韩信拿手一捂眼睛,露着手指头缝儿,瞧着他,就看这夜叉一阵狂风,一股黄烟,吱!就钻到坛子里头了,韩信赶紧拿手一捂:"哎,老头儿,刚才有什么东西没有?"老头儿说有符。"赶紧拿来!"一道符,两道符,三道符都拿红绒绳系上,韩信恐怕他没在里头:"夜叉老爷子！""哎！""夜叉老爷子！""哎！""夜叉老爷子！""哎！""我说您怎么上来的？""王老头儿他把我捞上来的呀！""啊，把你捞上来的呀。"当！一脚，"你还下去吧，孙子！"又给踢河里去了。

（汤金城演播稿　刘英男记）

飞笔点太原

这段相声，说的是书法家的故事。什么叫书法呀？就是写字。过去读书人都写毛笔字，写得好的，就是艺术品，可以刻成碑帖，流传后代，让大家学。说起写字，有的人学问蛮高，字写出来可实在不怎么样；有的人书没念过几本，连封平安家信都写不通，可是他的字写出来还看得过。据说这写字一半是天才，一半是功夫。"字无百日功"，这句话不错。字写不好，架不住天天写，天才差点儿的也能写出好字来。

大家都说我的字写得就不错。嘿嘿，这可不是跟您吹，我写得还是真不错。近代的书法家敢说写不过我，何以见得呢？他们写的字只好能卖，我的字不但能卖，还能当。由这一点您就知道我的书法如何啦！

解放前我时常当字，没钱花就当，找张白纸，刷刷刷写好喽拿到当铺往柜上一放："当这个。"站柜的拿过去一看："当多少？""十块。"连价儿都不还就写十块。您就知道我这字写得怎么样啦！您可听清楚，是我这张字纸包着二钱重的金戒指一块儿当才当十块哪！哈哈！笑话，我的字要写得好，我就卖对子去啦！

真正写好字的，称为书法家，这可不容易。得大家都公认那才行哪！您看颜、柳、欧、赵、苏、黄、米、蔡，这都是大书法家。各成一派，独具一格。各人的字有各人的风格。要不怎么后来学字都学这几位呢？

有的人说这几位的字写得倒都很好，可是比不过二王，就是王羲之、王献之父子。这话可不错，不但现在人说王羲之字写得好，就是当年的人，也没有说王右军字不好的。他怎么能成这么大的名呢？这里有个窍门，一来是写得真好，二来是他的字不外传。写完就烧。物以稀为贵，所以他的字越难得，就越成名，两毛钱写副春联，外送仨小福字儿，连纸钱都有啦，写得再好也成不了名呀！

王右军的真迹，别说现在找不到，就是当时也不容易呀！现在我们想看王羲之的字，就是那份碑帖，《大唐三藏圣教序》。这还不是王羲之写的，是唐朝一位和尚集的。据说这位和尚给了王羲之后辈不少钱，在他家里翻，什么账本呀，对联呀，批的书呀，到处找，有一个算一个，就这么把这份碑帖凑起来的。您想，这些字能可靠吗？有些是王羲之写的，有些就不是他写的。您想：账本上那些字，有些是大师傅写的也说不定。您看看，想见王羲之的字多难呀！

现在难呀，当初也不容易。任凭给多少钱他不写呀！那些财主们，想个王羲之的单条都想疯啦！随便托谁去说，要多少钱给多少钱，王羲之就是不写。这些人一商量，怎么办呢？人多主意多，大家想出个办法来：花钱雇小偷，专门去偷王羲之的鹅。因为王羲之最爱养鹅啦。"羲之放鹅"嘛！他喂了几十头鹅，一头赛一头的那么好。天天自己喂，自己刷洗，晚上自己清数，往笼子里一关。嗜好嘛！雇小偷偷他两头好的，王羲之一定得找。怎么找呢？就是写告白条。那时没报纸呀！没法儿登报呀！

嘿！这个法儿还真灵，偷了他两头鹅，果不然的第二天街上告白条就出来啦："本人昨晚偶然不慎，走失白鹅两头，如有仁人君子送回者酬银五两。闻风送信找到者，酬三两，决不食言。王羲之启。"

告白条这么一贴出来，大家派人撕下来分：雇小偷的钱出得多的分两张，钱出得少的分一张。拿到裱糊铺用上宣贡绫一裱，拿回家去往客厅一挂。王羲之的亲笔中堂嘛。据说，当时这么个中堂值一千两银子。您想要是搁到现在，嚯，那就值远去啦！

王羲之写了找鹅告白条第二天，鹅就自己回来啦，也没人要钱。过了几天又丢了两头，王羲之又写告白条找鹅。就这样三四次，王羲之明白啦。"唔！这不是偷我的鹅哪，这是偷我的字哪！我不写啦！"他不是不写了吗，这鹅也不丢啦！您就知道王羲之这字写得怎么样啦！

王羲之字写得好不但凡间公认，就是上界天庭也公认。何以见得呢？有一回，上界修南天门，门楼子修好啦，玉皇大帝想写块匾，就问太白金星：

"咱们上界谁字写得好呀？"

"启奏吾皇，上界没有写好字的。"

"一个都没有吗？不是吕洞宾写得不错吗？"

"差得远！"

"曹国舅写得怎么样呀？"

"更不行啦！"

"照你这么说'南天门'这三个字就没人写啦！"

"上界没有，凡间倒是有一位写好字的。"

"谁呀？"

"王羲之。"

"快点派人去跟他说，要多少钱给多少钱！"

"您给多少钱他也不写。"

"那怎么办呀？"

"必须如此这般，这般如此……"——合着要王羲之的字都得用计。

太白金星当时叫过来鹤鹿二童："你们俩人变俩小孩儿，带一对好鹅，到王羲之那儿去卖鹅，他要问你，你们就这样说……"

鹤鹿二童奉命，当时就下凡啦！在上界挑了一对好鹅，一公一母，到王羲之那儿来啦！到了门口就喊："卖鹅，卖鹅！"

王羲之正在书房喝茶哪，听到大门外边有人喊卖鹅，这倒得出去看看，他喜好这玩意儿嘛！

到了大门口一看是俩小孩儿，长得还真乖，每人穿了一身蓝布裤褂，一个人手里抓着一头鹅。

王羲之一看这对鹅："嘿！难得，真没见过这么好的种。再说怎么喂得这么好啊？冲头上这'包'，这没处找去，红的，比鹤顶还要红哪！"——当然啦！神仙喂的那还错得了吗？

"怎么卖呀？"

"不卖！"

"不卖你喊什么呀？"

"送的。"

"送？"

"对啦！谁要管我们哥儿俩的饭，我们就把鹅送给谁。我们父母双亡，无家无业，我们爸爸就给我们留下这两头鹅。鹅就是我们的命，我们的命就是鹅。"

王羲之一听，管饭，这不算什么。

“进来吧！”

俩小孩儿跟着就进去啦。

从这天起，这俩小孩儿就算王羲之的书童啦。除了伺候王羲之以外，就是喂鹅。

自从他们俩来了以后，不但他们带来的那两头鹅长得好，连原来的鹅都变样啦！越长越肥，毛越长越亮，包越长越大。王羲之高兴啦！由物爱人，对这俩小孩儿也是另眼看待。

过了半个多月，王羲之正在书房看书哪，就听前边吵起来啦：

“你写得不好！”

“废话！你写得才不好哪！”

“你不行！”

“你不行！”

“我揍你！”

王羲之一听：“怎么啦！谁跟谁呀？”

出来一看：“噢，是你们俩呀！什么事呀？”

“先生，您不知道，我们俩在这儿写字，比谁写得好。我说我比他写得好，他不服气，还要揍我。”

“本来我就比他写得好嘛！先生您不信，您看看。”

“拿过来我看看。”

俩小孩儿把刚才写的字拿过来啦！王羲之一看，是个南北的“南”字。

“呦！这还能说好哪，比螃蟹爬的强不了多少。”

“先生，那这个字怎么写呀？”

“我写给你们看看。”

当时到书房找了张白纸，刷刷刷写了个“南”字。

“拿去吧！照我这样写。”——这也就是他们俩，别人别说想要，连看也看不着。那会儿这俩小孩真要把这“南”字拿出去卖呀，少说得值一万两——告白条还值一千哪！何况一个大“南”字呢！

过了半个多月，俩小孩儿又吵起来啦！王羲之一问又是比字。比什么字呀？“门”字。王羲之又给写了一个。

没一个月又吵起来啦！不用问，还是比字，比“天”字。当然王羲之又写了一个喽！

“天”字不也写完了吗，俩小孩儿也找不到啦！王羲之还以为是拐物潜逃哪！一检查，什么都没丢。“怪事呀，怎么什么也没拿就走啦？"后来一琢磨：唔，他们不是送鹅来啦，是骗字来啦！"南天门"，这不用说一定是上界派下来的，想让我写"南天门"这三个字，怕我不写，才出了这么个主意。

这事王羲之一直没对人说过，只有我才知道。我怎么会知道呢？若要人不知，除非己莫为嘛！

王羲之的字就有这么好，没人不服。不过也不能一概而论。其中有个人，与王羲之同朝为官。这个人叫伯喜，字写得也不错。见人就跟人讲，碰到人就跟人夸：

"我这字比王羲之也差不了多少。"

大家都说："差多啦！给你一百年的工夫也比不上王羲之。"

"一百年？笑话，只要三年，保险跟王羲之写得一样。说不定比他写得还好！"

"别吹啦！"

"干吗吹呀！要不然明儿请桌客，连王羲之也请上，请他写个字，我看着练！三年保险一样，写得不一样，我的姓倒着写！"

"对！就这么办。""写得一样我们拜你为师。"第二天果不其然，伯喜请了一桌客，王羲之也来啦。大伙儿就说："王先生，今儿可不是求你的字。我们跟伯喜打赌，他说请您写一个字，他拿去练三年，要是写得跟您不一样，他的姓倒着写，要是一样，我们拜他为师。这个人情您可不能不做。"

王羲之一想：众情难却。一个字，写吧。当时拿起笔来刷刷刷写了个师傅的"傅"字。写完了就交给伯喜啦！

吃完了饭大家各自回家。嚯！伯喜可忙上啦，天天没别的，除了吃饭睡觉就是写这个"傅"字。一天到晚写，写完了就往屋里一扔，究竟写了多少张？那就没数儿啦！反正为写这个"傅"字，磨墨用的水用了十水缸。还不是小号的，是头号的。

三年期满啦，伯喜又把上次打赌的，连王羲之都请来啦。

"列位年兄，今儿是整三年，咱们该看看字啦！"

大家说："对！您把字拿出来我们瞧瞧。"

伯喜顺手就在堆字的屋子里拿出一张来，自己也没看，就打开了！

"你们看吧！像不像？"

大伙儿一看，"噗！"都笑啦！

"怎么啦？不像也不至于笑呀！"

"您自己看看。"

伯喜一看："唔！"脸都红啦！——怎么啦？天天写，写溜了手啦！把这"傅"字上边那一点儿忘了点啦！"这……这是怎么话说的？"

王羲之一看，当着这么些人，这多不合适呀！我来吧！王羲之拿起笔，笃！就给点了一点儿。

伯喜笑啦："大伙儿看看！怎么样，像不像？"

大伙儿异口同声说："像。"

"哪点儿像？"

"就是那点儿像。"——废话！王羲之点的嘛，那还不像！

这就叫：磨墨用尽十缸水，只有一点像羲之。

王羲之的字写得好，后来叫皇上知道啦！正赶上那会儿皇上重修太原府。当时下了一道圣旨叫王羲之亲自到太原府上写这三个字。

您别看玉皇想叫王羲之写"南天门"得用计，皇上想叫王羲之写"太原府"就不用计啦！赏个话就行啦！不写？他真砍脑袋呀！您想，要把脑袋砍了去，那不跟厨房请了长假了嘛！

王羲之不敢不去呀！带了个小书童，骑了匹马，就奔太原府来啦！

中途路上走到一个小乡村，看见一个老太太烙饼哪，烙饼有什么稀奇呀？她这烙饼就稀奇。一张桌子，上边放着白面，和好了的。香油，花椒盐，在旁边放着。一边擀，一边放油盐，可是炉子没在桌子旁边。在哪儿哪？离着桌子足有七八尺远，铛烧得热热的。在炉子前边尺把远，放着一个筐箩。老太太把饼擀好喽，往铛上一丢，啪，贴上啦！跟着擀第二张，放油盐，等第二张擀好喽，往第一张饼上一顶，啪。嘿！有意思，第一张饼翻了个个儿，又落在铛上啦！等第三张擀好喽，往第二张饼上一顶。第二张饼翻了个个儿，把第一张饼给顶出来啦！不歪不斜，刚刚落在前边筐箩，跟着又擀第四张。

王羲之一看："嘿！新鲜，真有这种事呀！"当时下马就过去啦！

"老太太您好啊！"

"托您问，您有什么事呀？"

"没别的，我看您烙饼太新鲜啦！怎么这么烙呀？"

"这么烙快当呀？"

"怎么这么熟呀？"

"嗳！这不算什么！铁打房梁磨成针，功到自然成。还不是跟你们读书人写字一样，功夫到喽就成啦！"

王羲之把这事就记在心里啦！仍然上马奔太原府。到了太原府，知府当然出城相迎，接到府衙客厅招待。

"王大人！圣旨大概您也知道啦！"

"知道啦！"

"那就写吧！"

"好吧！"

"来人呀？"

"是！"

"预备文房四宝。"

"是！"

时候不大，笔纸砚墨都预备好啦！

知府说："请王大人大笔一挥吧！我们瞻仰瞻仰王大人的墨宝。"

王羲之一肚子的气。怎么呢？他不愿意写呀！拿起笔来，也没打格子，也没看高矮，刷刷刷，就把"太原府"三个字写完啦。

"您拿去吧！"

"是是！"知府也没看就交给听差的啦。"叫石匠马上刻，我陪王大人饮酒，还要留王大人多住几天哪！"

听差的拿下去就吩咐石匠快刻。三个石匠早就把架子搭好啦，就等字啦。字来啦，赶紧把字在城门上一贴，拿起榔头石錾就刻上啦。还是真快，当天就刻好啦。交工请大人看匾。

知府一听刻好啦："王大人，匾刻好啦，一块儿去看看吧？"

"就那么办吧！"

俩人骑上马，后边跟着兵丁就出城啦。

到城门一看，大家都说好。好——好是好，就是少了一个点儿，太原府成了大原府啦！

王羲之一看：哟！我怎么这么慌呀，大原府。给皇上改地名，这有杀头之罪呀！

王羲之写的时候一肚子气。不愿意写呀，没留神少点了个点儿。知府也没看，这三个石匠又不识字，几下一耽误就刻上来啦！搬下来重刻来不及啦，不重刻又得掉脑袋。怎么办呢？急中生智，王羲之把老太太烙饼那个碴儿想起来啦！一回身向后边跟来的兵丁："你们把弓箭拿一份来。"跟手有人把弓箭递过来啦，王羲之在马鞍子边上撕了点棉花，往箭头上一绑，叫书童把墨盒打开——那会儿念书人都随身带的有毛笔墨盒。王羲之把棉花团往墨盒里一蘸，把箭往弓上一搭，看准地方，嗖的一箭，刚刚好（用手比大字），正射在大字的底下：太原府！

怎么射得这么准呀？那是得射得准呀，要是不准射在这儿（指左肩头上），那就成了犬原府啦！

（叶利中述　叶利中　张继楼整理）

邵康节测字

在我们北京,哈德门——就是现在的崇文门——外,有条花市大街。过去,那可是个繁华的地方。街道两边净是些大买卖。街边上小摊小贩也很多,可最多要算看相测字的啦!

明末清初,那儿有个测字先生姓邵,叫邵康节 ①。大家都说他测的字灵呀!因此他的生意就特别好。别的卦摊一天难得看仨俩的,有的还能两三天不开张。为什么呢?满嘴的江湖话,净骗人,可邵康节先生就不一样啦!出口成章,按字义断事。首先大伙儿听着就不讨厌。至于是不是个个都灵,那可不能那么说。因为他名声大,即便算得不准,大伙儿也都说"差不离"。用现在的话来说,有点儿个人崇拜。

他为什么有这么大的名声呢?因为他给皇上测过字。大伙儿想:皇上都找他测字,那还能没本事吗?所以上他那儿测字的就多,生意就比别的那些卦摊都好。

他给哪个皇上测过字呀?明朝的末代皇帝明思宗——崇祯。嘻!这也是个倒霉的皇上。过去有句俗话"倒霉上卦摊"嘛!要不是倒霉,能去测字吗?

崇祯不是住在宫里头吗,他怎么跑到花市大街去了呢?因为闯王李自成、大西王张献忠还有十三家造反啦!闯王的起义军已经快要打到北京城啦!城里可透着有点儿乱。他微服私访,打算悄悄打听打听老百姓对朝廷有什么议论。再说天天打败仗,他在宫里也烦呀!

---

① 邵康节(1011—1077),北宋哲学家。名雍,字尧夫,谥号康节。范阳人。后移居共城(今河南辉县),屡授官不赴,隐居苏门山百源之上。后人称为"百源先生"。邵康节研究阴阳八卦,掺杂道教思想。过去看相测字等迷信职业者,都把邵当做祖师爷。这段相声以邵为明末清初时人,并出现在北京,显然是附会之说。

他一个人，连贴身太监都没带，脱下龙袍换上一身老百姓的衣裳，带了点儿散碎银子，就出了皇城啦，溜溜达达地就来到花市大街啦。见甬路边上围着好多人，崇祯踮起脚尖儿往里一看，原来是个测字摊。只见一人刚测完了字，对测字先生说："邵先生，您多受累了！我回去照您的话去找，准保能找到。"说完这话，付了卦金，转身就走啦。看热闹的也散啦。崇祯心想：原来这位就是邵康节，怪不得这么多人围着看哪！——连住在深宫的皇上都知道邵康节的名字，您想，他的名声有多大？人一散，邵康节的卦摊就亮出来啦。

崇祯一看这个邵康节长得倒像个念书的人儿，六十来岁，花白的胡须。身上穿得也挺干净。面前摆了个桌子。桌子上放着一块小石板，半截石笔；一个木头匣子，里面放着很多的字卷儿。要是测字呀，就抓个字卷儿。不抓字卷儿，在石板上写个字也行。不会写字的呀，嘴说个字儿也可以。

崇祯一想：我这皇帝已经到了山穷水尽啦，不如测个字问问，我这江山还保得住保不住呀？

"先生，请您也给我测个字儿。"

"您拿个字卷儿吧。"

崇祯心想：他那字卷儿不能拿。写那些字卷儿都是他自己选的，哪个字他都编得有词。"我甭抓啦！"

"那您写个字也行。"

崇祯又想：我也别写了。"干脆我说个字吧！"

"那也好。"

"我说什么呢？"崇祯想。正这么个时候，从背后过来两个过路的，一边走一边说："兄弟！你开玩笑怎么没完没了的，还有没有完啦？"

崇祯一听：有完没有？嗯，我就测个"有"字吧。"先生！我说个'有'字吧！"

"哪个有呀？"

"就是有无的有。"

"噢！"邵康节拿起石笔，在小石板上写个"有"字。"您问什么事呀？"

"我是为国担忧呀！我打算问问大明江山还保得住保不住呀？"

邵康节一听，心里打了个顿：面前站着这位是谁呀？一不问婚丧嫁娶，二不问丢财失物，单单问这大明江山保得住保不住呀？一定不是平民百姓。他回头看了看，卦摊周围有没有看热闹的人。他干吗看呀？他看看要是有人他就不敢说啦。怎么啦？因为那年头是"莫谈国事"呀！万一看热闹的人里头掺杂着一两个东西厂锦衣卫的人听去了，那邵康节就麻烦啦！什么是东西厂、锦衣卫呀？就是专门替皇上打听消息的，谁说了对朝廷不满意的话，当场就能给抓走。

邵康节一看，幸好，卦摊周围一个人都没有，他小声跟崇祯说："老乡！这个字您问别的什么事都好。"

"怎么呢？"

"'有'嘛，没米有米，没钱有钱。您问大明江山保得住保不住呀，可不老太好的。"

"你不是说'有'嘛，没什么都有哇，怎么问到江山这儿就不好了呢？"

"您问的是大明江山呀！这个'有'字就不能那么解释啦！您看这个'有'字，上头一横一撇是'大'字的一半；下头'月'字是'明'字的一半。大明江山上下都剩下一半啦，您想那还好得了吗？"

崇祯一听，心里吓了一跳：解释得有道理呀！可脸上不能带出来。"先生，我刚才说的不是有无的'有'，是朋友的'友'。"

邵康节在石板上又写了个"友"字。"这个字您问什么事呀？"

"还是问大明江山呀！"

邵康节说："您这个'友'字还不如刚才那个'有'字哪！"

"怎么回事？"

"您这个字形是'反'字出头哇，'反'字出头就念'友'呀。反叛都出头啦，大明江山可就危险啦！"

崇祯心里又咯噔了一下。马上改口说："先生！刚才那两个'有（友）'字我都说错啦，我是要说子、丑、寅、卯、辰、巳、午、未、申、酉、戌、亥那个'酉'。"

"噢！您说的是申酉戌亥那个'酉'呀？"

"对啦！"

"还是问大明江山吗？"

"哎！"

"那可就更糟啦！"

"怎么更糟啦？"

"啊！这个'酉'字还不如刚才那两个哪！不但大明江山保不住，

连皇上都得不到善终。"

崇祯一听，脸都白啦！"怎么皇上还不得善终呀？"

"您想嘛：天下数皇上为'尊'呀！皇上是至尊天子呀！这个'酋'字就是'尊'字中间那箍节儿①。您说这个'尊'上边没头，下边没腿，这皇上还活得了吗？连皇上都缺腿少脑袋，这大明江山还保得住吗？"

崇祯一听：这话有理呀！这江山是保不住啦。我连脑袋跟腿都没啦，还活什么劲儿呀？为了保住全尸，连皇宫都没回就上煤山啦——就是现在的景山公园，找一棵歪脖树就吊死啦！

历史上说，崇祯是在李国祯棋盘街坠马后②，闯王李自成进了北京城，崇祯带着太监王承恩才上煤山上的吊嘛——那是史书误记。那阵崇祯已吊死半个月啦！王承恩才去凑个热闹，想在历史上留个忠君尽义的好名声——沽名钓誉嘛！他找皇上找了十四五天都没找到，后来才在煤山看见崇祯在那棵歪脖树上吊死啦，怕回去不好交差，心想：干脆我也在这儿将就吧！太监王承恩这才在崇祯脚底下吊死的。他们俩上吊前后相差半个月哪！历史上说两人一块儿死的，那是小道儿。我这才是正根儿哪！

闯王进了北京啦，市面上也平静啦，邵康节上景山遛弯儿去啦。一看，歪脖树上挂着一个。"我认识呀！噢！不就是那天找我测仨（有、友、酋）字的那位嘛！"再一看，下边吊着个太监。"噢！这甭问啦，肯定是崇祯皇上呀！哈哈，我说皇上不得善终，怎么样？上吊了吧？我字儿测得灵呀！"从这儿邵康节逢人便说，见人就讲，他给崇祯皇上测过字，灵极啦！这一宣传呀，就有那么些人爱传话，一传十，十传百，邵康节更出名啦！

这话传来传去就传到九门提督耳朵里去啦！这个九门提督是满人呀！闯王手下哪来满人呀？因为李自成进了北京城，骄傲啦！腐化啦！铜棍打死吴兵部，占了陈圆圆，把在山海关的吴三桂可给气坏啦！"冲冠一怒为红颜"嘛！吴三桂这才下沈阳搬清兵，当了汉奸啦！九王爷多尔衮带兵进关，李自成战死湖北九宫山啦。江山易鼎，改国号为清啦。我刚才说的那位九门提督换了满人啦。

当时的九门提督权力可不小，相当于现在的卫戍司令呀！内九门

019

---

① 箍节儿：北京土话，一段的意思。

② 李国祯：崇祯手下名将，被闯王在棋盘街刺伤坠马身亡。

就是：前、哈、齐、东，安、德、西、平、顺，九门提督衙门就设在哈德门里头。内城那八座城门都挂的云牌——"点"，唯独哈德门挂的是钟。九门八点一口钟嘛！因为九门提督衙门设在哈德门那儿哪，他那儿一敲钟，其他的八个城门跟着敲点："关城喽！"——您说他权力大不大？

这个九门提督不但是满人，还是正黄旗，黄带子，铁帽子王爷呀！街面上传说邵康节字测得灵呀，给崇祯测过字，说皇上不得善终，崇祯真上吊啦！这话可就传到九门提督耳朵里头去啦。怎么那么快呀？九门提督衙门就在哈德门里头，邵康节就在哈德门外头花市大街摆卦摊儿，没多远呀，那传得还不快嘛！

九门提督听到这话儿，说是妖言惑众：世间有这事儿，测个字就能知道生死呀！这都玄啦！我就不信有这样的事。找他去，看看他究竟有多大本事！提督大人换上便服，出了辕门，跨上骏马，后边跟了八个亲兵小队子，保护大人。就出了哈德门啦。到了花市大街，大人一看，嚯，卦摊儿还真不少，哪个卦摊儿是邵康节的呢？问问。当时翻身下马，这会儿来了个过道儿的。九门提督怎么问呀？他一挽袖子，眼睛一瞪，冲着这个过道儿的："站住！"

把这位吓了一跳。"干吗呀这是？凶神附体啦！……"

"我问问你，邵康节在哪儿算卦？"

这位一想：有你这么问道儿的吗？我该告诉你呀！刚想发作，仔细这么一瞧呀，又吓回去啦！怎么？他看见这位屁股后头还跟着八个弁兵哪！其中一位拉着马。他不敢发作啦，这位小不了。他说："您问邵康节的卦摊呀，这儿不是嘛！"

说着他手往马路下一指。怎么往下指呀？在明清那会儿，马路叫甬道，路面比便道高。提督大人顺着他手往便道一瞧，果不然有个卦摊儿。他就奔这卦摊儿来啦！

"你叫邵康节吗？"

"啊！"刚才他问道儿的时候，邵康节听得清清楚楚，看得明明白白，心想：甭问，这位来头不小呀！

"我听人说你测字灵呀？"

"那也不敢这么说，反正八九不离十呀！"

大人一听，嚯！口气不小呀！"你给崇祯测过字呀？"

"啊！"

"你说他不得善终？"

"他煤山上吊啦！"

"那我问问你：我能不能善终？……嘻！我问这干吗呀！你也给我测个字。算对喽我拿一两银子给你。算不准我可砸你的卦摊儿。"

艺高人胆大，邵康节并没心虚："您拿个字卷儿吧！要不说个字，写个字也行。"

"那我就拿个字吧！"大人一伸手，就在小木匣里拿了个字卷儿。邵康节接过去一看，是个"人"字。

"此字念'人'。您问什么事呀？"

大人一想：我问什么事呀？我没事儿。我赌气来啦！心里这么想呀，嘴里可没这么说。"我呀？……我是让你给我算算我是什么人。"

邵康节一听，心想：有你这么测字的吗？你是什么人，你自己还不知道吗，你还用得着测字吗？噢，这是考我呀，找我赌气呀！

邵康节抬头把九门提督上下打量了几眼。看这位六十多岁，长得五大三粗，穿得好：宝蓝横罗的大褂，琵琶襟的坎肩；头上戴了顶纱帽头儿，正中一块帽正是碧玺的；一伸手，大拇指儿戴了一个翡翠的扳指儿，水头儿好，是真正的祖母绿呀！再说他说话那派头儿，显着他财大气粗。嗯！甭问，八成是个当官的。"您要问您是什么人呀？您是一位当官的老爷。是位大人。"

"嗯！"他心想：怎么知道我是当官的呢，认识我呀？不能呀！也许是从我的衣着打扮看出来的。既然他看出我是当官的啦，我再问问他我是文官武官，这他就看不出啦。

"不错！我是个当官的。你再给我算算，我是文官还是武官？"

邵康节一听：这，我怎么知道你是文官武官呀？有这么测字的吗？可是，再仔细一想呀，大人是骑马来的。武官骑马，文官坐轿嘛！大拇手指儿上还戴了个扳指儿，那是拉弓射箭用的东西，噢！八成是武职官："大人！您要问您是文职官武职官呀？"

"啊！"

"您是武职官。"

大人一听：哎呀！他还真有两下子哪。"对！我是武职官。你再给我算算我是几品官，什么官衔。"

"这？"邵康节心想：这我没法算。武职官多啦：提、镇、副、参、游、都、守、千、把、外委。我知道你是什么职位呀？又一想：算不准都要砸我卦摊儿，要不算还不得给我发①了啊！"您是什么官衔呀——"邵康节说话怎么拉长声呀？他想词儿哪！他一想：这位是穿便服来的呀，要是穿官服来的就好啦！那还用说吗，官服上前后有补子：文禽武兽。大帽上有顶子：红、蓝、白、金。他一看就知道啦！这位穿的是便服，看不出来呀！"您……您……是几品呀？"邵康节一眼看见大人身背后那八个亲兵小队子啦！大人穿的是便服，可他们穿的都是号衣呀！头上打着包头。号褂子外边套着大红坎肩，青布镶边儿。前后心白月亮光儿。有字：后背心是个"勇"字，前心是"南司"。邵康节笑啦！知道啦！南司是提督衙门呀，北司是顺天府——好嘛！大人身上虽然看不出来呀，可他小队子给他戴着记号哪！"回大人的话，您是当朝一品呀！"

"什么官衔？"

"您是九门提督兼五城兵马司——军门大人。"

"啊，神仙呀！我就不信你测字这么灵，三天之内我非砸你的卦摊儿不可。"一赌气就要走。

邵康节说："启禀大人，您还没给卦金哪！"

"啊！差点把我气死，你还要钱哪？"

"军中无戏言嘛！"

九门提督往他摊儿上丢了块银子，约摸有一两多重。带着人就回衙门啦！——合着闹了一肚子气，还花了一两多银子。"花钱买生气"就是那年头儿留下的。

大人回到提督衙门连饭都没吃。晚上气得睡不着觉。干吗呀？他想主意哪！打算想个主意把邵康节的卦摊儿给砸了！"我说三天之内砸他的卦摊儿，我非砸不可。军中无戏言嘛！"

要说在那种社会，甭说身为九门提督，就是一个弁兵，砸个卦摊儿还不容易吗，就是剐了测字的也没什么了不起，随便加个罪名就办了。可是堂堂九门提督为了表示自己有能耐，不想随便砸摊儿抓人。他还真想试试邵康节，如果真会神机妙算，还想保荐他当军师哪！

大人一宿没合眼，想了一宿想出个主意来。这个主意可损点儿。天一亮就起来啦，要搁着往天还睡哪。今天他憋着砸邵康节的卦摊儿哪！到了书房把伺候他的给喊起来啦，这跟班儿的叫来喜，四十来岁，

---

① "发"：古时刑罚的一种。即充军发配。

细高挑儿，有点水蛇腰，外带是个"人"字脚。这个样子是好的呀！大人往那儿一坐，他往旁边一站，甭弯腰，那毕恭毕敬的样子就出来啦！

"来喜呀？"

"哎，伺候大人。"

"今儿你也别在家里伺候我啦，你把我的官服换上，带着八个亲兵小队子，上花市大街找邵康节那儿测个字。什么事你都甭问，就问他你是什么人？他只要说你是当官的，回来跟我说，我就赏你五两银子，带人去砸他卦摊儿。"

"哎，是，大人。"

老妈子从后面把大人的官服拿出来啦，来喜把官服一换就往外走。

"回来。"

"大人您还有什么吩咐？"

"你到那儿千万别拿他那儿写的字卷儿呀，那有毛病，你自己写个字吧。"

"回大人的话，小人没念过书呀，不会写字呀！"

"浑蛋！连简单的都不会写吗？你就写个'人'字儿就行啦，一撇一捺，这还不会吗？"

"是，是！"

跟班儿的来喜出了辕门。大人早吩咐下来啦，八个亲兵小队子拉着马在那儿等着哪。来喜骗腿上马，小队后边跟着。来喜心里这个美呀：想不到我这半辈子还当了这么会儿九门提督。到了花市大街甭找啦，小队子昨天来过呀，认识，拉着马就到了卦摊啦。来喜翻身下马。邵康节一看：怎么？九门提督又来啦，砸我卦摊儿来啦。再仔细一看呀：怎么今儿这位九门提督不是昨天那位啦？北京城有几个九门提督呀？不就一个嘛！睡了一宿长个儿啦。又一看：没错！是九门提督，后头那八个亲兵小队子还是昨儿那八个呀！再一看来人身穿袍卦；前后麒麟补子；头上戴着凉帽枣红顶子——从一品，双眼花翎，冲这套官服准是九门提督呀！——多新鲜呀，这套衣服本来就是他的嘛。可是他再仔细一瞧这人呀，砸啦！体不称衣呀，人瘦衣裳肥。穿在身上就像竹竿挑着这套衣服似的；耸肩膀，水蛇腰。脑袋不大，眼睛倒还机灵，望着邵康节滴溜溜转。下巴颏有几根虾米胡子，凉帽往他脑袋上一扣，差不多底下就没什么啦！邵康节一下就看出个七八成啦——

冒牌儿货!

"邵康节,给我测个字。"

邵康节一听:怎么着? 认识我呀!"您是写字呀,还是拿字卷儿呢?"

"我自己写吧!"

邵康节把石板石笔递给他啦! 来喜拿笔就像拿旱烟袋一样,五个手指头一把抓。好不容易才画了个"人"字,把汗都憋出来啦! 您想,他又没念过书,那字写出来能好看吗? 一撇一捺拉得老长,两笔挨得挺紧。这个"人"字就跟他那长相差不多:细高挑儿。"字随人变"嘛!

邵康节把石板接过来一看:"此字念人。您问什么事呀?"

"我没别的事,你给我算算我是什么人?"

邵康节一听:今儿这个怎么跟昨儿那个问的一样呀! 甭说,一定是昨儿那个九门提督派来考我的。我说得不对他好砸我卦摊子呀! 他派衙门里谁来啦? 是幕府师爷呢还是听差的呀? 嗯,不是师爷,师爷能写这样的字吗? 再仔细一看,这人往卦摊前一站,手就耷拉下来啦,水蛇腰儿,耸肩膀,俩眼睛净往地下看(比画)。站在老爷身边伺候惯了,那样子就出来啦。对,不是师爷,是跟班儿的。

"要问您是什么人呀?"

"啊,我是什么人呀?"

"说出来您别生气。您是别人坐着你站着,别人吃饭你看着,你是个站人。甭转文说白话儿,您是个跟班儿的,伺候人的!"

"啊! 他真算出来啦!"——哪儿是算出来啦,是看出来啦。

来喜赶紧就走。邵康节说:"您还没给卦礼哪!"

来喜正想发脾气,可是见街上人多,怕丢"大人"的面子,只好乖乖地在身上摸了几个制钱,往桌上一丢,就回衙门啦。

邵康节一看,笑啦:"没错! 就冲他给这卦礼就是个跟班儿的——舍不得花钱嘛!"

来喜回到衙门,到了上房。"跟老爷回话,我回来啦。"

"邵康节跟你说你是什么人呀?"

"他说小的是别人坐着我站着,别人吃饭我看着,是个站人。甭转文说白话,我是个跟班儿的。"

老爷一听,把鼻子都气歪啦! "浑蛋,他愣会算出来啦! 你叫什么来喜,干脆明儿你改名叫报丧吧!"——这个九门提督算计不过邵康节,对底下人出气啦。

大人越想越气，一转脸见太太进来啦！"太太，您辛苦一趟，上花市找邵康节去测个字，写个'人'字儿就行啦！别的也甭问，就让他算算你是什么人。"

"哟！老爷，我行吗？"

"行，行！太太出马，一个顶俩嘛！"——这叫什么词儿呀？"他要算错了我带人去砸他的摊子。"——他憋准喽要砸邵康节的卦摊啦。

太太说："既然老爷这么吩咐，我就去一趟吧！"

"别忙！你穿这身儿去不行，那他还看不出来嘛！换换，换换。把老妈子那身儿换上。把首饰，什么镯子、戒指、耳环子都给摘下来。头发也梳梳，梳个苏州髻。"又吩咐丫头，"去，上厨房弄点锅烟子来，给太太脸上抹抹，让他看不出来。"——您说这位太太是招谁惹谁啦，图什么许的呢？"你还别坐轿，坐骡车去。到了哈德门就下车，别让他看见。你记清楚喽！出城门左手第三个卦摊就是。"——好嘛，这位老爷可真用心呀！

这位太太还真听话呀！打扮好喽坐着骡车就奔哈德门来啦。在城门洞就下了车啦，数到第三个卦摊儿一看，没人测字。

"哟！您是邵康节老先生吗？"

"是是。您测字吗？"

"对啦！"

"您拿个字卷儿吧？"

"不价。我写个字吧！"

邵康节把小青石板、石笔递给太太。她就在石板上写了个"人"字。写完了把石板往桌上一放。顺手把半截石笔就搁在石板上啦。说来也凑巧，她那石笔正好搁在"人"字的上半截啦！这样猛一瞧"人"字头上加一横，就成了个"大"字啦！邵康节问："您问什么事呀？"

"没别的事，您给我算算我是个什么人。"

邵康节一听：这是一个模子刻出来的呀，怎么都问是什么人呀？我看呀你们都不是人，吃饱了没事跟我测字的捣什么乱呀！邵康节一看这"人"字头上搁着石笔，嗯，人字头上加一横不是念大字嘛！再仔细一看。嘿！真有这么凑巧的事，刚才来喜写的那个"人"字没擦干净，留下了一点儿。这一点儿不歪不斜正留在"大"字的下边，三下喽这么一凑合呀，这个"人"字就念"太"字啦！八成是位太太呀！这？不像呀，这份儿穿章打扮，一脸的滋泥，有太太不洗脸的吗？又仔细一想：刚才她写的时候手伸出来可白白净净、胖胖嘟嘟的跟白莲藕似的。要说这个人怎么长的呢？这不是姜子牙的坐骑四不像吗！嗯，刚才我看她那手腕子上跟手指头上还有印子，那是戴首饰留下的呀！甭问，刚摘下去。要是老妈子能戴得起吗？莫不是九门提督故意叫他的太太取掉首饰，打扮成这样考我来啦？要砸我的卦摊儿呀！嗯，错不了。一定是九门提督的太太。

"您要问您是什么人呀⋯⋯"

"我是什么人呀？"

"您是位太太。"

哟，我这扮相都唬不住他呀！赶紧给了卦礼回衙门啦。到了上房，还没容老爷问哪，她说啦："老爷！邵康节字可测得真灵呀！他说我是太太。"这句话刚说完，气得老爷汗都下来啦——你说这是何苦呢！

老爷一看张妈站在太太旁边哪，"张妈！你赶紧换上太太的衣服，把太太的首饰都戴上。带着另外四个老妈儿伺候着你，就坐着太太平时坐的那乘八人绿呢大轿，上花市大街找邵康节测字去。就写个'人'字儿就行啦！'人'字儿会写吗？这么一撇，这么一捺，瞧清楚了没有？问他你是什么人？他绝算不出来你是老妈子。他看你这打扮，一定说你是太太，还是大官的太太。他只要说你是太太你就回来跟我说，我重重有赏。赏你五两银子，我带着人去砸他卦摊儿。"——他是不砸邵康节的卦摊儿不死心呀！

张妈照着老爷的吩咐把太太衣裳换上啦！戴上首饰。老爷一看："不行不行！把头梳一下，梳成两把头，脸上再擦上点胭脂粉，头上也得戴首饰，插点花。鞋不行呀！换上花盆底儿。"——老爷用心呀！从头到脚下都是亲自设计，亲自检查，亲自指挥。一点儿破绽都没有啦，才说："去吧！带点儿零钱给卦礼。"——想得周到呀！

张妈出来，坐上太太的八人绿呢大轿。后边跟着一辆骡车，坐着四个老妈子就上花市来啦！到了邵康节卦摊儿那儿，轿子打杵。四个老妈子赶紧掀轿帘儿把张妈搀下来——嘿，老妈儿搀老妈儿呀！

邵康节一看：来了位太太。还没说话哪，张妈就先开腔啦：（三河县口音）"先生！您老给我测个字吧！我不拿字卷儿，我自个儿写。"

邵康节一听：哟！太太说话怎么这味儿呀？三河县的县知事的夫人来啦！赶紧把石板递过去啦，不是太太刚走一会儿嘛，她刚才写的那个"人"字还没擦哪！按说张妈把太太刚才写的那个擦了再写多好哇！她没擦，她想：这块石板别说再写一个"人"字，就是再写十个也有地方呀！她拿起石笔就写了个"人"字，正好写在太太那个"人"字旁边啦！

邵康节接过石板一看，是个"人"字。"此字念人，您八成是要问您是什么人吧？"

"对啦，先生您太灵啦！俺还没有说话呢，您就知道俺要问啥啦！"

邵康节心想：这还用问吗，这两天来了好几个写"人"字的啦！凡是写"人"字的都问自己是什么人呀，这不明摆着是串通了来的嘛，成心要砸我的卦摊儿呀！"您要问您是什么人呀？"

"哎！"

邵康节一想：看她这阵势，穿章打扮，一定是位官太太。还小不了。坐的是绿呢大轿嘛！一二品大员的夫人呀！八成又是提督衙门来的，九门提督的夫人呀！不对！九门提督能要她当夫人吗？什么模样儿呀！不擦胭脂粉还好看点，这一擦上就跟牛屎堆上下层霜似的。您看这满脸褶子，就跟老榆树皮差不离啦！虽然手上戴满了金首饰，可她这手跟刚才那位的手就不一样啦！那位的手跟白莲藕似的。她这手跟黄瓜似的，一手的口子。甭问，粗活儿做多啦！再说也是巧劲儿，她写的"人"字正好写在刚才那位太太那人字儿的旁边啦！她不是太太，是太太身边的人。哪些人是太太身边的人呀？小姐。有这样的小姐吗？不是小姐。丫头？岁数不对啦，四十好几啦。决不能是丫头。嗯，老妈子？对啦！她一定是老妈子。怪不得她说话是三河县的口音呢？三河县出老妈儿嘛！"您是个老妈子呀！"——他又研究出来啦。

张妈一听：得！我那五两银子没啦！给了卦礼转头就走。

四个老妈子过来啦！刚要搀张妈上轿，张妈说："还搀个啥劲儿呀，人家都算出来啦！坐啥轿呀，咱们自个儿走回去吧。"她这一说呀，连邵康节都给逗笑啦。

张妈回到衙门，跟老爷一回禀呀，把九门提督给气得直咬牙。"邵康节，我不砸你卦摊儿，我这九门提督不当啦！"——干脆说，不砸卦摊儿，死不瞑目啊！

"来人呀！"

"喳！"

"去到监狱提个犯人来。要提判死刑的，判徒刑的不要。"干吗要判死刑的呀？他跟邵康节拼上啦，难邵康节呀。邵康节万万也想不到死刑犯人还可以上街测字呀！

差人在监狱里提了个死刑犯人。九门提督提犯人狱官还敢不给吗，是个秋决犯。

在前清死刑有两种：一种是斩立决，就是宣判后就给宰啦。另一种叫秋决，就是秋后处决。每年秋分刑部把当年要杀的犯人名单造皇表，皇上还要上天坛祭天，焚了表后集中一块儿杀。前一种是"零卖"，后一种是"批发"；买主都是阎王爷啊。

带来的这个死刑犯叫"该死"，是个江洋大盗。差人把该死带到后院，往那儿一放。

老爷说："你判的什么刑呀？"

"回大人，小的判的秋决。"

"你想不想活呀？"

"大人，蝼蚁尚且贪生，何况人乎？"——还转文哪。

"唔，我给你条活路。给你打扮打扮，你上邵康节那儿去测字，让他算算你是什么人？他要算不出你是死刑犯，回来就放了你，万一他要算对了，那也是你命该如此。"

该死一听：管他呢，碰碰运气吧！"我谢谢大人。"

"来人呀！"

"喳！"

"把他的脚镣手铐给下喽！找剃头的给他刮脸打辫子。洗干净了给他换身儿干净衣裳，让他上邵康节那儿去测字。我就不信邵康节能算得出来他是死刑犯！判了死刑还能上街测字吗？"——他这招儿可厉害呀！时候不大就把这死刑犯给打扮好啦。

"来呀，派四个人跟着他。"干吗要派四个人跟着呀？一来怕他开溜，二来万一邵康节要算出来他是死刑犯，拉回来不是还得宰嘛。"你们四个离他稍远点，别让邵康节看出来。别穿号衣啦，都换上便服；带着点儿家伙。听见了没有？"

"是！老爷。"

他心里还是不踏实，怕邵康节算出来呀！

四个小队子押着该死上花市来了。到了邵康节那儿，该死说："先生！您这字儿测得灵不灵呀？"

"我这儿测字断事如神。"

"啊，灵呀！"

"灵极啦!"

"哎呀!这不要命嘛!"

邵康节一听:怎么?我算得灵怎么会要他的命呀?这个人语无伦次呀。"您是拿字卷儿呀还是写字呀?"

"我说吧!"

"您说个字也行。"

该死一想:我说什么字儿呀?说什么字也不保险,这可是性命攸关呀!干脆我就问他我是什么人,只要他一出口错喽,我撒腿就跑。我这官司就算完啦!"先生,字儿我也甭说啦,干脆您就算算我是什么人吧。"

邵康节一听:噢!他也是算这事儿。八成他们是一事儿吧!这又是提督衙门派来考我,要砸我的卦摊儿呀!"您要问您是什么人呀?……"

"对呀!"

邵康节又一想:我是什么人,人从口出,也就是"口"字里边加个"人"字。这字念囚。噢,囚犯呀!有门儿!连囚犯都给我派来啦,你损不损呀!这?不能呀!囚犯能随便上街测字吗?哎,这是九门提督让他来的呀!九门提督支使囚犯,他正管呀。邵康节又上下打量该死,看他一脸的横肉,走路罗圈腿:这是趟镖趟的呀!罪小不了,都趟上镖啦嘛。又一眼见那四个小队子啦。虽然都换了便服,可长相早认识啦。这两天来了三回了嘛。

"您是什么人呀?……"

"是呀!您快说呀!"

"您是个犯人。"

"啊!算出来啦,完啦!我这脑袋要搬家。你缺了德啦!你呀……"

"你不但是个犯人,你这罪还不轻。你呀,活不了!非宰了你不可!"

该死一听:"我可不是活不了嘛,你算灵啦我还活得了哇!"

其实邵康节也没看出他是死刑犯——他怎么看得出来他判的什么刑呀!邵康节说你活不了,非宰了你不可,是句气话。心里说:你个犯人跟着咋呼什么呀,起哄呀!我还不骂你两句吗——邵康节那两句本来是骂该死哪,该死认为邵康节算准了自己是死刑犯哪,要不怎么叫该死呢!

四个亲兵过来啦,锁链往该死脖子上一套。"走!押回去。"

邵康节一看："怎么样？是个囚犯吧！你们那几手儿还瞒得过我吗？"

小队子回去跟九门提督一回禀。把他给气得呀："来人呀！"

"喳！"

"把该死给我宰喽，甭等秋后啦！"——得！等不得"批发"就给"零卖"啦！

大人还想主意呀，他不认输呀！天儿都黑啦，有什么事明儿再说吧。气得他一宿没合眼。虽然他一夜没睡，可想起个绝招儿来。什么绝招呀？他往日在院子里乘凉呀，看到房檐下有个燕子窝。他打算就在燕子身上出点主意。第二天一早，他叫人搬梯子上房给他掏燕子。当差的一听：我们这老爷是什么毛病呀？要玩燕子呀！大人吩咐下来啦，不敢不听呀，赶紧搬梯子上房掏燕子。您想人一上梯子那燕子还不飞吗，大燕子全飞啦，可小燕子飞不动呀，才长毛儿呀，当差的掏了个小燕子下来啦。大人往手里一攥，叫了二十几个亲兵小队子："你们每人带根檀木棍儿，走！上花市。"他要砸邵康节的卦摊儿啦！他想：就算你邵康节是神仙，这回你也算不出来啦。

他带着人到了花市，邵康节一看：九门提督又来啦！后边还跟着二十几口子，每人手里提拎着根檀木棍儿，甭问是要砸我卦摊儿呀！我得留神点儿。

"邵康节，我又来啦！我甭说干什么你也知道。前天我说不出三天你只要有一回没算准，我就砸你卦摊儿。咱们说的是三天为限，今儿是第三天啦！这就叫'军中无戏言'。昨天那些什么太太、老妈子、死囚犯都是我派来的，就是要……我都告诉他啦！——告诉你啦你也得给我算。算算我手里拿的是什么东西？"

邵康节一听：这叫人话吗？你手里拿什么东西我怎么算呀？你这是以势欺人呀，不给他算！不算？他今天就得砸我的卦摊儿。算，我怎么算呀？邵康节心里着急呀。嘴上可不能带出来。

"大人，这回我要给你算准喽，您还砸不砸我的卦摊儿了呢？"

"这回你要算准我手里拿的什么东西，不但不砸你的卦摊儿，我还启奏皇上封你当神机妙算的军师哪！"——嘴上这么说，心里可想的是：这回可砸定啦！

"好吧，那您写个字吧！"

"我不写。每回写字你都能算出来。"

"那您说个字也行。"

"我也不说。说字你连死囚犯都能算出来。"

"那我根据什么算呀？"

大人一想：这话有道理。他手里正拿着把扇子，他顺口说："就以这扇为题吧！"

邵康节一听，扇子。再一看：不错！九门提督右手拿着把扇子，左手褪在袖子里。就是让我给他算算左手里拿的是什么东西呀？扇子。"扇"字乃是"户"字下面一个羽毛的"羽"字。户下之羽是什么呀？就是房檐底下的雀鸟呀！房檐底下的雀鸟不是鸽子就是燕子，没别的。鸽子个儿大他手里攥不住。嗯！一定是燕子。热景天儿，燕子还没回南边哪！对！是燕子。

"大人手里拿的是……"

"是什么呀？"

"八成是个燕子。"

九门提督一听：啊，燕子在我袖子里他都算出来呀！八成儿他这卦摊我砸不成啦，看来只有认输啦。可是他眼珠子一转，又想出个绝招来。

"不错，是个燕子。"他嘴上说手可不伸出来，还在袖口里褪着哪！"燕子倒是个燕子，你给算一下它是活的还是死的呀？"

邵康节一听，心说：你这份儿缺呀，我怎么说呀？我说是死的？你一伸手它叽叽叫；我说它活的，你一使劲把它捏死啦。你这叫两头儿占着呀，好嘞！你两头儿占呀，我给你来个小胡同逮猪——两头儿堵。

"大人，您问什么？"

"我是问你我手里这燕子是活的还是死的？"

"大人！您官居一品，身为九门提督，执掌生杀之大权，要它生它则生，您要让它死呀，它是一会儿也活不了哇！"——九门提督一听："得，满完！"

（叶利中述　叶利中　张继楼整理）

测"酉"字

　　在明末清初的时候，在北京哈德门（崇文门）里头有些个相面的、算卦的、测字的，都在那儿摆摊儿。其中也有有能耐的，也有蒙事的。

　　有一位测字的先生，姓邵，叫邵康节，这位先生有六十多岁，对于测字很有研究，他给崇祯皇帝测过字。

　　在那个时候，正值兵荒马乱，李闯王攻打北京甚紧，人心多不安定，市面非常混乱。崇祯皇帝每日出来私访，有一天就到哈德门里头，就在邵康节测字摊测了一个字。在测字摊上，摆着一个木头匣子，里边儿有好些个写好了的字卷儿，谁要测字，就随手抓一个；不在里头抓，另写一个字也可以，或者是说一个也行。测字先生按这个字给你断你所问的事情。

　　崇祯皇帝往这儿一站，邵康节一看这个人的相貌不俗。问了一声："您测字吗？"崇祯皇帝心里非常烦闷，想测一个字，开开心。"好吧，你给我测一个字吧。"邵康节说："您抓一个字卷儿吧。"崇祯他知道那些卷儿都是测字先生写好了的，你问什么事也跑不出他这些个字去。崇祯说："我不用抓了。"邵康节说："那您写一个也好。"崇祯说："我也不用写了，我说一个吧。"邵康节说："那也可以。请您就说一个吧。"崇祯一想：我说什么字呢？抬头一看，在这个摊儿的后边有一个粮食店，字号叫"大有粮店"。崇祯看见这个"有"字："好吧，你给我测个'有'字儿吧。"邵康节说："您测哪个'有'字儿啊？"崇祯说："就是'有无'的'有'。"邵康节拿起笔来就写了一个"有"字："您问什么事啊？"崇祯说："我这也是为国忧心，我想问一问大明的江山怎么样。"邵康节这么一看，周围没有人，低声对崇祯说："唔，按这个字说呀，问什么事都好，您要问大明的江山怎么样啊，这可不好。

大明的江山已经剩了一半儿了。"崇祯一听，当时就吓了一跳，说："怎么剩了一半儿了呢？"邵康节说："您看这'有'字儿，上边是一横一撇儿，这是'大'字的一半儿；下边儿这个'月'字，是'明'字的一半儿。所以说大明的江山就剩一半儿了。"

崇祯这么一听，也是半信半疑，随着说："我测的不是这个'有'字，是'朋友'的'友'字。"邵康节又把这个"友"字儿写出来了。"这个您问什么事呀？"崇祯说："我还问大明的江山啊。"邵康节说："这个字啊，还不如那个字呢。现在反叛已经都出头了。"崇祯说："怎么？"邵康节说："您看这个字形，'反'字儿出头儿。所以说反叛出头儿了。"

崇祯这么一听，还是不大相信，说："我再改一个'酉时'的'酉'。"邵康节说："按这个字断，皇上不得善终。"崇祯这么一听啊，颜色都变了："你说皇上怎么不得善终？"邵康节说："天下数皇上为尊，您看这个'酉'字儿，它是个'尊'字的当中间儿，这个'尊'字少头无尾，您说这个皇上还活个什么劲儿？"

崇祯给了几个钱就走了。正在这个时候，又来了个老太太到这儿来测字来了，说："我跟您打听打听，有个测字的先生叫邵康节。在哪个摊上呢？"邵康节说："我就是。"老太太说："噢，您就是那位邵先生啊？都说您测字测得灵着呢，我呀不信，那么今天我有点儿事，您给我测字，试试灵不灵。"邵康节说："好吧，您抓一个字卷儿吧。"老太太说："我甭抓了。您这儿不是有一个字吗？"就指的是那个"酉"字儿，"您就按这个字给我断测吧。"邵康节说："您问什么事？"老太太说："其实啊也不要紧，我呀丢了点东西，找不着，您给我测一测，我丢的是什么，能不能找得着。"邵康节说："按这个字断哪，您这个东西能找得着。这个字是个'酉'（有）字儿，这个东西就丢不了。"老太太说："那您再给我断断，我丢的究竟是什么？"邵康节说："按这个字断，您丢的是五金之类的东西，就是金、银、铜、铁、锡，因为这个'酉'字儿，它属金。按十二地支排下来，十一月为子，十二月为丑，子丑寅卯辰巳午未申酉，酉正好是八月，八月的风为金风，所以说酉属金。"老太太说："不错，是五金之类的东西。您再给我断一断，我丢的是什么？"邵康节说："按这个'酉'字儿字形来断哪，您丢的是一个金钳子坠儿。"老太太说："对，是一个金钳子坠儿。您给断断，丢到哪儿了？"邵康节说："没丢，因为您这个钳子坠儿不大，让鸡呀给吃了。申猴西鸡嘛，这'酉'字儿在十二属相里就是鸡。您家有小鸡儿没有？"老太太说："有哇。"邵康节说："您把这只鸡呀宰喽，这个钳子坠儿就在鸡嗓子里头哪。"老太太说："好嘛，我养活着有二百多只鸡哪，我为这一只钳子坠儿，我把鸡都宰喽哇？您给我断一断，究竟是哪只鸡吃了？"您说，邵康节要是没有能耐，非让老太太给问住不可。邵康节说："您这二百多只鸡，不能都在一块儿养着吧？"老太太说："我那院子大，四面都是鸡窝。"邵康节说："那就行了。在您院子西边儿的鸡窝里，有只鸡给吃了。因为西方属金，庚辛金嘛。"老太太说："西边鸡窝里头也有五十多只呢，您给断断究竟是哪只鸡给吃了。"邵康节说："按五行来断，金色属白。东方甲乙木是青的，南方丙丁火是红的，北方壬癸水是黑的，中央戊巳土是黄的，西方庚辛金是白的。是让一只白鸡给吃了。您到家找着这只白鸡，不要有一根杂毛儿的，就把它宰喽，如果没有这钳子坠儿，我连钳子带鸡全赔您。"在这时候旁边有不少围着看的。老太太说："好吧，诸位，你们听见了没有？我回家就宰鸡去，若没有这钳子坠儿，邵先生说了，连钳子带鸡一齐赔我。我明儿这时候来。你们诸位若没事儿，明儿来看热闹来啊。我也不给您钱啦，有什么话都明儿说吧。"

老太太到家之后，就在西边鸡窝里找出了一只白鸡，一根杂毛儿都没有，就给宰了，一掏嗓子，哎，这钳子坠儿真在里头呢。老太太心说："这位邵先生真有两下子，测得怎么这么灵啊！得了，我不是也没给人家钱吗？把这只鸡炖了吧，再打一壶酒，谢贺谢贺这位邵先生。"到了第二天，老太太端着鸡拿着酒就来了。到这儿一看，瞧热闹的人都来了。老太太说："借光借光！邵先生，您给算得可太灵啦！我这钳子坠儿真让这只白鸡给吃了。得了，钳子坠儿我也找着啦，这只鸡也炖了，这儿还有一壶酒，请您收下吧。"邵康节也不客气，把东西都收下了。

这么一来不要紧，挨着他的那个测字摊儿一瞧，邵先生给人测了个"酉"字儿，又喝酒又吃鸡。"喷，这倒不错。"他就把盒里的字卷儿全改成"酉"字儿了。他想："万一若测对了一个呢，也许又喝酒又吃鸡。"过了两天，真有一个上他这儿来测字来了，"先生，您给我测一个字。""好吧，你抓一个吧。"打开一瞧，是个"酉"字儿。他那里头没别的字嘛。你倒是问问人家问什么事呀，没等人家开口，就说："你——丢东西了吧？"这位说："不错，就丢了点儿东西。"这么一来，他心里更有谱儿了，噢，是"酉"字儿就是丢东西……你倒问问人家丢的是什么啊，不容分说："你这东西没丢，让鸡给吃了。"这位一听这个气啊！他也愣点儿，举起手来"啪"就给个大嘴巴："我丢的是扁担，鸡有吃扁担的吗？"

（郭启儒述）

测"酉"字

测"酉"字

　　这回其实是《测"酉"字》的下半段。这个节目是从崇祯测字开始，崇祯测了个"酉"字走啦，又来了个老太太也测了这个"酉"字是丢东西啦。崇祯是问大明的江山，老太太问的跟先测"酉"字的不一样，老太太丢的是金钳子坠儿。邵康节给测出来是叫鸡吃了，结果还真是鸡吃啦。老太太把鸡给炖熟了又买了两瓶酒送给邵康节。离着邵康节测字摊儿不远的地方有一个测字的，一看邵康节测了个"酉"字又吃鸡又喝酒，自己有很长时间没吃鸡啦，他把匣子里的纸卷都改成"酉"字啦。第二天一摆摊儿，就来了个测字的，三十来岁，抓了个纸卷打开一看是个"酉"字——那里边都是"酉"字。测字的先生问道："你丢东西了吧？"这人一听，心说这是神仙，他怎么知道我丢东西啦？"先生，是丢东西啦。""你这东西丢不了，叫鸡吃啦。"这人一听，就给了他一个大嘴巴："我丢的是挑水的扁担。"鸡有吃扁担的吗？打起来啦。

　　他这个卦摊儿离着邵康节的卦摊儿不远，邵康节过来劝架，这个人还不依不饶说："先生，您看我来测字，是个'酉'字，他说我丢东西啦，还真对啦。他说叫鸡吃啦，我丢的是挑水用的扁担，鸡能吃扁担吗？"邵康节一听，也乐啦。就问那位测字先生："你怎么知道是叫鸡吃啦？"那个测字的是蒙事，邵康节一问，他也没的说："你测字不是叫鸡吃了吗？""我那是测的钳子坠儿，不是扁担。——这么办吧，您到我那摊儿上，我给您测测这个字吧！"邵康节把那人领到自己的卦摊儿上来，"您测的是'酉'字吧？您这东西丢几天啦？""是前天丢的。""您这东西没丢。您这人好喝酒，对吧？""您怎么知道我爱喝酒？""您测的是个'酉'字，'酉'字加上三点水不是'酒'字吗，所以说您好喝酒，您是前天丢的扁担，今天是二十三，昨天是二十二，前天是二十一，在'酉'字边儿添上二十一日这个字，念'醋'，您一定是把扁担立在酒缸醋缸的两夹间儿啦……"没等邵康节说完，这个人仿佛想起来啦："对！我去找去。"说完话撒腿就跑，没有多大工夫，把扁担拿回来啦。"先生，您算得真灵，我请您吃饭。连先给我测字的那位也请上。"那个蒙事的先生在吃饭的时候问邵康节："您怎么知道扁担在酒缸醋缸两夹间儿呢？""测字嘛就是猜测，也是推测。您想啊，他好喝酒，喝多了把扁担忘啦。在东南城这一带的酒店大多是山西人的买卖，不但卖酒也卖调料，所以说我推测是在酒缸醋缸两夹间儿。"丢扁担的人一听，说："就是嘛！我那天喝酒喝多啦，找酒店掌柜的谈了谈心，就跟掌柜的那儿睡啦，第二天也忘了这回事啦。所以先生一提，我就想起来啦。"这蒙事的先生一听："噢！这里还有酒跟醋哪。"像那样你就把纸卷儿的字改了吧。没有！还全都是"酉"字。

这天又来了个测字的，是个女人，也就有二十多岁，来到这蒙事的先生这儿说："您给我测个字。""您抓个纸卷儿吧！"这女人抓了个纸卷儿递过去，打开一看是个"酉"字——他这一匣子都是"酉"字。这回他可慎重啦："是个'酉'字，您问什么事啊？"女人说："我丢点儿东西，您看我找得着找不着？"他一听，心说：没错儿，这个"酉"字就管丢东西。"您丢的什么？""我丢的是戒指。""没丢。准是您喝醉了跟酒店掌柜的谈心去啦，没留神把戒指掉在酒缸醋缸两夹间儿啦。"没等他说完，这个女人抡圆了胳膊给他一个大嘴巴！"我们个妇道人家跟酒店掌柜的谈的什么心！"打起来啦。邵康节过来劝架，那个女人说："这位老先生您给评评这个理儿，我来测字，因为我手上戴的戒指丢了，叫他给测字。我抓了个纸卷儿，他说是个'酉'字，说我的东西没丢，说我找酒店的掌柜的谈心去啦，掉在酒缸醋缸两夹间儿啦。这像话吗！"邵康节一听，也乐啦。就问这个女人："您测的什么字？"女人手里还拿着那纸卷儿哪，两手把纸卷儿打开往邵康节面前一递："您看，就是这个字。"因为她不识字，把这个字横着就递过来啦。邵康节一看说："您的东西没丢。您回家找去吧，在厨房里的风匣近处，也许是掉在风匣里边啦。"女人问："老先生您贵姓？""我姓邵，叫邵康节。"这女人一听："您就是邵康节呀，我是来找您测字的。谁知道遇见他啦！"说完了女人走啦，没多大工夫这女人又回来啦。手里拿着戒指，给邵康节道谢，给了卦礼，说是在风匣里边找着的。那个蒙事的先生可纳闷了，就问邵康节："您怎么知道掉风匣里边啦？""我不是跟您说过吗？测字是猜测，也是推理。您想一想，女的戒指能掉在哪儿？在家里围着锅台转，烧火做饭也就是掉在厨房里。女人左手戴着戒指，拉风匣都是用左手拉，所以离风匣近。我看她那个字的时候，她横着递给我，您看这'酉'字横过来（酉）不是跟风匣一样吗。"邵康节说到这儿，就问蒙事的："你这儿怎么来个测字的，就抓出个'酉'字来呀？"蒙事的一听，说："我这二百多纸卷儿都是'酉'字。""那还行吗？要根据不同的字测不同的事，您还是把纸卷儿改了吧。"

就从邵康节测了这几个"酉"字以后，这名望可大啦。都说邵康节测字与众不同。来找他测字的人越来越多。邵康节为了看一看自己是否每个字都能推测得对，就把每天测的什么字，问的什么事都记在一个账本上。这天邵康节摆好了卦摊儿，没有人来测字。从他卦摊前面走过一个女人，边走边哭，邵康节就把那个女人叫住啦："这位大嫂，有什么伤心事，为何哭啼？"这个女人一听就站住了，对邵康节说："这位老先生，您问我为什么哭，因为我来这儿找了个测字的先生，给我测了个字，我才哭的。""您找的哪个测字的测的什么字？"女人用手一指："就是那个测字的。"邵康节一看，正是那个蒙事先生。"您看就是测的这个字。"女人手里拿着个纸条，上边有个"堆"字。邵康节问："您问的什么事？他是怎么测的？"女人听了叹了一口气："嗐！老先生您不知道，自从我出嫁后，不到一年，我丈夫出外谋生，已经三年了。音信全无。家中又无产业，就仗着我给人浆洗缝做度日。有时娘家接济一些。近来听人说这儿有个测字的先生叫邵康节，测字测得很灵，我来找他测字没有找着，就在那个先生那儿测了这个字啦。""噢！他是怎么测的这个字呢？""我不识字，他说是个堆东西的'堆'字。他说按这个字测是三个土字加一人字，说我问的人已被三层土埋起来啦，死啦！您想我能不哭吗？"邵康节说："我就是邵康节。来！我给您测这个字吧。"女人一听："噢，您就是邵老先生，您看这个字。"邵康节说："据我看出门的人不但没死，而且快回来啦。"女人一听高兴啦。邵康节指着这个字说："堆是三个土加着一个人。这个人是个立人儿，人死了不能立着，所以说没有死；是发了财啦，土能生金，按五行相生相克说土能生金，三层土这说明这个人发了财。"女人问："您说什么时候能回来呢？""按字来看，从今天起三十三天这人就回来啦。因为三个土字是三个十一，加在一起是三十三天。要是三十三天人没回来，你来砸我的卦摊儿。"旁边瞧热闹的人心说：这位先生的口气真大呀。女人说："我也没钱给您卦礼，等我男人回来再谢您吧！"说完女人走啦。她回到家盼着自己的男人回来，一天一天地数着过，好不容易到了三十三天，早起这女人就打酒买菜等着自己的男人，等到天快黑啦也没见男人回来。女人一想啊，还是先前那个测的灵，后来那个老头儿是给我开心。瞧了瞧桌上预备的酒菜，自己也没心思去吃，就在那儿放着吧。这会儿天也黑啦，自己睡觉吧，明天去砸他的卦摊儿。刚要睡觉，就听门外边有人叫门。出来开门一看，是自己的丈夫回来啦。牵着一匹高头大马，看样子是发了财啦。这女人还不高兴吗？是高高兴兴地把丈夫接过来，到了屋中，她男人一看桌上摆着酒菜，两份杯筷。她男人疑心，就问道："这是给谁预备的酒菜？"女人说："给你。""给我？我又没给家中捎过信，你怎么知道我今天回来？"女人就把测字的事前后说了一遍。男人不信，他认为自己走了三年，女人在家不规矩："好！我明天问一问那个算卦的去，有这么回事还则罢了，要是没这么回事，咱们另说。"说完话酒也没喝就睡觉啦，第二天早起，男人用手巾兜了一兜铜钱："我去问问那个算卦的去！"他来到崇文门外，邵康节刚摆上卦摊儿，他走过来问："请问您是邵康节吗？""是呀。""前一个多月有个女人在你这儿测了个字，是个'堆'字，你说她男人三十三天准回来，有这么回事吗？"邵康节说："别忙，我查查。"说着话打开了账本一查说："有！您问这个干吗？"男人说："我就是她的丈夫，昨天晚上回来的，她说我不信，所以来问一问。您算得真灵！"这时有好多人看热闹。"我谢谢您！"说着话解手里的手巾包给拿钱。兜铜钱的手巾包的扣儿被铜钱坠得很紧，一时解不开，他就用牙去咬手巾的扣儿。邵康节一看说："您不要给我钱，赶快回家，您媳妇上吊了！"男人一听，往回就跑，跑到家里一瞧，他媳妇还真上吊了。可是还没吊死，赶紧救下来，找街坊给看着点儿，他又回来找邵康节啦。见面就问："先生，您怎么知道我媳妇上吊了？"很多瞧热闹的人还没走哪，大家也纳闷儿。邵康节说："您用牙去咬手巾的扣儿，嘴是个口，下边加上手巾的'巾'，不是'吊'吗？所以我猜你媳妇上吊了。"连瞧热闹的人都说算得灵。邵康节说："不是我算得灵，是我猜测的对，我们江湖术士是解人之疑，开人之道。前者他妻子测了个'堆'字，别的测字的说她男人死了。我一听，知

（竖排侧题）测"酉"字

039

道女人心窄，回家可能出人命，所以我说没死是为了开她的心。我说她丈夫快回来了，也是按照出门人的规律，三年要回家一次。我说人要是不回来砸我的卦摊儿，是为了要她相信我的话没错。即便她男人没回来，有这一个多月的时间，她也就不会寻死啦。他媳妇上吊我也是猜出来的。大家想啊，她好不容易把男人盼回来啦，男人起了疑心，越想心越窄，还不上吊吗？"这事也就是出在明朝，要是现在呀，他媳妇非喝敌敌畏不可！

（张春奎整理）

赛诸葛

过去，测字的都在人多的地方，他摆个摊儿，上边放个匣子，里边装着许多纸条儿，写的都是些杂字，天干、地支什么的，有问事的人到他那儿，抓个纸条儿，他就按条批解。灵吗？根本就不灵。可是也有巧合的时候，测字有这么多年的历史，能没有蒙对了的时候吗？所以，有人以为他灵。今儿个我给您说个巧合的事儿，实际上不是测字先生测得灵，是他能随机应变，看风使舵，能白话。

在明末的时候，北京前门外西河沿儿有个测字的，他给崇祯皇上测过字，还真蒙对啦！打那儿起他享了名，怎么回事呢？那时闯王李自成起义，眼看就要打进北京了，那些当官的惊慌失措，崇祯也是心烦意乱，坐卧不宁。那天崇祯换了便服到街上私访。看看外边有什么动静，刚出了前门，来到西河沿儿，就看见有个测字的。崇祯心想：我正烦着哪，测个字解解闷儿。"先生，给我测个字！"测字的先生抬头一看："咦！这位怎么这么面熟呢？这不是当今万岁崇祯吗？"那位说，一个测字的怎么会认识皇上呢？说也巧了！崇祯每年到天坛祭典，前门是必经之路，那时皇上出门，在大道两边挡上屏风不叫老百姓看见。有一回屏风没挡严，叫这测字的先生看见啦，所以今天认出来了。可是这位先生今儿个不敢认，为什么？他一磕头口称万岁，皇上一问，你怎么认识我？莫非刺驾，来呀！把他剐喽！那不是娄子吗？他想到这儿，定了定神说："这位老先生，莫非要测字？好，抓个条儿吧！"崇祯心说：这是编好的死词儿。"不抓。""那您自己写一个！"崇祯一想，我是皇上，字哪能随便写呀！"不写。""那您打算……""我说一个。""好！您说吧！"崇祯一抬头，看见路南有个"大有粮店"。崇祯一想：现在我的江山已经难保了，我说个"有"字，图个吉利吧！想到这儿，说："我说个'有'字。"先生说："您问点儿什么事？"崇祯说："我问大明江山怎么样啦。"这先生一想：噢，平常你作威作福，不管老百姓疾苦，官逼民反，才闹得这个样子，今儿个我不客气，恶心恶心你，反正你不敢说你是皇上，测完字我就走，你也找不着我。"您问大明江山哪，我可是就字论事，我看大明江山就剩一半啦！"崇祯当时吓了一跳！"你怎么就知道剩下一半啦？""您想啊，'有'字上边是一横一撇，底下是个'月'字，上边是'大'字少一捺；底下是'明'字没有日。这不是大明剩一半了吗？"崇祯心说：就这一个字，就把我江山折腾出一半去。崇祯当时把话改了："先生，我说的不是有无的'有'，是朋友的'友'。"先生说："您问什么事？""我还是问大明的江山。""我看这个'友'还不如那个'有'呢！""怎么？""这朋友的'友'是'反'字出头，就是说各路反王都出了头啦！恐怕大明江山连一半都保不住啦！"崇祯心想：我这是黄鼠狼下刺猬——一窝不如一窝啊！当时崇祯又改了："我说的也不是朋友的友，是申酉戌亥的'酉'。就是'酒'字去掉三点水儿。"测字先生乐啦："这个'酉'还不如前边那两个呢！不但大明江山难保，连当今万岁也保不住啦！"崇祯听着就一哆嗦！"怎么呢？""您想这个'酉'字，上边添两点儿，底下添个寸字，就念'尊'啦，皇上是'九五至尊'嘛！您想，皇上要是上边没脑袋，下边没腿，光剩当间一箍节儿了还活个什么劲儿呀？"崇祯一听，这么会儿工夫就把我给折腾死啦！果不其然，闯王进京，崇祯吊死在煤山。

后来有人听说这个测字的给皇上测过字，还灵验啦。名望当时就大起来了！后来有人给送了块匾，匾文是三个字——赛诸葛。意思是他亚赛后汉三国里的诸葛亮一般。这样一来，每天来测字的人是络绎不绝，拥挤不动。就在东城有这么哥儿仨，这哥儿仨成天游手好闲。这哥儿仨的性格特别：大哥"蔫"，二哥"损"，三哥"坏"，哥儿仨合在一起是"蔫损坏"！这天没事，老二说："大哥，听说前门外有个测字的叫赛诸葛，特别灵，今儿个没事，咱拿他开开心。""好啊！"哥儿仨一起到了前门外，一看测字摊儿围着的人是里三层外三层啊！一分人群进去啦。老大说："您就是测字的赛诸葛先生啊？"测字的说："是我。""你测的字灵不灵啊？"您说这怎么回答？说灵，本来就是蒙嘛；说不灵，那谁还来测字啊？"赛诸葛"真高："灵不灵我不敢说，你看！"一指这块匾，"'赛诸葛'是他们送的，哈哈哈！""好，我们测个字，要是不灵怎么办？""不灵……这么着，要是不灵啊，我一天的卦金完全归你！""那好，我测个字！""你抓个条。""不抓。""你写吧！""写，我写……"老大没词儿啦。"唉，您快点儿啊！这么多人等着呢，快！"老大一想：快！好啦！拿起毛笔在竹板上写了个快慢的"快"字。"您问点儿什么？""我问我……今天的运气怎么样？""好，这个'快'嘛，今天有人请您吃饭！"老大说："好，今天如果有人请我吃饭，明天我就给你双份卦金；如果没人请我吃饭，明天我找你算账！"测字先生这么想：这是来捣乱的，看这三个人是花天酒地的公子哥儿，所以这么说，就算今天没人请他吃饭，明天来了，我请他一顿也就完啦，别搅了我的买卖。老大说完老二过来啦，"先生我测个字！""您测个什么字？""快。""问什么？""我今天的运气怎么样？"赛诸葛不高兴啦！心说：明天请客既有他，也不能把你落下，不该搅我的买卖呀！"噢，您这个'快'，可不如那个'快'，今天犯水灾，我看您得掉沟里！""好，如果我今天不掉沟里，明天我找你算账！如果掉沟里，我替你传名！"您说，这不是吃饱了撑的吗？老二说完，老三又来啦。"先生，我测个字！'快'！"赛诸葛心里这个气呀：再一再二不能再三啊！干脆，我也不客气啦！"你这个'快'可不好！你有牢狱之灾，今天你得蹲起来！"先生说完一琢磨不合适，回头打起来，这买卖甭干啦："不过，别害怕，日子不多，顶多蹲一宿。""好，蹲我一宿还则罢了，如果不蹲我，明天没完！"哥儿仨测完字走了。

　　这事儿也该着测字的享名，全应验了！巧合嘛。哥儿仨刚走不远，碰见个人，谁呀？把兄弟老四，"哟，你们哥儿仨在这儿哪，我等你们半天啦。""什么事啊？""你忘啦，今儿个是老五的生日，在家等着你们呢！""对啊！"这哥儿仨还真是把这碴儿给忘了，到了老五家是足吃足喝呀。老大心说：真灵验啊！测字的有两下子！哥儿仨吃饱了喝足了，天已经黑啦，回来吧。他们住在东城，老五家在西城，由西城奔东城，那会儿没路灯啊，正赶上半路修沟。老二在前面走，醉魔咕咚，扑通！掉沟里了！老二倒乐：这测字的真灵呀，我真掉沟里啦。哥儿仨回到家，老三睡不着，找邻居几个人凑了个局，耍上钱啦！真倒霉！老三碰上抓局啦，蹲了一宿，第二天给放出来啦。老三回到家，说："这个测字的真有两下子！都灵验啦。咱得问问他，全说一个'快'字，为什么遭遇就不一样？"说着哥儿仨来到前门外找测字的。赛诸葛一看，这哥儿仨今儿个又来了，心里一哆嗦！心说，昨天是我信口胡说，今儿个怎么交代啊？老大说："先生，真灵！昨天真有人请我吃饭；老二掉沟里啦；老三耍钱遇见抓局了，蹲了一宿。你得说说，同是一个'快'字，为什么三种不同的遭遇？"赛诸葛一听全蒙上啦，该我走运，可我怎么说呢？又一想啊，我随机应变吧！"啊，对呀，同是一个'快'字，时间不同，遭遇也不一样，你看——"一指老大，"昨天你写的'快'字，写在竹板上了，快慢的'快'加个'竹'字头儿，是'筷子'的'筷'，筷子只有吃饭的时候才用得着它，所以我说有人请你吃饭。"老二过来啦，"我怎么就掉沟里呢？""他饭吃完了这双筷子该洗了，放在盆里一洗，这不是掉沟里了吗？"老三说："我怎么得'蹲'起来呢？""筷子洗干净了，往筷笼里一放，这不就'蹲'起来了吗？""啊，你怎么就知道我只'蹲'一宿呢？""是啊，第二天吃早饭不还得拿出来吗？"他全蒙对啦！

（王祥林整理）

"小神童"测字

过去有人管我们这行叫生意。不能这么说，应当说熟意——凡是听我的相声的人全都知道我，对我非常熟了；熟了什么，什么它就容易了。"生意"是这么四个字：金、批、彩、挂，全凭好话。"金"是什么？相面、算卦的，占"金"字。这金也分多少种金。看人的五官相貌这叫"金"，黄雀叼签叫"嘴子金"，拿席篾儿量人的俩手指头，这叫"草金"；摆着这些小口袋数人的属相，这叫"花褡子金"；坐那儿一声不言语，写着"我非人"，那叫"哑金"；摆奇门的那叫"八岔子金"；在纸条上写字的叫"顿儿金"；穿得阔那叫"火金"；穿得破那叫"水金"；还有摆摊儿在（胡同）口儿里头，他上口儿外头拽人去，那叫"揪金"。揪筋比扒骨还厉害哪。

这个算卦的，他不是算得多灵，而是他能见景生情。过去有一个算卦的叫"小神童"，因为他的生意非常好，在他旁边儿那几位算卦的都不赚钱了，所以其中有一个算卦的使出这么三个人来，打算把"小神童"打跑了，要不怎么说过去"同行是冤家"呢。这仨人是干什么的？这仨人是当地的混混儿。若用现在话说就是流氓坏小子。拿了那个算卦的俩钱儿，来到"小神童"这儿搅闹。这仨人一合计，咱们怎么把"小神童"赶走呢？有的就说："我过去把摊儿给他踹了，你过去给他俩嘴巴，不就把他打跑了吗？""这，大哥，不行不行，你得有个什么理由，然后再跟他打架呀。人家没招没惹你，咱凭什么把人家打跑了哇？"那人说："您看这事怎么办？""这么办，我进去让他给我测个字，对也不对，不对更没得说了，抓他一个碴儿就把他打了。咱得有个理由，才好动手。"那俩一听："好，就这么办，您去，我们在这儿等着您。"

噢，这几个是找碴儿打架。"小神童"那儿正给人算卦呢，这人打后边进来了："嗨，你是测字的？给我测个字！"

小神童赶紧站起来说："好好，您抓个纸卷儿吧。""不抓！""那您写一个字？""不会！""好，请您说一个字也可以。"你能说"我不会"？他根本也没打算测字呀，所以当时想不起说什么字呀；回头一看有一个人打那边过来，赶着一头猪，他就说："猪！""好，您想问什么事？"你想，他没事问哪，他心说：我想揍你。"你看我从现在起到晚上睡觉之前都能碰到什么事？""小神童"说："根据这个'猪'字，您若问今天能碰到什么事呀，给您道喜，有人请客。如果没人请您吃饭，明天您把卦摊儿给踹了，不算您欺生，算我没能耐，抱着脑袋滚开这块地方，永远也不来了。""行，众位全听着哪，如果没人请我的客，明儿我给他挑摊儿。我走了，明天再给卦礼。"他出来了，那俩人等着呢，"怎么样？""我进去让他给我测一个字——猪，他说有人请我吃饭。你进去也让他给测个字，也说'猪'，按照我的话跟他说，看他怎么说。你出来以后再让老三进去也说'猪'字，再看他怎么说？咱仨人哪，哪能都对了哇，倘若有一个不对的，咱就把他打跑了。"第二个人进去："哎，测字！""您抓纸卷儿。""不会！""您说吧。""猪哇！""您问什么事？""从现在到晚上都能碰上什么事？""您若问这个呀，好哇，给您道喜，今天准有人给您一件衣服穿。如果没有，明天您来踹摊子。""哼，回见！"他刚出来，老三进去了，直眉瞪眼地："猪！你说今天都能碰见什么事？"他也没等先生问，就把这套话说了。先生一愣，心说："这仨人怎么回事？"心里也就明白八九了："这是成心找我来怄气的。"但是自己很沉得住气："你若问你今天都遇见什么事呀，我劝你今天最好别出门儿。如果你不听我的话，等不到天黑就要挨顿打！"他一听，这火儿更大啦："好！如果没有这个事，明天我再找你来算账！"气哼哼地出来了。这仨人一对证，说："咱们都说的一样的字，他断的三样不同的事情，到底看看怎么样吧！"大爷说："我还有点儿别的事，先走一步。"老二说："我也走了。"定规的晚上还在这儿打碰头儿，倒看先生的话灵不灵。

单说老大跟那哥俩分手之后，没走多远就碰见一位朋友。多年不见了，这个人一见着，老远就把他拽住了："哎哟嗬！大哥，您好哇？我是×××，咱们哥儿俩这一分手有好几年没见了。我上东北啦，事由儿还算遂心意。我曾给您寄了好几封信，大概您也没收到。这次我到这儿办点私事，另外就是找您。想不到在这儿真会碰上您啦！走！咱们哥儿俩饭铺儿上雅座儿里好好喝会子，再细谈谈小弟这几年的经过。哎呀，您可把兄弟我想坏啦！走吧！"老大心想："嗯，'小神童'许有点儿意思。我这个兄弟还真不比一般的朋友，跟我真过点儿幺儿，都不弱，他请我，我还真得去。"这俩人找个大饭馆子，要酒要菜，吃喝谈心，尽欢而散。老大跟这朋友分手以后，就瞧见老二打对过走来，脸上笑眯眯的。老大过来说："怎么这么高兴啊？"老二说："大哥，你看我这件马褂合适不合适？""好，我瞧瞧。你转过去我瞧瞧后边儿，嗯，合适！肥瘦大小长短没有一处不合体的。你多少钱买的？""嗨，您别问了。这还是前年我有个朋友去上海的时候，我曾托过他，让他遇机会给我带一件马褂儿来，咱们有个大事小情的穿上多好哇。人家把我的尺寸拿走了。这事过去都快二年了，我也早就把这碴儿搁下啦，这不刚才有人从上海来，特为把这件衣服给我带来了。我给他写了个收条儿，他走了。我这么一穿，还感到很合适。大哥，你这是打哪儿来呀？"老大把刚才碰见的那兄弟如何请客的事说了一遍。这个说："大哥，要是这么一说，咱哥儿俩可都应验啦。还不知老三怎么样哪？"这两人正说着哪，再看老三打那边儿一瘸一拐地来了。"哎！兄弟你怎么样？""啊，肿啦！"让人家给打了个乌眼青，他这是怎么回事呢？自从他们哥仨分手的时候，那哥儿俩说："我准备吃饭去。""我准备换件新衣服去。""哎，老三，你可小心你这顿揍哇！"你想他听这话能没气吗？"好！我准备挨揍，我看谁敢揍我！"先前是正着走，后来越想越有气，倒着走，扎煞着两个胳膊："我倒要瞧瞧谁敢揍我?！"正赶上这家公馆的太太出来上汽车，他打那边退过来，一屁股正坐在太太怀里。"哎呀！马弁给我打！"几个人过来乒乓一顿臭揍！他那儿正嘟囔哪："谁敢揍我！……哎哟！你们敢揍我！"这顿给打得不轻，皮鞭子加马棒，嘴巴匙子窝心脚，给打了个乌眼青。要不是跑得快，让人家给带走了！一瘸一拐地从那边跑来，正碰见这哥儿俩在这儿说话儿呢。老三心里不服："好小子，告诉我挨揍。今天他收摊儿了，明儿我得找他算账，非揍他一顿我出出气！"老大说："兄弟，别胡闹了。咱们哥儿仨说的一样的字，人家给断的三样事情，可都说对了。明天不但不能搅闹人家，还得如数给人家卦礼，倒要请教他，怎么会一样字三样事情都对了哪？"老二说："大哥说得有道理。等明天见着'小神童'问问他。"

第二天，"小神童"正在那儿给人算卦呢，这哥儿仨从那边进来了："借光，借光，各位让我们进去。"这回是和颜悦色，抱拳拱手，说："您真是'小神童'，算得非常灵。昨天我们哥儿仨是成心跟您怄气来的，所以您让我们抓纸卷儿我们都没抓，随便说了'猪'字。您给我们断的三样事都应验了：昨天有人请我吃饭；我这兄弟的马褂儿也穿上了；我们老三让人家给揍了一顿，您看这不是还肿着哪吗？现在我们才明白，好朋友不听嘎杂子的话，龙不给蟒支使着，您放心，从今天起谁要是敢无理地欺侮您，打我们哥儿仨这儿就不答应。无奈有一样，您给我们哥儿仨断的这个'猪'字怎么会都对了呢？我们不明白是怎么回事。""小神童"说："这很简单。但是我不能跟你们说呀，恐怕说出来招你们三位生气。"老大说："没有的话，先生您只管说，我们绝对不生气，就是多么不好听的话也没关系，我们绝不会恼您。我们若恼您，我们不是人，是茄子！""小神童"说："你们三位说的这个'猪'字，比作是肥猪拱门。你头一次进来说猪哇，好比这家养的老母猪去拱主人家门去了，主人就想：这猪干吗拱门呀？一定是饿了，赶紧给它拌点儿猪食，拌豆腐渣喂它。"老二问："我的马褂儿怎么回事？""主人喂完了猪，待会儿猪又来拱门，主人想：猪怎么又来拱门哪？噢，猪冷了，赶紧给猪圈里铺点儿稻草，所以有人送给您衣服穿。"老三说："那我这儿都肿了，怎么回事？""你想，这猪吃饱了穿暖了还来拱门，那还不打你个老丈人吗！"

（郭全宝述）

求一毛

相面的、算卦的，有在街面上摆摊儿的；有下街串胡同儿的；有在旅馆里设命馆的；也有在各大市场里设命馆的，各有不同。他们这行买卖呀，说内行话叫作"金买卖"，也分多少种：在街上摆摊儿的，叫"票金"。什么叫票金呢，就是把人哪召唤来，花说柳说，给人白相面不要钱，回头拿话把人都拴住了，也得跟你要钱，这叫票金；还有一种哑金，坐在地下不说话，全凭拿笔写，这叫"哑金"；还有一种叫"拦路虎"的，这位相面的先生，往那儿一站，打那边过来一人，拿话愣给拦住："站住！看你气色不正，不出三天必要遭官司，掏两毛钱我给你相一相。"可巧这位是个乡下人，怕打官司，没法子，掏两毛钱给他相一相吧。他把这两毛钱接过来，跟这位说："你这人心里犹疑不定，没有准主意，对不对呀？""噢，对了。"是对了，但凡若有准主意，能给他两毛钱吗？还有这么一种叫"水做"，这位相面的先生到了冬天，身穿一件蓝布大褂，挺长的头发，一脸的滋泥，手里拿着一管笔，有一沓子纸条，就好比呀落魄的老学究，在街头以相面为生。他往那儿一站，俩眼跟鹫鸡一样，瞅见谁都像烙饼。顺那边过来一位，皮袄大衣穿着，他冲这位说："先生，请您站住，我指给您一条明路。"这位也三青子，冲他一乐，"哎，你干吗指给我一条明路啊，你找条明路甭受这罪好不好？"这叫水做。若像在旅馆、市场设命馆的那都叫"火做"。

在过去，东安市场有一个"问心处"。这位算卦的先生姓赵，叫赵虎臣。他这间房子里头，您猛这么一瞧啊，跟古玩铺一样。迎面摆着八仙桌，当中间儿摆着铜卦盘，上面码着卦子儿，也是铜的；在卦盘头里摆着签筒子，也是铜的；两边摆着铜狮子；八仙桌的后边有一把太师椅，贴后墙摆着一个硬木条案，上面摆着大木钟，还有俩金塔，有花瓶。他往那儿一坐，跟瘟神爷一样，戴着大墨镜。其实他这大墨镜也不是真的，是洋瓶子底儿做的，就为着拿这派头儿唬人。一天就算六十四卦，一毛钱一卦，多了不算。谁都说他算得灵，可是这么灵那么灵的，东安市场那回着火都把他烧在里头了。

那次东安市场着火，火刚一起来他就晕啦，爬起来光着屁股披着大衣，抱着签筒子往外就跑，正遇见消防队，拿水龙头一滋他，他更晕啦。"哪儿去？"（学天津口音，下同）"我……我找不着门啦！"消防队一看，认识他："噢，赵先生，你甭忙，你先算一算哪边是生门。""不不不，全忘了。"您说这不是蒙事吗？

有这么一种人，专门能吃他。到他那儿去算卦去，不但不花钱，还能找点儿吗儿来。他是一毛钱一卦。这位呀，拿着过去华盛银行关门的毛票儿，上他那儿算卦去。到那儿抽根签儿，他接过签儿来，拿起卦子儿就这么一摆呀。"你问点儿吗（mà）事呀？"这位说："我求财。""求财？你这月的财命不旺啊。得顶下月过了立秋才能有财到手。"完了，就这么几句话。这位掏出两毛钱华盛银行关门的票儿："先生，您找我一毛。"他拉开抽屉，拿出一毛钱来找给人家了。这位走了以后，他把墨镜摘下来了，他那墨镜不能老戴着，戴工夫大了烧眼睫毛啊。一瞧，这张票儿是关了门的，不能使啦。"喷，哎呀，哏儿啊，求我一毛去！"到了第二天，这位算卦的吃惯了嘴儿，跑惯了腿儿，又去了。进门儿抽根签儿。他把签儿接过来，这么一瞧这个人，是昨儿来"求财"的那位。心说：又来了啊，我看你今儿还说吗（mà）！"你问点儿吗（mà）事啊？"这位还是那句："我求财。"他当时把墨镜一摘，冲着这位说："你求财呀？你夜儿个不求了一毛去了吗？"

（郭启儒述）

巧测字

测字算卦都是欺人之谈，蒙事。往往事出无奈，逼急了胡诌。您说怎么那么巧；有时候阴错阳差还真让他瞎猫子撞上死耗子啦！

今天我给您说的这个算卦的，您听还真有点儿邪门儿。

这天，他刚摆好了卦摊儿，人就围满了。打人群里挤进来一个愣头青，四十上下，五大三粗，一脸的横肉。这位是个什么人哪？他刚打牢里头放出来，还没找着事做哪。今天出来散散心，碰上算卦的想问问前程。这就问了："喂，老头儿，瞧瞧我这相儿，算算我从哪儿来，应该到哪儿去，以前什么样，今后会是个什么样！"算卦的一瞧来的这主儿，倒抽一口凉气！心里的话："我的爷，这要是给他算得不对劲儿，待会儿我吃不完还得兜着。就冲这块头儿我得拿好话填还他，他一高兴就许能把他对付走了。"想到这儿，满脸堆笑地开了口："呦！瞧您这相儿还用算吗，您是个大福相。福人福相明摆着了嘛。以前什么样，今后还能会有别的样吗？您从哪儿来嘛，您不还是到哪儿呗！错不了。"算卦的以为这是几句奉承话，不料大块头儿抡圆了胳膊就给算卦的一嘴巴："妈的，你放屁！我以前什么样儿，今后还不会有别的样儿啦？你知道我以前是什么样儿，嗯？我哪儿来还哪儿去？老子他妈刚从牢里头出来，你还要老子坐牢去啊！"算卦的捂着腮帮子心说：得，满拧。不敢反抗，可也不能输了嘴，这么多人看着，那就栽了。小声嘀咕着："本来嘛，我说了您听着不高兴也不该打人哪。"大块头儿说："打你，老子还要砸你的卦摊儿！"说着举手就砸。就在大块头儿把手举起来还没砸下去这工夫，过来一个警察一揪大块头儿肩膀："又是你小子，刚出来才几天儿，又当街打人啦，走吧，局子里头说去。"把大块头儿带走啦！好家伙，这一来，算卦的就得理不让人啦：

"呸！我算你从哪儿来还哪儿去，你还不服气。现在怎么样？众位瞧瞧灵不灵！"灵是灵，腮帮子上这巴掌还真有点疼。不一会儿，人群儿中又过来一位，十八九岁，是个年轻小伙子，说是自己的一床蚊帐在家里头不翼而飞啦，想问问下落。算卦的拿话套他的底细，问他蚊帐是什么时候的，这小伙子就将蚊帐不见的经过和盘托出：原来他父母死得早，剩下他跟他哥哥俩人，后来闹不和分了家。两间屋子，哥哥得了里屋，他就住在堂屋，可是多分得了一床蚊帐。天一热，他在堂屋把蚊帐一挂，过堂风一吹，睡觉那就甭提多美呢。他哥哥在里屋就要了命啦，芭蕉扇一个劲儿地扇，手腕都酸了也没把汗扇干，还要噼里啪啦地拍蚊子。第二天早晨起来眼皮都肿啦，一宿没睡觉啊！出屋一看兄弟还在鼾声震耳，睡得可真美啊！心想：合着这点门风都叫他给挡住了。等他弟弟前脚一出门，跟着就把他的蚊帐下了，往自己箱子里头一扔，咔嚓上了锁。心说：你要我不自在，我也让你不快活！弟弟回来一看，嗯？蚊帐怎么不见了，屋里头又没来外人，怀疑是他哥哥拿去啦，可又没凭证，这才来问卜算卦。算卦的一听，心里有了八成谱儿。然后叫他抓个纸卷儿，小伙子打匣子里头抓出来个"四"字。算卦的将"四"字一合计就说道："据字面上看，蚊帐是你哥哥拿去了。"小伙子说："何以见得？""你看哪，你抓的是个'四'字，把'四'字当间的两笔抠出来，它就成了个'口'字，把抠出来的这两笔往'口'字底下这么一放，就成了'兄'字，兄谓哥哥，哥乃兄也，蚊帐不是你哥哥拿去了吗？拿到哪儿去了呢？我还告诉你，测字讲究拆得开还要合得拢。那两笔搁回原处还是'四'字，你看它像不像个四四方方的包铁角的箱子啊？"小伙子听完这番话，一口气就跑回了家，把哥哥的箱子撬开一看，果不其然，蚊帐就在里边。小伙子刚要拿蚊帐给算命的去扬名，他哥哥回来啦，发现箱子被撬，抓着弟弟就问："你为什么撬我的箱子？"弟弟说："你为什么藏我的蚊帐？""你怎么知道是我藏的？""是算卦的测了个'四'字测出来的！"哥哥一听，这一肚子火，就直冲卦摊找来了。"喂，算卦的，听说你的卦灵，也给我算算！"算卦的看来人的气性不大好，赶紧就问："小老弟，你问点儿什么事啊？""我的蚊帐不见啦！"算卦的心里一紧张，咦！奇怪，又来了一个丢蚊帐的啊？于是他仔细把来人一瞅：唔，明白了，这个人跟刚才那个小伙子有几分相像，莫不是我给算对啦，他哥哥找麻烦来啦！嗯，我得留神。边想，边把匣子递过来道："小老弟，那你就抓个纸卷儿吧！""我不抓你的纸卷儿，我要写个字，你给我测测。"
算卦的心想：罢了，今天非栽到这儿不可，纸卷儿上的字都是我准备
好了的，有话可诌哇！他要写字让我测，我的老天爷，我知道他写个
什么字呢！又一想，唉！是福不是祸，是祸也躲不过；事已至此，只
得硬着头皮把纸笔递给他，说道："您写吧！"这位拿起笔来一琢磨，
刚才兄弟测的是个"四"字，我现在还给他写个"四"字。四可是四，
他写的却是个草体的"四"字。写完把笔一撂，说："你测吧！测对了
给你双份儿卦钱。不对，我要连人带卦摊一起砸！"这一下算卦的汗
都差点急出来了，把字拿着左看右看，就是没办法测。哎，你还别说，
急中生智，他倒急出一句话来啦："小老弟，我说直了你别见怪。据你
写的这个字来看，你根本就没有蚊帐！"

　　"你怎么知道我没蚊帐？"

　　"你看哪，你要是有蚊帐，那为什么你还点蚊香呢？"他硬把"四"
字说成蚊香，你说巧不巧，他哥哥也服啦！

（潘占奎述　潘海波整理）

灯下神数

今天我给您说的这位是个干金生意的。什么叫金生意哪？就是相面算卦之类。这位开的是个命相馆，门口挂着一块招牌，上写四个大字——灯下神数。白天门老关着，晚上到了掌灯的时候才开馆，神乎其神。有个姓卜叫符期的人，他也是干金买卖的，不服气，想去探一探他的虚实。这一天，进得命相馆来，咋咋呼呼就嚷着要卜课。命相馆的这位呀用眼一瞧来的这主儿：说话这么野，头发长得杂，浑身有点肿，心里话：哪儿来的个野杂种！当时也就装模作样地问道：

"贵姓啊！"

"姓卜。"

"大号呢？"

"符期。叫别了就是不服气。"

"我看你这辈子是不会有福气的啰！性别……噢，你是男的就不用问啦。贵庚啊？"

"四六。"

"你想四六充虎头哇？贵宝地何处？"

"菜市口儿。"

"你跟死人是街坊！贵干哪？"

"无业游民。"

"唔！贵……你不是个贵人，你是个鬼人哪！"算命的此时不再言语，只见他取出钥匙打开抽屉，里边放有三个小纸包。算命的叫卜符期任意抽一包。卜符期伸手拿了一包，算命的随即就将抽屉锁上了。接过纸包，就见包皮儿上写着八个小字："不怕不来，不可不来。"算命的装神弄鬼地在灯下打开纸包念道："吾神今夜子时临坛，明日卜课人到，生辰、八字、流年早已卜定：卜符期，男，四十六岁，住菜市口儿，系无业游民。五十多凶，六十少吉，解脱法⋯⋯"如此这般一说，"⋯⋯不可泄露天机！"卜符期当时心里纳闷儿：他问完了，我说完了。抽屉打开，我一拿纸包儿，纸包儿里怎么就写得这样准呢？不服气不行啊。人家神课上一字不讹啊！只得取出一元卦礼交与算命的，出了命相馆，越想就越迷惑不解了。自言自语："什么吾神临坛哪，早已算就哇，这些鬼话我都讲过，假的。假是假呀，到底假在哪儿呢？⋯⋯"他走道也想，吃饭也想，睡在床上也想。想来想去，唔，明白了，巧在这儿啊⋯⋯其实还是没想明白；他只不过想出个揭这灯下神数的手段来。

第二天一大早卜符期就起了床，买了些礼品，直奔命相馆而来。进门就笑眯眯地说道："先生昨夜神课卜得小弟心悦诚服，这点薄礼聊表谢意！趁今日闲暇无事，意欲请先生小酌一叙，还望先生赏脸。"算命的一看，来人眼熟，记起来是昨夜来过的。心想：我赚了他的钱，他还如此盛情，看来不应酬一下对不起人。只好说道："老弟既然诚意相邀，那我就恭敬不如从命了。"

二人你谦我让出得门来，约莫九点钟的光景。卜符期将算命先生领进了启明茶馆，喊道："茶房，泡壶龙井来。"茶毕会账，只见卜符期伸手往腰间掏出个小钱包，打开拉链，钱包里不多不少装着四毛钱。他将钱付给茶房，零头也就不必找啦，然后将包关好，放进腰里。对着相命的微微一笑说了一声"请"。相命的表面赔笑答应，可心里直犯嘀咕：这爷们儿显得挺慷慨，钱包里就四毛钱哪！四毛钱给了茶钱，拿什么请我喝酒？嗯！这莫不是要让我吃稀的拉干的吧？我不能不提防，见机而行吧。

一出茶馆门，卜符期就喊："三轮儿。去万隆酒馆多少钱？""您给三毛五。"算命的人虽然坐上了车，心里却想着开溜，等车一到，我就抢着给车钱，他的茶钱，我的车钱两抵，谁也不沾谁的。给完了我就借故告辞！刚刚想到这儿，车到万隆酒馆门口，卜符期早就打腰里掏出了钱包，一打开，钱包里还是不多不少四毛钱，拿出来付了车钱，多五分算小赏。关好钱包，放回腰里。若无其事地把手一抬，对着算命先生说："请！"算命的这回就惊奇啦：咦！这就怪了，怎么他钱包里又冒出四毛钱来了呢？这有点儿邪门儿，我倒得仔细观察个究竟。

卜符期头前带路，二人上了酒楼，找了张桌子坐下，卜符期就嚷：

"堂倌，来二两酒，一碟儿素千张。"一会儿工夫堂倌将酒菜端了上来，刚要转身离上了，卜符期用手拉住道："别忙，算了账再走。"堂倌说："客官吃完再算。"卜符期说："我们要边吃边算，吃多少算多少，免得糟践。"堂倌心说：这是哪儿的规矩呀！算就算吧，无非让我多费点事。"二两酒一毛五，素千张二毛五，一共四毛钱。"卜符期伸手到腰间掏出钱包，算命的这回睁大了眼睛盯着看钱包里是不是有夹层。卜符期大大方方地打开拉链，钱包里仍然不多不少装着四毛钱。二两酒喝完了，一碟菜吃完了，卜符期又照样儿要了一回，掏出钱包来，仍然不多不少装着四毛钱！

卜符期就这样拿进拿出，买这要那，来回十几次，回回儿钱包里总有四毛钱。这一来算命的可真沉不住气啦，忍不住就问："卜老弟，您玩的是什么魔术啊？"卜符期说："我什么时候玩过魔术啊？"算命的说："既然没玩魔术，老弟钱包里的钱看着分明取出来花了，怎么多次再掏又能变得出来呢？"卜符期一听，"噢"了一声说："老兄问这钱包的事啊，我这叫意念取钱法，随用随取，不可多取，每次只能取四毛！"算命的问："怎么不能多呢？"卜符期道："此法最忌贪得无厌，多取不灵。"算命的听罢，心下咕哝：我何不同他交个朋友，套得此法，岂不多一门生财之道吗？想罢，也顾不得吃喝了，亲亲热热地把脸凑过来对着卜符期说："老弟此法稀世罕见，不知可否传与他人？"卜符期不以为然地笑道："先生乃我崇拜之人，岂有不传之理！只是昨日神课闹得小弟一夜未眠也百思不得其解，但不知兄之神课肯赐教否？"算命的说："我愿揭灯下神数换君取钱之法。"卜符期道："君子往来，决无戏言。"算命的说："我这灯下神数不值一谈，老弟听了可不要见笑，我那神课的机关全在于我那张桌子，桌子的里面儿都是没有装木板的，贴着墙一放谁也瞧不出来，贴桌子的墙壁事先抽下四块砖去，露出的空当正好对着没有后边挡板的抽屉。卜课之前，墙那边我早已安排好了一个善写的人。你和我在这边所说的话，他都听得见，等我问完了，他也写完了。不过要写得快，因为要写同样三张纸条，装进三个纸包赶紧塞进抽屉。等我打开抽屉，一切俱已停当，随你抽出哪一个纸包，都是你自己所说的话啦！"

卜符期一听说：好家伙，就这么个纸糊的灯笼啊，害得我一宿没睡！摇了摇头起身就走。算命的说："嗨！老弟，你说传给我取钱之法，怎么能失信？"卜符期哑然一笑说："我那越发假得出奇！不用教，一看就会。"说罢，蹲下身去，两手由脚面把大褂往上一提，算命的一看，差点儿没把鼻子给气歪了。怎么回事呢？腰带上一个、俩、仨……都是一个式样儿的钱包。敢情卜符期把每个钱包都预先装好了四毛钱，他用一个挪一个，用一个挪一个，腰周围一转圈都是钱包儿！

（潘海波回忆整理）

皮匠招亲*

　　很早以前，我们那个地方有个财主姓钱，叫钱大头。他有一个儿子念过书，叫钱贵，花钱贿买，有功名在身。钱大头听说北京招贤纳士，举行科考，心里想：我家虽说有钱，但没有权势，不如让我儿子钱贵乘皇帝开科选才的机会，到北京投考。到了京城，我儿子考不中也没关系，我多用点儿钱买个官做。以后我姓钱的头更大啦，又有钱又有势，我死了以后，我儿子钱贵，非变成钱库不可！主意拿定，立即安排他儿子钱贵进京。为了沿路上伺候钱贵和担运行李书箱，在门口雇了个书童。事有凑巧，钱家门口外，经常有个小伙子在那儿掌鞋。这个年轻的皮匠姓李叫李小二。钱大头走出门外，对李小二说："你每天在门口掌鞋，一天有多少收入？"小二说："我们用手艺换钱，谈不上收入。只是马勺上的苍蝇——混饭，比不了您。"钱大头问："怎么比不了我呀？"小二说："因为我没有您那样大脑袋！"钱大头说："既然你为混饭吃，就好办了。"小二问："好办什么？"钱大头说："明天你不要掌鞋啦，跟着我儿子进京赴试，沿路上伺候他，代他挑着行李书箱，不但管吃住，到了北京还给你五两银子。你愿意去吗？"小二一听非常高兴，心里想：我家多少代人也没去过北京，我今得此机会，随着钱公子进京，管吃住还给钱。遂对老钱连连说："是是是，我愿意去。""好吧，你收摊子，准备今晚入我宅院，明早起程。"钱大头说完转身进了他家。

　　第二天清早，钱公子骑着高头大马，皮匠李小二挑着书箱行李步行紧跟在马的后边，一路上是晓行夜宿，饥餐渴饮，走了不少日子，

到达了北京。因天色已晚，不能进城，钱公子在北京安定门外找了一家店房，暂且住下。这位钱公子求官心切，有点儿失眠，天刚亮就起床了。起来后把李小二也唤醒了，小二说："起这么早干什么？"公子说："春天要起得早。"随着又讲春天起早的好处很多，小二就把这句话记在了心上。小二问："公子用茶吗？"公子说："敬茶不用问，把东西收拾好，吃东西要礼貌。"皮匠李小二听钱公子说话不但好听，并且很有道理，小二也记在心上，嘴里不断叨念："春天要起早，东西收拾好，敬茶不用问，吃东西要礼貌。"这个时候从店房背后庙内传出念经的声音，小二问钱公子："这是什么声音？"公子说："这是庙里的和尚早晨念经。"小二问："他们念的什么经？"公子回答："这是西天如来佛之经也。"小二听着新奇，他把这句"西天如来佛之经也"又记下来了。

当天下午，钱公子去考场办理了挂号手续，次日给皮匠李小二六两银子，打发他回家。小二心想，好不容易来趟北京，钱公子又多给我一两银子，我何不在北京玩两天再回家。想罢，他找了一家小店房就住下了。每天是早出晚归到处游逛。这一天李小二走到了北京西城石老娘胡同中间，有一座大宅院，宅院外有一个高大影壁墙，影壁墙中间挂着一个五尺长三尺宽的油漆红木牌子，上边刻有"迪吉"两个大字，在这木头牌左边贴着一张告白条，上写两个大字："招婿"。下边写的是："我府刘丞相三女小媛待字未嫁，要自选佳婿。上有半副对联，不论穷富人品，只要对上下联即可婚配。成婚后即是刘相爷的乘龙快婿，高官得做，骏马得骑。"这一告白，当时轰动了北京东西南北城的王孙商贾，站满了石老娘胡同，刘府门口是水泄不通。皮匠李小二好奇心盛，也挤到影壁墙前看个热闹。小二忽听背后有人唉声叹气："可惜呀，我悔之晚矣！"小二不明白什么意思，回头一看是个和尚，小二问道："和尚师父，您为什么唉声叹气呀？""你不知道这告白上写的是什么？"小二说："写的什么？"和尚说："你不认识字呀？"小二说："我是个小手艺人，家里很穷，我没念过书，有的话我都不会讲。即使能讲的，我也是道听途说，记问之学。"和尚听这个人说话很客气，再一看他长得很清秀，五官也端正，头上戴团巾小帽，内穿白粗布衬衣，外套蓝布水衣，上身穿青缎子掐边儿对开福寿衣，下身穿青布灯笼裤，白漂布袜子，青布圆口皂鞋，腰中横扎青绢布腰带。真是一个好青年。和尚见人思情，心想：出家人慈悲为本，我何不如此这般，这般如此，成全其美事。和尚对小二说："小伙子，你家里还有什么人啊？"小二说："我是老爷庙前的旗杆。"和尚说："别废话。"小二说："独一根。"和尚说："我明白啦，你就是一个人。"小二说："对啦。"和尚说："既然这样就好，它这个上联我能对。但是我受清规戒律与王法所限，无福享受，我把下联告诉你，你去享受这个艳福。保你一辈子吃不完穿不完用不完。"小二说："我谢谢您啦！"和尚说："附耳过来。这不能公开讲，人家听了去就没你的份儿了。"当时和尚向小二耳边说了半天，要他牢牢记住。出家人如说了不当说的话，是有罪的，所以他和小二说完下联，两手一合，念："阿弥陀佛！"小二不懂，他不但把下联记好，就连"阿弥陀佛"也记得很清楚。和尚最后告诉他，可以过去撕告白，会有人请你入府。你不要怕，这是讨婆娘，不是上公堂。小工听罢，从人群中挤过去，一伸手把告白条撕下来了。刘府的家丁一看高兴啦，守了半个月都没人敢动，这回不但交了差，并且小姐还得赏赐。家丁向里边禀报，刘丞相吩咐奏乐迎宾，当时吹吹打打，鞭炮齐鸣，把这位皮匠小师傅请进来了！李小二听过和尚的嘱咐，他很沉得住气，大摇大摆进入了刘府。到了客厅，迎宾的人有刘丞相和亲友，外有两位娇客。因为刘丞相一共有三个女儿，大女儿、二女儿早已出嫁，大姑爷是个秀才，二姑爷是个举人。这二位姑爷听说三姨妹小媛以文招夫，他们是来贺喜观光的。

到了客厅分宾主落座，刘丞相问小二："这位公子贵姓？"小二回答："我姓李。""台甫？"小二说："我会手艺，没抬过土。"丞相改问："您叫……"小二接着说："我叫小二。"刘丞相误听成小辈儿。急忙回答："大辈儿小辈儿都没关系，不要客气。"两位姑老爷听着所答非所问，有点莫名其妙，只有付之一笑。刘丞相一见两个女婿发笑，他越发高兴，紧接着又问："住家在哪儿？"小二说："我住在我家。"肯定住在你家喽，住旅店要开钱。接着问："来此有事吗？"小二实话实说，"和公子一道"来此应科选考试。刘丞相又误听成他和一个姓何的公子一道来赶考的。又问："今天你们来得早？"小二一听这个"早"字，他把钱公子在城外旅店说的那几句话想起来啦。忙回答："春天要起早，东西收拾好，敬茶不用问，吃东西要礼貌。"刘丞相一听，对他仆人说："还不快快敬茶！让厨房赶快预备酒饭！"这回更乱啦！二位姑老爷听不下去，当时插问道："请问李公子，您撕告白定有奇才，请把下联快点讲来。"小二立即问道："小姐上联写的什么？"刘丞相抢着说:"堂前一棵槐,我父亲手栽。"小二对:"百鸟不敢落,单等凤凰来!"并且他把和尚最后的一句也念出来啦:"阿弥陀佛!"这一下儿把全客厅所有的亲友吓了一跳,鼓掌称赞。二位姑爷还不死心,继续问:"李公子所说,根据何经何典?"小二一听何经何典,把钱公子在旅店所说的后庙念经的一句话用上啦。小二说:"此乃西天如来我佛之经也!"闹得大姑爷问二姑爷:"年弟,这部经你念过吗?"二姑爷说:"年兄,你我从小同窗十年苦读圣贤书,却没读过西天如来我佛之经。我看甭问啦,我们问多了,李公子由他经上找一句问我们,就麻烦了。我看咱们一切要为岳父和小姨妹着想,因为这位李公子说话穿戴不像个读书的人,和岳父谈话时,所答非所问。岳父问他台甫,他说会手艺不抬土;问他叫什么,他回答叫小二,岳父误听成小辈。对下联还念弥陀佛。这些情况可能有诈。不如年兄在此应付,我去将老师爷请来盘他一下,如现了原形,放他走去,不要耽误小姨终身。"大姑爷一听言之有理,说:"好,你去吧。"这时候听仆人对丞相说,酒饭备好请入席,因亲友来得较多,你谦我让占了时间。

二姑爷会见了师爷,将岳父家中之事和李小二的情况详细一说,老师爷愿为徒孙出力,立即赶到刘府。还好,大家刚刚坐好,还未上菜开吃。老师爷入座,安排他和李小二坐了个面对面,同时作了介绍。大家边吃边谈,老师爷边吃边想:这位李公子是贵人语话迟,这半天连句话都不说。一个秀才、一个举人都让他问得哑口无言,万一李公子把我盘住,我又有何脸出府?倒不如我不说话,和他打哑谜,他知我知,其他人无法理解。老师爷边吃边向小二做动作,用筷子向小二头上指,小二无意中用筷子往下指。老师爷伸出大拇指,李小二想:这个老人向我比手指头。小二立即伸出两个指头,老师爷又出三个指头,李小二一想:我不能出四个,我一出四个,他出五个,我没的出啦,干脆我出五个指头,看他怎么办?老师爷最后用手一拍胸脯,李小二站起身来拍屁股,把老师爷吓坏了!看公子站起来拍屁股大概要打架,三十六招走为上策,老师爷站起来说家中有事,向刘丞相和亲友们告退,他溜了。

大姑爷、二姑爷见老师爷一走,不大放心,也就相继退席,追到老师爷家中去问究竟。老师爷向两位徒孙说道:"今后对李公子要特别注意,不要多问其事,这个人不是一般的人。当时我一见他总不说话,我就提防他谈锋有力,所以我改为手势哑谜。但他胸有成竹。当我用筷子往上指，我是问他晓天文吗？他用筷子往下指，他回答的是不但晓天文还知地理。我伸一个指头，是一心保皇。他伸两个指头是说二龙捧圣；我出三个指头是说三皇治世，他伸五个是说五帝为君。我摸胸口是说胸有成竹，他拍屁股是说后生有德。所以我借口回家，我怕打架。"一位秀才、一位举人对老师爷连连夸奖："老人家真是学而有术，否则是一塌糊涂！"叫我说是一堆废物！

吃喝完毕，客走主人安，刘丞相对皮匠李师傅很是满意。丫鬟春梅早把李小二入府所有言行都报告了小姐。刘三小姐小媛，也表示同意了，随着找了个良辰吉日，刘丞相为其女儿举行了婚礼。

结婚那天，刘府大排筵宴办喜事，真是车辆盈门，来的是高亲贵友，同僚官宦，很阔气……这时候的李小二换了新装，变了样啦，总的说，人年轻衣服华贵，新郎新娘全都漂亮。

举行完了婚礼，亲友们走的走，休息的休息，新郎新娘拜完天地双亲后，进入洞房。一夜无话，睡到天亮。新婚三天后的一天，刘三小姐也随便了些，问道："公子，您是如何对我的上联？"小二回答："没有什么，我对的是，百鸟不敢落，单等凤凰来。"三小姐说："我今天要仿苏小妹三难新郎，还有三个问题要你答复。公子你意下如何？"李小二说："好，好，好。"他心里想：说不好也没办法，反正她有来言我有去语，实在要砸了锅，没关系，我回去还掌我的鞋。别看我没读过书，常言说得好，三个好皮匠，要顶一个诸葛亮，我顶不了诸葛亮，我顶一个孔明就行了。这三小姐说："我说一个对子上联，要你对下联。对上来准你上床，对不上来，床下跪着！"李小二说："请说吧。"刘三小姐说："羊毫笔写请帖南来北往。这个上联和门外招婿上联，都是说我父亲为女儿不容易，含意是感谢他老人家。门外我写的是：堂前一棵槐，我父亲手栽，我从小母亲就病故了，我父身为大官，并未续娶继母，是他一手把我栽培成人的。我自比槐树，是说奴长得粗糙愚蠢的意思，蒙公子对得下联：百鸟不敢落，单等凤凰来，为此配成佳偶成为夫妻。今天我又出上联是说：羊毫笔写请帖南来北往，我父为我完婚写请帖送到南方又到北方。请公子对下联。"李小二急得直出汗，三小姐问道："公子为何紧张出汗？"小二说："不是紧张出汗，我是感冒出汗。"此时他心想：怎么办呢？他急中生智：噢，她有才学写字用笔，我皮匠做活儿不用笔，要用刀，干脆，干哪行说哪行，说砸了还干我那一行。小二对的是："马蹄刀切牛皮东扯西拉！"

这是李小二老实话，皮匠用的刀子不大，像个马蹄，把牛皮切好，掌鞋穿针引线，必须要东扯西拉。三小姐听了以后，没有发觉他是皮匠，认为他对得还不错。虽不中亦不远矣。三小姐说："我还有个上联，爱公子天才人才文才样样全好。"小二继续向他行业上找，小二对："喜小姐掌鞋补鞋擦鞋我全能行！"三小姐这次听出点儿问题来了，为什么他对下联总在鞋上用功夫呢？三小姐发生怀疑，当时追问："公子，你第一天被迎入我府后，经过我两个姐夫谈话，又来了一个老师爷，在酒席上你二人指手画脚是什么勾当？"小二说："没啥。那个老头儿跟我谈了点儿生意。"三小姐一愣，说道："谈生意，老师爷他懂生意吗？"小二说："他不懂我懂。"三小姐说："你懂？那么你俩人谈些什么？"小二说："这个老头儿一见面用筷子往上一指，他的意思我完全知道了，他是问我会不会做帽子。我回答他把筷子往下一指，是说我不会做帽，我会做鞋。老头儿一听我会做鞋，他又和我谈生意，他伸一个拇指是问我一只鞋做不做，我伸了两个指头，告诉他做就要做两只，做一只我也要两只的钱。我坚持两只，后来老头儿又伸三个指头，他问我一天能做三双吗？我伸了五个指头，告诉他慢说三双，就做五双也没关系！最后老头儿摸胸口，我站起来手摸屁股，老头儿摸胸口他是问胸口的皮子好吗？我认为牛皮胸口、肚皮全不好，我一摸屁股，告诉他，股子牛皮最结实。"刘三小姐边听边生气，等李小二说完了，三小姐气恨恨地说："原来你是个皮匠？"李小二说："小姐，我是皮匠。干了没有好久。"气得三小姐脱下绣花鞋甩出去打小二，没想到他把三小姐甩过来的鞋用手抓住了，立即问她："这只鞋你要我打前掌还是钉后跟？"他还谈生意哪！

（欧少久述）

学手艺[*]

今儿这个笑话，说的是我们北京附近，京南乡下有一个财主，按今儿的话说，就是地主呀！地主有广、土之分。什么叫土地主呢？就是一辈子没出过门，长年累月住在乡下，有房子有地，雇工剥削，视钱如命，舍不得吃，舍不得穿呀！广地主呢？除了乡下有地出租剥削，城里还开有买卖赚钱，冬景天进城，夏景天回乡。要什么有什么！儿子长大喽再出洋镀镀金，回来就成了洋地主——假洋鬼子啦！

我说的这个财主是土财主，姓狠。那位说，《百家姓》上没有这个姓呀？没这个姓才好，免得有同姓的人家听着不高兴。——狠老头儿、老婆儿，妻随夫姓——狠老婆儿。跟前只有一个小子，那就甭问啦！跟着他爸爸姓呀——狠小儿。一家子狠到一块儿去啦！

狠老头儿的大名叫什么呢？呦，这我倒记不清楚啦。因为轻易没人叫他大名，净喊他绰号啦。他的绰号叫什么呢？叫"钱锈"。怎么叫"钱锈"呢？因为钱一到他那儿长了锈都出不来！从他这个姓跟他这个绰号，就甭介绍他的事迹啦。为人怎么样？您甭问就知道啦。

虽说他狠呀，那是对长年、短厂，对待狠小儿可不狠，要什么给什么。为了让儿子高兴，他趴在地上，让狠小儿当牲口骑都愿意哪！爱得不能再爱啦！虽然他这么疼狠小儿呀，可这小子不给他爹争气，是个傻子。

成傻子有两种原因：一种是小时候得热病凉药吃多啦，吃傻啦！还有一种傻子，是人工培养的——啊！还有培养傻子的呀？——有哇，狠小儿就是呀！怎么培养呢？因为狠老头儿家里有钱呀，狠小儿又是

---

[*] 本篇原名《五兴楼》。

千顷地的一根苗，老爷庙的旗杆独一根儿，从小就娇生惯养：奶妈妈着，哄妈儿哄着，带妈儿带着，跟妈儿跟着，老妈儿服侍着。衣来伸手，饭来张口。八岁还不会用筷子，十二岁还溺床哪！到了十五岁，老妈不开腔不知道上茅房，照旧在床上溺！——您说这能不傻吗？

十八岁才开蒙，请了一位家馆先生。一本《百家姓》教了三年，好容易教到"百家姓终"，前边的又都还给老师啦！先生一想：辞馆吧，这还教个什么劲儿呢！这下可把狠老头儿急坏啦！狠小儿二十好几啦，文不成武不就的，连媳妇都给耽误啦！按说照他家这份产业，还愁没人提亲吗？可是狠小儿这傻劲名声在外呀！媒婆能上门吗？谁把姑娘往火坑里推呀！

狠老头儿跟狠老婆儿一商量，到底狠老婆儿有见识。她说："也别叫他念书啦，念也是白搭，不如花俩钱让他上北京转悠转悠去。北京是大世界呀，过去出皇上，现在出'大桶桶'。"狠老头儿一瞪眼："什么大桶桶，是大总统。""噢，大总统。五行八作样样都有，让他学点人情世故，学份儿手艺。咱们在北京再开家买卖，找个掌柜的领东，让咱们孩子在那儿招呼招呼，赚的钱更多，还愁娶不上媳妇吗？"狠老婆儿这主意不错，沾了点儿广财主的味儿啦！

狠老头儿一听，高兴啦："这招儿好哇！还是夫人高明。读书不成，学点儿手艺也不错呀！只要能赚钱，花点儿本儿也值得。再说孩子也变机灵啦，还愁娶不到媳妇呀！我们老两口冬景天还可以进城住住，多美呀！"——那是美呀，土财主要上升成广财主了嘛！

狠老头儿把狠小儿叫过去啦，说（倒口）："小儿吧，你都二十好几啦！我问你，你还想不想娶媳妇吧？"

（倒口）"谁不想娶媳妇吧！你想不想娶媳妇吧？你要不娶媳妇，我妈能生我呀？"您说，这像儿子对爸爸说话吗？

狠老头儿并没有生气，反而笑啦！"噢！你想娶媳妇吧！就你这傻劲儿，任什么不会，谁家姑娘能给你吧？"

"我不傻吧！我没在床上溺尿啦！"——啊！二十几的人不溺床，还夸哪！

"谁说你傻哪！这么办吧：我给你拿俩钱儿，你上北京转悠转悠去吧。那地方是大世面，能人多。跟那些念书的、做买卖的、手艺人交个朋友，学点儿见识，学份儿手艺，也不赖吧！我在那里开个买卖，多赚俩钱，当上个广财主，你也好娶媳妇呀！"

"那敢情好。"

"可别跟官面上的来往吧！咱们惹不起他们吧！"土财主怕官，算不过人家，怕吃哑巴亏哪。

"唉！"

"躲着混混点儿，跟他们学不出好来！"

"处处可要小心吧，城里头骗子手、小偷多，离他们远着点儿。"

"唉！"

"住店就住小店吧；店大喽欺客，又多花钱，你花钱受气。"

"唉！"

"进茶馆、饭馆跟人家学着点，可别露了怯！"

"唉！"

"吃饭就在……"

"你别说啦，我都知道啦！"

狠老头儿说上没完啦！——怎么？他不放心呀。一辈子没进过城嘛！

第二天一早儿，给狠小儿换了一身新鲜衣裳：紫色摹本缎的大袍子，青缎子的马褂，绒帽头，白布袜子，实纳帮的青布鞋。就冲他这身儿打扮儿到了北京，两字儿的评语：老憨。狠老头儿在箱子底下摸了一百块现大洋。给了狠小儿，雇了匹小毛驴儿——家里有的是牲口，干吗雇驴呀？雇的牲口送到北京就完啦！派家里的牲口送，还得带一个赶脚的，多一个人多一分盘缠，家里还少一个干活儿的，牲口还得吃，不上算呀！狠老头儿舍不得嘛！要不怎么说他叫"钱锈"呢！

狠老头儿听人说过，北京前门最热闹。跟赶脚的说好啦：送到北京前门。把脚钱给喽，跟狠小儿说："你不见城门楼子，你可别下驴吧，那是没到地方。""你放心吧，我记住啦！"狠小儿上驴。赶脚的照驴屁股上一鞭子："花浊浊浊浊浊……"小驴儿就趌下去啦！在路上走了两天，第三天上午到了北京啦。北京的哪儿呀？永定门。赶脚的说："下来吧，到啦！"

狠小儿抬头看见城门楼子啦："嘿，高吧！这是前门吗？"

"啊，前门呀！前边的那座门嘛！"永定门离着前门还有好几里地哪，他愣说到啦。

狠小儿他不认识呀！下了驴进了永定门一看，除了乱草就是苇塘，连间房子都没有。"哟，这北京前门还赶不上俺们乡下哪！咋这样呀？"他哪儿知道赶脚的冤了他呀！

顺着大街往北就趋下来啦。走着走着房子也多啦，人也稠啦。没多大一会儿就到了天桥啦。"哎！这儿才是北京哪！转悠转悠，开开眼，歇个腿儿，吃点儿东西。"快到晌了嘛，他饿啦。

进了天桥一看，热闹呀！打把式卖艺的、说书唱戏的、卖吃卖穿的，什么都有呀？他哪儿见过这个呀？再一看右首里有个大茶馆儿，门口外头搭着天棚，屋里屋外到处挂着鸟笼子：百灵、画眉、靛壳、红子、黄雀儿，什么鸟儿都有啊。叽叽喳喳的叫唤得好听。这儿是天桥有名的大茶馆儿，专门给玩鸟儿的准备的。早晨遛鸟儿的，遛完喽都上这儿喝壶茶。卖鸟儿的、卖笼的，这儿又是个鸟市。上半天儿热闹着哪。

狠小儿一看，高兴啊！进去歇会儿。

伙计过来啦："爷台！您这边坐吧！天棚底下凉快。您喝香片呀，还是龙井呀？"

狠小儿一听：什么叫香片、龙井呀？不懂。又怕露了怯。"哎，都行，都行。"这倒好，他倒不挑拣。

伙计给他沏了壶香片，往那儿一放。他倒出一碗来，端起来就喝。"没俺家里那个好喝，没味儿。"——多新鲜呀！刚沏上能有味儿吗？

他放下碗一抬头，桌上摆着鸟笼子。嚯！这个鸟笼子分外个儿大：上边白铜的钩儿，紫铜的托儿，树根子雕的抱爪，苦蒿的站桥，青花的食碗。讲究！笼子里头的鸟儿也比别的鸟儿个儿大；一身的黑毛，跟八哥似的，可是黄嘴、黄眼圈。这是鹩哥呀！这种鸟儿最灵啦！不但会学百灵、画眉的叫唤，还会学人说话。狠小儿不认识呀，一看对面坐着一位，四十多岁，大概这鸟儿是人家的。他开言问："大哥！这鸟儿是你的呀？"

对面那位还没说话哪，鹩哥开腔啦："那当然啦！"

狠小儿一听，哟，鸟儿会说人话吧！这可邪行。

正这么个时候伙计续开水来啦："爷台！您壶里还有吗？给您续点儿。"鹩哥又说上啦："有啊！"

狠小儿笑啦："这玩意儿可有个意思。稀奇吧，我活了这么大还是头回听鸟儿说话吧！"——他爱上啦。

对面这个是干什么的呢？地面儿上的混混儿——骗子手：坑、蒙、拐、骗、偷都来着。姓害，叫害死人，有个外号叫"不偿命"。连起来叫，就是"害死人不偿命"！他这个鹩哥是三块钱买的，确实不便宜。那年头儿"绿桃"牌面粉才卖两块四一袋，一袋四十斤，三块钱合一袋多面啦！其实他并不喜欢养鸟儿，他见这鹩哥会说两句人话，他打算在这鸟儿上赚俩钱儿。碰上有喜好这个的，多卖几个。按现在说，就是转个手。天天上这儿，因为那是鸟市呀。如果有人出个十块八块的他就卖啦。一个多月也没卖出去。您想，谁舍得十块八块的买鸟儿玩儿呀？今儿碰上啦！谁呀？——狠小儿。冲狠小儿这身穿章打扮、言谈话语，不找他找谁呀！

"大哥，这鸟儿可好吧。会说人话吧！"

"啊！"

"会说多少呀？"

"会得多。凡是咱们人说的它都会。它不但会说中国话，还会说英语、法语、日本语。"——这不是胡说八道嘛！

"俺爹给俺一百块钱，雇了匹驴，让俺上北京学份儿手艺。这个鸟儿光会说话，要是会教手艺就更好咧！"——他跟害死人全招啦！

"害死人"一听：怎么着，一百块？这可不能让它跑啦！"怎么不会教呀，三十六行它都会呀！"

"那太好咧！这鸟儿多少钱买的呀？"

"你问这个干吗呀？"

"我想要。"

"你买得起吗？我是一所四合院换来的。"——玄啦！有拿四合院换鸟儿的吗？

"啥叫四合院吧？"

"害死人"一听：怎么？连四合院都不懂呀？行啦，"瞎摸海大晕头"①来啦！肥猪拱门，我不下刀有罪呀！——他要宰猪啦。

"四合院就是房子呀！我那房子连天带地，黄松大瓦，还带跨院，那是我家的祖产！我拿祖产换这么一个鸟儿，你舍得吗？"

"咋舍不得呀！它要是归了我，把我教乖喽，娶上媳妇，别说一所房子，拿我爹换我都干。"——您听，多好的孝心呀！"可是你哪来的房子呀？"

"我没房子，可有钱吧！"

"有多少？"

"刚才不是说了呢，一百块现大洋。"

---

① 瞎摸海大晕头：北京土话，指什么都不懂的人。

他怕"害死人"不信呀，把衣扣解开，腰上围着个褡包，伸手就往外抓洋钱。

"害死人"一看，他这搭包小口袋一个一个都鼓鼓囊囊的，白花花的现大洋装满啦。爱人呀！

"别往外掏啦！财不露白，留神别给人抢啦。"——啊！还劝狠小儿留神哪！

"一百块钱？我那所祖传的房子就值一百块嘛！不卖。"——还绷着哪！他是怕狠小儿变卦呀，砸瓷实点。

狠小儿一听他不卖，急啦！说："没这鸟儿我哪儿娶媳妇去呀！"——他买定啦！连作揖带磕头的，把大哥都喊成大爷，就差喊爸爸啦！"害死人"一看，行啦！够火候啦："这可就是你，换个人我可不卖。"——换个人谁买呀！一百块现大洋，大骡子、大马都够买两匹啦。"我瞧着你也怪可怜的，不卖给你，你上哪儿娶媳妇去呀！"

狠小儿听说卖啦，赶紧往外掏钱。"害死人"怕茶馆有官面上的，一个鹩哥卖人家一百块钱，那不露了馅儿了嘛！赶紧说："你别掏啦！我信得过你，数都不用数啦，你就把褡包解过来吧。"

狠小儿听话呀！赶紧就解带儿："我说大哥……不，大爷，咱们爷儿俩商量点事儿行吗？"

"害死人"吓了一跳：怎么，要变卦呀！忙问："什么事？"

"我跟你说，我不是北京人。"

"这我知道。"

"我们家离这儿还远着哪！买了这个鸟儿我哪儿也不去咧，照直就回家咧！你给我留个饭钱行不行吧？"——嚯！破财的倒求上骗子手啦！

"害死人"一听，"噢！这么回事呀！不行，不行！我这儿是言无二价，童叟无欺。"——还童叟无欺哪！禁不住狠小儿央告呀，"害死人"也怕煮熟的鸭子飞上房呀！"好吧！我给你留两块钱，我下个鸟食罐。"——啊！还不饶人哪！您说这"害死人"心狠不狠哪！

褡包过了手。"你把鸟儿提拎走吧！""害死人"给了茶钱站起来就又走。干吗呀？他怕狠小儿明白过来，露了马脚找他退货呀！说："快回家吧！过两天再多带点儿钱来，我再卖给你一个会唱戏的。我家稀奇古怪的鸟儿多着哪！"

狠小儿提拎着鸟笼子就出了茶馆啦，他外行呀，没玩过鸟呀，不会提呀，人家内行大都用手端着（比），就是提拎着也不让鸟笼子晃悠呀，怕惊着鸟儿哪。狠小儿可不懂这一套，大摇大甩，那鹩哥受得了嘛！心想："今儿怎么啦？让我打秋千呀！"抬头一看，提拎的那主儿换啦！"啊！你折腾我呀，我也得露两手呀，我飞不了，可能跳哪！"——这鹩哥在笼子里是这么一扑棱。狠小儿一看，"你咋不老实呀，蹦啥吧？噢！饿了吧！中，我也饿啦，咱们找个地方吃点儿什么吧。"说着抬头一看，路西有座大饭馆儿。他怎么知道这是饭馆儿呀？他闻到香味啦！这座饭馆儿是北京当时有名的大饭馆，叫"五兴楼"。楼下前厅是散座，卖斤饼斤面。后厅是腰拴儿①，炒个菜呀，来碗酸辣汤什么的。楼上前厅是雅座儿，后楼包办酒席。买卖做得大。狠小儿一进去，伙计们在擦桌子扫地哪！怎么？下午两点多啦，饭口过啦。楼底下不营业啦，雅座儿连轴转。

"爷台，吃饭呀？楼上请吧。"

狠小儿上了楼，一看没人，就一个伙计在那儿顶着，赶紧过来啦："爷台，您这边坐吧。"

把狠小儿让到临街一张桌子上。摆上杯筷。狠小儿坐下，把鸟笼子往桌上一放。

伙计说："爷台，给您沏壶茶吧。"

上雅座吃饭的主儿谱儿都大呀！没听说进门就点菜的。先沏壶茶喝着，压压心火，慢慢想着吃什么，然后才点菜哪。伙计给他沏了壶茶，给斟上一碗："爷台，您喝着。"

狠小儿刚从茶馆里出来，肚子又饿啦，哪儿还想喝呀？不喝又怕露怯。临来的时候他爸爸跟他嘱咐过，要是露了怯人家给撵出去呀，喝吧！把一壶茶喝着差不多啦，伙计一看，是时候啦，问问吃什么吧。过来啦："爷台，您歇过来了吧？吃点儿什么呀？"

狠小儿一听："吃什么我哪儿知道呀！"他是不知道，在家里是茶来张嘴，饭来张口，又从来没进过馆子，又怕露了怯人家撵出去。他一想，哎，我可着急啥吧，我这儿有鸟儿吧，它灵吧，问问它不就行了嘛！"我说鸟儿吧！你不是也饿咧，咱们吃啥吧？"

伙计一听，心想：这位什么毛病呀？怎么让鸟儿点菜呀！

鹩哥本来就一肚子气。"噢，你把我晃荡够啦，这会儿又让我说话呀，谁认识你呀？我呀，扑棱吧！"——鸟怕生人呀，别说让它说话，

---

① 腰拴儿：北京土话，指饭馆的后厅。

叫都不叫啦，净扑棱啦。

"你快说呀！你会的话多呀，咱们吃什么吧？"——您瞧狠小儿直眉瞪眼的，这鹩哥更害怕啦，它能说话吗？就算它会说"那当然啦！""有哇！"那也是学舌哪。并不懂得这两句话的意思哪，更别说让它开动脑筋点菜啦。

"你快说吧！咱们吃啥吧？"

伙计一看，这位上饭馆儿是吃饭还是逗鸟儿呀！我别陪着泡啦，歇会儿去吧。伙计不敢得罪饭座儿呀，提来水壶，又给他续了一壶。"您慢慢想吧！您想起来就喊我。"伙计歇着去啦。

狠小儿看见伙计又给他续了一壶。他不敢不喝，怕露怯呀！喝吧，又灌了一壶。伙计一想：这回八成喝够啦，过去问问吧："爷台！您想起吃什么啦？赏个话儿吧！"

"鸟儿吧！人家又来问，你快说呀，要什么菜吧？"

伙计一看：怎么又跟鸟说上啦，捣乱呀？——他哪儿知道狠小儿没上过饭馆呀，还是给他续壶水吧。又给他续上一壶。

狠小儿一看：怎么又给来一壶呀？北京的规矩大吧，没吃饭先灌三壶水。——他还怪北京规矩大哪！他又想：鸟儿吧，鸟儿吧，我一百块都花在你身上咧，该你说话的时候你怎么不吱声吧？

狠小儿越想越气，更加上从早晨到现在半天多啦，任吗没吃。水不能当饭，饿得肚子咕噜咕噜地直叫唤。眼冒金星，肝火上升，气更大啦！"你说不说？不说我可揍你嘴巴。"（比）这个糟啦！他直眉瞪眼的鹩哥就够害怕的啦，还能伸手吓唬它吗？这下更扑棱啦。狠小儿见它扑棱得更欢啦，气往上升，啪！他真给鹩哥一巴掌。鹩哥倒没打着，鸟笼子可就倒了霉啦！这是个精巧玩意儿，细竹篾编的，年岁多啦，脆啦！只听叭嗒一声，打了个窟窿，笼子给开了门啦！

鹩哥一看：喔，要放生呀？你既然有这好心，我可不能辜负你的美意，我飞吧！——鹩哥钻出窟窿眼，扑扑翅膀："再见啦！"

狠小儿一看鹩哥飞啦，伸手就抓。哪抓得住嘛！"唉，一百块现大洋飞啦！"

"那当然啦！"——这节骨眼儿鹩哥说话啦。

伙计在旁边看着可笑：这位八成儿是神经病，挺好的玩意儿，他给揍碎啦！我别过去啦，要是他给我来一巴掌，吃不了兜着走呀！他把狠小儿晾在那儿啦。

狠小儿这会儿是又气又饿。他想叫伙计可又不敢叫，叫过来没词呀！正着急哪，救星来啦。这么个时晌来两位饭座儿。五点多啦，到了饭口啦。该上座儿啦。

伙计一想：我别管他啦！反正茶壶里还够他灌哪，先伺候这二位吧。"二位，这边请。"

这二位也在靠窗户那儿坐下啦。跟狠小儿隔着一张桌子。

"二位！我给您沏壶茶吧？"

"甭沏啦！我们刚从茶馆里出来。大哥，咱们吃点儿什么呀？"

"客随主便，你点吧。"

"哎，伙计，你给我们先来个鸡丝拉皮，多搁点儿芥末。再来个小拼盘，多来点小肚儿，少来酱肉，带瘦。来四两老白干，我们先喝着，吃什么等会儿再说。"

"好您嘞！"伙计站在楼口那儿喊下去啦："卖……鸡丝拉皮多加芥末，小拼盘多要小肚，老白干四两！"

伙计刚喊完，狠小儿听得清清楚楚，明明白白呀。心想：这回可救了我啦！要不非把我饿死，我也照样来。他那儿喊上啦："伙计，你过来。你怎么不管我啦？看不起我，我吃饭不给钱吗？"

伙计心想：我问了你八问啦，你尽逗鸟儿啦，还说我不管你。赶紧过来啦："爷台，我以为您茶还没喝够哪。"

"我还没喝够吧，都成了大肚子蝈蝈啦！"

"您吃点什么？"

"先给我来个小乒乓。"

伙计一听：什么叫"小乒乓"呀？还大篮球哪！"噢！您来个小拼盘？"

"对啦，对啦！多要点小肚子，少来点肉。"

伙计一听：我们多咱卖过小肚子呀，等会儿你还要大腿哪！"噢！多给您切点小肚儿。"

"对啦，再来个皮条。"

伙计心想：皮条？还有单杠哪！"您是要个拉皮吧？"

"对啦，对啦！拉皮儿。再来四两酒。"

伙计一听：想了半天跟那个桌上一样呀！你早点儿说呀，我一道喊下去不就结了嘛！伙计照样又喊了一遍。

等会儿酒菜端上来啦，一桌放了一份儿。那二位把酒斟上。"大哥！请。"

狠小儿一看那边喝酒啦，他也把酒斟上啦！"大哥！请。"

这二位一看，这个人是神经病怎么着，一个人跟谁说话哪？

"兄弟！这菜可咸了点儿，那咱们放点儿醋。"

他那儿也说上啦："兄弟！这菜可咸了点儿，咱们放点儿醋。"

那年轻的一位可就有点儿不高兴啦："这人怎么学我呀，拿我开心吗？"拿起醋壶往菜上淋了点儿。

他也把壶端起来啦！人家端的是醋壶呀，他拿的是酱油壶。高醋矮酱油，他不懂呀，人家淋醋，他淋酱油，一壶都倒上啦！

那二位夹了一筷子菜："嗯！这回合适啦！"

"嗯！这回可……合适……啦！"——说话怎么这个味啦？一壶酱油都倒完啦，受得了吗，舌头都木啦！

这二位喝着喝着说啦："大哥，咱们再添个菜吧！"

"你就看着办吧！"

"伙计，你再给我们来个干炸丸子，两吃着！"①

伙计刚要喊菜，他那儿叫唤上啦："伙计！给我来个干炸丸子，两吃着。"

伙计一听：捣乱怎么着？人家不喊他不要，人家一喊他就来劲。心里话嘴上不敢说呀："是喽！"

那边桌上年轻一点儿的火就上来啦："这么大个子，怎么学吃学喝呀！"站起来要说他两句，让那位给劝住啦："兄弟，咱们吃咱们的，别理他。"

没多大一会儿，这二位酒要喝完啦！"伙计！给我们来个炒合菜戴帽儿②，大碗酸辣汤，分碗盛。八张荷叶饼。"

狠小儿听人家要完啦，他也喊上啦："伙计！给我来个合菜戴帽儿，大碗酸辣汤分碗儿盛。八张饼。"

伙计一听：这不是折腾嘛！一个人吃酸辣汤干吗还分碗儿盛呀？你不说，我也知道，跟那二位口味一样。其实，伙计还是没摸透哪！

这回可真把那位年轻的给气坏啦！想了个主意，这主意可太损啦："伙计！再给我们来两碗热汤面。"

---

① 两吃着：两种作料，椒盐、糖醋汁。

② 合菜戴帽儿：炒合菜上加摊鸡蛋。

"伙计！再给……"

伙计说："行啦！您甭喊啦我知道啦。您也来两碗热汤面。"

"对啦！对啦！"

那位说："伙计！你知道我们这两碗热汤面怎么做吗？"

"您说怎么做就怎么做。"

"我们这两碗热汤成要多放油。油要烧成十成热，再把肉丝放下去。跟着放汤。汤开了就下面，越热越好。滚三滚再给我们端来。"

"是喽！"

"伙计，你知道我这碗怎么做吗？"

伙计说："知道。这两位怎么做，您就怎么做，您跟这二位口味一样嘛！"

"对啦，对啦！"

那位年轻的又说啦："伙计！你过来。"

伙计过来啦。他在伙计耳朵边上小声说："我们那两碗面呀，不是刚才我说的那个做法，你告诉灶上就给舀碗凉水，放上生面条，再放块冰。"

"那你不能吃呀？"

"能不能吃你就别管啦！回头我多给小费。"

"谢谢您啦！"

狠小儿一看，这回说的啥呕？我没听见呕！没听见也得比画比画，要不然露怯呀。

"伙计！你过来。"

"什么事呀？"

他一拉伙计的耳朵："吱吱吱吱吱……"

伙计说："哟哟哟！干什么呀？你要咬我耳朵呀！"

伙计照着那位说的到灶上吩咐去啦。没多大一会儿，四碗面端上来啦。一桌上放两碗，都在冒气。他这碗是冒热气，人家那碗是冒凉气。碗里有冰，还不冒凉气呀！

面往桌上一放，那位年轻的说啦："到我们北京来吃饭得懂得我们北京饭馆儿的规矩，要是不照着我们规矩吃，可别说我们这儿欺生，把他撵出去。"

狠小儿一听，心想：这没啥。你怎么吃，我就怎么吃，还露得了怯吗？

他也说上啦！"到俺们北京来吃饭，得懂得俺们北京饭馆儿的规矩……"啊！他们北京？北京人说话有他那味儿的吗？"不按俺们规矩吃，可别说俺欺生的，把他撵出去。"

他把两眼瞪圆喽，看着那张桌子，怕看不清楚，露了怯给轰出去呀！

那位说完了，把筷子一丢："我们北京的规矩吃面不准用筷子。"

狠小儿一看，笑啦："这有啥吧！丢筷子我还不会吗？"他也说上啦："俺们北京吃面不许用筷子。"

那位说："要用手捞。"

"要用手捞。"

"捞一撮面还得说句成语。说不上来的就轰呀！"

"捞一撮面还得说一句成语。说不上来就轰呀！"

那位把袖子一挽。他也把袖子一挽。就见那位伸出两手指头往面碗里一插，说："这叫'夜叉探海'。"

他也照样伸出两手指头来往热汤面碗里一插，"嚄！我的妈呀！"您想哪受得了嘛，这下儿手都烫木啦！

那位说："什么，叫妈？"

"不不！这叫夜……叉……探……海吧！"

那位挑起面来往脖子一绕，说："这叫'乌龙绕柱'。"

他也顾不得烫啦，挑起面来往脖子上绕，"这……叫……乌……龙……绕柱吧！"——脖子都秃噜皮啦！

这位又把手指头伸到面碗里说："这叫'二蕃投唐'。"

"这叫二……蕃……投……唐……吧！"心想：这回比头回还难受吧！北京人吃面这叫啥规矩咧！

那位又挑起一撮面来往嘴里一搁说："这叫'投石入井'。"

他也得来呀！他也挑起一撮面来往嘴里一搁，"这……叫……投……石……入……井吧！"好嘛，舌头都起泡啦！

那边那二位要笑又不好笑。尤其是吃面的那位，嘴里还含着一口面哪，他不能咽呀！凉水泡生面条能咽吗？要笑又不敢笑、不笑又忍不住，鼻子哼了这么一声，糟啦！面条从鼻子里出来啦！一个鼻眼儿吊一根儿。

这下儿狠小儿着急啦："哎呀，俺的妈呀！那个'投石入井'俺还没弄好哩，你这个'二龙吐须'俺可来不了吧！"

（叶利中述　叶利中　张继楼整理）

赎　驴

从前有这么一个财主，姓孙，外号叫"孙千顷"。他家有一千多顷地，钱有的是，光长工、月工就有好几十口子。

孙千顷夫妻俩跟前就一个儿子，这孩子娇生惯养，说一不二，一天到晚胡吃海塞，简直说都不知东南西北啦，您算吧，都十好几岁了，还拿尿和泥玩儿呢！你说他傻吧，往往他还自作聪明；你说他真机灵，往往他什么也不知道，笨笨憨憨的，反正都叫他傻子。

有一天，傻子要到城里玩儿去，他不认道，他叫个长工带路。他骑着驴，长工牵着，好在离城十几里地，一会儿就到啦。进了城傻子一看，嗬！这推车的、担担的、卖米的、卖面的、卖柴的、卖炭的、卖葱的、卖蒜的、锔锅的、相面的……干什么的都有。傻子看得眼都花啦，看了半天，饿啦。他跟长工说："咱回家吃饭去吧！"长工说："回家吃干吗？我领你吃去！"领到一家饭馆儿，把驴拴在外边柱子上啦。俩人往里一坐，紧靠窗户，连照顾着那头驴。长工心里想：往常我在他们家，累了一天，吃点高粱面饽饽就咸菜呀，今儿个我也解解馋吧！叫了六个菜，两壶酒，又是饭又是汤。吃完了一算账，整二百个制钱 [①]。长工叫傻子掏钱，傻子把钱掏出来一数哇，才一百二，不够哇，怎么办呢？这长工真有主意，跟傻子说："先把驴押在他们这儿，咱回家拿钱再赎出来不是一样吗？"傻子一听也对，把驴就押在饭馆儿啦。长工领傻子到家又拿了二百个制钱，到饭馆才把驴赎出来。打这天起，长工天天领傻子进城玩儿，饿了就在这家饭馆儿吃，只要是钱不够就押那头驴，回来再赎驴。一来二去的，饭馆儿的人都知道

---

① 制钱：铜铸圆形方孔，旧时币制一千个制钱为一吊。

啦，长工领傻子一进门儿，大伙儿就嘀咕："哎，赎驴的来啦！"

有一天，这傻子没找长工，他自己骑着驴进城啦，看看这儿，看看那儿，饿了，又到这家饭馆儿来啦，把驴拴在门口儿，往里坐。跑堂的一看，心里说：这不是赎驴的吗，怎么没跟着人呢？问问他。"那位没来？"傻子说："哪位？""就是天天跟着你的那位。"傻子说："他在家呢。""今儿个你吃点儿什么？"傻子说："你上我们家问问那位去。"跑堂的说："我呀，没那工夫！你到底要吃什么吧？"傻子哪儿说得上来呀！他有个傻心眼儿："你先去吧，我想想再告诉你。"傻子不是想菜，他是听听别的桌子饭座儿要什么菜，好学学。跑堂的照顾别的饭座儿去啦。傻子瞧见旁边这桌儿坐着两个老头儿吃饭，这个老头儿问那个老头儿："贵庚啦？"那个老头儿说："七十三啦。您高寿啦？""我八十四啦，快吃吧，都凉啦……"俩老头儿一边说着，一边吃着。这边傻子一听，"贵庚、高寿，快吃吧，都凉啦……"就都记住啦。一会儿，跑堂的过来啦，"你想起来了吗，吃什么？"傻子说："我要一个'贵庚'，再来一碗'高寿'。"跑堂的一听啊，当时愣住啦！心说：我在饭馆这些年，就从来没听说有"贵庚"和"高寿"这样的饭菜呀！那也得答对人家。"我们这儿没有'贵庚'和'高寿'这两样菜。"傻子一听："怎么没有？前边桌子那俩老头儿说的嘛！不信你问去。"跑堂的一听：我是得问问。走过去一瞧，这俩老头儿都快吃完啦。跑堂的说："刚才您老二位说什么来着？"其中一位老头儿说："我问他贵庚啦，他说七十三；他又问我高寿，我说八十四啦……"刚说到这儿，跑堂的就明白啦：敢情这赎驴的全不懂啊！好啦，我唬唬他，他让厨师傅给蒸一碗鸡蛋羹——就是"贵庚"；"高寿"怎么办呢？他一想：做寿都吃捞面。就给他做一碗面条吧。都熟了，端上来啦。傻子吃鸡蛋羹就面条儿。吃完了，傻子问："多少钱？"跑堂的说："你刚才不是也听见的吗？'贵庚'七十三；'高寿'八十四，一共是一百五十七个制钱。"傻子一摸腰，连一文也没有，出来得太慌啦。那他也放心，有驴顶着呢！又把驴押给饭馆啦。

傻子回到家里拿了二百个制钱又进城啦。他一慌神走错门儿啦，在饭馆儿旁边有个命相馆，进那屋里去啦！傻子一看屋里坐着一个人，戴着眼镜。他正愣神儿呢，那算卦的先生开口啦，问傻子："来人是自己算，给别人算？"傻子说："算什么？""啊——算什么都可以呀。求财、问喜，月令高低，你贵庚啦？"算卦的规矩是先问多大岁数。傻子一听心里说：我刚吃的"贵庚"，他怎么知道的？当时回答说："七十三！"那意思是贵庚七十三文。这算卦的先生一听，怎么着？长得这么年轻哪能七十三呢！又问一句："你高寿啦？"傻子说："八十四。"意思是高寿八十四文钱。算卦的一听，这岁数就更大啦！"干脆你说，你属什么的？"算卦的是问十二属相他属什么的。傻子听差啦，打腰里把那二百制钱掏出来啦："我赎（属）驴！"全错啦！

（马敬伯整理）

可鸹进京

可
鸹
进
京

我说这段相声就出在北京永定门外，离城十六里地的南苑。哪个村儿呀？这可不能说，一吵吵出去，本家儿非找人揍我不可。因为笑话闹得太大啦！

在那个村儿里住着一家大财主，老当家的姓……"锛"，叫"锛嘚儿木"！怎么这么个姓名呀？干脆，我不敢直说，只好挑个鸟儿名儿。我说出他真名实姓来，我惹不起人家呀，人家水旱田就有六百多亩，长短工就有一百多位。一儿一女，姑娘还嫁给前门外五区警察署长啦！儿子虽然十八岁了才念《千字文》，可是爸爸有钱，姐夫有势呀。起的学名儿都好听，叫鹥鹕，鹥鹕这名儿就是长寿的意思。给孩子起的名挺有意思，您没看过广告上卖那鹥鹕菜吗？可是本村的人不叫他大号，有的叫他"嘎咕"！有的叫他"可鸹"——反正都是禽兽名儿！咱就甭较这真儿啦。就叫他"小可鸹"吧！

有一年，正月初二，"锛嘚儿木"把小可鸹叫到身前。（倒口）"儿呀！你吃完了早饭，我给你穿好了你娘给你做的蓝缎子新棉袍子，戴上礼服呢的帽头儿。还给你预备了一头驴，一份褡套行李——搭在驴背上，上你姐夫那里拜年去。到了那里住上几天，看看街上走会的，再到戏园子听听便宜戏，过了节儿再回来。记住了，千万别忘了，告诉你姐夫，让他在过了'破五儿'之后，派警察来，帮咱把债催一催！听明白了不？""听明白了。"

爷儿俩一通儿紧忙活，又是牵驴喂驴，又是打点褡套……那位说："小可鸹的姐夫是外五区警察署长，住他家里，还用带行李干吗？"人家"锛嘚儿木"想得对呀，住在姑爷家，人家一定得嫌脏嫌土，住店里一天被褥钱就得花几毛，所以带行李——十几里地，小驴儿一驮，孩子一拉，怎么也省个十块八块的。一边收拾，老头儿还嘱咐哪："小儿呀，你牵着驴上了大道以后，可别大意呀！不能光往前看哪，走个三步五步的就得回头看看驴背上那褡套。就是往前走的时候缰绳也别撒开！——道儿上贼太多了！""爹！俺上不了当！""到那里别忘了拜年，拜年可不分长幼，凡比自己年龄大的，他就给你'压岁钱'——能弄多少就弄多少！"嘱咐完了，小可鸹就拉着驮褡套的小驴儿走啦！

这个小可鸹还真听他爸爸的话，一步一回头儿，差不多倒背身儿牵驴啦！就这么着还出事儿了，从南苑上了大道，走出八里地，到了大红门，在官道西边儿有个小买卖儿。干什么的？茶酒馆儿。一间小门面儿，夏天门口搭个小席棚儿，卖茶水、卖酒，有小菜儿，什么拌黄瓜、炒豆芽儿之类的。天一刹冷儿的时候门口小席棚就撤啦，屋里就添上馄饨、面条、酱肉什么的，茶、酒是每天都有。小可鸹由这小买卖儿门口路过，也不渴也不饿，他在家里饺子、酽茶，吃饱了喝足了。慢慢悠悠、溜溜达达背着身子拽着缰绳脸冲着驴倒着往北走。这个走法，引起俩人注意来了。谁呀？在茶酒馆里靠玻璃窗户坐着俩小偷儿，干吗呀？放假——喝酒哪！怎么小偷还有放假的时候呢？一个原因是过年节的时候偷了人家，让人偷了的逢年过节想起来就骂——能挨骂一辈子；再一个，过年的时候，白天晚上不是拜年的，就是耍钱的，不得下手哇！所以他们自己也放假了。

这二位，一个叫张三，一个叫李四，商量好了：要打算喝点儿顺心酒，吃点儿舒坦饭，所以就离开繁华闹市，索性出了永定门，来到大红门的小酒铺儿，把随身带来的酱牛肉、鸡肫肝儿掏出来，每人要了二两酒。刚喝了几口，张三隔着玻璃窗往外一看："四弟，你看这事可新鲜！都说张果老倒骑驴，怎么这小子也倒牵驴呢？"李四说："我看着也别扭哇！穿这么好的衣裳，倒着走，摔个跟头不全脏了吗？""看样子准是个土财主的儿子进城串门去的！这买卖要不捡可白不捡！"像那个你们要偷就偷吧！不，这俩人喝了点儿酒，还要打打赌。张三说："他这一共是两大件儿——一份儿褡套、一头驴。谁来褡套？谁来驴？"李四说："三哥，驴有四条腿儿，扛起来就走，干这活儿省劲，您来。褡套分量沉，这是力气活儿，我来。"张三说："兄弟，咱哥俩都是干这个的，谁也别绕腾谁！褡套是死物，趁他不留神，扛起来就走。驴是活物，能踢能咬，再说这小子两手不离缰绳，得等晚上才能下手，至少也得等他拴在哪儿才能下手哪！比你那褡套难得多。"李四一听，也较上劲儿来了："这么办，您来褡套，我来驴。咱得讲好喽，咱哥俩，谁拿下来怎么办，谁拿不下来怎么办。""话不是说到这儿了吗？明天东来顺吃涮羊肉，拿下来的白吃，没拿下来的交钱！"赌是打定啦。别看哥儿俩打赌，干活儿还是商量着。一商量："咱这么这么办！"商量好啦，给了酒钱，出门儿顺小道儿就绕到小可鹐前边去啦。

小可鹐倒牵着驴正走着哪，就听脊背后边儿哗啦儿一响，回头一看，离自己前边三四步远有五个大铜子儿，前边还歪歪斜斜地走着一个人，一边走着一边剥花生吃——看样子是喝多了酒掏花生把钱掉地上的。小可鹐一想："我别告诉他，喝得这样，说不定还得掉。现在连茶钱带点心钱全有啦，跟到永定门，连饭钱都出来啦。"想到这儿扭过身来，把驴缰绳交到左手，右手一伸，哈腰捡钱。五个大铜子儿也捡完啦，张三也把捆在驴身上的褡套绳儿解完啦！小可鹐刚站直，就看前边那醉鬼又掏花生了。心想：有门儿，盯着他点儿！不错眼珠儿地看着前边儿的醉鬼，就听哗啦哗啦又掉下六个来！不够小可鹐忙活的啦！"一个、两个、三个、四个、五个、六个……"捡完了一回头儿——褡套没啦！那还得了！他捡到第四个的时候，张三就扛着褡套进道边儿苇塘啦！小可鹐有心问问走道的看见谁偷去啦，除了手里牵的驴，周围一个人没有！有心叫住前边那"醉鬼"问问吧……又一想：一问他，怕给他提醒儿："我还丢了十一个大铜子儿呢！"还得给人家吐出来，更麻烦啦。越想心里越骂自己：俺爹一辈子光占便宜没吃过亏，俺他妈十一个小铜子儿就卖出一套行李去！越想越难过，一边抽抽噎噎哭着，一边垂头丧气地拽着空驴往北走。甭回头啦，褡套没啦！

李四掩护张三偷走了褡套，心里为难啦，怎么哪？自己虽然带着刀子，趁着道上没人走，一刀把缰绳割断，小可鹐立刻就能发现，绳子轻啦！其实对李四来说，这也没什么，割完绳子，上驴就跑，他也追不上。可是要逮住，罪过就大啦——那就打上个"抢"字儿啦！可是要跟到店里吧，更费手脚啦！牲口棚都在客店的后院呀！他一边想着，一边跟着小可鹐往前走。走到永定门的护城河边儿，来机会啦！怎么回事？桥头上"闸车"啦？那时候不分上下道，你来我往的，都往前抢！有时候车马一多，遇上道儿窄，就"闸"住啦！这就叫"闸车"。有时候一"闸"就是两三个钟头疏通不开。这下儿正把小可鹐

"闸"在当中间儿。前边是两辆大车，一台"地排子"，右边儿是一辆独轮手推车，后面是四头骆驼，一辆驴车。他自己拉着驴，出不来进不去。李四想：正好下手，可是不敢动。为什么？人多倒不怕，因为大伙儿都忙着找个空心过去，全都注意前边儿。唯独右边儿这手推车儿，它碍眼！它车子小哇，推车儿的不但车把不能放，眼睛望着前方找空钻过去，而且还得随时横过眼神来看看左右的货！这样，往左一偏头，就能看见李四割缰绳！李四正盘算怎么办哪！张三把褥套送到窝主儿那儿赶回来啦！李四一说，张三说："好办，我给你'护托'。"什么叫"护托"？这是行话，就像刚才李四装醉吃花生一样，就是打掩护。说着话把大棉袄脱下来，披在身上，这下儿棉袄就变"斗篷"啦！李四在驴头左边、张三在驴腰右边，张三双手一叉腰儿，棉袄就支起来啦！这一下儿推小车的，除了自己车上的货，再往左什么也看不见啦！李四手底下真利索，右手抓住缰绳，左手拿着小刀，噌！缰绳就断了！缰绳可没撒手——怕小可鸹觉着缰绳轻啊！真有功夫，右腕子一反，来个单挽扣，一下就拴在独轮车的前沿子上啦！前后不到半分钟！牵着半截缰绳一打横儿，拉着驴顺两边桥杆便道便走啦！

小可鸹拉着拴在独轮车上的半截缰绳还给别人支嘴儿哪！"哎，那个推双轮儿的，你往左磨一磨！……那个车把式！你拽一下你眼头里那个拉帮套的黄马！……你倒使劲拽呀！往哪里拽？往里手拽！你真笨！你这马，还不如俺毛驴子听话……怎么？驴也没啦！"顺着缰绳一看，那头儿在独轮车上拴着呢！"我说，你把俺驴偷走了，还让我给你拉小套儿呀?！""你什么时候把绳子拴在我车上，我哪儿知道哇！再说我就推这点儿白薯，也雇不起拉小套儿的！""那我的驴呢？""你的驴呀？冲你这件事，连我这小车都不保险。赶快把绳子解下来，追驴去吧！""俺他妈驴都没了，还要这破绳子干什么！"说完了把绳子一头一扔，哭哭啼啼就进城啦！

这回进城不用挤啦！空行人儿啦！进了永定门一边哭着一边骂："这是哪个断子绝孙的缺大德了，我上我姐夫那里告你们去，逮着你们，我亲手用我姐夫的皮带抽你们一百下子！然后押你们叫年！"越哭越骂，越骂越狠。

那哥儿俩哪，把驴送到窝主那儿，接茬儿还打赌。因为讲好了是谁拿不下来谁请客，可是俩人都拿下来啦，是个平局呀！李四又出主意啦："三哥，这次不算啦，您要能把他那蓝缎子棉袄弄下来，明天咱还是东来顺儿,我掏钱。"张三说:"兄弟,大冷的天扒他棉袄,我没那能耐,认输了。你要能弄下来,涮羊肉我请。""不是吹,我连礼服呢帽头都拿下来,换几头糖蒜吃!"说完,这哥儿俩就追进城去啦!没到天坛就追上啦。小可鹄连擦眼泪带骂,走得慢哪!李四说:"三哥,您坠着他,我马上就来。"说着话跑前边去了!上哪儿啦?到天桥儿一家出租棉被带赁孝衣的小店儿去了。那位说:"怎么孝袍子还有赁的?"那时候穷人家死了人,做一件孝袍子,没三块两块的下不来。等人一埋了它又没什么用,做被里不够,做衣裳里子又嫌丧气。莫若几毛押金赁一件儿,五个大铜子儿一天。亡人一入土马上退回去。别看布都糟了,可总是洗得挺干净,这也算给老人尽了孝,省得亲友笑话。李四花了六毛零五个大铜子儿租了一件孝袍子、一顶孝帽子。自己穿戴好,就追下李三坠着的小可鹄去啦。这才多大工夫儿哇,到了山涧口儿,就见张三在那儿等着哪!"那小子哭着进口儿往北,顺刷子市儿走呢,你到珠市口顺刷子市儿北口往南迎他正好儿。"果然,李四跑到刷子市儿进了北口,对面儿小可鹄擦着眼泪骂着往北走哪!"你们得不了好死……呜……等我到了瓷器口我姐夫家里……见着我姐夫……呜……"走近了,李四搭茬儿啦:"大兄弟,大新正月的哭什么?""我哭?这事搁在你身上,你也得哭!我这么一会儿东西全丢了!呜……""丢点儿东西就这么难过呀?你看,我爸爸今儿早晨咽的气,现在才报了一半儿丧,磕了八十多个头。还差一半没磕完哪,我都没你这么难过。你到底有什么事呀?""你跟俺不一样,你爹死了花多少钱,也是有明处里呀,可俺丧那个财,都不知道归谁呀!呜……也不知道哪个王八蛋偷了去啦。""年轻人不要骂街!都丢了什么?在哪儿丢的?我可以给你帮帮忙。"小可鹄就像见着亲哥哥一样,连哭带诉地一说:"俺爹是南苑的大财主,俺姐夫是外五区警察署长……"把经过一说,李四点头咂嘴地听完了。"大兄弟,你别着急,不是跟你吹,我家在北京住了八辈儿了,可以说是老北京了。特别是南半城儿的,三教九流,我没一个不认识的。你要是在永定门里丢的东西,我敢保险,连个别针儿也少不了你的。要是永定门外头丢的……那不是王五、就是赵六干的!这事好办,他们虽然在城外头作案,可他们在城里头住家。我领你先找王五去!找着以后,我先出头,平心静气地好说好讲,他还回东西来便罢,他要不给,咱俩一人揪他一个袖口,打官司!"小可鹄一听:这个高兴啊!心里想:俺先跟他认认王五的门儿，就是把东西找回来，我也叫我姐夫好好治治他们！"大哥！你真是好心人哪，你贵姓？叫什么大号？""免贵姓梅，没大号，小名叫影儿。""哈哈，梅影儿，这名字挺好记的。我就叫你梅大哥吧。""好说。走吧。"说着话拐弯抹角儿，把小可鹄带到一条头东尾西的胡同里，用手一指路北的黑门儿："王五就在这院儿里住，我先进去。"说着话一撩孝袍子，刚要进门儿，腿又抽回来啦！"不行，王五在后院住。我穿着重孝，一由前院走，大年下的，谁看见不骂呀？""那咋办呢？""这么办吧，你先把棉袄借给我穿上，等把东西要回来，我再脱给你。"小可鹄要东西心切呀！马上自己解纽袢儿，脱下棉袄就直哆嗦——那是丝棉的！李四说："大兄弟，有点冷吧？"说着话把自己的孝袍子脱下来塞在小可鹄手里啦！"别看是单的，它是白粗布，多少也搪点儿寒！"——有拿孝袍子搪寒的吗？也搭着小可鹄冷迷糊啦，接过来就穿上啦。"这顶孝帽子我戴着进院儿也不合适。"——不容分说，帽子也换啦！"大兄弟，你等一会儿，我不到十分钟就把东西弄出来。"说完进院儿啦！要说真守信用，哪用十分钟啊，一分半钟就出来啦！不过是从后门儿出来啦。那地方是北京常有的穿堂门呀！小可鹄还在前门儿傻等哪！从中午十二点，一直等到下午三点啦！您想啊：蚕吐丝的大棉袄，礼服呢絮鸭绒的帽头儿，一下子换了洗得精薄儿的大五福孝袍子、孝帽子，三九天谁受得了啦？冻得小可鹄在胡同里直跳舞！怎么他还有心肠跳舞？不是，他身上一冷，脚也冻得慌，上下身儿都得活动着！（动作）"十分钟！……八个十分钟！……也过去了！怎么……还不出来？"——鼻涕眼泪都冻下来啦！有那过路儿的一看他这模样儿，这身穿戴儿举动儿。心里还夸哪："罢了，养儿子还得要这样儿的，老的死了，不但泪流满面，身穿重孝，而且急得在胡同里直蹦呀！"他哪知道是冻的呀！眼看着四点过啦——太阳都压山儿啦，小可鹄实在绷不住了，堵门口喊上啦："梅（音模）大哥！梅（音模）影儿！"嗓子都喊干啦！这时候前院住着一位，头天老婆孩子回娘家啦，他打了一宿牌，天亮以后，吃饱了喝足了，睡得太香啦！下午三点半困劲过去点儿啦，可还是懒得起来热年饭吃，四点多点儿就听门口有人喊，刚睡醒，听不明白喊什么。披上小皮袄儿开开屋门嘟嘟囔囔就出来啦，"大白天的喊什么？街门又没关着……"一抬头，吓一跳！"这人怎么哭哭啼啼穿着孝袍子？这是我哪家亲戚朋友家出丧事啦？"仔细一看——不认识。这火儿大啦！

"嘻！孙子！大年初二的，你在我家门口儿嚷什么呀？"小可鹄就把经过一说。这位就明白啦："傻小子，你又上当啦！我们这院是个穿堂门儿——人家早从后门走啦！你刚才说你姐夫不是警察署长吗？快找他去吧。他正管这事！"这一说给小可鹄提醒了！抹头就奔瓷器口他姐夫家去了。一路上越想越委屈，越委屈就越哭，到他姐夫公馆，一看大门关着哪，他倒按电铃啊，他全忘了！一边使劲敲门，一边连哭带喊："姐姐……呜……快开门哪！"当！当！当！他姐姐因为他姐夫陪姨太太赴宴去了，她约了几个邻居在正屋里打牌呢！忽然间听门外头连哭带骂直敲门。心想：谁敢这么大胆子到署长公馆来闹哇？听差的又放假回家过年去了。只好自己开门。到街门这儿拉开插关儿一开门，吓坏了！看兄弟穿着重孝，戴着孝帽子，心想这可是不祥之兆哇！小可鹄可见着亲人啦，号啕大哭哇："姐姐呀！了不得啦，呜……"哭到这儿，猛然想起拜年来啦！趴在地下一边磕头一边叨唠："了不得啦，全没啦！哈……"他姐姐更难过啦，这不是报丧吗？——孝子头满街流呀！心想：上月我回家拿大黄米去，二老爹娘还全挺结实哪，怎么不几天就全没啦？我得问问谁先死的。想到这儿擦擦眼泪："兄弟，先别着急。我问你，是爹先没的，还是娘先没的？""哪里呀！先没的褥套后没的驴！"

（于世德述）

搓儿淘气

在说这段相声之前，我就先考考您这个"搓（zī）"字儿。不论哪位能认出来，写上来，我也不管您是编字典的专家，或者是选《辞源》的能手，我都请客。不过，听过我这段相声的观众，可别说出来，您一说出来就没意思啦。我专唬没听过的。这"搓"字，既不见于字典，又不见于《辞海》。可我一说出怎么写法来，它为什么要这么念，您还得信服。"嗯，有道理。"

从哪儿说哪？清代有两位秀才逛陶然亭——北京人管那儿叫窑台儿，因为那地方并不"陶然"。那地方芦苇丛生，荒冢遍地。那为什么文人墨客还爱上那儿去呢？它在清代是北京闹市之中的一块清静之地呀，吟诗联句做文章的好地方呀。穷秀才出城往远处什么西山八大处呀，去不起。咱还说这"搓"字吧。那天，两位秀才一位姓张一位姓李，走到陶然亭的一个窑坑边上，李秀才无意中抓了一把苇子梢儿，就听"搓"的一声，张秀才跟他开个玩笑："李仁兄，小弟素来敬佩你博才多闻，现在有一字不知如何书写，请仁兄指教。""贤弟，不知所问哪个字？""适才兄长手捋芦尖，弟听到'搓'了一声，不知这一'搓'字怎样写法？请仁兄赐教。""这'搓'字嘛……"也确实没这字！到底是念书人，他愣给编出来了！"啊……这'搓'字……上边有个草字头儿，苇子属草本嘛！你要用竹字头儿也行，古代草字儿头跟竹字头儿是通用的。下边……嘛，左边是提手儿，因为我用手捋的，右边上头是个'水'字，它长在水面儿上，底下……就得是个'土'字喽，它根儿在土里呀！对！草字头，提手儿，上边水，下边土，这字就念'搓'儿！"——您常听相声不长学问才怪哪！

那位说:"你可别胡诌啦。"这可不是胡诌,有这么个人,他小名就叫"小搽儿",这个"搽"字的来源就是他说的。这老头儿要是现在还活着,到今年腊月二十七整整一百零五岁!不信您问他去!

这是说笑话儿,不过我说的这"搽儿"确有其人。据他说,他就是那个李秀才的儿子,不但他父亲好开玩笑,他小时候也够淘气的。

他十一岁的时候,梳个小辫儿,那时候小孩儿的小辫儿也挺讲究哪:留在脑门儿的叫"刘海儿",在后脑勺的叫"坠根儿",在左右两边的叫"歪毛儿",天灵盖上的叫"木梳背儿"。他这小辫儿,也留在天灵盖上,不过不是月牙形的,是滴溜儿圆,这就不叫"木梳背儿"啦,用红头绳一扎,冲天立着,这叫"冲天杵"!您想,一个小白胖小子,再有这么个小辫儿。谁见着不稀罕哪!遇上和善的叔叔大爷,过来扒拉一下:"小搽儿这小辫儿真漂亮啊!"完啦。可是遇上那讨厌的人,小搽儿就倒霉啦,过去伸手一攥:"他妈的,叫二叔!不叫二叔不撒手!"您想,手上有汗哪,三回五回这辫绳儿就变成黑的啦!回家老挨姐姐埋怨。把小搽儿实在挤对急了,这天问他姐姐:"姐姐,你那绣花针哪?我手扎了个刺儿,拨一拨。""在小纸盒里,自己拿吧。"小搽儿趁他姐姐没留神,拿了四根,一个刺用四根针?不,他有用。到镜子前边儿,用新红头绳扎上小辫儿,然后,奔儿!奔儿!奔儿!前后左右四根针全插在小辫儿里啦!一头儿露出半拉白米粒儿那么大的尖儿,猛一瞧,还真看不出来。收拾好了就上街了,刚出胡同口,后边就跟上来一个,话到手到,"小子!叫……二……你这小辫儿出蝎子啦?"又过来一个,刚要伸手,"大哥别动他!这小子扎手!"从那以后,小搽儿扎手这名声就算出去了。

这件事让小搽儿长了个见识:对这类人就得这么治他们。他们胡同口有个小铺儿,卖点儿油盐酱醋,买卖虽小,可收利挺大。怎么?他不但少给分量,还往酱油、醋里兑水。小搽儿同院住着一位光棍儿老头儿,腿脚还不好,小搽儿经常替他买东西。有一年秋天,老头儿想自己买盐腌点儿咸菜,冬天省得总托小搽儿跑街啦。老头儿拿着口袋找小搽儿,想托他跑一趟,小搽儿没在。老头一看,天气挺好,自己去一趟吧,也活动一下身子骨儿。慢慢地走到小铺儿,称好盐往回走,一边走一边想:这十斤盐怎么这么轻啊?到家里拿秤一称,才八斤四两,少给一斤多!老头儿提着盐又到小铺,耐着性子跟掌柜的说:"刚才你也许看花眼了,我回家一称,少了一斤多……"掌柜的答复太可气啦！双手一叉腰，阴阳怪气地："老爷子，您可别这么闹，您的盐要不够吃，咱们这些年的邻居啦，我送您三斤二斤的都可以。您这么一来，我倒不能给您啦，我要是给您，人家也不知道是您半道上撒啦，还是您回家倒出去啦，还是我真给少分量啦。不清不白的我这块'童叟无欺'的牌子砸了可犯不上！实话告诉您，赔点儿本儿我不在乎，可这坏名誉我可担不起。"把老头儿气得胡子都撅起来啦！"我也别跟他怄气啦！"哆里哆嗦地就回家啦。掌柜的指着老头儿背影还跟看热闹的卖山音^①哪："真是倚老卖老！"老头儿进院，小撅儿正在院里站着哪。"小撅儿，你上哪儿啦？""我上学啦。您脸色怎么这么难看哪？""撅儿，别提啦！"叹完气，怎么来怎么去一说。撅儿听完了劝老头儿："您别生气啦，看样子，这一斤多盐是找不回来啦，他不是说'赔点本儿不在乎'吗？这么办，出不了三天，我叫他大赔赔本儿，给您出这口气。"老头儿说："他那么刻薄，你能让他赔本儿？""您就听信儿吧！"当天晚上十点多钟就听掌柜的在胡同口骂上啦："这是谁这么缺德！三更半夜的，我不但一斤香油没啦，一只新缎子鞋也搭上啦！"怎么回事？小撅儿办的！这天晚上掌柜的把小徒弟打发回家，自己留下守夜儿。怎么放着学徒的不用，自己守夜呢？您想，柜台里又是糖，又是虾皮儿咸菜的，他怕孩子偷着吃呀！他上好了护窗板，扣好了小洞门儿，那时候做买卖的都在护窗板上安一个一尺多高、八九寸宽的小洞门儿，为的是夜里买东西的一敲窗户，不用开大门放人进来，把货收拾好了，隔着小洞，一手钱一手货把东西卖出去。像什么要钱的呀，有病人的呀，半夜里来人去客的呀……他专卖这些人的钱。因为你夜里买东西必是急用，没那工夫分斤掰两，这也正是他掺虚兑假给小分量的好机会呀！他扣上小洞门儿刚躺下，就听有人撞护窗板：咣当当！"掌柜的，打二斤香油。"谁呀？小撅儿！小撅儿有手儿能耐刚才忘了跟您说了，他往回一憋气，说话那嗓音能跟大人一个味儿。"打二斤香油！"掌柜的一听可高兴啦：我正琢磨酱油醋能兑水，白糖里能兑馒头渣儿，香油里可兑什么呢？这黑更半夜的不正是兑我这半壶剩茶的好机会吗？他打回去倒在碗里只要没下锅就看不出来！想到这儿，也顾不得找白天做买卖的旧鞋了，登上新买的缎子鞋，顺小洞接过油瓶子来，插上漏子，拿起油提，提溜出一斤油来往漏子

---

① 卖山音：大声自言自语，故意使别人听见。

里一倒，哗……全洒脚面上啦！怎么倒事呀？这油瓶子它没底儿呀！底儿哪？让小搓儿给凿下去啦。

有一次有个唱大鼓曲儿的韩大瞎子把小搓儿得罪了，其实这事与小搓儿一点儿关系没有。韩大瞎子是连唱曲儿带算卦批八字儿，唱曲儿倒没什么，这算卦，批八字儿可缺德啦！特别是批八字儿。那时候迷信，男女双方订婚的时候，都请他们给批八字儿，看看属相犯不犯，五行合不合，他就一通儿瞎白话，可婚姻成不成还全凭他一句话决定哪！要不怎么叫迷信哪，你迷迷糊糊地就信他的啦！不知道坑了多少年轻男女啦。

在小搓儿住的那个胡同里住着一个黑妞姑娘，十八岁，别看名字叫黑妞，长得可漂亮，而且是炕上一把剪子，地下一把铲子，剪子是大裁小铰，铲子是做饭炒菜全拿得起来。小搓儿同院还住着一个小伙儿，靠做瓦木活儿为生，为人是勤勤恳恳厚厚道道儿，他跟黑妞从小儿一块儿长起来的，从小儿真是青梅竹马、两小无猜，长大了也是互相关心，真是天生的一对儿。街坊有那好事儿的就对双方老人提这门子亲，两边老人哪，也都不想高攀亲戚，一说就妥啦。请韩大瞎子一批八字儿，吹啦！小伙儿比姑娘大三岁，属虎，姑娘属蛇，韩大瞎子愣说犯忌——蛇虎如刀铧！成亲后不但妨父母，而且自己一辈子也断不了大凶大难！那还不吹！怎么回事呀？在隔一条胡同住着一个流氓钱四爷，四十多岁，吃喝嫖赌，无所不为。后来靠要钱闹鬼儿起家。在他媳妇活着的时候，他就惦记上黑妞儿啦，后来媳妇一死，他就托媒人上门说亲。人家黑妞儿的父母是守本分的人，几次都婉言谢绝啦。他想了个主意，用钱把韩大瞎子买好了，用利嘴毒舌先破了那一门子婚，然后又花言巧语夸钱四爷怎么福大量大造化大，怎么有财长寿，将来钱四爷活到八十多，黑妞也六十多啦，一样白头到老……老两口儿一时糊涂上了当。姑娘过门第三天就喝大烟死啦！那条胡同没有不恨韩大瞎子的。小搓儿早就想治他一下。这天韩大瞎子又过来啦，带着个伙计也是个双失目，叫二瞎子，他在前边打着鼓，大瞎子在后边弹着弦儿，往前蹭着走，乐器干响，就是不唱。他怕唱完了听主儿不给钱，得敛够了才唱哪！正蹭着哪，小搓儿带着小五儿、铁蛋儿由对面过来啦，小搓儿又把嗓音憋粗啦："先生，你们都会唱什么呀？"韩大瞎子耍开油嘴滑舌啦："跟您回：小段有《天官赐福》《百鸟朝凤》《百寿全图》《王子求仙》——全是吉祥的。长书有三列国、东西汉、水浒、聊斋、济公传、大五义、小五义、五女七贞、西游记、施公案、金钱镖、洋鬼子吊膀、大皮包！"这都是什么乱七八糟的！那位说：他会那么些书吗？你想，批八字他能编鬼话，在书里瞎编点什么，那不是手到擒来嘛！小撅儿一扭脸儿："进喜儿呀！"小五儿搭茬儿啦："伺候您哪，二爷。"那时候当差的称呼管家二爷，"你回府里问问大少爷听曲儿不听？""是！"小五儿一转身，加重了脚步，噔噔噔跑出胡同去啦。出胡同就不跑啦，找块石头坐下耗时间。韩大瞎子想：当管家的都有跑道儿的，这宅门够阔的，得好好伺候。约莫过了一刻钟，噔噔噔，小五儿又跑回来啦，喘吁吁的："回二爷，赶巧啦，今天是六月十四，老爷的生日，少爷正给老爷拜寿哪。我一问少爷，老爷也高兴啦，说今天不听戏啦，要听一天书，多花俩钱儿没关系。""进喜儿呀，你先别忙，我问问他们。""先生，你们有功夫吗？""跟您回，功夫可不敢说，不过我们哥儿俩从小就练的这行。""我怕你们顶不下全天来，惹我们老爷不高兴。""二爷放心，您先恕个罪儿我再说：只要老爷有兴致听，甭说一白天，就是三天三宿我们也不带住嘴儿的。"

"那好，这一天唱下来，我做主啦，给你们五两银子，老爷高兴再赏多少我就不管啦！"韩大瞎子这美呀，他这辈子除了钱四爷给他那四两银票之外，哪儿摸过成两的银子呀！"我们哥儿俩先谢谢二爷啦！""好，你们别弹了，也别敲啦，免得半道上有人让你们唱，你们不唱得罪主道。""对对对，还是二爷想得周到。"这俩人把弦子、鼓一夹，挂着马杆儿，戳答戳答跟着小撅儿他们走下来了。"往左拐……往右拐……再往右拐……到了。"带哪儿去啦？后街有个关帝庙——带那儿去啦！带到庙门洞里。"你们先在门洞凉快凉快，进喜呀！"小五答："哎！""进福哇！"铁蛋应："在这儿。"韩大瞎子一听："俩哪！"当差的出门就带俩随从，这家够阔的。"走，你们俩跟我进去回一声去。""是！"小哥仨进院几步就停住了，听这俩瞎子说什么。韩大瞎子一听没动静啦，就张嘴啦！"我说兄弟，咱这人算卦虽然是瞎白话，可运气这玩意儿还真有。去年冬天，咱不能上街唱曲，给钱四爷成那门亲，就挣了四两银票，一冬肥吃肥喝儿。今天又遇上这档事儿，咱俩进门先别唱，张罗着拜寿，连书钱带赏金怎么也得弄个十几两。"二瞎子说："大哥，您先别高兴哪，我总琢磨有点蹊跷。那么大宅门儿，过生日不请京班大戏，找俩瞎子说一天书？"韩大瞎子一听也有点含糊啦："对呀，别是谁插圈儿弄套儿涮咱们，回头咱问问是真的假的……""您又错了，一问，人家一生气，再给咱轰出去！若是真的，那不是到嘴的烧鸭子又飞了吗？我有个主意，咱进院以后用步量着点儿，要是步数多，是深宅大院，阔人家没错儿啦，要是几步就进屋哇，那绝对是蒙咱们，唱完了不给钱。咱就抢马杆儿呀！"韩大瞎子说："对，咱先量量门，你往左，我往右试试几步摸着大门。"说完了两人背对背就迈开步儿啦，不多不少每人走了七步才摸着两扇大门，十四步起码有一丈四宽，走骡子车、八抬轿是不费事的，二瞎子在门板上一划拉，吓得一吐舌头，怎么？上边有小馒头那么大的几行门钉。清朝没有做过官儿的人家，是不许钉门钉的！虽然摸着漆皮子脱了不少，这更证明这是一户殷实人家，不愿意豪华外露。他哪儿知道，这座庙早就断烟火啦，连和尚都跑啦！除了正殿剩了半间，门洞临街没人敢拆以外，配殿、院墙都坍、塌、倒、坏啦，再加上附近无赖地痞用窗子的拆窗子，用砖的搬砖，现在名儿叫庙，只剩下关公、周仓、关平这爷儿仨孤苦伶仃地在半间破殿里忍着哪！瞎子哪儿知道啊！这时候搓儿过来啦："老爷叫你们进宅去唱。""好好好！"瞎子马杆儿点地刚要迈步。"别忙，把马杆头儿给我，我拉着你们。"他干吗拉着啊？瞎子的马杆儿是代替眼睛使唤的，他是往前点一下儿，左右再横划拉一下，探出来前边确实没有水坑，挡模儿，然后才迈步儿哪！这时候要让他随便划拉，地上有的是砖头瓦块儿，大宅门院里哪有这玩意儿呀？瞎子非起疑心不可！小搓儿心里知道瞎子绝不轻易把马杆儿给外人的，怕把他拉沟里去，对瞎子解释得有条有理："先生进去得留点神，我们老爷脾气特别大，从大门到后厅，这么大院子，几万棵花，都是他亲手栽的，上次进喜踩倒了一棵墨菊，整让他跪了一头午！你的马杆儿要是给碰掉一个花叶，就算他原谅你们是失目人，心里也不高兴，赏钱就不能多给了。"瞎子一听有理，"好好好。"就把马杆儿递过来啦。小搓儿接过马杆儿就顶脑袋上啦！干吗不拉着啊？您想，小搓儿才十一岁，个儿矮呀，成年人拉着马杆儿是平的，小孩儿拉着，马杆儿前边往下斜呀，那瞎子立刻能明白是小孩儿糊弄他。不言不语马上使劲抽回马杆儿来就抢！韩大瞎子心黑手狠是出名的，这几条胡同的小孩儿没挨过他抽的太少啦！要没有他害黑妞这事，小搓儿也不招他，所以没挨过他抽。就是这次想治他，自己也留着八分神哪！马杆儿放在脑袋顶儿，用手扶着——跟大人拉马杆儿的尺寸一边高！二瞎子拽着大瞎子衣襟在后边跟着。小搓儿一边领着走，一边跟他们聊："我们老爷不爱动，就爱静，平常顶大就是种种花，连话都不爱说。在后宅听书，他嫌太乱，光拜寿的连孩子带大人百数来口子，所以带着两位少爷到前书房来听。这样也好，你们二位少走不少路哇！"瞎子这会儿光惦记着早点见着早拜寿，好领赏钱哪！嘴里"好！好！好"地跟小搀儿进正殿了。小五儿早把供桌前头那小块地方扫平啦，铁蛋从家扛的二人凳放在院里啦。搀儿说："到啦，来，先见见老爷！"哪位老爷呀？关老爷呀！关帝庙可不是供关老爷吗？俩瞎子趴在地下就磕头："祝贺老爷千秋之喜，福体安康！"嘭嘭嘭，每人磕仨头！"老爷叫你们起来哪，你看我们老爷是不是不爱言语？光摆摆手，连'免礼'两字都懒得说。"其实老爷真要说出话来，连小搀儿也得吓跑喽！"见见两位少爷。"瞎子又给周仓、关平每位磕仨头！这九个响头磕得两瞎子脑袋嗡嗡的！"来，你们二位先出来，后厅正开席，椅子全占上啦，你们先坐板凳上吧。"两瞎子脸朝北，背冲南，六月十四的中午，天上连个云彩丝儿都没有，毒花花的太阳一点儿没糟蹋，全照顾这两人的后脊梁上啦！"你们先等等，我去请示一下老爷听什么，点下题目来你们再唱。还告诉你们，我就在你们旁边，有什么事也别喊我，老爷爱静，不许喧哗。咱们定个暗号儿，有事你们就连咳嗽三声，我就过来啦。我先进去一趟。"说完进正殿啦。过一会儿出来啦："你看我们老爷真是'贵人语迟'呀，就说一句：'赏银每人五两。唱完了到账房儿一块儿领。'题目老爷写在单子上啦，我给你们念念：'小段《百寿全图》，长书挑拿手的唱，卖力气另有赏。'"俩瞎子相互用胳膊肘一捅，高声答应："是是，一定卖力气！"他定的弦比平常高俩调门儿，唱的时候是声嘶力竭五官挪位呀，把吃奶的劲儿都使出来啦！好不容易把《百寿图》嚎下来啦，连晒带累，就觉得嗓子冒烟儿，渴得要命，咳嗽都使不上劲啦。勉强咳嗽了三声，小搀儿从庙门洞儿的阴凉地方跑过来啦。"先生干什么？""我实在渴啦，您给我找杯凉水喝。""不行啊，这阵厨房正忙，挤不进去呀。这么办吧，我们老爷听唱入迷了，连茶都忘喝啦。我给你偷出一碗来吧。""好，谢谢。"小搀儿转身进殿，心里想：哎呀，让大瞎子喝点儿什么，我早就想好了，可使什么盛呢？……怎么忘了呢？……有啦！什么哪？香炉！关公供桌上的香炉太大，周仓、关平脚底下那香炉有饭碗大小，正合适！他把香灰倒出来，拿着就出庙门奔隔壁马车店了。马棚里等了一会儿，有匹马撒尿了，他赶快蹲下身儿，满满当当接了一香炉。俩手捧着来到大瞎子跟前低着声说:"你真有福,今天正赶上沏的是云南普洱茶,对上了西湖龙井,又加了蒙古奶酪,要不是他的生日,说什么也舍不得沏呀!现在正酽,不过,你们喝惯了两小子儿一包儿的茶叶末了,恐怕喝这个不对味儿。不过,能喝就喝,不能喝就等一会儿,我给你们找凉水。""行行,您给我吧。""可惜你眼睛不好,要不,你饱饱眼福,就看我们老爷这茶碗,别看瓷儿糙,就像没挂釉子似的,可这是唐明皇用的御碗,好几年了,也就是我们老爷这茶叶,才配得上使这个碗哪!"为什么他这么夸香炉呢?他怕瞎子摸出来呀:"什么碗?粗个拉的?"一起疑心,不喝啦!瞎子早渴急啦:"您递我吧,我饱不了眼福,也饱饱手福……""可是还有一节,这茶,你喝着不对味儿,可也别吐,旁边都是花池子,吐上我可担不起!特别是这碗可别摔了!""您放心吧,一定不吐不摔!"说着把香炉接过来,咕咚,就是一大口。啊!这滋味儿,简直就没法说。真是又咸,又臊,又涩!在嘴里干打滚儿,不下去。想吐,又怕吐到花上,使足了劲一扬脖儿,一将喀拉脖,总算是咽下去了,差点儿没憋死!刚才他们说的话,二瞎子全听见啦!心想:大哥,你快喝几口,我好喝呀!这通儿连弹带晒也渴得够呛啦!怎么喝一口就停下啦?干吗?品滋味哪?你品滋味儿,我受得了吗?"大哥您别耗着啦,您要嫌烫,我先喝两口儿!"大瞎子心想:我这是嫌烫啊!你不是多嘴吗?给你!"不烫,正可口儿,你要着急你先喝,不过得给我再留点儿!""您放心,我决不能独吞!"二瞎子接过香炉来:咕咚!——这口比那口大得多!什么滋味儿?跟大瞎子一样!费好大劲咽下去啦。

"大哥,这茶怎么这滋味儿呀?""二爷说是云南普洱茶跟西湖龙井掺着沏的……""那也不能这味儿呀?""咱请二爷来问问。"咳嗽了三声,三声啊?三十声也没动静儿,小搓儿哪?二瞎子嘴刚一沾香炉,搓儿就拉着小五跑啦!铁蛋躲在正殿没走,干吗?等着俩瞎子站起来,往回扛板凳啊!俩瞎子咳嗽了半天,没人搭茬儿。"兄弟,我看今天这事是怪,办生日既然来了好几十口子,就算院子深吧,也不能一点儿响动都没有哇!再说二爷给咱送了一碗特别茶,怎么马上就不照面啦?我连咳嗽了三八二十四声,他也没搭茬儿呀。"二瞎子说:"咱叫叫他吧!"(低声)"二爷!二爷!"(中声)"二爷!二爷!"(大声)"二爷!二爷!"——没人答应!是呀,小搓儿他们早就躲在庙门外边看热闹哪!"大哥,不对呀!刚才我琢磨了,咱们来的时候,先走了一百多步（动作直行，后几个都用动作表达）就往左拐，又走了三百多步往右拐（动作），又走了几十步还往右拐（动作）！（用手比画）左、右、再右！——这……什么大宅门儿呀！这不是后街的关帝庙吗？"哎呀，这可损透了！甭说，刚才咱喝的那个，不是羊尿就是马尿哇！""差不多，嘻！什么唐朝碗哪？这是香炉哇！你摸，这不还有香炉耳子哪嘛！""这是哪个小子这么损哪？咱哥们儿可没吃过这门亏！走！上街骂去，谁要敢搭茬儿，就用马杆抢他！抢倒了，你就揪住！我上去连抓带咬，然后打官司，让他包赔损失！""对，这不算完，咱再请钱四爷找几个人上他家砸去！""对！"说着话把弦子、鼓一夹，拄着马杆儿出庙骂去啦！这边儿哪，铁蛋把板凳扛回家，追着小撅儿看热闹来了。就听韩大瞎子哑嗓子骂得正欢哪！"这是哪个王八蛋！让我们晒着太阳唱大鼓！碰头还不算，还给我们马尿喝！谁办的谁站出来，不站出来我就骂他八辈祖宗！有种的从你那兔子窝里爬起来！"嚯，越骂越气粗，越骂越下流。什么肮脏话都骂出来了！把铁蛋骂火儿啦，要过去揍他们，让小撅儿给拦住了："有办法不让他骂，跟我来。"说着领铁蛋儿到一棵垂杨柳底下，踩着铁蛋肩膀儿，撅下一根二尺来长的干树枝儿来，在胡同旮旯儿有一泡小孩拉的干屎橛儿，用树枝一插，长短儿，跟韩大瞎子的嘴一边儿大！蹑足潜踪地举着，在他前边随着走了几步，韩大瞎子还骂哪！"你要不爬出来就是大……"下边儿要骂"大伙儿的孙子"，"大"字儿不是得张嘴吗？刚一张嘴，噌！屎橛子塞嘴里去啦！（动作）偷偷吐出来啦！心想：我这对头够厉害的！我再骂，还不定得逮什么苦子哪！先别言语啦，等今儿晚上请钱四爷给查查，查出来再报仇吧。后边二瞎子不知道怎么回事呀，直捅他大哥："怎么不骂啦？"大瞎子有苦难言哪！"那什么……我这嗓子太干了，歇会儿再骂吧。""那可不行，您出了气啦，我还没出哪！"大瞎子一想：马尿咱俩一人一口，这种美味儿你不尝尝，就对不起你啦！"好，那你先骂着，你骂累了我再接过来。"二瞎子又接着骂，骂得比大瞎子声更大！小撅儿跟小五、铁蛋儿在离他们八丈多远看这俩人折腾哪。坏啦！怎么回事？后边有个人正盯着他们哪。谁呀？看街的张三。清朝没有警察局派出所，在几条胡同之内，安一个打更的更房子，里边有个主事的，白天围着他所管的地方转转，晚上住在那儿值班，就管点儿什么贼情盗案，口角纷争之类的事。大事管不了，小事不管了。要在往常，晌午——正睡晌觉的时候，他也就不管了，可是他听着外边越骂越不堪入耳。这不行，堂堂京都，这有伤风化呀！拿着鞭子就出来啦。顺着音一看：俩瞎子正骂哪！一会儿就看小撅儿用树枝插着个小屎橛儿，给瞎子塞嘴里啦，瞎子马上就不骂啦！他想：甭说，这俩瞎子准是惹着小撅儿啦，要不，哪儿有这么治人的。可是自己是当差应役的，事儿又出在自己的地面上，不能管。要是一般的小孩儿，一人抽一鞭子给轰跑了，等瞎子骂乏了，没人搭茬儿，也就算了。可这事，他打怵。其中有小撅儿呀！前年因为小撅儿的小辫儿扎了他手心，他用鞭子杆儿抡了他两下儿，后来就听说小撅儿要让他报应，开头他还不信，不到一个月真报应啦！怎么回事？在清朝看街的都偷蜡，那位说："看街的碍着偷蜡什么事啦？"您听我说呀，看街的每月领一百五十根红蜡，那蜡跟咱现在用的洋蜡不一样，每根粗下里有一寸多，长里有半尺，上秤一称半斤多，天一黑就点上，点着之后，插在更房子门口的木头架子上的"气死风"灯里。什么叫"气死风"灯啊？是一个用竹披子扎成的二尺半圆，一尺多高的灯笼架儿，外边用红绢纱糊上，为什么用绢纱呢？因为它透光，透气，不透风，刮不灭，故此叫"气死风"灯。晚上点它干吗？半夜里谁家要闹贼啦、着火啦，到他那儿汇报去！按规矩得整宿点着，每夜五根儿。可是谁那么干哪？只有夜里官儿来查夜巡逻，他才点哪。他怎么知道查街的什么时候来呀？那时候查街的是二十来个官兵，都骑马，老远就能听见，等一听见马蹄声响，点着蜡，谁知道是天一黑点的，还是刚点的？一点儿也不晚。一会儿查街的过去再吹了，不过他吹了可不敢拔，你刚拔又来，他下回来啦，那就来不及啦！有一次月末，张三把余下来的二十九根蜡换了酒，把领来的新蜡插好一根儿，想起来还没有下酒菜呢，上街买点猪头肉去。他刚走，小撅儿他们就来了，小五、铁蛋儿在东西口放哨，小撅儿把灯罩起开把蜡拔下来揣兜儿里，然后掏出一个跟那根蜡粗细长短儿都一样的玩意儿给换上啦！什么呀？特别的麻雷子！周围滴了红蜡油，往蜡座上一插，跟真蜡一模一样！他也完事啦，张三也回来啦，唱唱咧咧地把酒烫上，找出筷子，坐在炕上，刚要斟酒，就听西边马蹄子响。"嗯？今天怎么来这么早哇？也许不是吧？不！还是慎重点儿好。"赶忙下地找着火纸——这马蹄声进西口啦，他点着火纸，托起灯笼罩儿往里捅，就听嘭！进口的官兵由马上掉下仨来！灯笼也碎了，火儿也灭啦！为这事张三挨了五板儿！从那以后这看街的张三见着小撅儿也得让他三分。小搓儿哪，见着张三也是客客气气地老远叫三叔。这回这事让他赶上啦，虽说前半段他没看见，可是听瞎子骂，也猜个八九不离十了。心说：这小搓儿也真有一手儿，那么刁的韩大瞎子让他治得又喝马尿又咬屎橛呀！今天我倒要看看他还有多大本领。想到这儿，他鸦默雀静儿地绕到他们后头，伸手就要抓小搓儿的小辫，刚伸出一半就停住了，"不行，这孩子扎手！"把手往下一耷拉，揪住小搓儿后脖领子："小子，哪儿啦！"小搓儿回头一看，是张三。"三叔，你揪我干什么？""干什么？上次炮打灯笼的事，我就不说啦——我跟你爸爸有交情，挨五板儿没什么！这次你惹这祸有多大？韩大瞎子骂了半天糊涂街了，万一咱这边哪个脾气暴的出来跟他打起来，甭说出人命，就是打个头破血流，我这看街的也得沾包儿哇！走！找你爸爸去！我把你给他们喝马尿吃屎橛的事全告诉他，看他搓不死你！""您找我爸爸倒没关系，不过您可别撒谎，我管您叫三叔，您为报那炮打灯笼的仇，挺大人说亏心话，让小孩儿挨打就不对了。""这是我亲眼得见，哪句亏心？你说！""您为什么说那屎橛子是我给他吃的呢？""照你这么说，是我给吃的？""也不是，是他自己要吃的。""胡说八道，他疯了要吃那个？""是这么回事，我们正玩儿着哪，他们俩过来，非要给我们唱小曲儿不可，还说唱完了不要钱，就让我们到关帝庙西边马车店里，在驾辕的黄骡马那儿给接点马尿，对一点香灰，能治病——他们要喝点儿。起初，我认为他说笑话呢，就答应了，谁知道唱完了以后真跟我们要马尿，不给就骂我们。只好把周仓那香炉腾出来留点香灰底子，接了马尿给了他们，一人喝了一口，他们还不答应，又要吃屎橛儿，我们没给，他们就拿马杆儿抢，我们跑了，他们就追着骂！后来骂得太不像话啦，我跟您想的一样，怕遇上暴脾气打起来，事情闹大了，没办法，才用树枝找一截小孩的屎橛，给他塞嘴里啦，嗯，还真灵，您看，现在不骂啦。""啊？这话你糊弄别人去。""您要不信，就找我爸爸爱怎么亏心就怎么说吧。""我呀，也犯不上亏心，可这事我也不信……这么办，你不是说吃屎橛儿就不骂了吗？现在我撒开你，你要跑了，我找你爸爸算账！你再找根棍子插个屎橛儿，那不，那个二瞎子还骂。你给他吃了，看他还骂不骂。如果不骂了，我不但把你们放走，还拿两根蜡给你们换西瓜吃。要是还骂，你得趴地下，我跟你爸爸一对一板儿地打屁股！什么时候打累了什么时候拉倒！""好吧。"小搓儿撅了一根树枝出胡同口儿啦！张三以为他上茅房啦哪，没有。上小铺啦:"掌柜的借您小碗儿打一大钱儿的芝麻酱,俩大钱白糖,放一块儿。"然后筷子一搅,团巴团巴,有大拇指那么粗,中指那么长,用小棍一插!他这做派太好啦!右手举着小棍儿左手捂着鼻子(动作)蹭着往前走。二瞎子骂得正欢哪:"谁家的祖坟没修好,出这种败类!"这会儿小搓儿跟他并排走着。用那小棍儿在鼻子底下晃……二瞎子还骂哪:"欺负人也……(做闻味儿表情)不打听……(同前)……打听。"二瞎子心说:什么味儿这么香啊? 芝麻酱加白糖放味儿哪,能不香吗? 就像谁拴了一块新出锅的芝麻酥糖给他挂鼻子尖上似的!"你们明白点儿!二太爷我……"刚要说"也不是好惹的",话还没出口哪,就觉得嘴唇这儿凉森森儿,甜滋滋儿的。吭哧一口,就叼嘴里啦!一嚼,又香又甜!张三一看:怎么个碴儿,真吃啦? 二瞎子嚼巴嚼巴用手捋脖子——咽下去啦!然后说了一句话,差点没把张三鼻子气歪喽!"还有吗? 我再来点儿!"

(于世德述)

搓儿淘气

097

钢刀子*

干什么说什么，卖什么吆喝什么，哪行有哪行的特征。有的人一说话就可以听得出来是搞什么工作的，三句话不离本行嘛！要是在旧社会，无论是干哪行哪业的，还甭说话，一看穿什么衣服就知道他是干吗的。您看这位穿着长袍外面套着小坎肩儿，六褶缎子帽头儿，这个准是买卖家跑外的；您看这位穿着袍子马褂儿，戴着纱帽衬儿——瑞蚨祥的先生，大饭庄子的掌柜的；您看这个人短衣襟，小打扮，劳动人民穿这个的居多；您看这位，背头，穿着西服，皮鞋照得见人影儿，这一定是哪行眼儿的经理，再不然是银行的先生；您看那位，穿西服，留小辫儿，大油靴头儿，拄着文明棍儿……这位是四不像子。

还有的人也不用看穿衣服，也甭说话，就可以知道他是干吗的。怎么知道的呢？他坐在那儿带动作。您看这曲艺界的弹三弦的师傅们，练功夫怎么练哪？手里拿这么一个小弓子，就是一根藤子杆拴这么一根二寸长的老弦，您看，到哪儿这两个手指头老这么练。有时出去一忙，把小弓子忘带了，您看他坐在那儿啊，那大拇指跟二指他老这么哆嗦着（做动作），甭说，准知道这位是弹三弦的。您看这位坐在那儿（做动作）三个手指头来回动弹，这位是会计，坐在那儿他老拨拉算盘。您看（做动作）这位五个手指头来回倒着动，这是弹钢琴的。您看这位先生坐在那儿（做动作）五个手指头也动弹，连手腕儿全颤，您甭问，这位是半身不遂！

在旧社会，那理发师练功夫怎么练哪？拿刀子刮梳子背儿，或者是拿根儿筷子练，有时候坐在那儿那手腕儿也是这么活动着（做动作），

---

* 钢（gàng）刀子，指把刀放在布、皮、石上磨快。

三个手指头也是捏着，习惯了嘛！理发师为什么老这么练功夫哪？活座儿不忙还没什么关系，要是赶上忙的时候，一连气儿要剃十个八个的头，手腕儿一酸，手指头一软，或许出错儿拉口儿，活座儿不愿意。在早年间，我们家门口儿就有一家理发馆，我跟掌柜的不错，常上那儿串门儿去。有一天，我正在那儿坐着哪，二位大师傅说话把我给逗乐啦！怎么回事呢？一位手艺好，一位手艺不好。手艺好的这位骄傲，瞧不起这手艺次的，说话带着老家的口音："我和你说，老三，你这手艺啊，也就是在这屋混饭吃，你离这屋到哪儿都没饭。""老二，你甭瞧我，我不干这个我回家耪地去，你行不？你不就这两下子吗？你甭瞧不起人！""就这两下子你还不行啊，我露一手儿，你看。"拿这刀子在手心这儿啪啪两钢，怎么这样儿钢刀子呢？您看在早年剃头钢刀子全这样儿，刀子使快啦，可手心出来这么一块皮子。这刀子要是使钝了，啪啦这么一钢，又灵便，又省事。他钢完刀子，一掭这刀子把唰这么一转："你看这手儿你行不？""这有什么呀？我刮完了脸再说。"他正给人家刮着脸哪，回头这么一看，眼眉给刮了一个去。这位还睡觉哪，他把这位叫醒了跟人家商量："先生甭睡咧，你这眼眉是留着，是刮了去？""啊？眼眉别动呀！""别动你早说呀，刮了一个去咧！"手艺好的大师傅更有了说的了："你看！我说你不行吧？还是不行，你还得学呀！"干哪行全不容易。

今天我说的这笑话叫"高眼"。高眼是怎么回事呀？在早年哪，南市大舞台对过儿有一家酒馆儿，夫妻两个人干的这小买卖儿，男的看柜台，这女的卖座儿。为什么这女的倒招待酒座儿哪？因为她打小儿跟她父亲在这个酒馆儿长大的，精明，能说，脑子也快，来的酒座儿是什么人她全说得上话。在旧社会，一个酒馆儿，一个茶馆儿，这买卖是最难干，尤其这酒馆，喝酒的人什么脾气的全有。要是有抬杠拌嘴的，她过去三五句话就能劝开，招待酒座儿她特别有能耐。这酒座儿要是喝得少，她能叫他多喝点儿；这酒座儿要是喝得多，她能叫他少喝点儿。要是有喝醉酒的，她几句话能把这酒座儿给劝走。有一次，有一个酒座儿喝多了，一劲儿说醉话，就跟这内掌柜的说："我告诉你，掌柜的，你甭害怕，我没喝多，我这酒量你是不知道，喝个四斤，五斤，反正咱醉不了。这酒我能喝到人肚子，我不能喝到腿肚子。大嫂，我嘴在哪儿哪？"这还没醉哪？"您嘴在脑袋上哪！"哗！一盅酒满倒脑门子上啦。"我告诉你掌柜的，你打听打听，关上关下，河东河西，不认识我的少，你这小买卖儿缺点儿什么，你就找我去，你把劝业场给我送家去。""好！您头里走，随后就给您送去！""好啦我走啦！"

你别看内掌柜的能说，眼力还好。凡是上她那儿喝酒的，她要是跟你说上不过十句话，她就知道你是干吗的！有时候不用说话，看你穿什么衣裳，她就知道你是干什么的！从穿衣服上她要是看不出来，她看你的动作也可以知道你是干什么的。常去喝酒的都知道她眼力好，送她一个外号儿叫"高眼"。

有一天，我们街坊李二哥跟我说："我请你喝酒去。"我说我酒量不行不能喝。"咱不为喝酒为逗个笑儿。我常在南市那儿喝酒，内掌柜的外号儿叫'高眼'，凡是上她那儿去的酒座儿，说几句话她就知道是干吗的，要是看不出来，这酒钱她给。昨天我跟她打赌了：明天我同个朋友来，你就看不出来他是干吗的。你那穿章打扮儿，说话挺沉稳，不像个说相声的，像一个买卖人，到了那儿，她准看不出来你是干什么的。今天你到了那儿说话可留点儿神。"我说："好吧！"我就跟他去了，走到南市牌坊那儿我买了双鞋，提着这双鞋，我们哥儿俩就上酒馆儿去啦！到那儿我这么一看，一明两暗，三间，挺干净，"李先生您来啦，往里面请吧！""大嫂，都说你眼力好，今天我同个朋友来，你看看他是干吗的。""二位请坐吧！"我们哥儿俩坐在那儿，她拿两壶酒端四碟小菜儿来："李先生，您这个朋友贵姓啊？"我搭茬儿啦："您看着办吧！""哟！这姓哪儿有看着办的！""我姓郭。""郭先生您拿那个是什么？""鞋！""您在哪儿买的？""鞋铺！""嗯——您喝我们这酒好不好哇？""不错，这酒是辣的！""噢，您是说相声的！""啊？大嫂，您怎么知道我是说相声的哪？""瞧你说话多哏儿呀。打刚才我就要乐，没好意思的。问您贵姓，您说瞧着办吧；问您鞋在哪儿买的，您说鞋铺，鞋铺可不是卖鞋嘛，当然点心铺不卖鞋啦！您是不是说相声的？"我说："对啦！我是说相声的。"

喝完酒我们哥儿俩走了。回来，李二哥直埋怨我："让你说话留神，你一个劲儿跟人家逗，那人家还不知道你是说相声的！"我一想，她脑筋真够快的。"没关系，明天我给介绍两位朋友，她准看不出来是干吗的。"我就想起我们门口儿那理发馆吴师傅来了，叫吴锡彪，还有一位唱京戏的武生张德奎，我给他介绍了这二位。人家来了，我给引见："这位是吴先生，这位是张先生。这是我李二哥。你看这二位怎么样？"他这么一看这位唱戏的张先生，就跟我说："荣起，不行，甭说是让人家'高眼'看，我这么一瞧都瞧得出来，这位张先生准是唱戏的。你看，眼睛瞪着，太阳穴鼓着，胸脯儿脡着，这仿佛要唱《武松打虎》似的。"我一瞧可不是嘛！我说："你怎么老挂相儿呢？"张德奎说："我装着点儿得啦，我猫点儿腰，闭点儿眼行了吧？""反正要是去到那儿你留点儿神得啦。二哥，你再看这位吴先生。"吴锡彪年轻爱捯饬，留着背头，穿着西服，戴着眼镜，好像一个文墨人，真好像银行经理似的。"李二哥，你看这吴先生像干吗的？""我看不出来。""这位是理发师。"李二哥这么一瞧："嘀！可不像个理发师，像个洋行的先生。"这吴师傅不禁捧，一说话砸了："我和你说，李先生，到哪儿也看不出我是剃头的来呀！"我一听啊，麻烦了，要是看你这穿章打扮，真像一个文墨人，你这一说话带口音，"到哪儿也看不出我是剃头的来呀"，这人家还不知道！我说："你说话的口音能不能想想办法？你在天津待这么些年了，说天津话行不行啊？"我这么一提醒，当时他就改天津话："说天津卫话这味儿行吗？"我一听蛮好："千万可别两掺儿，说着说着天津话，你把老家味儿给带出来啦。'到哪儿也看不出我是剃头的来呀'，那可就麻烦了。""吗玩意儿？两掺儿？说天津卫话跟你立合同，说三年带出我们老家味儿算我裁！"李二哥一听，高兴啦！

　　第二天，李先生同我们三个人又上酒馆儿去啦。到那儿，把我们让在屋里头："你们几位请坐吧。"李二哥说："大嫂，全知道你眼力好，昨天我同着这小兄弟，你看出来是说相声的，今天你看看这二位是干什么的。""哟，您这二位朋友贵姓啊？""这位姓张，这位姓吴。""张先生您请坐吧！""不客气。""您喝点儿什么酒哇？""我酒量有限，什么白干儿、竹叶青、状元红，什么酒全行，凉热酒菜儿随便给掂配点儿吧。"内掌柜的这么一看，怎么啦？眼瞪着，太阳穴鼓着，可说话像个大姑娘，怎么连底气都没有啦！一会儿，给我们拿了几壶酒，端了几碟儿菜，我们几个人就喝上啦。内掌柜的就问："您喝这酒怎么样？好不好哇？""噢！您问这酒哇，我喝口尝尝。（韵白）'这酒么………'"这一听吓了一跳，赶紧拉着："吃菜！吃菜！"差一点儿露出来！这内掌柜的出来进去老注意他们两个人，就是看不出来是干什么的。什么也怕工夫长，喝着喝着，这张德奎出去买烟卷儿，回来，露啦！怎么露的呢？他进里屋的时候，有一位往外走，张德奎往里面来，屋门窄，他这么一斜身儿，扭脸一垫步，肩膀一晃站住啦（做动作）。内掌柜的回头一看："嗨！张先生您是唱戏的。""大嫂，您怎么知道我是唱戏的？""看您上里屋来还〔四击头〕上场哪，您扭身儿的时候还跟着家伙点儿走，仓仓嘣噔仓！您是唱戏的吧？""对了，我是唱戏的。别装着了，吴先生可看你的啦！"

"没关系，坐那儿吧！咱哥儿俩划划。哥儿俩好！五魁！六六！"这内掌柜的过来这么一让酒，吴锡彪也露了。"吴先生您酒量可真不错，我敬您一杯您喝吗？"一接酒露了："大嫂，您太客气啦！"（做动作）谁接酒全得这么接，一个手接酒杯，一个手行礼："谢谢您，谢谢您。"他不是，这手接酒杯，这手这样儿，就仿佛拿剃头刀子似的。内掌柜的一瞧："吴先生，敢情您是剃头的！""嗨！大嫂，您怎么知道我是剃头的？"（不由自主地拍手心）"您那儿不是钢刀子嘛！""噢，这儿还钢着哪！"（做动作）

（郭荣起整理）

怯卖菜

我给大家说个笑话，叫《怯卖菜》。您看做买卖的可真不容易，大买卖你得做好了宣传；小买卖你得会吆喝。金匾大字的买卖干吗还做宣传呢？买卖竞争嘛！商战，谁也不让谁。比方说这家新张开幕，他必须把他的"牌匾"做出去，在电台上得报广告，门口拾掇，得挺火爆，灯火辉煌，悬灯结彩。门口还雇几个乐队，敲洋鼓，吹洋号，门口闹腾挺热闹。这店里呢？还要减价十天，买什么东西打八扣。怎么叫打八扣呢？买一块钱的东西收你八角钱。为什么这样呢？这是号召买主啊！这么一来，他这买卖火爆起来啦。可是旁边那家买卖这么一瞧，买主儿全跑他那儿去啦，他这买卖不行啦。赶紧想办法吧，把买卖还得夺回来啊，他找个名词也要减价。找什么名词呢？噢，想起来啦，咱们来个二十周年纪念日，减价半个月。刷洗门面，挂上霓虹灯，门口的无线电匣子这么一放，买卖也火爆起来啦！这两家这么一争啊，别的买卖家受不了啦！马路对过那家一瞧啊，他们两家干起来了，我也得跟着干呀，想办法吧！这怎么办呢？想了半天：人家这家是新张开幕减价十天，那家是二十周年纪念减价半个月，我这儿得有个新词啊……啊，对，有啦。他找的这个名词都可乐。老掌柜的六十整寿，减价一个月外带赠品。赠什么呢？寿星牌的香皂一块。跟着，他的买卖也火爆起来啦！您看这宣传起多大作用！再说光宣传也不行，还得把货物预备全喽，讲究谁也不让谁。比如说他那儿货物齐全，我这儿花样也不少；你到他那儿买东西照顾得特别周到，到我这儿来买东西也特别客气；你这儿价钱便宜，我这儿也不贵；你给去买东西的沏上小叶儿茶，我这儿沏铁叶大方；你那儿去买东西的让"红锡包"，我这儿送"大前门"；你那儿去了买东西的端点心，我这儿管饭。您听了这个可乐？管饭这还真不新鲜，您看那做大买卖的真有专门几个人应酬外省的老客。这老客打外地来，前二天不谈买卖，干吗呢？陪着他先出去遛遛，什么听戏啊，看电影啊，下饭馆啊，洗澡啊，先玩儿这么几天。到谈买卖的时候也不在柜上谈，找一个书寓小班，还找个姑娘陪着这老客。谈买卖的时候这个姑娘也跟着一块儿帮着谈，这个买卖谈成啦，这个柜上专门有这个姑娘的提成。这个姑娘把这个老客伺候好喽，还许给这个姑娘做几身衣服。可是这号买卖谈成了的话，现大洋能挣三百块、五百块的。您看他花上三十块、二十块的当然还能赚得回来。这种买卖管饭不新鲜吧？小买卖可不行，您看哪个卖挖耳勺的有请买主儿吃饭的？人家买俩挖耳勺，请人家吃顿饭，得啦，连他自己还饿着哪！这顿饭没请成，他连本儿都赔进去啦！小买卖不能这么做。吃饭请不起，但是你得会吆喝。

做买卖的讲究吆喝嘛。您要是到北京，东西南北城，挑八根绳儿，走大街串胡同做小买卖的，可最讲究吆喝，吆喝出来特别花哨，比这个赛那个，一吆喝这么一大串。比如说这个卖青菜的，一年四季，什么菜下来卖什么，这就得讲究吆喝。挑这个挑儿进胡同一吆喝就听老远。这卖菜的还有两种：一种是专门讲究菜全，走熟街，什么叫熟街呀？他总走这条街，所有的胡同这些买主他全熟，每天必到。这种卖菜的就是指着卖菜赚钱。还有一种菜油子，这菜油子不指着卖菜赚钱，指着什么呢？净指着两片嘴能说会道，转着心眼地绕搭你买他的菜。您一不好意思的多少买他一点儿，您可就要上当。这种人眼力都好，所以他找的这买主儿全是外场人。在街面上不论什么事，能叫钱吃亏，不叫人吃亏，他专找这种主儿一绕一个准，准上他的当。比方说，他挑着这挑儿进胡同啦，一瞧那个门出来了一位大爷，早晨起来可能是绕弯儿去，或者是到茶馆喝茶去。他看见了，赶紧过去先请安，后说话："大爷，您早起来啦，您这是遛弯儿去，还是喝茶去？您安福啦！瞧您好胖啊，最近您胖得……您这意思要走不动啦！""哎哟！我随心，家里也好，家庭和睦嘛！""您真是心宽体胖，您这是走鸿运啊！给您道喜啊！怎么说呢？您这是喜上加喜，不但您是买卖顺心，事事如意；前半个月我看见大奶奶啦！她有身孕啦，看那意思全显怀啦，有七八个月了吧！您瞧，也不知我哪句话把大奶奶给得罪啦？可有小二十天她不买我的菜啦。您出去绕弯儿去？"他这么一客气，你一听，给个台阶吧："你有事吗？""没有什么事，您这儿大奶奶老没买我的菜啦，您多少照顾我点儿吧！""噢！"这位明白了，这是让我买他点儿菜，可是他平常又不是买东西的人，做饭他不管，买什么东西全仗着大奶奶。他一瞧，这么客气，得啦，多少的买他点儿什么："哎，你有辣椒吗？"问他有没有，要是有，就要点儿；没有，也就算啦。您听他回答这句话，他也不说我没有，也不说我有，他顺着您这心里来："给您预备啦，给您预备啦！"这位一听说有："给我拿俩吧！""唉！"他拿起俩青椒，双手捧着就像进国宝似的："哎，您拿着吃去吧！"这大爷一瞧，这俩青椒还真不错，就问："哎，多少钱啊？"一提钱他这生意口就上来了："哎，您老说什么？钱？哎，俩青椒能找您要钱吗？我哪儿挣不出来呀！得啦，您拿着吃去吧，我孝敬您啦！前些日子，我挑挑子在您胡同口正路过，下雨没地方避雨，在您那门道避雨，老太太还给倒碗茶喝，还问我凉不凉，还要给我拿件衣服。您看看对我这么疼，我还能找您要钱？您真是……"他拿话这么一绕，这位大爷一听，腾的一下子脸就红啦！"你拿我当爱占小便宜的啦？不要钱，拿去吧，我不要啦！要是全白给，你这小买卖儿三天就黄啦！给你吧，我不要啦！"他一听这句话就有台阶啦，"您别着急，我说不要钱，您不要啦；要钱吧，俩青椒不值当的，得啦，就收您个本儿吧，您给七毛钱！""啊？七毛！"这大爷一听吓一跳，"俩青椒要七毛啊？""哎，大爷，您不知道。最近这青椒也少，咱们本国现在辣椒还没下来，这是打外国来的。也就是您，贵人吃贵物嘛，哈哈，别人别说吃，他连闻也不敢闻呀。您要是没零钱，拿去吃去，算我请客啦，您扰我啦！"这大爷一听，什么没零钱啊？咬着后牙掏出一块钱来："给你给你，找我三毛钱！"他这么一听，不但不找还要绕搭过去。"大爷，您瞧，我刚出来，还没开张哪，您这是头号买卖，我这手头没零钱，我到大街给您换去吧，又怕耽误您的时间，三毛钱您就别找啦，您看这韭菜多鲜灵，您拿点儿韭菜炒着吃去吧，一根，两根，三根，您拿去吧！"怎么着？这三根韭菜三毛钱啊？这位大爷这么一瞧：唉！一块钱我买了两个青椒三根韭菜。拿手托过来，一脚站在门里，一脚站在门外，心里这个骂啊：好小子啦！这卖菜的也知道他心里不满意，他一句话，吓得这位大爷噌蹦一下儿赶紧蹦到院里去啦。"大爷，您看要是不够吃的，您再来俩茎蓝？""不！不！够啦，够啦！不要啦！好嘛，这俩茎蓝还不得要四块呀！"

这位大爷托着俩辣椒三根韭菜刚一进屋。大奶奶瞅见啦："哟，他大爷，您怎么不喝茶？遛弯儿回来啦？哟哎，瞧您这个勤俭劲儿，干吗这么财迷，出去遛弯儿去在哪儿捡来的俩辣椒三根韭菜？"大爷一听这气呀："捡的？瞧你说的？这是一块钱买的。我刚一出门就碰见一个缺德卖菜的，过来请安作揖的，一个劲儿跟我客气，我一瞧没办法，买点儿吧。这是一块钱买的，两个辣椒三根韭菜！"大奶奶听明白啦："噢，你上这个菜油子的当啦！你多管这事干吗呢？真是……这两个辣椒三根韭菜您托回来怎么吃啊？您赶紧出去喝茶遛弯儿去吧，我回头等那怯卖菜的再买点儿，凑合一块儿吃吧！"大奶奶这么一说，老太太听见啦："儿媳妇，儿媳妇，可千万别买那怯卖菜的菜。那怯卖菜的不会说话，一说话就抬扛，就跟人家打架。那不前些日子咱隔壁的四姨和他打起来了吗，你可千万别买他的！""妈，您放心吧，我也知道那怯卖菜的不会说话，我不理他就得啦。您看这三根韭菜俩辣椒怎么吃啊！"

106

这娘俩正说着话，哎，怯卖菜的过来啦。甭说他不会说话，连这个菜都不会吆喝，他吆喝起来全是反着个儿的："一兜水儿的倭瓜，面坦的韭菜！"这韭菜全面坦了谁还要呀？他打门口这么一吆喝，大奶奶一听，这怯卖菜的还真来啦！赶紧买点儿吧。大奶奶出去叫："卖菜的！""嗬！""哟，怪吓人的，你'嗬'什么？过来！""你买吗？""我叫你过来！""你看你，你买吗？你说呀！"这就要打起来。"有辣椒吗？"您看人家那个卖菜的说什么？给你预备啦。他哪儿会那样说呀！他问："你买吗？""有辣椒吗？""看你问的，有辣椒吗？我是干吗的？没辣椒我问你买吗？我卖嘛！你要多少没有啊，这一篓子啦，全卖给你，不够我到菜园子再给你推去！"大奶奶一听，这不是废话吗？"得！你给我来三个铜子儿的！"大奶奶这是机灵，怎么呢？大爷刚才一块钱买俩辣椒三根韭菜。这回呢？我买三个铜子儿的，你要说卖得着，至少得给我一个，要卖不着我也不上当。这卖菜的一听："哟，买多少钱的啊？买三个铜子儿的？买这么多你吃得了吗？""这不是废话吗？你到底卖不卖呀？""像这样买主儿我太乐意卖啦，你拿什么家伙装呀！你张着吧！"大奶奶一听全纳闷儿，一张兜子，他那儿朝齐根子就这么一捧，这一捧有一斤多。大奶奶一看给这么多，俗话说"肉贱鼻子闻"嘛，跟着就褒贬："哟！你这辣椒给这么多，我知道准不辣！"大奶奶这么一说，卖菜的急了："你说吗？辣椒不辣！哎呀，你是中国人吗？你吃过辣椒吗？辣椒有不辣的吗？我看你这个肚子大啦，大半是有小孩子啦，你吃去吧，你吃了能把肚子里的小孩子辣哭喽！"大奶奶一听，这是什么话呀！实在忍不住，跟他吵起来啦。这一吵，老太太在屋里听见了，赶紧出来一看，吓一跳："你看看，我说别买他的，别买他的，你偏买他的。我们不买了不行吗？啊，儿媳妇，让着他，咱们不买啦！"卖菜的一看老太太出来啦，跟老太太讲理："老太太，老太太，您是上岁数的，俺给您讲个理吧，她要买俺的三个子儿青椒，俺给她一大兜子。她说不辣，辣椒有不辣的吗？俺那么一说，她还不乐意。老太太您尝尝。咱不能亏心，俺要是亏心，俺是您儿子！"老太太一听："你说什么？""俺要亏心俺是您儿子！""哼，好小子，上我这儿找便宜来！"乓！给他一拐棍子。

卖菜的一看："您这是怎么回事啊？别打人呀！老太太您看，这脑袋打出一个大包来，您看看！这是怎么回事……"他赶紧推着车子跑了。他挨打都不知道怎么挨的。推车跑了没几步，拐过弯儿去有一个尼姑庵，他在门口这么一侧棱，越想越别扭，眼圈儿都红啦，要哭的样子。正在这时候，从庵里出来两个小尼姑倒土。一个端着簸箕，一个拿着笤帚。一看门口有个卖菜的，认为他在门口择菜哪，怕他把门口弄脏啦。"哎，卖菜的，别在这门口择菜，你弄脏了我们还得扫，快推走！"这卖菜的回过头一看，"哎，大爷！"他管这姑子叫大爷！不会说话嘛。"哎，你怎么像要哭的样子，为吗哭呀？""谁哭了，俺挨揍了！""因为什么？""就在那胡同里出来一个老娘们，买辣椒……"这两个小尼姑就不爱听！"她说俺这个辣椒不辣，俺说你是中国人吗？她急啦，俺说你尝尝去吧，你肚子里的小孩都能辣哭了。正说着从院里出来个老太太，那老太太就叫儿媳妇别买啦。俺一看是老太太，准讲理吧？我说，老太太咱不许亏心，俺要亏心，俺是你儿子！那老太太就给俺一拐棍子。你看看这脑袋打上一个大包来！"这两个小尼姑一听："该揍你，你故意找人家的便宜嘛！人家叫儿媳妇，你给人家当儿子，那还不揍你！快走吧，赶紧卖你的菜去！""俺给你们二位说吧，俺不卖啦！今儿没做好梦！""你做什么梦啦！""俺梦见姑子啦！"这两个小姑子一听不乐意啦！"梦见姑子怎么啦？""怎么啦？老人给俺说过，梦见姑子倒霉呀！妨人啊！要是梦见老姑子还好点儿；梦见小尼姑就更不得了，更妨人啊！"这俩小尼姑越听越有气，这个过去一簸箕，那个过去一笤帚疙瘩。他赶紧跑："干什么？干什么？你们怎么打人啊？这怎么啦？不许说话啊？"

他推车拐过弯儿去，碰见一个和尚。这和尚走迷了路啦，想打听道儿。你打听别人啊，正问这个卖菜的："卖菜掌柜的！""你别理俺！""怎么呢？""俺不能说话，一说话就挨揍！"这和尚一瞧："这怎么啦，你这前后两个大包？""嗐，别提啦，在前边那胡同碰见一个老太太揍俺，那就不说啦；就说刚才在这儿吧，那个庙里出来两个人，那模样跟你差不多，俺在那门口歇着，她俩问俺，你在这儿干吗，你别哭啊。俺就说没做好梦，梦见姑子啦，太妨人啊。这两个人过来，这个给俺一簸箕，那个给俺一笤帚疙瘩。前后出两个大包！"这和尚回头一瞧，哎，吓这么一跳。"你在哪儿说的！""就在那庙门口呀！""哎哟！你在那儿说梦见姑子妨人，那她还不打你，出来的那两个人就是尼姑！"卖菜的这才明白："噢，那就是尼姑呀！俺当着那王八小子是和尚呢！""啊？"又让和尚揍了一顿。

（郭荣起整理）

上饭馆儿

　　今天这段相声说的是吃。吃是天性。什么事都要学，唯独吃不用学。您看，小孩刚生下来三天，他就知道吃。把奶头往他嘴里一放，他一嘬一嘬的。他决不会吹——照这样儿：呼，呼，活不了，抽风呀！

　　过去有钱的主儿就讲究吃喝。家里雇了几个大师傅，专门给他做菜，还要按着食谱做，每天换花样。真是食不厌精，脍不厌细，变着法儿地吃。什么好，吃什么；什么上市，吃什么。为什么这么舍得吃呀？钱来得容易呀！家里吃得不爱吃啦，就往饭馆儿跑。饭馆儿掌柜也真会研究，专门儿做几样别家儿做不了的菜——专利嘛！像月盛斋的酱羊肉呀，天福家的酱猪肉呀，门框胡同的酱牛肉呀，穆家寨的炒疙瘩呀，馅儿饼周的馅儿饼呀，一条龙的饺子呀！这还是小吃。要说大点儿的馆子，那就有东来顺的爆、烤、涮，砂锅居的一百零八样，同和居的大豆腐，厚德福的糖醋瓦块鱼……各有所专，各有所长，谁都比不了。无怪有钱的主儿见天就往饭馆儿跑。为什么呀？吃着舒坦呀！享口福嘛。

　　再说过去饭馆儿掌柜都是势利眼，就爱奉承有钱的主儿！

　　有钱的主儿一进饭馆儿，门口儿掌柜的、先生，全站起来啦，冲您一鞠躬：

　　"先生，您才来？里边请吧！——后边看座儿！"

　　后边跑堂的接着就喊上啦：

　　"看座儿——先生，您几位？"

　　"俩人。"

　　"您这边坐吧！"

　　您坐下啦。先给您把桌子擦几遍——其实是刚擦过的，故意擦几遍，为的使您心里痛快哪！

跟着给您把茶沏上来啦。

"先生，您先喝着。"

喝一碗给您倒一碗。您喝了两三碗之后，看您喝得差不多啦，心也舒坦啦！这才问您：

"先生，您今天大概家里没赶上饭口吧？出来点心点心，您二位吃点儿什么？"

其实这位才吃了饭不一会儿，不过借饭馆儿谈点生意。

"给我们来盘酱肉，来个干炸丸子。吃面，要个汆丸子白菜汤。"

"是，您哪！"

他跟着冲楼下厨房一喊。这四样菜到您嘴里说着都不顺口，到他嘴里喊着就好听啦！蛮有辙："嘿！下边听着：来碟酱肉要五花，干炸丸子撒椒盐儿，四个面坯儿锅里挑，汆丸子加白菜——"您听，比唱戏还有味哪！

等会儿菜端上来啦，您吃得差不多啦，他额外给您端上一个来。什么菜呀？粉条拌白菜。

这二位一看，心想："这个我们没要呀！"

还没容您问他哪，他就先说啦：

"二位！这个菜是我敬的，您尝尝吧！凉丝丝的，有个意思。"

这二位一尝，不好吃也得说好吃呀！怎么？人家敬的，不能辜负人家一片好心呀！

"嗯！真不错。"

吃了两口就不吃啦！怎么？除了咸就是酸呀！那有什么吃头儿？

"好啦，算账吧！"

"二位，您吃好啦？"

"嗯。"

"好，您哪！"

他不算账，先把那盘敬菜端下去。干吗呀？等会儿再来了有钱的主儿，他再加点粉条不又可以敬一回吗！

"二位，您没吃多少，我候您啦！"

"别价。算了吧！"

"好，您哪！那我就不让啦。一盘酱肉四毛八，四两白干二毛四，二毛四加四毛八是七毛二；干炸丸子五毛六。五毛六加七毛二是一块二毛八；一块二毛八，四个面坯儿一毛二，一块二毛八加一毛二是一块九毛五……"您不留神他就给您多算好几毛。"……氽丸子四毛五，您一共吃两块四，小费加一，一共两块六毛四。"

这二位也没听清楚。

"两块四，不贵，给三块。甭找啦！"

"已经小费加一啦，您干吗还外赏呀！"

"算啦！你敬了一个菜，这六毛钱给你喝酒吧！"

其实这二位吃那几根粉条连六分钱也不值，他愣外赏六毛。要不怎么有钱的主儿进饭馆儿受欢迎呢！

"谢谢，您哪！——外边听着，下来两块四，外赏六毛喝酒！"——嘿！这一声呀，外边掌柜的、先生、小徒弟，连灶上大师傅异口同声地喊："谢谢——"

这二位出去高高兴兴的，一面走，一面剔着牙，一面说：

"二哥，明儿咱们还是这儿。"——他顺气呀！

这是两人去吃饭，他这么招待；要是一个人去吃呀，他的招待方法又换啦！

比方说您一个人进了饭馆儿啦，跑堂的跟着过来啦：

"先生，您这边坐吧，这边清静。您吃点儿什么？"

"给我来三十饺子。"

"好，您哪！您吃什么馅子：牛肉葱花，羊肉白菜，猪肉西葫芦？"

"你给我来羊肉白菜的吧！"

"好，您哪！——下边听着，来三十饺子，羊肉白菜，薄皮大馅，多搁点香油！"

等会儿饺子端上来啦，高醋、蒜瓣儿往您面前一放。给您倒点儿醋：

"您吃忌讳①吧？"

"吃点儿。"

您这儿吃饺子，他可不走，在旁边站着。干吗呀？怕您闷得慌跟您聊天呀！您吃了几个饺子，一回头看他还没走哪，不好意思不理他啦！

"伙计，你这人可真和气。"

"哪儿，您哪。"

_____

① 北京人忌讳说醋时管醋叫忌讳。

"你贵姓呀？"

"先生，我不敢担您贵字，您看着办吧！"

这位一听，新鲜！他姓什么叫我看着办。

"嗯！你不姓张就姓王？"

"对啦！我又姓张又姓王。"

"你要姓张就姓张，要姓王就姓王，怎么又姓张又姓王呀？"

"先生！我原本姓张，后来过继给姓王的啦，所以我又姓张又姓王。"

"嘿，真会说话。你今年贵庚啦？"

"先生，您看着办吧！"

"啊！多大岁数也叫我看着办。我看你不是三十五，就是三十六。"

"先生，对啦！我又是三十五，又是三十六。"

"三十五就三十五，三十六就三十六，怎么又是三十五又是三十六呀？"

"先生，我今年三十五，开年就三十六啦！"——废话，后年还三十七哪！

"你几月生日呀？"

"先生，您看着办吧！"

这位一想，有门儿，这次看你怎么说！

"我看你不是六月生日就是八月生日。"

"先生，对啦！我又是六月生日，又是八月生日。"

"你六月里生日就六月里生日，八月里生日就八月里生日。怎么又是六月生日又是八月生日呀？"

"先生，用阴历算我是六月生日，用阳历算我是八月生日。"

"这还是不对呀？阴历阳历只差一个月呀！"

"先生，您不知道，那年是闰年，多了一个闰七月哪！"——嘿！真亏他想得到！

您说饭馆儿跑堂的对待客人够多客气，招待够多周到。可也分什么人，有钱的主儿不管仨人俩人，他老是那么客气。要是没钱的主儿呀，最好别进饭馆儿，还是家里吃点儿吧，实在家里赶不上饭啦，买俩烧饼吃都认啦，千万别进饭馆儿。怎么？您花钱找气生呀！

就像我这样儿的，一年四季就这件大褂儿，晚上还得当被卧盖着。要是过年三十晚上赚不到钱，还得拿它当五毛钱买二斤面过年。干脆别进饭馆儿，进去也得把你气喽！

你这一进门儿呀，什么掌柜的、先生呀，也不站起来啦。

他问你："找谁呀？要找挑水的老刘，走后门。"——您瞧，他这份儿看不起人这劲儿！

"我不找人。吃饭！"

"哟！还真没走错门儿，找到饭馆儿吃饭来啦！"——那多新鲜呀！我不到饭馆儿吃饭，还到杂货铺吃饭去呀！

我往那儿一坐，半个钟头也没人理我。其实伙计不是没看见，生意也不忙，就是不愿意理我。为什么呀？知道我吃不了多少钱，保险不给小费。

我叫了足足有十几次，跑堂的才过来。把白眼一翻，上下看了我几眼。说话那音儿不从嗓子眼里出来，从鼻孔里出来：

"吃什么呀？"

我从先没来过，知道他卖什么呀，再说，我又不识字，墙上再贴满点儿，我也看不明白呀。

我说："您这儿都卖什么呀？"

"什么都卖！海参、鱼翅、熊掌、燕窝……就是不卖窝窝头啊！"

我一听这是讽刺我呀，我天天吃窝窝头呀。

"有饺子吗？"

"有啊！要多少？"

"您给我来五个吧！"

"五个，吃得了吗？"

我说："够了！"

"对！吃多了可撑着！"

您听，这叫什么话呀！

又等了半个来钟头，饺子端上来啦！醋也没有，蒜也没有，饺子汤也没端来。

我说："劳您驾，给我来点高醋、大蒜，随手带碗饺子汤来。"

"哎！"

他把醋跟大蒜拿过来啦！又端来一海碗饺子汤。说啦：

"喝吧！多喝点儿，五个饺子吃不饱，来一碗饺子汤，来一个水饱儿吧！"

我饿急啦，不管他说什么，一口气把五个饺子吃啦！一海碗汤也喝干啦，又喝了一碟醋，吃了几瓣儿大蒜。

"算算！"

"算什么劲儿呀！五个饺子一毛钱，大蒜、高醋不要钱。饱了没有？要没饱，我再给你来碗饺子汤！"

我还敢跟他犟嘴呀，放下一毛钱往外就走。嘿！他还真送出来啦！我还直冲他客气，说：

"您别送啦！"

"我送送您吧！告诉您一句话：出门往东别往西，往西戗风，招呼别醋了心。"哟，骂上啦！您看气人不气人！

不过他们这样势利呀，也有倒霉的时候。什么时候呀？要是遇到什么侦缉队呀，东霸天、坐地虎一类流氓头子到饭馆儿吃饭呀，那他们算倒了霉啦！怎么？净挑毛病呀！掌柜的、先生，虽然尽量赔小心，那挨骂、挨打，都是保不齐的事。

像他们那种人进饭馆儿，掌柜的一看他戴着副黑眼镜，腰眼上鼓鼓囊囊的，这么一看像别着手枪似的，先打个哆嗦。找麻烦的来啦！

"先生，您后边请吧！后边清静。"

"清静？没人我吃不下饭去，我愿意坐前边，你管得着吗？"

"是，您哪！您随便坐吧！"

这位东找西找，找了个有女座儿的桌子，就坐下啦。跑堂的赶紧抹桌子，还特别用劲。杯筷也特别用开水烫了又烫。

"先生，您吃点儿什么？"

"随便！"——随便，饭馆儿也没有卖随便的呀！

"先生，您还是赏个话吧！我好叫他们给您预备。"

"你不说我怎么知道呀！你们这儿都卖什么呀？"

"先生，我们这儿有炒肉丝、炒肉片、步肉丁、爆银鱼、熘鲤鱼、清蒸中段、红烧头尾、熏鸡、酱鸡、白斩鸡、宫保鸡丁、辣子鸡丁、三鲜丸子、干炸丸子、酱豆腐丸……"

"行啦，行啦！那么多的菜要我撑死呀！"

"不是，您哪！您随便挑两样儿可口的吃。"

"给我来个干炸丸子吧！四两酒。"

"好您哪！回头您吃什么呀？"

"合着你比我还急哪！酒还没有下去，又问上饭啦！"——他哪儿是吃饭来啦，简直是找怄气来啦！

工夫不大，炸丸子摆上来啦。这位拿筷子夹了一个，轻轻地咬了一口，稍微的咸了一点儿。其实吃口重点儿的正合适。您看他那副凶神恶煞的样子，眉毛一皱，眼一瞪，嘴一瘪，哇的向外一吐——冲他这相儿就值一手榴弹。

"啊呀！你们吃盐不要钱呀！"

"怎么啦，您哪？"

"怎么啦？咸啦！你打算叫我吃盘炸丸子咳嗽仨月是怎么着？不信你尝尝！"——您想，跑堂的他敢尝吗？

"先生，既然您吃着咸啦，我给您回回锅？"

"回回锅？那不更咸了吗？"

"那我给您放点汤？"

"什么！干炸丸子放汤，那不成了油炸小皮球了吗？"

"先生，那怎么办呢？"

"怎么办！换一个。"——随便怎么说，这个菜也得换。

等会儿换的丸子来啦，他一边喝酒，跑堂的在一边伺候着他。看他喝得差不离啦，才敢过来。

"先生，再给您添点酒？"

"我喝那么多干吗？"

"那给您预备点儿什么吃的？"

"来个炒肉丝，酸辣汤，四张家常饼。快点儿啊！"

"是，您哪！"

时候不大，饼、菜都来啦。他吃饭，跑堂的还是不敢走呀，怎么？怕他挑毛病呀！看着他吃得差不多啦，这才离开。干吗呀？给他拿漱口水去呀！

这跑堂的不是给他拿漱口水去了吗，他一看旁边没人，饼跟肉丝也吃完啦，饱啦，还剩点儿酸辣汤。他伸手在桌上一抄，得，抄了俩苍蝇——也是饭馆儿该倒霉，偏偏俩苍蝇飞到他桌上去啦，他把一个往酸辣汤里这么一甩，用筷子这么一搅，苍蝇沉底啦。一个往炒肉丝那个盘子里这么一甩。他准备工作做完啦，该喊啦：

"伙计，伙计！"

跑堂的正给他端漱口水哪，一听他喊，赶紧跑过来啦：

"先生，什么事？"

"什么事？"用手一指苍蝇，"你看这是什么？"

跑堂的一看，嘿！苍蝇呀，这麻烦啦！不但这顿饭钱算不下来，说不定还得挨打。要是一报卫生局呀，没准儿，兴许小则罚款，大则抽掉执照，停止营业三天呀——其实他真报告卫生局呀，那会儿的卫生局也不管这些事。

这地方就得说跑堂的有两手，拿筷子把苍蝇夹起来了，放在手心上，看了一下，微微一笑，往嘴里一丢："得，唔——哈哈，先生，香料呀！"——啊！他愣给吃啦！你说这位说什么呀！苍蝇，苍蝇他能吃吗？香料，香料那就给钱吧！

这位一笑，心想：嘿！真有你的，啊，愣给吃啦！我就知道有这一手。哟！还有一个在酸辣汤里哪，我早给你准备好啦！

这位说："是什么呀？"

"先生，香料。"

"噢，香料！那就算啦！"

他拿起调羹来舀了两下，这意思好像再喝两口汤。其实他哪是要喝汤呀，他是找那个苍蝇哪！搅了两下，他刚要喝，故意这么一愣：

"嗯！伙计，这个又是什么呀？"

跑堂的一看，哟，双的呀！

"先生，您交给我看看。"

"甭交给你啦！回头你再往肚子里一咽，又变成香料啦！就这么看吧，这是什么呀？"——那怎么说呀，摆在面前的呀！

"先生，他们没留神，落里头个苍蝇。"

"什么，没留神？"

啪！一边说一边给跑堂的一个嘴巴。

"呃！先生，您别打人呀！"

"打人，打你还是好的。"

外边掌柜的跟先生一听后边打起来啦，不知道怎么回事呀，赶紧过来啦，"先生，您瞧着我，消消气。怎么回事？您哪！"

"怎么回事呀，菜里有俩苍蝇，你们要要我的命呀！上回我在你们这儿吃了一回饭，回去我趴了仨月，怪不得呢，净给我苍蝇吃呀！"他赖上啦！

掌柜一看这位，知道是专门找麻烦、吃饭不给钱的来啦，一进门就认出来啦！随便你怎么小心，还是出了麻烦啦！

"先生，您别生气啦。您这顿饭我候啦。"

"你给啦！我不是吃饭不给钱的人。"——合着他还想给钱哪！

"您哪可别那么说。这顿饭钱还是我候了吧！"

"没这么便宜！不给你们点儿厉害，二天你还给我吃屎壳郎哪！非给你报告卫生局不可，起码封你们三天门！"

掌柜的直说："您关照，您关照！"

这位一边走一边骂，饭钱也没给就出来啦！

"非给你们报告卫生局不可。"——他上卫生局报告去啦？哪儿啊，其实他回家啦！

您说，他白吃了一顿饭，还打了别人一个嘴巴，这叫什么人头儿呀！

过去有些开饭馆儿的，尽管势利，说起来也是怪可怜的——黑吃黑哪！可是要他换换脑筋，改改作风呀，那可不容易。怎么？就是这种社会嘛！

那年过年，我出了一次堂会，回家晚啦，又没赶上饭口，好在身上有俩钱儿。好吧，上饭馆儿来个犒劳吧！我又到那个饭馆儿去啦。

一进门，嗨！真热闹，堂座儿、雅座儿挤得满满的。我没等跑堂的招呼，就在旮旯里找了个位置坐下来啦。等了足足半个钟头，一位跑堂的过来啦。我一看，嗨！你猜是谁？熟人哪！就是那次客客气气送我出门，劝我别吹了风、醋了心的那位跑堂的。他也把我认出来啦，放了副杯筷，冲着我这么一笑：

"先生，你又吃五个饺子吧！"

我正打算给他拜年哪，听他这么一说，得，又把我气啦。

"嗨！大年初一，你就这样瞧不起人！今儿不吃饺子啦，给我来个干炸丸子。"

"舍得吗？想开啦？"——你说，够多挖苦人哪！我没理他："再给我来二两白干！""哟！还会喝酒？"——他管得着吗？

又等了半个钟头，炸丸子来啦！我没吃，一看就行！怎么？全黑啦！这盘炸丸子起码放了半斤酱油四两盐，那没法儿吃呀！我拿筷子夹起一个来咬了一点儿，哇！嘿！这个咸呀，舌头都木啦！按说，我就喊呀，可我不敢马上喊。怎么？过年嘛，座儿多，忙不过来，喊了也是白搭。谁在乎你这一盘干炸丸子呀！

我一看，看什么呀？看这位跑堂的有事没有。有事别喊，没事再喊。一看他正在过来哪，我小声地叫："喂！劳您驾，您这边来看看！"

"等会儿，还有事哪！"

过了半个钟头他才爱理不理地过来啦！

"什么事呀？"

"这丸子太咸啦！"

"哟，咸啦！菜不咸呀，你们家里吃过炸丸子吗？"——嘿，骂上啦！

"不是，不是，实在太咸啦！"

"要是嫌菜咸，净吃窝窝头就不咸啦！"——那饭馆儿卖菜干吗呀！

"实在不能吃！要不信，您尝尝。"

"啊！一天那么多饭座儿，都让我尝尝，那不把我撑死啦！"

"那……那怎么办呀！实在不能吃呀！"

"怎么办，你看着办好啦！"

"要不然，请您给我回回锅。"

"什么？回回锅。卖一个菜回一次锅，我们这生意甭做啦！"

"要不然，您给我放点儿汤！"

"哪有那么多凉水呀！你知道水卖几个子儿一挑哪？"

"这……这真咽不下去呀！"

"你真不能吃假不能吃？"

"实在吃不下去！"

"那实在吃不下去。我也不勉强，你走吧！"

"那这盘菜钱哪？"

"你照给五毛六呀，小费加一！"——噢，不吃还小费加一哪！

（叶利中述　叶利中　张继楼整理）

学行话

在旧社会说相声真难哪。干这一行，首先得会说行话。行话，只有同行才懂。外行不懂。旧社会的艺人为了赚钱吃饭，就得"湍春"。"湍春"，您听不懂了吧？艺人见了艺人说行话就叫"湍春"。只有"现分儿"，才会"湍春"。行话管内行人叫"现分儿"是什么意思？大概是现在赚几个钱，现在就分了它，叫"现分"。把行话全学会了也不容易。行话管内行叫"现分儿"，管外行叫"控码儿"。管穷叫"水"，管富叫"火"。"控码儿"总比"现分儿""火"。旧社会有句话：艺人不富。

旧艺人难哪，不知道哪天"朝翅子"，"蛇鞭"。行话"朝翅子"，就是打官司，"蛇鞭"，就是"挨打"。旧社会做官都戴纱帽翅儿，官叫"翅子"。用鞭子打人，皮鞭子像条蛇，所以叫"蛇鞭"，挨打。

"现分儿"得会一整套行话。不是内行听不懂。像"溜、月、汪、摘、中、申、星、章、耐、居"，就是十个数：一二三四五六七八九十。衣服叫"撒托"，大褂叫"嗨撒"。帽子叫"顶天儿"，鞋叫"踢土儿"。还有那么点儿意思，帽子戴在头上，可不"顶天"吗？鞋穿在脚上走路不得"踢土"吗？管裤子叫"蹬空子"，合理。俩腿往里一蹬是空的，蹬不空，那是口袋。

这些话，内行都"攒里亮"。"攒"就是心，"亮"就是明白，"攒里亮"，就是心里明白。"念攒子"就是没心，傻的意思。"念攒子"不能做艺人。艺人里边没傻子。有的艺人外号叫"傻子"，其实他一点儿也不傻，少分一个子儿他也不干。

干这一行，不聪明不行。真正有本事的，人家不干这一行，没本事的又干不了，高不成，低不就。

干这一行，还有行规。有的话能说，有的话不能说，说了叫犯规，不吉利，犯忌讳。有十个字不能说，即神、鬼、妖、庙、塔、龙、虎、梦、桥、牙，最厌恶这"十大块"。内行对这十个字是绝对禁止的。还有迷信色彩，谁今天要说出一个字来，就说明今天不吉利，生意要"出鼓儿"，"出鼓儿"的意思就是会出问题；会"朝翅子"，"蛇鞭"，打官司，挨打。内行都会躲着这十个字说，话里遇上这十个字，就"湍春"。"龙"说"嗨条子"。"虎"说"嗨嘴子"，"梦"说"黄粱子"，"桥"说"梁子"，"牙"说"柴掉子"，只要这样说，就认为你是内行。

那位说，学这些话有什么用？又要说，又要忌讳，多麻烦。

哈哈，用处大了。会说行话可以赚钱。譬如今天天气好坏，观众多少，可以用行话灵活掌握，观众少节目长一点，招观众。观众多，节目短一点，多收几次钱。你要当着观众这样说："快点儿说，该要钱了！"观众一听：哦，你该要钱了，我也该走了。那还跟谁要钱去？内行这样说，"我储门子，拖储。"意思就是到要钱的时间了，要钱。内行管要钱叫"储门子"，叫"拖储"，"储"就是钱。把观众的钱储存到我这儿来。储蓄所可能就是这样兴起的。银行储蓄所有零存整取，观众的钱一到在我们手里就变成了"死期"，再也取不出去了。

相声演员学行话，就为赚钱。特别是赶上坏天气，阴天、下雨、刮风、下雪，演员就怕坏天气，"刮风一半，下雨全无"，没地方赚钱去。过去的艺人大部分是在露天场子演，逢上坏天气，谁看哪？

有的在书馆、书场、相声场子演，在房子里边也怕下雨，一阴天观众就走，他怕把衣服淋湿了。

场子里边请来一堂观众多不容易，遇上晴天转多云，阴天了还得告诉演员，"闸棚了"。这是行话，"闸棚了"就是阴天了。"摆金了"，"摆金了"就是下雨了。正在演出的演员问："觉摆？嗨摆？""觉摆"是下小雨儿，"嗨摆"是下大雨。

"觉摆"得告诉场上的演员。演员都有一套经验，一听说"觉摆"这时该要钱也不要了，装傻充愣，接着往下演。想设法把观众注意力拖住，一直地从"觉摆"拖到"嗨摆"，再要钱。放心了。一下大雨，观众就走不了啦。

一下大雨，演员逮着理了，三分钟一段儿；两分钟一段儿，说一小段儿要一回钱。把前半场拖的时间补回来。

观众心里急，下大雨，走不了，听吧，几分钟一要钱，他问："喂，你们几分钟就要钱？""亲爱的观众，对不起，我们全场十几个人都指着这个吃饭，高有天棚，矮有板凳，房有房租，电有电费，下这么大的雨，您身上连一个雨点儿都淋不着，避雨也值这几个钱，多破费吧，您哪！"

观众心里想：嘿！我花钱上这儿避雨来了。

一次两次没关系，日子长了，观众也研究："演员嘴里说些什么？这段节目里没这个词儿呀？闸棚儿？摆金？嗨摆？是什么意思？"他一边听说一边往外看，听演员说"闸棚儿"，一看外边阴天了。听演员说"摆金"了，看外边下雨了，听演员说"觉摆"，看外边下小雨儿了，这位观众站起来说："喂！咱们赶快走吧，都觉摆了，等到嗨摆咱们就走不了啦！"

艺人学行话为赚钱吃饭，有时也吃亏。不但吃亏，有一次为说行话还吃一场官司。我和我的伙伴儿到县里住店，店里住位珠宝商，他丢了一百两金子，说我们俩偷去了。原告把我们俩带到县衙门，可巧这位县官姓沈，叫沈不清。麻烦了。

县官击鼓升堂，立刻审问："是你们两个人偷珠宝商一百两金子？"

"回禀大人，没偷。我们两个从小儿到现在也没见过一百两金子，我们是说相声的艺人，把我们俩人捆在一块儿也卖不了一百两金子。"

那县官对我们俩一声冷笑："哼！"又问原告："原告，珠宝商，你告他俩偷你一百两金子。有何为证？"

"大人，昨天夜晚，他们偷了金子之后，商量如何逃走，他们小声说话，被我听见了。他说，'百金'，明天怎么走哇？"

县官又问："被告，你们俩商量是这么说的吗？"

回禀大人，是我说的，一个字都不错：'摆金'，明天怎么走哇？"

原告一听我招认了，心里非常高兴。

这时县官沈不清把眼一瞪，惊堂木一拍："本当先打你六十大板，念你无知，还不赶快如实招来！"

这回可把我给吓糊涂了，这不冤死人吗？"我不该学行话，什么'闸棚儿'，什么'摆金'，我说'摆金'明天怎么走哇？是下雨了，明天怎么走？'摆金'就是一百两金子？今后不干这一行，当着'控码儿'，不'湍春'。"我说的是行话，只有我"攒里亮"，我心里明白。得了，等着"蛇鞭"挨打。这县官也特别，不打四十，不打八十，他打六十，溜月汪摘中申，六十大板，沈不清，你真审不清了！

这时县官冲我一笑，我想：坏了，"笑官打死人"。

学行话

121

他笑完，问我几句话，吓我一跳。

"被告，你闸的什么棚儿？摆的什么金？当着控码儿，你湍的什么春？要不是我翅子攒里亮。上堂先蛇鞭你溜月汪摘中申。"

（康立本述）

江湖医生[*]

这个节目是单口相声。有人说我们说相声的是"江湖",太客气啦!我们担当不起。不管从褒从贬,都不敢当。如果您是夸奖我们,说我们肚里有学问,就跟大江大湖一样,装得多呀——差远啦!江有多长,湖有多深呀!江湖比不了,我们也就只能比把茶壶,还是小号的。从贬义上来讲,那我们更比不了啦!江湖人:金、皮、彩、挂、风、马、燕、雀,在这八个行当中占一行的,那才是江湖人哪!

九金十八汗,七十二寡门,那是江湖,那是生意。人家靠的是蒙、骗、混;我们靠的是精、气、神。——没法儿比。

什么叫九金呢?看相、算命的叫"金",就是看相、算命的有九种。岂止九种,十九样也数不完。什么叫"十八汗"呢?卖药叫"汗门",说有十八样卖药的。那位说卖药的不就是中药、西药两样吗?您说的那是药房,我说的是江湖上卖野药的。

行话叫干"皮"生意的,又叫干"汗门"的,样数不少。卖大力丸的叫"将汗",卖膏药的叫"坨汗",卖眼药的叫"招汗",剔牙虫的叫"柴汗"。地上摆着几十个小口袋,里边放些药根子、药梗子,谁也说不出名儿来,现抓现配,那叫"根子汗"。地上放着猴头、熊掌做幌子,还堆着许多骨头,牛骨头、猪骨头都有。愣说那是虎骨、豹骨,反正别人也认不出来,那叫"山汗"。卖成品药的叫"成汗"。还有什么卖血三七,卖宝贝的,卖鸡血藤的,卖海马驹子的,卖海燕的,卖老山人参的,卖药书的,这都是"汗门"的买卖呀!

卖膏药的为什么叫"坨汗"呢?那膏药熬出来往案板上一晾,不

---

[*] 又名《扎针》或《天下第一针》。

是一坨吗，所以管他们叫坨汗。膏药跟膏药不一样。像同仁堂、乐仁堂、西鹤年堂人家熬炼的膏药真材实料呀，用的是桐油，上等的黄丹呀。炼油的时候各种药材就下锅啦，熬炼好喽往厚布托上一摊，这玩意儿有特效呀，治个风湿麻木，跌打损伤好得很。

我说的干坨汗的，他那膏药就不一样啦！他舍得使黄丹吗？黄丹多贵呀！他用桐油加松香。什么药材呀，也就全免啦！熬炼成啦往纸托上一抹，卖两毛钱一张，五毛钱三张。卖三张还送一张。合着五毛钱您就可以买四张。您想这有多大赚头呀，卖您五毛钱不才赚您四毛八嘛！——啊？还赚少啦！

这玩意儿能治病吗？不但治不了病，您贴的时候还得留神，穿白纺绸祆褙不能贴。怎么？到处跑膏药油子呀！还会搬家。早晨贴在背心上，到了晚上一看，膏药跑到腰上去啦！自己还会走路。要是父子爷俩在一张床上睡觉，头天晚上老头儿贴在胳膊上，到了第二天早上一摸，膏药没啦！哪儿去啦？跑到儿子大腿上去啦——好货。一张膏药爷儿俩都能贴。

这种膏药还有人要吗？要是摆着卖呀，三年也开不了张呀！那怎么办呢？他有办法，练趟刀呀，打路拳呀，再不然摔个跤呀，走路的看他那儿练上啦，爱看热闹的呀，里三层外三层的就把他围上啦，这叫"圆黏子"，又叫"点篷"。只要人一把他围上就不练啦，说上啦！

"各位！刚才我练的那趟刀叫六合刀。还要练趟拿手的地趟刀：就地十八滚，燕青十八翻，您就瞧好儿吧！"大伙儿听他要练拿手的地趟刀，机会难得呀，光听到说过地趟刀，还真没见过，今儿可得见识见识——他把人给定住啦！

那位说啦：练完喽收不收钱呢？"您放心！我是分文不取，毫厘不要。"大伙儿一听：怎么着？还不要钱，白瞧白看，更不走啦！"不但我练功夫不收钱，等会儿我把地趟刀练完喽还跟各位交个朋友。"那位说啦：交朋友？你请我们吃饭呀！"吃饭，我请不起，我随身带了点防身宝。"什么防身宝呢？嘿！就是膏药。瞧见了没有，我这儿刚说膏药，那几位把嘴一撇，跟烂柿子似的。怎么？提起膏药顺风能臭出十里地去。也难怪，大伙儿让那些卖假药的骗怕啦！对！他们那些膏药是假的。骗人！——其实把他和那些卖假药的搁在锅里煮，一个味儿。

"各位！是真是假光凭嘴说不行。神仙难认丸散膏丹，那怎么办呢？咱们当场试验。"他说着从小皮箱里抓起一把膏药。"各位！膏药一张，各有熬炼不同。我这膏药是用三十六味官药，七十二味草药，外加老虎骨头，豹子骨头，狗熊骨头，猴子骨头，唉唉唉！还有狗骨头精制而成。专医男女老少诸虚百损，五劳七伤，风湿麻木，跌打损伤，胃脘不舒，消化不良，闪腰岔气，挫伤扭伤，小肠疝气，内外痔疮。"——他治全啦！

"还能治半身不遂，嘴歪眼斜，咳嗽痰喘，肺痨吐血……"他说着说着把手上的膏药往地上刷的一撒，"哪位有我刚才说的那些病您随便捡一张，咱们当场贴，立刻见效。这张膏药我不要钱，交个朋友嘛！"

大伙儿一听真不要钱，还立刻见效，就有那爱占小便宜的呀，过来一位："先生！您给我瞧瞧。"

"您是什么病呀？"

"我腰痛。"

"噢！腰痛。你捡一张吧！"

这位从地上捡起一张。他接过来可不给这位贴，接茬儿问："还有哪位试试？您放心，绝对不要钱。"只要有人一带头，后头的跟着就来。"我也瞧瞧。"

"您是什么病呀？"

"我咳嗽了六七天啦！"——行啦！他就等着那一位哪！只要一问到什么咳嗽啦，肺病啦，气管炎呀，他就不再问啦，为什么呢？今儿他就靠这"毛病"开张哪！

"您咳嗽呀？"

"哎！"

"您随便捡一张吧！"

这位在地下捡了一张，他接过来，跟那位腰痛的说："您先歇会儿，我给他治好了就给您看。"——他把那位打发啦。既然他把腰痛的那位打发啦，就该给这位治病啦，没有。接茬儿说："你咳嗽几天啦？"

"七八天啦。"

"噢，咳嗽可是肺上的毛病呀！"——废话！咳嗽不是肺上的毛病，还能是腰上的吗？"肺有两耳八扇，四扇朝前，四扇朝后。肺有六十四管，肺管不动不会咳嗽。咳是咳，嗽是嗽，有痰无声谓之咳，有声无痰谓之嗽。白痰伤于肺，黄痰病在肝。风泡痰是心中火，青痰定是肾中寒。痰痰痰，病相连。不怕吐痰一大片，就怕痰中带血线。血散着的那叫'天女散花'，血要是连在一块呀，那叫'金丝吊蛤蟆'，嘿! ……"他说着说着突然喊了这么一嗓子,胆小的能吓一跳。

他喊这一嗓子的时候,顺手把刚才那位捡的那张膏药往地上一丢,跟着又一跺脚,用手一拍胸脯,啪的一声。一"嘿"一"啪",放了个二踢脚。就这么一下子把大伙儿就给弄迷糊啦!

"贴上我这张膏药,是立刻见效呀! 各位! 上眼吧!"说着就从箱子里拿出纸媒子、火柴点着喽。顺手在地上捡起一张膏药来。还是刚才扔的那张吗? 变啦! 要还是那张,丢了又捡,找这麻烦干吗呀! 把膏药烤开喽,也不凉一下,就叫这位把上衣解开,顺手就给贴在胸口上啦! "哟,哟,哟!"烫得这位直学蝲蝲蛄叫唤。刚烤开的膏药就贴,受得了吗! 干吗不等它凉一下再贴呢? 不能等,怕露馅儿。贴了五分钟,他又开说啦! "行啦! 药性顺着汗毛眼走到啦!"他走到贴膏药这位面前,撕半边留半边。"嚯嚯嚯! 拔出来啦! 各位上眼。"——什么呀? 又是痰又是血。他用二拇指蘸了一点儿,那血丝子拉了二三寸长。"今儿您是碰上我啦! 该您病好啦!"这位也纳闷呀! 我才咳嗽了几天,肺里头就长了这玩意儿啦? ——那是肺里头的吗,那是膏药里头的呀! 是变戏法哪! 他制膏药的时候,找了点刨花。就是过去妇女梳头用的玩意儿,现在戏曲剧团唱青衣、花旦贴片子还在用它哪! 刨花用水一泡,一会儿就成了黏涎子啦,就跟吐的痰差不多,再加点红颜色不就是连痰带血嘛! 他挑了一小撮往刚摊好的膏药面上一放,再把膏药合上。这就成啦,谁认得出来呀? 江湖术语叫上"样色",又叫使"法宝"——这法宝使在这位倒霉的胸口上啦!

这张上了样色的膏药他做得有记号。几十张膏药里头就这么一张,不能张张都放这玩意儿呀! 他知道你买回去治什么病呀? 往哪儿贴呀? 您要是肚子痛,把膏药贴在肚脐眼儿上啦,第二天把药一揭,那不成了肚脐眼拉红白痢啦!

他当众一亮这法宝,那还不迷糊人哪! 这位买三张,那位买两张。一会儿几十张膏药就卖完啦! 尤其犯咳嗽的买得多呀,拿回去一贴,揭下来一看,任什么没有。——可不任什么没有嘛,他没放那玩意儿哪有呀! 这会儿全明白啦:"这是骗人呀! 我得找他去。"——哪儿找去呀,他早没影儿啦!

卖膏药的虽然骗人,这算好点儿的。怎么? 他们不还花点儿本钱嘛,最气人的是干"气摸"的,跟抢人差不多。

什么叫"气摸"呢? 就是针灸呀,针是针,灸是灸。针是扎根针,灸是艾灸呀，这是咱们祖国独有的传统医疗技术呀，世界闻名呀！我说的干"气摸"这种人跟人家针灸医生可不一样。针灸医生扎针是扎穴道呀，讲究留针、补泻呀，他不扎穴道，他是哪儿肉多往哪儿扎。还有个窍门，叫"闪筋躲骨，肉厚下针"。因为肉厚的地方扎不死人呀！人倒是扎不死，病人受得了吗？他怎么不扎穴道呢？他知道哪儿是穴道呀！

他扎针不是为了治病，是为了骗钱。他那针打得还特别长，最短的也有六寸，先给你扎上一针，再问你什么病。趁着跟你说话的时候，你没留神又给你扎上六针，光扎不起。病人想走都走不了啦！成了刺猬啦，往哪儿走呀？非让他医不可。

他拿针把你定住啦！"你这病不轻呀！"——轻不了。内病没治又加上外伤，七八个针眼儿内外夹攻呀！"你这病得吃东海岛上灵芝草，峨眉山上血三七，千年棺材里的对口菌，东北吉林的高丽参。"——这？哪儿去找呀！"外加七十二味草药，三十六味官药，九蒸九晒，用阴阳瓦焙成末子，再用无根水调和，炼蜜为丸，一粒见效，三粒断根。"——反正谁都不会去试，让他吹吧！

"先生，这么贵重的药哪儿去配呀？"

"别着急，先生这儿配得有。"说着就从腰里摸出个装眼药的瓷瓶来，倒出三颗绿豆大小的丸子。什么东西做的呀？棒子面。"你把这三颗带回去，吃了保险断根。病好不了你找我，我就住在××路那个大院子里。"——那是他的家吗？那是拘留所。敢情他老是被拘留的呀！

这位病人也是半信半疑的呀，他本来就没什么大不了的病。过路，让他给拦住啦，还没说五句话哪，针就给扎在身上啦，还是越扎越多。看来不买他三颗药丸是走不了呀。

"先生，这药多少钱？""不贵，一块五，五毛一颗。只收成本，还不收加工费。"——啊！一撮棒子面要一块五呀，您说是不是比抢人还厉害呀！

这位在身上摸了半天，连本钱都没留。"先生！我这儿只有一块二毛八，要不我先带两颗，回去我吃了见好，再按您说的那地角找您去。""治病不断根，那叫养痈遗患。先生我不做这缺德事。"——啊？他还不做缺德事儿哪！

"先生，我真没钱啦！不信您瞧。"这位连口袋都翻过来啦（比）！"嗯！钱带得不够？这么办吧：这三颗你带着，你把汗褂扒下来先押着，二天病好喽拿钱来取。"——你看，抢上了不是！

我二大爷看上这行啦！我二大爷是干什么的呀？没有正当职业，东一锒头西一棒槌的，没准谱儿。其实那年头拉拉洋车，剃个头都能凑合着混碗饭吃。他怎么干那些呀！一天累到晚，出一身汗能赚多少钱呀？我二大爷好吃懒做惯啦，老想吃好的，穿好的，可就是不想动弹。肩不能挑，手不能提，可不就胡琢磨嘛！干"气摸"对他的脾气。身不动膀不摇的，弄几根针这么一鼓捣，钱就来啦，他决定干这行啦。他看了几次，以为学会啦，就正式开张营业啦！买了个小皮箱，用棒子面搓了些丸子，找了俩小瓶儿一装。定做了十几根银针，其中有三根长点的：一根六寸，一根八寸，一根一尺二。他想把生意做大点儿，买了块白布，写了块招牌：专治冤孽怪病。他们街坊有个小孩，十四岁，家里穷，没辙，就给他当徒弟。万事俱备，开张大吉。

他不敢在城里头转悠。为什么呀？他想：城里人经得多，见得广，弄不好露馅儿。露了馅儿轻者挨顿揍，重者兴许给抓到警察局去。下乡吧！乡下人好糊弄。他叫小徒弟背着药箱子。他左手举着那块招牌，右手摇着串铃就下乡啦！

他们爷俩来到一个村儿。天热呀，累得通身是汗，正想找个地方歇会儿，这么个时候从对面来了个中年妇人，怀里抱着孩子。看那样子没多大，也就是一岁多点。别看人小，肚子可不小，跟小足球似的。闭着俩小眼儿，在他妈怀里直哭，他妈又是摇又是哄的，可这孩子就是哭个没完。我二大爷一看：有门儿，这孩子有病。要开张啦！他过去啦，哗啷，哗啷（串铃声），"专治冤孽怪病。专治冤孽怪病。"孩子他妈一听："唉！这回可好喽，孩子有救啦！大夫来啦！"

从前哪儿像现在呀，那会儿瞧病就得上县城，近的几十里，远的上百里路，没病能走出病来。所以这就给那些卖野药的、跳神的开了方便之门。

我二大爷走到这个村儿正合适呀！这孩子病了半个多月，找不到大夫瞧呀！其实也没大不了的毛病，吃多了一点，不消化，买点儿什么神曲、麦芽熬点水吃就好啦！——这病呀，连我都会治。

那会儿乡下人没这种常识呀，再说这孩子养得娇呀，三门儿守着这么一个：千顷地一根苗呀！一哭就喂奶，越喂越哭，越哭越喂。这孩子还有个不病的吗？

我二大爷说："嫂子：你这孩子有病呀？""唉！可不是嘛！病了一个多月啦，吃点奶就吐呀！"——喂多了他还不吐呀！

"多大啦？"

"还没满岁哪！"

我二大爷一摸这孩子的肚子："嗯，这是奶积呀！"——这不是胡说八道嘛，不消化他愣说奶积。他是想把病说重点，回头好多要钱呀！

孩子他妈一听，吓了一跳："哎呀！我们这孩子都成了积啦！先生，您能治吗？"

"什么话呀！专治冤孽怪病嘛。什么瘟症、热症、伤寒症、跑肚、拉稀、大头翁我都能治，还治不了奶积？"

"先生！这孩子得吃什么药呀？"

"他连奶都不吃啦，还能吃药吗？吃喽还不得吐出来。"

"哟！那怎么办呀？"

"你别着急，扎针呀！"

"啊！这么大点的孩子扎针呀！"

"你怕什么呀，扎针是扎穴道。"

"能行吗？"

"一针就好。"

"多少钱呀？"

"钱好说，救人要紧。要不然就来不及啦！"——啊！这孩子要死呀！

他干吗不说价钱呀？这是在干"气摸"那儿学的呀，把针扎上说钱，不给钱就不拔针。

他让小徒弟把药箱放下，打开了就把六寸长那根拿出来。两手指拇捏着针头那个九连环，针尖朝上，把针就藏在袖子里头啦！（用扇子比）干吗呀？他怕他妈看见不让扎呀！那么长的针，别说往小孩身上扎，是人见了都害怕。

天热，这孩子又没穿衣裳，就戴了个小红兜兜。他把兜肚往上一掀，小肚子就露出来啦。这小肚子不是跟小足球似的吗？他高兴啦！

"嗯！这点儿肉厚，没骨头。"他把干"气摸"教他那句想起来啦，"闪筋躲骨，肉厚的地方下针"呀！"嘿！这还有个穴道哪！"——他拿肚脐眼当了穴道啦！

他左手一按这孩子小肚子，右手把那六寸针一亮。这回孩子他妈看见啦，吓了一跳。刚要说："这儿可不能扎呀！"话还没出口哪，他针尖对准肚脐眼，手上一使劲，就听噗的一声，扎进去啦！合着他头回扎针，劲使得又猛点儿，前边进针后边都出了针尖子啦！扎了个对穿对过。这孩子可争气啦，哭都没哭一声，两眼珠往上一翻，鼻子一忽扇，嗓子眼咕噜一声——死啦！

他妈汗都下来啦！一摸孩子的胸口，心也不跳啦，嘴里也不出气喽！"啊？没气儿啦！"——可不没气儿了嘛！

我二大爷说："你这孩子的病可不轻呀！我这儿配的有小儿消积丸，一丸见效，三丸断根，五块钱……"——啊？扎死了人还要钱哪！您想，人家三门儿守着这么一个，愣给人家扎死啦，人家能答应吗？呼啦！呼啦！从家里跑出十几口子，连他带小徒弟就往县法院拉呀！

"你们这是干什么呀？"

"干什么呀，打官司！"

"打官司！别忙，等我把针拔出来跟你们走。"

"你呀，别拔啦！到了法院再拔吧！"连推带拉地就把他拉到法院啦！

县法官听说是来了打官司的啦，庸医杀人，立刻开庭。原告、被告往两边一站。法官问清了原因，问我二大爷："唉，你是个看病的医生呀？"

"唉！不光卖药，还扎针哪，当然是医生喽！"

"有行医执照吗？"

"什么紫枣？只听说红枣。我家里有，这回没带来。"——合着他全都不懂呀！

"既没有行医执照，又把人家孩子给扎死啦，你这纯粹是庸医杀人。你知道吗，杀人要偿命呀！"

"啊！让我给孩子偿命呀？"

"多新鲜呀，你不给孩子偿命，莫非我还替你偿命吗？"

"老爷，您明镜高悬，禄位高升。我师傅当初就是这么教我的。他跟我说'闪筋躲骨，肉厚的地方下针'。"——他把法官当县太爷啦！原告们一听：这是什么乱七八糟的呀！原告们听不懂他这江湖上的行话呀。原告们不懂，法官可听得懂呀！怎么？他的上辈，就是他爸爸也是跑江糊卖野药的。——同行嘛，能不懂吗？

"求老爷笔下超生……"

"什么老爷，我是法官。"

"对！求法官笔下超生，我家里上有白发的高堂，中有绿鬓的妻子，下有未成丁的娇儿。我都快五十岁的人啦，这孩子还没满岁哪！

望您从轻发落。再说我针是扎在穴道上的，这孩子自己要死，治得了病，治不了命呀！”

他这么一说，连法官都给说笑啦！肚脐眼是穴道吗？看他那副可怜的样子，兔死狐悲，物伤其类呀！谁让他跟我们老太爷是同行呢！

法官说：“你是不是庸医？”

“先生，我不是庸医呀！《汤头歌诀》《药性赋》《针灸大全》我都看过呀！”

“你既然看过，为什么把肚脐眼当穴道呀？”

“都怪我记性不好没记住哪！”——哪儿呀，他还想欺骗法官哪！

法官一想：虽然他是庸医杀人，但是初犯，又是无知，按法律也不该死呀！“你们都听着：他虽是庸医杀人，念在初犯，按法律也不该判死刑。判他个三年五载还不是警戒他下次嘛！本庭有个断决。”大家异口同声地说：“法官英明，愿服您的判决。”“这么办，也就不判他徒刑啦，让他把这死孩子领下去，背在背上，手敲铜锣，在本县所属的村庄、集镇游街示众。说‘我缺德啦！我造孽啦！我庸医杀人，把人家孩子给扎死啦！’本县地广人稀，少说也得游一个多月，这么热的天，背着个死孩子，也够他受的啦！游满了，叫他披麻戴孝好好把这孩子发送喽！他这么一游街，往后谁还敢找他治病呀？”原告们一听：又是背着死孩子游街一个多月，又是给孩子披麻戴孝，也就消了气啦！“我们听您的，就这么办吧！”

他当时把死孩子从法庭上领下来，把肚脐眼那根六寸长的针拔下来。他可不背，他让小徒弟背这死孩子。他敲锣。法庭派了两个法警押着，怕他跑了。他就在这个县所属的地面转悠，嘴里不闲着，一句接一句地喊：“我缺了德喽！我造了孽喽！我庸医杀人，把人家孩子给扎死啦！”——足足转了二十几天才转完喽！

这二十几天他倒没什么，小徒弟可受不了啦！小徒弟才十来岁，这么热的天背着个死孩子满处转悠。周岁的孩子活着的时候没多沉，抱着背着好玩，死了就沉啦！——死沉，死沉嘛！

他披麻戴孝，把人家孩子给埋喽。这档子事总算了啦！他跟小徒弟还是要吃饭，怎么办哪？这片地方他是不能待啦！换个地儿吧！带着小徒弟又到了邻县啦。才走到一个村庄，还没进村哪，就见河边大柳树下的躺椅上，睡着个大胖子，少说也有一百八十多斤。挺大的草包肚子，下身穿了条长裤衩儿，上身穿了件白夏布对襟背心，手里拿着把芭蕉扇，在那儿有一搭没一搭地扇哪。我二大爷故意把串铃摇得哗啷响，"专治冤孽怪症。"——他还治哪！

这位大胖子一看我二大爷是走方郎中，赶紧喊："先生！先生！您请过来。"

"哎！"

"您帮忙给我瞧瞧吧！"

"什么病呀？"

"我这肚子呀，光想喝水不想吃东西，喝了水也不想解小手。胀得我这肚子要放炮啦，您费心瞧瞧吧！"

我二大爷一摸他这肚子，滴溜圆，个儿不小呀！像扣了个洗脸盆似的，外带有点儿烫手。

"嗯！你这病不轻呀！"

"先生，我这是什么病呀？"

"水积。"

"水积呀，那吃点儿什么药呀？"

"你这病都成了积啦，吃药还行吗？"

"哟！先生都不下药啦！那怎么办呀？"

"扎针。"

"扎针能行吗？"

"一针就好。"

"扎一针多少钱呀？"

"钱好说，治病要紧。"——他又想起先扎针后说价儿啦！

"那您受累给我扎一针吧！"

"唉！"他让小徒弟把药箱放下，打开盖，一伸手就把那八寸的银针拿起来啦！

"嗯！这根不行。他那么大的肚子，这根短了呀！"他放下这根，把一尺二的那根拿起来啦！左手按着大胖子的肚子，右手拿起针对准了肚脐眼，刚要扎。大胖子倒没说话，小徒弟搭茬儿啦："师傅！你千万别扎啦！"

"怎么？"

"您扎死这个，我可背不动呀！"

（叶利中述　叶利中　张继楼整理）

戏　迷

　　诸位，你说这人哪，什么事都有着迷的。你看，有财迷，有气迷，有媳妇迷，我们街坊那儿还有个戏迷。老两口子跟前就这么一个儿子，他不知怎么被戏迷住了，迷得简直跟疯子一样。行走坐卧，不是拉过门儿，就是打家伙。站在那儿好好的："大台！崩登仓！"冷不丁的，谁受得了呀？"康！才才才……"这就又来了。你说愁人不愁人？照这样不把孩子耽误了吗？后来老两口子一商议，托个人让他学生意去吧。就给他找了个鞋铺。去的头一天还挺好，刚离开家，认生。可是过几天就走样儿了。正站栏柜呢，"冬咯隆冬嘀咯隆嘀咯隆……"二黄板，拉上了。同事们一听，怎么啦？呦，犯戏迷啦！

　　巧了，不一会儿工夫，进来一位摩登姑娘，从那边柜台上买完了鞋之后，又从提包里掏出一只红缎子花鞋。人家是给她母亲买鞋，母亲是个民妆脚，带这么一只来做样子。姑娘说了："掌柜的，有这样的鞋吗？"戏迷一看这姑娘，又看看绣花鞋，糟了，他想起《乌龙院》来了，拿人家姑娘当阎婆惜，学上马连良了："啊，大姐，闻听人言，大姐生得一双巧手，今日卑人我要瞻仰瞻仰。"你猜怎么着？敢情这姑娘还是个票友，听他这么一上韵，搭上了："呦！我们这粗针大麻线的，看不看不吃紧。""咦，大爷我是一定要看！"隔一会儿戏迷又说了："恐怕大姐你不是想我吧？"姑娘一听："眼前倒有人想你，你姐姐想你，你妹妹想你！"戏迷马上接上了："呀呀呸！"唱上了〔西皮摇板〕："适才我在大街行，那众人的语言不好听啊……话到舌间留半句……""你就说吧！""说出口来你难为人！"他这么一唱，掌柜的一看，了不得啦，好不容易把这姑娘劝走了。

　　这姑娘走了，掌柜的可气坏啦。把戏迷的父亲找来了："得得得，你赶紧把他领家去吧，待两天我这儿成戏园子了。"

戏迷刚回家，正站在那台阶上发愣呢，那边来俩要饭的，一男一女，还跪在台阶上了。戏迷一看就想起时慧宝的《朱砂痣》，又唱上了："他二人进门来双双拜倒，不由得老夫我喜上眉梢，尊二位且请起免礼为好，大娘子又转回所为哪一条？"他妈一看："哟！跟要饭的也唱上啦！"赶紧地把他弄屋里去了。正在这节骨眼，邮政局送来一封信，戏迷接过来一看，想起余叔岩的《定军山》来了：（念白）"夏侯渊有书信到来，待老夫拆书一观。""修书不及，照书行事。""哎呀，且住！老夫正在无计可施，这封书信来到，刚刚凑巧，夏侯渊约定老夫明日午时三刻，走马换将，……那时节老夫我杀一阵，败一阵，杀一阵，败一阵，败到旷野荒郊，施用拖刀之计将其斩于马下。夏侯渊，我的儿呀啊！你不来便罢，你若来时，定中老夫拖刀之计也！（唱）两国不和常争夺，一来一往动干戈，魏营打罢得胜的鼓，我军为何不鸣锣。"好嘛！他父亲一看，来一封信就是一出戏，这还有完了吗？正在这时候，街坊有个老太太打小孩儿，大家伙儿全都过来劝架。老太太拿个大棍子非打这小孩不可，小孩也真淘气。这戏迷一看不要紧，又想起王又宸的《宝莲灯》来了：（念白）"啊，夫人，这就是你的不是啊！"老太太说："我打孩子怎么是我的不是啊？"（念白）"方才打了沉香，如今就该打秋儿；如今不打秋儿，方才就不该打沉香。一样的孩儿，你是两样的心肠！沉香，奴才！儿呀！（唱）看起来还是儿偿命，她自己养的自己疼，我手拉娇儿秦府奔，去找老贼把命拼！"他把小孩给拽走了！

（张浩然演出稿）

龚爆鸡 *

　　每一个人都有他的爱好。我从懂事以后，就喜爱京戏。爱看，爱听，爱学，爱唱，爱偷！偷什么？偷听，偷学嘛。常言说，学艺没有偷艺高。为了听戏，什么窍门我都找啦。有时候把头剃半截，留个大月牙，冒充唱花脸的混进戏院，亲友们问我这脑袋怎么回事儿？逼得我胡说："我……我这脑袋是……是去剃头钱不够啦，剃了半拉儿。"啊？像话吗？

　　后来岁数大了点儿啦，窍门更多啦。有一次北京一个大军阀唱堂会，请了许多名演员。我得到这个好消息，一想名演员集中演出，这个机会不能放过。我想了个办法，找了把烂二胡，把我一条旧蓝布裤子撕下来一条腿，好歹缝了条口袋，把烂二胡装在裤腿口袋里，往腰里一掖，冒充戏班里拉胡琴的。天快黑啦，戏瘾催得我直奔大军阀的大公馆，到了大门口一看，嘁！点着大汽灯，站着一群卫兵，我到门口掏出二胡套一露，一个卫兵刚要拦我，挎手枪的那个兵说："放他进去，你没看见他提的那玩意儿吗？他是拉胡琴的。"就这样，我混进了大门。绕进二门时，我很快地把烂胡琴套又掖起来啦。二门里边执事的人，错把我当成了亲友们带来的人，不但发给我一个红缎子来宾的条子，并且把我让到里边坐。我一看，在军阀公馆海墁前大院，高搭喜棚和戏台，一堆一堆的亲友们都坐满啦，我一看赶快找个边上坐下啦。未开戏前，大家入席吃酒，我混到里边也吃，吃完了坐下就听戏。发茶我吃茶，发烟我是连吸带拿，散了戏，夜宵我又混了一顿，夜里三点我才回家。这回不但过了戏瘾，也开了洋荤。

---

　　* 本篇为对口相声《滑油山》的变体。

就这样，我更加爱好唱戏啦。经常偷看偷听偷学，胆子越来越大，有时候票房彩排，我滥竽充数也参加演出。有一次我爹看我的演出。从头看到尾声，都没看见我，回家质问我，我解释给他听："您听《捉放曹》时，我就出场了"。我爹说："我没看见你。"我说："您不大注意，曹操杀人那一场，我装的猪，蒙着个黑道袍的就是我。"我爹说："你真有出息，唱戏装猪哇！"我说："《捉放曹》我装猪还算不错哇，要唱《杀狗劝夫》，我就该装狗啦！"

后来又长了几岁，也能唱几句啦，也敢上台来个配角啦。我想，这样混下去，要影响生活，下决心今后要好好偷，偷着学戏。我发觉戏班里只有老旦好学，老太婆没有什么运作，唱嘛，多半是二黄慢板，这一工又缺人。日子一久，果真我会了一两出老旦戏。

有一年黄河水患波及一些地方，艺人从古至今公德心很重，旧社会艺人为了救济水患的灾民，梨园公会发起唱义务戏赈灾，全国所有名演员、名票全都参加啦。这次义务戏发起人周信芳、尚和玉、叶春善三位艺老，亲到我家把这块料也请了一下，要我到义演办公的地方去定节目……

定节目的时候，问我师父是谁，我叫什么艺名，演什么戏目，这一来逼得我不得不胡吹一气。我说："我是龚云甫的高足，名叫龚爆鸡，唱《钓金龟》可以吗？"他说："《钓金龟》已排好李多奎的啦。"我说："我唱个《太君辞朝》吧？"他说："已安排卧云居士啦。"我说："我来什么呢？"他说："您来出《滑油山》吧。"实际上，我什么也不会。我是抱着混的想法。当时我说："好，《滑油山》我……我……行啊！"就这样把节目定下来了。

第二天北京大街小胡同，都贴出了戏目广告，大家看过，莫名其妙，龚爆鸡演《滑油山》，这要买票看一下。到了我那轮次演出时，我一看北京前门外珠市口开明大戏院的广告，吓了我一跳。开锣戏是李万春、蓝月春的《两将军》，第二个节目梅兰芳的《祭江》，第三个是叶盛兰的《罗成叫关》，第四个是我和侯喜瑞的《滑油山》，第五个压大轴是富连成全班上演《大青石山》。这一台节目除去我以外，不要说卖票，就是拿到当铺去当，也能押几千元。所以夜八点开戏，下午六点戏院就坐满了！开戏后受到群众的热烈欢迎，真是掌声雷动，彩声震动了全场。

梅兰芳唱《祭江》时，后台总管来到我面前说："请龚老板扮戏吧！"我说："我一向没有扮过戏！"这是实话实说。总管听错了，他心想，这个龚爆鸡的鸡架子还不小，自己没有扮过戏，一定有伺候他的人代他扮戏。当时他走啦，没多会儿他又来了："龚老板，《罗成叫关》已上场了。下个节目您要出场了，跟包的来了吗？"我说："还没来。"实际上不会来，我根本就没有跟包的。总管说："不来，我先请个人给您扮吧？"我说："也好。"总管把梅兰芳的跟包的请来为我扮戏。梅兰芳的跟包的说："请您洗脸吧。"我说："不洗了。"他心里很佩服我，《滑油山》的剧中人老太婆洗脸抹彩，就不是下阴曹去地府啦，那是老太婆要改嫁了！当时他给我勒好了网子，上好发髻，穿好了老斗衣，扎上白绸裙，披枷戴锁，让我休息一下。这时候总管领着一个人过来了，向我介绍说："这是侯喜瑞，这是龚爆鸡，今天您二位合演《滑油山》。在台上互相带着点儿。"带着点儿的意思，就是互相关照点儿。侯喜瑞过来向我问了一句："您叫？"我说："我……我叫龚爆鸡。"把他吓了一跳。他说："宫爆鸡不多见，我经常吃点儿涮羊肉！"这句话把我讽刺得够损的。我说："我跟涮羊肉不在一个楼上。"大家都笑了。后台管事的喊："《叫关》下来啦，《滑油山》准备出场。"前台文武场面换人，敲缓锣开〔二黄倒板〕。按规定，我这个老旦要唱闷帘倒板，在门后边唱："黑暗暗，雾沉沉，天地无光啊！"遗憾的是我不会唱，但是我听得多啦，我懂〔二黄倒板〕的声调，我只有随着胡琴哼吧。胡琴拉完啦，我也哼完啦，这时候台下无反应。只有一个人喊好："好！好！太好啦！！"他这一喊，吵起来了。坐在他后边的那位问他："你乱喊什么好？他哪点儿好，一没唱出字来，二没唱出腔来，好什么？"喊好的这位说："他好就好在没字没腔上，因为他要下阴曹去受罪啦，把嗓子吓小了，声调吐不清了，所以他没腔没字。这叫会做戏，表现了内在感。"这个又说："他连个味儿都没有！""当然有味儿啦！""有什么味儿？""啊……啊……有宫爆鸡味儿！"咱不说台下为我引起争论，台上一打〔急急风〕："达，将，崩登仓！"侯喜瑞来了一句，"哒！拉着走！"我一出台门，看台下是人山人海；看台上，侯喜瑞脸谱画得非常凶恶，头上扎着黑蓬头，戴着黑耳毛子，上身袒肩露背，下身穿黑绸灯笼裤，足下薄底快靴，左手钢鞭，右手勾魂牌，在紫色大带后掖公文报纸，冲我一瞪眼。这儿有一句白口"老身今年"，接着我应该唱〔二黄正板〕："五十岁，才知道四十九做事荒唐，我不该在阳世打僧骂道，我不该将荤油献与佛堂，大不该……行善之人把金桥来往，左金童右玉女，一对一对，对对成双……"我真的一句不会。就算会两句，侯喜瑞这个大鬼一哇呀，连我魂儿都吓掉了！吓得我全身在打寒噤，浑身在打哆嗦，这个时候台下喊好的那位知音者，更加疯狂地喊好："好！太好啦，各位来看这个老旦，做功太好啦！打哆嗦跟真的一样。"我心里说：本来我就真哆嗦哪！台上拉胡琴拉了三次过门，我都没张嘴。侯喜瑞已经明白啦，可能这位老旦忘词啦，我来提醒他几句。侯喜瑞一举手捏了三个指头，打鼓佬明白，这叫〔住头〕。当时把家伙切住后，侯喜瑞冲我道白，给我提词儿。他说："你这泼妇要注意，头一句老身今年，你该唱五十岁，才知道四十九做事荒唐……行善的人金桥来往，行恶的人，上刀山下油锅呀！你唱吧！"我仍不会。不但我唱不出来，吓得我汗都出来啦。侯喜瑞想：总站在台上不唱也不动要闯祸，他一揪铁链一瞪眼说："你这泼妇可恶之极，说了半天你一句不懂，想必上刀山下油锅你不愿意去。也罢！待我把你还拉了回去！"结果把我又拉进后台来啦！

（欧少久述　白泉整理）

三娘教子

相声这门艺术，一个人为说，俩人为逗，仨人为凑。超过三个人至六个人为群话（群口）。人再多点就不是相声，比方说，台上站着一百六十个人，那就成了相声大合唱啦！

今天我说段单口。这段故事您听了会生气，但是，您听了也会把您气笑了，笑什么？笑他们愚蠢。

过去，在山东济南府，当时济南伪主席是韩复榘，这位主席是由匪变兵，由兵变官，乌合之众，独霸了山东。他自命为主席，这样一个浑人当了主席，老百姓可受不了，可以说，顺者昌，逆者亡，全都活不下去。我先举个小例子，韩复榘有个小舅子，由他原籍来济南，找姐夫谋差。韩复榘装作一本正经，让他小舅子下到军队里当班长。这个小舅子，也假充正经，到班里还训话："兄弟们，俺姐夫要我到这里当个正班长，当然还有个副班长。我们这个班要好好地干，不吵嘴，不吵架，要团结，像一个家庭似的。今后我就是你们爸爸，副班长就是你们妈！"他这一宣布，当兵的都乐了，可是，副班长气得脸都红了。由那天起，副班长心里不痛快，总想报复一下。有一天下小雨，班内无事，副班长越想越有气，这个小舅子来当班长我没意见，大不该把我嫁给他当老婆。今天，干脆我打他个小舅子。副班长命当兵的在门口加岗放哨，任何人不准进入我们班，今天我要打正班长。吩咐完了，扭住正班长打起来了！正在打，巧劲儿，韩复榘下班查勤，刚走到这个班，就被岗哨拦住了：

"站住！"韩问："做什么？"兵答："副班长命令任何人不准进入我们班。"

韩问："为什么？"兵答："这里边闹家务！"韩骂道："他妈的，

老子的军队里闹家务像话吗？"兵答："是这样，这里是俺妈妈打俺爸爸。"

韩怒骂道："浑蛋，来呀，把你妈和你爸全送到军法处关起来再说。"

还有的时候，韩复榘学骑自行车，他本身足有一百六十斤，用的这位副官也有一百五十多斤。韩学骑车，副官要在车后边扶着。韩在车上没关系，可是这位副官跟在后边双手扶着韩复榘在地下开跑，几乎把这位副官给累断了气。韩复榘认为好玩儿，每天都要学骑几次。这位副官敢怒不敢言，只有好好扶着这位主席在操场上跑。

这一天韩复榘对副官说："老马，过两天是俺妈你奶奶的生日，准备大办寿日。除去招待酒席以外，还要唱一台大戏，把所有好演员都喊来给我唱。"

马副官不敢怠慢，及时地就都办好了。做寿那天，京戏剧目还真好，第一出《太君辞朝》，第二出《辕门斩子》，第三出是《三娘教子》。开戏后，韩复榘由于性格粗野，总感觉到台上花脸太少，特别是《三娘教子》，根本就没花脸。一段〔二黄慢三眼〕，把这位韩主席唱冒火啦！叫道："马副官，他妈的，为什么这半天台上没出来大花脸哪？"

马副官回答："这是《三娘教子》，三娘家中没花脸。"韩说："三娘家里没有，我们可以到后台派两个花脸去！快去！快去！"马副官也傻眼啦：我怎么派哪？没办法只好跑进后台，把后台老板找着一商量，要他们派花脸上场，否则你们有被关起来的可能。后台老板一听，吓了一跳，唱完不一定给钱，还要找麻烦把我们关起来，这是什么世道！正好，《辕门斩子》的孟良、焦赞，还未下装洗脸，只好说："你们二位辛苦辛苦，再出去一次吧。"这两位演员问："我们出去干什么去呀？""我也不知道，临场'钻锅'①吧。"这二位花脸没办法，只好出去再说吧。孟良、焦赞二人溜场上，台上的三娘正唱道："老薛保你莫跪，在一旁站立……"抬头一看，哟！怎么孟良、焦赞跑到我们家门口来了。扮演三娘的这个演员不得不用唱词问他二人的由来："我三娘在机房用目朝外望，见两个花脸在门旁，鬼头鬼脑东张两望，莫非说孟良、焦赞有什么歹心肠？"

这一唱，两个花脸不高兴啦：三娘说咱们有歹心肠，难道说孟良、

焦赞还敢私入民宅，调戏妇女吗？他们只好实话实说，孟良、焦赞合唱："我二人在穆柯寨打了败仗，进后台老板派我又来出场。请三娘您把宽心放，站一下就走不敢张狂！"

这一唱，韩主席高兴啦："马副官，我问你，这两个花脸，到这个小娘们家中干什么？"

马副官心里说：老韩你太不够意思啦，你问我两个花脸到三娘家干什么，我怎么会知道，全是你命令我派他们来的。"这……"

韩说："这什么？快点儿说！"

挤对得这位马副官没办法，只有胡扯："回主席的话，三娘这个小娘们是个织布的，自产自销，那两个花脸一个是孟良，一个是焦赞，他二人到三娘家是来买布的。"

韩又问："买布来一个人不就行啦，为什么来两个人呢？"马副官回答说："常言说，孟不离焦，焦不离孟，并且一个人在外边采购，怕贪污，所以派两个人去的。"

马副官此时满头大汗，心都快跳出来了。心想：台上快唱吧，赶快散戏好啦，否则这位韩老子不定还问什么呢。没想到这时候韩又问："这孟良、焦赞他们住在哪儿呀？"

马副官说："他们住在三关口。"

韩问："住在三关口，为什么不在三关口买，跑到这儿买是为什么？"

马副官心说：我知道为什么？只有胡扯："因为那三关口的布都是等外品，三娘的布质量好，实行三包。"

韩问："三关口离三娘家有多远的路程？"

副官说："大约百八十里吧。"

韩问："他们怎么没骑马来？"

马副官答："马病啦！"

韩说："马病啦，可以骑自行车来。"

马副官心说：你可真能出馊主意。随口说："他二人不会骑自行车！"

韩复架骂道："浑蛋！他不会骑自行车，你可以给他们扶着走嘛！"

这回把马副官气坏了，这样问下去，问到天亮也完不了。马副官一着急他也骂开了："你比我更浑蛋，他们俩人学骑车，我一个人忙得过来吗？"

（欧少久述）

歪大鼓 *

　　曲艺在解放前叫什样杂耍：有说的，有唱的，有练的，有变的。大鼓书就是其中的一样儿。

　　大鼓书的种类很多：有京韵大鼓、梅花大鼓、山东大鼓（就是梨花大鼓）、唐山大鼓、奉调大鼓、西河大鼓、京东大鼓、铁片大鼓，不下一二十种。

　　大鼓书在北方是很受观众欢迎的曲种。因为早年间大鼓书唱的是"蔓子活"。蔓子活就是大书呀！连着的。像什么《杨家将》《呼家将》《马潜龙走国》呀，跟评书差不多。所不同的是大鼓书有说有唱。到后来北京、天津杂耍园子兴起来啦，像北京前门外大栅栏的大观楼，天津的小梨园、大观园、群英、燕乐，什么天晴茶楼、玉壶春，都是专以演唱什样杂耍为主的场地。差不多的大鼓演员都进了杂耍园子喽。要是再唱蔓子活就不合适啦。第一，观众不是场场都来呀，隔三跳两地听，摸不着头儿呀！其次，一场杂耍儿有十几个节目，你唱蔓子活，时间都让你一个人占完啦，人家还唱不唱呀！

　　所以说进了杂耍园子的演员，把蔓子活都改成小段儿啦！这些小段儿都是大书的精华呀，就更吸引人啦！有些老观众，演员唱上句，他在台底下能接下句。观众都会啦！可是他还是要来。越会越有瘾。

　　就拿京韵大鼓来说吧，是由木板大鼓演变来的呀。因为唱得有点儿怯，所以又管它叫"怯大鼓"。后来胡十、宋五、霍明亮这三位老先生把怯大鼓改成北京音，唱北京字儿，把木板大鼓改成京韵大鼓啦！——这都是一百多年前的事啦，在座的各位没赶上呀——其实我

---

　　* 本节目曾名为《怯大鼓》。

也没赶上。

到后来刘、白、张接着改呀，刘、白、张是谁呀？就是刘宝全、白云鹏、张小轩呀！这三老在京韵大鼓上下的功夫可多啦！刘宝全幼年学过京戏，他把京戏的吐字发音、身段台步，借到京韵大鼓的演唱里来啦。借可是借，可到今儿都没还。

他主要唱的是"三国""水浒"段，可以称得上是字正腔圆，刚劲有力，干净利落。人称刘派。白云鹏专唱"红楼"段，《黛玉归天》《探晴雯》《刘金定骂城》《千金全德》，这都是人家拿手的好戏呢！唱得缠绵婉转，柔肠寸断，人称老白派。张小轩唱得粗犷豪放，金戈铁马，气儿足，唱得快。听他唱大鼓，赶火车保险误不了点。最拿手的要算《华容道》啦！（唱）"啪啦啦，催开马龙骠，闯出华容道一条。"——完啦！

近年又出了一位白凤鸣，创造了"凡"字腔。人称"少白派"。还有"金嗓歌王"骆玉笙，就是小彩舞呀，她的《剑阁闻铃》《红梅阁——西湖阴配》唱得好哇！

我说的这几位都享有大名呀！名声最大的那得算刘宝全，人称"鼓界大王"，内行尊称为"宝公"。压大轴，有派头。夏景天儿横罗的大褂；冬景天儿狐腿皮袍，琵琶襟坎肩，外边还套了件漳绒①马褂。一上台就是个满堂好。走到鼓架子面前，（比）左手拿起板，右手拿起鼓签子。用脚还要把鼓架子踢那么一脚。三位弦师一齐动手，弹过板。过板弹完啦，他把木板、鼓签子往鼓面儿上一搁，开说啦！这叫"铺场"。其他那些唱大鼓的演员也铺场，但只是三言五句呀——"方才是×××唱了一段单弦牌子曲，唱得实在不错。他唱完啦，没他什么事，让他到后台休息休息。这场换上学徒我来，给您唱一段京韵大鼓。学徒才学乍练，唱得好与不好，各位多多原谅。咱们闲话少说，以唱当先，让他们三位把丝弦弹拉起来。今天我至至诚诚地伺候您一段'三本长沙，马失前蹄'。"——完啦，开唱啦。

刘宝全铺场麻烦啦。且说那前三皇、后五帝，风花雪月，时事新闻，少说得二十分钟。要是赶上他今儿高兴呀，兴许说半拉钟头。干吗没完没了地说呀？他有他的想法：观众不是都等着听他的吗，你越着急他越不忙着唱，这叫吊吊你胃口。观众不喜欢听也得老老实实地

①　漳绒：一种专做马褂的高档材料，因起源于福建漳州而得名。

坐着。怎么？他还没唱哪！花几毛钱，没听刘宝全张嘴就走啦，干什么来啦？

多咱说到"让他们三位把丝弦调动起来，今天给您准备的这间《闹江州》李逵夺鱼……"这才算说完。

他铺场说完啦，弹弦的弹过门儿，他该脱马褂啦！这时候检场的把马褂接过来拿后台去啦。这不是折腾吗？穿上又脱，你不穿不更好吗？不行！要的是这派头儿。

马褂脱下来啦，他又把茶杯端起来啦！在他未上台以前，检场的就在桌上给他预备了一杯白开水。别的演员没有这派头儿，只有他才有。他端起这杯水可不喝，咕咕咕——又吐啦！漱口哪！要不怎么说刘宝全的大鼓干净呢，未唱先漱口。

张嘴头一句就惊人："我表的是宋江在乌龙院杀了阎氏，问了个充军发配去到了江州关……"八句诗篇唱完啦，台底下开始走人啦。怎么？他过了瘾啦。要是没听他唱这几句呀，别说他铺场半拉钟头，就是他说一个钟头也不走。要不然吃饭没味，觉也睡不着。

他随唱观众随着走都有个规矩：他唱的时候不走，等他唱完一个"落儿"，就是一小节呀，弹弦的弹过门儿的时候才走哪。等他这段《闹江州》也唱完啦，台底下也剩不了多少位啦。这还有个好处，免得散场的时候你挤我，我挤你，给小偷儿准备下手的机会呀。

别看随唱随走人，可没有一个说刘宝全唱得不好的。走人，不是观众不爱听才走的，而是人跟人不一样呀。有的人听八句就过瘾啦，有的人听个十几二十句就过瘾啦，有的人非听完喽才过瘾哪。听刘宝全唱大鼓跟喝酒一样呀，有的人喝得多，有的人喝得少，过了瘾就推杯，免得喝醉喽。

我可不是替他吹，人家是有真才实学呀！我刚才说啦，他年轻的时候学过京戏，把京戏表演的身段用在大鼓表演上啦。刀枪架子，比画这么两下子，真叫帅。讲的是手、眼、身、法、步，步、眼、身、法、合。叫您听着瞧着都那么舒坦。要不怎么享那么大的名呢？就拿那段《闹江州》来说吧，头两句就值一块五。"我表的是宋江在乌龙院杀了阎氏"（这句唱到"杀了阎氏"时，左手的板提高，鼓签子背在手后，眼观正前方，做杀的动作），问了个充军发配去到江州关（左手板下垂，腰往右扭，右腿稍跨半步。食、中指指舞台右前方，眼同时向右前方看。）您看帅不帅？直隶胳膊山东腿不行。手指右边，眼看左边!——那成什么样呀!"我表的是宋江在乌龙院杀了阎氏,问了个充军发配去到江州关。"(右手平行向右指,左手下垂,眼望前方)——这是手眼身法步吗?这是警察指挥汽车:又过去一辆。

还有一种大鼓叫京东大鼓,发源于京东蓟县,后来流传到了天津。代表人物就是刘文彬呀!唱蔓子活《刘公案》,清乾隆在位时汉中堂兼吏部尚书刘墉私访的故事。唱得不错,在电台上连续广播。当时天津有两家私人办的商业电台:一家叫仁昌,一家叫中华。从早晨七点钟一直播到晚上一点多,都是曲艺节目和商业广告。

当时刘文彬在仁昌电台广播《刘公案》,尤其老太太们最爱听这部书啦。因为那部《刘公案》里头"家长里短"的事多,词儿又是大白话,老太太们听得懂呀!故事情节又是接连不断的,所以他把老太太们给迷住啦!有位老太太隔个两三天没听呀,还到处打听:(天津口音)"我说二妹子,这两天您收到了《刘公案》啦吗?"

"哟!四婶,我收啦!怎么您没收呀?"

"可不是嘛!我们家那个无线电(即收音机)前儿不是哑巴啦嘛!我叫我们老三,抱出去拾掇拾掇。唉,一拾掇就是一天多呀,花了两块四。钱算吗呀,这两天没听到《刘公案》,耽搁我解闷儿呀!昨儿我说收收吧,您说也巧劲,我那孙子小锁儿又病啦!抱孩子上医院啦!您瞧,三天没听,可把我闷坏啦!"

"四婶,这两天您没收可太可惜啦,这两天书热闹着哪!"

"大前天我听到刘大人不是要出去私访吗,昨天说到哪儿来啦?"

"噢!刘大人私访?对啦!私访。""说哪儿来啦?""刘大人还没出大门哪!"——啊?说了三天还没出大门哪!她收错频道喽!

那会儿先生为啥不给书听呀?半个月把一部《刘公案》说完啦,先生吃什么呀!他那玩意儿是连说带唱,拣着宽点儿的辙"溜起走"。什么叫"溜起走"呢?就是现编现唱,没准词儿。唱着唱着唱不下去啦,把鼓板一放,说开啦!什么辙宽呀?中东、言前、人辰。这些辙宽。乜斜、灰堆、由求,这些辙都窄呀,他不用。怎么?用窄辙唱不上几句就没词儿啦!找不到辙啦。车轱辘话,来回转。再加上些废话。唱一段就能唱十几分钟,再报两三家广告呀,这半个钟头的节目就凑合下来啦!要不怎么说刘大人私访唱了三天还没出大门呢?所以说老太太耽搁三天没听不要紧,保险接得上头。因为刘大人还在后院绕腾哪!您不信咱们就试试。

（唱京东大鼓）"各位明公落座您慢慢听，我压住了鼓板开了正风。"——开了正风就是要开正书啦！开正书啦？——早着哪！"爱听文的咱们唱《包公案》，爱听武的《岳家兵》，爱听忠的《杨家将》，爱听奸的《审潘洪》，半文半武《双合印》，酸甜苦辣《白金羹》。我昨天唱的是本儿半半本《刘公案》。"唱到正书来啦？——远着哪！"还有那多半本没有交代清。咱们是哪里丢来哪来找，哪时接着唱，哪里忘了哪里缝，奉敬诸明公。丝绦断了红绒续，续上麻经儿万万不中。那位说：说书的把书说忘。诸明公，从小学的记得更清。别看我嘴笨嗓子哑，嗓子哑来我字眼清。东屋里点灯东屋里亮，西屋里不点黑咕隆咚。"——这不是废话嘛！"这位刘大人呀……"观众心想：行啦，刘墉刘大人见面啦——刘大人倒是见面啦，他该拿刘大人开心啦！"刘大人乔装改扮把衣服换齐整，带着家人刘安与张成。迈步出了大门口，翻身上了马能行。一抖丝缰放开了马，大街之上闹融融。只见他九梁道巾头上戴，水火丝绦系腰中。八卦仙衣穿身上，一双云履足下登。手拿拂尘骑马上，仙风道骨甚是威风。这本是一个假老道，"——啊！唱了半天合着还是个假的。"他本是吏部天官名叫刘墉。"——这不是车轱辘话来回说嘛！"顺着大道往前走……"观众心想：正好呀！下句再唱个"遇见个旋风把路横"，这不就唱到旋风告状，刀剐黄爱玉嘛！可是，起码还得再唱个三天五天的，才能唱到旋风告状哪！"刘大人顺着大道往前走，忽然间觉得肚子疼。"——一个急刹车，刘大人又病啦！"一抖丝缰勒转了马，后面跟着刘安与张成。时光不大来到了，吏部天官府门面前迎。"——得，他又回来啦！

我舅舅看着唱京东大鼓大把赚钱眼红啦！他是干什么的呀？算命的，跟瞎子学的。每天串村走户，或是串街走巷，够累的呀！算一个命，少则五分，多则一毛，弄不好三天开不了张。我舅舅一想：唱书比算命强得多呀，上电台，月月拿包银，多美呀！吃什么不香呀，对，唱书吧！我舅舅跟我舅妈一商量，我舅妈也高兴呀！我舅舅弹弦，我舅妈唱。他弹弦不费事呀，瞎子算命不也是弹弦子吗？弹得还不错——大把抓，狗挠门。

我舅妈就困难啦！从没念过书，一字不识。又没听过说书，她唱什么呀？唱三、列国，那不连门儿都没有嘛！唱"公案"书，《施公案》《彭公案》，黄天霸是干什么的都不知道，那怎么唱呀？幸好，她还看过耍"古古丢"的——就是木偶戏呀！《猪八戒招亲》，记得里头有一个孙猴，一个猪八戒——干脆，就唱《西游记》吧！——胆子还不小哪，记得一猴一猪就敢唱《西游记》，要是记着两条蛇，不就能唱《白蛇传》啦？

我舅舅跟我舅妈在家里练了三天，就要出生意啦。本想多练几天，可耽搁不起呀，谁管饭哪？我舅舅买了个鼓。新的买不起，向卖木炭的买了个用过了不要的。怎么不要啦？有一面破了个窟窿眼儿。人家的鼓打起来咚咚咚的响，他那鼓打起来噗噗噗的直泄气儿。没开张就不吉利呀！

他毛遂自荐，上电台跟人家一商量：演出费只要刘文彬的一半哪。人家电台一来没听过大鼓书《猪八戒招亲》，二来图便宜呀，试试吧。我舅舅抄起弦子弹过门儿：光光令光，一个令光。光光令光，一个令光……我舅妈一个劲儿敲她那面破鼓：噗噗噗——好嘛，一个点儿！人家说："行啦，您歇会儿吧！我们那发射机受不了，连天线都晃荡啦。"

您想，人家电台能让他唱吗？电台不要不要紧，撂地。撂地也不行呀，周围团转十几份生意围着他。什么说书的，说相声的，练武术的，变戏法的，就他那点儿本事干得过人家吗？人家那儿都是人山人海，里三层外三层呀！他这儿倒好，影子都没有一个。唱了一天，手都打酸了，嗓子唱哑了，倒赔了四毛八的板凳钱。人家赁板凳可不管你卖不卖钱，到下晚照收不误呀！我舅舅一合计：这不行呀！还没算命来财哪。得另想主意。——他想好啦，过去算命不是串乡嘛，现在两口子还那么办。有听书的就唱书，没听书的就算命。这叫小胡同逮猪——两头儿堵。

第二天一早，我舅舅夹着弦子，我舅妈背着鼓，来到一个村儿。一进村口，我舅舅就叫我舅妈："把响器动起来，招招人儿。"他抄起弦子就弹：光光一个令光，令光一个令光……我舅妈把那面破鼓一敲：噗噗噗噗……热闹啦！他们俩这么一折腾呀，真来主顾啦。从一个大门里出来位老太太，冲着我舅妈就喊："卖木炭的，给我称五斤。"——您看，这个鼓是不是耽误事？

（倒口）"老太太！俺们不是卖木炭的，俺们是算命唱大鼓书的。"

他这么一说，把老太太给说迷糊啦："怎么唱大鼓书还给算命呀？"

"我们是又会算命，又会唱大鼓书。"

"噢，这么回事！你们唱的什么大鼓呀？"

"老太太，俺们是道地的北京大鼓书。"

"什么？北京大鼓呀，你说话怎么这个味呀？比我还怯哪！"

"您老别听俺说话怯吧，唱起来就不怯啦，受听着哪！"

"唱一段多少钱呀？"

"俺这不论段儿，论天儿。"

"怎么论天儿呀？"

"俺唱的是大书。一段能唱利索了吗？"

"一个白天儿多少钱呀？"

"唱一个白天一块钱。要是带着灯晚五毛。"

"这？怎么带灯晚还便宜些呀？"

"您老没算过来这个账吧！只唱一个白天，唱完我们还得上外边吃饭去，晚上还得住店。那不多了开销了吗？要是带着灯晚儿，晚上这顿饭就该您管啦，我们也甭住店啦，就宿在您老这儿啦！"

"噢！你这账是这么算的呀。那你就唱一天一宿吧！"

"老太太，俺们在哪儿唱呀？"

"你们二位先歇会儿，我去请客去。我们这里虽说离北京没多远，可难得来档子玩意儿。我还记得那年发大水，水退啦请一档子耍'古古丢'的，整整地热闹了一天。那年我还小哪，还是姑娘哪，才六岁。"——啊？这是哪年的事呀！

老太太遍村请客呀！"四妹子，二姐，别做活儿啦！上我家听大鼓书去吧！北京来的，好听着哪！今儿我的请儿。"您想，这村儿的人都是大半辈子没文娱活动呀，哪还有个不来的嘛！没多大一会儿，老太太堂屋就坐满啦！连门口外头坐的都是人，可全是妇道。老爷们呢？都下地去啦。

"二位先生，客都到齐啦，您开书吧！"

"哎！"我舅妈把鼓架子一支，把卖木炭的那面破鼓一放。我舅舅找了把椅子，往那儿一坐。抄起弦子就弹：光光一令光……我舅妈一敲那面破鼓：噗噗噗……

老太太一听：这二位先生可真卖力气。弹的那位，胳膊都抡圆啦！这得费多大劲呀！您瞧这位女先生敲的那鼓，虽说声音差点，可跟打闷雷差不多少。好，好，好！到底是北京来的，旱香瓜儿——另一个味儿呀！

光个令光一个令光……

"各位压言，先生开书啦！"

"我表的是孙悟空大战猪八戒……"

"先生给书听，开书就是《高老庄》，八戒招亲。"

街坊四婶问上啦："二大妈！您怎么知道是《高老庄》呀？"

"你没听见吗？猴儿跟八戒打上啦！这部书就是高老庄猴跟八戒打呀，往后就不打啦，上西天取经去啦。"——敢情这位老太太听人说过《西游记》，对这部书熟着哪。

"我表的是孙悟空大战猪八戒。"

"先生唱得仔细，怕没听清楚，又找补了一回。"

"我表的是孙悟空大战猪八戒，猪八戒大战孙悟空。"

"有理呀！猴打八戒，八戒还不打猴儿呀！"

"我表的是孙悟空大战猪八戒，那猪八戒大战孙悟空。孙悟空大战猪八戒，猪八戒大战孙悟空。要问孙悟空为什么大战猪八戒，都只为那猪八戒大战孙悟空……"——好嘛！怯木匠就这一句（锯）呀！怎么不往下唱呀？往下唱？她也得会呀！呼啦呼啦地都走啦！——那还不走？别说多年没来唱书的，就是一辈子不来唱书的，也没人听这个呀，谁跟她怄这个气呀！一边走还一边嘟囔："这是什么玩意儿呀，还是北京来的哪！耽误了我半个多钟头。要不然我那只鞋底就纳好啦。这是怎么话儿说的？"按说大伙儿都走啦，那就别唱啦。我舅妈不在乎这个，接茬儿唱："孙悟空大战猪八戒……"

"行啦！二位歇会儿吧！"

"老太太，俺们不累。"

"我知道你们不累，可猴跟八戒累啦，打了半天啦！"（又自言自语）："好嘛！没皮没臊呀！没看见都走了吗，我是住在这儿，要不然我也得走。"

"老太太，不唱啦，是不是该吃饭啦？"

"啊！就你们这档子玩意儿还要吃饭呀？"

"啥话呀，不吃饭不饿吗？孙悟空跟猪八戒打了半天啦！"

"行啦，就别提那茬儿啦，吃吧！"

老太太上厨房拿了四个干饼子，棒子面儿的，起码搁了两天啦，打在脑袋上就能来个包。"吃吧，管够。"

我舅舅、舅妈拿起就啃。"嗯！硬点。"——放两天啦，那还不硬？

"老太太，连点儿菜都没有，咱怎吃吧？"

"还要吃菜呀？谱儿还不小呀！"

老太太上厨房拿了个疙瘩头："吃吧，菜来啦！"

"老太太，这饼子太干啦！来点儿稀的吧！"

"啊？还想溜溜缝儿哪！厨房水缸里有的是。"——好嘛！凉水。

我舅舅拿了个大碗，舀了碗凉水。干饼子就疙瘩头，来碗凉水一溜缝儿，差不多的主儿下不去呀！我舅舅劲儿足，俩饼子都下肚啦！我舅妈差点，啃了一个半就不行啦，还剩下半拉。

我舅舅说："揣着，揣着，明儿早上就甭买啦！"——好嘛！他是一点儿都不落空。

水足饭饱，问老太太啦："老太太，俺们在哪儿睡呀？"

"吃饱了就想睡呀？你们把门板下下来，找俩长凳子一支，就在堂屋睡吧！"

我舅舅支好门板，跟我舅妈就睡啦。脑袋刚一挨枕头，就打起呼噜来啦。这倒好，吃得饱，睡得着。老太太心里这个堵呀，气得连晚饭都没吃，进里屋睡啦。睡到三更天，就听到外间屋：呼……轰！呼……轰！呼……轰！呼……轰！就像打雷一样，连房子都震得直晃荡。您想嘛，我舅舅跟我舅妈两个身体都胖，足有一百五十开哪！睡觉向来爱打呼噜。这头儿呼……轰！那头呼……轰！打雷、放炮——一块儿来呀！老太太在里间屋实在受不了啦，出来啦！

"先生，先生，醒醒，别睡啦！还是起来说书吧。您说书比打呼噜还叫人好受些哪！"——嗐！

（叶利中述　叶利中　张继楼整理）

百兽图

今天我给大家说一段单口相声，名字就叫《百兽图》。我说的这个兽，是野兽的兽，可不是万寿无疆的那个寿。您听明白了，我这是说野兽的；您要是听不明白……我还是说野兽的。

过去有这么一句话："人为万物之灵。"这句话是什么意思呢？就是说世界上人的本事最大，人能够驾驭一切。包括野兽在内，什么样的野兽都能够被人驯服。你看，马戏团里就有驯狮、驯虎、驯狗熊的。其实这话也不绝对，怎么呢？就有一种野兽没人敢驯的。哪种？谁也没见过驯狼的。为什么呢？因为狼生来性情凶暴残忍，而且还狡猾多疑。民间就流传着很多形容狼的成语，像什么"狼子野心，何其毒也"等等。形容一个人坏，就说他是"狼心狗肺"；起个外号都别致，叫"白眼狼"。还没离开狼。另外，古代寓言里还有《东郭先生和狼》等等。这些都说明了狼的野性难移，不可感化。可有一点您要记住，狼也怕人。怎么见得呢？狼要是看见行人，它可不是马上就吃，它先跟在人的后边观察。如果人要害怕一跑，那么狼就会扑上去，把人吃了。但是如果你胆子大，遇见了狼能够沉着镇定，狼也害怕。它怕什么呢？它怕你带着武器，它也怕挨揍。一个人孤身走山路的时候，只要带着一根二尺多长的木棍，狼就不敢靠近你了。可有一点，你得把棍子的一头藏在袄袖里，一头在外边露着。为什么呢？因为狼的疑心大，它只看见外边这半截棍子，不知道里边那半截到底有多长啊！如果你能够带着一把雨伞那就更好了。你在前边走着，狼在后边跟着，走着走着你猛一蹲下，噗！把雨伞撑起来，你再看狼一掉头撒腿就跑。狼跑什么呢？它纳闷呀！心里说：我的狼妈呀！这个人刚才挺长的，怎么一下子矮了半截，转眼又变粗了呢？它能不跑吗！

这一招儿狼害怕，但是狈可不怕。狈是狼的军师。狼要是和狈勾结在一起，那可就厉害了！不是有这么一句成语嘛，叫作"狼狈为奸"，就是这个意思。狼狠毒，但什么坏点子都是狈出的。过去有这么一档子事儿：有一次，一位木匠师傅走在山里遇见了三只狼，这下他可害怕了。心里说：哎哟！这来的要是一只狼，我倒不怕，我这儿有斧头哪！这要是三只狼一块儿扑来，那我可就招架不住了。干脆，我快点儿跑吧！坏啦！他越跑，狼越追，眼看就要追上了。千钧一发，这可怎么办哪？一抬头，哎！只见路旁有一棵大树。他一个急劲儿，噌噌噌！他上树了。他这一上树，狼没办法了。怎么办呢？狼不会爬树呀！狼上不去树，可也不死心，急得它们在树下一边转悠一边骂："妈的，煮熟的鸭子上树啦！"后来，三只狼一嘀咕，留下了两只看着树，一只狼就跑了。时间不长，就见那只狼驮来了一只狈。狈怎么还要狼驮着呢？是那样的：狈长得就跟狼差不多，就有一点儿不一样，狈的后腿长，前腿短，没法儿单独行走，只有将前腿搭在狼的屁股上才能跑。狈来到树下，抬头看了看树上的人，立刻就想出了一个吃人的主意。它跟三只狼一嘀咕，再看这三只狼，冲着四外就叫起来了。那位问了，狼怎么叫唤？嗬！狼叫唤可不好听，有这么一句话，叫"鬼哭狼嚎"，由此可见狼叫得有多难听。那位说了，你能不能把狼叫的声音学给我们听听？可以。我现在就学学狼叫唤，大家注意啊！我……干脆我别学了。为什么呢？我一学再把孩子吓坏了就麻烦啦！这三只狼一叫，嚯！就听一会儿工夫，呼——又跑来了一百多只狼。这些狼一到，紧接着狈就开始说话了："各位狼兄狼弟们，母狼太太们：现在报告大家一个特大喜讯，树上现在有一百多斤人肉，可是我们暂时吃不到嘴。因为他在树上，我们够不着。大家要想吃到人肉，就得这么，这么，这么办。"怎么办呀？狈刚说完，就见这些狼呼啦——又都跑了。一会儿工夫，又都回来了。就见每只狼嘴里叼着几根干树枝子，它们把树枝子放在树下以后又去叼了。过了一会儿，干树枝子就堆了有好几尺高啦。这一来，可把树上这位木匠师傅吓坏了，心里说：坏了！原来它们是想用树枝子堆成梯子呀！一会儿要是够着我，我可就没命啦！突然，他急中生智，从腰里摸出一盒火柴来，划着了连盒往下一扔。你想干树枝子见火能不着吗？狼最怕火，这边一见火，那边呼啦一下全跑了。狼跑了，狈可没动。怎么呢？狈没有狼驮着不能跑呀！木匠师傅从树上跳下来，扑灭了火，然后提着斧子来到狈的跟前说：“都是你个孳种出的主意。”上去就是一斧子。

其实狼在百兽之中并不算最凶猛的野兽。有一种野兽连猎人见到都棘手。为什么？因为这种野兽不怕猎枪。那位说了，还有不怕猎枪的野兽？有！什么呢？狗熊。狗熊？对！不过我说的这种狗熊可不是一般的狗熊。我说的是东北山里有一种挂甲的狗熊。什么叫挂甲的狗熊呀？这种狗熊爱吃蚂蚁，吃完之后浑身就发痒，一发痒它就在树上蹭痒。东北山区松树多，它这一蹭不要紧，树上的松油就沾了它一身。它不好受哇，想把身上的松树油再蹭掉，于是，它就在山坡上滚，这一滚又沾了一身的石头子，日久天长，它浑身上下全变成了水泥预制板啦！除了心口窝以外，子弹打到哪儿都是个白印。你说这种狗熊能不厉害吗？但是话又说回来了，狗熊虽勇而无谋，老虎虽勇不及熊，就是说老虎都打不过狗熊，但是老虎却可以用智谋来打败狗熊。怎么见得呢？有这么一件事：狗熊听说老虎自称为兽中之王，心里不服，就去向老虎挑战去了。狗熊说：“虎小子，你有什么本事？还敢自称兽中之王。你敢跟我比，跟我比，你他妈的——姥姥！今儿你别神气，我非揍你不可！”老虎一听：“怎么着，要揍我？三两棉花你纺（访）一纺（访），我老虎也不是好惹的！要打，行！你定好时间。”狗熊说：“那就定在明天上午八点半。”狗熊跟老虎约好了时间，定好了战场。到了开战那天，狗熊要战心切，提前就来到了战场等候老虎。等老虎一到，它俩马上就打起来了。

这老虎哪是狗熊的对手呀！打了一阵儿，老虎感觉到招架不住了，噌的一下就跳出了战场说：“熊小子，有本事你敢在这儿等我！”老虎说完跑了。狗熊心说：“你他妈的颠儿啦！等着你就等着你。”老虎不来，狗熊就不走。这老虎干什么去了呢？它找吃的去了。等它吃饱了，喝足了，又痛痛快快地睡了一觉。它养足了精神，又去找狗熊交战去了。打着打着，老虎眼看又要败，噌的一下，跳出战场又跑了。老虎跑了，狗熊还不走，心里边还说：虎小子，你个孳种，你走了，我不走，告诉你，我要走了我不姓狗！老虎吃饱，喝足，歇够了，又来找狗熊交战啦，这一战就是三天，那狗熊可是三天没吃没喝没休息呀！打着打着，狗熊一看老虎：“哟！这虎小子怎么变成仨脑袋了？”怎么呢？它眼都饿花了！你说它能不让老虎给吃了吗？狗熊就这么傻。要不民间怎么有这么一句话呢：“××人你比狗熊还笨！”这句话就打这儿传下来的。

那么兽类里边儿有聪敏的没有呢？有。什么呀？猴儿！形容一个人笨把他比作狗熊，要是形容一个人聪敏，也有一句比喻："谁傻？×××，他傻？嗐！他比猴儿都精。"由此可见猴儿的聪敏。但是有一点，猴儿再聪敏，最后也得叫人给驯服了。大家都见过街上有耍猴儿的，耍猴儿的叫猴儿干什么，猴儿就得干什么。耍猴儿的一边敲锣一边唱："开开柜子打开箱，拿个帽子你戴上。"猴儿就乖乖地走到箱子旁边，把那顶帽子拿起来，自己给自己戴上了。你瞧这猴儿有多老实！那位先生问了："这猴儿是怎么驯服的呢？"这可不是一时半会儿能驯好的。驯猴儿的有法宝，会念紧箍咒。最有效的一个办法，就叫作"杀鸡给猴儿看"。这招儿可太灵了！怎么呢？猴儿刚开始也不驯服，也还有点儿反抗精神，不愿意受人的支配。人有办法。什么办法呢？刚一开始驯猴儿的时候，先买来一只大公鸡。这边儿把鸡拴好了，那边儿把猴儿拉过来了。耍猴儿的一手拿锣，一手拿着一把菜刀。他一边敲一边唱："开开柜子打开箱，拿个帽子你戴上。"拿起帽子给猴儿戴上了。猴儿不愿戴，用爪子一拨拉，帽子掉在地上了。耍猴儿的一举手，要打猴儿，猴儿不但不怕，而且还冲着耍猴儿的发威，"嗞——！"那意思是：你别跟我来这套，我不怕你！耍猴儿的又敲锣："开开柜子打开箱，拿个帽子你戴上。"拿顶帽子给鸡戴上啦。鸡也不戴，用脖子一甩，把帽子甩掉了。耍猴儿的继续敲锣："开开柜子打开箱，拿个帽子你戴上。"又给鸡戴上了。鸡还是不戴。耍猴儿的急了，举起菜刀，噗！把鸡头给砍下来了。鸡血往外这么一蹿，你再看那猴儿——自个儿就把帽子戴上啦。

（高笑临　吴棣整理）

围 场

说一段单口相声。您看这一个人的相声跟对口相声说法不一样。单口相声连甲带乙都由一个人代替了。包袱的规律也不同，要自己抖自己翻。

您看什么艺术都得学，只要您用心学就能学得好；人为万物之灵，没有学不会的东西。不用讲人了，您就拿那耍猴儿的说吧：那猴儿还会翻筋斗哪，迈方步，戴帽子，唱戏；您瞧那耍猴儿的一唱："哎……（唱）打开柜子开开箱，拿出帽子你戴上，哐来令哐令令哐……噢，再开柜子再开箱，换个纱帽，扮个杨六郎哪。"您瞧那猴儿过去自个儿把箱子开开，把这个帽子摘了把纱帽戴上。猴儿都学得会，何况人啦？可是猴儿学会了，还得人的聪明和智慧，那教猴儿不容易着哪，你得知道猴儿的性格，因为它的胆子最小，一吓唬它，你让它干什么它就干什么。让它戴帽子它就戴帽子啦？你让它唱戏它就唱戏？它不那么听话，得有一套办法。教猴儿的时候我看见过，要是光教猴儿它学不会，旁边搁着一只鸡它就学会了。做好了纸盒儿的帽子敲着小铜锣一唱："哐哐龙哐龙龙哐……噢！打开柜来开开箱，拿个帽子你戴上。"拿过帽子来就给鸡戴上，您想那鸡它不戴呀，戴上它就瞧不见了，刚一给它戴上，它一拨拉，脑袋上帽子掉地下了，捡起来再给猴儿戴上，猴儿也不戴呀，帽子掉地下了。捡起来给鸡戴上，鸡还是不戴；又给猴儿戴。旁边放着一把切菜刀，拿过帽子来，再给鸡戴上，鸡又一拨拉脑袋，帽子又掉了。这时候拿起切菜刀来，把鸡一抓，往地下一放，照鸡脖子上当的就是一刀！鸡脑袋一掉血往外一蹿，你再瞧那猴儿，把帽子捡起来，本儿！自己就把帽子戴上了。

这是教猴儿。那么这个逮猴儿哪，那么大的森林进去仨月，一个你也逮不着。你想，你瞧见一个猴儿也没它跑得快，追急了，甭管多高的树，噌噌噌！它上去了。就算你会上树，费九牛二虎的劲，刚上到半截儿上，它打这树噌的一下又蹦到那树上了。你跟它爬树，猴儿也没逮着人也累趴下了，那么怎么逮哪？你得知道逮猴儿的季节，一年它搬两回家，由冷的地方往热的地方搬，由热的地方往凉快的地方搬。你就赶它搬家的工夫，你在树上待着，拿一根竹竿儿，头里弄一个藤子圈儿，你就在这儿等着吧。刚才我已经说过了，猴儿的胆最小，等大群的猴儿一过来，一过就是好几百个，刚过来的时候你别理它，走来走去还剩百八十个，你打树上跳下来拿藤子圈套着一个猴儿，啪！往石头上一砸，脑浆崩裂，你再瞧这一百多猴儿，俩爪子一捂眼睛，吓得都不敢动了，你过去一个一个往口袋里装吧，跟装老玉米似的。

不但是逮猴儿，你就是逮什么动物也得掌握住它的规律。你看这打猎呀，也有打猎的常识，对各种野兽要分门别类地对待。你要是一个人进山打猎，更得有丰富的经验了。或者是走山路没带着武器，碰见野兽啦，你怎么办哪？这你得有主意，碰见什么动物得用相应的办法对付。

你要是黑路碰见狼了，狼一叫唤最难听，有这么一句话，"鬼哭狼嚎"嘛！你一听狼叫唤，你就划火柴，有手电筒你就把它打亮了，狼一见亮儿，就吓跑了。那么白天走道碰见狼怎么办哪？它也看见你了，你也看见它了。你赶紧就站住别动。等它往你跟前儿凑的时候，你就蹲下，你要是带着雨伞你就冲它一支，嗷的一声就吓跑了。怎么回事哪？因为狼的心眼儿最多，它就琢磨了："我瞧他像个人哪？怎么由长变短了，短了怎么又圆了？"它就跑了。

进山你要是睡觉没有山洞，就在大树底下睡，睡着了来了野兽怎么办哪？预先你得防备一下，找个大树底下往那儿一坐，把干粮找出来，脱下两只鞋来一拍，啪啪啪一响，就来一个小狗儿。过去迷信叫山神，现在我们懂得了，那叫山狗子；你一拍鞋它一听响它就来了，你把干粮给它点儿吃，然后你躺在那儿了，山狗子围着你绕三圈儿，撒一泡尿，它就走了。你睡一宿舒坦觉，什么野兽也不敢侵犯你。这可不是神话，事实就这样。你比如说：大老虎遇到山狗子了，哗！撒了一泡尿，这老虎非烂死不可。因为山狗子的尿有毒啊，所以什么野兽都怕山狗子的尿，并且还都闻得出来山狗子的尿味儿。

一个人儿进山打猎还怕遇见黑瞎子，就是熊。它也不想害人，它爱人，可是就把人给爱死了。见着人就追，追过去用爪子抓住你的胳膊它就看你，一边儿看你它心里就琢磨着："他这模样怎么比我好看啊，他那样儿，我怎么这样啊，我这么一脸的黑毛，他那么光溜，我若再给他舔舔不就更光溜了吗？"拿舌头在人脸上一舔，不但没干净，血就流下来了。那位说怎么回事呢？因为这熊的舌头跟钢锉一个样，你想拿锉锉脸那还受得了啊？它一看你脸上流血，它又琢磨上了："哟，舔一下怎么倒脏了，再来一下吧。"更倒霉了，怎么？半拉脸没了；它一瞧这人这半边儿这样，那边儿那样儿，不好看哪，干脆这边也舔舔得了，那人就算完了。那么你说了半天，一个人要是碰见黑瞎子就得让它舔死没办法吗？有主意，你得胳膊上套俩竹筒子，碰见它追你，你别跑。你倒找它去，它就高兴了，俩爪子一抓你胳膊，你就给它抓，反正你那儿套着竹筒子哪。你可别不敢瞧它，它瞧你，你也瞧它，瞧它你就冲它乐，你乐它也乐，它就顾不得舔你了。净顾乐了，你是假乐，它是真乐，乐得它接不上气了，它就晕过去了。你胳膊上套着竹筒子哪，你把竹筒子往下一褪，你就走你的，你要是不用这个方法，你就得吃它的亏。

那位说，我碰见它，我带着枪哪，我不会拿枪打它？千万别开枪，甭说枪打不中，就算打中喽，也没用。怎么回事呢？因为它身上穿着铠甲哪，你这不是开玩笑吗？铠甲谁给它做的呀？它自己做的，不是钢铠铁甲，可比那还结实。怎么回事哪？到了热天它身上痒痒，找一棵大松树在树上蹭痒痒儿。松树它有松树黏儿呀，把松黏儿都蹭身上了，松树黏儿往身上一糊，更痒痒了，越痒痒它越蹭，越蹭越多，怎么办哪？抓也抓不下来，找个山坡地方，站起来躺下啪啪地摔。这一摔呀，不但松黏儿没掉下去，又粘上一层小石子儿，它身上就修了马路了，一身的臭油拌石头子儿。身上挂了甲了，你甭说拿枪打，就算牛腿子炮打上，嘣噔来个斤斗，起来还是追你。那么说就没法打它了？也有主意。在它胸口上脖子底下有个白月牙儿，这地方不挂甲，牛腿子炮就得往这白月牙儿上打，扑哧！打一个大窟窿。可你还得赶紧跑，别瞧它那儿一大窟窿，没死，还照样儿追你。你没它跑得快，它那个大步迈一下顶你迈三下的，跑着跑着准把你追上，这怎么办哪？几个人别往一块儿跑，他往东他往南他往西他往北，它瞧你这么一跑，就站住不动了；它没准主意了，心想是追这个是追那个呀？

等它拿定主意，人也跑远了。有俩人站在老远瞧着它，那些人都藏起来，它一瞧这还有俩，它就追，你戗着风跑，它胸口一个大窟窿啊，好让它往进灌风，灌着灌着它难受就蹲下了。这一蹲，肚肠子都流出来了。它往爪子上缠，缠好了往里一塞，爪子往外一拿，肠子又带出来了。它再追人，爪子上缠着肠子血流得又多，就死过去了，非这样才能逮它。

逮它干吗用哪？肉吃不得，皮用不得，一身的小马路干吗用？那么要它什么哪？就为要它的熊胆熊掌，熊胆做药材，熊掌吃。熊掌这个菜，常说山珍海味，熊掌就是山珍。山珍有八珍，它算一珍。也不怎么好吃，据说就是大补，它还分什么月份的熊掌。若是春天的一分钱不值，得初冬的天气才有用哪。因为什么哪？这个熊一到冬天就避宿，这一冬什么也不吃，它躲到哪儿去呢？打一棵枯树，原始森林里的树当然都是大树了，这树里空了，它从树窟窿进去，木能生火，它在里头一蹲暖和呀。同时它又懒，蹲在里头一冬它都不动弹了。那位说它怎么这么懒哪？懒得厉害，比懒人还懒哪！那么这一冬它吃什么哪？不要紧，饿了三四天，它就抬起掌来，拿舌头舔一下，舔这一下就能饱三四天，因为一年吃的那些东西，营养和精脉都吸收到掌上去了。所以那玩意儿是补品嘛。它这一冬舔一下活三四天，舔一下活三四天，赶到春天树里待不住了，掌也舔没了，要出来打食，俩脚扎扎着这样就出来了（学熊走）。怎么这样儿？脚底下都冒血津儿了。你把它逮住也没用。非得到一钻进树的时候，那时候逮，才有用哪。

哪个空树里有熊，一看这树就知道。怎么看？一瞧这树上挂着好些个大冰锤子，那里准有熊，它在树里得喘气呀，呼出来的那些热气，外边又冷，就结成冰了。在树里头怎么逮它哪？要让它出来还是干不过它。你得预备好东西，就用茶杯粗细的木头杆子，你上树拿杆子顺窟窿往下杵，杵它的脑袋。它就来回地躲，你就来回地杵，把它杵急了，它把杆子抢过去了，往旁边一放，它又没事了。你再拿一根杆子，再杵，它急了再抢过去，又往旁边一放。你再杵，二百多根儿杆子，都让它抢过去，就好逮了。怎么？你想啊，它在树里不动弹了，那些杆子都把它挤严了。

除去掌跟胆之外，还有什么可取的呢？还可以得它的蜂蜜。蜂蜜怎么会算是它的哪？因为它用蜂蜜喂小熊。怎么拿蜂蜜喂小熊哪？你想又没人给它预备奶糕、奶粉，可不就用蜂蜜吗？它找蜂蜜比人找得绝，有些悬崖陡壁上头有蜂蜜，人不好攀登，这地方它都不在乎，照样儿过得去找得着。它把蜂蜜找回来，把它存起来，存在哪儿哪？大树卡把儿的地方，拿爪子把它挠深了，把蜂蜜就存在这地方。把小熊挟了来，拿爪子往嘴里抹，多咱小熊饱了，一拨浪脑袋就不喂了，再喂那个。俩胳肢窝挟俩小熊，用爪子抱着一个小熊，一回能喂仨，喂饱了，把这仨送回洞去，再挟俩小熊。容它回洞的这工夫，人藏起来，在旁边儿瞧着它哪，一看它换小熊去了，赶紧地上树，把这些蜂蜜都舀到罐子里头，得着蜂蜜你就走吧？不走，还要看看笑话儿，把预先备下的一罐粪汤子倒在树卡把儿里，人又藏起来了。等它挟着两个小熊回来，弄爪子一抓，往小熊嘴里一抹，不是味儿呀，不是味儿那小熊它不吃。小熊它一拨浪脑袋，一甩腮帮子，拨噜，拨噜噜，它不吃。它拿爪子捣一把再喂那个，那个也不吃，又喂这个，这个还是不吃，它就气了，"你们都不吃，我吃"。往嘴里一送，噢，它也不吃。一闻这个味儿受不了了，小熊也脏了，爪子也脏了。找个山沟的地方去洗小熊去了，俩不能一块儿洗呀，先得给一个洗呀，给这个洗怕那个跑了。它也有主意了，搬块石头把那个小熊压上，然后再给这个洗，搬石头搬多大块儿的哪！那不一定，反正它有多大劲头儿能搬多大块儿的就搬多大块儿的，把这个压上就给那个也洗去了，给那个洗完了，搬开石头再瞧这个，压死了！

（刘宝瑞述）

八大棍儿

君臣斗

　　清朝乾隆皇帝在位时，驾前有两位中堂，一位满官，一位汉官。满官中堂姓和名珅字士隆，他是武英殿大学士，兼管步军统领，九门提督，正黄旗满洲都统。汉官中堂是刘墉刘石庵，他是文华殿大学士，南书房行走，太后的御儿干殿下，左都御史。他跟和珅是面和心不和，两人互相瞧不起。因为刘墉是两榜进士出身，初任山阳县知县，州丞府道全都做到啦才入阁，这叫科班出身。和珅呢，是御前侍卫出身，在皇上面前打金锁提炉的。因为皇帝喜欢他，才一步一步把他提拔起来。他不过是八个字的批语：上人见喜，官星发旺啊。所以刘墉看不起他。和珅也看不起刘墉，别看你是科班出身，现在咱俩的官职一般大；可是皇上不喜欢你，你也不能把我怎样喽，在满朝文武当中你没有我的人缘好。刘墉这个人非常耿直，不会顺情说好话。所以满朝文武给他起了不少外号，什么"刘转轴儿""刘坏包儿""刘疯狗""刘三本""刘罗锅儿"。刘墉心眼来得快，什么事你都问不住他，都叫他"转轴儿"；谁要是设圈套叫他上当，他准叫你吃他的亏，也都叫他"刘坏包儿"；他说话不让人，你怕什么他偏说什么，单往你痛处说，咬上一口就叫你喘不过气来，又都叫他"刘疯狗"，那个意思是说逮谁就咬谁；他是左都御史，他一天就参过三四个人，所以叫他"刘三本"；刘墉有很大的驼背，是念书念的，不是真的罗锅儿，要是真的罗锅儿也入不了阁，也叫他"刘罗锅儿"。

　　刘墉这个人非常有学问，是当时有名的书法家，他的字写得好，可惜留下来的太少啦。因为他不写呀，满朝文武谁要求他写个扇子面那可难啦。有一回皇上的兄弟九王爷叫刘墉写个扇面，他答应啦。王爷非常高兴，打发人买了个宣纸发笺扇面交给了他，三年都没给写，气得王爷也不问他啦。别说满朝文武，就连皇上叫他写他都不写。当然皇上明着说叫他写，他可不敢不写。皇上说话那叫旨意，不听就叫抗旨不遵，有掉头之罪，他敢不写呀？是说你要转着弯儿叫他写，他就不写。

有一次散朝之后，皇上把刘墉和和珅都留下啦，南书房赏宴，就是叫他俩陪着皇上吃饭。吃完饭两人陪着皇上说闲话。皇上问和珅："和珅。"和珅赶紧站起来说："奴才在。"当时在朝为官者称臣，满官称奴。"国事办完，回到府中做何消遣？"和珅这个人会迎合人的心理，他知道皇上最喜欢的是文字，赶紧说："奴才在家没事，也就是练练字。"皇上说："好哇！好！"皇上回头问刘墉："你在家做何消遣？"和珅说练字，皇上夸好；他要说练字，皇上也得夸他好。可是皇上有皇上的想法，如果刘墉也说练字，皇上就问他，你练得怎么样啦，写几个我看看，刘墉就得写。可是刘墉不上这个当。他站起来答道："臣在家没事光睡觉啦。"皇上一听，心说：吃饱了睡觉，老实可靠。就问："你就不练字了吗？"刘墉说："臣的字不用练啦，我成啦！"成啦！谁敢说写字写成啦？皇上问："刘墉你写什么字写成啦？"那意思是问真、草、隶、篆哪一种写成啦。刘墉他跟皇上转圈儿："您问大个儿的，还是小个儿的？"皇上一听：怎么写字还分大小个儿呀？那就问问吧："大个儿的你能写多大？""大个儿的可着北京方圆四十里我能写一个字。"皇上想：我叫他写，写不上来我办他个蒙君之罪。又一想：不能叫他写，我叫他写他叫我找笔去，哪儿有那么大的笔呀？就是白塔寺的白塔绑上杉篙他也抢不动啊，得，别问大的啦，问小的。"那么小的你能写多小啊？"刘墉说："在一个苍蝇脑袋上能写四十七个。"皇上想：这回叫他写。又一想：不行，我叫他写，他叫我给他逮苍蝇去，我是皇上，到处抓苍蝇啊？皇上想着想着，主意来了："刘墉，你也不用说一个苍蝇脑袋上写四十七个字，朕这有五分宽一寸长的小纸条，在上边写一万个字，你跟和珅两人谁要是写得上来，朕当有赏。小太监，裁纸。"小太监赶紧裁纸，裁好纸给和珅面前摆一张，刘墉面前摆一张。皇上不理刘墉，对和珅说："和珅，你写。"和珅心说：写什么呀，甭说写，就是叫我点点儿，也点不了一万。点了一万这纸就成黑的啦。"奴才我写不了。"皇上又对刘墉说："刘墉，你写。"刘墉说："臣遵旨。"皇上一听：真写呀！心说：我要叫你写了，我就不叫皇上。皇上一伸手把笔拿起来啦，往墨水壶里一蘸，往外一提笔，墨水顺着笔尖滴答滴答往下流。皇上一翻腕子，"刘墉，给你写！"刘墉，一看，心说：甭说写呀，只要掉在纸上一个墨点儿，这纸就变成黑的，别跟我来这手儿。他反着腕子把笔接过来，一转身使劲一甩，把墨水全甩在地上啦。拿起纸条藏在袖口里，背着身子不叫皇上看，没有五分钟写完啦。把笔一放，两手捧纸条递给皇上。"刘墉交旨！"皇上接过来一看哪，差一点儿把鼻子气歪了。他写了一万个字吗？那哪儿写得了哇，一共写了十二个字，把一万个字包括啦。他怎么写的？他写了四句《三字经》："一而十，十而百，百而千，千而万。"皇上一看，这个气呀！心说：我要是说不够吧，我是皇上，连一个至十个，十个至百个，百个至千个，千个至万个都不懂吗？要说够吧，明摆着十二个字。气得皇上说了个："好！"刘墉说："您赏我什么哪？"皇上心说：叫好就得赏东西。刚才说啦，写上来有赏啊。可我赏他个什么哪？皇上在大拇指上戴着个扳指，祖母绿的，是无价之宝，他摘下来啦，说："刘墉，朕把扳指赏给你。"皇上没安好心眼儿，心中想：我把扳指给你，只要你接过去一戴，我就办你个欺君之罪，我的扳指你也敢戴？就把他杀啦；刘墉要是不要呢，就办他个抗旨不遵，也把他宰啦。干脆说，他活不了。刘墉可没想到哇，伸手就接："臣谢主隆……"他"恩"字还没出口，心说：坏啦。这扳指是要脑袋的。他心眼来得快，"谢主隆……恩。启奏万岁……"皇上心说：有这样说话的吗？"您的扳指我不敢戴，我要是一戴就有欺君之罪。"皇上说："你是不要哇？""臣要是不要，是抗旨不遵。"皇上一听：这两句话全叫他说了，我没词儿啦。他反问道："依你之见要是不要？"刘墉说："依臣之见，我把它拿回家去，供在祖先堂，一日三次烧香，见物如见君，臣谢主隆恩。"他把扳指拿过去啦，可没往手上戴，把顶子拧下来，把扳指往顶心轴上一套，又把顶子拧上啦。皇上一看：得，归他啦。心说：刘墉你可真王道。想到这儿，顺手拿起笔来，在桌子上写了三横一竖的"王"字，那意思是说你太王道啦？刘墉见了，心说：我要了你个扳指，你说我王道，我问问你，看你说什么。"万岁，您这是什么意思？"皇上怎么说？能说，你要我的扳指，我心疼，你太王道啦？他不能说呀。乾隆皇上也有学问，听刘墉这么一问，主意来啦。"你问这个字呀，是个对子上联。"刘墉说："万岁请讲。"皇上说："你听：'国乱民愁王不出头谁为主。'"十一言的对子上联。国家乱老百姓就发愁，王不出来谁做主哇？您从字面上看也就是这个意思。"王"不出头就不念"主"，这个对子可不好对。刘墉说："臣给您对：'天寒地冷水无一点怎成冰？'"天再冷，没有水就冻不了冰。您从字面上看也对，"水"字没那一点就不念"冰"。皇上一听，说："好！"刘墉说："您赏我什么？"皇上一听：还得赏啊！赏什么哪？扳指没啦。一低头看见自己穿的八团龙的黄马褂，一赌气脱下来啦。说："朕把马褂赏给你，穿上，不许供起来！"这回刘墉敢穿啦，当时就穿上啦。刘墉心里高兴，暗想：和珅你行吗？扳指、黄马褂都归我啦。什么叫八团龙啊，就是黄云缎子面的马褂上有八个金线绣的团龙。都绣在哪儿？前襟两团，后襟两团，两个袖口上两团，两个肩头上两团，若是垂手一站，前边的四团龙一般齐。这时皇上的上联又说出来啦。借着刘墉的"冰"字说："刘墉你听：'水上冻冰冰积雪。'"上下三层。刘墉说："臣给您对：'空中腾雾雾腾云。'"皇上说："好！""您赏我什么？"皇上把大褂儿脱下来啦，"把大褂赏给你穿。"刘墉把大褂儿就套在马褂的外头啦。这时皇上的上联又说出来啦："水上冻冰冰积雪，雪上加霜。"又多了一层。刘墉说："臣对：'空中腾雾雾腾云，云开见日。'"皇上说："好！""赏什么？"皇上把小褂儿脱了下来："给你穿。"刘墉又把小褂儿套在大褂儿外头啦。皇上光脊梁啦，还说哪："钝斧击冰冰粉碎。"斧子不快，可是砸冰能把冰砸碎了。刘墉说："钢刀劈水水难开。"钢刀多快，要是劈水可劈不开。皇上说："好！""赏什么？"皇上说："裤子不能给你，给你我就光屁股啦。"

皇上一摆手叫他们走，刘墉、和珅各自回府。皇上坐在南书房生气。皇上还光着膀子吗？没有。实际皇上当时赏东西都有太监拿来赏给。那你为什么这么说呀？我要是不这么说您能乐吗？皇上生谁的气呀，他生和珅的气。因为刘墉对一回我赏一回，你和珅就不会对对子！刘墉拿走那么多东西，你呢？一样儿也没有。你脸上好看吗？不行，明天我给和珅转转面子。第二天早朝，国事完毕，皇上叫和珅，"和珅。"和珅赶紧出班跪倒："奴才在。"皇上说："朕这里有个纸条，上边有六句话，你拿回去，明日早朝回奏。要是回奏上来，我赏你三年俸禄；要是答不上来，罚你三年的俸禄。下殿去吧！"皇上把纸条交给太监，太监又递给和珅。和珅不敢当时看，把纸条放在袖筒里磕头谢恩下殿啦。他坐轿回府，在轿子里打开纸条一看哪，上边写着六句话，这么写的："什么为高，什么为低，什么为东，什么为西，什么为瘦，什么为肥？"和珅也没往心里去。等着到了家吃完饭，他坐在书房里拿出纸条看，越看越为难。什么为高？什么为低呀？他越看越不懂。就在这时候，管家和喜进来啦。和珅叫和喜："来！你帮我解一解这六句话。"和喜一看也不懂，就问这是怎么一回事，和珅把今天早朝的事说了一遍。和喜笑啦，"这个您答不上来，我更不行啦。对于这样的题目，有一个人准行。""谁呀？""东四牌楼礼士胡同刘中堂。"和珅摇了摇头说："不行啊，咱们跟他面和心不和，咱们求他，他能管吗？"和喜说："没关系！咱们不会给他送点儿礼吗？但是您不能送贵重的东西，他不爱那个，您得送他爱好的东西。""他爱好什么呢？""他最爱好的是关东烟儿、白干酒、烧羊肉。您要是送这些，他准收。"和珅叫和喜准备礼品去送礼，说："我随后拜客。"和喜叫人去烧锅买了两坛子好酒，自己到门框胡同烧了一只全羊，又到裕丰号买了几斤关东烟，开了一份礼单，便打发两个人抬着礼物，出府上路。和珅住在顺治门外米市胡同，刘墉住在东四牌楼礼士胡同，叫别啦都叫驴市胡同。刘墉府中有两位管家，一个叫张成，一个叫刘安。这时候，张成、刘安正在门房喝茶，听门外有人喊叫，两人出来一瞧，见是和喜，忙一拱手："和管家。"和喜一抱拳回礼："张管家、刘管家，我们中堂给你们中堂送礼来啦，这儿有份礼单二位呈进去吧。"张成接过礼单遛奔书房，刘安陪着和喜在门房喝茶。刘墉下了朝，脱去官服，换上紫花布裤褂，山东皂鞋，白袜子，吃完饭，叼根长杆烟袋正在书房喝茶。张成进来啦。"回禀中堂，和珅中堂给您送礼来啦。"说着话，把礼单递了上来。刘墉接过礼单，心中暗想：和珅为什么给我送礼？我与他素来面和心不和……噢！他一定有办不了的事，想叫我替他办一办。我要是不收礼，他一定也就不来啦，这样，我们俩的疙瘩就解不开啦。我把礼物先收下，他来了我听听他办什么事，我能办到的，就给他办一下，俗话说，冤家宜解不宜结。刘墉说："把礼物收下，拿十两银子压礼盒。"张成应了一声出去啦。一会儿礼物抬进了书房，刘墉一看，心说：他怎么知道我喜欢这些东西呢？叫张成把烧全羊拿到厨房里，切一盘子来，把酒灌一壶尝尝。张成去啦。刘墉拧了一袋关东烟一抽，味道还不错。这会儿张成把烧羊肉端来啦，刘墉喝着酒吃着羊肉，抽着关东烟，没多大一会儿工夫就醉啦，就在这时候和珅来了。刘安进来回禀："禀中堂，和中堂来拜。"刘墉一听，站起来说："有请！"醉得舌头都短啦，身子直摇晃，嘴里说着出迎，就是迈不开步。这时候刘安已经把和珅请进书房啦。和珅一抱拳说："刘中堂。"刘墉说："和中堂，来，一块儿喝吧！"和珅一看，心说：我送来你就喝上啦。和珅坐好，刘安献茶。刘墉这才问道："和中堂光临草舍有何见教？"和珅欠身说道："今日早朝，万岁给了我一个纸条，上有六句话，学生不解，请刘大人指教。"刘墉一听，心说：怎么样，我就知道有事嘛。"怎么个六句呀？"和珅把纸条往过一递："大人请看。"刘墉接过纸条一看，他喝醉了，满嘴胡说呀："这个您哪儿知道啊，这都是菜园子里的事。"和珅心说：这刘墉真有学问哪！我看了半天都不知道，他看一眼就知道是菜园子里的事。我得问问："大人，什么为高呢？"刘墉醉啦，他胡说："什么为高哇，黄瓜为高。"和珅问："怎么黄瓜为高呢？"刘墉说："你看那黄瓜架搭多高，黄瓜秧就爬多高。"和珅问："什么为低？"刘墉说："茄子为低，不管什么茄子都是头朝下长，没有仰脸往上长茄子的。""什么在东？""冬瓜在东。""什么在西？""西瓜不是在西吗？""什么为瘦？"这一下把刘墉问住啦，菜园子里哪有为肥为瘦的呀？他一眼看见烧羊肉啦："羊腱子瘦。""什么肥呢？""尾巴油肥！"和珅一听心里高兴，告辞回府啦。刘墉哪，借着酒醉躺在竹床上也睡了。这一觉睡到三更多快四更才起来，他坐在竹床上想啊：今天谁来啦？和珅！他拿来六句话，是什么为高，什么为低，什么在东，什么在西，什么为瘦，什么为肥。我告诉他黄瓜高，茄子低，冬瓜东，西瓜西，羊腱子瘦，尾巴油肥。这不像话呀！这要是跟皇上一说，皇上还不恼哇！我们俩这仇不就大了吗？不行，我得赶紧上朝，到朝房我再告诉他几句。想到这儿，他就叫来张成、刘安，两人听见大人呼唤赶紧跑过来。"中堂，什么事？"刘墉说："赶紧传轿夫顺轿，上朝！"张成、刘安赶紧叫来抬轿子的。刘墉这四个轿夫都是抬他爸爸刘统勋的。岁数大，走不动啦。刘墉换上官服就四更多了，等他来到金殿，见驾后往自己班中一站，他放心啦。因为他跟和珅面对面站着。一看和珅，就知道还没说哪，刘墉就朝和珅又打手势又挤眼，那意思是（做手势）我跟你说的那个，你别说，等会儿我再告诉你几句再跟皇上说。和珅一瞧，琢磨半天，可就琢磨错啦。他以为刘墉催他快说哪，心说：刘中堂，既然是你教给我的，干吗一个劲地催我快说呀？好，那我就快说。想到这儿他出班跪下啦，把刘墉吓了一跳，心说：这回要糟糕！皇上一瞧和珅跪下啦，就问："和珅，有何本奏？"和珅赶紧磕头："启奏万岁，您昨天给奴才那六句话，奴才给您答上来啦。"皇上一听，暗中高兴，拿眼睛一瞅满朝文武，见刘墉也在那儿站着，心说：刘墉，叫你看看，和珅也有学问。就问："和珅，朕来问你，什么为高？"和珅你倒想想说得说不得呀，他是张嘴就说："启奏万岁，黄瓜为高。"皇上一听：嗯？怎么出来黄瓜啦？和珅还解释哪："万岁，您看黄瓜架搭多高，黄瓜秧就爬多高。"像这样儿，皇上就别问啦，他还问："什么为低？"和珅说："茄子为低。""什么在东？""冬瓜在东。""什么在西？""西瓜在西。""什么瘦？""羊腱子瘦。""什么肥？""尾巴油肥。"皇上一听这个气呀："和珅，跪在一旁。"他又叫刘墉："刘墉！"刘墉赶紧跪倒："臣在。""朕来问你，什么为高，什么为低，什么在东，什么在西，什么为瘦，什么为肥？"刘墉不碰硬钉子，赶紧磕头说："启奏万岁，君为高，臣为低，文官在东，武将在西，严霜瘦，春雨肥。"皇上一听哈哈大笑，用手一指和珅说："你听听人家说的什么？"和珅心说：我这六句也是他教我的呀。这时皇上说："朕说得明白，回奏上来的赏给三年俸禄，答不上来要罚三年俸禄。刘墉答上来啦，你没答上来，你们俩官职一般大，罚你三年俸禄，赏给刘墉。"和珅心说：瞧我这礼送的，白给他干三年。和珅能不恨刘墉吗？和珅心想：刘墉啊，走对了脚步，我若是不要了你的脑袋，我就不姓和！

这一天六月三伏天气很热，办完国事，大家在朝房坐着说闲话儿，猛然间，和珅对着刘墉一笑说："刘中堂，这几天您可真老实。"刘墉心说：我不老实我咬过谁呀？就听和珅接着说："您有个外号叫'刘三本'，一天就参过三四个人，这些日子您可老没参人啦！"刘墉心里不高兴，心说：我参人是应该的，我是御史嘛。你这叫给我种毒，让满朝文武都恨我，就是我爱参人。满朝文武一听也都直骂和珅。那时候那些当官的哪个没点弊病啊，都在心里说，好容易刘墉这几天老实点儿，和珅你又给他提醒儿，一会儿不一定又把谁参喽。刘墉说："和中堂你说什么？我老没参人，我是左都御史，专管参人的。我参的是文官贪赃，武将受贿，我不参他我参谁呀？现在是文忠武勇，我参他何来？你这么一说，我倒想起来啦，今天还真得参几个。"说到这儿他冲满朝文武一抱拳，说："诸位大人注意，今天我不一定把谁参下来。"刘墉心说：你给我种毒哇，我叫大伙儿都骂你，是你叫我参的。满朝文武都暗骂和珅，你又把"刘三本"的疯劲抬上来了，不定是谁倒霉。和珅一笑说："刘大人，您参的那些人我见过，都比您的职位小，您能参他，他不能参您，这叫摁着帽子坐矮子。真要比您官职大一点的，您就不敢参啦。"刘墉一听，说："您说谁我不敢参？只要您说出来，我若不敢参，和珅，当着满朝文武，我拜您为师。"和珅说："刘大人，我说出个人来，您要是敢参，那我就拜您为师。"他们俩就在这句话上越说声音越高。"你敢参我拜你为师！""我不敢参我拜你为师！"在旁边坐着三位王爷，六王、七王、九王。九王爷是个大胖子，上秤称有二百多斤，没能耐，是个大草包。他不高兴啦："行啦行啦！你们两个中堂说话就大惊小怪的，街上的小民说话还不得拿着刀哇！要是惊了驾，是你们担哪，还是我担哪？刘墉你说敢参，和珅你说他不敢参，说了半天空口无凭。这么办吧，我给你们作保。"他给作保啦！"我一个王爷也不能保两个中堂，我要是保刘墉，看不起和珅啦；我要是保和珅，又瞧不起刘墉啦。这不……"他一指六王、七王，"这不我六哥、七哥都在这儿，我们三位王爷保你们俩中堂。和珅你说谁？刘墉要是不敢参，他拜你为师；他要是敢参，你拜他为师。"刘墉心说：有你这样的王爷吗？我们俩闹僵啦，你不给了事，倒给挑起来啦。刘墉说："王爷给作保，你说吧，谁，我不敢参？"和珅一看，心说：行啦，我把圈套摆好啦，刘墉也把脑袋钻进来啦，王爷也给勒紧啦，刘墉你跑不了啦。他倒不说啦，反而一笑。这叫笑官打死人哪。说："看看，你我不过是一句戏言，劳三位王爷作保，真是不敢当。算了吧，不用说啦。"刘墉一听，急啦："什么，一句戏言？君子说话，如白染皂，板上钉钉，一言出口，驷马难追，出尔反尔是擦粉的妇人！你说谁我不敢参？"九王爷在旁边说："和珅，你就说谁，他要是不敢参，他拜你为师，说吧！"和珅说："刘中堂，我说的不是别人，就是当今万岁，他老人家你敢参吗？"刘墉万没想到叫他参皇上啊。不禁倒吸了一口凉气，罗锅儿腰差一点儿没直喽。他对着和珅咬牙一笑："你说谁？""当今万岁，你敢参吗？""嘿……嘿！你说晚啦，我前三天就要参他哪。还告诉你说，今天参皇上，明天参娘娘，后天参太后，大后天我焚表参玉皇！"大伙儿一听都躲开啦，以为他要疯哪。刘墉在屋里也坐不住啦，搬个马扎子来到朝房外边一坐，心想：怎么办？我要不把皇上参了，就得拜他为师，就凭我两榜进士的底子能拜他为师吗？可是我参皇上什么哪？我上殿说，皇上，我参你来啦。皇上说，你参吧，可我参皇上哪款哪条啊？急得刘墉直拍脑袋，"哎呀……这……这……"他这一拍脑袋，"哎，有啦！我就这么办。"他想好啦，也不着急啦。这时小太监传旨——说到这儿可得交代一下，在清朝时不用小太监传旨。大臣们在朝房写好奏章，叫折子，由小太监收，然后递到皇上那儿去。皇上看，不用的，用手在折子皮上一划，奏折皮上打着黄蜡，一划就是一道白印，这叫批驳。皇上留下的叫留中。有需要问的再传旨，叫某大臣面奏，叫回话。那么说着不热闹，咱就按戏台上的办法，叫太监传旨——"有本出班早奏，无本卷帘散朝！"刘墉答话："臣刘墉有本！"满朝文武一听啊，他还真去啦。小太监一回奏，皇上心想：这刘墉怎么这么多的本哪？今天皇上有点儿不高兴，想早点儿散朝。可是小太监一回奏，说刘墉有本，皇上想：他一来就没完啦。我今天叫他说不出话来。皇上吩咐叫他随旨上殿，刘墉来到金殿，三拜九叩，肘膝敬礼，跪起八拜，口称："万岁，愿我主万寿无疆。"皇上问道："刘墉上殿有何本奏？今天是参文不准，参武不依，有本章我不看，有国事也不论，朕身体不爽，我要起驾回宫。"刘墉一听：这可麻烦了。要是别的做官的一听这话，找个台阶就走啦。可是刘墉打算参皇上呢，他不走，他还有说的："臣上殿一不参文、二不参武，没有本章奏上，也没有国事议论。"皇上心说：全没有干什么来啦？"那你上殿何事？""臣有一事不明，望万岁指教。"皇上一听高兴啦：你刘墉也有不明白的事啦。还得来问我，看来我比你有学问。就说："刘墉，你有什么事情不明，说出来，只要朕知道，朕就告诉你。"刘墉说："臣对大清律有些不明白。"大清律也就是清朝的法律。皇上一听，说："你哪条不明白，朕……"刚要说告诉你，还没说出来，一想：不对。他不明白？他们家是干什么的？他爸爸刘统勋是刑部尚书，是管律条的。他本人从做知县到入阁，兼着左都御史，也是一天到晚用得着大清律的，他能不明白吗？这里边有事吧！皇上又往下看哪，知道啦，他今天要参人。皇上怎么知道他要参人呢？有一天皇上在宫里闲溜达，走到一个宫门前，刚要出去，就听门外有两个太监说话："张老爷。""干吗，李老爷？""刘墉有个毛病。"皇上一听说刘墉有毛病，就站住啦。要听听下句。就听李老爷说："我在金殿当差，刘墉一上殿，我就知道他参人不参人。""你怎么知道的？""你看他的罗锅儿腰，只要他那罗锅儿一动弹，今天他准参人。"皇上把这事记住啦。今天皇上往下一看哪，那罗锅儿不但动，而且动得特别厉害。他今天想着参皇上啊。皇上一看哪，把话也变了："你哪条不明白，朕……上了几岁年纪，也都忘啦。"刘墉一听，心说：今天我们君臣坏到一块儿啦。刘墉说："臣不明白问君，君也不明白。你我君臣都不明白，街上小民就更不明白啦。依臣之见，干脆取消了就完啦。"皇上说："不行。"那还不全反了哇。皇上说："你不明白，我不明白，没关系，慎刑司内有十大本章，可以拿出来念哪，哪一条不明白，念到哪里不就明白了呀。"皇上是想：不定是哪条法律制定得不合理，被他查着啦。他找我抠字眼儿来啦。我叫你念，念到哪儿你说不对呀，我就说这是老祖宗进关时定的，就那样吧。刘墉一想，当然得念，不念我怎么参你呀？"请万岁传旨开库，臣好念。"皇上传旨叫慎刑司掌库的开库，把十大本章抬到金殿。

掌库太监心里这个骂呀。心说：刘墉，我没招你惹你，你折腾我干吗？多少年不开库，里边尘土老厚。这一折腾，把掌库太监给呛得直咳嗽，把十大本章抬到金殿。刘墉打开本章，皇上吩咐一声赐绣墩，可不是叫他坐着，在皇上面前没有第二个座儿。只能用胳膊拷一拷。刘墉开始念啦，一开头是十大恶，清朝法律最大的是个剐罪，一开头的都是剐罪。像什么儿子害死父母立当剐，侄子害死叔父母立当剐，害死伯父母立当剐，外甥害死舅父母立当剐，害死姑父母立当剐。说得快，念着可就慢啦。因为十大本章都是翰林院写的，那上面是满汉并行，一条满文，一条汉文，念的时候先念满文，后念汉文，念半天才来一个剐。刘墉跪在那儿就念这也剐，那也剐。皇上一听，心说：得啦，他跪在那儿念，我坐在这儿听，今天他一天也念不完，他也甭回去吃饭啦，我也别回宫用膳啦。干脆让他念吧。皇上不理他啦。一回身胳膊一拷龙书案，当时在皇上面前没有桌子，那龙书案在哪儿呢？在皇上宝座旁边，就好像咱们现在用的条几似的。靠皇上这边的桌腿矮，可是卷梳朝上，那边的桌腿长，卷梳朝下。皇上要看本章哪，有小太监跪在面前，头顶铜茶盘，里面铺着红棉纸，上放本章，皇上拿起来回手就放在龙书案上啦。皇上用胳膊一拷，手一拄太阳穴，眼睛一闭装睡觉，那意思是你念吧，我不理你。你多咱念够了多咱走。刘墉跪在那里念着念着偷眼一看，见皇上睡了，心说：你睡了我怎么参你呀？不行，我得把你叫醒喽。刘墉这时正念到谋害亲夫，他声音特别高，"谋害亲夫，没事！"皇上一听，把眼睛瞪起来啦，"刘墉，你念错了，谋害亲夫明摆着是剐，你怎么念没事呀？"刘墉说："臣说的是跑了没事，逮回来还剐。"这不是废话吗？皇上不敢睡啦。心想：我再睡，他能念出刺王杀驾连升三级来。刘墉念来念去，念到了一条就不往下念啦。哪一条呢？就是偷坟掘墓这一条。刘墉念到这儿，总念这一句："偷坟掘墓，偷坟掘墓，（学京剧念白）这偷坟掘墓！"皇上一听：你要唱啊？"刘墉往下念！"刘墉把本章一合说："启奏万岁，臣上了几岁年纪，眼力不佳，再加上这上边的字不清，我不敢往下念。"皇上说："这还用念，偷坟掘墓哇，下边是斩立决。"刘墉说："什么叫偷坟掘墓？哪个又叫斩立决呀？"皇上一听：他怎么全糊涂啦。"偷坟掘墓哇，动人家坟地的一草一木就是偷坟掘墓！斩立决呀，就是杀！"刘墉说："这个条款是就办小民哪，还是也办旁的人哪？"皇上说："哎！有道是王子犯法与民一律同罪。"刘墉说："启奏万岁，什么叫王子犯法与民一律同罪呀？"皇上一听，心说：他今天吃多啦撑糊涂啦，怎么全不懂了呢？皇上说："王子犯法与民一律同罪呀，就拿朕我说吧……"皇上要倒霉，干吗拿自己打比方啊？"我要是偷坟掘墓，也得杀。"刘墉赶紧磕头，"臣该万死！"他把皇上吓一跳，心说：这是怎么啦？"刘墉有本奏来。"刘墉说："臣有一本不敢冒奏，万岁开恩！"皇上说："恕你无罪。"刘墉说："您想我一人无罪不行，我怕抄家封门，祸灭九族。"皇上一听，心想：他偷坟掘墓啦？又一想：不能，准是他的亲戚朋友，他怕把他牵连进去，先跑到这儿占个理儿。就说："朕恕你全家无罪。"刘墉磕头，"谢主隆恩！"皇上一听，心说：我要上当！这个恩谢得急呀。皇上问："有本往上奏来。"刘墉不慌不忙地说："万岁，我大清得的是哪朝哪代的社稷江山？"皇上说："是明朝末帝崇祯。""请问万岁，崇祯有道无福？"皇上说："崇祯是有道无福。"刘墉说："臣启万岁，崇祯帝有道无福，丧失江山。老祖宗汗王进关，建国号大清。建国后修造明代各帝陵寝，就是十三陵。朱明后代封为公爵，看守十三陵，看明家的坟，吃清家的俸，乃是老祖宗德厚于天。"刘墉这是捧着皇上唠，清朝这么做是邀买人心。刘墉接着说："万岁，您还记得前三年火烧乾清宫吧？一把火把乾清宫给烧啦，当时想盖还没有那么大的木料，我主心中烦闷，去京北十三陵打围。您看见十三陵的宫殿好，您要拆了十三陵修盖乾清宫。明王奏道，十三陵的宫殿木料不够尺寸，高矮差三尺，长短差五尺，您派营造司去量，果然不够，第二年您才拆了十三陵盖乾清宫，您这不是偷坟掘墓吗？"皇上一听：好嘛，今天参到我头上来了。皇上也机灵着哪，当时把手一摆："哎！刘墉啊，我那个不是偷坟掘墓，我那是弃旧盖新。我不是又给他盖了吗？"刘墉一听，心说：你要跑哇？"万岁，要是弃旧盖新，您就应当运来木料先修十三陵，后盖乾清宫。您是先拆十三陵修的乾清宫，后运来木料盖的十三陵，您这个不能叫偷坟掘墓，也不能叫弃旧盖新。"皇上说："我那叫什么？""您那叫盗皇陵，罪加一等。"皇上一听：得，我得剐喽！当时把脸一沉："刘墉，朕是偷坟掘墓啦，你拿刀来，把我杀了吧！"皇上上来不讲理的啦。哪儿有杀皇上的刀哇？再说刘墉也不敢哪。刘墉有办法。"我主万岁，龙意天裁。"那意思是你看着办吧，别跟我要主意。皇上想了想说："刘墉，我把这一条改为两条，改为见尸者杀，不见尸者发。"那意思就是把人家坟刨开啦，白骨见天的杀，要是锯了坟地的树木，没有把尸骨刨出来，就发配。大清律这一条是从乾隆年改的，皇上说："明年我自己发我自己一趟，我打一趟江南围，一路之上不用净水泼街，黄土垫道，文武百官免接免送。派两名大臣保驾，明是保驾，暗是解差，明天交军机处大臣议论此事，你看如何？"刘墉一听啊：行，我把皇上也参啦，皇上也把自己发啦，我也赢了和珅啦。我呀，赶紧走，等皇上想过这个滋味来，他饶不了我。刘墉磕头："万岁真是明如尧舜，德厚于天，谢主隆恩。"说完了站起来就走。皇上一见，把他叫住啦："刘墉！"刘墉赶紧回身跪下，心说：我知道饶不了我。皇上说："你把我参了，你就没罪了吗？"刘墉说："臣有一行大罪。"皇上心说：你叫我自己给自己定罪，我也叫你自己说，"刘墉你应得何罪？"刘墉想：我才不像你哪，你叫我自己定罪呀，我是定得越小越好。"臣应当革职留任。"说完他把帽子摘下来往那儿一放。皇上说："等等儿，你把帽子摘下来就完啦？你是以小犯上，臣欺君，我把你杀喽！"刘墉说："您不能杀我。""怎么不能杀？""您先恕我全家无罪，我后参的您！"皇上一听，他在这儿等着我哪！皇上说："你这个做官的，我用不起你，限你三天交印，四天腾府，五天急离北京，不准在北京逗留，下殿去吧！"刘墉放下帽子，站起来给皇上请了个安："您在这儿坐着，回头见！"他把皇上气得够呛，还不能把他怎么样了，他是太后的干儿，有官职是君臣，没官职是干兄弟。刘墉下殿遭奔朝房。九王这会儿正抱怨和珅呢："有参皇上的吗，啊？他要是真的参皇上，那脑袋不就没了吗？"和珅说："王爷您放心，刘墉他不敢参皇上，他长了几个脑袋？"和珅刚说到这儿，刘墉进来啦。大伙儿一看哪，都吓一跳，帽子没啦，就知道他把皇上参啦。刘墉来到三位王爷面前一请安："给王爷请安。刚才是您三位作的保，我把皇上参啦，叫和珅拜我为师。要是叫和珅在这儿拜师，当着满朝文武的面也怪不好意思的。明天您三位王爷同和珅到舍下去，叫和珅给我磕头拜师。您这儿坐着，我走啦。"说完他出来啦。

他来到午门，张成、刘安吓了一跳。张成说："刘安，咱们中堂的帽子又没啦！"刘安说："咱们中堂的帽子这一个月里就没了十七回啦。不知怎么着又都弄回来啦。"俩人过去行礼："给中堂请安！"刘墉说："别叫中堂啦，没看见脑袋吗，帽子没啦。"刘安说："您这帽子这个月就没了十七回啦，没啦还得弄回来。"刘墉心说：这回呀弄不回来啦。他坐轿回府，到家中把所有佣人都叫来啦。刘墉说："我的官职没啦，万岁叫我三天交印，四天腾府，五天离京回山东为民。我也用不着这多人啦，张成、刘安，赶车的王顺，伺候夫人的李妈妈，这是跟我回家的，其余的每人给俩月的工钱，你们再去找事儿吧。"众家人到账房去领工钱，刘墉又把张成、刘安叫来说："你们俩把府里的东西都搬到外边去，摆在道两旁，有人问就说我回家没路费卖抄家货。可是好的别搬出去，把破的烂的都搬出去。你们把书房收拾收拾，等会儿要是有人来看我，好让到书房坐。"张成、刘安答应。刘墉又问："你们会收拾吗？"刘安说："会！把地扫干净了，把字画挂好了。"刘墉说："不是那么收拾，把好桌子、好椅子搬出来放到后边去，把厨房的那破油桌摆在那儿，两旁边放上支床用的窄板凳，当中放上马号的那个破马扎儿。"张成说："那马扎儿不能坐啦，都烂个挺糟，还是三条腿。"刘墉说："没关系，绑上根秫秸。字画全摘喽，把顶棚扯下半拉来，叫尘土落满了，土要是少哇，再撮两簸箕来扬到里头。收拾完了你们俩上门道里喝茶去，我在门房坐着，要是有人来了呀，不管是谁，你俩朝着影壁喊三声，谁谁谁来拜客，我见不见你们甭管，就走你们的。我要说请书房坐，你们就给我往这屋里让。我说沏茶去，你们只答应可别真沏去；我要是说使好茶壶，你们就用大瓦壶；我要是说用好茶碗，你们就拿黄沙碗；我说好茶叶，你们就用茶叶末儿；我说开开的水，你们就用壶开水一沏，再对上半壶凉水。"张成、刘安说："中堂你这是……""嗨，照办就是啦。"刘墉吩咐完毕，到门房儿去啦。

张成、刘安两人赶紧搬东西，收拾书房。收拾完了两人都弄了一身土。俩人来在上门道，张成一边掸土一边抱怨："还有人来看咱们中堂？多有人缘儿呀，外号叫'疯狗'，逮谁咬谁。"刘安一努嘴："在门房哪。""哟，忘啦。"刘墉说："又在背地里说我呢？""没有。""嗯。"刘墉进门房去啦。

两个人正瞅着，忽听脚步响，还真有人来啦。谁？就是六王爷、七王爷、九王爷跟和珅。他们怎么来啦？刘墉走后，和珅那个脸呀跟茄子皮似的。九王爷说："怎么样，他真把皇上参啦，和珅你不能叫保人为难哪。"和珅说："不对吧，这里边有事，我去问问皇上去。"和珅上了金殿往那儿一跪。往常皇上看见和珅就高兴，今天不行啦，都叫刘墉给气糊涂啦。皇上问："和珅，有何本奏？"和珅倒着霉哪，你别跟刘墉说得一样啊，他听皇上一问，赶紧说："奴才上殿，一不参文，二不参武，没有折子奏上，也没有国事议论，我有一事不明，在万岁面前领教。"皇上一听，说："等等儿，刘墉来领教，把我发啦；你再领教领教，就把我杀啦！"和珅说："不知我主为何龙颜大怒？"皇上说："刘墉把我参啦。"和珅一听还真参啦。"启奏万岁，刘墉参您何来？""参我偷坟掘墓。"和珅要乐，皇上什么时候刨过人家的坟地啦？"万岁，您什么时候偷坟掘墓啦？""前三年火烧乾清宫，我拆了十三陵修盖乾清宫，这不是偷坟掘墓吗？"和珅说："万岁，您那不是偷坟掘墓，您那是弃旧盖新。"皇上说："我知道，他说我盗皇陵罪加一等，你知道呀？"和珅说："他把您参啦，他就没罪吗？"皇上说："这不是把帽子留下了吗？"和珅说："万岁您太恩典啦，他是以小犯上，您应当把他杀喽。"皇上一听这气儿大啦："我杀不了他！我先恕他全家无罪，他才参的我。我要是有办法，我早把他杀啦！"和珅借这个机会在皇上面前说刘墉的坏话："万岁，我有办法杀刘墉。"皇上一听，心中高兴："和珅，你有什么办法能杀刘墉？"和珅说："万岁，刘墉他向来自称为官清正，家无余钱，您贬他回家为民，得赏他三万两银子。"皇上说："你们俩勾搭好来算计我呀！他把朕参啦，你还给他讨赏？"和珅说："万岁，您的旨意上写三万，到户部提银四万，这叫栽赃一万。他走时您派人在城门那儿等着称他的银子。一称是四万，这叫贪赃过万，抓来就杀。"皇上说："刘墉他要是不要哪？""您当时就把他杀了，这叫抗旨不遵。"皇上说："好！朕就派你去给刘墉送银子去！"和珅一听：坏了，我给他送去他就不要啦。可是他不敢说不去，他要是说不去，他先抗旨不遵。和珅赶紧说："我一个人去不行，您派六王、七王、九王爷跟我一起去。"皇上当时传旨，叫三位王爷跟和珅给刘墉送银子，并说道："朕不退朝，在金殿等你们回来交旨。"和珅跟三位王爷领旨后去户部提银子，三位王爷坐轿，和珅坐车押着银子来到礼士胡同，一进胡同就走不了啦，道路两旁摆得跟破烂市似的。三位王爷只好下轿步行。九王爷是个大胖子，天又这么热，把九王爷给热得直喘，累得满头大汗。好不容易来到刘墉门口。张成、刘安一看，赶紧过来请安："给三位王爷与和中堂请安。"九王爷一看就问："张成、刘安，你们府门口这是干吗呀？"刘安回答："王爷，我家中堂回家为民，没有路费，卖点儿抄家货。"和珅心说：他真这么穷吗？九王爷说："别卖啦。告诉你们中堂说，我们给他送银子来啦！"和珅说："二位管家给回禀一声吧。"张成、刘安想了想，一转身对着影壁墙就喊："回禀中堂，六王、七王、九王跟和中堂给您送银子来啦！"俩人每人喊了三声，一瞧，刘墉没出来，俩人就走啦。三位王爷跟和珅就在门口晒着等着。九王爷直劲儿用手擦汗，问和珅："他这府深不深？"和珅说："不深。""怎么还不出来呀？""就是呀。"九王又说："咱们进去看看。别让他在里边想坏主意。"刘墉在门房里正听着，心说：憋坏主意现憋还来得及？早憋好了等着你们哪。九王爷跟六王、七王、和珅一商量："走！咱们进去！"他们说着就进来啦。到了二门一看哪，可把王爷气坏啦。张成、刘安正在那儿喝茶哪。九王爷用手一指，"你们两个王八日的，叫你们回禀中堂，为什么待在这里偷闲躲懒？"张成、刘安说："我们中堂出去迎接您去啦。""我们怎么没看见？""那我就不知道啦。"正在这个时候，刘墉在九王爷身后边说话啦："给王爷请安。"把王爷吓一跳，一回头看见了刘墉。"你什么时候出来的？"刘墉说："我早就出来啦。"王爷说："我怎么没看见？""因为过去我头上有帽子是个中堂，您就看见我啦。现在我没了前程，您就看不见啦！"王爷说："别说废话，你从哪儿出来的？""我在门房儿哪。"和珅一听，心说：我们说的话他可能都听见了。九王爷一指刘墉："你真是不尊品，门房儿是下人待的地方，你是中堂，也上那里去？"刘墉说："我也不愿意上那儿去，因为我回家没路费，卖点儿抄家货，我怕张成、刘安这两个小子赚我的钱，我在那儿听着他们讲价儿哪。"刘安心说：我们赚他的钱？他睡着了都比我们明白。九王爷说："别卖啦，我们给你送银子来啦。"刘墉说："这银子是哪儿的？""是皇上给的。"刘墉说："是皇上亲自给的还是有大臣保的本哪？"九王爷说："皇上爱你，是和中堂保的本。"和珅一听：坏啦！这回他不能要啦。刘墉说："谢谢和中堂。"一转身又问九王爷："万岁赏我多少？"九王爷是个直筒子，张嘴就说："赏你四……"刚要说四万两，和珅一拽王爷衣襟，伸了三个指头。王爷一看："四……三万两。"

刘墉心说：什么叫四三万两啊？这银子有毛病。"王爷请里边坐一坐，我把银子收下。"王爷说："你快着点儿，万岁还在金殿等着我们交旨哪。"刘墉一回头："张成、刘安，书房打帘子，请！"张成、刘安一听：噢，这书房是给他们预备的书房，刘安打起帘子，刘墉往里让："王爷请吧！"九王爷真热坏啦，心说：到书房凉快凉快吧。他连六王、七王都没让，迈步就进屋。刚迈进一条腿就抽回来啦，那屋里呛鼻子。不进去吧，怕刘墉说闲话；进去吧，这味儿还真受不了。没办法，用袖口堵着鼻子就进来啦。九王爷一瞧，桌子上净是油泥，再看那条窄板凳，王爷害怕了。他是个大胖子，坐窄板凳往肉里煞得疼啊。王爷一眼看见那个马扎子啦。你倒是瞧瞧再坐呀，没瞧。嘴里还说呢："六哥，七哥，我也不客气。你们哥儿俩跟和珅坐板凳，我就坐这儿啦。"九王爷转身往马扎子上一坐，就他那个块儿，二百多斤，那马扎儿禁得住吗？就听咔嚓一声，马扎儿就碎啦，把王爷就摔倒那儿啦。一个王爷摔在地上，他脸上不好看。刘墉要是过去把王爷搀扶起来说，王爷没摔着吧，快给换把椅子来，王爷的面子也过得去。刘墉没有，他不但不搀扶王爷，反倒抱怨张成、刘安。"张成哎，刘安哪，你们俩是我的要命鬼！我回家没路费，卖抄家货，刚才来了三个打鼓的要买这个马扎儿，给了一吊五你们不卖。说什么花梨的，紫檀的，非要卖两吊。看！叫王爷坐碎了，一吊五谁给呀！"王爷一听这个气呀！站起来说："刘墉，不用抱怨你的奴才，一吊五没卖呀，我给你一百五十两！"刘墉说："王爷要，您拿去吧。"王爷一听："噢，卖给我啦。"刘安这才搬了把椅子叫王爷坐下。刘墉又吩咐张成、刘安："沏茶。""是！"两人光答应没动弹。刘墉说："用好茶壶，好茶碗，好茶叶，要开开的水！"俩人答应一声转身就走。找了一把瓦匠用的大瓦壶，四个黄沙碗，抓了半斤茶叶末儿，用开水一沏，又对上点儿凉水，就给拎上来啦。把茶壶、茶碗往桌上一放就躲开啦。和珅一看，心说：有什么主人，就有什么奴才，连倒茶都不管。和珅伸手把茶壶拿起来啦，那意思是要倒茶，被刘墉给拦住啦。"放下！你献的什么殷勤，不是我的佣人不懂事，沏上茶那得闷一闷。"其实甭闷这茶也没法儿喝。刘墉拿过茶壶来给三位王爷跟和珅每人倒了一碗。九王爷还真渴啦，端起来就喝，喝了一口直咧嘴，不是滋味儿。王爷把碗放下啦："刘墉啊，你快点银子吧，我们好回去交旨。"刘墉说："王爷您坐一坐，我去点银子。"刘墉出了书房，照着张成、刘安使了个眼色，把他俩叫出来。张成、刘安来到外边，刘墉跟他俩说："张成、刘安，这银子是要我脑袋的，我得找皇上问问。我走了你们俩给我看守着三个王爷跟和珅，这四个人要是走了一个，我可就活不了啦。"张成、刘安说："不行啊，这三位王爷跟和珅都是活的，他们非走我们有什么办法？再说王爷也不能听我们的。"刘墉说："没关系，你们俩找挂锁链，再找把锁，你们不会把王爷都锁起来吗？"张成、刘安吓得直哆嗦："啊？锁王爷，往哪儿锁呀？"刘墉说："都给锁在屋里呀。"张成说："那不成，王爷生了气要踹门呢？"刘墉说："你拿根擀面棍，王爷踹门你拿擀面棍梆他髁子骨。""那王爷要拧锁哪？""你就梆他手脖子。"张成说："中堂，那我还活得了吗？"刘墉说："没关系，都有我哪。"张成说："有你就没我啦。"刘墉说："你们只管照办，有什么事都包在我身上。"刘墉嘱咐完刚要走，刘安又说话了："中堂，王爷要问您上哪儿去啦，我们怎么说呀？""你们就说，我们中堂感谢王爷来送银子，炒几个菜，买点酒让王爷吃完饭再走，说我去打酒去啦。要问我上哪儿打酒去，你们说我上烧锅。"说完，刘墉去马号备马，他要骑马进宫。这也就是刘墉，别人可不行。因为刘墉有皇上赐的穿朝御马，所以他能骑马进宫。刘墉走后，刘安找了一把挂锁和一挂锁链，张成找了根擀面棍。张成问："咱俩怎么锁门哪？"刘安说："咱把东西藏在袖口里，进去跟王爷说话，他只要往外一轰咱们，咱们往外走的时候，把门倒着带上就锁。"俩人商量好了，把东西都藏在袖口里，进了书房。刘安说："王爷您喝茶吧。"王爷说："不喝。""王爷您抽烟。我给您拿烟袋去。"王爷还真有点儿闷得慌，说："好吧，你把烟袋拿来。"刘安说："是！王爷，我那烟袋使不得啦。""怎么？""杆儿裂啦，我给您借我们老妈子的那个吧。"王爷说："也成。"刘安说："不行，老妈子的烟袋没嘴儿。"王爷一听那气大啦，说："出去！"他俩就等这句话哪。"是！"俩人转身就走，一出门，回手就把房门给带上啦。锁链一穿门鼻子，哗啦，咔嚓！把门锁啦。王爷没注意，和珅心眼儿多，听着哗啦咔嚓，吓一跳。"王爷，哗啦，咔嚓！"王爷说："什么叫哗啦，咔嚓呀？"和珅说："我听着是把门锁上啦。"王爷说："敢！本爵我犯了罪，圈人高墙也不能门上上锁，除非他们反啦。"和珅说："没准儿呀，他们中堂敢参皇上，奴才还不敢锁王爷吗？"九王爷说："我就不信他们敢锁。"和珅说："您要是不信，您叫他们俩，一叫他们就进来，证明没锁。"九王爷说："好，我叫他们。"九王爷朝着门外就喊："张成、刘安！"两人听见啦，张成一捅刘安："王爷叫咱哪。"刘安摆摆手没说话。就听里边还叫："张成、刘安！"刘安答应："伺候王爷，什么事？"九王一想：说什么哪？瞧见桌上的茶壶啦。"这茶我们不喝，赏给你们喝吧。"刘安说："王爷，这茶是我们中堂孝敬您的，我们不敢喝！"王爷说："你们不喝也把它拿出去。"刘安说："王爷您不喝，在那儿放着吧！"王爷说："进来！""进不去。""怎么？""门锁啦。"和珅说："怎么样，是锁门了吧！"九王爷生气地说："王八日的，你们敢锁王爷！"刘安说："王爷您别生气，不是我敢锁您，是我们中堂见您大热天来送银子，心中过意不去，叫您吃了饭再走，我们厨下又没酒，中堂给您打酒去啦。"王爷问："为什么不叫你们去打酒？""我们中堂怕我们打酒赚他的钱。""那你们中堂上哪儿打酒去啦。""上烧锅。""北京没有烧锅！""上通州打去啦。"和珅一听，说："王爷，咱搭铺睡觉吧，他今天回不来啦。"王爷说："开开门叫我们走！"刘安说："不能开门，我们中堂临走时说啦，要是叫您走了一位，回来把我们的狗腿砸断。"王爷说："没关系。我们不都走，留下一个，等你们中堂回来给你们讲情。"刘安说："王爷，您不知道我们中堂的脾气，您讲情当时我们中堂答应啦，等人一走，还是得把我们的腿敲断喽。"王爷说："我还管你们一辈子呀？开门！"刘安说："不开。"王爷说："你敢说三声不开？"刘安说："王爷，这门不能开，就是不能开，谁说也不开，反正也不开。"和珅说："王爷，您说三声，他来了个四个不开。"那王爷还不恼啊，王爷的脾气谁敢惹？九王爷说："你要是不开，我踹门！"张成顺着窗户纸把擀面棍捅进来啦。"王爷，您瞧这根擀面棍，您要踹门我就敲你髁子骨。"王爷说："我拧锁。"张成说："我梆手脖子。"王爷说："你敢，我就拧锁，我看谁敢打！"说着话，王爷把手往窗户外边一伸，张成还真愣，瞧准了王爷的手背就是一擀面棍。王爷把手往回一缩："啊，你敢真打！"和珅说："王爷，您别跟他们生气啦。"六王、七王也说："等着刘墉回来，咱跟他算账！"

　　先不说三位王爷跟和珅，单说刘墉。他骑马直奔东华门，进了东华门就是谢恩桥。这座桥是外省官员进京召见时用的。当时，外省官员奉召进京，有时见不着皇上，就在谢恩桥这儿由太监传旨，外省官员跪在桥外边磕头谢恩，就算见着皇上啦。这座桥很高，刘墉骑马上桥，俗话说罗锅儿上山前紧（钱紧），敢情罗锅儿腰上桥也不松快。再往里走就是内城禁地啦，不是做官的不能走。今天刘墉穿的是紫花布裤褂，山东皂鞋，白布袜子，头上戴的是草帽。他把草帽檐儿往前一拉，恨不得把眉毛都盖上啦。他正走着哪，有个地方——也叫看街的——老远就看见啦，手里提着鞭子，一边往这边跑一边喊："嗨，乡下佬，怯勺！你这儿逛庙哪？回去，别走啦！"刘墉听见啦，连理也没理，还是往前催马，然后把草帽又往前拉了拉。看街的可急坏啦，追到马前一伸手，那意思想把骑马的人抓下来。"嗨！我说你哪！"那个"你"字还没出口，刘墉把帽子往后一推。"你说我哪？"看街的一看是刘墉。认识呀。手伸出去可拿不回来啦，在半空悬着直画圈。"哈，刘中堂。"刘墉说："你要抓我呀？"看街的不敢说抓呀，现编瞎话："不是，中堂，因为这个月的饷银叫我们老爷克扣啦，我没钱吃饭，饿得在这儿抓苍蝇吃哪！"刘墉说："把你们老爷叫来！"看街的说声"是"，回到厅儿上把老爷叫来啦。老爷来到这儿给刘墉请安："给中堂请安！"刘墉说："你是老爷，为什么克当兵的饷叫他抓苍蝇吃？"老爷一听：这是哪儿的事啊！"中堂，您别听他胡说八道，他是要把您抓下来，细一看是中堂您。您一问他，他没得说啦才胡说。中堂您这是上哪儿去？""我进宫。""我给您喝道吧！"刘墉说："不用啦。"老爷说："还是喝的好，要不然前边那个看街的也抓苍蝇……""那就喝。"

厅上老爷在前面喝道。不一会儿刘墉到了朝房外边，就听见有两个太监在那儿说闲话儿。"王老爷！""干什么，赵老爷？""我看刘墉这回活不了啦。"刘墉一听站住啦，接着往下听。就听王老爷问："赵老爷，刘墉怎么活不了啦？"赵老爷说："刚才我在金殿当差，和珅在皇上面前给刘墉讨了三万两银子的赏。"王老爷说："好哇。""好什么，这里头有鬼！旨意上写三万，户部提四万。""那是干什么？""和珅他说是栽赃一万。刘墉只要一收银子，皇上就派人去称，一称多了一万两，这叫贪赃过万。就把刘墉杀啦。"王老爷说："刘墉是个聪明人，他准不要。"赵老爷说："他若是不要，就是抗旨不遵，也得宰喽。""这么说刘墉活不了啦。"刘墉心说：多亏来了一趟，不然的话，还真危险。就听王老爷："咱们还得少说这件事，千万别叫刘墉听见。"刘墉心说：我全听见啦。假装咳嗽一声，进了朝房。俩太监吓了一跳，心说：他全听见了吧。刘墉说："有劳二位，哪位给我回禀一声，求见万岁。"太监们不敢惹刘墉，赶紧上殿回奏："启奏万岁，刘墉候旨。"皇上一听，心说：送银子的没来，收银子的倒来啦！吩咐叫他随旨上殿。刘墉来到金殿，跪倒磕头，口称："万岁在上，草民刘墉见驾。"皇上说："刘墉你来啦，三位王爷跟和珅呢？"刘墉说："都在我家吃饭喝酒哪。"皇上一听这个气呀：我等你们回来交旨，你们跑那儿吃饭去啦？皇上哪儿知道都叫刘墉给锁起来啦。皇上问："刘墉你干什么来啦？"刘墉说："万岁，您赏我多少银子？"皇上没说过瞎话，张嘴就说："朕赏你四……"刚要说四万两，一想：不对，旨意上写的是三万。皇上又把话改啦。"赏你四……三万两。"刘墉心说：皇上也说瞎话呀！刘墉说："万岁您为何也说谎言？"皇上说："朕何时说过谎言？"刘墉说："和珅都跟我说啦，明明是四万两。其实先前我也不知道，是和珅把我叫到一旁，跟我说：'刘墉啊，这银子里有鬼，皇上想要你的脑袋，旨意上写三万，户部提四万，其中栽赃一万两。你要是收下，临走的时候，皇上派人查你的银子，一查哪，多出一万两来，这叫贪赃过万，就把你杀啦。'我一听就害怕啦，我说：'这银子我不要啦！'和珅说我要是不要，是抗旨不遵，也得把我杀喽。当时我可为难了，和珅对我说：'刘墉啊，你也别为难，我给你出个主意，你把多出来的银子先存我这儿，你走你的，以后我再给你送家去。'万岁您想，他救我不死，这银子我还能往回要吗？就得白送给他。可我又不敢送给他，因为这银子不是我的，是您的，所以我来问问您，这银子送给他不送？"皇上一听，心说：好你个和珅，你两头出主意从中搞一万两。皇上说："不！刘墉，这四万两银子都是给你的。"刘墉赶紧磕头，"谢主隆恩。"皇上说："为什么上殿时不来谢恩？"刘墉："刚才那银子不够数儿。"皇上一听：他上这儿凑数儿来啦！皇上这会儿面子上怪不好意思的，在大臣面前说谎，多不好哇。他想要往回找找面子。说："刘墉，你不应当上殿来参我呀，哪里有参皇上的？"刘墉说："不是我要参您，是和珅叫我参的。他说我要是敢参皇上您，他就拜我为师；我要是不敢参您，叫我拜他为师。您想我这岁数，我能拜他为师吗？所以我没办法才参您。"皇上这个恨和珅哪：闹了半天是拿我打赌哇。皇上说："他叫你参你也不能参哪，你要是不参我，你的中堂能丢吗？你爸爸入阁是中堂，你也入了阁又是中堂，你们家是铁帽子中堂……"刘墉没等皇上说完就磕头："谢主隆恩。"皇上说："你谢什么恩？""谢您封我是铁帽子中堂。"他站起来来到龙书案前拿起帽子就戴上啦。可是跟往常不一样。过去他戴帽子是红顶子花翎在脑后头，今天哪，他把大花翎戴在脑袋前头啦。这帽子是倒着戴的。皇上见他抢帽子戴，生气地说:"刘墉,你这就官复原职啦?"刘墉说:"谢主隆恩。"皇上问:"你又谢什么恩?"刘墉说:"谢您叫我官复原职。"皇上心说:得!他又诓回去啦!刘墉把帽子一转,算官复原职。皇上说:"刘墉,你赶快回去,叫三位王爷跟和珅快回金殿交旨。""臣遵旨。"刘墉下殿奔午门,骑上马回府。

刘墉来到府门外下马往里走,张成、刘安一看中堂的帽子又回来啦,俩人心说:我们中堂这个月,连这回,帽子丢了十八回啦。可也不知怎么弄的都弄回来啦。俩人过来请安:"给中堂请安。"刘墉问:"三位王爷跟和珅走了没有?"张成说:"一个也没走了,全叫刘安给锁屋里啦。王爷还真拧锁,叫我一擀面棍就打手脖子上啦。"刘墉一听吓了一跳,他没想到张成真敢打王爷呀!"张成,你怎么打王爷呀?"张成说:"不是您叫我打的吗?"刘墉说:"我说叫你打,你也别真打呀。"张成说:"我说中堂,您怎么坏到我这儿来啦?"刘墉说:"张成,你想死想活?""中堂,想死怎么说,想活怎么讲?"刘墉说:"你要想死,我把你交给王爷带走,就是不杀你,也得把你打死。""别价,中堂,我想活。"刘墉说:"那就看你有没有胆量?"张成说:"中堂您说吧,反正我豁出去啦。"刘墉说:"你到厨房,拿把菜刀……"张成说:"我把王爷宰喽!"刘墉说:"别价,你用手把自己的鼻子拍破了,把血抹一脸,叫刘安前边跑,你在后边追。刘安你就喊张成疯啦,拿刀要杀人,等中堂回来饶不了你。张成你追刘安,一边追一边骂,你们俩在院子里转上两圈,我叫佣人往里喊'中堂回府'。刘安你就说,中堂回来啦。你一听我回来啦,就连我一齐骂,我自有办法救你。"张成说:"就这么办。"张成、刘安上厨房啦。张成用手照准自己的鼻梁使劲一拍,鼻子破啦,拿了一把切菜刀,刘安前头跑,张成后面追。刘安一边跑一边喊:"来人哪!张成疯啦,他要拿刀剁我,快来人哪!"张成也喊:"刘安,我非宰了你不可,宰了你我请你喝酒!"俩人喊着在书房外边转圈,就是为叫王爷听。九王爷一听,说:"张成疯啦,怪不得他敢打我哪!"和珅一想:刚才说话很明白呀;怎么这么一会儿就疯啦?这里边有毛病吧?"王爷,他不一定是疯吧?"就在这时,外边下人喊:"中堂回府!"刘安就喊:"张成,中堂回来啦,我叫中堂揍你!"张成说:"什么中堂南糖的,不就是'刘罗锅儿'吗?我不怕!他来了,我把他罗锅儿给弄直了!他妈的,刘罗锅子你来!"刘墉一听,心说:你别真骂呀。刘安这时候对刘墉说:"张成疯啦,他把王爷打啦，还拿刀要砍我，他还骂您，说要把您的罗锅儿弄直喽。"刘墉一听：得，刘安又骂了一遍。刘墉吩咐："来呀，把张成这个奴才捆起来！"刘安带着佣人把张成给捆上啦。张成骂得更厉害，骂完刘安骂佣人，捎带着骂刘墉。刘墉叫人把锁打开，张成走进书房。和珅一看吓一哆嗦，刘墉的帽子又回来啦，心说：要坏。刘墉过来给王爷请安："王爷，我才这么一会儿不在家，张成这个奴才把王爷您打啦，我一定给王爷您出气！绝不轻饶了他！"九王爷说："刘墉，你敢参皇上，你的佣人就敢打王爷，我看你是要造反哪！"刘墉说："王爷，我参皇上是和珅把我逼的，张成打您是他疯啦。王爷您还能跟疯子一般见识吗？"三位王爷一想：可不是嘛，要不是和珅跟刘墉打赌，他也不能参皇上。张成既然疯啦，刘墉又把他捆上啦，还直说一定要重办这个奴才，那意思也就完啦。可是和珅心里不服气呀！他跟九王爷说："王爷，我看张成没疯。"王爷问："你怎么知道？""王爷，张成他要是真疯了能试出来，叫人到茅房弄点大粪叫他吃，真疯的人吃大粪，假疯的不吃。"刘墉在旁一听，心说：和珅你太缺德啦，你怎么净使些坏主意呀？张成在那儿捆着心里这个骂呀。刘墉说："对，和中堂说得对。刘安，去茅房弄点大粪来。看他是真疯还是假疯。"刘安答应一声就走啦。张成、刘安两人从小就跟刘墉当差，他俩人虽然不是一个姓，可俩人像亲兄弟一样。刘安一边走一边想：我真去弄大粪吗？那样一来不就苦了张成了吗？不弄又不行，怎么办呢？刘安没去茅房，他上厨房啦。他来到厨房一找，那儿有半罐芝麻酱，刘安一看，主意来啦，又找出来一大包红糖。把红糖往芝麻酱里一倒，用筷子一搅，越搅越稠，用筷子往外一窝，用手一攥，攥了个这么粗、这么长，像个屎橛子似的。用筷子一叉，从远处看跟大粪橛儿一样。其实一点儿也不臭。刘安做派得很像，把头扭着，手捂着鼻子就走来啦。他拿到书房门外，就奔三位王爷跟和珅去啦。他拿着芝麻酱拌红糖就往九王爷面前伸。说："王爷您闻闻，臭不臭？"他一拿来王爷就直恶心，他刚往这儿一伸，王爷早把鼻子捂住啦，扭脸摆手说："给他吃！给他吃！"其实他什么也没闻着。刘安拿着就过来啦，张成一看，打心里恶心，差点儿没吐出来。刘安拿着就往张成嘴里塞。张成闭着嘴，也不敢喘气，直唔唔，那意思是说，刘安，咱俩可不错呀，你怎么真弄大粪来啦。刘安心说：这么好的红糖拌芝麻酱你不吃，你还要吃什么呀！张成不能总不喘气呀，他一喘气这么一闻，嗯？这味儿够香的。仔细一看不是

第三卷

◆

八大棍儿

184

大粪，他用舌头一舔，甜的！噢，芝麻酱拌红糖啊！他说："刘安，你拿来的什么？"刘安说："大粪！"张成说："不是大粪，这是好吃的，拿来我吃。"三位王爷一听：这是好吃的呀？张成一张嘴就吃上啦！连和珅看着都要吐出来。不大一会儿，张成全吃光啦，舌头一舔嘴唇说："好吃！刘安，再来点儿！"他还来点儿哪！

（张春奎述）

◆

君
臣
斗

◆

后补三国 *

《三国演义》，各位都熟悉。有的听过《三国》，有的看过《三国》，就是没听过没看过《三国》的，也有个耳闻。《三国》这部书自从问世以来，别说是在中国，就是在外国也享有盛誉。中国古典文学名著，历史小说，谁不喜欢看哪！不是有这么句话嘛，"宁可不吃馍，也得看《三国》"。可见这《三国》的魅力有多大。可是有一节，《三国》您看过，今儿个我说的这段儿《后补三国》您就没看过了。别说看了，连听恐怕也没听过。

有一次说到这儿，有一位站起来了，不服气，嚷嚷上了："告诉你，甭哄人。哄别人行，哄我哄不了！知道我是干什么的吗？我就是靠哄人吃饭的，外号叫'老哄'。"后来我一打听，这位没说假话，还真是位老哄，他老在家里哄孩子，不会干别的。您瞧这点儿出息……

您说我哄您干吗？您听相声来是来捧我，我伺候您还伺候不过来哪，我能哄您吗？今儿个我哄了您，明儿个您不来啦，我吃谁去呀？所以说哄您就等于哄我自己，我自己欺骗自己，那不是"王小儿上河边儿……找倒霉"吗？

话又说回来啦，要哄也不能哄今天在座的。对了，哄明天来的……这是个玩笑，谁也不能哄。我一说您就明白了。《三国志》《三国演义》《续三国》包括《三国外传》，可能您都看过，听过。为什么？

---

* 早在《梁史平话》《三国志平话》中都提到了由于汉高祖杀戮功臣一案，天帝判令韩信、彭越、英布托生为曹操、刘备、孙权三分汉室的故事。明代《古今小说》第三十一卷《闹阴司司马貌断狱》中，断案增为四件；清初徐石麒杂剧《大转轮》中写了"十阎君断不明七件事"；京剧《半日阎罗》，豫剧《司马貌断狱》大体亦取材于《古今小说》。单口相声《后补三国》除说司马貌断案八件外，尚多判吕不韦、秦始皇一案。

有这书哇，有人讲啊！可这《后补三国》没出版过，也没人说过，您怎么会知道呢？大概您又纳闷儿了，这"后续"跟"后补"有什么区别？有！"后续"是言未终了情未断，还得需要许多笔墨把故事的内容继续延伸下去，最后再画句号。这跟那喝茶一样，沏一杯茶，您喝完了还觉得没喝够，还想喝，再说喝茶讲究的是头道汤二道茶，这茶的滋味儿还没完全出来呢，这时候再用开水沏一道，您再注意那茶的颜色和茶的味道，只要您过细地品，北方叫咂摸，那准是旱香瓜儿——另一个味儿的。这就叫"续茶"。"续书"也是这个道理。"补"就不同了，比如"补丁""补子""补款"……都是额外增加，根本没想到的事儿。咱这《后补三国》同样是这个意思。补的内容和原先的完全不一样，可以说是两码事儿。当然，您要说一点儿都不挨着，那也是不可能的，因为咱是"后补"三国，总得跟《三国》有关，要是说出八国来，那就不是《后补三国》啦，那是《后补八国》，多出五国来。

您问了，这《后补三国》是怎么档子事儿？是这么回事。简单点儿说，他是因为先有《三国》，才有《后补三国》。可是没有《后补三国》，就不可能先有《三国》。您明白了吧？干脆我还是给您从头说起吧。在没说以前，我先给您念一首诗：

> 世间屈事万万千，
> 欲觅长梯问老天。
> 休怪上苍公道少，
> 生生世世宿因缘。

东汉桓帝时候，蜀都益州有一位秀士，复姓司马，名藐，字重湘。小时候就喜欢念书，每天都是手不离卷，读书之时朗朗有声，因为他好学，又加之天资敏慧，所以三岁时便能吟诗，四岁时就能作对儿，五岁时过目成诵，六岁时倒背书文，到了七岁便能对答如流，到了八岁就提笔成文。因为他才华出众，少年有志，家乡的父老乡亲没有一个不挑大拇指的，乡里乡亲这么一吹捧，他的名声可就大了。这么一来，益州城里里外外方圆几十里之遥，都知道有个叫司马藐的神童。

俗话说得好，"人怕出名猪怕壮"，就在这年本郡科举①，司马藐当

---

① 这里是借用明清科举制度作喻，便于叙述故事。

然前去应试。到了考场，接过考卷一看，心里话儿：这题目是不好做，可是难不住我。怎么？平常墨水喝得多，倒得出来，墨水儿喝得多是形容平常读书读得多、写字写得多，可不是真喝墨水儿。平常不读书，不写字，光喝墨水儿玩儿，考试的时候人家都往试卷儿上写字儿，您往卷子上吐墨水儿，那就不是神童了，那是墨鱼。司马藐沉思了一会儿，先打了个腹稿儿，然后在脑子里又转悠了几遭，自己觉得满意之后，这才提笔行文。真不愧是神童，人家一挥而就，一气呵成，一会儿的工夫大块文章写完了，头一个交了卷儿。考官们接过卷子这么一看，这卷面儿是干干净净没有一点儿多余的墨迹，涂改之处就更找不到了。那小字儿写得工工整整，个个娟秀有力，近看是个字儿，远看就是一朵花啊！字里行间透着灵气，显着才气，真可谓是笔下生花，是一篇难得的锦绣华章，果然名不虚传。考官们想试试他的口才如何，正在这个时候，一位差人端着一个铜盆从考官们的议事厅堂门前走过，里边儿盛着一条大鲤鱼，这是端到后面厨房里做菜用的，扑棱一声响，只见鲤鱼跳了起来，溅了差人一身的水，引得考官们呵呵大笑。其中有一位见景生情，随口说出："盆中鲤鱼跳。——司马藐。""学生在。""你的文章写得不错，现在就用这句话作为上联，你给我对个下联。"司马藐从小失去父母，是兄嫂把他抚养成人，因而生性偏犟，但又有怜悯之心，看着刚才差人弄了一身水，不但无人同情，反倒被他们耻笑，心中早已愤愤不平。他这一生气不要紧，就把自己是考生的这个茬儿给忘了。心里话儿：你们高高在上做官当老爷，根本不问百姓疾苦不说，还拿人家痛苦取笑，我非给他出出这口气不可。他跑这儿出气来了！"回禀大人，学生不才，下联已经有了。""我的上联是盆中鲤鱼跳。""我给您对油盐酱醋烹……"司马藐的下联对完了，考官们目瞪口呆。他们说什么也没想到这位才华横溢的神童竟然对出这样一个粗俗的下联来。司马藐看着考官们全都呆若木鸡，不由得好笑，也呵呵地大笑起来。他这一笑好像是把考官们给笑醒了。其中一位还问哪："因何发笑？""大人，想必是学生的下联是天下绝妙之句，不然不会使各位大人惊到如此地步，故而学生才发笑……""司马藐，你是应举之人，对出这样粗俗的下联，你不感到羞愧吗？""大人，学生有一事不明，要在大人面前请教。您因何出此上联？""那是因为我见景生情。""您这上联是什么意思？""鲤鱼跳嘛，俗话说，'鲤鱼跳龙门'，就是吉祥的意思。""妙，大人所言极是。既是吉祥之物，就应放在祖宗牌前供奉起来，那差人端到后边儿干吗呀？""他这个……"废话！不端到后边儿去，一会儿我们哥儿几个吃什么呀！可这话不能说出来，万万没想到司马藐会这么问他，所以问得他哑口无言。"因此学生对了个油盐酱醋烹的下联，这不正是鲤鱼端到后边儿去的下场吗？学生我对出来的应该说是点题的下联。实在妙哇！怎么能说是粗俗呢？再者待一会儿红烧鱼端上桌子与美酒共下咽喉，进入腹内，一日之间便成粪土，各位大人都不觉着羞愧，学生因何而羞又因何而愧呢？请大人明示……"

这几位考官听完了司马藐这番奚落人的言语，讥讽之词，实在按捺不住了，脸上的颜色红一阵儿，紫一阵儿，青一阵儿，蓝一阵儿，绿一阵儿……都成外国鸡啦。个个恼羞成怒，实在挂不住啦。心里话儿：这还了得，他还没考上举人哪，眼里就谁都没有了，他要是考上举人，我们老哥儿几个还不都得听他的？没门儿！"司马藐，你乃读书之人，应懂得达理之道，出口不逊、目无考官、强词夺理、以小犯上，不可教也、不可雕也，实实在在不可录取也……"他还怪别人哪！

就因为这件事儿，发榜时司马藐名落孙山。想想抚养他成人的兄嫂，想想众多乡亲盼他得中的心情，他实在是悔恨不已，惭愧不止。从此以后，他便闭门勤修，可谓两耳不闻窗外事，一心只读圣贤书。您看，汉朝那会儿，读书人要做官有多难！再往后到了灵帝光和元年那阵儿，皇上昏庸无道，不理国政，每日里只沉醉于酒色之中。特别是废除了科举，卖官鬻爵成风，灵帝身为帝王之尊，亲批官价，成为历代帝王之创举，后人之笑谈。他明文规定，大九卿、小九卿、内翰等官职依照品位高低其价不等。如欲为三公者，价白银十万。大臣崔烈，用银三万购得司徒少卿一职，接旨谢恩退下殿去以后，灵帝突然顿足捶胸失声，连呼："不该，差矣！差矣！不该！"众臣见状急忙启奏："万岁何故开金口'差矣'，吐玉言'不该'？"灵帝说："嘻，真是不当家不知柴米贵，这还用问吗？这不是秃子头上的虱子——明摆着的事儿嘛。崔烈用三万买走了一个司徒少卿，价钱太便宜，我不该卖给他。可是他已经交了钱，我也下了旨，能说不算吗？后悔莫及，所以朕才脱口连呼不该，差矣，差矣，不该。这么便宜，我不该卖给他，这是贱卖呀！"你琢磨琢磨，皇上拿官卖钱，那些想通过读书应试走向仕途的穷书生成了"八十岁的干儿子——还有什么指望呢"？

这是后话，暂且不提。

单说司马藐，惹怒了考官，功名无望，家中一贫如洗，无钱贿赂当道，苦读数十年，还是个穷秀才，一事无成。这一天司马藐和往常一样，自己仍然在房中攻读书文，掩卷之余，忽然想到自己多年如一日勤学苦读，结果落得如此地步，实在是心灰意冷，感到越往后越是凄凉苦楚，没意思。越想越想不通，越想不通他还是越想，这怨气和怒气简直就像一团火在胸中熊熊燃烧，从脚下一直烧到头上，要不是天灵盖儿挡着，那火苗能冲出顶门心儿喷出来少说也得有八丈多高！您还别不信，过去逢年过节放的泥人做的花炮，也叫焰火，泥人头顶能冒火，活人为什么就不能呢？司马藐这气大了，可是老闷在心里边也不是个事儿，怎么发泄出来呢！文人嘛，只有舞文弄墨，于是他写了一首诗，这才总算灭了火，消了气，心里头舒坦了点儿。这首诗有点像溜口辙，他是写给我这样说相声的嘛。我给您念念：

> 得失与穷通，
> 前生早注定。
> 敢问注定人，
> 何不判奸佞？
> 善士遭沉埋，
> 恶人反得逞。
> 吾做阎罗王，
> 世事重归正。

司马藐写完了这几句诗，他是看一遍，念一遍，念一遍，看一遍。看一遍嗟声不止，念一遍泪如涌泉。只见他手拿诗稿，站起身来冲着窗外，眼望青天，仰面长叹："老天哪，老天哪！常言道男儿有泪不轻弹，我司马藐也是有志之人，皆因打抱不平，才无端遭此横祸，都说苍天有眼，天日可鉴，既是如此，因何你不闻不问，不究不查，不判不罚，不睁眼看看这不公的人世？老天哪，老天，你不能惩恶扬善，你不能扶正压邪！天公啊天公！都说你老天公道，依我看，你既不公也不道！你欺人太甚哪！我读书数十载，可以说读的是糊涂书，办的是糊涂事。今天我才明白，你也是欺软怕硬、见钱眼开的势利小人！你不服吗？可以把我带到阴曹地府，我司马藐绝不惧怕，就是打入十八层地狱我也要说你无用，讲你无能！"说罢，他既不叹气，也不落泪，反倒呵呵地笑了起来，然后将手中的诗稿在灯上点着，呼呼呼，霎时间化成灰烬，一缕青烟，直上九霄。

说来也巧，恰好正遇上夜游神巡逻到此，他们认识司马藐，为什么？因为他们天天打这儿过，每天都看见他伏案攻读，几十年如一日，可是都到了这个岁数还没有什么出息，因此见他一次就笑他一次，笑他呆，笑他痴，要不怎么管死读书的人叫书呆子呢？那就是神仙给叫响了的。可是今儿个不同了，没看见他读书不说，还见他呼天喊地，怨声不止，咒骂老天，实在有点儿反常。嘿！没想到司马藐一个文弱书生今儿个也动起肝火来啦，看不出来，还真长能耐了。走，咱们赶紧回灵霄宝殿向玉帝奏明，打司马藐的小报告，得几个侦缉费。您瞧这几位够多缺德啊！司马藐已经到了这个份儿上了，他们还动坏心眼儿哪。所以说人人都说天堂好，殊不知天上人间一般同。

夜游神想捞外快，来到灵霄宝殿添油加醋地这么一报告，您琢磨琢磨那玉帝能不发火儿吗？当时就翻儿了："大胆的司马藐，一个凡夫俗子，竟敢辱骂天庭，这是地地道道的犯上，天理不容，将他打入十八层地狱，永世不得翻身，看他还有何怨气？"班部中闪出太白金星奏道："圣上息怒，臣有本奏。夜游神之言不可不信，也不可全信。曾记得夜游神多次报说天下太平，哄得圣上以为可以高枕无忧，不理天下之事，还是小臣闻得金戈之声，方知天下大乱。他们根本没有尽职，几个夜游神凑在一起，在南天门外一个犄角旮旯的僻静地方掷色子。若不是小老儿微服私访，怎能查出他们的恶习，圣上又怎能得知天下之实情啊？"嘿！太白金星还代管抓赌。"故此小臣斗胆直谏，望圣上千万千万不可偏听偏信，贻误大事。""嗯，卿所言极是，我倒把这个茬儿给忘了。可是，人间禄数，或贫穷，或富贵，一是要靠自己发愤，二是要靠三代积德行善，三是要靠机缘运转，方才金榜有望，他不知自检，反责天道有私，岂能容他！""圣上，司马藐出言怨天，当然不该，可屡试不第，心有余怨，也情有可原哪！还望圣上明鉴。"要不怎么天上人间都说这个老头儿好呢，他厚道。"朕明白卿之善意，也体谅他的苦处，可是他口称欲做阎王，要重新安排天下大事。实属胆大妄为，狂傲之极，这等人如不及早惩处，将来必后患无穷。""圣上，司马藐出言果然狂妄，若此人是胸无点墨的无能之辈，说大话也不过混事而已，不足为奇；或许他真是胸怀大志的德才兼备之士，怎奈无缘仕进，遂致英雄无用武之地，此人一旦若登龙榜，必能大展宏图，实为国家之栋梁，难得的高才，也未可知。依小臣之见，司马藐不就是想当个阎王吗？那就让他当吧……""什么！老头儿……太白老头儿……长庚老头儿……金星老头儿，你是老了，你是糊涂了，你还是老糊涂啦？那阎王爷能随便当吗？他要是能当阎王爷，那天下的人不都成阎王啦！今儿个你是怎么回事？往日出的点子称得起是高点子，今儿个的点子是水蝎子——不咋蜇不说，还有点儿馊味儿。"太白金星心里话：噢，我出的是馊主意？不像话！又不敢说出来。俗话说，伴君如伴虎，随时随地都得加小心，不知哪天被老虎咬着。心里话：忍了一辈子，怎么办呢？还接着往下忍吧。"圣上，臣我的愚见，既然司马藐想当阎王，就让他当一回，看看他的才略如何。不过圣上也不必过虑，不是让他当一辈子阎王，就是当一夜阎王。把真阎王断不了的重大疑案，全部拿出来让他发落。如果他确实审断得当，鬼魂皆服，那就说明他是高才，圣上恩准高就，也就两全其美了。如果他断案乱七八糟，大堂上鬼哭魂嚎，阴世间乌烟瘴气，那么他就是个货真价实的庸才、蠢才，把他打入十八层地狱让他永世不得翻身。不知圣上以为如何？""好！真难为你。这些花花点子你是怎么琢磨出来的？不愧是西方太白金星啊，净是歪打正着的玩意儿！行，这回就依了你，由你出面，拿上朕的手谕，即刻赴阴司命阎罗君暂且歇息一夜，让位于司马藐，由他处理一直不能处理但非得处理的，处理不了还得处理的死案……"太白金星心里话儿：哼！说我出的点子馊，就刚才您动这心眼儿，馊倒是不馊，可真够损的，就是不损也够缺的，名副其实是一个大子儿开药房——损德堂。"太白老头儿。""臣在。""六个时辰之内，司马藐断得了案，赐他来生享不尽的荣华富贵，如若断不了案，那就别怪我翻脸不认人，叫他永禁酆都城。去吧！""臣遵旨。"说罢，太白金星手捧圣旨，一甩拂尘，驾起五彩祥云下界传旨去了。

那位说，您说得这么热闹，这太白金星您瞧见过没有？干吗我瞧见过，谁都瞧见过。不过白天您瞧不见他，到了晚上您只要留神注意就能看见。夜空中有时有一颗星从南边儿突然出现，一道金光划破夜空，瞬间便坠入遥远的天边，这就是太白金星奉旨离开灵霄宝殿，出南天门路过人间到阴曹地府办事去了！有位先生说啦，您这是胡诌，谁不知道那叫"贼星"啊！错了不是，甭说"贼星"啦，就说贼人吧，您瞧见过吗？您说贼什么模样？人群里边儿谁是贼您能指出来吗？您说有没有？没有，皮包怎么丢的？有，谁呀？贼要是能当众告诉大家自己是贼，那还是贼吗？那是神经病。贼人既然看不见，您想那"贼星"凭您那肉眼能瞧得着吗？虽然是"贼星"，可他也是神哪！要不怎么把那偷东西有能耐的高手，都称他为神偷呢。不知道您注意了没有，有的人办事走急了那叫一溜烟儿。太白金星要是办急事就不是一溜烟儿啦，那是一道金光。所以您说是贼星就错啦，应当是太白金星，不信您可以问哪！问谁？我跟您说实话吧，问谁谁也说不准，也不知道，天下只一个人可问，谁呀？就是我！您别不服，那我也没办法，说什么您也不信，我也不能强迫您，您就是骂我胡说八道，我也不动火儿，也不赌气，连嘴都不回。为什么？因为我是有涵养的人……这是个玩笑。下边儿我接着给您说。

这天晚上，司马藐不知道怎么回事，坐着也不是，站着也不是，躺着也不是，靠着也不是，心里边儿像有十五个水桶在那儿搅和，七上八下，心不安宁，魂不守舍。也搭着折腾的时候长了点儿，司马藐刚刚坐在椅子上，忽听得窗外风声骤起，树叶哗哗作响，只觉得一股冷风穿堂过屋袭上身来，不由得他感到浑身上下里外发冷，桌子上的油灯灯花摇曳不定，跳跃不停，噼啪作响，由大变小，由黄变青。司马藐正在纳闷儿，只听屋门吱扭一声，无风自开，他刚要起身关门，只见有两个鬼卒已走近身前。二鬼卒虽然面目可憎，不好看，但举止彬彬有礼，言谈款款入耳："先生，请勿惊慌，不必害怕，我等乃阴曹地府鬼吏，在下名叫白无常，他乃黑无常，奉了我家阎罗王之命，前来请您过府走走，有要事商议。"司马藐一听：怎么着，让我真的过鬼门关，我不去！我知道那个地方不能去，去了就回不来了。想到这儿，他刚要抽身逃跑，不料白无常把他的衣服一拉，黑无常把他的裤带一拽，说来也怪，那司马藐就觉得二脚生风，耳边呼呼作响，眼前白茫茫一片，身不由己，如同一片落叶，轻飘飘荡悠悠。不过一会儿的工夫，只听黑白无常齐说道："先生，到了。"司马藐睁眼一看，黑乎乎的一片，什么也看不见，周围静悄悄的一点儿声音都没有。俩无常鬼见司马藐站那儿愣着，说道："这就是阴曹地府。您不认识吧？也难怪，您没来过。"司马藐如梦方醒，说道："好个黑暗世界。"俩无常鬼听他这么一说，笑了笑："您是生人，初来乍到，不见天日，自然看着不顺眼。等时间长了，您就不理会啦，俗话说习惯成自然嘛，到那个时候，让您投胎做人您还不干哪！您瞧我们哥儿俩不就是在阴间待了一辈子吗？做鬼好哇，俗话说做鬼吓人嘛。您说谁不怕我们？就连阎王爷也怕我们三分。一天到晚老得在那儿坐着，顶着，候着，不敢随便挪窝儿，大门儿就更不敢出去啦。为什么？您没听说过，不是有这么一句话吗？'阎王不在家，小鬼儿造反'。他就是怕我们把他给干喽！其实我们干他干吗呀？把他干了，谁当阎王啊？谁也不愿意当。受罪不说，不定哪天还是让别人给干了。何苦呢？当小鬼多自由哇。说句不该说的话，阎王爷想跟我们换我们还不换哪！不是我不换，是他不换……他想不开呀！我们哥儿俩虽然长得丑点儿，可是心眼儿好，净帮着人间做好事。您说，不管人间哪位干了什么大事业、功成名就的，谁离得开咱哪！谁不夸鬼使神差，我们在暗中不帮忙行吗？可咱图个什么？什么也不图。司马藐先生，您学富五车，才高八斗，是有学识的人，刚才跟您说的这么多东拉西扯的，都是些鬼话，您可别见笑哇。""不！二位适才所说乃金玉良言，司马藐数十年来自以为是，自命不凡，今蒙指教，受益匪浅。正所谓'听君一席话，胜读十年书'。司马藐到今天才真正地悟出点儿做人的道道来。得逢二位，三生有幸。二位是鬼，可是你们办的是人事，一言一句说的都是人话；恰恰相反，有的是人，一举一动办的是鬼事，张口闭口都偏偏说的都是鬼话。二位才是先生，二位才是真人哪！司马藐平生不为势力折腰，今日却要拜谢二位的赐教。"黑白无常一见司马藐要跪下去，急忙搀扶起来："别价，不敢当，不敢当。您是秀才，是有功名的人，我们是无名小卒，岂敢承受。您瞧我们哥儿俩跟您啰唆这么半天，耽误了不少时候，咱们还是办正事要紧，以后有空再闲聊啊。说着说着就到了，甭客气，进去吧。"

司马藐留神细看，在雾气中果然有一座殿宇，与人间的金銮殿相差无几，只是人间的金銮殿金碧辉煌，雕梁画栋，阴间的金銮殿漆黑一团，死气沉沉。抬头见殿上高挂匾额，上书"森罗殿"。司马藐在俩无常鬼的引导下，走回廊，过甬道，行曲径，奔幽门，绕过迷魂阵，躲过望乡台，穿过生死阁，这才到了阎王殿。只见殿上端坐着一位大模大样儿的人物，奇怪的是身着便服，金冠、蟒袍、玉带、朝靴，一件件全都摆在了公案之上。司马藐进得殿来，与黑、白无常前后跪在阶下。"启奏王爷，司马藐已被我们带来了，现正候旨，请王爷训谕。"说罢，他们站起身形，分左右与众鬼官侍立两旁。阎王爷早就听太白金星说了这位司马藐可了不起。叫道："司马藐。""小民在。""你抬起头来。"遵命。"司马藐抬起头来，阎王爷看了看，心说：这位司马先生长得也不过如此，说话怎么那么狂啊？司马藐那儿也抬头这么一看："哎哟，我的妈吧。"差点儿没喊出声来。怎么回事儿？是不是他瞧着阎王爷长相丑，模样怪？不是！阎王爷面如锅底，黑中透亮，司马藐从来没瞧见过阎王爷，这回真瞧见啦，心里话儿：人世间往往有小孩儿们把脸弄脏了，像花老虎一样，大人们就笑着说："瞧这德行，成了阎王爷啦！"可他们哪儿知道阎王爷不是花脸，是黑脸！往后再遇到把花脸说成阎王爷的，我司马藐就有本钱讲话啦，这不，咱真瞧见过呀。"司马藐，你在想什么？"司马藐正走神儿，突然听阎王爷问他想什么，怎么回答？啊，回禀阎王，我正琢磨您的长相儿哪。不像话呀？问得他当时无言可答，支支吾吾的："嗯，啊，嚒，是……"他跑这儿给说相声的捧哏儿来啦。"小民不知身犯何罪，将我带到这森罗宝殿做甚？""司马藐，你是一个读书之人，应该懂得谦逊之礼，你不知自检不说，反倒诬蔑本王不公，是何道理？""王乃阴司之主，掌天上、人间、地下之生死大权，主荣华福禄之分，可惜你一向依附有势力者，欺压穷苦百姓。司马藐读书一生，落魄一世，不是学生无才，实为势力所迫。"阎王爷说："俗话说，一是一二是二，打破锅说锅，打破碗儿说碗儿，你不能高官得做这与本王何干？我奉天道而行，诸事自按律条办理。你一个凡夫俗子怎能知晓？你不懂我也不怪你，但你口口声声要本王让位于你，竟敢口出狂言，要改天换地，颠倒乾坤，重整世事。""大王息怒，待司马藐慢慢陈述。常言道，天以仁慈为上，心以劝惩为本。大王位居阴司，而权达四海，身在宝殿，却眼观天下，人世间的好歹之事，应当说是了如指掌，'瞎子吃汤圆——你心里有数'；可是大王是否知道世上有悭吝者却财源如水，慷慨者常两手空空吗？今日人间，吃、喝、嫖、赌、抽者为所欲为；坑、蒙、拐、骗、偷者能逍遥法外。仁、义、礼、智、信到处碰壁，忠、贞、孝、敬、勤寸步难行。有势者加力成为有势力者，有富者加贵成为有富贵者。贪者则更贪，穷者则更穷。富贵者以势欺人，贫穷者终遭欺凌。天赐人间平等，因何不平？地赋人间公正，因何不公？司马藐乃一介书生，贫寒士子，苦力志学，躬行孝悌，立志报效国家，有什么不合天心地意呢？这等不平世界，这等不公人间，大王难道不知？既知，因何不理？大王若不知，身为阎君此乃失职。君受天命于地下，却听而不闻，视而不见，统而不管，任其泛滥成灾，君还有何面目去见天上玉皇？

也是我心中有此无限愤慨，这才敢冒天下之大不韪，说出了欲做阎罗王重整世事的想法。还望君王体察下情。"阎王爷一听：啊！真是来者不善，善者不来呀！"司马藐哇，司马藐，可真有你的，你把我鼓捣下去了你还挺有理，你成了原告，我倒成了被告啦！好吧，既然如此，咱们按玉帝旨意办啦，我把王位让给你，在一夜之内管理阴曹地府。限你六个时辰判断所有案卷，判得公平，赐你来生有享受不尽的荣华富贵，断得不是，永落地狱，不得人身。司马藐，你要听清楚了，想好了，琢磨透了，待来日再后悔可就晚啦！"司马藐一听，稍微打了个愣儿，说："遵旨。""嘿？真接啦！这意思非让我下台不可呀！好咧！都归你啦！"阎王爷到后殿歇息，听说韩子康相声逗哏儿，今儿我有空儿了，听听他都白话些什么！——他听相声来了。

司马藐也不含糊，起身向前，把平顶冠往头上一戴，然后罩袍束带，登上朝靴，往王位上一坐，你猜怎么着？假模假式的还真有点儿那个派头儿。这时候就听鬼卒们打起升殿鼓，新君登位，宣善恶诸司，六曹法吏，判官鬼使，牛头马面，黑白无常，按班参拜，口呼千岁，礼毕齐奏，请新王审案。司马藐心里话儿：难怪谁都不愿意跟鬼打交道，因为他们净是些鬼主意呀，天下这么大，三山五岳，五湖四海，得有多少仇怨冤屈鬼魂？别说是六个时辰，就是六十个，六百个，六千个，六万个，我也都不知道打哪儿审。不行，我可不能上了他们这些鬼话的当，我得让他们听我的。"判官，寡人奉旨统管地府，今夜本该放告断案，不过，只有六个时辰，倘若有案即理，恐怕难以办到，稍有舛错，就会冤者更冤，仇者更仇。岂不是有负玉帝圣意？本王意欲命尔等将历代重大未决的疑案奇案报上，由本王亲审立断如何？"判官禀道："王爷在上，小的这里有汉初八宗案卷，至今已有三百余年无有敢问审者，原案尚悬而未决。适才听王爷之谕，斗胆将此案呈上，不知王爷可愿理之，伏请定夺。"司马藐听了判官的话，心里明白：他这是"小卒坐中心，想将我的军"哪！没门儿，你想给我来个下马威，让我栽到这儿，办不到！要栽我也不能栽在你手里，我看你这判官鬼，再鬼能鬼到哪儿去！你不是给我一只浅水中的船吗？想叫我搁浅在河滩上动弹不得，哼哼！我就给你来个将计就计，顺水推舟，叫你"王八看绿豆——大眼瞪小眼儿"。"判官。""小吏在。""就依你的办如何？""还是请王爷裁定。""好，那就速派人将案卷调来，本王要过目审问。""遵命。"

不大会儿工夫，判官手捧着一大摞案卷，走到了司马鬷的眼前，恭恭敬敬地放在公案之上，然后施礼退下，单等司马鬷阅过后处置。他"站在黄鹤楼上看翻船"哪！司马鬷翻开案卷，不看则已，一看，大吃一惊。难怪摞到今天拖到今日也无人敢审敢问，这案子的确扎手。怎么回事？这八大案哪一案也非比寻常。就说这头一宗案子吧，"屈杀忠良案"，原告韩信、彭越、黥布，被告刘邦、吕氏。第二宗是"屈死无伸案"，原告范增，被告陈平。第三宗是"忘恩杀命案"，原告丁公、樊哙，被告刘邦。这第四宗"无辜杀命案"，原告戚氏、李氏、王氏、如意、少帝、恒山王，被告吕氏。第五宗"乘危逼命案"，原告项羽，被告吕马童、王翳、杨喜、吕胜、夏广、杨武。第六宗"阴谋杀生案"，原告龙且，被告韩信。第七宗"投降袭杀案"，原告田广，被告韩信。第八宗"吞爵灭宗案"，原告刘友、刘恢，被告吕氏、吕禄、吕产、吕台。您说这些稀奇古怪的案子怎么判？判不了，没法儿判哪！司马鬷看完了案卷都一一合上，用手揉了揉眼睛，"唉！"叹了一口气，然后摇了摇头，端端正正地坐在王位上，来了个"徐庶进曹营——一语不发"。判官心里明白：怎么样？没辙了吧！我就知道你是"耗子尾巴长疖子——没多大脓水儿"。这是什么地方？你跑这儿逞能来！这是什么主儿坐的位子？你也敢来蹭！这都是些什么案子？你也敢摸！完了吧？这回是"小老鼠偷油灯——我看你怎么下台"！"判官！""哟！醒啦，没吓死呀！""在。""这些案子，所有前任的王爷都看过的吗？审过的吗？""巧啦，所有王爷都看过，看过以后都得了一个病。""什么病？""摆头疯。""此话怎讲？""就是看完了以后，没有一个王爷不摇头的。""噢，那么你看本王如何？""您哪……""讲啊。""小人不敢。""但说无妨。""您是屎壳郎逛公园——不是这里的虫儿。自然也是外甥打灯笼——照舅（旧）。结果嘛，也是眨巴眼生瞎子——一代不如一代……""照你这么一说，我和他们都是半斤八两没什么两样啊！""不！不！王爷比他们强得多，您知道自己有几斤几两，这可不容易。俗话说，知己知彼，方能百战百胜，您看您就知道自己判不了这个案子，所以坐在那儿等着……""我等什么？""猪八戒吃萤火虫儿——您心里是亮堂的。这位子是谁给您的，您再给人家不就得了嘛！""你准知道这案子我判不了？""要是判得了，您干吗唉声叹气呀？""圣人云：知之为知之，不知为不知，是知也。不患人之不己知，患不知人也，求为可知……你不知道可以问问嘛，干吗要胡猜乱猜呢？也不怕费精神。你以为你有点儿鬼聪明，十拿九稳啦！大错特错，你是猴吃麻花——满拧，猴拿虱子——瞎掰。我为什么唉声叹气？这区区小案，其实早就该办完啦，不料想却难住了历代阎君，拖至今日不能了结，实在让人费解不说，可叹偌大一个世界，竟无一个德才兼备的阎王佬儿，怎么对得起天上的恩宠，人间重托，地下所望啊！""王爷明鉴，可惜您也是心有余而力不足哇，哑巴吃扁食——心里有数。说了半天别人，轮到自己的时候也是摇头而已，无能为力，王爷您说是不？""常言说得好，聪明反被聪明误，那是说还有点儿聪明。你要是有点儿聪明也可人疼，你一点儿聪明都没有，还在那儿自作聪明。我刚才摇了摇头，我摇头的意思是你们小题大做，这样好判的案子，你们却说是疑案、奇案，是无法了结的案子，实在是叫人想不通。不是你们捣鬼，就是你们弄鬼，不然怎么会到今天无法解决呢？怎么会一干人犯长期鬼混，无有结局呢？""王爷，这么说，这案子您能判得了？""废话！不能判我看这案卷干什么？""好，那您打算什么时间判？""明知故问，只有六个时辰，还能等到何时？""那就是说，现在您就得判啰？""对！速命值日鬼吏带第一宗案卷犯人大堂候审。""遵命。"

　　不大一会儿，只见判官高声唱道："屈杀忠良案各犯俱到，现已跪在殿下候审，请王爷问案。"司马藐待答不理儿地嗯了一声："一旁伺候吧。""是。""传韩信。""是，传韩信。"一声王命，只见两名鬼卒将韩信押到殿前。司马藐将身子微微向前探了探，然后问道："下跪何人？""罪犯韩信。""韩信。""罪犯在。""你先前侍奉项羽时其位不过郎中，言不听，计不从，你才弃楚投汉。汉高祖得你不易，待你不薄，筑坛拜将，捧毂推轮，位至王爵，尊荣已极，理应报效尽忠才是，为何又起叛逆之心？不思己过，反告其主，是何道理？你要一一申明，从实招来！""王爷在上，容罪犯韩信细禀：某自受汉王之恩后，从无二心，尽心竭力，辅佐汉王。君不见明修栈道、暗度陈仓，定三秦，救荥阳，虏魏豹，擒赵王歇，挥师北燕，东克齐疆，七十余座城池皆为汉室天下，二十万众楚兵被杀得落花流水，落荒而逃，九里山十面埋伏，调兵遣将，困住霸王，逼他拔剑自刎，血染乌江。某立下十大功勋，实指望子子孙孙世世代代享荣华富贵，做一个逍遥王，福寿绵长。却不料汉王得了天下，就忘记了驰骋疆场出生入死的功臣良将。他不加封韩信不说，还贬某爵位，更令人发指的是暗嘱吕后与萧何定下奸计，骗某至未央宫，也是某一时大意，未曾提防，中埋伏，遭捆绑，说我谋反叛逆，刀下身亡。诛某三族，害某八代，遭此劫难，迄今已有三百余年，沉冤未伸，是可忍孰不可忍！伏乞大王明断。""你身为大将，为汉室屡建奇功，可见你熟知兵书战策，理应懂得勇谋之道，怎会受他人之骗。堂堂一员将军，被人如唤小儿一般，诱入未央宫，难道你不知那是何地，何人能入，也无人为你参谋说破？事到如今，你自作自受，自食其果，还连累宗人惨遭不幸，又能怨得何人呢？""我要怨蒯通。蒯通是我的军师，他在军中供职时，军机事务，我无一不向他询问，私情家务无一不向他求教，但谁知他有始无终，不尽军师之职，半途而去，致某遭此横祸，还望王爷明察。""传蒯通！""是，传蒯通。"不一会儿工夫，蒯通被带到殿前。"下跪可是蒯通。""正是罪犯蒯通。""我来问你，韩信被杀你可知道？本王现在要审理此案，据韩信讲，说你原在他麾下供职，韩信对你言听计从，待你不薄，你因何不仁不义，有始无终，不尽军师之责，害得他身遭不幸，是何道理？你要从实招来，否则本王定不轻饶。""王爷在上，蒯通实在是冤枉。我并非是背信弃义有始无终之人，实在是因为韩信自骄自傲，不听忠言，一意孤行，才落得自取灭亡。想当初破齐王田广后，他差某进表求封王号，以镇齐人。汉王看罢表章，气冲牛斗，将奏表丢于龙书案下，拍案怒骂韩信为胯下小儿，楚尚未灭，便妄想王位，如有朝一日得了天下，那还不要朕的金銮殿？当时恰巧张良、陈平在旁伺候，轻足蹑脚，走近汉王身前，轻言细语劝道：'国家正在用人之际，纵然韩信居心叵测，切莫因小失大，还望我主从长计议，三思而行啊！'汉王才命张良奉旨捧印封韩信为三齐王。韩信大喜，忘乎所以，蒯通为尽军师之责，朋友之义，曾多次进言说，此次封王，非是汉王之意，乃将军自计，故有追求之嫌，汉王一定怀恨在心，久后必行报复，那时后悔晚矣。所以那时蒯通劝韩信弃汉归楚，联合三分天下，定能实现统一大业。可谁知道韩信不但不听蒯通相劝，反而怪罪蒯通图谋不轨，唆使忠良反叛，蒯通回帐后自知不妥，心中甚为惧怕，所以假作疯狂，为的是遮人耳目。韩信信以为真，我才趁此机会逃回故里，解甲归田。后来果有未央宫之祸，此乃意料中之事。是韩信不听忠言，遭此恶报，怎能怪蒯通不仁不义呢？""韩信，蒯通的申诉你都听到了吧？如果他说话不假，那么我要问你，俗话说，有钱难买早知道，蒯通已向你点破，你为何不听蒯通之言呢？""回王爷的话，我虽为将帅，终究是肉眼凡胎。俗话说人有千虑，必有一失，何况那时的韩信年轻气盛，自以为是，忘乎所以。但蒯通既是我的军师，就应与我同甘共苦，同舟共济，方为人杰；见死不救，溜之大吉，实为小人也。唉！想当初有一算命人名唤许负，传闻他法术高超，看星相，观气色，吉凶时运，今生来世之造化如何，均能未卜先知。韩信信以为真，特请来当面讨教。他推算我功高名贵，福、禄、寿、喜享尽终身，能活到七十二岁，故此不信蒯通之言，更不曾想到有被杀之事。韩信三十二岁便离开人世不说，还遭此不幸，实在是冤枉。""传许负。""是，许负带到。""许负。""小人在。""你乃一凡人，怎会有回天之力？完全是'瘸脚儿骡子——卖个嘴钱'。不自食其力，游手好闲，瞒天过海，信口雌黄。今年只道明年好，明年又说后年强，骗了东家骗西家，骗了男人骗女人。你这一辈子不知道骗了多少人的钱，又害了多少人的性命，许负你该当何罪？""王爷在上，小人从来未欺骗过任何人。""许负，你是睁着眼儿说瞎话儿，骗来骗去骗到我头上来啦！""王爷明鉴，小人不敢。""还在撒谎。我来问你，韩信只有三十二岁的活头儿，你为什么说他能活到七十二岁，这不是胡说八道欺骗他人又是什么？""王爷，俗话说，生死有命，富贵在天。人有可延之寿，当然也有可折之寿。韩信寿命应当活到七十二个春秋，许负并没有说错，更谈不上胡言乱讲。但韩信为什么少活了四十年。早早儿的嘎儿屁着凉见阎王去了呢？当然是有原因啦！想当初韩信弃楚归汉之时，行走中途，不识道路，恰好山路中有一樵夫走来，韩信喜出望外，赶紧拱手询问通往南郑的道路，樵夫一一指点后，便顺山路而去。韩信望着离去的樵夫，突然想到如果后面追兵赶到，向樵夫追问我韩信的下落，樵夫自然会一五一十全讲出来，追兵要是知道了我的行踪，我岂不得束手被擒？全玩儿完了！不行，留着樵夫的活口是个祸害。这样，韩信陡起杀人之心，反身追赶樵夫，唤得樵夫转身回首，韩信挥剑斩了樵夫。可怜樵夫身首分离，弃尸荒野。韩信知恩不报不说，反倒恩将仇报，天理不容，折寿十年。后来萧何荐韩信，追韩信，保韩信，汉王这才用韩信。登台拜帅，请韩信上坐，捧毂推轮，大礼参拜，韩信并不谦让，安然受之。韩信乃一臣子，怎能受君父之拜？此乃欺君犯上，天理不容，折寿十年。古人云：降者不杀，杀之非义。再说，汉王的谋士郦生，为人机敏，又有口才。奉旨去齐国都城说降齐王，齐王非常高兴，设筵款待郦生。韩信得知后，从心里忌妒郦生的才气和功业，故乘齐王不备，领兵破城。齐王大怒，以为这是郦生设下的圈套，所以命部下将郦生活生生剐了用锅熬煮，以泄亡国之恨。韩信忌妒贤良，借刀杀人，贪功害命，丧尽天良，天理不容，折寿十年。还有，韩信率汉将与楚兵相争，他在九里山前设下绝户之计，杀了楚兵百万，战将千员，尸叠如山，血流成河，哀号四起，惨不忍睹。进而又逼故主霸王别姬自刎于乌江。心毒手狠，翻脸无情，天理不容，又折去寿命十年。所以韩信虽然有七十二岁之寿，折去四十年，只剩下三十二岁……"许负，你有能知过去未来的玄妙，为什么不劝他放下屠刀，立地成佛，痛改前非，重新做人呢？你见死不救，该当何罪？"许负听罢，连连叩首，自认有过，愿听王爷发落。司马藐问："韩信，你还有什么话说？""回王爷的话，我还有一事不平。当时萧何自称与我一见如故，三生有幸，曾连奏三本保举在下，可谓仁厚长者。但后来又定计在未央宫加害于我，这成也萧何，败也萧何；活也萧何，死也萧何，实在令人不服。""传萧何！"真是王令森严，一声传唤，萧何立即带到。"萧何，你为什么反复无常，既然向汉王推荐了韩信，就应该有始有终。俗话说，用人不疑，疑人不用；却为何也在未央宫加害韩信？""王爷，说来话长，长话短说。韩信怀才不遇，是某月下追韩信归汉，萧何坦诚之心，天下人皆知，怎会有害人之心呢？可是韩信在汉王驾下统兵率将之后，所作所为，引得汉王渐生疑心，也搭着陈豨谋叛，更引起汉王提防之心，故汉王亲驾平叛。临行之时，特别嘱咐娘娘对韩信所作所为万万不可掉以轻心，要慎之又慎，用心防范。汉王出征后，娘娘立即密召老臣入宫，商议立即除掉韩信，免去后患。萧何闻听大吃一惊，当下便跪在娘娘驾前苦苦哀求说，韩信乃是汉室第一功臣，切不可大业未成，反折股肱，这样会朝内大乱，天下大乱哪，说韩信心怀不轨，这只是揣测，并无反情，万万不可草率从事，更不可误杀功臣之命啊！可是无巧不成书，该当韩信寿终，谁能料到韩信家人谢公著出首密报，韩信确有反情，这才是一波未平，一波又起，火上浇油，娘娘闻奏勃然大怒，连老臣也被指为同谋。是萧何对天明誓，这才免我一死，但要我假传圣旨，骗韩信入宫。我万般无奈，无计可施，这才到韩信府第谎称陈豨已破，骗韩信入宫同贺，韩信才在未央宫遇害。此乃是娘娘之谋，是她一人之过，非萧何之罪也。"韩信说："东皋公救伍员过昭关，为朋友能两肋插刀，称得上是真好汉，真朋友。可是你呢，骗了我不说，就在我身遭诬害时，你却站在一旁，连一句替我说情求赦的话都没有，这能说你为朋友尽情尽义吗？"一句话问得萧何面红耳赤，无言可答，只是低头连说有罪。司马貌说："判官。""臣在。""你要清清楚楚地将刚才所有审问的口供一一记录在案，待会儿听候本王处理。""遵命。"

司马貌这才吩咐："再传大梁王彭越。""传大梁王彭越！"彭越上殿跪倒。"彭越，你有何冤屈？""启奏王爷，彭越一生为汉家效犬马之劳，尽臣子之义，从未有非分之想，才使汉家得有天下。汉王亲征陈豨，微臣并未随驾前往，不料想天降灾祸于我。朝人皆知，娘娘吕后生性淫荡，她在后宫闲坐，无事生非，问近侍太监，朝中何人生得美貌，堪称天下第一美男子？太监奏道：朝中唯有陈平美貌，可惜他随驾出征去了，眼下只有大梁王貌美无比。吕氏权柄在手，差人星夜传旨说，有军机要事，宣某入宫。彭越信以为真，立刻奉旨前来，太监引某入宫后，但听笙箫齐奏，鼓乐齐鸣，檀板击响，看那舞女翩翩起舞。舞女们缠纱披带，穿过去如同行云流水，走过来赛出水芙蓉，真是姿容绝世，倾国倾城。娘娘赐彭越殿下就坐，彭越谢恩坐下。随后娘娘令乐师舞女退下。但见宴席摆上，娘娘赐彭越饮酒，彭越敢不依从，酒过三巡，彭越奏请娘娘传微臣进宫何事？娘娘这才喝令侍从等退下，走至彭越席前，观某片刻，妩媚一笑，然后轻声细语唤彭越随娘娘到寝宫同榻而眠。彭越乃一臣子，深知做臣子的章法，只有忠心报国，岂敢有丝毫不臣之心，更不敢有越礼之举，别说是娘娘，就是民女，卑职也万万不能从命。那吕氏虽为国母，不如民女，根本不知贞节，不知廉耻孝义，一副蛇蝎心肠。我誓死不从，她又恨又怕，恨不从心，怕日后败露，当时怒气冲天，喝令武士将我铜锤打死不说，还和皇姨吕媭定下诬我谋反之计，这样，诛杀我彭越三族家小，将某枭首悬挂长街，烹肉为酱，暴尸于光天化日之下，不许收埋，其惨状天下少有。彭越含冤至今，万望王爷明察立断，我乃忠臣，只要判我尽忠，彭越死而无怨。"彭越的话音还没落，吕后在一旁连哭带号，一个劲儿地喊冤叫屈。"王爷，哀家实在冤枉，谁人不知，谁人不晓，世间只有男戏女，哪有女求男？当初是他趁君主出征之机，欺我女流软弱，骑马闯宫，以言语调戏我，是哀家忠贞不贰，情愿碰死于殿前也不能屈从威迫，多亏卫士们将他拿下，才保全妾身，臣戏君妻，理当斩首，难道我还错了不成！""娘娘，事到如今，你还在编造谎话欺骗王爷，实在是胆大妄为。彭越问你，先前你在楚军中曾与审食其私通，后来又与萧何勾搭，对于这些欺君小人，你倒称之为爱卿，彭越实在是不能做这不忠、不孝、不节、不义，昧良心的下贱事！你不思改过，反叫我受灭门之祸，如今还敢在王爷面前欺上诬下，真乃不知羞耻为何物的贱人！"那吕后被彭越骂得面红耳赤，只顾低头不语，哪里还敢再争辩半句。司马貌说："彭越，你为人光明磊落，本王深为钦佩。但也有一事不明：你被吕后召进宫中这等大事，难道就没有一个人知道吗？这等冤案，朝中就没有一个人敢替你说一句公道话？""回王爷的话，谋士扈辄是知道其中机关的，他惧怕杀头之祸，未曾进言，但求保全自身家室，眼睁睁地看着彭越一家含冤九泉。忠臣遭此下场，何人还做忠良？望王爷明镜高悬……"彭越说罢，泪如涌泉。彭越挥泪陈述，足见冤屈。司马貌不忍再看："传扈辄！""扈辄带到。""扈辄，你身为彭越的谋士，自是彭越的近臣，理当尽自己的职责，眼见彭越身遭暗算，你却明哲保身，只顾自己，贪生怕死，舍弃故主，你该当何罪！""王爷，古人云：功高必忌，位极必疑。天下的主子，一旦江山得手，无一不贬斥忠良，无一不斩杀功臣。吕后在未央宫杀了韩信之后，我便揣测下一个必会轮到大梁王彭越，因此，宫内星夜传旨宣大梁王进见，我便知此一去凶多吉少，大难临头，所以苦苦谏阻彭越不要应召。谁知大梁王拒不听在下忠言，一意孤行，遵旨前往，结果自己身遭不幸，还连累了家族。小人并非未尽臣子之责，俗话说冤有头，债有主，怎么能怪在下的不是呢？事到如今，是非曲直，既然真相大白，大梁王就该大胆找吕后算账，为什么老太太吃柿子——专找软的捏呢？""扈辄刚才所说确实不假。但本王还要问你，古人云：君难臣死，理所当然。大梁王不听你的忠告，屈死吕后之手，你不能伴君而亡也不怪你，但大梁王惨死之日你不能救主，为什么不尽力保全其家呢？大难当前，你舍主，弃主人全家性命不顾，自己却携家带眷，逃之夭夭。扈辄，你说你忠，你说你义，本王问你，像你这种苟且偷生、背信弃义之人，忠在哪里？义在何方？"俗话说无理搅三分，可是此时扈辄莫说搅三分了，连张口之功都不知何处去了，这位能言善辩的人，竟自瞠目结舌，哑口无言。

司马貌说道："判官，将所有口供录好，听候本王处理。把他们带下去候审，传九江王黥布。""九江王黥布带到。""九江王，你因何来到鄷都城？""启奏王爷，人道天堂美，可是天堂咱没去过，人道地狱苦，可是地狱咱也不想来，谁愿意拿性命开玩笑？然而事与愿违，俗话说，天有不测风云，人有旦夕祸福，祸从天降，命里注定，逛不成天堂、游了地府，怎不叫人伤心流泪呢？我与韩信、彭越同朝，同勋同位，同事一主，同保汉室天下，又是同一罪名，同遭杀害，心中的怨恨实实难平……"九江王还想往下说，汉王跪在一边儿沉不住气了，也不管这位新阎王爷同意不同意，反正他先嚷嚷上了。"韩信、彭越他两个虽然被杀，但朕确实后悔莫及，他们二人仿佛是朕的金梁玉柱，梁倒柱倾，大厦将危，难道朕不思不想？可叹事已如此，人死不能再生，朕又有何计呢？只有铭记二位的功劳，以告后人，青史标名，流芳万年。只有黥布与他二人不同，他脸黑、心黑、手黑，所以他翻脸不认人，心毒手狠，他怠慢天使，有意欲夺朕的江山社稷。难道非等他们打进金銮殿，坐在龙位上，朕才令其死不成？恐怕到那个时候就不是我叫他死喽，该是朕死了！"黥布说："王爷，您不要听他的谎言，自从他当了汉王以后，他不是疑心这个篡位，就是疑心那个夺权，所以杀了不少功臣。朝野上下，文武百官，每日心惊胆战，唯恐祸从天降，我黥布就是遭此灾祸者。他差天使颁赐御酱，我那时正在望江亭饮酒，急忙抢步出望江亭跪接圣旨恩赐，谢恩后，我即刻在望江亭遵旨品尝御酱。说来也巧，也许是天意，我刚将御酱放入口中，就觉得有一硬物，我立即将它吐在掌中观看，原来是指甲一片，不免心生疑团，随即问来使。使臣见我掌中的指甲，顿时脸色大变。见此情况，我越发追问，使臣吞吞吐吐不讲。为查明原因，我唤左右大刑伺候，使臣怕受皮肉之苦，这才老老实实、原原本本地将彭越屈死一事全部讲了出来。我大吃一惊，实在难以忍耐这暴虐之行，才将使臣斩于望江亭以泄胸中不平。谁料想汉王不问青红皂白，不思己过，反倒诬我有推王移主的罪过，下了一道斩首解京的手谕。想我黥布，南征北战，东挡西杀，一生驰骋疆场，出生入死，如今却死于非命。此仇，此冤，此恨，还望王爷明断。"阎君司马貌听罢，说："黥布虽然面如锅底，但他铁面无私，刚直不阿，赤胆忠心，黑白分明，一生可谓正大光明，清清白白。你们汉室三王功高齐天，又都身遭不幸，实在可敬，可赞，可叹，可怜……本来汉室天下不至于如此结局，皆因汉王误杀功臣才有此下场，你们三位是为汉室打下江山的头等功臣，是汉室的主人，天下是你们三人夺来的，本王就断还给你们三人，以表忠臣之德。你们生前的功劳，来生还报，前生不得安享，来生永受，也就可以了。你们三人各得其所，汉室天下一分为三，你们各掌一国，望你们好自为之，管理出一个太平盛世，形成三国鼎立，切莫有负本王的苦心……"三位王爷千叩首万拜谢，立下字据，按了手印，下殿等候判决。

这位新阎王爷立即拿起了第二宗案卷，打开一看是"屈死无伸案"，又是一个冤鬼，原告范增，被告是陈平。为了把准这六个时辰，他来了个边看边审一搭二就的办法。"来呀！把原告范增带上殿来。"俗话说，阎王的嘴儿，小鬼的腿儿，一点儿都不假，一会儿的工夫范增就给带上来了，跪在了殿下，还没等问话他就滔滔不绝地说上了。也许他都不在乎了，反正这是上边儿例行公事，像这样的场面儿，他不知经过了多少次了，说了多少回了，结果还是石沉大海，讨不出半点公道，如今又轮到这主儿来了，还不是半斤八两一个样，早点儿说完了，早点儿回去比什么都强，这叫忍了。"我叫范增，一直跟随霸王项羽左右，为灭汉兴楚出谋划策，深得楚王的信任，不料想叛臣陈平投奔汉王，他心怀鬼胎，使出了离间之计，教给刘邦，故意把项羽来使说成是范增的使者，骗得楚王信以为真……"范增还要往下讲，陈平沉不住气了："王爷，俗话说得好，为臣者各事其主，各行其是。你自己不忠，反诬告我是叛臣，你要当着王爷的面儿说清楚我是怎么个叛法，你要有一点儿说不清道不明，休怪我陈平不客气，决不能轻饶你这老贼！""王爷在上，陈平当初投奔项王，他吃的是楚国粮，喝的是楚国水，住的是楚国房，做的是楚国的官，可就是不为楚国办事，一心一意做汉朝的臣子，这不是叛臣，难道是忠臣？如果人在楚国心在汉也是忠臣的话，那么叛臣和忠臣还有什么分别呢？"司马貌道："常言道，物腐而后虫生，人疑而谗入。陈平虽智多谋广，天生乖巧，能言善辩，可是楚王对你如不生疑，我看他陈平再能出谋划策，也鼓捣不出什么办法来。""王爷，范增在楚王驾下，鞍前马后跟随多年，深知项羽的秉性，他为人耿直，心地善良，逞强怜弱；可是他勇过而谋少，容易受小人挑唆，虞子期便是个什么能耐都没有，专会献媚鼓舌之徒。楚王两个耳朵一个交了虞子期，一个交给了陈平，您说说哪里还有范增讲话的份儿呢！我的话早被楚王当做耳旁风了，我能有好下场吗？所以我虽然冒死直谏，陈说百端，结果被虞子期推下殿阶，楚王怎么能听得到忠言，我又怎能在楚王驾前谋事呢？只好挥泪辞驾，回归故里，可叹我一生伴君，不敢丝毫怠慢权且不谈，现如今我却被两个小人所害，只落得秋风落叶一般，东飘西荡，任路人脚踏，这心中怎么不气，不恨，不怨……常言道：病从口入，火从气生，忧郁成疾，果然聚于背后成痈，可怜我范增未到彭城，便辞世撒手往酆都而来，只有在望乡路上望乡台去望家乡啊……""是啊，有虞子期这样言过其实的人，陈平之计就有机可乘，所以楚王才自刎乌江，楚国才自取灭亡。如果范增尚在楚国，定无此事。范增是了解霸王为人的，霸王也是深知范增的。在他临自刎的时候曾叹道：'悔当初不听亚父范增之言，今日果有此报，我有何面目去见江东父老……'古人云：人之将死，其言也善。他在赴死之时还思念着他的老臣旧部范增，惦念着他的父老兄弟，可见霸王是个有道的君主，可见范增是个可信、可用、可依、可托的贤良之士。好吧，你先退下，等待本王的决断。"

司马貌说罢，抄起第三个案卷，打开一看，是一起"忘恩杀命案"。原告是丁公、樊哙，被告是刘邦。还是老法子，外甥打灯笼——照舅（旧），一边看一边审。丁公是第一个先带上来的，上来二话没说，哭天号地，哭鼻子抹泪儿，先折腾了这么一通儿，这才想起了正事儿还没办哪。"王爷，您可得给我做主，冤枉啊，他太狠毒啦，我不说您不知道哇……"这不是废话吗，你不说谁能知道哇？四句话，没有一句有用的，全白说了。"王爷，是这么回事儿，当初刘邦被困彭城，我见他龙星显形，故不忍残杀，这才举兵接应，算是危困中救了驾，后来他果然称帝。万万没想到，他做了皇上，可我做了死鬼，他不封赏不说，还将我处以极刑，押上了法场，恩将仇报，您说我冤枉不冤枉？所以我一想起这事来就心里酸得慌，心里酸就是委屈呗，这人要是委屈了哪有不哭之理，所以没事想起来我就哭一通儿……"好嘛，他还哭上瘾来了。刘邦说："王爷，不错，他救了我；可是我怎么琢磨，怎么想，怎么思忖，怎么觉着不对劲儿。您想啊，丁公是楚王的爱将，他应当与楚王共存亡才对呀。大敌当前，他贪生怕死，贪图富贵，卖国求荣，这种人才是忘恩负义之徒哪！不杀他杀谁呢？话又说回来了，楚国未败他就投身汉室，那么明天汉室要是有个风吹草动，他不定又投奔哪国啦！这种人什么丧尽天良的事儿都干得出来，我要是不杀了他，不定哪天准被他给宰了，到那个时候后悔可就晚喽！这就叫先下手为强，后下手遭殃。真亏了他，还有脸哭哪……"丁公说："王爷，您别听他的，当初他被困的时候，怕性命丢了，坐不成江山，比我哭得还厉害哪，他哪里还有哭音儿哟，完全是在干号哇……俗话说得好，识时务者为俊杰，救人一命，胜造七级浮屠，何况是一国之君呢，人者乃仁也，圣人云：人之初，性本善……你的身后还有那么多将帅兵丁，如果我乘机再战，那会有多少人无辜死在疆场之上，这些兵将都有妻儿老小，试问你做君主的可曾想到他们的死活，可曾想到他们的家室？好，这些咱们暂且不提，就说杀叛贼吧，要杀也是楚王杀，也轮不到你杀，我并没有叛你呀，当初在彭城你不但没封我，相反倒杀了我，是谁食言？是谁说话不算话？是你！你才是名副其实的叛贼！那项伯是楚将，又是项羽的叔叔，项羽一死，你封项伯为侯爷；那雍齿也是楚国名将，当年与你为仇，后来到你身边也尊为侯爷，独我偏偏身遭不幸。叫天下的人评评理，是你背信弃义还是我不仁不义……"丁公这一通数落，那汉王只管眨巴眼儿，嘴也干动弹，就是说不出话来，大概这就叫"嗑瓜子儿怎么也嗑不出仁儿来——全瘪啦"！司马貌吩咐："好，丁公你也别说啦，也用不着再哭啦，在旁暂且歇息，待我问过樊哙后再做决断。"判官一声吆喝："带樊哙。"小鬼儿办事利落，话音没落樊哙已经带到了。"樊哙，刚才听丁公讲，你对汉王有功，汉王待你也算恩厚，你怎么还告他呀！""王爷，您有所不知，我和汉王是连襟哪，俗话叫一担儿挑哇，都是一个老丈人。可以说外是君臣、内是至亲哇。我一辈子为他出生入死，鸿门宴一剑定乾坤，不是在下舍命救主，哪里还有汉室的天下？可谁料想他背君臣之义，负骨肉之情，竟在军中设计要将我斩首，实属不义之人。还有可怜的忠良纪信，在荥阳替他一死，结果连半爵之赠也没有，他这个人实乃不仁之人，作为一个君主，不仁不义，怎么能臣服文武百官，怎么能造福天下百姓？"司马貌听樊哙一说，刘邦连亲戚也要宰，叫了声："刘邦，你称为汉室高祖，你的所作所为实在不高，听说过你滥杀无辜，只以为谣传难免失实，今日本王亲审，真相大白，果然所传不虚。丁公、樊哙，你二人可在判官那里画供，然后退下，本王定会公正判决。"这二位在判官那儿画供后站在殿外等候判决不提。

只见王爷翻开了第四宗案卷，案卷首页写着"无辜被杀案"，原告是戚氏、李氏、王氏等，被告是吕氏——老熟人儿。先带上来的是原告戚氏，妇道人家，看着别人哭还眼红鼻子尖儿发酸哪，如今轮到自己能少掉泪儿吗？又是一通儿哭自不必说，哭完了这才想起来该说话啦："吕娘娘为正宫，小妾为偏宫，只因小妾身怀龙种，生下皇子如意，受皇上宠爱，封为赵王。不料吕娘娘怀恨在心，她趁汉王举行登堂大典礼仪之机，宣我母子进宫，将赵王如意用鸩酒毒死，又令宫人取银针刺瞎妾的双目，然后用暗药灌入喉中，使妾终身成为哑妇。这还不算，还将妾四肢断下，抛于茅厕之中号为人彘。妾一女流之辈，终日在深宫之中，有何罪过？可叹我母子遭此毒刑……"说罢又伤心地哭了起来。王爷让她先暂时歇息，然后传李氏问话。李氏虽没有号啕大哭，但一行鼻涕两行泪儿抽抽个没完，等抽抽够了这才说话："妾原是民间孕妇，因惠帝无有子嗣，吕太后于是密求民间孕妇数十名进宫受帝雨露，其中倘有一人生下男儿便可诈称是太子。不幸妾生一男，太后恐妾从此母以子贵，将妾骗入未央宫中用鸩酒毒死。惠帝驾崩后，随即立妾子为少帝，少帝幼小聪慧，稍长大后得知自己的身自何来，也是思母心切，将妾身的容貌令工匠画图挂在宫中，每日焚香礼祝以表为儿之孝心，报答养育之恩德。吕太后得知此情，勃然大怒，唯恐少帝日后面南背北，她的恶行暴露，必不会有好下场，所以她将少帝长期囚禁于深宫之中，可怜少帝受尽折磨而含愤离开人世。我母子无辜遭此惨报，望王爷为我母子做主！"俗话说人心都是肉长的，这位司马藐王爷刚才听了戚氏诉说一遍，心里就酸了几回，如今又听李氏这么一诉说，心里的火儿怎么也压不住了，同情之心油然而生，同情之心越深，这无名火越大。李氏刚说完，这位阎王爷啪的一声就把惊堂木拍响了！他这儿一啪不要紧，把小鬼们吓得不得了，呼啦一声全跪下了。新阎王爷一看，又好气，又好笑："起来，我是新来的阎王爷，不是冲你们发火儿。"小鬼儿心里话：你不是冲我们发火儿，你倒是说一声啊！你这一拍，谁知道你要干吗呀？你要是嗔着这些案子年头儿太多难审，"拉不出屎赖茅房"，审不下案子怪小鬼儿，各打一百大板，我们还不都得受着，谁叫我们干的是这个倒霉的差使呢！阎王爷司马藐一拍惊堂木："可恨吕氏，朝野之间，滥杀忠臣，宫廷之内，乱杀皇妃，实乃祸国殃民、罪大恶极。本王这阵儿把你处死岂不便宜了你，好在还有几案，待我一一审完，再行处理，叫你死得明白。带王氏……""启奏王爷，民女与李氏同是被选进宫之人，我亦生了一男名弘，封为恒山王。太后因死少帝之后，想立刘氏亲王，又恐怕天下落到他人之手，所以才下决心立妾子为后少帝。立帝之日，也是毒死妾身之时。毁灭踪迹之后，太后满以为可以遮人耳目，不料想宫人走漏消息，妾子依然得知内情，恐遭少帝之陷，所以闭口不言。但太后做贼心虚，恐怕恒山王日后长大必报此仇，故令人趁妾子不备，用大布袋装起，活活勒死在布袋之中。太后恐罪行暴露，传言下去，说恒山王醉后身亡。自古残酷之人当以吕氏为首！"说罢，戚氏、李氏、王氏及二位少帝抱头痛哭，死去活来，惊天动地，肝肠痛断，铁石人听了也要动心。司马貌冲吕后咬牙道："有道是最毒不过妇人心，吕后你算是拔了尊了，我不定你的罪，不是不想定你的罪，杀了，宰了，剐了我都觉得不解气，你说你这个罪怎么定吧！""王爷，只要你叫我吕后转世投胎，我一定洗心革面，痛改前非，重新做人……""什么？吕后，你还想到阳间，你还想做人？你放心，阴间我是决不会留你的，不能让你没事儿仨饱一个倒儿在这儿待着，迟早是个祸害，去阳间转世这倒是个办法。至于你转世转到哪家，转了以后干什么，我要给你好好地安排安排，叫你死不了活不成，也知道害人如害己的滋味儿。行了，戚氏等人也不必太伤心了，各人画供下去，有本王给你们做主，稍候片刻自有发落。"

等他们都退下去以后，这位阎王爷司马貌立即又翻开了第五宗案卷，急忙一看，是一起"乘危逼命案"。原告是楚霸王项羽，被告是吕马童等六人。把项羽等犯带到以后，问项羽："灭楚兴汉是韩信所作所为，你怎么不告韩信反告自己部下的六位将领，这是何故？"霸王一听，问到自己头上来了，该我说话，那我就不客气了，瞎子算卦——照直说，我有什么说什么。"回王爷的话，人们都说我项羽目生重瞳，一个眼睛里有俩瞳人儿，看得透，看得远，我看到的别人无法看到。其实大错特错，我项羽并非如人所传说，我不识英雄，不认栋梁，也就是不识货，以致韩信弃楚投汉，最后我落得国破家亡，走投无路。这能怪韩信吗？不能怪他，是我把他逼走的，是我不要人家，当然人家只好自奔前程，跟了汉王，扶汉灭楚，各事其主，这是君臣大义，应当的，我凭什么责怪韩信呢？只能怪自己有眼不识真假人，枉生了一双重瞳，只能说后悔晚矣。世上什么药儿都有，只有一种药儿买不着，后悔药儿……可是吕马童等不同，他们是我楚国的将领，是我的部下，是我最心爱的几位近臣，最器重的几位武官。他们理应尽心尽力报效国家，尽臣子的职责，可是他们有恩不报，背主投敌，还逼我自刎。我兵败之后，夺路逃命，只顾奔跑，不料迷失了方向，忽见一农夫，我喜出望外，探身问路。他不说话却用手指了前方的路程。谁料想这个农夫原来就是我手下爱将夏广假扮，被他骗进了死路，倚仗平生武艺，斩将杀敌，这才冲出重围。行至乌江岸边，只见大江中波涛上下，汹涌澎湃，奔腾怒吼。不料水势虽大，竟有闵子期备舟等待，他劝我迅速登舟渡江，回江东重整旗鼓，再展宏图。也是我心中悲痛自己会落得如此下场，无面目去见江东父老，不愿意上船。这时只见身后尘土飞扬，追兵赶到，待行至近前，才认出是楚将吕马童等人。我喜出望外，身不由己跪在乌江的岸边，仰望苍天，答谢救生之恩。感激他们不忘故主之情，人逢绝境，喜又重生，当时的心情可想而知。可是谁能料到屎壳郎逛公园——他们不是这里的虫啊。他们早已是汉室的人马啦，他们不但不救我，而且逼我自刎乌江，随后分肢裂体，拿我身躯向汉王领功受奖。阎王爷，吕马童之徒身为我的部下，不仅不舍命保主，反而背主投敌，逼我一死，还要分身断尸，卖主求荣。当初他们随着我都有过享不尽的富贵，如今却恩将仇报。俗话说，义犬救主，狗还懂得救主人，他们如何？连狗都不如！"吕马童冷笑说："骂得好，骂得俏皮，骂得入木三分……但我有一事不明，想在大王驾前动问一二。当初兵进咸阳城的时候，焚秦宫，杀秦室，火烧阿房，你连人家的祖坟都给挖了，随后斩了降王子婴，又自立西楚霸王，杀义帝于江中，你的所作所为，仁在何处？义在何方？你说我们不仁不义连狗都不如，依我看如果我们人不如狗，你连狗屁也不值。再说，杀了你也不能怪我们几个，这都是我们学你才这么干的。俗话说，上梁不正下梁歪，上行下效，就是这个道理。"霸王听了吕马童这一席话，自然是听不进去，也不服，可是人家说的又都是自己的行为，不认也不行，在这么多人面前，让自己的部下、叛臣、仇人给数落得这样狼狈，又实在压不下去这口气，俗话说：老虎死了威风在。虽然都到了阴曹地府啦，可是霸王这脾气没改一点儿，所以把他给气得哇哇地乱叫。"哇哇呀……""项羽。"霸王一听是阎王爷在喊他，脾气虽然没改，可是他也知道这是什么地方，由不得他，这才把火儿压下来，可是嘴还没闲着，一个劲儿地在那儿咕哝，就是没敢出声儿，这就叫小嘀咕，嘴上小嘀咕，俩眼角儿还一个劲儿往上翻。"项羽，你焚宫，掘墓，杀子婴，除义帝，非仁义之主，非仁义之师，故失人，失心，失天下，才落得如此下场，这叫自作自受自遭殃。吕马童，你等尽管强词夺理，能说善辩，但毕竟曾是霸王的部将，作为部下不但应该英勇善战，更主要的是扶保王命。你们见利忘义，投新主，残杀故主，实为奸人，天理不容，你等先退下去，画供后等待本王的公断。"嘿！一行服一行，扁担服箩筐，这位阎王爷的一番话，说得霸王也不喊了，也不叫了，也不咕哝了。原来理直气壮的吕马童哥儿几个也把脑袋耷拉下来了，可是心里边儿还是不服，怎么知道的呢，你瞧哇，个个儿都在那儿低头不语，但一个劲地冲上边儿翻眼角儿。这位王爷瞧着他们这份儿德行，差点没笑出声来。为什么？这叫什么人带什么兵，什么挑儿卖什么葱，什么师傅传授什么玩意儿，什么哨子吹什么声……这不霸王咕哝他们也咕哝，霸王翻眼他们也跟着翻，敢情都会这一手儿。

　　这起案子暂且告一段落。司马藐随手儿又拿起了第六宗案卷，翻开一看是一起"阴谋杀生案"。原告是龙且，被告是韩信。俩人带上来之后，龙且一见韩信，真是仇人相见分外眼红，没等发话，咬牙切齿，指着韩信就数落上了："韩信你这胯下匹夫，不义的小人，无能之辈！当初你攻取齐国，我奉命统兵救齐，你深知我军作战有素，更惧怕我的文韬武略，能征善战，如果深沟高垒，久而无功，若是领兵进犯，又未必取胜，所以你暗设阴谋，差人囊沙堵水，截流于潍水上游，使下游河道干枯，然后领兵佯攻，待我军杀出城时，你急速撤退，透我军尾追于后落入你的图套，待百万人马冲进河谷之中，你掘去沙袋，掀石放水，一时间上游水发如天破河倾，滚滚而来，使我军进退不及，全军皆葬身鱼腹，号啕呼唤之声传至十里之遥。好端端一条清水河，百里之渠，填满了死人死马，逐水漂流。战无应敌，兵不血刃。韩信哪韩信，你算什么将？什么帅？你有何能？只会耍阴谋手段，害我百万将士埋身河谷，今日你要血债血还！""龙且，你说得不错，在河沙之中使齐兵归天是我韩信设的计，今日思想起来，百万生灵遭此涂炭，实在是罪过，后悔莫及。韩信纵然是再死一遭也难抵众命。可是俗话说得好，胜者为王，败者为寇，两国交战本是刀枪相见，你死我活。常言道，大敌当前，能战则战，不能战则以智取为上，这些不仅韩信知道，你龙且也通晓。我不战而退，理应知道此乃一计，何况追在河谷之中，莫道有计，就是无计也不是交战之场所。自以为兵多将广，以势欺人，不观天时，不查地形，不看阵势，不揣敌情，不览兵书战策，只知以多取胜，不知少亦胜多之理，实为骄兵也。兵书云：骄兵必败。此乃常理，你为何不能自责，更何况胜败乃兵家常事，怎么能只怪韩信呢？"龙且听完韩信的一席话，心里也觉得有理，但自己死伤凄惨，实在叫人心中难服，赶紧又强辩了几句："不错，你韩信用兵如神，我大意了，失去百万雄兵，但是兵家谁人不知'放生'二字，攻城要网开一面放一条生路，免得困兽犹斗，就算你大获全胜，不外乎将龙且的项上人头拿去，尽可领功受奖，也不该设计害死这百万性命！蝼蚁尚且贪生，何况人乎？难道你无罪吗？”司马貌在座上喝道："你们二人各有陈述，本王都已明白了，是非自有公断，先退下，听候本王的判决。"他们二人听了阎王爷的话，也就不好再多争辩，都乖乖地退下。

这时候只见这位新阎王爷又翻开了下面的案卷，打开一看是第七宗案卷"投降袭杀案"。原告是田广，被告是韩信，于是把他们二人急速传上殿来。先问田广："田广，本王问你，你在齐国为王，韩信破齐，乃是两国相争，田广你告韩信哪一条呢？""王爷，我有下情回禀。我田广是齐室宗裔，世袭王爵。因楚汉相争，汉早已虎视天下，一边征战，以强食弱，一边差人说降，以势压人。当时汉室差郦生到齐国招抚投降，我想那刘邦势力太大，又有韩信能征善战，计广谋多，常言道，韩信点兵，十拿九稳，没有一次不打胜仗的。所以思前想后，为了保全齐国将士百姓的性命，我情愿归顺汉王。可是谁料到韩信忌妒郦生说降有功，他欺君慕爵，心怀鬼胎，乘我齐国对汉军不加防范，暗中偷袭齐城，将我一家男女老少、主仆人等斩尽杀绝。事后在汉王面前自夸其能，说是他巧用计谋，一举攻破城池。韩信使我国破家亡，而他却受封三齐王的尊号。这种残杀降者，乱杀无辜，欺世盗名，欺君叛君的卖国贼子，真是个杀人不眨眼的刽子手，酆都城里的鬼魂十个里有九个是他害死的，韩信的罪孽罄竹难书。万望王爷明镜高悬，为民除害……""此案都由本王审理，自会秉公而断，你们都退下，听候宣判吧。"

司马貌说罢又翻开了最后一宗案卷。一看下边儿再没有了，这才长长地舒了一口气，八字总算有一撇儿了，犯人们快熬出来了，我也快熬出来了。这第八卷宗是"吞爵灭宗案"，被告是吕氏、吕禄等，原告是刘友、刘恢。一声令下，将一干人犯都带到殿前俯首听审。刘友、刘恢先将原由陈述："王爷，昔日汉高祖平天下时，曾刑白马为誓，汉室天下诸王皆为刘姓，如有非刘姓而王者共诛之。因此当下封我等刘姓人氏为王爵。不料高祖驾崩后，吕氏笼络亲信，登上大宝。为能实现吕氏一统天下的野心，吕后欲将诸王由吕姓取而代之，但深恐刘氏各王不允，于是暗设一计，厚赠妆奁陪嫁，以诸吕的女儿姻联诸王。我等不知此乃是一奸计，同入后宫拜谢，谁知吕后早有埋伏，将我刘氏全部拿下，锁禁于幽室，浆水不许入口，活活将我等饿死，就这样夺去了刘氏的王爵，抢走了刘氏的所有封赠。那吕氏图权害命。那吕禄一向无功无禄，为何受此高封显位？我等死于非命，怎能不屈？吕后自命天子，诸吕皆封王爵，我等怎能折服？请王爷为我等报仇雪恨。"说罢他二人也到判官那里画供按手印儿。退下听候判决。

这位司马阁王爷还真不含糊，先把判官们叫到跟前，吩咐他们将所有审过的各案各犯口供一一报上，看看是否有疏漏之处，然后把所有听候发落的案犯带进殿内一一点名查姓，验明正身，核准确无差错，这才点点头，望着跪在殿下的诸犯说道："各位在人间的时候，都是坐在上位的主儿，今日因何跪在殿下？恐怕你们心里都是明白的，不外乎两条儿，不是害人者，便是被害者。自然害人的和被害的本王不会'胡子头发一把抓'，一定要弄清是非，'小葱拌豆腐——一清二白'。害人的自然不会有好的下场，这也是天意，也是公理，本王既奉旨办案，自当顺天应人，公平理事，你们就不必多虑了。待会儿我将根据实情一一发落，如无不服者，就依本王的判决各自投胎人世，各奔前程。好自为之吧！"说罢，令师爷秉笔记录。判官将所有画供案犯的名单呈上，各路遣送鬼卒一律在殿外伺候，准备给判后的鬼魂引路投胎。一切安排妥当，这才提起朱砂大笔点名发放。第一个就判韩信："韩信，你一生征战，立有十大功劳，却落了个死于非命，这实在不公平。所以本王安排你来世去谯郡曹嵩家投胎，出世后姓曹名操字孟德。先为汉相，后为魏王，坐镇许都，享半壁汉室江山之福，有挟天子以令诸侯之权柄，永不称帝。这是为了表彰你前生没有叛汉之心的忠君之义。子受汉室禅让，尊你为魏武帝，还你前生建立的十大功勋。如无不服，照此办理。"韩信只管磕头，并无一言可诉，于是又判第二个，汉王刘邦："刘邦投胎，仍投生汉室为汉献帝，一生被曹操欺侮，见了曹操你是大气儿不敢出，小气儿不敢喘，走一步要问行吗，退一步问可否，终日里惶惶恐恐，坐卧不安，明是君主，实为木偶，低三下四，度日如年，这就叫前生君负臣，来生臣负君，一报还一报。""王爷，我刘邦转世要是这么活着，还不如就在这儿忍着得啦，那不是活受罪吗！""投生之前还在阴间，你的脾气打现在就得改啦，如果还不改的话，那罪更难受，那就不是活受罪啦，是活受阳罪啦。"刘邦听完了这话，只好老老实实地退了下去。接着判第三个，吕后。"吕氏一生，人在昭阳，权在金殿，杀忠良，乱朝纲，特别是害韩信于未央宫，实在罪不可赦。故判可投生伏家，日后进宫为伏皇后，但好景不长，最后被曹操勒死而抄灭三族，以报前生未央宫事后灭韩信三族之仇，这是你罪有应得，退下吧。"第四个是萧何："萧何，你来生投胎杨姓家中，出世姓杨名修字德祖。本王赐你聪明过人，智谋超群，官至主簿，以偿月下追韩信，为得忠良臣之耿耿丹心。杨修因与曹操不和，参破了曹操的军机，终于被曹操所杀，以报前生谎骗韩信进未央宫之仇。这叫路遥知马力，日久见人心哪，萧何，你就按本王的安排投胎去吧。""王爷，杀人抵命，没话可说，可是我来生又被宰了，这多难受哇！干吗我得等着挨刀哇，能不能叫我先知道，远走高飞，远离他乡，到处流浪还不行吗？非得给我一刀……""你现在知道杀身之痛，也知道闻风而逃，一走百了，可当时你为什么不叫韩信闻风而逃呢？你知道挨刀不好受，难道韩信挨刀就好受了吗？这就叫'早知今日，何必当初'哇！没叫你挨千刀儿就对得起你了！退下吧，离着挨刀还早着哪……""是啊，现在就得准备着，早晚挨刀……"第五个是蒯通。"蒯通，你生前足智多谋，非凡夫俗子可比，投生后仍智谋过人。你忠君不二，来生是个孝子，有心之人，所以你投胎到颍川徐府。出世后姓徐名庶字元直，日后为曹操的军师，深得曹操的敬重，但你终身不为曹氏献一计一谋，留下个话题：徐庶进曹营——一言不发。人们不说你不是，还要怪曹操的不是，这就是报你前生力劝韩信，落个忠言逆耳的委屈。怎么样？仇也报了，气也出了，落了个英名，得了个善终。我看还是可以嘛。判下一个吧。"第六个是许负。"许负，凡夫俗子哪有呼风唤雨的能耐，你能推算韩信寿数，也就不容易了，可是你又报喜不报忧，不说出韩信损德折寿，反遭韩信怨恨。所以本王想命你来生投胎华家，出世后姓华名佗字元化。自幼习医，成人之后，有起死回生之妙手，被曹操请进军中，你直言无隐，要用利斧劈开曹操的脑袋，医治曹操头疼之病，被曹操下狱，死在狱中，以报前生贻误韩信之仇。曹操误杀了你，随后旧病复发无人能治而死。有仇立当还报，不欠来生之债，如何？难道还不公平？你虽然被错杀而死，但妙手回春的医道将流芳百世，被后人推为医圣。传第七个。"第七个是谢公著。"谢公著，你可知罪？不是本王翻你的老底子，你身为奴仆，自当为主人尽心尽力，效犬马之劳，可是你却不然，恩将仇报，害得韩信全家死于非命，你这样的势利小人绝不会有好下场。你来世投胎中牟县山村吕氏人家，出世后姓吕名伯奢。陈宫捉曹放曹，随曹操逃走，投宿你家，你本是好心磨刀杀鸡，款待曹操。曹操生疑而误杀你的全家，又在途中将你杀死，以报前世你不仁不义，不忠不孝，不伦不类，不是东西的行为。这就叫害人之心不可有，防人之心不可无哇。不必多说啦，快快下去吧！判第八个。"这第八个是九江黥布。"九江王，念你一生忠心赤胆，你就投胎江南孙姓人家。出世后姓孙名权字仲谋，先称王后称帝坐镇九郡八十一州，都城建业，人称东吴，以此报你前世的汗马之功。判第九个。"这第九个是大梁王彭越。

"彭越，本王要你去涿州楼桑村刘家，投胎为刘弘之子，姓刘名备字玄德，创业后先称汉中王，后为蜀汉之主，归天后由太子刘禅也就是阿斗继位，以表彰你昔日的功勋。判第十个。"

这第十个是吕媭。"吕媭，你助纣为虐，为虎作伥，与吕氏一起为非作歹，陷害忠良，诬彭越谋反还觉着不够，又将身子烹肉为酱，实在是心狠手毒，可称天下第一。所以贬你投生去山野荒村，为猎户刘安之妻，后来被夫所杀，烹肉为羹，以敬献给落魄之中的刘备充饥，以你之躯还报前世他人之躯，想必你不会有什么可说的，说了也没用，下去吧！本王要判第十一个。"这第十一个是扈辄。"扈辄，你能有先见之明，料事如神之功，所以本王命你投胎襄阳，出世姓庞名统字士元，号称凤雏先生，为刘备之右臂。刘备先得卧龙后得凤雏，才能得三分之一的天下，此为真正的龙凤呈祥。在落凤坡前为主争战而身亡，以赎前生坐视不救之罪。为了使西蜀能与吴、魏相峙有鼎足之势，光派你一人辅佐是不够的，还得派几个得力的干将，方可使刘备成事。派谁呢？嗯，有了，判第十二个……"这第十二个不是别人，正是范增。"范增，你被楚王尊称亚父，通天文，识地理，明阴阳，懂八卦，晓奇门，知遁甲，兵书战策，随手拈来，易如反掌。运筹帷幄之中，决胜千里之外。你的本事虽不能偷天换日，可也能呼风唤雨呀！你就再辛苦一遭，可投生琅玡郡，复姓诸葛名亮，字孔明，道号卧龙，为刘备的左膀。刘备归天以后，又辅佐后主刘禅，称为诸葛相父，前世、后世都称你为父，一为亚父，一为相父，这可是空前绝后之尊哪！所以你前后两上出师表，鞠躬尽瘁，死而后已。建祠、设庙、修故居、树碑立传，为后世效仿之楷模，足以表你前生之功德。判第十三个。"这第十三个是陈平。"陈平，你前生聪明盖世，又美貌绝伦，胸怀大志，文武双全。所以命你投生周家。姓周名瑜，字公瑾。少年得志，辅佐东吴，先为小霸王孙策帐下，十三岁官拜水军都督，后为吴王孙权领兵元帅。而立之年被孔明用计三气而死。这样前世你设计离间，诬范增背楚，到此一笔勾销。判第十四个……"第十四个是虞子期。
"虞子期，你前世撒谎说假话，所以误了范增的忠言，如今你当还报
才是。所以你投胎马家，姓马名谡，字幼常。听候诸葛亮的调遣，后
来因为失街亭而被孔明依法斩首，但本王念你前世害范增并不是私仇，
所以今生你死后就叫诸葛亮哭你两声儿得了，这就是诸葛亮挥泪斩马
谡——公事公办。判第十五个……"这第十五个是樊哙。"樊哙，你投
胎河北涿州范阳，姓张名飞字翼德，秉性刚强，勇猛无敌，桃园三结
义以后与刘备同创汉室天下。判第十六个。"这第十六个是项羽。"项
羽，你的毛病就是任性，不听人劝，所以有兵败乌江之过。俗话说得
好，江山易改，禀性难移。好吧，你投生山西蒲州解梁，姓关名羽字
云长，与刘备、张飞同在桃园结拜金兰，共立皇基。虽然你有万夫不
当之勇，也有忠义无双之美称，但你生性傲慢，一意孤行，故此虽有
过五关斩六将之英名，也有走麦城之惨局，也正因为你是为报兄弟之
仇、国家之恨，才舍生忘死走麦城，这样后人才尊你为护国神，我看
你也如愿以偿了。好吧，判第十七个。"这第十七个与众不同，它不是
人，是马。是楚霸王的坐骑乌骓马。"乌骓马，你本不属于本王判案之
列，因为你不是人，你是个畜生。但是你生前忠君报国，在战场上驰
骋为楚王打天下，后来走投无路又与楚王同丧乌江。你虽是个畜生，
但大仁大义，浩气贯长虹，对比之下，有的人私心太重苟且偷生，钩
心斗角，鼠肚鸡肠，非仁非义，不如牲畜！所以本王要嘉奖你，也是
想重用你，请你帮个忙，扶正压邪，转世投胎为赤兔马，成为关羽的
坐骑。关羽前生是项羽，还叫你们君臣不分不离，共享人间甘苦。还
是同生死共患难，同享人间香火。还有，项羽生前曾除义帝、杀子婴，
这是项羽之过，他二人心中自然不平。这样，义帝投生为吕蒙字子明，
子婴投生为陆逊字伯言，你二人同谋取荆州，杀关羽，以消前生之恨。
项羽生前还有忠勇二将，一是周兰，二是桓楚，随项羽左右不曾变节，
前生同舟共济，来生也愿你们共济同舟。所以周兰转世为周仓，桓楚
就投生关平，生死不离。再有项伯，背亲向疏，可去投生为颜良；雍
齿忘恩负义，可投生为文丑。关公战于延津、白马坡，你二人均死于
他的青龙刀下，以泄前生之恨。吕马童再世为蔡阳，杨喜出世为卞喜，
王翳再世为王植，吕胜再世为韩福，夏广再世为孔秀，杨武再世为秦
琪，都在关羽过五关时先后被斩，以报你等将项羽逼死乌江之恨。丁
公，你空说刘邦忘恩，实则你见仇纵放，就有背主之心，只念你前生

反被汉王所杀，所以免你不死。可往泰山于家投生转世，姓于名禁字文则，水淹七军时被关羽所擒，也算了却了前生纵仇慕荣之罪。闵子期，你深明大义，在乌江虽然没有救成项羽，但此恩当报，可投生马邑，出世后姓张名辽字文远。在白门楼，曹操欲杀张辽，有关羽搭救，以酬义渡之情，你二人虽各事其主，但终生有相见恨晚之友谊，成为后世兵家之美谈。好吧，该轮到第十八个了。看来时辰不早了，为了复命天庭，为了你们早日转世，本王只好归了包堆说，因为同是一案，所以都放生，一起判了。"这第十八个是纪信。"纪信，你荥阳替刘邦一死，仗义捐躯，生为人杰，死为鬼雄，七尺男儿，生能舍己，所作所为实乃大丈夫也。前生命短，判你来生命长。你投生常山生于赵门，出世后姓赵名云字子龙，为蜀国之名将，战无不胜，攻无不克，逢凶化吉，化险为夷，遇难成祥，百战百胜，人称常胜将军。八十二岁寿终正寝，以报前生舍命救主之苦。怎么样？没亏待你吧？够意思了……判第十九个。"

这第十九个是戚氏。"戚氏，你前世为汉室偏宫，虽得一子，难逃吕氏毒手，母子被害。好吧，前世汉家人，来世还归汉家，为刘备的夫人甘氏，你的儿子如意转生为阿斗，仍旧为母子。到后来阿斗继刘备为蜀汉之主，不操心，不着急，平平安安，稳稳当当地享四十余年帝王之福。还有李氏，你就转世成为曹操的正室，名正言顺，享不尽的荣华富贵。少帝为曹丕，篡了汉室江山后，后世尊号为魏文帝。王氏为吴主孙权的正宫。三国鼎立，蜀国被灭后，你们吴地还享有半壁江山之福。恒山王前世屈死，转世为会稽王孙亮，这样你们母也好，子也好，都有了满意的归宿，我看也就可以了，你们日子过舒坦了，本王也就放心了。判第二十个。"

这第二十个是龙且。"龙且，你前世死得冤枉，也不冤枉。说你死得冤枉，是你上当受骗中了他人之计，尽管有超人的武艺也是枉然；说你不冤枉，是你终归是为奉命救齐国而丧生，两国交兵，生死由命，也怪不得他人。可怜的是这成千上万的将士跟着一起遭殃，叫人心痛不忍，韩信实在不该设下这样惨无人道的计谋。这样吧，你转世投胎茂陵马家，姓马名超字孟起。被害的所有楚军转世后仍自东西南北集结一方，全部到西凉屯驻，日操夜练，养精蓄锐，日后助你马超破曹于潼关，杀得他割须弃袍，狼狈而窜，以报堆沙破水之仇。没有让你把他杀死，也是为了冤家宜解不宜结。你们都要牢牢地记住，好自为之。来呀！判第二十一个。"这第二十一个是田广。"田广，你投胎姓张名闿，三国兵荒马乱之时，你占山为王，巧遇曹操之父曹嵩全家，杀其父，斩其家人四十余口，以报韩信当初贪功袭杀降国之恨。判第二十二个……"

这第二十二个是刘友、刘恢。"刘友、刘恢，本王本想把你二人送往异国他乡，怡寿怡年，永乐生平，但觉得不妥，因为你二人是汉家的宗裔，不便背离祖宗社稷，但怎么样才能叫你们来世过好日子呢？常言道，心悦诚服，讲的是打心眼儿里让人佩服，两军相遇，一方不战而退。你们今后转世，天下分为三国，尽管战事频频，厮杀不断，但都很讲究武德，义放，义释，捉了又放了，堵住了又让，大将的风度为后人传颂和效仿。这样吧，刘友转世为刘表，字景升，承汉室基业，坐镇荆州，人称威武侯。刘恢转世后为刘璋，字季玉，坐镇西川，人称镇武侯。前生被吕氏贬了你等王爵，今生还你。判第二十三个……"

这第二十三个是吕禄、吕产、吕台等犯。"不是我喜欢动肝火，也不是本王偏心眼儿感情用事。你们吕家这几个人，个个是头上长疮，脚下流脓——坏透了顶。披着一张人皮，但干的都是狼心狗肺的事，从生到死没干一件好事，坏事干尽，恶事做绝，臭名昭著，丧尽天良。所以你们吕家不管男女老少，转世投胎就不用做人啦，投生为马，发去三国时期转生为诸将的坐骑。判第二十四个……"

这第二十四个是饭信之漂母。"饭信之漂母，就去蔡邕家中吧，投生为蔡邕之女名琰字文姬。他日远适胡邦，得韩信转生的曹操用千金赎回以报一饭之恩。判第二十五个……"这第二十五个是楚项梁，被秦军大将章邯、董翳、司马欣三人刺杀而死。"项梁生前忠义无双，投胎出世后就改姓名为姜维字伯约，能征惯战、智勇双全，章邯转世为钟会，董翳转世为邓艾，司马欣为邓艾之子邓忠，你们仨人最后都死在姜维之手。这就是后来三国中有名的一计害三贤，以报三人害一人的前仇。"

八宗大案子总算审完判尽，判官小鬼儿个个发出啧啧赞叹之声，殿下的冤魂也都心服口服，哑口无言。待全部鬼魂退下殿后，这位王爷才站起身形，慢慢走进后殿，原任的阎王爷听够了相声也回来了。司马貌卸下冠冕，连同所有案卷交过来，阎王爷会齐十殿阎君一起阅看。各位看罢，无不交口称赞，立即打发神腿鬼速呈上帝，候旨定夺。

却说司马藐正在后殿休息，也搭着审了六个时辰的案子，实在累了，合上了眼。正在闭目养神之际，忽听殿外有一鬼高声叫道："新君断案，人人折服，我有一子杀父之事，伏乞君王给予决断。"司马藐听见喊冤之声，随即令服侍他的小鬼儿把喊冤的鬼魂带到后殿。"你是何人？本王已经将所判之案断完，你为何又在此喧哗？""王爷在上，小人是秦代文信侯吕不韦，只因子杀父伦理不容，冤案至今未能判决，长年在地狱中受苦，还望王爷再动怜悯之情，将小人之案定下，早早重见天日，也好报答王爷恩赦之情。""文信侯有所不知，我受玉帝之命在六个时辰内要将历年压下的重案判完，现在时辰已到，案也办完，我是在这里候旨，只待明天转归阳世。一来时间不允许，二来刚才为王，现已卸任，自当为民，不可造次，我走了，还有阎罗王，由他判决岂不更好？"阎王说："司马藐，文信侯实在可怜，就不要等我判了，等我就不知何年何月的事了。现在玉帝旨意未到，就请您代劳将此案理毕，叫他也一起转世投胎，早到阳世，免得成天价在我这里喊冤，我也实在受不了这种刺激。他们只管扯着嗓子眼儿嚷嚷，他们是痛快了，就不管你的耳朵受得了受不了。您多做好事，多积阴德，就请再受一次累吧，说不定以后有什么事儿，我还要派人把您接来，当面请教哪……""您可别价，那我可受不了，您想起来就找我，我可不知道正在干什么就突然被您弄来，魂儿走了，可身子不定扔哪儿。万一是在荒郊野外，被野狼掏了五脏，您说我还怎么回去呀？我也别辜负您的好意，您要是想见我，就给我先打个招呼，让我有个准备，找个安全的地方住下，我再跟着他们来陪王伴驾，冷不丁的我可受不了。行了，就再遵命一次，趁着玉帝旨意未到，咱们把这案子了结了吧。"就这样，司马阎王爷、小鬼、各执事鬼卒回到前殿，各就各位，将有关人犯全部带到候审。先由吕不韦讲："当时秦国王孙异人在赵国为人质，很不得志，我心中非常同情他的不幸，因此黩出去万贯家财，为他四处游说。准备着叫王孙异人回到秦国，谋求储君之位。他甚为感动，私下许我富贵尊荣今后共享。我有美女赵姬，怀孕两月，然后又献赵姬于异人，后来生下一子名政，政乃我子也，故此秦国天下也应是我的天下。异人回国，果然被秦孝文王立为太子，继位之后封我为文信侯。异人死后，秦王政登位。赵姬淫心不改，我便找来嫪毐与赵姬私通，不料此事被逆子秦始皇得知，杀了嫪毐，又用书信逼我饮鸩酒而亡。儿子毒死老子天理怎能容……"吕不韦的话还没说完，站在一旁的秦始皇也要开口，却被嫪毐抢先一步。"王爷在上，秦皇年幼时吕不韦与赵姬旧情不断。始皇年长后，吕不韦恐罪恶败露遭杀身之祸，所以想了一个毒计移祸于在下，将我伪装为太监送进宫去。不料机关泄露，不但小人无葬身之处，连同家小也抛尸弃骨于光天化日之下。小人实在不知是计，替人受过冤枉啊！这地狱的日子实在难熬，请王爷指给一条生路足矣。"司马貌听罢想了一想，说："吕不韦舍财救主，设计救秦公子异人应当说是有功之臣，念你前生重义，可以来世投生为吕布字奉先。秦始皇，吕不韦虽犯有死罪，但无论如何应念他有救主之功劳，这是使秦家能永守皇业一统天下的最大的功德，何况你名为异人之子，实际上你是吕不韦的骨血，亲手杀了你父皇的恩人，也就是你的父亲，你是有罪的，所以你转世董姓人家，出世后姓董名卓字仲颖，乱汉室江山，以报汉夺秦之仇。后来你被义子吕布所刺，以报前生亲子杀亲父的不孝之罪。嫪毐虽乱宫闱，但其罪应在吕不韦，来世姓王名允，官至司徒，定下连环之计以报灭族之冤。赵姬原为吕不韦姬妾，入宫以后不该再与吕不韦往来，何况私通嫪毐，所以转世投生为王允的侍婢叫貂蝉，王允先以貂蝉许吕布，然后又献于董卓，使他们父子相残，以报夷族之恨。本王判案到此结束，你们要转世，我也要还阳，也就是说咱们各走各的路，各奔各的前程。但是我有一言奉告各位，今天所判的案子，冤者已伸，仇者已报，不仁不义者已判，为非作歹者已除，不如此判决又怎能清浊分明呢！因此还望各位转世后，既然前世的仇恨一笔勾销了，一了百了，那么就要好生做人。常言道：'做人难，人难做，难做人。'可见为人处世何等不易。俗话说得好，'善有善报，恶有恶报，不是不报，时辰不到。'你们都下去吧，只要记住本王的话，就不负本王的一片苦心啦！"

吕不韦一案有关人犯也退下去以后，司马貌又回到后殿，阎罗王连忙迎上前去，伸出大拇指连连称赞："司马貌果然不凡，真奇才也！玉帝已将所有判断的案卷阅过，特令本王代传谕旨：司马貌将三百年未了奇案只用了六个时辰就判完了，而且人鬼皆服，实属能人也，有功于天地。如此看来，前生受了委屈，来生赐予王位，不改姓，仍姓司马，名懿，字仲达。司马氏并吞三国后，国号称晋。曹操虽是韩信转世，为的是前仇今报，但他欺君杀后，未免太过，所以再命司马氏之后代欺凌曹氏子孙，以惩曹操之过错。玉旨圣恩，天机不可泄漏，日后自有应验。眼下请司马貌速速还阳。本王为恭贺，也是为敬佩，特备薄酒饯行，请君赏脸。"司马藐先是谢过玉帝之恩，后谢过王恩，端起酒杯连连痛饮，只觉得头昏目眩，身不由己，踉踉跄跄，晃晃悠悠，飘飘摇摇在迷雾中行走。突然脚下有一石头，躲闪不及被它绊倒，一个跟头栽下万丈深渊。"哎哟"一声，睁眼一看，还是坐在自己的书房之中，原来是一梦。说也奇怪，虽然是个梦，但司马藐口中酒气熏天，更有意思的是嘴角儿上还挂着两个酒坑儿呢。

（韩子康述　薛永年整理）

对口相声

揣骨相*

甲　刚才是荣剑尘唱了一段单弦儿《风波亭》，好啊！

乙　从《王佐断臂》唱到岳飞父子精忠报国一共八本，今天是三本，明天是四本儿。

甲　荣先生的段子多数是自编自唱，连本演曲，一本比一本紧凑。现在说到岳元帅带领众将大战金兵，破了朱仙镇，正要直捣黄龙……往下就是奸相秦桧暗通金兀术，用十二道假金牌调岳飞还朝，以莫须有的罪名陷监入狱，还用严刑逼供。

乙　"扒皮拷"嘛！

甲　岳飞爱国抗金，何罪之有？后来父子遇难在风波亭，听到这儿没有不掉眼泪的。

乙　噢，替古人担忧。

甲　说书唱戏讲今比古嘛！赞扬的是忠臣义士，斥责的是卖国奸臣，现在也有岳飞。

乙　是呀。那有秦桧吗？

甲　有！有忠就有奸，有爱国的，就有卖国的，有岳飞也就有秦桧。

乙　也是徽宗无道，不辨忠奸啊！

甲　对，他重用卖国贼，把大好河山奉送给人家啦。"国家兴亡，匹夫有责"，咱们得想救国之道哇！

乙　做艺术的能有什么法子？

---

*　《揣骨相》为张寿臣 20 世纪 20 年代创作的相声，无原底本，仅存康立本同本提供的"断语""评语"。本篇是经熟谙张寿臣、陶湘如 30 年代演出情况的老听众回忆，依靠张氏弟子及有关同志的帮助而成的追记本，基本上能保存原作面貌。

揣骨相

225

甲　咱们用唇枪舌剑，扬善惩恶，褒忠贬奸，可以开通民智，鼓舞士气啊！

乙　所以才说唱岳飞的事哪。

甲　还有哪，花木兰替父从军，方孝孺草诏敲牙，还有《反帝制》《劝国民》《梁红玉擂鼓战金山》！

乙　好！

甲　忠奸有别，岳飞跟秦桧就是不一样，不但做事不同，相貌、骨骼都不一样。

乙　您还看过相书啊？

甲　对，我不但熟读《麻衣神相》，还精通揣骨相，善观气色，揣摩骨骼，隔皮看瓤，抚外知内，用当通神，百发百中。

乙　您说的"善观气色"，我知道就是看相；这"揣摩骨骼"又是怎么回事？

甲　就是"揣骨相"啊！

乙　这我知道，人身上各部位的骨骼不同，主向也不一样。

甲　什么主向？

乙　就是从骨头的大小、软硬、轻重上能断定富贵贫贱，妻财子禄。

甲　噢，那你看张寿臣这骨骼怎么样？

乙　就您这戳（chuǒ）个儿，高矮，胖瘦，让各位看看：您这肩胛骨高，能担事儿；后背骨厚，不怕压；胳膊肘骨深，手腕儿活；再往脸上看，眉骨宽，性聪慧；颧骨隆起，居高位；方面大耳颌骨肥，必主大富与大贵！

甲　你这可是"江湖口，无量斗"。

乙　怎么？

甲　净拣好听的说，这是奉承我。

乙　我可是直言无隐，概不奉承。各位上眼：看张寿臣往这儿一站，像不像一位督军或是省长？

甲　越说越玄了，我可不像督军、省长！我也当不了在野派。

乙　这么说您是下野啦？

甲　我也不当寓公，不住租界的小公馆。

乙　最不济也得是哪个买卖家的大掌柜。"发财吧，掌柜！可怜可怜穷人吧！"

甲　得啦，得啦！又大掌柜了！我也是个穷人，房无一间，地无一垄，上无片瓦，下无立足之地。

乙　您是幽默大师，笑话大王啊！

甲　那是新闻界捧我，我是说相声的，得为国家为社会尽点儿义务，不能在行嫌行，得在行爱行。不敢说"高台教化"，反正没断了研究说：说点儿古往今来的人情世态，说点儿大小笑话，诗、词、歌、赋，说点儿历史典故，警世醒人，让大伙儿开怀一笑。咱凭说挣的是公平钱，吃的是良心饭，睡的是踏实觉，不做亏心事，不怕半夜鬼叫门！

乙　好，一要行得正，二要走得端，三条大道走中间。把心放正了，不能揣在胳肢窝里。

甲　对。所以说您也别小看张寿臣，给个县长都不换！

乙　是你不换还是人家不换哪？人家放着县长不当换你干吗？

甲　唉！咱不当县长，可是县长也说不了咱这相声。

乙　这话倒对。

甲　还别不告诉您：张寿臣看得起做艺这个行道。说相声怎么啦？开通民智，又是民众之喉舌，我压根儿就没想当官儿，前些年就有朋友劝我"弃艺从仕"，可我谢绝了这份好意。

乙　看，要不我怎么说您这骨骼必主大富大贵呢！等着吧，您还有做官的机会。

甲　您放心，我要真做了官也是两袖清风，执法护众，绝不能伤天害理，祸国殃民。

乙　那我真盼着您弃艺从仕。

甲　还有的朋友劝我"弃艺从医"哪！

乙　让您当大夫去？

甲　其实，我这就是行医哪。

乙　噢，您还能看病？

甲　不但能看病，还能治病哪！

乙　能治什么病？

甲　"没症""一症""不症"。

乙　嗯，有好几十种哪！

甲　就是"没国家，没信仰"，"一面理，一头儿沉"，"不民主，不前进"……

乙　别说啦，相声"洋药方"啊！

甲　这是人们身上的毛病啊！有这病不治行吗？不治这病我们国家不能富强啊！所以有朋友给我写了副对子。

乙　上联？

甲　"君非良医，实乃良医，唯因医世欺与弊。"

乙　下联？

甲　"相有所传，声有所传，且喜艺品比翼飞。"

乙　这是看得起我们艺人。

甲　可是您怎么看出我是富贵的骨骼，这是蒙事吧？

乙　不是瞎蒙。太平歌词里有啊！（唱）"石崇豪富范丹穷，有甘罗运早晚太公，彭祖爷寿高颜回命短，六个人俱在五行中……"

甲　甭唱啦！你这意思是说石崇跟范丹的骨骼相貌也不一样，一切都是命里注定的。

乙　我可没这么说！

甲　别信那套，事在人为嘛，死店活人开呀！"小身会文国家用，大汉空长做什么？"

乙　人定胜天，可也得赶上好世道，得有好的领头人。

甲　咱还研究揣骨相吧。你到底是真懂还是假懂？

乙　略知一二。

甲　那我是略知一二三。

乙　比我强点儿有限。

甲　那你看看我的晚辈怎么样？儿女们还有弟子们是大器晚成，还是少年得志，能不能成为国家栋梁？

乙　您问这个干吗？

甲　国泰民安哪！我是担心晚辈"少壮不努力，老大徒伤悲"。

乙　您真是忧国忧民哪！我得看看您的膝骨跟脚趾骨。

甲　这可太麻烦了。

乙　我摸一下儿也行。

甲　这就是您的揣骨相啊？我不信服。

乙　您那揣骨相有什么高明的？

甲　我就根据脑后之骨，便可评断。

乙　这可新鲜。

甲　告诉你，好人脑后有骨，坏人脑后是骨头，我经过多年的揣摩，为三十多块骨头写过断语。

乙　怎么个断语？

甲　说出每种骨之后，都有四字断语，六字评语。

乙　都有什么骨？

甲　十几种哪！

乙　您给说说。

甲　好。有英雄骨、壮士骨、豪杰骨、英烈骨、良善骨、高洁骨、耿直骨、公正骨、多谋骨、道义骨、识才骨、育秀骨。

乙　这么多哪？您给评断一下。

甲　好，先说英雄骨。

乙　四字断语？

甲　爱国热心。

乙　六字评语？

甲　永远办事认真。

乙　好，接下去。

甲　壮士骨，坚贞热忱，大公无私为民。
　　豪杰骨，慷慨激昂，常念国家兴亡。
　　英烈骨，笑洒热血，丹心辉映霜雪。

乙　真带劲！

甲　您再接着听：
　　良善骨，敬老怜贫，处处严己宽人。
　　高洁骨，仗义疏财，平生磊落清白。
　　耿直骨，对敌不弯，岂肯苟且偷安。
　　公正骨，寸土必争，唯望国家复兴。
　　多谋骨，众志成城，智慧赛过孔明。
　　道义骨，品德高尚，做事心明眼亮。
　　识才骨，十步芳草，善于选宝用宝。

乙　这可是有伯乐才有千里马。

甲　育秀骨，百年大计，量才精心培育。

乙　是啊，唱青衣花旦的材料非让他学花脸，那不是耽误事吗？

甲　是这个理儿吧？

乙　行。这都是好人长的，坏人的呢？

甲　那就是骨头了！您常听说"瞧你这块骨头"！

乙　别往这儿指。您说说都有什么骨头？

甲 那可多啦！狠骨头、乏骨头、贪骨头、阴骨头、坏骨头、懒骨头、馋骨头、脏骨头、软骨头、滑骨头、要骨头、臭骨头、贱骨头、犬骨头、没骨头、大小的横骨头、贼骨头。

乙 噢，这么多哪！也是四字断语，六字评语吗？

甲 对！我说几块骨头您听听：
狠骨头，残害同胞，吸尽民脂民膏。
乏骨头，鸣枪放炮，吓得连哭带叫。
贪骨头，便宜没够，耻于脸皮太厚。
阴骨头，口蜜腹剑，专会脚底下绊。

乙 哼！还真有这种骨头。

甲 坏骨头，表面假笑，暗中放点毒药。

乙 这个更缺德！

甲 往下还有哪！

乙 还是坏骨头？

甲 小坏骨头，信口开河，说话嘴不留德。

乙 嘿！接着说。

甲 懒骨头，空负少年，终日游手好闲。
馋骨头，鸡鸭鱼肉，贪多吃上没够。
脏骨头，有碍卫生，浑身又臭又腥。

乙 吐了！

甲 软骨头，男扮女装，周身花露水香。
滑骨头，坑蒙拐骗，什么坏事全干。
要骨头，白吃白喝，外带偷偷摸摸。

乙 没志气！

甲 臭骨头，目空一切，见人抬头望月。

乙 瞧这臭美劲儿！

甲 贱骨头，摇尾乞怜，祝您大发财源。

乙 拜年来啦！这是跟谁呀？

甲 犬骨头，欺软怕硬，恭候主人发令。

乙 谁是他的主人？

甲 没骨头，金钱搂足，以外人为护符。

乙 对！他们就是勾引外人欺负自己人！

甲 小横骨头，强买强卖，不行武力对待。

大横骨头，打街骂邻，见了外人丢魂。

乙　就这么个横法儿呀！

甲　贼骨头，见财起意，生出千般诡计。

乙　真是贼人贼心。

甲　这还是小号儿的。

乙　还有大贼骨头？

甲　有啊。

乙　快接着说。

甲　听着：大贼骨头，卖国求荣，明知挨骂装聋。

乙　痛快！哎，有这号儿骨头吗？

甲　当然有啦！

乙　谁？

甲　秦桧儿啊。

乙　再有呢？

甲　那就是……现代秦桧儿。

乙　这是哪位？

甲　……我不敢说。

（张寿臣演出　康立本记　陈笑暇整理）

牙粉袋 *

甲　干咱这行可不容易。

乙　干哪行有哪行的难处。

甲　咱是肩不能担担，手不能提篮，只靠两肩膀儿扛一个肉球，横拉一道缝儿，一嘴的碎骨头，吧嗒吧嗒往外蹦字儿。

乙　说得咱都没人模样儿了！

甲　咱这算吃开口饭的。

乙　我们一张口就来饭。

甲　家里还有几个张口的。

乙　都会说相声？

甲　那是等着吃饭的。

乙　唉！就靠咱们这张嘴，指身为业，养家糊口。

甲　所以干咱们这行儿禁不住刮风下雨，天灾人祸。

乙　刮风减半，下雨全无嘛。

甲　可唯独泥瓦匠这行儿，就盼着下雨，雨下得越大越好。

乙　怎么？

甲　谁家的房子漏了，山墙塌了，他该有活儿干了。

乙　对呀，一下雨容易漏房子。

甲　我们街坊小南屋儿里住着一家儿干瓦匠活儿的，一看下起雨来啦！我那屋是张飞拿耗子——

乙　怎么讲？

甲　大眼儿瞪小眼儿。

* 《牙粉袋》是 1944 年出现的作品。

乙　没饭辙干愣着。

甲　瓦匠高兴啦！叫他们的孩子："三儿，跑一趟打二两去！"

乙　嘿！喝两盅。

甲　他那屋是一边儿唱着，一边儿喝着，我那屋一边儿愣着。

乙　下雨谁还听相声啊！

甲　就听，哗！下大了！喀嚓！

乙　怎么啦？

甲　那边儿墙倒了！"三儿，再来二两去。"

乙　越喝越高兴啊。

甲　就听，哗！可桶儿倒的大雨。喀嚓！

乙　又怎么啦？

甲　后边儿房塌了！"三儿，再来二两！"

乙　雨住了他该忙啦。

甲　就听，哗！喀嚓！"哎哟！"

乙　再来二两。

甲　喝不了啦！

乙　怎么？

甲　自己的房子塌了！

乙　嗐！下大发了谁也受不了！

甲　这就是各有各的难处。您当我们说相声就没事啦？

乙　从早忙到晚啊！

甲　晚上演完散了场就十一点了。

乙　咱不得歇会儿嘛。

甲　洗洗脸，歇会儿，溜溜达达走到家十二点半，叫开门一点半，生上火两点半，做点儿吃的三点半，吃点儿东西四点半，铺好被窝儿五点半，钻进去大天亮又钻出来了！

乙　一宿没睡呀？

甲　我们小哥俩一早儿还得练功、对词儿。

乙　得排练啊。

甲　每天赶几场演出。另外什么看孩子、买菜、做饭、刷碗、挑水、洗衣裳、扫地、倒土、攒煤末子、挤配给面……这都得干。

乙　为了填肚子，累死为止。

甲　累咱倒不怕，这肚子不好填啊！

233

牙粉袋

乙　怎么？

甲　米、面一天一个行市，你知道它什么时候涨价儿啊！

乙　那咱可说不好。反正有配给面……

甲　就是那混合面？里边儿全是麸子、黑豆、花生皮儿、白薯、土粉子掺锯末呀！

乙　这像人吃的东西吗？

甲　吃完了不好消化，我妈吃一顿一个礼拜没解大便。

乙　老人、孩子，买点儿白面吃。

甲　咱不像人家有钱的，什么"金豹"的、"三星"的方袋面，打个电话往家一拉就三十、五十袋儿的。

乙　人家有钱咱比不了。

甲　最多咱也就买上一袋洋白面。

乙　嗻！真敢买袋儿洋白面！得花两块大洋。

甲　两块？你再打听打听？

乙　又涨多少钱啦？

甲　涨到五块、七块了。

乙　嗬！

甲　现在是"第四次强化治安"。昨天涨到八块钱一袋儿啦。

乙　嗻！还活得了啊！

甲　他慢慢"强化"，咱慢慢熬着吧！别看"四次强化治安"八块钱一袋儿面，听说到"五次强化治安"白面就落到四块钱一袋儿了！

乙　嘿！落一倍的价儿。

甲　就是袋儿小点儿。

乙　洋面袋儿？

甲　不！牙粉袋。

乙　啊？

（常宝霖　常宝堃演出稿）

打桥票[*]

甲　干哪一行儿都得有个称呼。

乙　对。士农工商、军警学界都有称呼。

甲　比如您是开大买卖的，"阁下在哪一界？"

乙　"岂敢！敝人是商界。"

甲　您要是在银行做事呢？

乙　那就是"金融界"。

甲　唯有咱这行儿没个称呼，即便提到您，听着也不那么顺耳。

乙　怎么？

甲　"走！咱们到杂耍园子，看玩意儿去！"

乙　玩意儿？

甲　您听着怎么样？

乙　是不顺耳。

甲　挺好的人改玩意儿了。

乙　不像话。

甲　其实您不是玩意儿。

乙　就是……这也不好听啊！

甲　有不少地方，诸位能去我们不能去。

乙　都什么地方？

甲　像什么利顺德饭店、聚合成饭庄，还有赌场、妓院、回力球……

乙　咱要去照样儿花钱啊！

甲　不行，在座的先生们去了，一下汽车就远接高迎喊上啦："张督办

＊　《打桥票》是 1947 年出现的作品。

来了！""李司令到了！""杨老爷往里请！"咱俩去，怎么喊啊？

乙　对了，咱没官称，就喊行业吧。

甲　行业怎么喊？"常说相声的来了！""赵说相声的到了！"这别扭不别扭啊！

乙　喊老爷呢？

甲　"常老爷来了！""赵老爷到了！"人家一看："噢！敢情这两位是老爷，怎么没带着姥姥来呀？"

乙　带着姥姥干吗？

甲　"干脆，让这两位老爷给咱们说一段儿得了！"

乙　咱别胡溜达了。

甲　谁都敢惹事，唯独我们不敢惹事。

乙　咱们这脑袋上都刻着字儿哪。

甲　听戏、看电影就有人愣不打票，你敢吗？

乙　不敢。

甲　那阵儿，我们撂地零打钱。

乙　就是说完一段相声要一回钱。

甲　场子起满坐满，一要钱净是摇头票。

乙　什么叫摇头票？

甲　要到他那儿，冲你一摇头（学），你就不敢要了。

乙　听相声凭什么不给钱？问问他呀？

甲　你敢问吗？上回我倒问过一个。我说："您别净摇头，倒是给钱啊！"

乙　他怎么说？

甲　没说话，一挑大拇哥往胸口上边儿一指（学）。

乙　什么意思？

甲　意思是说：你没看见我这儿挂着牌子吗？

乙　噢！不定是哪个部门的。

甲　他不是听一回不给钱，连着听了好几天，每回一要钱他都摇头指指胸口这个牌儿。有一次，我要到他这儿，他摇摇头一指胸口。我细这么一看这牌儿，我也乐了！

乙　哪个机关的？

甲　汽水瓶子盖儿。

乙　啊！蒙事啊？

甲　这种人，别看听相声敢不打票，哪次过法国桥 ①他都抢着打票。

乙　怎么？过法国桥还打票？

甲　人家白给你站岗啊？听戏打戏票，看电影打电影票，过桥不得打桥票嘛！

乙　我躲你远点吧！

甲　听清楚了，今天台下要坐着警察可别在意。

乙　他说的不是您。

甲　我指的是专门勒索人的警察。

乙　那是太个别的。

甲　这样儿的警察他也没工夫听相声，下了岗他还得"穿柜"呢！

乙　这么说每天收入还不少？

甲　能少得了吗？不管你是谁，只要是从桥头儿那边儿一过来，你自己就得张罗着把钱掏出来。

乙　交给这位老总。

甲　人家怎么能伸手接着？电线杆子上专门挂着一个小木箱子，你自己把钱放到木箱子里去。

乙　噢！这么打桥票。要不往箱子里塞钱呢？

甲　你过不来呀，过来也得把你给轰回去。

乙　人家不懂这规矩。

甲　"教育"你呀，从那边儿刚走到这头儿，"回去！""那什么……我带着居住证呢！""没问你那个，打票了吗？""打票……""往小箱子里塞钱去。"

乙　不懂现教。噢，就是过路的打桥票？

甲　不，除了电车、汽车不打票，什么洋车、自行车都得打票。

乙　那拉车的要没拉着座儿，没钱怎么办？

甲　那好办。

乙　就不打票啦。

甲　车垫子就归他了。

乙　啊！

甲　一看打老远过来一辆运菜的大车，赶脚的是个乡下人，累得顺脖子流汗。"站住！""老总，您辛苦啦！"（地方语言）"懂规矩不

---

① 天津解放桥的旧名。

懂？""懂。我还没赚着钱呢，这车白菜过去卖喽才有钱呢。""没钱啊！不要紧。"

乙　过去吧。

甲　"搁这儿两棵白菜吧！"

乙　白菜也要啊！

甲　什么白菜、土豆、黄瓜、辣椒、苹果、鸭梨、猪肉、粉条、暖瓶、砂锅、手巾、牙膏……

乙　应有尽有。他怎么拿回去呀？

甲　好办，等快下岗了，过来一辆排子车，"站住！干吗去？""老总，卸完货回家了。对啦，我得打桥票。""别打了！"

乙　谢谢吧？

甲　"把这堆东西给我拉回家去。"

乙　啊！

（常宝堃演出稿）

"打"白朗[*]

甲　通过咱们之间的接触，彼此的交谈，您看看我像在哪界服务？可
　　别奉承。

乙　看您的言谈话语，仪表风度，我可不奉承，在社会上……俩字儿。

甲　教员？

乙　白钱，也就是小偷儿。

甲　这种人多讨厌，你有什么证据说我是小偷儿？不要以衣帽取人。
　　我也是宦门之后。

乙　这么说您上辈有做官的？

甲　我父亲就做过官。

乙　你爸爸做什么官？

甲　别提了。

乙　为什么？

甲　过去的事啦。我父亲做官，我在北京读书。看到当时军阀混战，
　　群龙无首，我才弃文学武，学班超班定远投笔从戎。有朝一日，
　　凭借武力扫灭群雄，统一中华。

乙　这不是做梦嘛！

---

*　原名《得胜图》。张寿臣在《我对传统相声的看法》一文中说："像《得胜图》就不错，
是穷不怕创作的。说清朝同治年间，太平天国起义军把清兵打了个落花流水，文武官
员无人敢去抵挡，这时候有个下夜的堆子兵，扛着个大钩竿子见皇上，自报奋勇攻打
太平天国，结果出了很多洋相，例如见皇上不穿裤子等，还没冲锋陷阵就手忙脚乱魂
不附体啦！最后吹嘘自己得胜而归——原来是一场梦。"张寿臣认为《"打"白朗》（《打
白狼》）改编得较好。白朗（1873—1914），河南宝丰人，1912 年率众起义反对袁世
凯的统治，1914 年改称"公民讨贼军"，发展至数万人。同年 8 月，白朗在宝丰石庄
牺牲。

甲　我在保定武备学堂毕业之后，觉着英雄无有用武之地，才愤而出走。

乙　到哪儿去？

甲　到日本考察军事，最后在日本东京定居。

乙　那您怎么才回来的？

甲　我也是为国家大事才回来的。

乙　在什么时候？

甲　在民国甲寅年，豫省一带闹"朗"。

乙　闹狼没关系，墙上多画几个白圈儿。

甲　什么狼呀？

乙　不是山上下来的狼吗？

甲　是土匪白朗。

乙　哪是土匪呀？！那是当时一支农民起义的队伍，首领叫白朗。

甲　我们袁世凯袁大总统管他叫白狼。在河南一带把官兵杀得东逃西窜，狼狈不堪。袁大总统接到电报，急得心惊肉跳，脑袋出汗，嘴里拌蒜，不敢吃饭。

乙　这都是什么德行！

甲　赶紧调集军队，一切准备就绪，就是缺少一名统兵大员。这时候陆军部部长段祺瑞在袁世凯面前把我保举出来了。

乙　那么说段祺瑞很器重你。

甲　倒也不是器重我，我们多少沾点儿亲戚。

乙　裙带关系！

甲　他在总统跟前说："您不必为难，我保举一人，如将此人请出山来打白朗，可以旗开得胜，马到功成。"总统说："此人尊姓大名？"

乙　问你姓什么叫什么？

甲　段祺瑞说："此人姓张名寿臣。"总统说："此人有何能为？"段祺瑞说："此人有经天纬地之才，安邦定国之志，上马杀贼安天下，下马可以立万言。诸子百家，无书不读，三教九流，无所不晓，上可以至君于尧舜，下可以配德于孔颜。仰面知天文，俯察知地理，熟读兵书，饱览战策，三略六韬，无所不晓，攻杀战守，抽撤盘环，所用之兵法，可比战国之孙、吴，兴汉之韩信，虽张良复生也未必出其右矣！"

乙　这是你？

甲　这是诸葛亮。

乙　提诸葛亮干什么！

甲　总统说："此人家住何处？"段祺瑞说："此人现在日本东京。"总统说："好，赶紧拍电报把他电回来！"

乙　那叫把你"请回来"。

甲　以段祺瑞的名义给我拍了三次电报，我都没答应。

乙　为什么？

甲　不能卖得太贱了。

乙　这儿做买卖哪！

甲　最后派了两位代表，都是总统的亲信，一位是袁乃宽，一位是阮忠枢，带着段祺瑞的亲笔信来见我。我打开信一看——

乙　信怎么写的？

甲　"寿臣吾兄台鉴：逆匪白朗倡乱豫西，豫督剿抚失当，匪势蔓延，窜扰豫、皖、川、陕、鄂数省，所到之处，生灵涂炭，洗劫一空，贼若陷西安，进图汴、洛，则西南大局危矣！非癣疥之疾，实心腹之患。赵倜、田文烈诸部，屡战失利，望先生展孙、吴之才，用良、平之策，亲统劲旅，荡平丑类，国家幸甚，天下幸甚。今遣袁、阮二君促驾，见信速返，共商大计，望公勿辞。敬肃大安。段芝泉　年　月　日。"我当时情不可却，才点头答应，收拾好应用的东西，坐邮轮先到天津大沽口，总统给我预备好了专车，我没敢坐。

乙　为什么？

甲　怕蹭一身砖面儿。

乙　拉砖的车呀！

甲　天津老龙头车站上车，北京前门车站下车。欢迎我的人可真不少，有很多阁员。总统府派来两位，一位是大礼官黄开文，一位是总指挥徐邦节，拉着我的手说："张大公子，为国效劳，多有辛苦。"我说："大丈夫以身许国，视死如归，何言'辛苦'二字。""请到公馆休息休息吧。""不，我要面见总统。"

乙　干吗这么急？

甲　想当初大禹治水，三过家门而不入，何况我也不累。

乙　见总统你就穿这身儿衣服？

甲　见总统哪能穿这身儿啊！我把这身儿衣服脱啦——

乙　换上礼服。

甲　披着被卧。

乙　还不如穿这身儿哪！

甲　我穿好大礼服，戴上大礼帽，到中南海怀仁堂面见总统，总统降阶欢迎，段祺瑞在旁边给介绍。我赶紧向前鞠了三个躬，请了六个安，作了四个揖，磕了八个头。

乙　你这是干什么？

甲　这叫礼多人不怪。总统说："这次请阁下回国，并非别事，因为豫省一带白朗倡乱，十分猖獗，我军屡战失利。现在军事方面准备就绪，就是缺少一名文武兼备的统兵大员。芝泉说阁下畅晓军事，善于谋略，请你亲率劲旅，痛剿逆匪，想必不会推辞的吧。"

乙　你怎么回答的？

甲　我说："敝人才疏学浅，不敢担此重任，请您另委贤能。"总统说："大才必有大用，不必推辞，就此拜杆儿①。"

乙　要唱《鸿鸾禧》呀！

甲　总统说："你不想做官，也要替国家前途想一想呀。"我说："既然总统栽培，敝人愿领一旅②之师，痛剿逆匪。"

乙　才用一旅人？

甲　总统说："一旅人？输送给养都不够用的。"我说："此言差矣！"

乙　你嚷什么？

甲　该使劲儿的时候就得使劲儿。我说："将在谋，不在勇，兵在精，何在多？将乃兵之胆，兵乃将之威，上下一心，努力杀贼，哪怕大功不成！"总统说："好，好啊！壮哉，壮哉！我给你三万。"他给我三万，我乐啦！

乙　怎么哪？

甲　我手里有二万、四万，再来个三万，我和啦！

乙　你打麻将牌来啦！

甲　总统说："倒茶。"我赶紧起身告辞。

乙　怎么不喝了茶再走？

甲　你不懂官场的规矩：端茶送客。我告辞回到旅馆。第二天，我正阅报哪，茶房进来了，后边儿跟俩人，是陆军部派来的，给我送

---

① 借用京剧《鸿鸾禧》中金松对莫稽说的一句台词，意思是接受任务。

② 此处的"旅"字，本意应是泛指"军队"。

委任令来了。见了我，给我敬礼。我接过来一看，上写：委任令第三十九号半。

乙 有三十九号、四十号，怎么还三十九号半哪？

甲 三十九号我穿着小，四十号穿着大。

乙 三十九号半？

甲 正合适。

乙 委任令？

甲 皮鞋。

乙 皮鞋干什么？

甲 打开一看，上写："委任令。特委任张寿臣为讨逆军总司令兼前敌总指挥，此令。段祺瑞。"跟着又接到命令："命令。命令讨逆军总司令，节制驻安阳十八旅、驻保定二十一旅、驻南苑三十二混成旅，于某年某月某日开赴郑州。此令。段祺瑞。"我赶紧到陆军部筹划军饷，总统下条子拨了六十万，实发二十万。

乙 那四十万哪？

甲 总长扣下了。

乙 好嘛。二十万够用吗？

甲 不够用。叫我的军需处在驻地筹划。

乙 老百姓活得了吗？

甲 司令部下设八大处。

乙 哪八大处？

甲 军需处，副官处，参谋处，军械处，军法处，军医处，庶务处，秘书处。我带着八处的随员到南苑阅兵，高搭三丈六尺高的阅兵台。我翻开花名册，亲自点名。

乙 用得着你亲自点名吗？

甲 我查查有吃空额的没有。

乙 还够仔细的。

甲 我一看：第一团第一营第一连第一排军士李德功。"李德功，李德功！李德功呢？"

乙 我哪儿知道！

甲 我叫你答应，你就是李德功。"李德功！"

乙 唉。

甲 你要死呀！一点儿尚武精神都没有。我一喊，你说"有"。

乙　可以。

甲　李德功!

乙　有!

甲　王德胜!

乙　有!

甲　赵德标!

乙　有!

甲　猴儿景!

乙　有!

甲　二小儿!

乙　唉! 怎么净是这个人头儿啊!

甲　你想啊,我当司令,可不就带一帮"二小儿"嘛! 点完了名我亲自训话:"弟兄们,我们打白朗,一定立功。立功一次娶一个媳妇,立大功可以娶俩。有了错儿——"

乙　一定严惩。

甲　每人罚两毛钱!

乙　每人才罚两毛钱。

甲　总统叫我罚一毛,这我还赚一毛哪。我马上颁发一号命令:命令全部人马开赴郑州。第二号命令:为了克敌制胜,严明军纪,命令如下:临阵脱逃者枪决,违抗军令者枪决,奸淫妇女者枪决,克扣军饷者枪决,造谣惑众者枪决,私卖军火者枪决,抢劫财物者枪决,杀良冒功者枪决,纵火枪决,资匪枪决,通敌枪决,泄密枪决,吃饭枪决。

乙　啊?

甲　睡觉枪决。

乙　什么?

甲　大便枪决。

乙　全枪毙啦!

甲　兵变枪决。誓师已毕,即刻出发。安排四十列兵车,前边儿铁甲车开道,一直开到郑州。下车一看,欢迎的人太多啦! 各界人士全有,绅、商、军、警足有一二百人。大伙儿送我万民旗、万民伞,商务会送我一块石碑,我没敢要。

乙　怎么?

甲　他们叫我背着。

乙　那你就上坟地吧！

甲　安置好了行辕，埋锅造饭，贴上安民告示。

乙　怎么写的？

甲　"为布告事。照得河南古之中州，九省通衢，商贾云集，农产丰富。自经白逆盘踞以来，奸烧杀掠，无所不为，十室九空，庐墓为墟。良田千顷，化为杀人战场；繁华省市，已为瓦砾之区。商旅深受之痛苦，民众所遭之浩劫，令人罕见闻矣。本司令今奉大总统之明命，剿匪安民，旄头所指，望风披靡。彼乌合之众，已成釜底游鱼，渠魁授首，指顾之间。凡被裹胁之众，持械来降者，不咎既往；负隅顽抗者，格杀勿论。晓谕士农工商，各守本业，切勿轻信谣言，自相惊扰；如有窝匪通匪，造谣惑众等情，一经查明，严惩不贷，勿谓言之不预也。切切此布。讨逆军总司令张×年×月×日。"然后带着参谋处人员到城外视察。我拿起望远镜一看——

乙　看见白朗的旗帜啦？

甲　没有。摸不清白朗在哪儿哪。为了看得清楚，马上传令砍树、扒房，限一天之内四郊村民全部迁出，过期纵火烧房。

乙　多缺德！

甲　马上挖战壕，拉电网，埋地雷，撒小岗，换口令。明天拂晓全力出击。我回到司令部脱衣大睡。

乙　两军对垒，哪儿有脱衣裳睡觉的？

甲　我有个毛病，不脱光了睡不着。

乙　什么毛病都有！

甲　我正在似睡不睡，就听见楼梯一响，噔噔噔，啪！第一名侦探报告："报告司令，在我左前方有敌方一个营在活动。""命我一三八团加强警戒。"我刚要睡，就听见噔噔噔，啪！第二名侦探报告："报告司令，在我右翼发现敌人骑兵。""命令机枪连开火！"噔噔噔，啪！第三名侦探报告："报告司令，在我正前方发现大股敌人进击。""命令我战车队立刻出迎。"我可不能再睡啦，赶紧起来。噔噔噔……

甲
乙　啪！

乙　我就知道嘛。

甲　侦探长报告："报告司令……"我一看他那模样儿太惨啦，帽带儿也折了，帽檐儿也耷拉下来了，军服四个兜儿剩俩了，五个纽儿还剩仁，脚底下的皮鞋甩丢了一只，剩下的这只也开绽啦，露出四个脚指头，龇牙咧嘴，一跛一踮。

乙　太狼狈啦！

甲　"报告司令，敌人突破第三道防线。""命令炮兵团加强火力。"我穿好军衣，戴好军帽，系好纽扣，戴上肩章，扣好领章，登上马靴，扣上刺马针，扎上武装带，拿着指挥刀、望远镜，来到当院儿，扳鞍认镫刚要上马，众将官冲我一乐，我又跑回去啦。

乙　您忘带手枪了？

甲　我没穿裤子。

乙　吓晕啦！

（张寿臣述　田立禾整理）

南征梦[*]

甲　贵姓呀，您哪？

乙　不敢担您这贵字，我姓 ×。

甲　× 先生。

乙　我们这儿不叫先生，叫同志。

甲　噢！您哪行发财？

乙　什么发财？我是文艺工作者，说相声。

甲　（不屑地）嘿！说玩意儿的。您瞧瞧我像干什么的？

乙　这……（端详甲）哈哈！看您这穿章打扮，言谈举止，大不了，
　　嘿嘿！是个相面的。

甲　什么？看相的！我做过官，带过兵。

乙　啊？

甲　您啊什么呀！瞧着不像呀？

乙　（仔细端详甲）哈哈！是差点儿。

甲　您别看我这长相不怎么样，我是外拙内秀。

乙　是呀！您都有什么本事？

甲　什么本事？说出来能吓你一跳。

乙　我也不至于这么胆小呀！

甲　论文我有定国安邦之志，论武我有统兵作战之才。

乙　噢！还是文武全才。论文您都念过什么书呀？

甲　倒没念过多少，反正这肚子里边，除去心、肝、肺、脾、肾五脏
　　之外，没别的，全是书。

＊　本篇系《打白狼》的整理本之一。

乙 嗬!

甲 （摸肚子）嗯！这是《百家姓》。

乙 书还摸得出来？

甲 什么话呢！（一点儿一点儿往上摸）《三字经》《千字文》《大学》《中庸》《论语》《孟子》《诗经》《书经》《易经》《礼记》《公羊》《穀梁》《春秋》《左传》、古文……（抓嗓子）

乙 这是干什么呀？

甲 书念得太多啦，都顶到嗓子眼啦！要不抓着点儿，奔儿，就得蹦出一本来。

乙 这……没听说过，你肚子是书箱呀！论武都练过什么呀？

甲 十八般武艺件件精通。

乙 哪十八般？

甲 刀、枪、剑、戟、斧、钺、钩、叉、鞭、锏、锤、抓、镗、棍、槊、棒、拐子、流星，带钩的，带链的，带环的，带刺儿的，带刃儿的，带须儿的，没有咱们拿不起来的。

乙 是呀？哈哈！像您这样一位大人物，文武全才，过去我怎么没听说过呀？

甲 你怎么会没听见人说过呀？刚才不是还有人告诉你哪嘛！

乙 谁告诉我啦？

甲 我告诉你啦！

乙 噢！自己捧自己呀！

甲 干吗自己捧自己呀！咱们真露过脸。

乙 你多咱露过脸呀？

甲 同治年间。

乙 啊？同治年间，那会儿有你吗？

甲 怎么会没我呀！您看着我年轻，我是不显老，保养得好，今年我九十六啦！

乙 （旁白）瞧瞧，连自己的岁数还吹哪！也不知哪儿领养老金去。

甲 那会儿谁不知道呀！"嘿！瞧瞧！人家×××（甲名），真得说有本事，拳打南山猛虎，脚踢北海蛟龙。"

乙 对！随便说，反正说大话吹牛不上营业税。

甲 什么叫说大话呀？谁不知道北京有个×大将军呀！不信你问去呀！

乙　我哪儿给您找这么大岁数的人去呀？哪儿问去呀？

甲　你问我呀！

乙　哎！也就只有问您啦！

甲　有一次我在家练罢了功夫，闲着也没事儿，到北海溜达溜达，我……

乙　您等会儿！北海？您进得去吗？

甲　怎么进不去呀？我买了门票啦！

乙　什么买了门票啦？那会儿北海是禁地，怎么能让你随便溜达溜达？

甲　这……

乙　什么叫这呀？

甲　啊！那年八月十五，西太后请满朝文武到北海赏月，把我也请去啦，不信你问去呀！

乙　行啦！我别问啦，您随便说吧！

甲　我到了北海，先游了游濠濮间，后到南边琼岛山上逛了逛小白塔，肚子饿啦，到漪澜堂吃点儿什么吧！

乙　啊？那会儿有漪澜堂吗？

甲　啊！老漪澜堂……

甲
乙　（同讲）不信您问去呀！

乙　我就知道有这一手儿。

甲　来了碟八宝小窝窝头。我刚要吃，就这么个时候，来了阵狂风，吹得花枝宰宰直摇。狂风过去，噗的一声，从假山背后跳出一只吊睛白额大虫，朝着我扑将过来。嗬！大胆孽畜，想吃我×大将军。可把我气坏啦！我将身躲过，回转身来，伸左手，抓住老虎的顶门皮，举右手朝老虎顶门之上，轻轻一拳，没费事，这老虎就呜呼哀哉啦！

乙　啊？北海里头有老虎呀！

甲　当然有啦！没有我怎么打的呀！

乙　我问问您，您打死的那只大虫什么样呀？

甲　老虎嘛！一身黄毛带条纹，四个爪子能抓人，小耳朵，蓝眼睛，一根尾巴像条棍。

乙　样子倒像只老虎。有好大呀？

甲　从头到尾，两尺多长。

乙　两尺多长？噢！才生下来的小老虎。

甲　叫起来喵——喵——的。

乙　噢！猫呀！

甲　然也！

乙　别然也啦！打死一只猫，那算什么呀！

甲　算什么？那猫比老虎还厉害呀？

乙　怎么猫比老虎还厉害呀？

甲　猫是老虎的师父呀！您想，哪有师父不比徒弟厉害的呀！

乙　好嘛！您又在哪儿踢过蛟龙呀？

甲　我打死了老虎……

乙　行啦，您就别老虎啦！

甲　又转到北岸来啦，那时候月亮才上来，我一看前边儿，在月光底下，恍恍惚惚的有九条蛟龙，在那儿张牙舞爪，背上麟甲一闪一闪的。我一想：不好，蛟龙出，一定发大水，要不斩除，北京城就保不住啦！想回去拿宝剑，来不及啦！我赤手空拳，一人敌九龙，矮左腿，起右腿，通的一脚，踢死两条；又飞起左脚，踢死三条；没费劲儿，就把九条蛟龙都踢死了啦！

乙　甭说，大概不是踢死条长虫，要不就是碾死条曲蟮！

甲　长虫、曲蟮，干什么哪？蛟龙嘛！

乙　蛟龙？北海哪有蛟龙呀？

甲　怎么会没有呀？明明九条蛟龙都给我踢死啦！

乙　踢死在哪儿啦？

甲　踢死在九龙壁上啦！

乙　啊？这就是脚踢北海蛟龙啊？

甲　是呀！那不是脚踢北海雕（蛟）龙嘛！

乙　噢！雕龙呀！那三岁小孩儿都能踢。

甲　从这儿以后，我的名声可大啦！满朝文武没有一个不知道我×大将军，人才出众，武艺超群。

乙　嘀！

甲　那年正是同治二年，河南白狼作乱，也合着该我升官发财啦！

乙　什么白狼？那是农民起义军哪！

甲　你们看是起义军，到我们那会儿眼里看就是白狼。当时有河南巡抚张剥皮，修了一道告急本章，向皇帝告急。那时同治年幼，东西两宫，垂帘听政，西太后打开本章一看，手指河南，破口大骂："胆大白狼，竟敢叛反国家，岂不知，普天之下，莫非王土，率土之滨，莫非王臣。皇家何处亏待尔等。若不派大兵剿灭，焉知我大清之神威！"骂罢之后，对满朝文武言道："但不知我朝之中，哪家爱卿，愿带一哨人马，前往河南剿匪，得胜回朝，定官加三级，金赐万两。"西太后说罢之后……

乙　去了几个？

甲　一个都没去。

乙　怎么都不去呀？

甲　听说白狼把我们恨苦啦！不抓住便罢，要是抓住呀，问都不问，就砍脑袋。您说在家里有姨太太陪着，没事儿抽两口大烟，比什么不舒坦呀，干吗拿命开玩笑呀？

乙　合着个个都怕死呀！

甲　西太后一看，说了半天，好嘛，合着白说啦！

乙　嘿嘿！

甲　当时太后大怒，开口就骂满朝文武。

乙　怎么骂呀？

甲　混账，混账王八羔子，不是东西！

乙　啊？这是西太后骂的。

甲　不！这是我骂的。

乙　这不是起哄吗？

甲　西太后骂道："尔等只知养尊处优，堂上一呼，阶下百诺。尔俸尔禄，俱是皇家所赐，上不与君分忧，下不与民解愁，岂不知养兵千日，用在一时。至此时乃国家存亡之秋，竟无一人敢挺身而出，带兵至河南剿匪，真乃酒囊饭袋，贪生怕死之辈，尚有何面目立于朝堂之上，岂不羞哉！"

乙　嚯！这回可把你们骂惨啦！

甲　骂得好，骂出个人来啦！

乙　还真有个懂得害臊的，把谁骂出来啦？

甲　兵部尚书，外号"青果头"。

乙　怎么叫"青果头"呀？

甲　因为钻营，脑袋磨成青果形啦！

乙　好嘛！

甲 "青果头"尚书当时奏道:"太后暂息雷霆之怒,臣愿保举一人。""卿愿保举何人?""此人大名鼎鼎,有经天纬地之才,安邦定国之志,上马能统兵作战,下马能著书立说,精通十八般武艺。若将此人召进宫来,封为南征大元帅,命他带领一哨人马,去往河南剿匪,定能旗开得胜,马到成功。"

乙 这个人是谁呀?

甲 您说还有谁?当然是我 × 大将军啦!

乙 啊?你别不害臊啦!

甲 西太后说:"此人是否就是拳打南山猛虎,脚踢北海雕龙之勇士?""正是!"太后闻听,心中大悦,立刻下了一道圣旨,命人速速召我进宫。

乙 旨意怎么写的?

甲 "奉天承运,皇帝诏曰:兹因河南白狼作乱,朕心中十分焦急,朝中无人能担此重任,幸得兵部尚书'青果头'保奏,始知卿有经天纬地之才,安邦定国之志,上马能统兵作战,下马能著书立说……"论文算过八字,论武卖过大力丸……

乙 旨意上还有这词儿啊?

甲 这是我的拿手,所以我加了两句。

乙 好嘛!

甲 "卿乃国家栋梁之才,见旨后立即进宫,共商军国大事,钦此。"这封圣旨当天晚上就送到我家里。

乙 噢!

甲 那天我正吃完了晚饭,看了看兵书,览了览战策,舞了舞剑,跟我儿子下了盘棋,抽空打俩喷嚏,打俩饱嗝,练练气功。

乙 新鲜!打喷嚏,打饱嗝都算练气功。

甲 我躺在炕上歇一会儿。人乏了,一挨枕头,我三睡没睡。

乙 哎!似(四)睡没睡。

甲 噢!我漏了税(睡)啦!

乙 漏税罚你。

甲 我似睡没睡这么个时间,外头啪啪打门,还直喊"圣旨下"。我赶紧接旨吧!设好香案,三跪九叩,三呼万岁。圣旨读罢,叩谢隆恩。

乙 您这套词儿,哪儿学来的呀?

甲 戏台上谁没听见过。第二天天不亮就去兵部挂号,礼部演礼,第三天午门候旨。少刻之间，金钟三响，净鞭三道。万岁和西太后登殿。内侍言道："有本早奏，无本卷帘退班。"黄门官启奏："今有 × 大将军在午门候旨。"

乙　给您通报啦！

甲　西太后立时降旨，命我随旨进殿。

乙　噢！

甲　黄门官喊道："圣上有旨，命 × 大将军随旨上殿。"当时我三步一拜，五步一跪，拜上金阶。

乙　瞧你这一副奴才相。

甲　品级台前跪下，口称："奴才 ××× 见驾，愿我主万岁，圣寿无疆。"

乙　合着还真是奴才！

甲　西太后见我进殿，立即站起身形，（右手举齐眉）手搭凉棚，往下观瞧。

乙　西太后这是什么毛病呀？

甲　这两天害眼。

乙　好嘛！

甲　"嘿！你们看，××× 真乃一表人才。"赶紧言道，"下面跪的敢是爱卿？""不敢，正是奴才。""今有河南白狼作乱，皇上有意派卿带领一哨人马，去往河南，剿灭白狼，卿可有此胆量？"

乙　有胆子。

甲　当着皇帝、太后，说有胆子，大言不惭，有欺君之罪。

乙　那就说没胆子好啦！

甲　吃着皇家的粮，拿着皇家的饷，说没胆子，有慢君之罪。

乙　还活得了啊？那怎么办呢？

甲　一样半拉，到有到无的。

乙　好嘛！合着两头都占着。

甲　"卿可愿往？""愿效犬马之劳。仗我主洪福，河南白狼乃乌合之众，天兵一到，自然瓦解冰消。"

乙　还天兵哪！我看你们简直就是贼兵。

甲　太后闻言大悦。问我要多少人马，我说有五千人足矣！

乙　啊？五千人？

甲　太后言道："想河南白狼，有如遮天盖日，五千人马还不够垫马蹄

253

子的哪！"

乙　嗯！

甲　"启奏我主万岁，兵书有云：兵在精而不在多，将在谋而不在勇，兵乃军中之威，将乃兵中之胆，仗我主洪福，必定旗开得胜，马到成功！"

乙　瞧这份儿吹。

甲　太后说："五千太少，给你五万！"太后给我五万，我高兴啦！

乙　你怎么高兴啦？

甲　呃！我手里有张四万，有张六万，给我五万，坎档儿独一听，满贯，我和啦！

乙　噢！又赌上啦！

甲　太后立时下旨，命我明日教场点兵。

乙　嗯！

甲　当日下午，兵部尚书"青果头"陪我至校场点兵，我登上点将台，千中挑百，百中挑十，十中挑一，挑了五万名全都是……

乙　身强力壮的。

甲　都是带两杆枪的。

乙　不错呀！都是双枪将。

甲　是不错。一支长枪，一支烟枪。

乙　噢！大烟鬼呀！

甲　这就是最好的啦！

乙　这还是最好的哪！

甲　第二天我上殿复旨，太后问我何时动身，我说："河南正在水深火热之中，救急如救火，立时出兵。"太后大喜，立刻命黄门官赐酒三杯，我当时一饮而尽。"巴巴……嗯！不错！有酒无菜，哎！来块豆腐干儿！"

乙　啊？你又喝上啦！

甲　赐酒已毕，赏我尚方宝剑一口，可以先斩后奏。并赐九头烈火狮子印一颗，能调直鲁豫三省人马。恩赐双眼花翎，赏穿黄马褂，忠勇巴图鲁。

乙　纯粹是走狗！

甲　我谢恩已毕，辞别圣上、太后，带领人马出德胜门。

乙　干吗出德胜门呀？

甲　取其得胜之意。打完仗回来进安定门，取其安定之意。不过出德胜门，也时常叫人家给揍个鼻青脸肿的回来。

乙　好嘛！没用啊！

甲　人马出德胜门，前面二十四杆飞龙旗，二十四杆飞虎旗，二十四杆飞豹旗，二十四杆飞熊旗。五色旌旗，东方甲乙木，西方庚辛金，北方壬癸水，南方丙丁火，中央戊己土。前排一百名长枪手，一百名短刀手，一百名弓箭手，一百名大刀手，三百步兵，五百马兵，一百六十名亲兵小队子。副、参、游、都、守、千、把、外委，两排并进。一座四方亭，上供尚方宝剑。我马前边有五杆大旗，前朱雀，后玄武，左青龙，右白虎，中间一杆大纛旗，红缎子做的面儿，蓝缎子镶的边儿，葫芦金顶，倒垂灯笼穗，红飘带，红火焰，当中斗大白月亮光儿，上绣五个大字！

乙　哪五个大字？

甲　"南征大元帅。"

乙　嗬！

甲　大队人马随后，浩浩荡荡，直奔河南，一路之上真可说是……

乙　秋毫无犯。

甲　见什么抢什么。

乙　好嘛！比土匪还凶。

甲　人马行了五天，才到河南界地，前面尘烟起处，探马来报。

乙　噢！

甲　"报！在前面五十里处，发现白狼一股。""赏你银牌一块，再探再报。"我立刻命令人马，靠山近水，安营扎寨。

乙　嗯！

甲　扎下鹿角，埋下铁蒺藜，放好步哨，命火头军埋锅造饭。弟兄们啃窝窝头，我一个人来桌燕菜席。

乙　冲你这行为就打不了胜仗。

甲　我吱喽一口酒，吧嗒一口菜，足这么一吃。我吃得正高兴哪，就听对面山坡上有人奉承。

乙　怎么奉承你？

甲　"×××小子，你出来吧。"

乙　啊？这是奉承你哪吗？这是骂你哪！

甲　我怎么听不出来呀？

乙　都骂皮啦！

甲　"别坐在里头吃啦！有本事出来比画比画。"

乙　好嘛！

甲　我一听这是白狼叫阵呀！真是气得我三尸神暴跳，五陵豪气腾空！"与我击鼓升帐！"

乙　你还有气哪！

甲　卡龙冬，……三通儿鼓罢！各将聚集中军宝帐，中军官高声点名：×××，×××，×××（都是相声艺人名）。

乙　你的将官怎么都是说相声的呀？

甲　您想我要当了元帅，我不提拔你们提拔谁呀！

乙　没人跟你送死去！

甲　点名已毕，立刻传令："张副将带兵五百为右哨，李参将带兵五百为左哨，王督司带兵五百压阵脚，赵守备带兵一千守大营，其余众将随我出战。"

乙　嘿！还真有一手儿！

甲　当时我顶盔贯甲，罩袍束带，身穿红缎子跨马服，扎花箭袖，扎的是三蓝牡丹花，外套黄马褂。头戴朝帽，上安珊瑚顶，双眼花翎。腰里勒着忠孝带，上边挂着眼镜盒，扳指套，跟头褡裢儿，槟榔荷包，扇子口袋。

乙　我说你打仗带这么些零碎儿干吗呀？

甲　拉我那匹宝马蹾蛋青。

乙　听这名儿。

甲　手提银枪，三声号炮，冲出营门，人马雁翅儿排开。但见对面白狼，少说着也有五六百，为首的身高马大，一身青，手拿门扇大刀，真是雄赳赳，气昂昂。冲他这相儿，我就干不过他。

乙　啊？胆小啦！

甲　贼人催马来到疆场，点名叫×××出阵。

乙　叫你哪！

甲　我一想：我乃堂堂元帅，一军之主，焉有怯阵之理？一催蹾蛋青，来到疆场，贼人一见我这气可大啦！破口就骂。

乙　骂什么呀？

甲　"×××，好小辈！"我说："您说话干吗这么客气呀？"

乙　你这个人怎么这么没羞没臊啦！

甲　"自从汉奸吴三桂，为了小妾陈圆圆，不顾黎民百姓，将清兵接进关来，有如引狼入室，大好山河变色，黎民处于水深火热之中。尔亦为大汉黄帝子孙，竟恬不知耻，扶保清朝，与自己手足作对，还有何面目在阵前耀武扬威，真乃衣冠禽兽，势利小人！"

乙　哈，骂得好！

甲　您说我跟他有什么仇呀？连面都没见过，他干吗这么骂我呀？

乙　叫我也得骂你。

甲　"白狼小辈，你别认为你 × 大将军是无能之人，没个三脚猫，四门斗，敢带兵来吗？少说废话，过来吧，你呀！"贼人也气极啦，催马就过来啦！照我顶门嚓的就是一刀。我一看："哟！我的妈呀！"

乙　怎么叫了妈啦？

甲　吓的！那刀如闪电一般，要是碰到我脖子上，那脑袋立刻就得搬家，脑袋一搬家，据科学家说，吃什么可就不香啦！

乙　这不是废话嘛！

甲　幸亏我那蹶蛋青救了我啦！

乙　马怎么救了你啦？

甲　我那马跑得慢，蹦得可快，它看刀下来，也吓坏啦！

乙　什么人骑什么马！

甲　往前一蹦，这一刀没砍着。我这匹马连蹿带蹦往白狼队伍里就跑。

乙　啊？吓昏啦！

甲　我想勒马也勒不住啦！我赶紧喊："救命呀！救命呀！观世音菩萨救命呀！"

乙　观世音菩萨不管你这闲事。

甲　满营众将一看不好。

乙　赶紧救你？

甲　赶紧开跑！

乙　啊？

甲　白狼领兵就追，趁这乱劲儿，我先跑啦！

乙　元帅带着头儿跑。

甲　白狼随后就追。打到天黑，幸亏还好，白狼没有再追啦！我赶紧收拾残兵败将，一点名还好，（伸四指）还剩这么个大数。

乙　还剩四万人。

甲　还剩四十人。

乙　全军覆灭啦!

甲　全投降啦! 没关系,有圣旨能调三省人马,再调五万来。

乙　再来也得送礼。

甲　赶紧修下告捷本章,连夜送到北京。

乙　哟! 打了败仗你还告捷!

甲　你不懂! 那会儿做官就得这么做。你要是告捷呀,甭管打胜仗打败仗必定有赏;要是报败呀,兴许诛灭九族。

乙　这都叫什么军法呀!

甲　西太后一看心中大悦,立刻派来钦差,犒赏三军。

乙　好嘛!

甲　给我送来汉白玉扳指一个,翡翠鼻烟壶一双,八旗正标一幅,并有一副对联。

乙　对联是怎么写的呀?

甲　上联是:"龙韬虎略振家邦,才震四海;"

乙　下联?

甲　"文修武备展宏图,勇冠三军。"

乙　你还勇冠三军哪! 八旗正标怎么写的呀?

甲　"大将南征胆气豪,腰横秋水雁翎刀。风吹鼍鼓山河动,电闪旌旗日月高。天上麒麟原有种,穴中蝼蚁岂能逃。太平待诏归来日,朕与将军解战袍。"

乙　嗯!

甲　我命人将八旗正标悬挂中堂,天子有恩我有赏。我赏弟兄们一坛美酒,一只羔羊,这叫羊羔美酒犒赏三军。

乙　瞧瞧!

甲　我吃了个酒醉饭饱,叫跟班儿给我铺床睡觉。

乙　是得歇会儿啦!

甲　我脱了个光眼子钻被窝儿。

乙　嘿嘿嘿! 两军交锋,十分紧急,你怎么不穿衣服睡觉呀?

甲　累了好几天啦! 脱了衣服睡觉解乏。

乙　万一要是偷营劫寨呢?

甲　穿衣服打仗。

乙　那还来得及呀?

甲　来得及,你放心吧!

乙　有我什么事呀！我有什么不放心的呀！

甲　我脑袋一挨枕头，呼呼呼就睡着啦！

乙　这倒好，吃得饱，睡得着呀！

甲　我刚要睡着，也不过就是二更天，只听外边梆梆梆梆，当当当当。

乙　打四更啦！

甲　我一听，不好！兵书有云："更鼓乱敲，军中必乱。"

乙　对！

甲　果然不出我所料。就听营门外边，喊杀之声如山崩地裂一般，我那跟班儿的跑进来啦："大……大人！不不不好，快……跑吧！白狼偷营来啦！"

乙　怎么样！

甲　跑？跑也得穿衣裳呀！

乙　谁让你脱光啦！赶紧穿吧！

甲　穿呀？衣裳找不着啦！

乙　衣裳哪去啦！

甲　张副将早就穿跑啦！

乙　那你就穿张副将的吧！

甲　张副将的叫李参将穿跑啦！

乙　那你穿李参将的吧！

甲　李参将的叫我跟班儿的发了外财啦！

乙　嘿！全乱了营啦！

甲　幸亏好！在帐篷角那儿还放着一包，我赶紧穿。

乙　穿吧！

甲　穿上汗褟，裤子，箭袍，跨马服，外褂子，戴上大帽，安上顶子，插上翎子，往外就走。大家冲我一笑，我低头一看："哟！我忘了一样东西。"撒腿往回就跑。

乙　噢！你还没安补子哪？

甲　我还没穿鞋哪！

乙　光着脚就出去啦！

甲　我回去赶紧穿上鞋，出得营门，命人带马。扳鞍踩镫，上了坐骑，一看："唔！这马没脑袋。"

乙　马怎么没脑袋呀？

甲　我骑倒啦！

乙　全吓昏啦！

甲　二次上马，白狼人马就到啦！跟我对面的正是那个黑大个儿。冤家见面，分外眼红，我提枪就刺。贼人用手一抓把枪杆抓住啦！

乙　得！

甲　"给我！""拿去！"

乙　您怎么把兵刃给他啦！

甲　我没他劲大呀！

乙　好嘛！

甲　贼人就用我的枪，照我后心就刺。这叫"以子之矛，攻子之盾"。

乙　这时候你还顾得转文哪！

甲　这一枪要是扎上，就非得来个透心儿凉不可！

乙　嘿嘿！

甲　我赶紧往马鞍上一趴，这一下可坏啦！

乙　怎么啦？

甲　劲大啦，把我老婆也撞醒啦，枕头也掉地下啦，孩子也蹬哭了，灯也砸啦，我一看挂表，才十一点半。

乙　哎哎哎！你不是在那儿打仗哪吗？

甲　哪儿呀！我在家里做梦哪！

（叶利中　张继楼整理）

高山求子 *

甲　（对观众）诸位，我给您介绍一下，这位是说相声的×××。

乙　您甭介绍，大家都认识我。

甲　不，说相声跟说相声的不一样。

乙　怎么不一样？

甲　别人说相声是为了养家糊口，为了吃饭，这位不指着这个……

乙　对，我不指着这个。

甲　您指着什么？

乙　我哪儿知道！我还没指着这个。

甲　现在您指着这个，原先不指着这个，您是个票友儿。家里有钱。

乙　还是您知道。

甲　那真是家大业大，有的是洋蜡。

乙　我没事儿净"坐蜡"？

甲　家大业大，有的是骡马。那真是：家有千顷靠山河，父做高官子
　　说相声。

乙　子说相声？

甲　应该怎么说？

乙　父做高官子登科。

甲　子登科呀？你现在干什么了？

乙　对，说相声了。

甲　到北京您打听打听，谁不知道，你爸爸有个外号。

乙　叫？

＊　这个段子原题名《拴娃娃》，又名《爬坡》。

甲　×半球!

乙　诸位，这可不是我吹吧?

甲　什么叫半球知道吗?

乙　什么叫半球?

甲　就说你有半球的爸爸。

乙　你有一球的爷爷。

甲　半球的财产买卖都是你们家的。

乙　这话不假。

甲　别看这么大财主，也有不顺心的地方。

乙　什么地方不顺心?

甲　你爸爸没儿子。

乙　……哎，没儿子我打哪儿来的?

甲　我说的不是这个……

乙　噢，哪个?

甲　我是说从前没你，后来才有的你。

乙　这倒对。

甲　你爸爸这一辈儿上老哥儿四个，你爸爸行三，那哥儿仨一个儿没有，就你爸爸这一个眼珠子。

乙　对了，那哥儿仨都是瞎子，就我爸爸一只眼，走起路来一串瞎子! 我爸爸没这只眼都掉河里了。你缺德不缺德?

甲　老哥儿四个拿你当掌上明珠一样。

乙　这话不假。

甲　你有个小名?

乙　叫什么?

甲　你叫"五一"。

乙　你怎么知道呢?

甲　我能不知道吗? 你爸爸五十一岁才有的你，对不对?

乙　对呀。你是……

甲　那时候我给你爸爸当差，你爸爸走哪儿我跟在哪儿，你爸爸给我起个外号——

乙　你叫?

甲　"跟兔儿"哇!

乙　"跟兔儿"? 我爸爸是兔子?

甲　我叫"根柱儿"。

乙　这还差不多。

甲　你爸爸在没有你之前，有一天坐在书房长吁短叹。

乙　是呀？

甲　"唉，天哪，天哪，天哪啊……"

乙　我爸爸要开戏呀？

甲　"我这是怎么啦！"

乙　我爸爸是怎么啦？

甲　"我到底怎么啦？"

乙　我到底要枪毙！

甲　这怎么讲话？我学你爸爸哪。

乙　你别光学这一句，往下说。

甲　"老天爷，你怎么不睁眼？你看人家都是子孙满堂，我为什么没儿没女？我缺了哪门子德了？……"

乙　我爸爸真动心了。

甲　小丫鬟看见你爸爸生气，赶紧跑到后院，告诉你妈。你妈一听慌神儿了，到书房去看看吧。四个小丫鬟搀着你妈一个人儿。

乙　瞧这派头儿。

甲　你妈要没丫鬟搀着都走不了道儿！

乙　我妈脚太小。

甲　你妈脚小。上尺一量——

乙　多大？

甲　二寸八……

乙　太小了！

甲　零一尺。

乙　嚯！这么大脚？

甲　说笑话。反正脚不大。你妈进书房一看："哟！"

乙　哟。

甲　"哟！"

乙　哟。

甲　"哟！"

乙　怎么啦？

甲　踩猫尾巴上了。

高山求子

乙　瞧这寸劲儿。

甲　"哟，我说老员（鼋）……"

乙　啊？

甲　"……外呀！"

乙　你说话别大喘气行不行？

甲　"往日您都是欢天喜地的，今天这是怎么啦？长吁短叹的？我是缺您吃了，我是缺您的喝了？老夫老妻的，难道我还缺你奶……"

乙　啊？

甲　"……哪样儿？"

乙　我当我爸爸还吃奶哪！

甲　你爸爸一听！"啊——"

乙　啊。

甲　"啊——"

乙　啊。

甲　"啊——啊——啊！"（大声）

乙　驴呀？

甲　正赶上磨棚的驴叫唤哪。

乙　都赶一块儿了。

甲　"夫人，我不问你，你反倒来问我。我问问你，我娶你有多少年了？"

乙　多少年了？

甲　"三十多年了。""着哇，三十多年你是给我生下一儿（对乙）？"

乙　没有。

甲　"养下一女？"

乙　没有。

甲　"没儿没女我要你何用？"

乙　就是。

甲　（对乙）说呀，你为什么不养活？

乙　是呀。

甲　你为什么不养活？

乙　可说呢。

甲　问你哪，你为什么不养活？

乙　我养活？我养活成怪物了！

甲　你爸爸问你妈哪。

乙　你冲我瞪什么眼？

甲　你妈一听，一个轱辘车——

乙　怎么讲？

甲　翻儿了。酱肘子出锅——

乙　怎么讲？

甲　绷盘儿了。兔儿爷过河——

乙　怎么讲？

甲　崴泥了。猴舔蒜罐子——

乙　怎么讲？

甲　翻白眼儿了！

乙　你哪儿这么多俏皮话？

甲　你妈可真生气了？"哟——！"（满台飞）

乙　拿鸡笼把你罩上！

甲　"可了不得！公公在世说我们不生，婆婆在世说我们不养，老夫老妻的，一辈子活了多半辈子了，你也嫌我们不生不养。不生不养那是你们家的德行，别光看在你们家没养，在娘家为闺女的时候我们可没少养活……"

乙　什么？

甲　"……小白猫儿啊！"

乙　吓我一跳！

甲　"不生不养，你没做那养孩子的事儿。"你爸爸一听，对呀！你爸爸为你是东庙烧香，西庙修磬……

乙　啊？

甲　西庙上供。

乙　这还差不多。

甲　你妈为你更不容易。

乙　怎么？

甲　为你拜了四大名山。

乙　哪四大名山？

甲　你妈为你去过泰山。

乙　为我。

甲　到过五台山。

乙　为我。

甲　去过九华山。

乙　为我。

甲　还去过翠屏山。

乙　为……为老和尚。上翠屏山干什么？

甲　京西有个什么山？

乙　京西有个妙峰山。

甲　对，妙峰山。几月开庙门？

乙　四月二十八。

甲　你妈从三月底就开始梳洗打扮上了。

乙　干什么这么早？

甲　你妈求子心盛，赶烧头股香。

乙　嘿！

甲　首先梳头，四个老妈子、八个丫鬟给你妈梳头，梳了三天三夜愣没梳上。

乙　我妈头发太多。

甲　一根儿没有。

乙　秃子？

甲　一根儿短的没有。

乙　全是长的。

甲　你妈那头发，秃噜到地。

乙　坐在椅子上。

甲　躺在门槛儿上。

乙　糖刷子？

甲　梳完头你妈要使点儿油，你说使什么油？

乙　擦点儿桂花油？

甲　不擦。

乙　生发油？

甲　不擦。

乙　那擦什么油？

甲　你妈擦的是煤油。

乙　煤油？

甲　咱都没见过的油。

乙　噢。

甲　你妈梳完头要戴花儿，你说戴什么花儿？

乙　牡丹花儿？

甲　太俗气。

乙　石榴花儿？

甲　不好看。

乙　茉莉花儿？

甲　那叫花儿吗？

乙　那戴什么花儿？

甲　你妈戴一脑袋玉米花儿。

乙　我妈像刺猬了！

甲　不对。戴的是葱花儿。

乙　葱花儿？

甲　葱心绿的花儿。

乙　对。

甲　你妈还要搽粉。搽什么粉？

乙　官粉？

甲　不擦。

乙　鸭蛋粉？

甲　不擦。

乙　窝头粉？

甲　不擦。

乙　那擦什么粉？

甲　你妈擦的是"团粉"。

乙　"团粉"？

甲　团龙的粉。

乙　真讲究。

甲　你妈还要沐浴净身。

乙　怕不干净。

甲　穿的衣服都是绫罗绸缎，干脆说，什么好穿什么。

乙　那还用说。

甲　四月廿八开庙门，还差三十分钟你妈就到山根底下了。

乙　心多诚。

高
山
求
子

甲　你爸爸吩咐一声："静山！"

乙　静山？

甲　把山上的人都撵下去，山上只留你妈一个人儿。

乙　真静。

甲　还一个老和尚。

乙　出去！

甲　你妈也说："讨厌，老和尚出去！"

乙　出去。

甲　小和尚进来。

乙　更不行啦！

甲　留个小和尚好给你妈敲磬。静完山，你妈要一步一个头磕到山上去。

乙　真不容易。

甲　到山上，你妈一边烧香，一边祈祷。

乙　怎么祈祷的？

甲　"老娘娘在上，我们野门鸡氏在下……"

乙　你妈才"野鸡"哪！

甲　"×门×氏在下，请您赏我们一儿半女的，过年来我为您重修庙宇，再塑金身。"祈祷完了，又磕了三个头，掏出一根红头绳来。

乙　干吗？

甲　要拴娃娃。

乙　噢。

甲　老娘娘怀里抱着一个娃娃。

乙　拴吧？

甲　你妈不敢拴。

乙　为什么？

甲　那是真龙天子。

乙　皇上？

甲　你连"闭十"也赶不上。

乙　"闭十"？

甲　上头的娃娃你妈妈不敢拴。

乙　为什么？

甲　长大了怕你登梯子爬高的。

乙　下边的娃娃呢？

甲　不能拴。

乙　怎么？

甲　太低，长大了怕闹水灾。

乙　供桌上的娃娃？

甲　不能拴。

乙　为什么？

甲　怕你活不长。

乙　那怎么办呢？

甲　你妈一撩桌帘儿，看见你了。

乙　我在哪儿哪？

甲　你在供桌底下哪。

乙　就我一个人？

甲　你们四个人哪！

乙　都有谁？

甲　××，×××，×××，还有你。

乙　好嘛，四个说相声的。

甲　你们四个人在那儿规规矩矩的——

乙　念书哪。

甲　抽白面儿哪。

乙　抽白面儿？

甲　不，他们仨人抽，你没抽，你在那——

乙　念书哪。

甲　扎吗啡哪。

乙　我比他们三个都厉害！

甲　你妈拿红头绳儿往你脖子上一拴，把那仨人都吓跑了。

乙　跑什么？

甲　"快跑，抓白面儿的来了！"

乙　抓白面儿啊！

甲　把你拴到家以后，你还别说，老和尚还真灵……

乙　什么？

甲　老娘娘还真灵。

乙　吓我一跳！

甲　你妈有了！

乙　有了！

甲　肚子一天比一天大，呼，呼，呼，就跟气儿吹的一样，到了七八
　　个月，你妈那肚子，自己都摸不着自己的肚脐眼儿！

乙　我妈成大肚蝈蝈儿了。

甲　你别说，肚子大了还真有好处。

乙　什么好处？

甲　吃饭不用饭桌了。

乙　怎么吃呀？

甲　放你妈肚子上就吃了。

乙　嘻！

甲　四个人在你妈肚子上打牌正好。

乙　我妈肚子成八仙桌了。

甲　你妈为你太不容易了。

乙　那还用说。

甲　高处有东西你妈都不敢够。

乙　为什么？

甲　怕把你抻了。

乙　小心哪。

甲　地下有钱你妈都不敢捡。

乙　为什么？

甲　怕把你窝了。

乙　您瞧瞧。

甲　重活儿你妈都不敢干。

乙　为什么？

甲　怕把你累着。

乙　真仔细。

甲　干脆说吧，你妈有个屁都不敢放。

乙　为什么？

甲　怕你跑了！

乙　别挨骂了！

（孙少臣整理）

主客问答[*]

甲　这回咱俩说段相声。

乙　哎。

甲　相声种类可太多啦。

乙　当然啦，相声有歌颂的，有讽刺的，有说的，有学的，有逗的，有唱的。

甲　还有新的旧的，文的武的，真的假的，虚的实的。

乙　相声有真的。

甲　也有假的。

乙　真假得搀和着说。

甲　对！就是我们说假的，您别当假的听；我们说真的，也希望您别相信。

乙　可不，这是艺术嘛。

甲　有真的。

乙　什么样的段子是真的？

甲　有的节目写的是真人真事，这就是真的。有的演员在台上说："我上晓天文，下知地理，中知人和；问一答十，对答如流，不假思索，出口成章，走马观碑，目识群羊。"这有的就是假的。

乙　怎么哪？

甲　你说，说相声的哪个真正上晓天文下知地理？那都是学问啊！

乙　那要是照你这么一说，说相声的连一个有学问的都没有吗？

甲　那也不然，说相声的知道得多，那是肯定的。

＊ 本篇内容见于清梁章钜《浪迹丛谈》。

乙　还是的，那就能问一答十，对答如流。

甲　这可不普遍，不能说每个相声演员都能问一答十，对答如流。

乙　照你这么一说，说相声的问一答十对答如流的一个也没有吗？

甲　不！有。我知道的有这么一个，那真是问一答十，对答如流，不假思索，出口成章。

乙　你说这是谁呀？

甲　相声演员啊！

乙　谁呀？

甲　这个人姓朱，名叫少文。

乙　噢！朱少文哪，这个人我太了解啦，外号叫"穷不怕"，那是一个说相声的最高的老前辈，这个人早死啦。

甲　啊，是死啦，你知道他的出身吗？

乙　出身我不大详细，他出身是干什么的？

甲　他出身是穷秀才。

乙　怎么是穷秀才？

甲　他外号不是叫"穷不怕"嘛。别看他穷，他可真有学问，真是问一答十，对答如流。在前清时代他得中过进士。就十天，说句现在的话，就是被开除啦。

乙　怎么哪？

甲　他拿那个考进士，成心混场。因为他太滑稽，人家一看好像是有精神病，行啦，你该干什么干什么去吧，就这么当了十天进士，后来他就说相声啦。

乙　是有精神病？

甲　他根本一点精神病也没有，他成心玩儿票，我给你说一说，他得中进士以前，进京赶考的时候，在道上这点乐子事。我说说你听听，那可真是问一答十，对答如流。

乙　那你说说我听听。他赶考是在几月份？

甲　正是七八月，那时候正是雨季，他走到半道赶上天下雨啦。

乙　那找个地方避雨吧。

甲　是啊，他找这么个门洞。

乙　噢！大门洞。

甲　在门洞避雨，可不是他一个人。

乙　有多少人？

甲　有十几个人，都立在这儿避雨。这个院儿里头住着一个很有学问的秀才，这个人不但有学问，还有势力，当地的人，谁也惹不起他，他开门出来一看，这气就大啦。

乙　怎么哪？

甲　他心里琢磨，他们也不打听打听这个院儿里住的是谁，就上这儿避雨来。心里话：我试试看，这十几个人当中有没有有学问的。他站那儿说了个对子上联。

乙　他这是什么意思？

甲　他没瞧得起这十几个人，那意思是我要说个上联，谁要能给我对出下联，我就把谁让进来，跟我坐一块儿谈谈。

乙　他这上联怎么说的？

甲　他这上联这么说的："天留过客谁是过客主？"

乙　怎么讲哪？

甲　就是这么个意思：天哪，下雨啦，把你们都留下啦，你们走不了啦。谁是过客主？那意思是替你们避雨的着想，你们看看谁是过客的主人？

乙　噢！这么个意思。有对上来的吗？

甲　有啊。

乙　谁对上啦？

甲　就是我们那个说相声的，他把那下联给对上啦。

乙　是有学问。

甲　当然啦！他一听："天留过客谁是过客主？"这是个对子上联，他这下联对得才恰当哪。

乙　他怎么对的？

甲　"雨阻行人君即行人东。"你说这下联对得多么恰当。

乙　怎么个意思哪？

甲　就是这么个意思：天留过客，下雨啦，把我们拦下走不了啦。君即行人东，那是说，您就是行人的东家。那意思是我们找着主人啦。

乙　对得还真恰当。

甲　这人一听，好，下联对得恰当。可是一瞧他这打扮，感到有点儿奇怪。

乙　他奇怪的是什么哪？

甲　一瞧他穿得太破啦，他不像个念书的，可是他不知道他那外号。

乙 外号叫什么?

甲 "穷不怕"呀。他什么都怕,就是不怕穷。可是那个人就把他让进来啦:"请进来吧!"我们这个说相声的毫没客气,跟着他进来啦。到屋里头,您说应该让到哪个屋里去哪?

乙 那还用说嘛,一定让到客厅里去啦。

甲 是啊。应当把他让到客厅里去。因为他穿得破,这个人没瞧起他,就把他让到西厢房里去啦。我们这说相声的一琢磨,好!你这是没瞧起我,看我穿得破,没把我让到客厅去,带到西厢房来啦。心里话:你不是没瞧起我嘛,我要不露两手你也不能怕我!一进屋他就打好主意啦,我非让你认识我不可。

乙 进去他说什么来着?

甲 他一句话也没说。这人一看,他怎么不说话哪?好,我给你倒碗茶,端过一碗茶来,往这儿一搁,他又说个上联。

乙 他怎么说的?

甲 他这么说的:"且施清茶半盏。"那个意思喝茶吧。我们这说相声的气可大啦,给我弄碗茶还说个上联,这是巴嗤我。琢磨他这上联"且施清茶半盏",他又对个下联。

乙 怎么对的?

甲 "更请便饭一餐。"要吃人家一顿。

乙 好嘛!还要吃人家一顿。

甲 这人一琢磨,哎哟,学问是很好,可是这脸皮够厚的。弄碗茶还不行,还要吃我一顿。谁叫人家下联对得恰当哪,给你做饭。吩咐家人给做饭去啦。一会儿工夫,把饭端上来啦,往桌上一搁,又说个上联。

乙 怎么说的?

甲 这上联是客气,可不是真客气,完全是假的。

乙 怎么说的?

甲 "无甚佳肴只备园中青菜。"那意思是我没吗儿。

乙 是没吗儿吗?

甲 谁说没吗儿!又有钱,又有势,他这是成心,是给你做的都是我园子里自己种的青菜。我们这个说相声的一看,连点儿肉都没有。他还馋。他真能琢摸,他眼睛往外一看。

乙 看着什么啦?

甲　一看外边有鸡笼，鸡笼里有鸡，被他看着啦。他一琢磨这上联"无甚佳肴只备园中青菜"，他又对个下联。

乙　怎么对的？

甲　"何劳盛馔请烹笼内黄鸡。"他又要吃人家那鸡。

乙　嘿！

甲　那意思是你甭给我做好的，你把那鸡给我烹烹吧。这人一听：哎呀，你可真有两下子，好，给你宰，把鸡提出来就给宰啦。这人一想，一不做二不休，鸡都给他宰啦，我再给他打点酒。这点儿酒可惹祸啦。

乙　怎么啦？

甲　我们这说相声的是酒包，喝上没完啦，天没黑俩人坐那儿就喝。

乙　喝到什么时候？

甲　都半夜啦，他还喝哪。把那主儿给喝烦啦，又说个上联。

乙　怎么说的？

甲　"君试听谯楼上叮叮当当几更几点。"那意思：君试听，你听听谯楼上叮叮当当几更几点啦，现在什么时候啦，你怎么还喝哪？我们那说相声的不着急，乐乐呵呵又对个下联。

乙　怎么对的？

甲　"我只愿华堂前说说笑笑一口一盅。"还得喝。

乙　嘿，这脸皮可够厚的。

甲　那意思：你说什么也不行，我得喝足了，既然管就得管饱。这主儿一听，好，你喝吧，我睡去。

乙　人家睡去啦。

甲　把他一个人扔到这儿啦，他也真能喝，喝到天亮啦，他不喝啦，他跑人家厨房去啦。他由打厨房里抽出一把切菜刀，水缸根儿立着块磨石，他往门槛上一坐，哧——哧——哧——

乙　他干吗哪？

甲　他那儿磨开了刀啦，把那主儿给磨醒啦。那主儿一听：这是什么动静？他那儿干吗哪？穿鞋下地，掀开帘子一看，吓了一跳。

乙　那还不吓一跳嘛！

甲　一看他那儿磨刀哪，这主儿又说个上联。

乙　怎么说的？

甲　"君为何持刀而磨？"那意思：你为什么磨刀哪？好，他又对个下联。

乙　怎么对的?

甲　"我情愿杀身以报。"他要自杀。那意思:你对我太好啦,我没有什么可报答你的,干脆我死你这儿吧。

乙　好嘛。

甲　这主儿一听,差点儿没拉裤子里,心里话:我怎么让进这么一位来?这主儿又说了个上联。

乙　怎么说的?

甲　"若君死岂不一场官司事?"他又对个下联。

乙　怎么对的?

甲　"要我活还得十两盘费钱!"你说这叫什么人性?那意思是你让我活呀,还得给我十两盘费钱。这主儿一听:给你!赶紧开箱子拿出十两银子来。"给你!"行啦,天也亮啦,走吧。走到门口儿,这主儿又说个上联。

乙　怎么说的?

甲　"此等恶客,去去去,快去快去!"

乙　损上啦。

甲　他又对个下联。这个下联差点儿没把那主儿吓趴下。

乙　怎么对的?

甲　"如斯佳东,来来来,再来再来。"

乙　啊!还来呀!

（佟雨田述）

朱夫子

甲　一个人要是有学问，冷眼一打量就能瞧得出来。

乙　是吗？

甲　您看我这穿着打扮，言谈举止，像不像胸藏锦绣口吐珠玑？

乙　胸藏锦绣口吐珠玑，你倒不像。

甲　我像——

乙　满肚子大粪，胡吹牛皮！

甲　嗐！有你这么说话的吗？

乙　有你这么吹牛的吗！一个说相声的有什么学问？不过是一点"记问之学"。

甲　那是你们，我真念过书。我们那会儿念的还是私塾呢。

乙　您在私塾念了几年？

甲　六年。

乙　不算少，够用的了。

甲　说六年不够六年，我得了五年病。

乙　念一年。

甲　说一年不够一年，我请了十一个月假。

乙　才念一个月呀！

甲　说一个月不够一个月，我逃了二十九天学。

乙　就念一天呀！

甲　那个月还是小建。

乙　走！合着你一天书没念过。

甲　别看我没念过书，我可捐馆教过私塾。

乙　蒙事啊！

甲　不管怎么说，我非教不可。

乙　为啥呢？

甲　气的。

乙　气的？怎么回事儿？

甲　我哥哥是个穷秀才，学问底子挺厚，在村里教私塾。我没结婚
那阵儿，住在哥哥家里，夏锄秋收打短工，农闲就跟哥哥学几个
字儿。

乙　是啊。

甲　离我们村三十里，有个苟家庄。庄上有户大财主，老员外叫苟轼。
他人性臭，大家伙儿都管他叫"狗屎"。

乙　这名字不怎么样！

甲　有年冬天，"狗屎"打发人把我哥哥请去了："久闻先生大名，过
年就不要在村里教私塾了，请到敝庄教诲我的两个犬子，如能使
他俩功成名就，我决不忘先生的大恩大德！"

乙　呔！你要开戏呀！

甲　"狗屎"说得很好："我亏待不了先生。一年束脩五十块现大洋，
三餐顿顿两个碟子两个碗儿。"

乙　待遇蛮不错。

甲　"狗屎"又说了："咱们丑话说在头里，得有几个条件。"

乙　都有什么条件？

甲　"一、必须教满一年，不许中途辞馆，不准托故请假，否则一个子
儿不给。二、年终我摆宴送行，席间考先生几个字儿，认识，束
脩加倍；不认识，还是一个子儿不给。"

乙　这条件够厉害的了。

甲　我哥哥不怕。他想：我没病没灾，教满一年一点儿问题也没有。
再说，"狗屎"一家三辈子没有念书人，他能考出什么出奇的字儿
来？我《康熙字典》都背烂了，还能不认识他那几个字儿？行，
年终过了考字关，束脩可就从现大洋五十块变成一百块了。

乙　太好了！

甲　转年，我哥哥高高兴兴地去了。两个孩子拜了师，我哥哥劝勉了
几句，散了午学，开上饭来，我哥哥一看……

乙　这个乐呀！

甲　这个骂呀！

乙　骂……不是两个碟子两个碗吗？

甲　那倒是。一碟黄洋洋的……

乙　熘肉段儿。

甲　酱腌大萝卜。那一碟红扑扑的……

乙　樱桃肉。

甲　盐腌胡萝卜。

乙　好么！两碟咸萝卜。

甲　再看那两碗儿，黄澄澄的……

乙　油焖鸡。

甲　小米粥啊！

乙　嗐！

甲　我哥哥心里说，"狗屎"啊，"狗屎"，我五十多岁的人了，你给我咸萝卜就小米粥吃，你够损的了！

乙　要不怎么叫"狗屎"呢？

甲　他一想，也许头一顿来不及准备，下晚饭菜一定错不了。

乙　下晚换饭菜了？

甲　外甥打灯笼——照舅（旧）。这么说吧，上顿咸萝卜小米粥，下顿小米粥咸萝卜，一连半拉月没换样儿。吃得我哥哥一天小便七十六次，嗓子眼儿捯齁都快变檐蝙蝠了。

乙　是够受的！趁早别干了。

甲　别干了？中途辞馆，一个子儿不给，白教半拉月。多憋气呀！

乙　是憋气。

甲　硬挺吧。没过了两天，"狗屎"又来事儿了。

乙　什么事儿？

甲　先生，您的功课挺紧，孩子也学得挺来劲儿，时间可就显着不太够用的了。这么办吧，打从今儿起，咱们加开夜课得了！

乙　小米粥咸萝卜还开夜课呀？

甲　我哥哥也这么想啊。他说："咱们的条件上可没有夜课。再说，我这嗓子也受不了。"

乙　嗓子怎么了？

甲　都齁哑了！

乙　好嘛！

甲　狗屎说："别呀。我知道，这几天伙食不好。这么办，明天您加开夜课，咱每餐给您多加两碟菜。"

乙　那就四个碟子两个碗了。

甲　我哥哥也是咸萝卜吃怕了，盼着换样淡点儿的菜。狗屎答应加两碟菜，他也就同意开夜课了。第二天开饭，还真是四个碟子：一碟酱腌大萝卜，一碟盐腌红萝卜，一碟盐面蘸萝卜，一碟酱油泡萝卜。

乙　萝……噢，加的两碟还是萝卜啊？

甲　可不。我哥哥这个气呀。好，咸萝卜我也不让你省下！他一狠心，四个碟子都吃空了。

乙　跟咸菜拼命啊！

甲　吃完这顿饭，我哥哥连齁喽带喘也上不来气儿了。

乙　都齁坏了。快请假休息几天吧。

甲　休息？托故休假，一个子儿不给。就哑着嗓子对付教吧！

乙　这"狗屎"也太厉害了。

甲　年底拿钱的时候，"狗屎"就更厉害了。这天过晌，说是给我哥哥送行。我哥哥走进上房，看那八仙桌上……

乙　摆满了酒菜。

甲　连个水碗也没有啊！

乙　怎么？

甲　"狗屎"说："咱们是先考字后开席。"，他一指柜盖："看见没有？那里搁着一百块现大洋，您认识我考的字儿，全归您了。酒宴之后，明早晨套车送先生回家。你若不认识我考的字儿，这一年白教，我可是一个子儿不给。"

乙　当初就是这么讲的。

甲　"狗屎"在纸上写了一个挺大的"门"字。他问我哥哥："这'门'字里边搁一个'人'字念什么？"

乙　念"闪"啊。

甲　"错了。"

乙　错了？你说念什么？

甲　"念过。"

乙　怎么念"过"呢？

甲　"那么大个门，一点遮挡都没有，一个人走道儿还用得着躲躲闪闪啊？出来进去你就随便'过'吧！"

乙　没听说过!

甲　"再考你第二个字,这个'门'字里边搁两个'人'字念什么?"

乙　念……没见过这个字。

甲　"不认识吧?"

乙　不认识。

甲　"告诉你,这个字才念'闪'。"

乙　为啥?

甲　"有道理呀。门里边的人要出去,门外边的人要进来,俩人同时走到门口儿了,这个往左一闪,那个往右一闪,都过去了。这不念'闪'吗?"

乙　我听着都新鲜!

甲　"再考你第三个字:'门'字里边搁三个'人'字念什么?"

乙　念……还是不认识。

甲　"告诉你:这个字念'堵'。三个人儿一块儿过门口儿,这个往左一闪,那个往右一闪,第三位想从当间儿挤过去,你想啊,房门再大也容不下三个人呀,嘭!都挤一块儿了。这不把门给'堵'住了吗?"

乙　好嘛!

甲　"再考你第四个字:这'门'里边……"

甲
乙　(合)搁四个"人"字念什么?

乙　我倒霉就倒在这门里搁人上了!干脆你说念什么吧!

甲　"念'撞'。四个人一块儿过门口儿,这个往左一闪,那个往右一闪,第三位往当间儿一堵,对面又来了一位,梆!跟当间儿这位撞脑门儿。这不念'撞'吗?"

乙　难为他怎么琢磨来着!

甲　我哥哥不认识他这四个字,"狗屎"可逮着理了:"好啊!我考你四个眼面前的字儿,你一个全不认识,就你这学问也敢来教书,这不是误人子弟吗?得了,一年白教,我一个子儿也不给,送行宴你也没脸吃了,明早晨我也不套车送了,你现在就给我走吧!"就这么着,愣把我哥哥给撵出来了。

乙　"狗屎"这小子可真不是东西!

甲　我哥哥白干一年,一个子儿也没落着,还挨了一顿臭骂,回家就气病了。

乙　是真可气！

甲　我说："哥哥，您别生气，明年我去！"

乙　你要去？

甲　我哥哥说："你可别去，我这学问都教不了，你更不行了。"

乙　是啊。

甲　不，"狗屎"那样儿的学生，就我这学问才能教。第二年我去了，一谈，待遇跟我哥哥一样。

乙　顿顿咸萝卜小米粥。

甲　留着他那咸萝卜小米粥吧！他得给我换饭。

乙　他换吗？

甲　咱有主意呀，我让学生跟我一块儿在书房里吃，狗屎怕他儿子馏着，就得换样儿，我也就跟着借光了。

乙　孩子干吗？

甲　我会变戏法，头一天见面，就来了一手"仙人摘豆"，把两个孩子都看呆了。我说："此后咱们天天变戏法，不能在念书的时候变，咱在吃饭的时候变。你们不跟我一块儿在书房里吃饭，可就看不着了。"俩孩子回上房就闹，"狗屎"只好答应。等到开上午饭一看——

乙　换了？

甲　六碟咸菜六碗小米粥！

乙　没好使唤啊！

甲　好办。孩子吃完咸菜，我就鼓动他们多喝水，每人喝了四十八碗。

乙　灌大肚啊！

甲　晚上好了，俩孩子一块儿往炕上尿。尿透了两层褥子，连炕毡都像水捞的似的。

乙　发河了。

甲　"狗屎"老婆把他骂了个死去活来。这小子还真怕老婆，第二天就把饭给换了。我也跟着借光，扔了咸菜碟稀粥碗，吃上馒头炒肉了。"狗屎"一门儿哀告我："先生，我把饭给换了，您千万别再鼓动孩子喝四十八碗白水了。"

乙　好嘛！

甲　换饭了，咱就开课。俩学生拿着《三字经》过来了，让我给上书。

我指着第一行，告诉他们："这念'人之初'，回去背去。"

乙　就一句呀？

甲　背会了这句再教下句。俩学生一会儿就背下来了。我一看，不行，照这么教下去，我认识这几个字也混不了一年啊。

乙　那怎么办？

甲　有办法。"第一句念'人之初'，这第二句？初，初——出门在外！"

乙　啊？

甲　俩学生说："不对呀，头年那先生教我们念'性本善'。"

乙　本来就念"性本善"嘛！

甲　"什么？头年那先生连你爸爸考他四个字都不认识，他教的能对吗？听我的，没错！"

乙　还没错啊！

甲　俩学生又问了："这念'出门在外'？哎，先生，三个字怎么读四个音啊？"

乙　问得对呀，为啥仨字读四个音啊？

甲　是啊，这音是音，字是字，仨字读四个音有什么稀奇？还有仨字读五个音的呢！

乙　外国语呀！

甲　好好学，别捣乱！"人之初，出门在外，外边有狗，狗屎没人踩，采野菜，菜是咸的……"

乙　怎么是咸的？

甲　它不是腌萝卜吗？

乙　这也有啊？

甲　有！"菜是咸的，地里产粮，凉了再热，热了打扇，善——性本善！"

乙　才到这儿！

甲　这一套，俩学生背了五天。这下子背会了，又来找我上书。我问他俩："你们这两句会背了吗？"

乙　会背了。

甲　会倒着背吗？

乙　倒……不会。

甲　回去，练习倒着背。

乙　啊！

甲　俩学生又背了半个月，愣没背下来。

乙　这叫什么学问啊！

甲　"狗屎"不放心，趴在窗外听学生一背书，他乐了：这先生真有学问，书里还有我的外号"狗屎"呢？

乙　还有咸萝卜呢！

甲　两个月过去，"狗屎"又要开夜课了。

乙　开吧。

甲　开什么？不光不开夜课，还得让他放假。我问狗屎："你知道孩子为啥尿炕吗？"

乙　让四十八碗白水催的。

甲　"不对，那是得罪龙王爷了。那天是龙王爷生日，你硬让孩子念书，还不尿炕啊？"

乙　怎么办？

甲　"放假。不光龙王爷生日得放假，火神爷生日也得放假，不价，你们家着大火！"

乙　快放假。

甲　"不光火神爷生日得放假，王母娘娘生日更得放假，不价，死老婆！"

乙　快放假。

甲　"这么说吧，三节五犒劳，外加立春、雨水、惊蛰、春分、清明、谷雨、立夏、小满、芒种、夏至、小暑、大暑、立秋、处暑、秋分、寒露、霜降、立冬、小雪、大雪、冬至、小寒、大寒这二十四节气，要是有一天不放假，你们全家就都得遭瘟灾！"

乙　嚯！

甲　这么一放假呀，可就混到一年了。走，到上房找"狗屎"算账去。

乙　还得考字啊？

甲　还是那四个门里搁人，我全认识。我哥哥早告诉我了。

乙　对呀。

甲　我一看"狗屎"没词儿了，赶紧从柜盖上把那一百块现大洋抓过来揣到怀里，这下子连我哥哥那份儿都捞回来了。我说："明早晨您也甭套车送我了，我现在就走，咱们回见吧。""狗屎"赶紧拦我："不能，不能。我一定按讲明的条件办，晚上摆宴送行，明早套车送先生回家。"

乙　"狗屎"还挺讲信用。

甲　讲什么信用！他心疼那一百块钱，想招儿要夺回去。

乙　是啊？

甲　不大会儿，"狗屎"请了两个人来。

乙　谁？

甲　大姑老爷，二姑老爷，一个是举人，一个是秀才。我一想，别遭了暗算，得打听打听他们要干什么。

乙　对。

甲　我溜到上房窗根底下一听，正合计我呢。

乙　怎么合计的？

甲　大姑老爷说："《三字经》里怎么还有'狗屎没人踩'呢？这先生别是蒙事的吧？"二姑老爷说："他是什么先生？我早先在城里听他说过相声，这两年又跑乡下打短工来了。"

乙　他怎么知道？

甲　他跟我住一个村儿。

乙　泄底怕老乡啊。

甲　他们合计，等会儿在席上出难题考我，我要是答不上来，他们不光要夺回一百块钱，还要把我扭送县衙门，告我个招摇撞骗！

乙　这可糟了。

甲　不怕，我来个先发制人。先进上房，只见满桌酒菜，谁也没动筷。我冲大姑老爷一抱拳："小可有一事不明，要在大姑老爷台前请教一二。"大姑老爷见我谈吐文雅，不敢怠慢，赶紧站起来了："先生有话请讲当面，何言'请教'二字？"

乙　您问他什么来着？

甲　"请问大姑老爷：昔有齐人卖黍稷，追而复返，适遇二黄蒸骨，陈公怒，一担而伐之。但不知此事出在秦始皇以前乎，以后乎？"

乙　瞧这酸劲儿！

甲　大姑老爷让我问得都不会说人话了："这……那……哪……哎……呀我的妈呀！"

乙　德行！

甲　他红着脸直作揖："敝人才疏学浅，不知，不知。"我一看大姑老爷蔫了，转过身来，冲着二姑老爷又一抱拳："小可我还有一事不

朱夫子

明，要在二姑老爷台前请教一二。"二姑老爷一听，吓坏了："先生，您甭问我，我统统统统不知道的大大的！"

乙　日本话都上来了！

甲　越害怕，我越得问："请问二姑老爷：昔有朱夫子生子九儿，五子在朝尽忠，三子堂前侍奉老母，唯有一子逃奔在外，至今未归，但不知此子流落何方乎？"一下子把二姑老爷也问住了。

乙　您真有学问！

甲　没学问，这是让他们逼的。

乙　你这满肚子里都是典故啊！

甲　什么典故，都是家门口的事儿。

乙　家门口儿……你们家门口还有"齐人"？

甲　什么齐人？

乙　不是齐国的人吗？

甲　不是，我们邻居有个姓齐的二流子，有一天他去赶集卖黍子，顺手偷我们家一只老母鸡。

乙　二流子偷鸡呀！那"追而复返"呢？

甲　他偷只鸡跑了，我追了二里地才把他撵回来。

乙　"适遇二黄蒸骨"？

甲　正赶上两条狗争一块骨头。

乙　狗抢骨头啊！"陈公怒，一担而伐之"呢？

甲　挑水的老陈头看见狗打架，他来火儿了，抢起扁担就一下子，愣把狗打跑了。

乙　那秦始皇——你们家还有秦始皇啊？

甲　什么秦始皇？

乙　不是"六王毕，四海一"吞并六国的秦始皇吗？

甲　哪儿是那个秦始皇？我是说我嫂子。

乙　秦始皇是你嫂子？

甲　我嫂子娘家姓秦，都管她叫秦氏。

乙　旧社会都这么叫。

甲　她那年得了急性肝炎，这病也叫黄病，秦氏得黄病，还不是"秦氏黄"吗？

乙　这么个"秦氏黄"啊！

甲　我问大姑老爷，陈老头抢扁担打狗这码事，是出在我嫂子得黄病以前，还是以后？他哪儿知道啊？

乙　是没法儿知道。哎，你问二姑老爷那个"朱夫子"，也是你们家的事吗？

甲　当然了。

乙　你们家还有朱夫子？

甲　哪个朱夫子？

乙　不是宋朝理学家朱熹朱夫子吗？

甲　哪儿呀，我们家有口老母猪，我天天喂它麸子，"猪麸子"。

乙　老母猪吃麸子啊！"生子九儿"呢？

甲　生了九个小猪崽儿，都是公的，"生子九儿"。

乙　"五子在朝尽忠？"

甲　有五个小猪卖给老晁家，全宰了！

乙　"三子堂前侍奉老母？"

甲　没卖出去那三个小猪天天跟老母猪转悠，还会给老母猪搔痒痒，"三子堂前侍奉老母"。

乙　"唯有一子逃奔在外，至今未归"？

甲　那年炸了圈，蹿出一个小猪跑丢了，直到今儿也没找回来。我是问二姑老爷，我们家那口小猪跑哪儿去了，他哪儿知道啊？

乙　那倒是……哎，万一他要知道呢？

甲　那就更好了！

乙　怎么？

甲　让小子赔我那口猪啊！

（佟雨田述　田维整理）

丢驴吃药*

甲　相声是一门艺术。

乙　对。

甲　可是有的人管我们叫"生意"。

乙　我们根本不是生意。

甲　我们怎么能是生意呢，我们是真正的艺术！

乙　那你说有没有生意？

甲　有哇。

乙　干什么的是生意？

甲　算卦的那才是真正的生意。

乙　算卦的是生意，怎么有时候也灵哪？

甲　那是蒙上的，你要不信，我给你举个例子。

乙　你说说吧。

甲　有这么一个算卦的，他久站北京天桥，在旧社会这家伙可了不得，都说他算卦灵。你就听他这外号吧！

乙　外号叫什么？

甲　这个人姓王，外号叫"王铁嘴"，后来还有个外号叫"王半仙"，这个家伙，都说他有半仙之体。

乙　现在哪？

甲　现在快成半身不遂啦！

乙　怎么啦？

甲　没人信他那套啦。你说他由哪儿成的名哪？

---

* 这个段子是单口相声《小神仙》的变体。对口相声《丢驴吃药》亦流传较广。

乙　我不知道，你说说吧！

甲　他就由一卦成的名。有一天，有这么个人到他那儿算卦去啦。

乙　这个人是干什么的？

甲　是个开药铺的，他的药铺离这卦摊儿不到一百步。这药铺掌柜的不信这套。这天早晨，他喝了点儿酒，到那儿就把卦盒抄起来了："嘿！认识我吗？"

乙　这是成心怄气去了。

甲　这摆卦摊儿的有一样儿好，不管什么事不着急，能沉住气。抬头一看："认得，你不是药铺掌柜的吗？"

乙　他怎么认识他？

甲　他常上他那儿抓药去，还不认识！"认识好办，给我算一卦行吗？""我这卦谁都能算！""灵吗？""分谁算，要是你算哪，我要是算错一个字儿，你把我卦摊儿砸了！"

乙　这口气多大！

甲　"好！算灵了你要多少钱给多少钱；算不灵，明人不做暗事，要砸你的卦摊儿。"

乙　纯粹是怄气！

甲　"你摇吧！"这主儿拿起卦盒摇了六回。"你算吧！"他看了半天。"你问什么事儿？""你呀，算算我这药铺今天卖多少钱？"

乙　这卦哪儿算得出来。

甲　要搁别人就栽了；他就由这儿出的名。

乙　他怎么说的？

甲　"哈哈哈……小事儿，这点儿小事可以算。可以算是可以算，不过我要告诉你，干什么的有干什么的规矩。我们算卦的规矩是不算绝卦。你这为绝卦。可是，我要是不给你算，你说我没能耐；我要是给你算呢，又破坏了我们的规矩。这么办吧：我不给你算一天，给你算一个时辰。现在早晨不算，算今天中午午时，就是正午十二点。你柜上有表没有？""啊！有，我们柜上有个钟。""好！你就瞧你那座钟，十二点准进去一个买药的，买一块钱的药。他要是买九毛九的，你就摔卦盒；他要是买一块零一分的，你就砸卦摊儿。他要是十一点五十九分进去，就算我栽跟头；他要是十二点过一分进去，我倒出北京城！""好！这可是你说的，十二点进去买药的算你卦灵；十二点要没人去买药，我就砸你的卦摊儿。多少钱？""先不要钱，算灵了，给我送钱来！""好，再见！"

乙　这位药铺掌柜的干什么去啦？

甲　回药铺啦。这个家伙真听话，到药铺打后屋把座钟抱出来，往柜台上一搁，两眼瞅着这钟。那意思是到十二点不进来买药的，我就砸他去！

乙　那摆卦摊儿的哪？

甲　他还算他的卦，不一会儿，又来了一位。

乙　干什么的？

甲　是一个豆腐坊掌柜的，到他那儿算卦去啦。到那儿把卦盒拿起来，问了一句："你不是叫王铁嘴吗？""对，我叫王铁嘴。""好，我算一卦。""摇吧！"六爻摇完了。"你问什么事啊？""我丢了东西啦，你看能找着不？""丢了什么？""丢了个驴。""丢了个驴？多咱丢的？""昨天晚上。""这个驴能找着。不过，你得吃服药。""你说什么？我驴丢了，吃服药，这也挨不着啊！""你甭管挨着挨不着，你既然找我算卦，你就得信服我。我这卦就这么算，你抓服药吃，吃完药，你不用找驴，今天晚上它自己就回来。今天晚上这驴要到不了你家，明早晨我赔你个驴！"

乙　这位能信吗？

甲　"你说的是真的吗？""真的可是真的，别的药铺可不灵。"

乙　哪个药铺？

甲　"你得上那个药铺抓药去。"

乙　噢！那个药铺。

甲　就把他支到那个药铺去了。"告诉你，什么时候去，今天的正午十二点。他柜上有钟，瞅他那钟去，大小针到一块儿那就是正午十二点，你就进去买药。买多少钱的，我告诉你，你买一块钱的药，你要买一块零一分的可不灵，你要买九毛九的也不灵。你要十二点过一分进去，那驴就过去啦，你要早一分钟去，那驴到不了你门口，记住了没有？""啊，记住啦。吃完药我那驴要回不来哪？""明早晨你来，我赔你个驴！""好！"

乙　这位上那儿去啦。

甲　这位打腰里掏出一块钱，就围那药铺转圈儿。

乙　他怎么不进去？

甲　进去早了驴回不来!

乙　这人真死心眼儿!

甲　在门口转了半天,腿肚子都遛直啦!隔着玻璃往里边一看,看着那大针还差三分就十二点啦。里边那位,眼瞅着钟,把眼睛都瞅花啦:"哼!快啦!"外边这位一看:"这可差不多啦!"

乙　这俩人可真有意思,跟这个钟摽劲!

甲　三分钟还不快吗,一、二、三,到啦。大针刚一到十二点,里边那个"唉!"那意思到点啦。外边那个推门进来啦:"掌柜的!买一块钱的药。"这药铺掌柜的纳起闷儿来啦。

乙　他纳什么闷儿?

甲　一看那钟一分钟也不错,回头看看这人不认识。"干吗?""买药。""治什么病啊?"

乙　这位治什么病?

甲　"没病!"他什么病也没有。"买什么药?""你看着办吧!""看着办?"买药还有看着办的?药铺掌柜的说:"治什么病的?""我没法说啊!"

乙　怎么没法说呢?

甲　是没法说,能说把驴丢了吗?那也不像话呀!"唉!有病不避先生,说,治什么?"把这位挤对得没主意啦,脸也红啦,脖子也粗啦:"我治驴!"

乙　治驴?

甲　药铺先生一听治驴,搁脑筋一琢磨:"噢!"

乙　这位明白啦?

甲　整个寻思错啦!

乙　他寻思的是什么?

甲　大概他长花柳病啦!

乙　好嘛!

甲　可能他是抓大败毒,抹不开说。

乙　这哪儿和哪儿呀?

甲　"好啦!我明白啦!这服药得一块五!""一块五不行,我要一块钱的。""噢!买药没有还价的!大概你没带那些钱吧!那你先抓半副,给七毛五!""七毛五干吗?我就要一块钱的!"真有这死心眼的,行啦,我真佩服这算卦的。"拿钱吧!"把一块钱接过来，把这药就给抓了。我可不知道在座的哪位是药铺先生，大败毒里有五毒。

乙　哪五毒？

甲　长虫、蜈蚣、蛤蟆、蝎子、蚰蜒。有这五毒还不算，里边还有一味最厉害的药。

乙　什么药？

甲　芒硝！这芒硝是泻肚的。

乙　那个打肚子可快啦！

甲　这东西要吃多了能跑三天。你猜这服药里有多少芒硝？

乙　那能有多少。

甲　四钱五！

乙　嗬，可不少。

甲　可够这老头子呛！包了这么一大包子："拿去吧！"这位接过药包回去啦，到家一进门："老婆子！"（学女人声回答）"做什么？""熬药去！""你治什么呀？""治驴！""怎么治驴呀？""别说啦，我今天上王铁嘴那儿算卦去啦，王铁嘴说啦：'你要打算找着这个驴，得吃服药。'我要把这服药吃了，我这驴今天晚上自个儿就回来。去，快给我熬药去！"这老婆子不敢不去熬唯！

乙　怎么呢？

甲　知道老头子脾气不好，不熬又得跟老头子打架。熬去吧！到厨房打开一看，把老婆子吓了一跳。

乙　怎么吓一跳？

甲　别的她不认识，那长虫她还不认识吗？一看又是蜈蚣，又是蝎子，老婆子一看，这什么药啊？我要是都给熬了，这老头子非折腾死不可。这老婆子心眼儿也快！

乙　怎么快？

甲　她把这五毒都偷出来啦，找张纸，包了一包装兜里啦。她那意思是这草药不怕，吃多少也没关系，可是那芒硝她没挑出来，那玩意儿她不认识。把芒硝给熬里头啦！这下可热闹啦，这么大一碗糨糨拗糊的，老婆子端过去："吃吧。"老头子一捏鼻子，咚咚咚……一大碗都喝下去啦。漱漱口，坐炕上等着去啦。

乙　等什么？

甲　等着驴。你可别说，天刚一黑还真来啦。

乙　驴来啦?

甲　屎来啦。老头子那肚子叫这芒硝给打开啦。老头子坐那儿都这个
　　相儿啦!

乙　怎么个相儿?

甲　"哎呀! 我的娘啊! 老婆子，拿手纸来，我得拉呀!"他住这地方
　　也不怎样!

乙　什么地方?

甲　他住一条死胡同，这条胡同就八个门，可都独立独院，他在这面
　　第二个门住，这八个院就一个茅楼。

乙　这茅楼在哪儿?

甲　在胡同外边。他要开开门到外边去，就拉裤子里啦。

乙　那他怎么办哪?

甲　"老婆子! 拿手纸去，我在门口拉吧! 明儿早晨再撮了!"开开门
　　蹲在门口，哧——一泡! 刚要进来，不行! 又来啦，哧——又一
　　泡，没两个钟头……

乙　拉几泡?

甲　六十八泡。

乙　受得了吗!

甲　老头子可拉坏啦。拉得都起不来啦。蹲在门口都这个相儿啦:"老
　　婆子! 你睡去吧，看这意思我一宿完不了啦!"这老头子可拉得
　　够呛。你说这驴丢了没有?

乙　这驴丢啦。

甲　没丢!

乙　没丢哪儿去啦?

甲　这驴头天晚上溜缰跑啦。

乙　跑哪儿去啦?

甲　跑他们斜对门那院去啦。对门那院住一家坏人。

乙　怎么个坏人?

甲　两口子都抽白面儿。一瞧进来个驴，这爷儿们就把门插上啦，跟
　　娘儿们商量:"嘿! 娘儿们，这驴我认识，是斜对门豆腐坊的。他
　　不找咱装不知道，白天咱天别出去，天黑了，他再不找，我就把
　　这驴拉汤锅去，能卖二十多块，够咱俩抽半个月。你先喂喂它!"
　　娘儿们说:"没有草呀!""你拆个枕头!"

乙　这主意可真不错！拿枕头喂驴。

甲　拆个枕头把驴喂啦，好容易盼到天也黑啦，这两口子瘾得也够呛啦，爷儿们对娘儿们说："去门口听听有人没有！没人就往外拉驴。"这娘儿们的耳朵刚往门上一贴，就听对面老头儿骂街……

乙　骂什么？

甲　"拉！王八蛋！我看你怎么拉！明天早晨我非告你去不可，你把我可害苦啦，拉吧，我看你怎么拉！……"对过这娘儿们一听，"完啦，拉不出去啦，这老头儿堵门口骂街哪！"回来说了句话差点把爷儿们没吓死。

乙　怎么哪？

甲　贼人胆虚呀！"行啦，你别想好事儿啦，你等着打官司吧！""怎么？""人家老头儿堵门口骂街哪！人家说啦，看咱们怎么拉，明儿一早要告咱们去，你说，怎么办吧？"爷儿们说："那怎么办哪？"打发娘儿们："你再听听去！"就这第二回可乐，这娘儿们的耳朵刚往门上一贴，你猜老头儿说什么？

乙　说什么？

甲　"哼！又来啦，好哇！我看你怎么拉，明儿早晨我非告你去不可！拉吧，我让你拉一宿……不拉啦？不拉啦我先进去，多咱拉我多咱出来。"你说这几句话说得多恰当！

乙　这老头儿是骂那偷驴的吗？

甲　他哪是骂偷驴的！

乙　他骂谁哪？

甲　他是骂那算卦的。他说话都是跟自己肚子说哪："拉！看你怎么拉！"那意思是两个多钟头，拉六十多泡还拉哪。"明天早晨我就告你去！"

乙　告偷驴的？

甲　不，告那算卦的去。那意思是我驴丢啦，叫我吃药，把我折腾这样。"我让你拉一宿！"他是跟自己肚子说："我让你拉一宿！""不拉啦。"这阵儿肚子不疼啦。"不拉啦我先进去，多咱拉我多咱出来。"他是说多咱拉屎多咱出来。对过娘儿们听完啦，赶紧回去跟爷儿们说："哎！这老头儿他不乐意打官司，给咱个台阶，他说咱不拉啦他先进去，咱们多咱拉人家多咱出来。"这爷儿们说："把驴给他轰出去吧！"这娘儿们说："它白吃咱们一个枕头，驴没到手，枕头没一个，怎么着咱别赔本儿啊。"这娘儿们真厉害！看这驴戴个笼头，一把把那驴的笼头"码"下来啦，她那意思是卖了笼头够枕头钱，别赔本儿。一开门，当！一脚把这驴给踢出去啦，这驴溜溜达达回家啦。

乙　这驴还认槽！

甲　这驴到槽子那儿吃草去啦，老头儿坐炕上正骂街哪："王八蛋！我驴丢了叫我吃药！我药吃完了，我这驴……"他拿耳朵听驴槽子那儿有动静："老婆子，有门儿啦，我去看看。"开开门一看，老头儿蹦着就出来啦："哎！驴回来啦！我说王铁嘴这卦灵嘛，一服药就回来啦。驴是回来啦，我差点没拉死！"过来摸摸这驴："驴呀！驴呀！你哪儿去啦？你可把我想死了！要没王铁嘴这服药你回不来了。"摸来摸去，摸到驴脑袋那儿啦："老婆子！驴是回来啦。怎么笼头没回来哪？"老婆子多说一句话。

乙　说什么？

甲　"行啦，那笼头不回来就不回来吧，吃半服药换一整条驴也算够账啦！我要把那药都搁里你还不得拉死呀！"老头儿一听急啦，上去给老婆一杵子。"王八蛋！为什么不都搁里？你要都搁里那笼头不也回来了吗？"

乙　你别挨骂啦！

（佟雨田述　田维整理）

卖棺材

甲　您是说相声的吧？

乙　对啦！

甲　那咱们哥儿俩是同行。

乙　您也是说相声的？

甲　现在是说相声，解放前不干这个。

乙　怎么？

甲　没劲！一天累得个贼死，赚不了多少钱。

乙　哎！这可倒是。您过去干什么呀？

甲　经商。

乙　做买卖？

甲　对啦！

乙　您那贵宝号在什么地方？

甲　就在西单牌楼把角那个西黔阳饭馆……

乙　那是您的？

甲　不，隔壁长安大戏院……

乙　那是您的？

甲　哎！拐弯路东喽，那烤肉宛……

乙　那是您的？

甲　不，牌楼北边那西鹤年堂……

乙　那是您的？

甲　哎！西鹤年堂对面那……

乙　行啦！您别转腰子啦！您那生意到底在哪儿呀？

甲　哈哈！我还没找好地方哪！

乙　你活动活动吧！这份儿气人哪！带着我遛马路来啦！

甲　哈哈！找好地方啦！就在单牌楼南边，四牌楼北边，那……

乙　什么？

甲　不不！单牌楼北边，四牌楼南边。

乙　这还像话。

甲　西单商场附近，七楼七底，钢骨水泥的建筑，冬天装得有暖气，夏天装得有冷气，真是冬暖夏凉。里边有电灯、电话、电梯的设备。

乙　噢！

甲　上边安的日光灯，下边打蜡的地板。

乙　是呀？

甲　门口五间门面，玻璃砖的橱窗，霓虹灯做的字。

乙　瞧瞧！

甲　连招待员带先生、小徒弟，足够六十多号人。那个生意就是我的。

乙　噢！百货商店？

甲　百货商店能有七楼七底？

乙　嗯！银楼？

甲　钢骨水泥的建筑？

乙　绸缎庄？

甲　连伙计带先生，六十多号人，绸缎庄养得住吗？

乙　噢！参茸号。

甲　里边有电灯、电话，可还有电梯。

乙　这么大的派头儿。您那到底是什么生意呀？

甲　就我那儿，七楼七底，钢骨水泥的建筑，里边有电灯、电话、电梯……

乙　什么买卖？

甲　茅房。

乙　走！开茅房呀！没听说过。

甲　怎么啦！不准呀？

乙　谁不准啦？我都头回听说，开茅房，您下这么大的本儿，谁去照顾您呀？

甲　现在当然是不行啦！公共厕所修得多干净呀！过去那公共厕所你不是没经到过，没进去臭味就来啦！里边的苍蝇少说也有半斤一斤。

乙　嚯！

甲　遇到晴天还好，要是遇到阴天下雨，上边一漏，连雨带屎就都混合一块啦！站都没地儿站，还能在那儿拉吗？

乙　这倒是实话！

甲　所以我开这个茅房，在那会儿说是应时当令。再说过去有钱的主儿拉泡屎花俩钱他也不在乎，只要拉得舒坦。

乙　嗯！在您那儿解个手要多少钱呀？

甲　分甲种房间，乙种房间，丙种房间。

乙　茅房还分甲乙丙三种？

甲　什么话呢！

乙　甲种房间拉泡屎多少钱呀？

甲　二十块！

乙　（咬牙）什么，二十块？

甲　你咬牙干什么呀？

乙　（笑）好嘛！拉泡屎二十块。

甲　你当然拉不起啦！你想嘛，你吃进去才花一毛四，你舍得花二十块把它拉出来吗？

乙　嘿！这份儿嘴损呀！乙种呢？

甲　十元。

乙　丙种呢？

甲　两块。

乙　这么贵，有什么好处呀？

甲　当然有好处啦！一句话说了，花二十块钱，就是叫你拉着舒坦！就拿甲种来说，两间房间。

乙　干吗要两间房间呀？

甲　一间是休息室，一间是拉屎室。

乙　哦！

甲　在休息室里，一张席梦思的床，三大件沙发。

乙　茅房要沙发干吗呀？

甲　拉累了坐那儿歇会儿。

乙　嘿！

甲　穿衣镜，五屉柜一样一个……在里间是拉屎室。

乙　噢！

甲　白瓷砖砌的房子，水门汀的地，左边一个蹲桶，右边一个坐桶。

乙　干吗一样儿一个呀？

甲　蹲着拉，坐着拉，随您的便。

乙　嘿！想得真周到。

甲　中间放的有报架子，有当天的报纸，各种软性的杂志，拉得闷得慌了，可以看看报，翻翻杂志。前边放个小茶几，上边摆个电话。

乙　电话干什么用呀？

甲　哎！拉屎拉饿啦，打个电话，要盘儿炒饼，上边吃，下边拉，两下不耽误。

乙　没听说过。

甲　拉完啦，给您来把香水帕子，您这样一擦，舒舒坦坦地出去啦！叫您说二十块钱贵不贵？

乙　哼！那乙种房间呢？

甲　乙种设备可就差点啦！有沙发可没床，有报纸可没杂志。只有一个坐桶，没有蹲桶。拉完喽仍然有香水帕子。

乙　嗯！丙种房间呢？

甲　丙种不是房间，一格一格的，跟公共厕所那个形式一样。可是每一格都有一扇"司匹灵"锁的小门，对面单设一间公共休息室，里面摆着藤靠椅。

乙　噢！

甲　都是白瓷砖砌的，外带抽水。

乙　干净。您贵宝号叫什么？

甲　一舒坦卫生公司。

乙　什么叫一舒坦呀？

甲　您屎憋急了，到我这儿来一拉，那还不一舒坦哪！

乙　嗯！是一舒坦。您这生意一定错不了！

甲　仨月没开张。

乙　啊？怎么不开张呀？

甲　人家不知道是什么买卖呀，都不敢进来啊！什么叫卫生公司呀？

乙　本来嘛！

甲　这也难怪别人，我橱窗里又什么都没摆。好在橱窗大，摆点儿货样子吧！

乙　摆什么哪？

甲　蹲桶、坐桶、抽水箱，外加上等的美国消毒手纸。

乙　这下儿有主顾啦！

甲　嗯，进来的人倒不少。

乙　都是拉屎的。

甲　都是买手纸的。

乙　噢！拿您这儿当美国剩余物资拍卖处啦！您那生意干脆别干啦！

甲　什么？不干？我请了北京最有名的书法家，写个四言八句，每个字都跟斗一样大，叫牌匾铺刻成招牌，金地红字，往门口儿墙上一挂。金晃晃的，离半条街就看得见。

乙　嚯！这下子一定来了不少主顾？

甲　主顾倒来了不少，可是一问价儿，都直摇头。

乙　是贵了点儿。

甲　贵了点儿？不贵哪儿去赚钱哪！

乙　不进人还不是白搭。

甲　不进人？那天早晨来了俩。

乙　嘿！真开了张啦！

甲　这二位可真算是我的……

乙　财神爷？

甲　冤家对头。

乙　开张的主顾怎么是冤家对头？

甲　就因为他们俩，叫我的生意关了门啦！

乙　怎么回事？

甲　这俩人刚要完钱，一位赢啦，一位输啦！赢钱的要回家睡觉，输钱的找他泡："大哥，您今天赢得可真不少！""什么不少啊，不才赢四百块嘛，前儿我输了五百块，你怎么不说呀？"

乙　噢！俩人天天一块儿耍。

甲　"提这个干吗呀！今儿可得是您的请儿。""好吧！我请您吃老豆腐。""吃老豆腐干吗？咱们哥儿俩找个地方歇一会儿。"

乙　唔！耍了一夜啦，是得找个地方歇一会儿。

甲　"好！咱们哥儿俩裕华园？""那多远哪！"正走到我门口儿，"这儿多好。"那位一看："兄弟，不是澡堂子呀！这儿是卖卫生设备的呀！""不！您没看到招牌吗，一舒坦卫生公司。""什么叫一舒坦卫生公司呀？""茅房！""啊！茅房怎么歇会儿呀？"

乙　是嘛！

甲　"大哥！您不知道，这儿茅房与众不同，您看人家写得多清楚，招待周到，设备齐全，有蹲有坐，各听方便，书报杂志，供您消遣，解个大便，赛过神仙。"

乙　嚯！有这么大的好处！

甲　也搭着这一位正想拉屎，憋了半天啦："先在这儿歇一会儿吧！咱们哥儿俩今天开个眼。"这二位就进来啦！

乙　噢！

甲　"二位，您解大便哪？"

乙　我听着都不像话。

甲　"呃！怎么个拉法？""分甲乙丙三种。""甲种多少钱哪？""甲种二十块。""两个人拉泡屎要四十块，拉不起。"

乙　嘿！舍不得。

甲　"乙种多少钱哪？""十块，您哪！""嘻！还是贵呀！有便宜点儿的没有？""丙种就便宜，两块钱。""行！我们哥儿俩就丙种吧！"掏出四块钱，我叫先生给他们撕两张票：一号二号。

乙　您那儿还卖票？

甲　什么话呢？凭票入号嘛！我把他俩带到电梯那儿，送上二楼。

乙　噢！丙种在二楼。

甲　这二位一上去，伙计赶紧过来啦："二位拉屎啊？""唉！"（做递票状）"噢！一号二号。您二位就在这儿。""开门啊！""是，您哪！（做摸物状）哎！钥匙哪儿去啦？"

乙　钥匙丢啦？

甲　仨月没开张，他也不知道搁哪儿去啦："您等会儿，我找找去。""我憋不住啦！干脆，我就这儿拉吧！"（指走道）"这儿拉！这儿不能拉。""不能拉？花四块钱受罪呀！你把钱退给我吧！""退钱您下楼去退。"这二位捂着肚子往下就跑。

乙　怎么不等电梯呀？

甲　憋不住啦！

乙　噢！来不及啦！

甲　这二位一到楼下，腰都直不起来啦："您退钱吧！"我一听：怎么着，退钱！仨月没开张，好容易来俩主顾，退钱？能退钱嘛！"怎么啦？您哪！""开不开门，我没地方拉呀！""您等一会儿，我上去看看。""我等不了啦，干脆，我就这儿拉吧！""这儿不能拉呀！"这位刚要褪裤子，来不及啦！噗……

乙　怎么啦？

甲　拉了一裤兜子。

乙　嗐！

甲　"我花四块钱往裤子里拉呀！"啪！给我来一个嘴巴。"嗨！你怎么打人哪！""打！打你还是好的，还要你赔裤子哪！"仨人丁当五四，揪在一块儿啦！甩得满屋子都是屎。

乙　嘿！这份儿脏呀！

甲　警察来啦，"打架，带走！"把我们带到警察局，往那儿一蹲，两天没问。我好说歹说的花了二十块钱，才把我放出来。我出来一想：这生意可不是事儿啊！

乙　本来嘛！

甲　改行！

乙　改哪一行啦？

甲　反正什么赚钱卖什么，什么利钱大倒腾什么。

乙　噢！投机倒把呀！

甲　什么叫投机倒把呀，谁做生意不想赚钱呀？

乙　这钱可得看怎么赚法。

甲　我看那年卖棺材最赚钱。

乙　怎么单单那年卖棺材的赚钱呀？

甲　闹虎烈拉，传染快得很。对面见着朋友不敢说话，都用手绢捂着嘴："大哥！少出来吧，这两天流行性虎烈拉闹得凶，传染上就活不……哟哟哟……"

乙　怎么啦？

甲　死了一个。

乙　嚯！

甲　再加上伪政府又不管这事，那人可就死多啦！马路上到处是死人，收尸都来不及。家家棺材店做出来都不够卖的。一上午九点钟就上了板啦！

乙　好嘛！

甲　我二大爷也受了传染啦！我去买棺材，正十二点，上着板。我啪啪一打门："开开！掌柜的。""什么事呀？""买口棺材。""没有啦！早就卖完啦！"我不信，我扒着门缝往里一看呀，嘿！这份儿气人呀！

乙　怎么啦？

甲　里边还停着六口空棺材哪！他愣说卖完啦！

乙　这可不对，既然有就该卖。

甲　是呀！"掌柜的，这就不对啦！里边明明停着六口，您怎么说没有啦！""六口呀！我们先生带小徒弟有七个人哪！还差一口，您给抬来吧！"

乙　啊？

甲　合着全等着死。

乙　您看那年头儿够多乱。

甲　我一想这个生意可以做呀！

乙　动了心啦！

甲　对，改行，卖棺材！我回去把茅房的设备：沙发、床、蹲桶、坐桶大拍卖，卖了八千块钱，叫我们两位管账先生带着钱，一位奔四川，二位奔广西，办各种上色木料。我又雇了十几个手艺人，等木料来了立即开工，做了大中小三等尺寸各式的棺材。招牌一换，一舒坦卫生公司改为福禄寿棺材店。门口弄帮洋鼓洋号，达达的、的达达，达达的的达，足这么一吹。做了两幅广告："开张大纪念"，"不顾血本大牺牲"。

乙　不像话，这回生意不错吧？

甲　什么不错呀！敢情卖棺材比开茅房还倒霉。

乙　怎么又倒霉啦？

甲　流行性虎烈拉是那一阵儿，等我棺材做好啦，流行性虎烈拉过去啦，没那么多的人死啦！

乙　这您倒别着急，留着慢慢地卖，有货不愁卖不到钱。

甲　慢慢地卖？连先生带手艺人二三十口子，甭说要工钱，就算不要工钱，吃什么呀？

乙　谁叫你投机取巧啦！

甲　没关系，动动脑筋。

乙　还动脑筋哪！

甲　宣传宣传。作兴卖个十口八口的，先把本儿给赚回来。

乙　棺材店宣传，怎么宣传呀？

甲　登报！

乙　登吧！

甲　最初报馆不给登。

乙　怎么不给登呀？

甲　他们说词儿不好。

乙　广告上什么词儿呀？

甲　我自己拟的。

乙　噢！

甲　大标题用头号字排："各位先生，女士们，您要买棺材吗？"

乙　啊？

甲　"我给您介绍一家，就是本市福禄寿棺材店。福禄寿棺材店自川、滇、桂、黔办来上等木料，阴沉、金丝楠、杉木十三圆。特聘欧美技师，制成流线型棺材。为开张纪念，买一送一，九折优待。如蒙惠顾，无上欢迎。本主人×××启。"您说这词儿多文明呀，起先报馆愣不给登。

乙　后来呢？

甲　还不是想多要俩钱。

乙　噢！敲竹杠呀！

甲　登报还不算，又请电台广播三天，自己又印了些传单，反正手艺人也都闲着，没事叫他们散传单去。

乙　噢！好办法！

甲　我印了十万多张传单，叫过六个手艺人来，每人先拿五千张，告诉他们："你们六个人，反正闲着也没事，出去撒撒传单，可别站在马路上撒。"

乙　怎么别站在马路上撒呀？

甲　马路上撒传单，接单子的连看都不看，一团就给扔啦！小气的主儿呀他不扔，留着，等会儿上茅房省张手纸。

乙　嘿！难为你怎么想的。

甲　"你们上药铺门口，或者上医院门口。他们进去你们别理他，等他们出来再给他一张传单，一边给传单一边说。"

乙　说什么呀？

甲　"先生！您抓药来了吧！甭说您府上一定有病人，要是病人吃了这服药好啦，那当然是两全其美喽，万一吃了这服药要是死了啊，您也别着急。"

乙　啊？

甲　"常言说得好，人死不能复生，办后事要紧。您要买棺材，请您到我们小号，传单印得清楚，开张纪念，买一送一，机会难得……"我把这套话都教会他们六个人啦！

乙　好嘛！

甲　早晨出去的六个人，到了下午……

乙　全回来啦！

甲　给逮走了五个。

乙　那还不给抓走。

甲　那是他们不聪明。其中有一个就没给抓走。

乙　他聪明？

甲　腿叫别人给捧瘸啦！

乙　更要命呀！

甲　我一看这个办法不行。

乙　是不行。

甲　还得动动脑筋。

乙　又动脑筋啦！

甲　不动脑筋哪儿去赚钱呀？

乙　还想赚钱哪？

甲　我一看有些做小买卖的赶庙会，这个办法倒不错。我这棺材也赶赶庙会吧！

乙　怎么什么事到您这儿都新鲜呢？

甲　赶护国寺。俩人抬一口，抬了十几口。到了护国寺人家不让我进去。

乙　是不让你进去。

甲　不让我进去没关系，门口儿卖。把棺材摆成一排。嘿！有灵验。我才把棺材摆好，里三层外三层，围了足有两三百口子。

乙　人不少！

甲　人倒是不少，净是看的，连一位买的也没有。

乙　谁没事儿买这玩意儿呀！

甲　不但没人买，连一个问价儿的也没有。

乙　是呀，谁起这份儿哄呀？

甲　不买就散了吧！也不走，还交头接耳："大哥！这是怎么回事呀？""不知道，大概是棺材展览会。"

乙　没听说过！

甲　"别走！瞧瞧热闹。"合着大家还不知道我这棺材是卖的哪！

乙　谁卖棺材像你这么卖呀！

甲　我一想，这不行呀，摆到天黑也开不了张。

乙　怎么办呀？

甲　动动脑筋。

乙　您就别动那脑筋啦！

甲　吆喝吆喝，好让大家知道我这棺材是卖的，不是样品展览。

乙　没听说过。

甲　怎么吆喝呀？卖棺材的没有吆喝的呀！

乙　本来没有吆喝的嘛！

甲　我一想，卖估衣那个味儿不错，干脆用卖估衣的味儿吆喝吧！

乙　卖估衣怎么吆喝呀？

甲　俩人，一个吆喝，一个接下腔儿："不错！"您帮帮忙接个下腔儿行吗？

乙　凑合！

甲　把皮袄一提，吆喝上啦："这一件那个皮袄哪，我把它就卖了吧！"

乙　"不错！"

甲　"它是狐腿的筒儿呀，大缎子吊的面儿呀！"

乙　"不错！"

甲　"卖您多少钱？大洋就给二十块吧！"

乙　"不错！"

甲　"要是对了你的身材呀，您就穿上试试吧！"

乙　"不错！"啊！是这味儿。

甲　我那棺材也这么吆喝。

乙　是呀？

甲　这一口那个棺材呀，我把它就卖了吧！

乙　不错！

甲　这本是杉木十三圆呀，是原来当儿的呀！

乙　不错！

甲　帮够多么宽呀，底儿够多么厚呀！

乙　不错!

甲　没有个口子呀,还没有个裂子呀!

乙　不错!

甲　卖您多少钱,大洋就给六十块吧!

乙　不错!

甲　要是合了你的身材呀!(拉乙)你就躺里头试试吧!

乙　(摇头)嘟……我不试!

甲　您不试,您比一比尺寸也行。

乙　我比这玩意儿干吗?

甲　这可是千载难逢的好机会,买一口大棺材送一口小棺材。

乙　我们家又没有死人,买什么棺材呀?

甲　啊!先生,不见得非死人才买棺材呀,你可以施舍呀!做点儿好事,不修今生修来世。

乙　噢!

甲　大棺材您留着施舍,小棺材还有别的用处呀!

乙　棺材还有什么其他的用处呀?

甲　您家有小孩儿没有?

乙　有哇!

甲　那太好啦!您把小棺材买回去当床用,那再好也没有啦!四面儿有帮儿挡住,保险摔不着!

乙　那不行呀!摇床有轮子呀,棺材没轮子呀,怎么摇呀?

甲　您安四个轮子就是了嘛!花不了多少钱。

乙　这……棺材里硌得慌呀!

甲　您真死心眼,铺条褥子不就不硌得慌了嘛!

乙　嘿,你真能将就呀!

甲　您来一口吧?

乙　这……不行!夏天没处挂帐子呀!

甲　干吗还要帐子呀!

乙　没帐子蚊子咬呀!

甲　您把棺材盖盖上,蚊子不就进不去了吗?

乙　啊?盖盖儿,那不把孩子闷死了嘛!

甲　闷死啦?

乙　啊!

甲　那更好啦!

乙　怎么更好啦?

甲　您顺手把棺材推出去就埋啦,省得再雇人抬啦!

乙　啊?

(叶利中述　叶利中　张继楼整理)

山西家信

甲　从前我有个朋友。

乙　干什么的？

甲　开杂货铺的。

乙　您怎么跟他交上朋友啦？

甲　有一天我到他那儿去赊账。

乙　您赊什么东西？

甲　我家灯泡坏啦，去赊一根蜡烛，他拿粉笔应当在黑板上写上"蜡烛"两字。

乙　他写上啦？

甲　他光画了一竖。

乙　这是什么意思？

甲　我明白啦，这一竖代表一根蜡烛。

乙　他不会写字？

甲　过几天我又去赊了一盒香烟。

乙　这回怎么写的？

甲　他在一竖底下画了一个四方块。

乙　一竖代表一根蜡烛，四方块代表一盒烟。

甲　对，这四方块就画在一竖底下！过几天我去还账。

乙　对，下回好赊。

甲　我说："掌柜的，您看看账，我短您多少钱？"他一看黑板上画着一竖底下一个四方块，回头对我说句话，把我吓了一跳。

乙　他说什么？

甲　"你不短柜上钱。"

乙　不是画着一盒烟，一根蜡烛吗？

甲　"你就短柜上一件东西。"

乙　什么东西？

甲　"你借去一把铁锹啊。"

乙　怎么变成一把铁锹啦？

甲　一根蜡烛他当成铁锹把啦。

乙　那个四方块？

甲　他当成铁锹头啦！

乙　没文化多耽误事啊，你就给买一把铁锹吧！

甲　我知道他这是开玩笑，他是个好开玩笑的人，我没给他买。后来我们就交上朋友啦。

乙　好哇。

甲　从此以后，我要是有一天不到他柜上去，他就吃不下去饭。

乙　这才叫朋友呢。

甲　可是说相声的哪儿都去呀。在山西太原府，有一家办寿，请一场相声让我去。您说挣钱的事我能不去吗？

乙　得去呀。

甲　去，我舍不得朋友。

乙　那也就几天，您可以跟他说说。

甲　我上他柜上告诉他："大哥，我要走啦。"

乙　他说什么？

甲　他哭啦。

乙　他怎么哭啦？

甲　他舍不得我呀，我给他个放心话。

乙　什么放心话？

甲　"多说走十天，少说走五天。"他问我到什么地方去，我说山西太原府。

乙　他说什么？

甲　他乐啦："山西太原府是咱们老家呀！"我赶紧问他："老家在山西太原府什么地方？"他告诉我："在太原城西。咱们老爷子名叫辛干。到那儿一打听辛干都知道。""你这么告诉我是有什么事情吗？""我有十几年没回家啦，你要走给我带一封家信去。"

乙　朋友嘛，这个事应当管。

甲　你当光带信哪？

乙　还带什么？

甲　还有钱哪。

乙　多少钱？

甲　五十块现大洋。

乙　现大洋是银子的，沉哪。

甲　五十块钱，拿报纸卷上，半尺多长，我不能搁口袋里。

乙　您放什么地方？

甲　掖到裤腰扣里。我走那天他送我上车告诉我一句话。

乙　他告诉你什么？

甲　连信带钱交给本人："到家有一个年轻的女人，她就是我媳妇，你嫂子。"

乙　嘱咐得挺详细。

甲　我上了火车奔太原去，坐时间长了闷得慌，心想临走带点解闷儿的东西就好啦。

乙　是啊！谁让你没带哪。

甲　我把带的那封信打开，看看都写的什么。

乙　私看书信，这可不好。

甲　朋友，没关系，我打开一看哪……

乙　怎么写的？

甲　信上没写字。

乙　没字呀？

甲　在信上画了七个大骆驼，一棵大树，树上落了两个苍蝇。树的那边还画着四个王八，两把酒壶。

乙　这是什么信？

甲　我也不知道啊。我到了太原府，刚进城，见有一个老头儿，我过去鞠个躬，打听打听，我说："老大爷，请问附近有个叫辛干的吗？"

乙　老头儿说什么啦？

甲　老头儿反过来问我："你找辛干有什么事？"

乙　你就跟他说吧。

甲　"我打北京来。有一个朋友托我办点事，往家里带封信，还捎俩钱来。"老头儿说："你跟我来吧。"走不远，就把我让屋里去啦。给我找个座我就坐下了。老头儿就说话啦："有话你就对我说吧，我就叫辛干。"

乙　真巧，碰见本人啦，你就把钱和信交给他吧。

甲　我说："给您这封信，还有五十块钱。"老头儿乐呵呵地拆开这封信，看看信瞧瞧我："噢，你跟我儿子是把兄弟呀！"

乙　信上不是没写字吗？

甲　我也纳闷儿，我赶紧问他："您儿子在信上说我们是把兄弟吗？"他说："是呀，你看这信上有七个骆驼，我们山西人养骆驼，五个为一串，六个为一挂，七个为一把儿，这不就是把兄弟吗？"我一听，我们俩全变骆驼啦！

乙　把兄弟可不是一把子嘛！

甲　老头儿看完信，跟我说："一点儿不错，信上写得明白是五十块钱。""您怎么知道是五十块钱？"

乙　他怎么知道的？

甲　"你看这树上落两个苍蝇。"

乙　树上有俩苍蝇是怎么回事？

甲　"我们山西人，把苍蝇叫蝇子，花的洋钱也叫银子，可是山西人说银子，也叫蝇子。"

乙　那么，蝇子在树上落着是怎么回事？

甲　"蝇子代表银子，就是银子，银子有数（树）的。"

乙　噢，怎样知道是五十块钱呢？

甲　老头儿说："这儿画着四个王八，两把酒壶，你算算，四个王八，四八三十二；两把酒壶，二九一十八。十八加三十二，共计五十块。"

乙　这么回事呀！这比甲骨文还难认呢！

甲　老头儿说："今天你别走啦，咱爷儿俩初次见面，得喝两盅。"我说；"我光会抽烟不会喝酒。""好办，给你灌两瓶醋吧！"

乙　喝醋啊？

甲　醋拌山西刀削面。吃完饭老头儿跟我说："你回北京给我带封回信。"我说："行。"

乙　这应当。

甲　过几天，我演出完了，他把信也写出来啦。临走那天，我到他家拿信去，一进门看见有个年轻的妇女，这是我大嫂子，她也交我一封信。

乙 一共两封信。

甲 老头儿交给我说:"这大信封是我给儿子的,这小信封是你嫂子给你大哥的,小夫妻都是知心话,你走到半路上可千万别拆开看!"

乙 人家怕你拆开看。

甲 辞行,登程,我坐在火车上怪闷的。

乙 看看书,看看报吧。

甲 哎,我想起来啦,这儿有两封信,再拆开看看。

乙 你就别拆开啦!

甲 非拆不可,先看大信封的信,拆开一看。

乙 写的什么?

甲 信上还是没有字,信上画了个水筲,这水筲底朝上,筲把儿朝下,在水筲底上落着俩苍蝇。

乙 这是什么意思?

甲 我明白,苍蝇大概又是银子,可是水筲底朝上,我不明白。还画着一个大圈一个小圈,大圈里头画着一个二踢脚,就是过年放的爆竹,小圈里头画一个蚕。

乙 什么蚕?

甲 吐丝的蚕,这封信很简单。看完封好,收起来,再看我嫂子这封信。

乙 人家夫妻的信,你别看。

甲 打开一看,画着一块藕,藕可断开啦,里头的丝可没断开。挨着那块藕,有一块炭,就是生炉子用的炭,块儿太小啦。还画着两个鸽子、一个鸭子。

乙 还有什么?

甲 还画着一头象,象鼻子上卷着一把刀,这象正回头,那刀尖从鹅脖子上扎进去了,鹅顺着脖子流血。我看完了,也不明白是怎么回事。

乙 是不好明白。

甲 看完信,闲劲儿难忍,一想,有了,我在嫂子这封信的后面,我也画点儿东西。

乙 你画什么?

甲 乱画,画什么好呢?对,我来个自画像。

乙　那怎么画？

甲　我掏出一面小镜子，对镜子画，画一个小人儿嘴叼着烟卷儿。画完把信封好，一天一宿车到了北京。

乙　下车您就回家吧。

甲　先把朋友的事办完再回家。我就一直奔到柜上去啦。

乙　见着了吗？

甲　他正在门口站着呢，一看我回来啦，这个亲热劲儿："兄弟呀！你可回来啦！一路上你可辛苦啦！"

乙　真近乎！

甲　沏上茶，洗洗脸："你在柜上吃完饭再回家吧！"

乙　你怎么样？

甲　我把信交给他："这个大信封是我们老爷子的，小信封是我大嫂给你写的，我把钱交给老爷子了。"

乙　他说什么没有？

甲　他说："兄弟不用多说，咱们哥儿们我还信不过，要是见不到钱，这封信也来不了。"

乙　人家比你明白。

甲　他把大信封拆开，看完了信他就说啦："兄弟，这个钱，咱们老爷子见着啦。"我说："你怎么知道的？""这儿有个水筲，有两个苍蝇，山西人管苍蝇叫蝇子，带的那个大洋也叫银子，这水筲底朝上，就是银子捎（筲）到（倒）啦。"

乙　这个大圈和小圈是怎么回事？

甲　"大圈是饭碗，小圈是茶碗。"

乙　大碗为什么搁了二踢脚，茶碗为什么搁个蚕？

甲　"你不明白，这是老爷子想我。茶思（丝）饭想（响）。"

乙　你嫂子这封信呢？

甲　他把信拆开一看就哭啦。我赶紧就问："你先别哭。这藕断开啦，这丝没断，这木炭又这么短这是怎么回事？"

乙　怎么回事？

甲　"这是你嫂子想我啦：长思（丝）短叹（炭）。"

乙　这两个鸽子一个鸭子，两个鸽子一个鸭子，那又是怎么回事？

甲　"你不知道啊，兄弟，你这个嫂子是我的亲表妹，从小就叫我哥哥，我们结婚后一直这么叫，这就是你嫂子叫我呢。"

乙　两个鸽子一个鸭子，两个鸽子一个鸭子，为什么就是叫你呢？

甲　"这就是：哥哥呀！哥哥呀！"

乙　这象鼻子卷一把刀，刀尖扎进鹅脖子，还直流血是什么意思？

甲　"这就是：哥哥呀！哥哥呀！想（象）煞（杀）我（鹅）啦！"

乙　就是想死我啦！

甲　对呀，他一翻过信一看，就瞧见我画的那个自画像啦。

乙　这回他说什么？

甲　"哎呀！兄弟，这画的是我儿子不学好，叨上烟卷啦！"

乙　啊？去你的吧！

（白银耳述　冯景顺整理）

山东跑堂

甲　您说什么人最和气？

乙　那可说不上。

甲　饭馆儿里的跑堂的和气。

乙　怎么呢？

甲　比如说您同着几位朋友到 ×× 楼去吃饭。

乙　我哪儿有那么多钱呢？我吃饭总上小饭摊儿。

甲　比如那么说，您同着几位朋友往里走，一进门儿，有个穿蓝布大褂儿的就站起来了，这是了事掌柜的①。

乙　干吗非穿蓝布大褂儿不可呢？

甲　哎，里边儿穿狐腿儿皮袄，外边儿也得罩上蓝布大褂儿，显着规矩。"噢，二爷来啦，怎么这几天总没（mò）来？"

乙　×× 楼饭庄子？

甲　啊。

乙　我根本没来过。

甲　那也得这么说，给你做面子，让朋友一听你常到这儿吃饭，显着阔气。"你们几位？"

乙　干吗问人数？

甲　好给你安排座子。楼上楼下有多少房子，哪屋大、哪屋小，他知道。"请楼上坐。（喊）六座。"楼上跑堂的就搭茬儿了："请啊！"（做掀门帘状）"这屋请你老，把大衣赏给我吧。"

乙　怎么大衣给他啦？

---

① 了事掌柜的：饭馆的经理之一，专管交际。

甲　给你挂上。跟着打手巾儿："你老擦手。""你们几位喝水吧？""别沏茶了，我们赶紧吃饭吧。""你们几位喝什么酒？喝白干儿还是老酒？"

乙　嗯，周到。

甲　"全来点儿吧。""对，来二斤黄酒一斤白干儿，来几瓶啤酒。你们几位要菜吧。"

乙　对，该要菜啦。

甲　一提要菜就麻烦啦。

乙　怎么？

甲　谁都推辞。"王二爷点菜。""不，您来。""赵二爷。""刘二爷。"推了半天谁也不要。

乙　那怎么办？

甲　结果有一位说，跑堂的你给掂配吧！

乙　那就随便给弄几个得啦。

甲　那可不行。随便弄几个？你知道哪个菜回头有人吃着不对味儿？

乙　不是他们让给掂配吗？

甲　跑堂的不担包儿[①]："对，我给配。我开个单子，你们几位看看哪个菜不好再换换。"

乙　真仔细。

甲　一会儿拿个单子来。"我念念你们听听。四个冷盘儿，一个鸽雏乌鱼蛋，炸胗肝儿，红烧海参，啊，鲤鱼怎么吃？两面吃吧。一面儿红烧，一面儿醋焦吧。一个砂锅狮子头，再来一个汤。我看差不多了，吃着看吧，叫多了吃不了也得花钱嘛！"

乙　嘿，真有两下子。

甲　哎，老得让人痛快。一会儿冷盘儿跟酒全来了，摆好了出去，老得门口儿盯着，里边儿紧着让酒，又划拳，准得添酒菜儿；外边儿把酒菜儿预备好了，什么时候要，马上就来。

乙　干这行儿真不容易。

甲　多咱看酒喝得差不多啦，赶紧进去问一声："怎么样，酒够了吗？够了啊？饭菜跟着来吧？"（出门喊）"饭菜要'马前'啊！"

乙　"马前"就是快。

---

① 不担包儿：不担错的意思。

甲　其实呀，就是为让你听着痛快，不管他怎么喊，灶儿上也一个一个地做。

乙　对。

甲　菜一个一个跟着来，多咱一上汤啦，得说一句。

乙　说什么？

甲　"二爷，菜行了，您看够吃的吗？""行啦。""对，吃着看吧，不够再添还来得及。"

乙　这就没事儿啦。

甲　多会儿等您吃完了，他还得忙活一阵儿。

乙　还有什么事儿？

甲　打漱口水，打手巾儿，拿火柴、牙签儿。

乙　对。

甲　有的人先吃完了一敲碟儿。"哎，二爷，您吃好了？请这边漱口，洋火儿在这儿，牙签儿在这儿，（向外喊）打手巾！"

乙　啊，真够忙活的。

甲　"算账吧。""二爷不用给了，我候啦。"

乙　他请客啦？

甲　"别价，算算。""三十六块二。"

乙　三十多块？

甲　他候得起吗？他一年才挣二十八块。

（侯宝林忆记）

韩复榘讲演

甲　作为一个相声演员，应该知识渊博，生活丰富，并且还要熟读历史。

乙　哎！也不是全那样。

甲　听说您的历史知识很丰富，知道的事情也很多。

乙　也就是好研究。

甲　那咱们研究研究，您说在旧中国的时候有多少军阀？

乙　那可太多了，什么张宗昌、吴佩孚、齐燮元、阎锡山、韩复榘。

甲　这些人你都认识？

乙　我？我一个也不认识。

甲　你跟你们熟。

乙　一个也不熟。

甲　我是问你知不知道这些人都做过什么坏事？

乙　嘻！都是些屠杀人民的刽子手。

甲　数哪个最坏？

乙　猪肉炖野猫，熬到锅里一个味儿。

甲　这倒是一句实话，不过他们在手段上不同，你就拿韩复榘来说吧……

乙　韩复榘？不就是旧中国的山东省主席吗？

甲　对！民国二十年左右，他盘踞山东，不到十年的光景，在他手里死了有多少人啊！

乙　哎呀！那些人都犯了什么罪了？

甲　嘻！要不怎么叫杀人的刽子手呢？他还管你犯罪不犯罪，就看他问案的时候高兴不高兴了。

乙　怎么，他还自己问案？

甲　别看他这人没什么文化，还是军事、政治一把抓。过去是司法独立，可是他连司法都管，每天自己问案，问案的时候要赶上他高兴，多大的罪名也能马上释放。

乙　要不高兴呢？

甲　他要看你别扭，就算你在小胡同里撒泡尿，他给你判八个字：随地便溺，应该枪毙。

乙　那就毙了？

甲　他问案时候还特别。

乙　怎么特别呢？

甲　三五个，十个八个的他不问。

乙　多少才问呐？

甲　非得百八十个，一堂哄。

乙　问完了全放了？

甲　不！有放的，有毙的。没有别的罪名，反正不是死，就是活。

乙　这叫什么办法呀？

甲　还告诉你，他这个问案，在判罪的时候还不说。哪个该放，哪个该毙呀，他不讲。

乙　那怎么定罪呢？

甲　他有个暗记儿。

乙　什么暗记儿？

甲　捋胡子，他要是一捋左边的胡子，就让那些犯人站到左边，问完案这些人全部释放；他要是一捋右边的胡子，让那些人都站到右边，问完案回头这些人全毙。

乙　好嘛！不定什么人倒霉呀！

甲　就是给他做事的人也不例外，有个参谋长叫沙月波，有一回打发小勤务兵给韩复榘送一封信，小勤务兵一喊"韩主席信"，正赶上韩复榘那天问案。（学山东腔）"知道了，站那边等着吧！"（随手一摸右边的胡子）接着问案，问完案再找这送信的，找不着了。

乙　哪儿去了？

甲　韩复榘问他下边的人："刚才给我送信的那个人呢？""已经毙了。""毙了？他犯什么罪了？""不知道。""那为吗毙了呢？""看您跟他说话捋右边的胡子来着。"

乙　啊？

甲　韩复榘一听乐了："哈哈，这小子也是该死呀！其实我刚才不是捋胡子呢，我那是挠痒痒呢！"

乙　嘿！

甲　他给挠出一个去！

乙　你瞧这倒霉劲儿。

甲　他那奇怪的事情可多了，有一回韩复榘讲演。

乙　他讲什么呀？

甲　旧中国的民国二十三年，蒋介石在江西扼杀革命，他怕人民起来反抗他，想出一套办法来麻醉人民。

乙　什么办法呀？

甲　叫"新生活运动"。

乙　对，我听说过"新生活运动"，里头都是什么内容我不知道。

甲　有这么几条，第一条叫孝悌忠信，礼义廉耻。

乙　这是宣传封建旧礼教的。

甲　第二条走在路上帽子戴正，脖领扣齐。

乙　那个时候的假文明。

甲　还有一条叫左侧通行。

乙　什么叫左侧通行呢？

甲　就是走在路上的行人一律靠左，叫左侧通行。韩复榘这一讲演"新生活运动"，笑话可闹大了。

乙　那您谈一谈。

甲　讲演的这天，韩复榘坐着小汽车直奔山东省的齐鲁大学。

乙　噢！在齐鲁大学讲演。

甲　车到学校门口，糟了。

乙　怎么回事？

甲　他去讲演门口得有站岗的呀！这站岗的六点钟上的班，十一点半了，韩复榘还没到哪！站岗的是又困又饿，靠着墙睡着了。韩复榘汽车到了，正看见，过去就给站岗的一个嘴巴："叫你站岗，跑这儿睡觉来了，真他妈的玉不琢，不成器！"

乙　他还转（zhuǎi）一句。

甲　这当兵的马上给韩复榘跪下了："是！我永远记住韩主席的这句话。""你光记住不行啊！玉不琢，不成器，你知道怎么讲吗？""不就是我这儿睡觉，您要遇不着就不生气嘛！"

乙　啊？

甲　"这小子有两下子，对呀！睡觉要遇不着就不生气了。好小子，别屈了才，起来，弄个连长当呗！"他给升连长了。

乙　这叫什么事！

甲　韩复榘往里走，一进礼堂，全体起立，韩复榘上了讲台冲大家一点头儿："诸位，各位，在其位。"

乙　哪儿这么三位呀？

甲　"今天……是……什么天气？"

乙　什么天气？

甲　"今天就是讲演的天气。来宾十分的茂盛，敝人也实在是感冒！"

乙　感冒！

甲　"现在看，来的一定不少咧！看样子大概有了五分之八啦！"

乙　这是怎么个账呀？

甲　"来到的不说了，没来的举手呗！"

乙　那怎么举呀？

甲　"今天兄弟召集大家，来……训一训。"

乙　训一训？

甲　"兄弟说得对不对的，大家应该……这个……这个……互相原谅。"

乙　互相原谅？

甲　"因为兄弟和你们大家比不了，兄弟我是大老粗儿，你们大家都是从笔杆子里爬出来的。我哪！是炮筒子里钻出来的。你们大家都是这个各国的留学生，都会说这个各国的英国话。"

乙　我瞧他不会说人话！

甲　"所以今天兄弟不准备多讲，我就先谈五个纲目。"

乙　那就不少了。

甲　"第一个纲目就是南京国民政府发布的命令'新生活运动'。关于这个'新生活运动'，敝人极表赞成，而又反对。"

乙　到底是怎么回事呀？

甲　"兄弟我反对的不是别的，在'新生活运动'里有这么一条，叫左侧通行，它说行人一律靠左，可我就想咧！如果说行人一律靠左边的话……那右边马路上不就没人了吗？"

乙　就那么讲啊！

甲 "这就是第一个纲目。"

乙 那么这第二个纲目呢?

甲 "第二个纲目就是当初孙总理孙中山说过两句话。"

乙 哪两句呀?

甲 "就是'革命尚未成功,同志仍须努力',大家知道这两句话怎么讲吗?"

乙 怎么讲啊?

甲 "这个革命尚未成功啊,这个孙中山孙总理说话很客气,他说当初这个革命可不是他发明的。"

乙 多新鲜哪!

甲 "是谁发明的呢?"

乙 谁呀?

甲 "当初有个当兵的,搞起来的革命。"

乙 当兵的?

甲 "对呀!这个当兵的后来升了连长了,才搞起来的革命。"

乙 怎么知道的呢?

甲 "当然知道咧!他说革命尚未成功,连长不是上尉吗?"

乙 哪是那个上尉呀?

甲 "这个连长是谁呢?后来我才知道,据说这个连长姓于呀!"

乙 姓于?

甲 "他的名字叫之力。"

乙 之力?

甲 "对喽!在孙中山的遗嘱上写得明白,写的余致力国民革命凡四十年,就是说在孙中山搞革命以前,有位于连长于之力已经搞了四十年了。"

乙 这都是哪儿的事呀!

甲 "这就是第二个纲目。"

乙 那么第三个纲目呢?

甲 "第三个纲目,虽然是孙中山搞革命二十年,于连长于之力又搞了四十年……"

乙 就甭提这于连长了。

甲 "但是我们中国跟外国人还是比不了,中国人比起外国人来,我们……还是……很软和的。"

乙 软和？

甲 "大家看一看，外国人在我们中国，占有租界，在我们中国有他们外国人的大使馆；大家想一想，我们中国人在我们中国的土地上，为什么没有中国的大使馆？"

乙 真是个大浑蛋！

甲 "另外，（咳嗽）我说你们这个学校里，怎么搞的？"

乙 怎么了？

甲 "这个学校里头卫生不好，这么多的人为什么不开开窗户？一点都不讲究卫生。哎！既然谈到这里咧，我就附带把卫生讲讲。"

乙 全想起来了。

甲 "大家知道'卫生'这俩字怎么讲吗？"

乙 那谁不知道哇！

甲 "卫生嘛，就是为了活着。"

乙 这一讲我就不懂得了。

甲 "我们应该每天早晨起来，把窗子打开，把这个空气放出去，把这个卫生放进来，这样子才叫卫生呢！"

乙 好嘛！

甲 "另外……这个（嘴动），就是……"（再动）

乙 我说他干吗这么五官挪位的？

甲 哪儿呀！他右边嘴巴子上落了个苍蝇。

乙 那怎么不轰啊？

甲 不敢轰啊！

乙 怎么啦？

甲 要这么一轰，不全毙了吗？

乙 嗜！

（刘宝瑞整理）

白　吃

乙　我们说相声的，什么都得研究。

甲　对啦，什么都得研究。

乙　什么都得知道。

甲　您就不用拿别的说，就连这个社会人情都得知道。

乙　噢！还得知道社会人情哪？

甲　当然啦！过去呀，一般人都说，"交朋友得掌住了眼睛！"

乙　为什么呢？

甲　好辨别哪路人不可交哇！

乙　这还能分得出来吗？

甲　你看看。

乙　我认为什么人都可交。

甲　没有的话。

乙　怎么？

甲　有这么几种人不可交。

乙　你说说都是干什么的？

甲　干什么的不能说。

乙　怎么？

甲　我就说有这么一种人。

乙　哪种人？

甲　坐电车往里挤，这种人交不得！

乙　我反对这句话，坐电车往里挤的人不可交；要照你这么一说，电
车里边都没人啦！都堵着门儿站着，出了危险谁负责啊？

甲　啊！有你这么一说。

乙　啊！还是的！

甲　可这往里挤跟往里挤的情形不一样。

乙　怎么不一样？

甲　比方说，有四位一块儿玩儿去。大哥："喂！兄弟有事吧？"

乙　"没有哇！"

甲　"走哇！"

乙　"哪儿去？"

甲　"走，咱们城里一块儿玩儿去。"

乙　"走吧！"

甲　"坐电车吧？"

乙　"好。"

甲　"来！你们都站在我后边。"

乙　干吗都站在他后边？

甲　他站在头里。四个人坐电车，站在头里这位准不买票。

乙　我不信。

甲　嗨，你不信，你琢磨这个理儿呀！

乙　怎么琢磨呀？

甲　现在电车里人多少？

乙　人多呀！

甲　人多不要紧，这位在家没事儿净练功夫。

乙　练什么功夫？

甲　专门练挤。

乙　能挤！

甲　不管电车上有多少人，他一挤就进去。这电车不是仨门吗？他站当间儿这个。

乙　干吗站当间儿这个呢？

甲　这门不是宽好上嘛！

乙　啊！

甲　"你们都站好，站我后边。"电车来了，一开门，人还没下完哪，他就上去了。往里一挤："借光！借光！借光！"

乙　哪儿去啦？

甲　他里边待着去啦。

乙　那几位哪？

甲　这几位哪儿练过那功夫！

乙　没有哇！

甲　都守着卖票这儿站着。电车一开呀，他叫开卖票的啦。

乙　怎么叫？

甲　"卖票的！"

乙　干吗？

甲　"喂，过来！我们有四个人，我买四张票！"

乙　啊！他真讲外面儿，要买四张票。

甲　他倒不是要买四张票。

乙　什么意思？

甲　他是告诉门口那几位哪。

乙　啊？

甲　你想啊，人多，他离着门口远，卖票的挤得过去吗？明知道，可他偏喊。他一喊，门口那几位就得掏腰包。

乙　噢！这招儿可真绝啊！

甲　这几位兜里有零的，能让他买吗？

乙　不能。

甲　"得了，大哥，你喊什么呀，四分钱还叫你买干吗呀？我买啦！"

乙　咦！

甲　饶着他不花钱，还落了个好人儿。

乙　噢！他老占便宜。

甲　老占便宜。

乙　啊！

甲　他也有倒霉的时候！

乙　他什么时候倒霉呀？

甲　多会儿挤过了劲儿，他就会倒霉啦。

乙　挤过了劲儿？

甲　有一回他挤过了劲儿啦，"借光！借光！借光！"哎呀，嗬！

乙　他哪儿去啦？

甲　他挤到那后门儿去啦。

乙　噢！那边儿去啦。

甲　那边儿那个门儿也有个卖票的。

乙　是呀！

白

吃

甲　那个卖票的站在他后边儿，他没看见。电车一开，他叫喊卖票的："卖票的！"

乙　嗯！

甲　身后那个搭茬儿啦："买几个？"

乙　哟！哟哟哟哟……

甲　"啊？"

乙　怎么的？

甲　他回头一看："干吗？""你不是买票吗？"

乙　是呀！

甲　"买票吧！"

乙　啊！

甲　"我从那个门儿上来的。"

乙　啊？

甲　"嗯！这个门儿一样卖呀！"

乙　对呀！

甲　"你买几个？""你干吗的？""我卖票的！""你卖票的？你有证明吗？"

乙　咦，好嘛！

甲　四分钱挤得胡说八道。

乙　挤得胡说。

甲　你说这叫什么人儿啊？

乙　这路朋友不可交，爱取巧。

甲　还有一种人更不能交。

乙　哪种人？

甲　到饭馆儿吃完饭，漱口。

乙　这路人怎么啦？

甲　交不得。

乙　我对你这个说法有意见。

甲　怎么的？

乙　讲卫生，哪有吃饭不漱口的？

甲　那漱口跟漱口不一样。

乙　怎么不一样？

甲　你知道什么时候漱口啊？

乙　什么时候？

甲　几位往馆子一坐，饭菜都吃完啦。

乙　嗯！

甲　漱口。他这个漱口跟别人不一样。

乙　怎么不一样？

甲　别人吃完饭就漱口。

乙　是呀。

甲　他不，他喝汤。馆子都有这个规矩，最后送碗清汤。

乙　敬碗清汤。

甲　他呀，喝起汤来就没完。

乙　噢！喜欢喝汤！

甲　那倒不见得。他为磨蹭时间！

乙　干吗？

甲　好不给钱。

乙　嘿！好机灵。

甲　最后这碗汤，他死气白赖地喝（做喝汤的样子）："嗯！这汤不错
　　呀！"

乙　噢！夸上啦。

甲　"味素不少。这汤多少钱？"

乙　啊！

甲　人家堂倌过来啦："这汤不要钱。""啊，不要钱。这么好喝不要
　　钱？"

乙　不要钱。

甲　"冲这汤明儿个还来！"

乙　吃饭来？

甲　光喝汤！

乙　啊？

甲　嗯，那就要钱啦！

乙　多新鲜哪！

甲　有上馆子光喝汤的吗？

乙　人家也不让喝呀！

甲　一看到时候啦，这几位擦完脸漱完口啦："算账吧！"

乙　算账。

白
吃

甲　人家早就算好啦，堂倌把发票拿过来："您几位一共吃了九块三。"

乙　还真不多。

甲　这九块三说完啦，还几位都掏钱。

乙　抢着给。

甲　他不掏钱。

乙　他干吗呀？

甲　他漱口。

乙　这会儿他漱口？

甲　早也不漱口，晚也不漱口，单等这节骨眼儿上漱口。

乙　噢！

甲　人家掏钱，他把漱口水抄过来啦。

乙　干吗呀？

甲　（做漱口动作）嗯……

乙　漱口？

甲　漱口。

乙　嗯！

甲　人家那儿掏钱，他跟人家比画。

乙　怎么比画？

甲　"嗯……嗯……嗯……"（用手比画）

乙　这里怎么回事儿呀？

甲　这里说话哪。

乙　哟！这是说什么哪？

甲　说："咱们吃的这个饭钱您呀别给，您呀也别给，这个饭钱我呀……"

乙　噢，他给啦。

甲　他也不给！

乙　那这钱谁给哪？

甲　都不给，那就柜上候吧！

乙　柜上认识他吗？

甲　这几位把钱给完啦，给了十块。"少点儿呀！""不少，谢谢您啦。七角小柜！""谢——"

乙　喊完走啦。

甲　他漱口水也吐啦。

乙　噢！

甲　（吐水）"你怎么又给啦？"

乙　怎么又给啦？

甲　可不人家又给啦，吃完饭他那儿漱口，人家还不给！

乙　对呀！

甲　噢！吃完饭都跟他学。

乙　不掏钱。

甲　全不掏钱？都站在那儿漱口，四位吃完了，全都站在那儿（学漱口）"嗯……"跑堂的一看，这是干吗呀？

乙　干吗呀？

甲　这是练功夫哪，怎么着？

乙　有练这功夫的吗？

甲　这好看吗？

乙　不受瞧！

甲　人家给完钱，他还有理哪！

乙　有什么理？

甲　他还问人家哪！

乙　怎么问？

甲　"兄弟！"

乙　啊？

甲　"谁给的钱？"这位说："我给的。"

乙　对呀！

甲　"你不对呀！"

乙　嗯？

甲　给钱的这位一听，我怎么这么倒霉哪。

乙　说的是啊！

甲　"我把钱给完啦，我怎么还不对呢？""你觉着你给完钱你有理啦？这十块钱应该我给，干吗你又给啦？你说，你认打认罚？"

乙　啊？

甲　你说请客这位多倒霉。

乙　真倒霉！

甲　这位说："大哥！我认打怎么样？""认打，我揍你一顿！""我认罚哪？""认罚，晚上在这儿再罚你一顿！"

乙　好嘛！

白
吃

甲　吃人家一顿，又罚人家一顿！

乙　里外里两顿。

甲　你说这叫什么人？

乙　真机灵啊！

甲　好嘛！头一回吃饭漱口，行！

乙　混过去啦！

甲　第二回漱口，还行！

乙　糊弄过去啦！

甲　第三回……

乙　啊？

甲　人家也明白啦。

乙　谁也不傻。

甲　下回吃饭人家不找他啦。

乙　噢！躲着他啦。

甲　你猜怎么着？

乙　啊？

甲　你不是不找他吗？

乙　是啊！

甲　他会找你。

乙　他哪儿找去？

甲　这几位常上哪儿去他都知道。

乙　他怎么办呢？

甲　他老早起来，到胡同口等着去。

乙　白等。

甲　那几位今天出门儿。大伙儿一瞧，没他。这位说啦："没他，今儿我请客。""好，走吧！"

乙　行啦，这回没他啦。

甲　刚一进胡同，他从里边钻出来啦："哪儿去？"

乙　怎么办？

甲　"我们没事儿，我们吃电影去。""吃电影？像话吗？我知道你们吃饭去。连吃你们三顿没掏钱啦，你们就躲着我。你交朋友不地道。今儿个跟我走，我请客。我要不请客，我是王八蛋，你们要不扰我，你们是骂我八辈祖宗！"

乙　嘁！真心请客，走吧！

甲　走吧！谁去谁倒霉。他心眼儿可多啦！哪个馆子大，他带到哪个馆子。一进门伙计过来招待："几位楼上请！""楼上二号！"这几位往那儿一坐，他头一个叫菜。告诉伙计："三四块钱一个的菜来它十个；酒，来白酒、啤酒、白兰地！饭菜一块儿上！去吧！"

乙　嘁！这一顿可解馋，大吃一顿！

甲　有两位真高兴："这一顿不赖！"有一位害怕，心里的话："他有钱吗？吃完再说呗！"

乙　那可不吃完再说吧。

甲　每天他吃饭不喝酒，今天连吃带喝！三杯白兰地一入肚，再一瞧他那模样，脑袋都绿啦，哈喇子也流下来啦，舌头也短啦，拿镜子一照，都不认得自个儿啦。

乙　怎么啦？

甲　怎么啦？都脱相啦！一边喝一边还说哪："我告诉你们！我连吃你们三顿饭，你们就躲着我，交朋友都让我伤心啦！吃饭不给钱！你们打听打听，我是那种人吗？"

乙　他呀？

甲　他是那种人。"我告诉你们，今儿这顿饭我请客。怕你们给钱，一进门我就存了两千块！"

乙　嘁！

甲　这位一听存两千块，赶紧把跑堂的叫来："我们那位是在你们柜上存两千块吗？"跑堂的说："我不知道，我给问问去！"噔噔噔跑楼下问柜房先生："楼上那四位是在这儿存两千块吗？"先生说："啊？我不知道啊！我告诉你，在工作当中别闹着玩儿！""人家客人叫问的！""来，我查查账。"把账本子拿过来翻了足有八遍。

乙　有吗？

甲　他根本没存，哪儿能有。先生说："你赶紧上楼上问问，可能记错了吧？"跑堂的到楼上："您哪位存两千块钱？"这会儿他站起来，晃晃悠悠的："我在你们这儿存两千块！"跑堂的说："您记错了吧？""没有！那哪儿能错！我这两千块没有啦？""您交给谁啦？""我交给你啦！"跑堂的一愣："哟！您多会儿交给我的？"这时他上前，啪！就给人家一个大嘴巴。

乙　打上啦！

甲　这一巴掌没打上，别人再找，他可没影儿啦！

乙　哪儿去啦？

甲　桌子底下去啦！

乙　溜桌啦！

甲　这几位一瞧，又倒霉一顿。

乙　这主意真高！．

甲　气得那几位饭也不吃啦，酒也不喝啦。"行，我算认识他啦！你不信你看他兜里，一个子儿也不会有！"他算真有办法！"算账，多少钱我给！"伙计一算账：四十八块五。

乙　怎么那么多？

甲　光菜钱就四十块！"行啦，下回我再出门儿，我是他孙子！你们二位把他架下来！伙计，找辆三轮儿去！"

乙　雇车干吗？

甲　把他老人家送家去。二位往下架他，他还不老实哪："你别管我，跟他没完，明儿我非给他封门不可！"

乙　嗬！他那么大势力！

甲　到门口儿把三轮儿叫过来。三轮儿车夫问："哪儿去？""××胡同，××号。多少钱？""您给四角吧！""我给一块。""您干吗给一块哪？""多给你六角。我们这位喝醉啦，道上你小心点儿，别摔了他。给你一块！"这工夫让他看见啦！"您别管，跟他没完。""别没完啦！上车！蹬走！"

乙　行啦，这回走啦。

甲　他在车上直回头，还没完哪！

乙　还不算完？

甲　不是没完，是看看那几位拐弯儿没有。

乙　要拐弯儿哪？

甲　看不见那几位啦，他乐啦。他这一乐不要紧，把蹬三轮的吓了一跳。

乙　怎么？

甲　蹬三轮的不知道，他在车上扑哧一笑，把蹬三轮的吓一跳："哟！您怎么啦？""站住！""您不是回家吗？""啊！我回家？我家在云南，你给我拉云南去吧！""那哪儿行！"说着下了车："给你多少钱？""给我一块。""哎哟！你要造反！从那儿到这儿你要一块？" "那怎么办呢？" "给我弄八角！你拿两角吧！"

乙　嘀！在这儿拐八角！

甲　足吃一顿饭没给钱，还拐八角走！你说这是什么朋友？这人能交吗？

乙　不能交！

甲　吓得那几位连门儿都不敢出啦！

乙　这回他没主意啦。

甲　他还有主意，他还上家找你去。

乙　噢！

甲　这几位家在哪儿住他知道？

乙　知道。

甲　好嘛，到你门口他不进门。

乙　干吗呀？

甲　他先瞧烟筒。

乙　瞧烟筒？

甲　烟筒冒烟正冲，他不进去。

乙　怎么啦？

甲　里边做饭哪！

甲　他等多会儿烟筒一冒白烟儿，他进去了。

乙　干吗呀？

甲　饭熟啦！

乙　嘿！他真有研究！

甲　到门口一瞧，烟筒冒黑烟，他玩儿去啦！

乙　玩儿去啦！

甲　转了三圈，回来一瞧，这烟筒冒白烟啦，里边饭也做好啦，菜也炒得啦，拿起筷子刚要吃，他一推门进去啦。

乙　进去啦！

甲　"呀嘀！巧哇！"

乙　巧？

甲　能不巧吗？

乙　怎么？

甲　他在门口站四个钟头啦。

乙　哎哟！他等一早晨啦！

白

吃

甲　这吃饭没有不让人的。

乙　都让人。

甲　"大哥来啦，一块儿吃吧！""哎，不客气。"吃一顿。像那下回就别去啦；下回再去人家会假让，不是真让。

乙　什么叫真让呀！

甲　这位一瞧："哎哟！大哥来啦！上炕吃点儿吧？""不，不！我不吃！""看你这是干吗？""不，不，我偏过啦！""哎！你这是干吗？来，坐这儿吃得啦！"这叫真让。

乙　噢！真让你。

甲　第二天人家假让。

乙　噢，假让？

甲　这假让听得出来。

乙　您学学！

甲　他一进门，人家这位就说话啦："大哥来啦！哈哈！您吃了吧？"

乙　哎！这可坏啦，干到这儿啦！

甲　瞧这话多损哪！"你吃了吧？"就你再机灵，冷不丁的，你也回答不上这句话。

乙　没词儿。

甲　好！这位回答得非常恰当。

乙　怎么回答的？

甲　"啊！大哥你吃了吧？""啊！我不忙！"

乙　噢，他不忙。

甲　哎，他不忙。

乙　他这意思是……

甲　这意思是我待会儿再吃。

乙　嗬！好。

甲　待会儿，拿个碗，又一顿。

乙　噢！

甲　他走啦。这位一琢磨："哎哟！"

乙　憋气！

甲　"有点儿意思！"

乙　说的是哪！

甲　"假让他也吃我一顿，看他明儿还来不来？"

乙　不能来了。

甲　第三天哪？

乙　啊？

甲　又去啦！

乙　又去啦！

甲　又这个时候，到那儿一拉门儿："哎哟，巧啊！"

乙　巧！

甲　这位……

乙　言语啦？

甲　没理他。

乙　没理他？

甲　这位也损点儿。

乙　怎么？

甲　端着饭碗，拿着筷子瞅他乐。

乙　瞅他乐？

甲　"哈！哈哈！哈哈哈！……"

乙　这是乐吗？

甲　这个，这比骂街还难受哪！

乙　哎哟！不好听。

甲　不理他。

乙　啊！

甲　你不是不理他吗？

乙　是呀。

甲　他会理你。

乙　他怎么理？

甲　站那儿冲你"搭咕"！

乙　说什么呀？

甲　"兄弟！"

乙　啊？

甲　"乐什么？哈哈！这米还挺白呀！多少钱一斤买的？"把那位都气糊涂啦："一毛二！"

乙　一毛二？

甲　"别闹啦！"

乙　啊？

甲　"我昨天买的一毛六，也没这米白。大半是这米捂了吧？""废话！买米买捂的？不捂！""没的话！不捂有味儿？捂啦！""要是不信，你尝尝！"

乙　啊？

甲　他尝尝！好，拿起碗来就吃（含饭说话）："嗯，你还别说……"

乙　怎么这味儿呢？

甲　那饭在嘴里还没咽哪！

乙　噢！还含着哪！

甲　"嗯，这米是没捂。没捂是没捂，这饭焖得有毛病。""什么毛病？""太淡啦！""你光吃饭还不淡吗？""再来点儿菜！"

乙　怎么着？

甲　又一顿。

乙　好嘛！

甲　又对付人家一顿。

乙　真机灵。

甲　他真有两下子。把这位气坏啦。这位心里话：看他明儿还来不！

乙　不能来啦！

甲　明儿个再来，我再让他吃上，就算我赞成他一辈子。

乙　对！

甲　像那个你就别再去啦！

乙　别去啦。

甲　又去啦！

乙　又去啦？

甲　到门口一拉门："哎呀！巧哇！"

乙　真气人！

甲　你猜这位说什么？

乙　说什么？

甲　"啊！是巧哇！你天天这时候来嘛！大哥，对不起，今天这饭我焖少啦，我不让你啦！"

乙　完啦！这话多厉害，没台阶。

甲　"我不让你啦！"你猜他说什么？

乙　说什么？

甲　"不让我啦！咱们是这个交情吗？噢！不让我我就不吃啦？哎，弟
　　妹拿碗！"

乙　嗯！

甲　他又一顿！

乙　又一顿！

（佟雨田述　田维整理）

白

吃

三性人[*]

甲　人的脾气秉性不全一样，有脾气暴的，有脾气柔软的，还有好贪小便宜的。今天早起来，我就碰见一个脾气暴的，这个脾气暴的又遇见一个脾气柔软的。脾气柔软的踩了脾气暴的脚啦，脾气暴的说："你往哪儿踩？"脾气柔软的说："我没看见。""你踩了我了，你说你没看见，你若碰上电车呢？"脾气柔软的说："我也不往电车上撞啊！"脾气暴的说："你踩了我，你就白踩了吗？""那若不白踩，鞋踩坏了再给你买一双，脚踩破了到医院给你上药。"脾气暴的气得说了一句话，我听着都乐了。

乙　他说什么呀？

甲　"我告诉你吧，你也就踩了我了吧。"

乙　要是踩了别人呢？

甲　也白踩呗。这是脾气暴的和脾气柔软的。还有一种好贪小便宜的。我就有这么个朋友，昨天我上他家串门儿去了，他死乞白赖地叫我在那儿吃饭。留我吃什么呢？热汤面。面做好了，他一看缺点儿小作料：香油、酱油、醋。按理说应该拿个瓶和碗去打，他没有，拿个砂锅子去打。到了小铺就问："你有香油吗？"掌柜的说："有。你打多少钱的？"掌柜的把砂锅接过去，这贪小便宜的说啦："你给打一分钱的吧！"掌柜的一合计：香油八九角一斤，有心不卖吧，又一条街住着，卖给他就卖给他点儿吧。掌柜的拿起提斗来，给他打半两。贪小便宜的用手接了去，像那个你拿砂锅就走吧，他不走，端着砂锅向掌柜的晃摇，把半两香油全晃砂锅

里去了。贪小便宜的说啦："我打错了，我打酱油，你给我换换吧。"掌柜的接过砂锅一看哪，这点儿香油全晃进砂锅里去了。掌柜的没法子，又给他打了二两酱油，倒在砂锅里，香油又漂上来了。像那个你就走吧，还不走，又跟掌柜的说："你把醋再给我少弄点儿。"嗬！一分钱他对付三样儿。

乙　哈哈！这主儿可真够找便宜的了。

甲　你说谁乐意跟他交朋友？新社会没有得意这三种人的，旧社会还真有得意这三种人的呢。

乙　谁得意这三种人呢？

甲　旧社会有个知县得意这三种人。他叫两个衙役来，知县说："今天叫你们不为别的事，就是叫你俩给我抓三个人，要一个脾气暴的，一个脾气柔软的，一个好贪小便宜的。限你们三天，拿来每人赏十两银子；拿不来每人重责四十大板！"

乙　这倒不错，有赏有罚。

甲　二人一听，说："好！"到街上找去了。从那边来个人就问："你是不是好贪小便宜？"那人翻了："你怎么看我好贪小便宜，我买谁东西没给钱？"二人一听：认错人了。到三天头上一个没拿着。老爷一听，生气了："打四十板子！"屁股全打开花了。老爷说："再限三天！"这俩人愁起来了，不好逮呀！小偷好逮，这人的脾气在身上带着呢，上哪儿逮去呀？二人一合计，咱们逮不了，找个酒馆去喝酒，喝醉了找个地方一睡，到三天头上不就是四十板嘛！俩人正在吃酒之时，一看大街上的人特别多，把跑堂的叫过来，问："今天街上咋这么热闹？""你不知道哇，城外唱野台子戏呢，今天头一天戏，你们怎么不去看看戏呢？"二衙役一听，说："好，咱俩看戏去。"在戏台前边，找得看的地方，往那儿一站。正在看戏，戏台下面打起来了。

甲　谁和谁？

乙　一个十二三岁的小孩儿，抱住一个三十来岁的大人的大腿，在那儿又哭又叫："爸爸！你快回家吧！咱家着火啦！三间房子着了间半了！"一般人一听这话准跑回家救火去，这主儿不着急，问："怎么啦？"小孩说："咱家着火啦！"这主儿不紧不慢地说："不要紧，等咱爷俩看完戏，再一块儿回家救火去。"这句话还没说完，就从他身后挤过来一个人，扯着他的脖领子，就给他个大嘴巴。挨了打他还不着急，捂着腮帮子看着打人的那位乐："咱俩也不认识，你凭什么打我呢？"那人说："我还得打你呢！你家着火了，你为啥不去救火，还在这儿看戏？"这主儿说："我家着火碍你啥事？你管得着吗？我乐意去就去，不乐意去就不去。你打我嘴巴，白打了吗？"二衙役一听不像话，过去问："你们因为什么打架？"那个挨打的说："我家着火了，我儿子叫我回家救火去，我说看完戏再去……"二衙役问："你们家着火，你听见不着急吗？""也别说我们家着火呀，我们家出八条人命我也不着急呀。"二衙役问："你为什么不着急呢？""我就这么一个慢性人嘛。"二衙役一听高兴了，慢性人在这儿呢。"行了，你在这等一等吧。"二衙役又问那个打人的："你为什么打人一个嘴巴呢？""二位，他家失火他为什么不去救火呢？我这脾气哪受得了这个，我打他出出气。"二衙役一听乐得了不得，急脾气在这儿呢。再逮一个贪小便宜的就够了。"行啦！你二位跟我们走一趟吧！"正走着，又碰见一伙打架的。

乙　为什么打架？

甲　一个做小买卖的，卖个糖块、小镜子什么的。有一个人买一块糖，偷两面小镜子，叫掌柜的看见了。掌柜的说："你买一块糖，为啥偷两面小镜子呢？""掌柜的你别嚷了，这两面小镜子我挺爱的。"掌柜的说："你爱，花钱买呀！"这个人说："我不是舍不得钱嘛！"掌柜的说："那你是什么脾气呢？""唉，我就是爱贪小便宜啊。"二衙役一看可乐了，贪小便宜的在这儿呢。"行啦，你跟我们走一趟吧。"把三个人带回来，报告知县老爷："三个人全拿来了。"老爷说："赶紧升堂！"把三个人带了上来，三个人跪下。老爷在上边问："你是怎么个事呀？"这主儿说："我的脾气最暴，沾火儿就着。"老爷又问第二个："你呢？""我是慢性子，火上房也不着急。"老爷又问第三个："你是怎么回事？""我爱贪小便宜，买什么东西都不爱给人家钱。"老爷说："你们这三个人是认打认罚吧？"三个人说："认打怎么讲？认罚怎么讲？""认打每人打五百板子，认罚都给我当差，你们干不干？"三个人说："我们愿意认罚。"老爷说："你是急脾气，你伺候我，给我跟班。"

乙　为什么叫他跟班呢？

甲　因为急脾气的人办事爽快，不能误事。叫慢脾气的给老爷看小孩儿，叫他看孩子，孩子怎么闹他心不烦。老爷有两个小孩，一个五岁的，一个三岁的。那个好贪小便宜的，叫他管买东西，为的是不能吃亏，碰巧还许偷点儿回来。

乙　不用说这老爷也贪小便宜。

甲　这天老爷把急脾气的叫来了："你到后院把马给我鞴好，鞴好马咱俩一块儿出城会客。"急脾气的说："好吧。"到马棚一看，马在那儿拴着，拿过马鞍子要鞴。这马眼生，不让他鞴，直尥蹶子，把急脾气气火儿了，拿刀把马脑袋削下来了，说："我看你还尥不尥蹶子！"老爷更完衣出来一看就火儿了，问："你怎么把马杀了？"急脾气说："我不把它杀了，它不叫我鞴呀！"老爷一听，说："这回它可叫你鞴了。我骑死马到哪儿去呀？"急脾气说："我不知道。"老爷说："你多耽误事。告诉外边给我抬轿！我乘轿去。"老爷坐着轿，急脾气在后边跟着。出城不远，在前边有条河，过不去了。河有多深呢？深的地方没腰。老爷说："急脾气，你耽误多大事？咱们若是骑马来，蹚河过去了，这坐轿能蹚河吗？"急脾气说："老爷，您别着急，我背您过去吧。"老爷下轿，急脾气把老爷背起来就下河了。蹚到河当腰，老爷一看，心就软了：人家身上都湿了，我能叫他白背吗？想到这儿就说："回去的时候，我赏你五两银子。"急脾气一听就乐了，把老爷扔河里，就跪在水里给老爷请安。老爷说："你怎么把我扔河里了？"急脾气说："我不是得谢赏嘛！"老爷说："衣裳都湿了，怎么会客呀，你把我再背回去吧！"

乙　客没会成。

甲　是呀。老爷坐轿回来，一进大门，看见慢脾气在门口站着呢，就问："你站这儿干什么，不领少爷玩儿去？"慢脾气说："哪个少爷？""二少爷呀！""跟他妈吃奶去了。""大少爷哪？""掉井里啦。"

乙　啊！

甲　老爷一听着急了："赶紧去捞吧！"慢脾气说了："还捞啥呀，都掉里四个多钟头了。"老爷说："你怎么不早说呢？"慢脾气说："你是问得急呀，要不价我合计明天才告诉你呢。"老爷说："你耽误多大的事！赶紧捞去吧！"捞上来一看，浑身都泡肿了。老爷说："贪小便宜的，赶紧到棺材铺买口棺材去。"贪小便宜的拿五两银子就去了，到棺材铺就问掌柜的：“这口棺材要多少钱？”掌柜的说：“八两五。”“嘻，哪值八两五，给一两五吧！”掌柜的说：“你买什么东西都还价呀！少一点儿不卖。你图贱，买那个吧！”“哪个？”掌柜的挑过来一个，板挺厚，钉得还挺结实，就是杨木的。“这个多少钱？”“少五两不行。”“好，不给你还价，就来这个。”掏出五两银子，交给掌柜的。掌柜的接过银子上账房去称，看看银子够不够分量。贪小便宜的一看掌柜的可漏了空子，旁边有个小的，就套在大的里头了。心里话：还价不行，我偷你的。把盖盖好。掌柜的从账房出来说：“你的银子不多不少，正好。”贪小便宜的扛起棺材就走，到家了，放在老爷面前，说：“老爷，你看看，挺好。”老爷看外边挺好，不知道里边怎样，掀开盖一看，里边还有一个小的，老爷火儿了：“贪小便宜的，我叫你买一个，你怎么给我买俩呢？”

乙　是呀！看他怎么回答？

甲　他说：“老爷，那你着什么急，等二少爷死了，不省得买了嘛！”

乙　他还贪小便宜哪！

（杨海荃述　原沈阳相声大会供稿）

抢菜刀

乙　说相声不容易，也得具备一些条件。

甲　首先说要口齿伶俐；说一段相声不论多少词儿，每一句、每一字
要让观众听得清清楚楚。

乙　那当然啦。

甲　说得多快，台词也不能乱了；说得多慢，感情也不能断了。这——
快而不乱，慢而不断。

乙　照你这么说，相声演员口齿都得伶俐。

甲　当然啦，嘴里有毛病的人就不能说相声。

乙　你说都什么毛病不行？

甲　口吃就不行。

乙　口吃？

甲　就是结巴颏子，也叫结语，说一句话五分钟，行吗？（学）
"这……回……我……给、给、给、同……志、志、志、们、说
说说说一段……相声。"

乙　啊！

甲　"让您高高高……兴。"

乙　高兴？听着着急！

甲　还是的。咱们说一段相声二十多分钟，要这么说一段相声能说仨
钟头。可是也有好处。

乙　有什么好处？

甲　整个晚会有一段相声就行啦。

乙　唉，观众受得了吗？

甲　其实口吃有办法治。

乙　有什么办法？

甲　只要每次说话都预先准备，就可以避免；再加上经常练一些朗诵，最好是唱。

乙　唱什么呢？

甲　唱什么都行。

乙　结巴颏子唱起来不好听啊。

甲　不，他一唱就不结巴了。

乙　噢，一唱就不结巴了，那要是不会唱怎么办！

甲　不会唱也没关系，会吆喝（指叫卖声）就行。

乙　一吆喝就不结巴了？

甲　我有一家街坊，是磨刀的，老夫妻俩带着一个儿子，一家三口都是结巴。

乙　这一家人要是说起话来可热闹啦。

甲　老头说话结巴，吆喝就不结巴：（学）"磨剪子咧抢菜刀哇。"

乙　对，吆喝是不结巴。

甲　他这么一吆喝，出来一个磨刀的，把刀递给他，他得问人家：（学）"你……这个刀是磨磨磨磨是抢抢抢抢？"

乙　打锣哪？

甲　可巧，那位也是结巴颏子。

乙　嘿。

甲　其实他说一个字儿就行，磨，或者说抢。

乙　是啊。

甲　他还要说"光磨不抢"，这光字就麻烦啦。"光光光光光光光……"那个"抢抢抢抢"，这个"光光光光"。

乙　干吗？打镲哪？

甲　磨刀老夫妻俩还有个儿子呢，也是结巴颏子，这一家子说起话来可热闹啦。

乙　那可太耽误工夫啦。

甲　有一次他儿子进城办事，到中午把干粮掏出来，买碗老豆腐吃。

乙　这顿饭倒省事儿。

甲　说话可不省事儿呀。（学）"掌掌掌掌柜的，来来来来——碗碗。"

乙　嗬！

甲　卖老豆腐的抬头一看，真费劲儿。给盛了一碗，搁上作料儿，酱油、醋、芝麻酱、韭菜花儿，到搁辣椒的时候得问一声，因为有人吃辣的，有人不吃辣的，有的吃一点儿，来一勺儿，有的人爱吃，多来两勺儿。卖老豆腐的问他："要辣的吗？"

乙 他说什么？

甲 他一说话闹误会啦。

乙 误会？

甲 他先一点头儿，人家就给他盛了一勺儿。

乙 行啦。

甲 "少……"

乙 少？

甲 人家又给来了两勺儿。"少……"又来四勺儿，"少……"

乙 还少？

甲 卖老豆腐的心里说：这位可太爱叫辣的了。又给来了四勺儿。"少。"

乙 啊？还少哇？

甲 他一赌气给倒了半罐儿。"少来点儿。"

乙 啊？

甲 辣得没法儿吃啦。

乙 真耽误事。

甲 他娶了个媳妇儿也是个结巴颏子。

乙 怎么凑合来的？

甲 可是人家有办法显不出来。

乙 怎么？

甲 人家会唱，平常说话都用唱。

乙 唱什么？

甲 说亲的时候双方都没提这个事儿，结婚这天也没看出来，第二天早晨，麻烦啦：婆婆怕见儿媳妇儿，儿媳妇儿怕见婆婆。

乙 干吗都怕呀？

甲 都怕露出来结巴颏子。

乙 那怎么办？

甲 儿媳妇有办法了，她会唱评戏，把她要说的话都编成唱词儿，从屋里唱着就来啦。

乙 怎么唱的？

甲 （学唱评戏）"梳洗已毕走进了上房，尊一声婆母娘细听端详，先问声公爹身体健壮，又问声婆母可倒安康，吃什么饭来做什么菜，吩咐了儿媳我下厨房。"

乙 嘿，有意思，婆婆怎么说的？

甲 一着急把老头子吆喝磨刀那味儿想起来了。

乙 那怎么说？

甲 （学吆喝）"贴饼子喽白菜汤啊。"

（侯宝林述）

书 迷

书
迷

甲　哎呀，好久不见，您好哇？

乙　还好。

甲　您家中都好？

乙　承问，都好。

甲　老爷子好吗？

乙　好。

甲　老太太好？

乙　好。

甲　大哥好？

乙　好。

甲　大嫂子好？

乙　好。

甲　您是谁呀？

乙　嗐！问了半天好，结果不认识我呀！

甲　我看您面熟，好像咱们在哪里……

乙　见过。

甲　没有！

乙　废话。

甲　不，见过。

乙　噢，见过。

甲　就是不认识。

乙　一样。

甲　对了，我也见过您，我也认识您。

乙　好，那您说我是谁？

甲　我想不起来啦！

乙　走！

甲　别发火儿呀。

乙　你拿我开心，我还不发火儿？

甲　我认识您，您姓赵，您叫赵高。

乙　你才叫严嵩哪！

甲　又怎么啦？

乙　我是奸臣哪！

甲　那您姓秦，您叫秦桧。

乙　好嘛，卖国贼！

甲　要不您姓张怎么样？

乙　现商量啊！

甲　您叫张奎。

乙　张飞我也受不了哇。

甲　怎么受不了？

乙　张奎，是灶王爷，他是一家之主，您琢磨琢磨我能受得了吗？

甲　张奎是灶王爷，这是谁告诉你的？

乙　这还用告诉吗，众所周知，你没看过《封神演义》吗？张奎把守
　　渑池县。姜太公斩将封神，张奎封为灶王爷。

甲　噢，您谈的这是按《封神榜》上写的。

乙　是呀。

甲　那不一定准确。

乙　怎么？

甲　如果是按《礼记》上说的灶王爷就不姓张啦，也不叫张奎。

乙　叫王魁？

甲　还李逵哪！

乙　那叫什么呢？

甲　祝融。

乙　灶王爷是祝融？

甲　要是按《淮南子》的说法灶王爷既不是张奎也不是祝融。

乙　那是哪位呀？

甲　黄帝死后成为灶神。

乙　黄帝是灶神。

甲　这还仅仅是《淮南子》上的说法，要是按照《五经异义》上的说法灶王爷就又得改名换姓了。

乙　他叫什么？

甲　姓苏，名叫吉利。

乙　好嘛，一会儿的工夫出来四个灶王爷啦。

甲　是呀，你说这灶王奶奶到底跟哪个是原配呀？

乙　我不知道！

甲　还有一种说法。

乙　什么说法？

甲　有人说灶王爷是一家之主。

乙　对。

甲　那我可要向您请教。

乙　不敢。

甲　您说是一家儿一个灶王爷，还是全国就一个灶王爷？

乙　这还用问吗，人人都知道这么两句话，"灶王爷本姓张，一碗凉水三炷香"，这就说明只有一个姓张的灶王爷。

甲　不对。

乙　怎么不对？

甲　过去家家都供灶王爷，你说全国只有一个灶王爷，这一个灶王爷管得了全国这么多家的事吗？如果把灶王爷累死了那不绝种了吗？

乙　要按您这么一说，那可能是一家一个灶王爷。

甲　一家一个，各办各家的事。

乙　怎么样？

甲　还是不行。

乙　怎么不行？

甲　比如说这一家夫妻俩，有七个儿子，供一个灶王爷，后来七个儿子长大成人，分家另过，变成八家啦。每家都要供一个灶王爷，请问这唯一的一个灶王爷到底跟谁过呀，还有七家没有灶王爷怎么办呢？有没有拿补差的灶王爷？

乙　临时工也没地方找去。

甲　假如，有这么一家，就是一个老太太，她是孤身一人，她当然也供着一个灶王爷。可是不幸得很，这一天老太太故去啦！老太太死了倒是小事，这家的灶王爷失业了怎么办呢？

乙　灶王爷不怕失业。

甲　噢，他有劳保？

乙　没听说过。

甲　回答不上来了吧，告诉你，你说的那部《封神演义》，那是明朝人写的，离现在有些年头了，所以说看这样的书必须要了解作者的意图、时间、地点、历史背景，要有分析能力才行。

乙　还得分析？

甲　有分析才能鉴别嘛。

乙　常言不是说"展卷有益"吗？

甲　"展卷有益"，这话不错，可也得看怎么理解，有的书"展卷有益"，有的书就不同了，它不但无益而且有害，看了以后使你得不到益处，相反的还容易中毒。

乙　这么严重？

甲　我就深有体会。

乙　你中过毒？

甲　不是，我有个表弟，他因为看了坏书就中了毒。

乙　看什么书呀？

甲　看的是《绿野仙踪》。

乙　是有毒。

甲　没事儿就偷着看。

乙　坏了。

甲　他看到冷于冰入山修炼，不久便成了仙家，能够腾云驾雾，变化多端。他入了迷，信以为真，一心也想进山修炼，以便日后能得道成仙。

乙　去了吗？

甲　去了！他一个人儿奔北京，到京西玉泉山，在山洞里坐了两天两夜，觉着不对劲儿又回来啦！

乙　怎么回来啦？

甲　两天什么也没吃，那还不回来？

乙　饿回来啦！

甲　你说这种书害不害人？

乙　是害人！

甲　后来家里人知道了，把书给烧了，不准他看。

乙　行吗？

甲　你还别说，自从把这些书烧了以后，他还真不看书了！

乙　改啦！

甲　改听书啦！

乙　更厉害。

甲　每天下午逃学听说书去，等说书的说完了，他也回家了，到家朝他父母一鞠躬，表示他下学回来啦！

乙　刚听完书！

甲　家里不知道，还认为真是放学回来了哪。

乙　其实是散书场啦。

甲　他是天天如此，都成了书迷啦！

乙　他听的什么书？

甲　《跨海征东》。这一天，说到三江越虎城，盖（gě）苏文把唐王困在城内，里无粮草，外无救兵，真是危急万分，欲知唐王生死如何，且听下回分解。

乙　这叫"留书扣子"，为的是叫听书的明天再来。

甲　场子也散了，听众也走了，就剩我表弟书迷一个人，坐着发愣。

乙　怎么啦？

甲　犯迷症啦。

乙　什么叫犯迷症？

甲　是呀，听书听入了迷，又不做分析，当真了，替古人担忧，他一心想救唐王，想出了神，把回家吃饭的事儿全给忘了。伙计一看，这位怎么回事儿，人家都走了，他干吗还一个人儿坐着发呆呀？当时伙计走过来说："学生，天不早啦，您该回家吃饭去啦！"书迷一伸手，啪的一声，打了伙计一嘴巴，冲伙计一瞪眼："唐王被困越虎城，我吃得下去吗？……"伙计心里话儿，那是唐朝的事，你着的什么急呀？

乙　是呀。

甲　掌柜的一瞧伙计挨打了，不知出了什么事，急忙跑过来把伙计拉到一边儿问他为什么挨打，伙计这才如此这般把刚才发生的经过跟掌柜的一说，掌柜的一听，心里明白了，就知道这位是书迷，把伙计往旁边一推说："你不会说话，只要我过去一说他准得走。"

乙　没那事儿，你过去照样挨打。

甲　掌柜的走过来一拱手说："将军，您看天色已晚，请将军回府用饭。"掌柜的刚说完就听见啪的一声。

乙　怎么样，也挨打了吧？

甲　啪！书迷自己打自己一嘴巴。

乙　自己打自己？

甲　打完了接着说："唐王被困越虎城，我还有什么脸吃饭……"

乙　真入迷啦！

甲　掌柜的心里话儿：你老在这儿坐着也不是个事呀，干脆我给他来个将计就计。掌柜的说："将军，此言差矣，请速回府用毕晚饭，您再顶盔贯甲，罩袍束带，提枪上马，杀进敌营，救出圣驾，岂不是立下了奇功一件吗？"

乙　书迷呢？

甲　书迷听完了，噌的一下站起来，抱拳拱手说道："此计甚妙，待某家照计而行。"说完拔腿就跑了。

乙　真走啦！

甲　书迷到了家，脑子里还想着这件事。

乙　忘不了啦！

甲　坐在屋子里又发上愣了。

乙　又来了。

甲　叫他吃饭，他还是这两句话，"唐王被困越虎城，我吃得下去吗……"叫他喝茶他也是这两句话，"唐王被困越虎城，我喝得下去吗……"叫他睡觉，他仍然还是这两句话，"唐王被困越虎城，我睡得着吗……"

乙　没治啦！

甲　他爹妈一看这哪是唐王被困，这是我们傻小儿被困了。

乙　可不是嘛。

甲　后来一打听这才知道，他儿子天天逃学，到处听书，什么乱七八糟的书都听，听书入了迷，成书迷啦。

乙　才知道。

甲　老夫妻俩一琢磨不对呀，咱们家八代也没有这毛病，他怎么会得这个病呢？

乙　病得还不轻哪。

甲　老头儿想来想去，一摸脑袋，想起来啦，书迷有个亲戚，是他妈的嫂子的妹妹的姐夫的小姨儿表弟的叔伯哥哥……

乙　好嘛，八竿子够不着。

甲　有一回到他们家里来住了几天，没事儿就给他说书，什么《三侠剑》《七侠五义》《黑衣盗》《白衣女侠》《血滴子》……他听得入迷啦，有一天他把人家卖切糕的刀给偷回来啦！

乙　啊！

甲　当时把老头儿给气坏啦，老头儿说："你学哪手儿不好，单学这手儿？"

乙　小偷。

甲　他还不服气哪，他说："这不是偷东西，这叫大侠盗宝刀……"

乙　没听说过。

甲　没法子把刀给人家送回去吧。

乙　对，给人家赔个礼儿得了。

甲　老头儿赶紧到街上找卖切糕的，你还别说，这卖切糕的还真有能耐，切糕他不切啦，他揪着卖。

乙　切糕变"揪糕"啦！

甲　有一位问卖切糕的，"切糕多少钱一块呀？"卖切糕的一听气大了，"俺这切糕不论块咧，论'揪'儿卖咧……"

乙　有论"揪"卖的吗？

甲　老头儿把刀还给卖切糕的，向人家赔了礼、道了歉，回到家里把书迷狠狠地打了一顿。

乙　真揍哇。

甲　那阵儿他小哇，打几下没关系，这阵儿十七八九啦，还没等老头儿打他哪，啪！他先给老头儿一巴掌，你说怎么办？

乙　不知道。

甲　"你可不能不管……"

乙　我没法管。

甲　"你得替我想想办法……"

乙　我没办法。

甲　"你得给我出出主意……"

乙　我没主意。

甲　"你得帮我动动脑子……"

乙　我没脑子。

甲　哦，你这人没脑子？

乙　你才没心没肺哪！

甲　着什么急呀，书迷是我表弟，这是书迷的爸爸跟我商量。

乙　商量什么？

甲　他叫我为书迷想个解决的办法。

乙　你有办法吗？

甲　我想了半天，想出一个办法来。

乙　什么办法？

甲　我说我表弟不是已然订过婚了吗？那您就赶快让他成亲就得啦，常言说燕尔新婚如胶似漆，小夫妻俩恩恩爱爱，形影不离，小日子一和美，他也就顾不得往外跑啦，天长日久，听书的事儿也就忘得一干二净。

乙　你还真有两下子！

甲　老头儿一听特别高兴，马上筹备办喜事，等书迷一回家，老头儿就一五一十地跟他讲啦，叫他准备结婚，不许再出去啦！

乙　行吗？

甲　你还别说，书迷还真听话，打那儿起大门不出，二门不迈，一心一意等着娶媳妇儿。

乙　有门儿。

甲　虽然他不出去听书了，可是还忘不了看书，一天到晚手不离卷，就连结婚的那天晚上他还看书哪！

乙　这迷劲儿该有多大吧。

甲　新房是三间东房，南里间儿是洞房，新娘子在床上坐着，书迷一个人在外间屋灯下看书，到了夜间两点多钟啦，他还看哪！北屋的老两口儿都睡醒一觉啦，隔着窗户一看三间新房都还没熄灯哪，就知道书迷没睡，一定是看书又入迷啦，把新娘子一个人儿给晾那儿啦，当时老太太高声喊道："天不早啦，别用功啦……"

乙　那是用功？

甲　这么说着不是好听嘛，"快点儿睡吧，明天还得起早哪……"这个时候书迷正看到精彩之处。

乙　他看的什么书？

甲　全本《杨家将》，这阵儿他正看到穆桂英挂帅。

乙　好！穆桂英，威武豪壮，大义凛然，忠心赤胆，是一名名垂千古的巾帼英雄。

甲　书迷没这个认识。

乙　他怎么想的？

甲　他想今天我结婚，我要是也娶个穆桂英多好哇！

乙　敢情。

甲　她做元帅，我来个先锋官，我们俩得胜回朝，皇上必然重加封赏，加官进禄不说，光宗耀祖，享不尽人间的荣华富贵呀……

乙　想吧。

甲　书迷正想着哪，忽然听见他妈妈喊他睡觉，他这才如梦方醒，吹灭了外屋的灯，手里拿着书……

乙　还没忘哪！

甲　准备入洞房歇息。

乙　睡觉。

甲　他掀开门帘儿，走进洞房，抬头一看，床上挂着帐子，大红缎子帐沿儿，新娘端端正正坐在床上，这模样儿和唱戏的穆桂英升帐的情景差不多，书迷一看，他是见景生情，当时站在床前一拱手说："哦嗬，元帅，叫末将何处安营下寨？"

乙　他成杨宗保啦！

甲　他这一嗓子不要紧，把新娘吓了一跳，心里纳闷儿：他这是什么毛病？

乙　书迷。

甲　新娘不知道哇，心里话儿：我忍着点儿，不理他。

乙　也对。

甲　书迷急了，元帅怎么不说下句呀？

乙　人家知道下句说什么呀！

甲　书迷自己也把下句给忘了，站了半天，一看对方没动静，心想：噢，元帅也忘词儿了。

乙　嘻！

甲　书迷赶紧转身到了外间屋，点上灯，重新把书打开又看上了。

乙　今天是甭打算睡了。

甲　新娘一看他这个样子，以为他有神经病，心中暗想：女子应当从一而终，常言说嫁鸡随鸡飞，嫁狗随狗走，如今我嫁了一个神经病，我可跟他怎么过？日子长了我也得变成神经病。越想越难过，越想越心酸，不由自主地眼泪儿吧嗒吧嗒往下掉。

乙　哭啦。

甲　那还不哭？要把你嫁给这么个主儿你也得哭。

乙　提我干吗？

甲　书迷在外屋看了一夜书，新娘在里屋掉了一夜泪，俩人都没睡。第二天早晨，新娘到婆婆房中请早安，老太太一看新娘的眼睛都成水蜜桃了。

乙　哭肿啦！

甲　老太太说："大喜的日子怎么哭起来啦？"新娘说："我哭我的命不好……"老太太说："你的命怎么不好哇？咱们家虽然不是富户巨商，可是谁家不差咱们家的钱哪……"

乙　啊！

甲　不！"我是说咱们差过谁家的钱哪。"

乙　嗐！

甲　"再说你女婿，长得并不难看，要是论岁数他还比你小俩钟头儿哪！"

乙　管什么用。

甲　"这么好的家庭还有什么不如意的呢？"新娘说："我害怕，他有点儿……"她是想说他有点儿神经病，老太太没等她说完就接过来说："这有什么可怕的呢，因为你们俩是头一回见面，等过些天，待熟了就好啦，男大当婚，女大当嫁，这是天经地义的事，家家都如此。"

乙　都找个书迷。

甲　新娘说："我不是怕别的，昨天晚上到了三更的时候，他还不睡觉，后来他一个人儿站在我床前冲我直瞪眼，嘴里还说，哦嗬元帅，叫末将何处安营下寨。您说家家都如此，我问问您，想当初我公公娶您时候，你们是在哪里安营下寨呀？"

乙　对呀。

甲　老太太这才明白，书迷又犯病啦，当时忙跟新娘解释："他呀，那是看书看的，这么着，我教给你一个方法，今天夜里，他如果再问你何处安营下寨，你就用手指着床说，将军此地扎营，他可能就许上床睡觉啦！”新娘一听脸就红了。

乙　不好意思的。

甲　新娘自己回到房中。一晃儿一天过去了，说话又到了晚上，新娘给公婆问过晚安，急忙回到自己房中，把床收拾好了，还跟昨天一样，自己先上床坐着。书迷呢，仍然在外间看书。老太太又怕书迷看入了迷忘了睡觉，一个人儿站在院子里喊上了："孩子，别看啦，时候不早啦，该睡觉啦！"

乙　书迷呢？

甲　书迷一听是老太太的声音，他是个孝子，赶紧把书合上吹了灯，来到了里间屋，果然和昨天一样，一个人儿站在床前冲新娘子一拱手："哦嗬元帅，叫末将何处安营下寨？"

乙　新娘呢？

甲　她想起上午婆婆教给她的几句话，心里琢磨：我今天就试试，看看灵不灵。当时用手一指床："将军此地扎营。"书迷一听，说："得令！"马上脱鞋上床。

乙　还真灵。

甲　新娘一瞧，又好气又好笑，心里话儿：这是什么家规！新娘这么一高兴不要紧，没留神放了一个响屁。书迷正要和衣而睡，突然听见身后边儿当的一声，书迷不管三七二十一噌的一下蹦下床去，高声喊道："启禀元帅，大事不好，适才后门炮响，定有埋伏，要起寨拔营。"他又跑出去啦！

乙　又跑啦！

359

（韩子康述　薛永年整理）

打砂锅*

360

甲　这回咱们两人说段相声。

乙　对啦。

甲　相声跟说书不一样。

乙　怎么不一样呢？

甲　说书有朝有代，说相声没朝没代。

乙　这倒是。

甲　说书有扣子。

乙　对啦，唱戏有轴子。

甲　说书能把人扣住，听书有迷。

乙　听书还有迷？

甲　对啦，有迷呀。

乙　什么叫书迷呢？

甲　就是听书入瘾啦。

乙　听书听长了还入瘾？

甲　我小的时候，我们那个地方就有个书迷，这个人一天什么也不干，
光听书去，听什么书呢？

乙　什么书呀？

甲　听《跨海征东》，听到淤泥河救驾，盖苏文把唐王困在淤泥河，逼
着唐王写降书顺表，正热闹的地方，散书啦，听书的都走啦，书
迷不走，坐在板凳上发愣。一会儿茶馆的伙计过来啦，一看书迷
坐那儿发愣，伙计说："先生您听书明天来吧，今天散啦，您该回

---

*　又名《书迷打砂锅》。

家吃饭去啦。"书迷一听，给伙计一个大嘴巴。

乙　为什么打人呢？

甲　书迷说："你浑蛋，救驾要紧吃饭要紧？"伙计一听，敢情这位是书迷。伙计一想：顺着他说吧。

乙　伙计说什么啦？

甲　伙计说："救驾要紧哪。"书迷说："对呀，既然救驾要紧，你为什么让我吃饭去？"伙计说："您救驾也得饱餐战饭哪。"书迷一听也对，说："伙计，赶紧给我预备战饭！"伙计说："我没有战饭，你回家吃去吧！"

乙　听完书还叫伙计预备饭。

甲　书迷出了茶馆，回家吃晚饭。他爸爸说："你天天听书也不想干点儿什么！"晚上睡觉书迷睡不着，犯了病啦。

乙　书迷犯病了。

甲　想起《岳飞传》牛头山大战来了。没马怎么办哪？从被窝出来骑在枕头上，手里拿着扫炕笤帚嘴里嚷："杀呀！杀呀！"把他爸爸吵醒啦。一揪书迷说："躺下！"把书迷揪躺下啦，他爸爸才睡着。书迷想起来书里头的出兵打仗放炮，就在他爸爸的耳朵根子上。当！当！当！来了三声炮。

乙　好家伙！

甲　把他爸爸给吓醒啦！

乙　那还不醒啊？

甲　他爸爸说："你怎么啦？给我躺下睡觉！"又把书迷摁倒啦。

乙　这不是要命嘛！

甲　第二天起来，他爸爸把饭做熟啦，爷儿俩吃饭，书迷吃得挺多，他爸爸越想昨晚上的事越生气，就骂书迷："你吃饭像个牛，我做饭你连火都不帮着烧，熟啦坐下就吃，也不知道害臊！一天什么也不想干，等我死了看你还吃谁！"

乙　书迷说什么啦？

甲　书迷让他爸爸说得心里发烦，眼一发直，病又犯了。

乙　又犯啦。

甲　想起《岳飞传》高宠枪挑金兀术的耳环，拿他爸爸当了金兀术啦。

乙　这可够呛。

甲　手里拿着筷子，照他爸爸脸说："着枪！"正扎他爸爸的腮帮子上，把腮帮子也扎破啦。

乙　这回可坏啦。

甲　书迷一看，心里想：坏啦，惹祸啦！撒腿就跑啦。

乙　吓跑啦。

甲　书迷的爸爸可真气坏啦。好哇，我说他几句，他动手就打我，我非送他忤逆不行。

乙　要送儿子忤逆不孝，在旧社会有这个法律。

甲　老头儿到了县衙门，在衙门口上站着两个班头儿的，一看老头儿跑得直喘，这二位班头儿就问："老头儿，你要干吗？"老头儿说："我告状。"二位班头儿说："你告谁？"老头儿说："我告我儿子。"二位班头儿一听这是送忤逆的，说："你为什么告你儿子？"老头儿说："他不孝顺我，还打我。您二位看，我腮帮子就是让他扎破的。"这二位班头儿一听就火儿啦：怎么儿子打爸爸！说："你儿子在哪儿呢？"老头儿说："他跑啦，我到衙门给个话，我找他去。"二位班头儿说："好吧，你找他去，把他找来替你教训教训他。"老头儿说："好吧，我找他去。"

乙　老头儿到哪儿找书迷去呢？

甲　老头儿一想，他是书迷，一定到茶馆儿里听书去啦，到茶馆儿找去。

乙　这倒对，一定在茶馆儿呢。

甲　老头儿找了好几个茶馆儿，在一家说《济公传》的茶馆儿里找着书迷啦。

乙　真找着啦。

甲　老头儿一看书迷正在台下坐着听呢，老头儿一看，就吓了一大跳。

乙　怎么吓一跳呢？

甲　老头儿一想，听了《岳飞传》，就把我腮帮子扎破啦，这要是听了《济公传》，半夜一祭法宝，还不拿夜壶把我脑袋打碎了哇。

乙　还真没准儿。

甲　老头儿进茶馆儿一把就把书迷揪出来啦，说："走吧！我把你送了忤逆啦。"书迷一听，把我送忤逆啦，这是没好儿啦。

乙　书迷也知道没好儿。

甲　书迷心里一害怕又犯了病，他唱开西河大鼓啦。

乙　怎么唱的？

甲　（唱）"叫声老头儿快撒手，你快放了行不行？"老头儿说："不

行！""再等一时不撒手，我一脚踢你个倒栽葱！"书迷连唱带比
画，照他爸爸就一脚，把老头儿踢倒啦。

乙　好嘛！更坏啦。

甲　书迷把他爸爸踢倒了，撒腿就跑，老头儿站起来就追，书迷一拐
　　弯进了胡同儿啦，老头儿这火儿大啦，正追着，在人家门口搁着
　　一把扫街的笤帚，老头儿拿起这把笤帚来就追，书迷进了胡同儿，
　　老头儿跑得慢，正追到胡同口儿，真巧劲儿。

乙　怎么巧呢？

甲　在胡同儿里来了个卖砂锅的，卖砂锅的吆唤着。

乙　怎么吆唤呢？

甲　（长声）"砂——锅！"

乙　对，是这么吆唤。

甲　这个卖砂锅的一吆唤，说："砂——"才说个"砂"，那个"锅"
　　字还没吆唤出来呢，老头儿在胡同儿外边一听：啊！在这儿杀呢，
　　昨天晚上杀了一宿啦，又上这儿杀来啦。

乙　好嘛！闹错啦。

甲　老头儿也气糊涂了，眼也花啦，也没看出是卖砂锅的来。卖砂锅的
　　一出胡同儿，老头儿过去就是一笤帚，就听哗啦一声，砂锅全碎了。

甲　卖砂锅的一看，心里话："行啦，这就好办啦，遇见包了儿的啦。"
　　老头儿过去把卖砂锅的给抓住啦，说："走！打官司。"卖砂锅的
　　说："对啦，你倒想着不打官司呢！"一把也把老头儿揪住啦，俩
　　人揪着就上县衙门啦。二位班头儿一看，说："来啦，这个小子是
　　忤逆。"

乙　怎么知道？

甲　跟他爸爸对揪着。

乙　好哇，全错啦。

甲　二位班头儿过去就给卖砂锅的俩大嘴巴，说："撒开你爸爸！"

乙　这是哪儿的事？

甲　卖砂锅的说："他不是我爸爸。"这个班头儿说："他不是你爸爸，
　　是我爸爸呀！"说着又是俩嘴巴，把卖砂锅的也给打糊涂啦，说：
　　"别打啦，我撒开我爸爸。"他承认啦。

乙　好倒霉！

甲　二位班头儿把他俩带到班房，让老头儿坐下，把卖砂锅的锁在尿

桶旁边，往里边一回话。县官一听说有忤逆不孝，马上升堂，先把老头儿带上来。县官问老头儿："你儿子怎么不孝你啦？"老头儿说："别提啦，夜间不睡觉，在炕上骑马，耳朵根子放炮，筷子扎腮帮子。"县官听不懂老头儿这话，县官认为老头儿气糊涂啦，说："好啦，我把他带上堂来，打他四十大板。"老头儿说："八十他也改不了。"县官说："依你呢？"老头儿说："依我要死的不要活的。"

乙　这个卖砂锅的倒了霉啦。

甲　县官一听，老头儿这是气的，县官说："要把儿子弄死，谁养你老呢？"

乙　对呀。

甲　老头儿一听这话就哭啦。

乙　为什么哭呢？

甲　老头儿说："老爷呀，我还指望他养活我呀？他都不让我吃饭，我吃饭他生气，把我腮帮子扎个窟窿。"县官一听这话可气坏了，一拍桌子说："带忤逆子！"

乙　卖砂锅的可真冤透了。

甲　衙役们连扯带拉，拳打脚踢，把卖砂锅的带上来啦，卖砂锅的还怕官，头一句就说坏了。

乙　说什么啦？

甲　"老爷，我下次不敢啦！"

乙　嘿！这个倒霉劲。

甲　老爷说："混账！没问你下次，就问你这次，你为什么不养活你爸爸？"卖砂锅的说："老爷！他不是我爸爸。"老爷一听说："先打四十！"

乙　为什么就打呀？

甲　"先打你个当堂不认父！"把卖砂锅的打得直喊，说："老爷您怎么不讲理呀？"县官说："爷儿俩打官司讲什么理，先打完再说。"卖砂锅的说："老爷！这个老头儿把我的锅全砸啦。"

乙　是呀。

甲　老爷说："你浑蛋！"

乙　怎么浑蛋呢？

甲　"你不给你爸爸饭吃，他不砸你锅吗？"

乙　全错啦。

（彭国良述）

酒　迷 *

甲　人嘛，各有一好。

乙　各好一道，爱好不同。

甲　我们一般人在工作完了以后，一定是劳累啦，都想娱乐娱乐。

乙　对。

甲　正当娱乐对人体健康方面有很大的帮助，对工作方面也有很多帮助。

乙　噢！有这么大关系。

甲　比如拿听相声来说，这也就是正当娱乐，看戏、看电影、打球、下棋，这些都是正当娱乐。这对于我们精神方面、工作方面、思想方面都有很大的帮助。

乙　那怎么见得哪？

甲　人有工作就得有娱乐，工作和娱乐有不可分离的关系。就拿一般人说吧，工作一天啦很累，下了班吃完饭没事，去听两段相声，相声是"喜剧"，你一听一乐，一天的疲劳全忘了，晚间回家睡觉休息，明天早点儿起一上班，能够多干活儿，多生产。

乙　这是不假的，可是也不能说人人都爱听相声，也有爱别的娱乐的。

甲　对啦。有那么一句话说得明白："好走东的不走西，好吃萝卜不吃梨，好听相声不听戏，好踢球的不下棋。"

乙　对。

甲　刚才我提到下棋，也就是下象棋，谁都好下两盘，那有点儿意思，虽然说三十二个棋子，倒是不多，可是要走起来千变万化，巧妙

---

*　此节目是由《棋迷》与《酒迷》两部分连缀而成。《酒迷》部分原系单独演出的传统节目。

不同，一人一招数，一人一步棋。

乙　对啦，我也很爱下棋，有工夫我就下两盘。

甲　不但你爱下，我也爱下。要打算看某个人的棋下得如何，他只要一说话就能知道。

乙　那怎么能看出来哪？

甲　比如说：这屋里大伙儿都下棋哪，由打外边进来个人，几位抬头一看，进来这人是高棋，大伙儿准得让："哎哟！大哥来啦，来来来！您下这盘。""不。我下不好，你们下，我在旁边学两招儿。"甭问，这位是高棋，明着下得好，还跟大家说"学两招儿"。

乙　不错，是高棋态度，很谦虚。

甲　还有一种人，一进门就冲大伙儿说："有敢跟我下一盘的吗？"

乙　这位怎么样。

甲　不怎么样。

乙　谁这样儿啊？

甲　我二大爷就这样儿。刚学会了什么叫"别马腿"，到哪儿在哪儿下，人家高棋一盘能下两三个钟头，我二大爷一个钟头下了六十八盘。

乙　可真不怎么高明。

甲　不但棋下不好，一看见人家在那儿下棋，他在旁边还要多说话。

乙　噢！支招儿。

甲　可是有一样儿，下棋真有烦支招儿的，旁边有人一支招儿，心里就不高兴。

乙　本来嘛，人家两人下棋，旁边有人说话，人家心里是不痛快。

甲　有一天，家里吃饺子，我二大爷拿醋瓶子打醋去，走到半道，看见人家俩人在树荫底下下棋哪，他不走啦，醋也不打啦，拎个空瓶子瞧上啦。

乙　瘾头儿可真不小。

甲　那你看你的，别说话呀。他在旁边问人家："你们俩谁下得好？"这二位下得都不怎么样。一位说："谁下得好？他三盘没开张啦！"我二大爷说了："哟！这么一说你下得好啦，来！我帮着你。"

乙　啊！帮助胜家打败家？

甲　虽然说下棋输赢没什么，可是那位连输三盘啦，心里也有点儿不痛快，心里话：我连输三盘了，你不帮着我倒帮着他？抬起头来瞪了我二大爷一眼。

乙　那你二大爷哪？

甲　他一瞧冲那位说："你看我干吗？那意思叫我帮你？输了连我一块输啊！我帮着他，再赢你三盘我还打醋去哪。来，来来来摆上摆上，咱们先走，当头炮！跳马，出车……"

乙　说上没完啦？

甲　那位心里真不痛快，也没心下，也不知是怎么啦，走了个漏步，他在旁边一看："将！"又一盘。"明白这步吗？闷攻！"

乙　这叫什么招儿啊？

甲　"来来来，快摆快摆，再赢他两盘我还打醋去哪！咱们先走，当头炮！"可把那位给气坏啦，也搭着喝了点儿酒，火儿也压不住啦，起来一把就把我二大爷的领子抓住啦，那手把瓶子抢过来，照我二大爷脑袋，啪地就一下子，把我二大爷打得直叫唤。

乙　打急了吧？谁让他支嘴啦！

甲　我二大爷一边捂着脑袋一边对人家说："你怎么那么厉害，打人干什么？你不让说话我不说完啦，这你是打了我啦，你要打了别人行吗？你看看把脑袋都打破啦，把瓶子给我，你也太厉害啦。不让我说话，我走！"

乙　挨一顿打还不走！

甲　我二大爷一扭脸，回头甩手一指："二哥，拱卒！"

乙　啊？还说话哪？这毛病可不好。

甲　谁让他爱好哪？挨了一顿打，临走还叫人家"拱卒"。你说这算毛病不？

乙　我认为这是毛病。

甲　不算不算，这是他喜欢，那位要不喝酒哪，也不至于打他一瓶子。

乙　对啦，这喝酒是容易惹祸。

甲　也不然，有不少人都喜欢喝两盅。甭说别人，就连我都喜欢喝两盅。不过这喝酒可得注意。

乙　那有什么注意的？会喝就喝，不会喝就不喝。

甲　那不行！会喝也得注意，也得留神，你要是不留神，也容易出毛病。

乙　那怎么留神哪？

甲　我出个高招儿，你要会喝酒。你就按我这方法喝，喝一辈子也喝不出毛病。

乙　那得怎么喝哪？

甲　比方说，你有三两的量你喝二两，留他一两量，做事干活儿都耽误不了。

乙　对！这是办法。

甲　你有二两量，你喝他四两半，那非喝出毛病不可。

乙　喝酒都有什么毛病？

甲　那毛病可多啦，喝完酒有好骂街的，有好睡觉的，有好哭的，再厉害喝成酒迷的，要喝成那样儿，什么事也办不了啦，跟废物一样。

乙　你说这个喝完酒有骂街的，不假，是有，他那是喝醉啦。

甲　没听说过。我也喝醉过，醉了的时候看得出来，眼睛发愣，脚底下没根，说话舌头根子发硬，心里照旧明白。那好骂人的，那都是装醉，他净骂人家不骂自个儿，多会儿你看有喝醉了骂自己的："哎！你们看我多王八蛋啊！"有这样儿人吗？

乙　没看见过一个。

甲　都是装醉骂人家，走到街上哩啦歪斜的，还说哪："你们谁敢惹我？"

乙　嗬！

甲　真有好事的，过去咱就一大嘴巴子："我敢惹你！"

乙　他哪？

甲　"谁敢惹咱俩？"

乙　嘻！要再来一个哪？

甲　那就造反啦。这纯粹是借酒装疯。

乙　这毛病可不好。您说还有好睡觉的怎么样？

甲　这还不要紧，喝多了躲哪儿就睡啦。

乙　还有那好哭的哪？

甲　凡是喝完酒好哭的，他一个人不喝。

乙　怎么？

甲　他哭着没劲，他找伴儿。谁知道他有这毛病，谁也不敢跟他在一块儿喝。

乙　谁没事爱听哭哇！

甲　"兄弟！走啊，咱俩喝一顿去！"

乙　那位哪？

甲　"不，不去！"

乙　怎么不去哪？

甲　"大哥，我说您可别生气呀。您喝完酒好哭。""胡说！今儿个你跟我去喝去，喝完了我要哭我请客，我要不哭哪？""大哥，今儿个你要不哭我请客。""走！"二位来到酒馆儿："掌柜的！来半斤酒，来盘儿花生仁，来盘儿爆肚儿！"这位把酒壶拿起来啦："兄弟！来满上！干一杯！我哭了吗？"

乙　啊，没哭。

甲　那头一杯能哭吗？您忙什么哪！"来！干了这一杯！我哭了吗？"

乙　没有。

甲　三杯酒一沾嘴唇，这回要来劲儿："兄弟，别听他们的，说我喝完酒好哭，那是我早先，有毛病得改，有那么句话，人不伤心不掉泪，树不扒皮不能死，那是我伤心。我不愿意哭（哭音），那是我心里憋屈啊。兄弟！你看……我……哭……了……吗……"（哭相）

乙　啊！这没哭哪？

甲　倒不如哭出来痛快。

乙　这毛病可太厉害啦。

甲　这还不算最厉害。

乙　喝酒最厉害的毛病是什么？

甲　就是酒迷。

乙　我可没看着过酒迷什么样儿。

甲　我可看着过。说起来可有些年啦，我那年也就十几岁，我们家有一街坊，是亲哥儿俩，他哥哥烟酒不动，他兄弟就是酒迷。

乙　他这酒迷喝成什么样儿哪？

甲　睁开俩眼就喝，酒瓶子不离手，一天迷迷糊糊的，什么也干不了啦。

乙　这人可真成废物了。

甲　他哥哥也为难："我这兄弟怎么办哪？什么事他也做不了啦。成天喝酒，我们家这点儿家底儿这不几年就喝光啦！"后来他这哥哥想出一个办法。

乙　什么办法？

甲　他给酒迷说了个媳妇。

乙　这主意倒不错。

甲　他的意思是酒迷一贪妻恋子就不能喝酒啦。没想到把媳妇娶过来一年多，他都没跟媳妇说过话，还是成天喝。

乙　他这酒可贪得太厉害啦。

甲　他哥哥又想出一个办法来，我再最后劝他一次，要是听劝就劝过来啦，劝不过来我再想别的主意。

乙　他怎么劝他？

甲　明面劝不行啦，他成天迷迷糊糊，可是他们哥儿俩都有文化，他哥哥一想：干脆，我在他睡觉那屋的墙上写一首诗，他看了就许把酒戒了。

乙　他这首诗什么意思哪？

甲　意思就是劝兄弟别再喝酒啦。

乙　这首诗头一句怎么写的？

甲　"劝弟休饮瓮头春。"

乙　这句话怎么讲？

甲　说我都不好意思说啦，我劝你休饮，就是别再喝，瓮头春就是酒，就是劝兄弟别再喝酒啦。

乙　二句哪？

甲　"多置绫罗穿在身。"

乙　这怎么回事儿？

甲　有钱你别再喝酒，多买点儿好衣裳穿。

乙　三句？

甲　"我弟不信街上看。"兄弟呀，你上街瞧瞧去。

乙　四句？

甲　"远看衣裳近看人。"这四句诗，在从前旧社会还是四句大实话。

乙　那是不错。

甲　第二天酒迷醒啦，抬头一瞧，墙上有一首诗，他一边瞧一边念："劝弟休饮瓮头春，多置绫罗穿在身。我弟不信街上看，远看衣裳近看人。""噢！这是我哥哥写的。好！我给他对四句。"他又在墙头上写了四句。

乙　他这四句是怎么写的？

甲　他这四句差点儿没把他哥哥鼻子气歪了。

乙　他怎么写的？

甲 "小弟偏饮瓮头春"，不让喝偏喝。"不置绫罗穿在身"，不穿。"有朝一日我死去，不死衣服光死人。"我人要死了啊，那就完啦，活一天喝一天。他哥哥一瞧啊气坏啦。

乙 本来气人嘛。

甲 后来他哥哥没旁的主意啦，想了一个绝招儿，你不是好喝吗？我让你喝个够。他买了一口头号大缸，有一人多深，装满一缸酒，又预备了一扇磨，还是个上扇，看得出来，上扇有一个窟窿，那是漏粮食用的，预备了一个板凳，又找来了八个愣小伙子。他跟这八个人说："你们看着，等酒迷回来，只要他趴到缸沿上一喝酒，我冲你们一努嘴儿，你们就下手把他扔到缸里，人命案我打，你们甭管。去吧！你们都藏好喽。"

乙 这招儿可真绝！

甲 不大工夫，倒霉的酒迷晃晃悠悠、迷迷糊糊地回来啦，他哥哥问他："干吗去啦？""喝酒去啦。""喝多少？""二十多斤。""还喝吗？""有就喝。""走，跟我来！"这酒迷可要上当，哥哥把他带到后院，来到大缸旁边，说："兄弟，你不是还喝吗？这缸里都是酒，喝吧！"酒迷说："我也够不着啊。""那不旁边有板凳吗？"酒迷站在板凳上一哈腰，趴在缸沿上就喝上啦。一口、两口、三口，他哥哥冲这八个人一努嘴儿，这八个人也真愣，过来一拽酒迷脚脖子，扑通一声就扔缸里啦。八个人把那扇磨往上一盖，他哥哥由打腰里掏出一张封皮往上一贴，说："我告诉你们，你们谁要把这封皮揭了，我让你们一道去。去吧，你们都睡觉去吧！"

乙 这可是人命案子呀！

甲 别人都睡觉去啦，他哥哥没睡，来到酒迷媳妇屋里，说："弟妹，我有一件事对不起你。""哟！什么事对不起我？""酒迷死啦！""哎哟！他怎么死的？""让我拿酒泡死啦，明人不做暗事，人是我让给泡死啦，现在有三条道，随你便挑：头一条咱俩打官司，人命案由我打，与你不相干；第二条，你再嫁人我把家产分给你一半，爱嫁谁嫁谁，我还不管；三条道你守着，你要愿意守哪，由今天起你就是咱家当家人。三条道由你挑！"酒迷媳妇一听，说："这不是你已经说了三条道啦，我琢磨琢磨，有什么话明儿再说吧。大哥您回去歇着去吧。"

乙 这是什么意思哪？

甲　酒迷媳妇这么想，一日夫妻百日恩，酒迷死得冤啊。我得买点纸烧烧，祭奠祭奠他，往后的事明儿再说。自己买了点儿纸，就奔后院来啦，一抬头看见这口大缸，心里这难过啊，心里话：酒迷叫他哥哥拿酒给泡死啦。你猜这酒迷死了没有？

乙　死啦。

甲　没死。

乙　怎么没死哪？

甲　那八个人一扔他呀，把他头冲下栽缸里啦，他一翻身站起来啦，盖磨盘他也没言语，这回他在缸里倒得劲啦。

乙　怎么倒得劲啦？

甲　他在缸里头左一口右一口，转着弯又一口，喝得正美哪，他隔磨眼一听，外头有人在哭哪。

乙　是谁在哭哪？

甲　他一听，听出来啦，是他媳妇哭。他媳妇越哭越难过，越难过越哭，一边哭一边叨咕，叨叨咕咕说了四句诗。

乙　她这四句诗是什么意思？

甲　是埋怨自己的丈夫。

乙　她怎么说的？

甲　"大哥劝你你不听，将你扔在酒缸中。要得夫妻重相见，除非南柯一梦中。"媳妇说完了刚要走，这回酒迷可沉不住气啦，把手由打磨眼里伸出来，嘴里说："别走！我给你对四句。"

乙　怎么着？

甲　酒迷在酒缸里对了四句诗。

乙　这四句怎么说的？

甲　"贤妻不必泪悲哀，哥哥封皮别揭开。你若念我夫妻义，赶紧送点儿酒菜儿来！"

乙　啊？

甲　还喝哪！

（佟雨田述）

儿子迷

儿
子
迷

373

甲　咱们祖国是文明古国呀！

乙　对！有五千多年的历史啦。

甲　早在春秋战国时代就形成了诸子百家，留下了很多的著作。

乙　那是咱们祖国宝贵的文化遗产一部分。

甲　我记得孟子在《论语》上说过这么两句话……

乙　你先等会儿。《论语》上的话是孟子说的吗？

甲　不是孟子说的是谁说的？是你说的。

乙　我可不敢冒名顶替。那是孔子说的，"众弟子，记善言"嘛！

甲　对啦！那是孔子说的。

乙　哪两句话呢？

甲　"男子三十而立，四十而不惑。"这两句话您懂吗？

乙　（装作不懂，微笑）嘿嘿！不懂。这两句话怎么讲？

甲　就是男人呀三十岁才站立起来哪。

乙　啊！三十岁才站起来呀，三十岁以前呢？

甲　都趴着哪！

乙　软骨病呀！"四十而不惑"呢？

甲　到了四十岁都不惹祸啦。

乙　四十岁以前还爱打架哪！

甲　对啦！

乙　什么对啦！这两句是说有志气的男人，到了三十岁，就应该自立啦。到了四十岁，就不会给人家轻易迷惑啦！

甲　对这两句话我跟您有不同的理解。

乙　您是怎么理解的？

甲 "男子三十而立"，就是说男人非要到了三十岁才能成家立业哪。说白话儿，就是三十岁才能娶媳妇哪！

乙 是呀？这都是谁规定的呀？

甲 二十九岁半他都不娶。媳妇娶早喽怕人笑话，他害臊。

乙 这倒是一种好风俗，提倡晚婚嘛！

甲 这是现在的观点。在过去，做父母的抱孙子心切，三四岁就给儿子定下媳妇啦，不到十六岁就娶过来啦！

乙 早婚嘛！

甲 街坊邻居要是好心劝一劝呀，老两口儿还有词儿。

乙 什么词儿呀？

甲 "早栽秧，早打谷。早抱孙子早享福。"

乙 还有韵有辙哪！

甲 他们还说："不孝有三，无后为大。"早娶儿媳妇早抱孙子，好继续我们门中的后代香烟。

乙 是呀！

甲 "要是没孙子，别人骂起来话难听。"

乙 骂什么呀？

甲 "骂我们断子绝孙。说我们做了缺德的事啦。老绝户。"

乙 骂人的这主儿也够损的。

甲 老两口儿不是想早点儿抱孙子嘛，十八岁就给儿子娶媳妇，他儿子受罪啦！

乙 怎么？

甲 高中还没毕业哪，怕同学们笑话他呀！"你看，×××十八岁就娶媳妇啦，十九岁抱头生。还读什么书呀。"——他脸没处搁呀！

乙 这都怪父母的封建脑袋。

甲 孩子落生，洗三满月全免啦！不敢办。

乙 怕同学们笑话。

甲 孩子长到六七岁不准出大门。要出门他妈带着，他不带。

乙 为什么？

甲 怕碰见老同学，不好说话。

乙 害臊。

甲 孩子他妈有意见呀！天天在家里做菜做饭洗衣裳，屁股后头跟着个孩子，累赘呀！

乙　是嘛!

甲　你倒好,饭吃饱喽一抹嘴,你出去遛弯儿去啦,把孩子交给我,你管都不管,这孩子是我一个人的呀!天天在家里闷着,都给闷得长毛儿啦!

乙　啊?霉啦!

甲　"你出门也带着他见见风呀!这孩子是小子,又不是姑娘。大门不出二门不迈的,都给关傻啦!""什么!我带他出去,要是碰见老同学我怎么说呀?""这有什么不好说的呀!他是你儿子,假的吗?""我才二十来岁,孩子就那么大啦!这,我脸往哪儿搁呀!""你带不带?今儿你不带他出去,晚上回来我可不开门。""哎!你这不是成心挤对我吗,这不是要命吗?"

乙　至于吗?

甲　没法呀!硬着头皮把孩子带出来啦。一出门就教孩子:"我跟你说,今儿我是头一回带你出来,你可得听话呀!""唔!爸爸,我听话。""喂喂喂!你喊我什么?""爸爸呀!""那是在家里,出门就不能喊啦!要是碰见爸爸的熟人,你可别喊我爸爸呀,听见了没有?不听话咱们就回去。"小孩从来没出过门,怕不带着他呀!孩子赶紧说:"我记住啦,不喊。"

乙　这孩子还真懂事哪!

甲　走了没两条街,就碰见熟人啦:"哟!老同学!老没见啦,在哪儿工作呀?""嗨!是您哪!一别就五六年啦!我在小学教书,您呢?"说着说着话,那位看见他旁边站着个五六岁的孩子,拉着他衣裳。

乙　小孩见了生人都这样。

甲　"这孩子是谁呀?嘿!那对眼睛多像您哪!"

乙　巧劲儿。问上啦!

甲　"是您什么人呀?八成是您……"他心里着急啦:嗨!你什么不好问,怎么单问这个呀!你这是哪壶不开提哪壶呀!"是您……"他怕下面问"是您儿子吧?"那就麻烦啦,赶紧说:"他呀,是我兄弟。"

乙　好嘛!挤对得他胡说!

甲　"您爸爸还生了这么一个漂亮的孩子呀!老来生子,真福气哪!"

乙　还老来生子哪!

甲　俩人都胡说八道。坟地改菜园子，拉平啦！

乙　那年头的人，脸皮薄。

甲　那也不见得。有的人脸皮就厚。孩子才落生三天，就要抱出去显摆显摆。怕人家不知道他媳妇给他生了个儿子。

乙　为什么那么急呀？

甲　他媳妇十年没开怀哪！

乙　那是该显摆显摆。不过三天就往外抱呀，孩子连腰都直不起来，软的呀，怎么抱呀？

甲　他有主意呀！"孩子他妈，把孩子给我，我带他出去遛个弯儿。""啊！才三天的孩子，你抱出去干吗？""干吗呀！让大家瞧瞧。谁还敢笑咱们祖坟没埋好。""孩子是软的呀，你怎么抱呀？""我有办法。""你有什么法儿呀，别让孩子闪了腰，伤了筋就麻烦啦。"他往床下一指："看见了没有？""那是你穿的那双深统胶靴呀！""对啦！就用它。"他把孩子抱起来往胶靴里一塞，"怎么样！又不怕风，又伤不了腰。"

乙　嘿！他怎么想的呀！

甲　三天的孩子还没胶靴筒儿长哪！连身子带脑袋都装里头啦！提拉着长统筒靴就上街啦！

乙　上哪儿呀？

甲　上茶馆。进了茶馆把胶靴往桌上一放。周围喝茶的看着都觉得新鲜。"这位什么毛病，大晴天出门带胶靴，还只带一只呀！"

乙　神经病。

甲　"给我沏壶茶来。"伙计给他沏了壶香片，拿了个茶碗来。他瞪了伙计一眼。

乙　干吗呀？

甲　"您瞧不起我，两人你怎么只拿一个茶碗呀！"伙计赶紧解释："您朋友还没来哪，等您朋友来喽，不用您吩咐，我立刻就拿来啦！""我等谁呀！跟我一块儿来的。"伙计莫名其妙（朝外看）一块儿来的，人哪？"先生！您那位朋友在哪儿呢？我怎么没看见呀！""什么眼神儿。"他一指胶靴，"不是在这儿忍着哪嘛，我们爷儿俩还能是假的吗？""噢！这儿还有位少爷哪！"

乙　嗨！这叫什么事儿呀？

甲　这叫儿子迷。

乙　是着了迷啦！

甲　这还不算着迷。有一位比他想儿子想得还着急，简直成了魔怔啦！

乙　谁呀？

甲　我们街坊，北洋军阀段祺瑞手下的一个师长。

乙　嚯！师长官儿不小哇！

甲　敢情。这个师长有两种嗜好。

乙　哪两种嗜好？

甲　第一喜欢马。

乙　对。那会儿的师长、团长指挥打仗都骑马。

甲　可这个师长爱马爱得邪行，他不但指挥打仗骑马，就是平时一天也得骑着马遛圈。只要有好马，让他看中喽，多少钱他都买。

乙　是够爱的啦！

甲　家里养着四五匹好马。什么白龙、乌骓、干草黄、紫骅骝、花斑豹，他都有！

乙　都是些有名的良马呀！

甲　他有钱有势养得起呀！

乙　那是。

甲　可他第二种嗜好不太容易满足啦！

乙　第二样什么嗜好呀？

甲　就是想儿子。

乙　这也不困难呀！按他当时那个地位，要儿子还不容易吗？

甲　说句迷信话，八成儿他命中绝子。

乙　是呀？

甲　太太是亲上加亲，他表姐。过门三年没开过怀。

乙　噢！

甲　太太没生他不着急，娶姨太太。

乙　那会儿他有这个势力嘛！

甲　娶了三房姨太太。大姨太照样没门儿，不会养活。二姨太倒是养活了一个，可没两月就死啦，带不起来。三姨太太好容易生了一个呀，还是个姑娘。

乙　姑娘跟儿子不一样吗？

甲　他可不那么想呀！他想姑娘是外姓人呀，那么大一份家当，能让姑娘带到婆家去吗？非得有个儿子不行呀。

乙　是入了魔啦！

甲　开头呀，人家见他有钱有势，还主动上门跟他攀亲戚，愿意把姑娘嫁给他。

乙　旧社会军阀、官僚娶五六房太太是常事嘛！

甲　可是，后来就都不干啦！

乙　怎么哪？

甲　他提的要求太苛刻啦！

乙　什么要求呀？

甲　他要求过门仨月就得给他养个孩子。

乙　除非耗子，一个月一胎，人可没法儿！

甲　他不死心呀，找媒婆。

乙　找媒婆干吗？

甲　做媒呀！他自己不去找，派王副官去。

乙　好嘛！

甲　"×大婶！您在家吗？""谁呀？""是找您哪！"媒婆开门一看："噢！是王副官呀！屋里坐。"进了屋，"大婶，麻烦您来啦！""什么事呀？""我们师长想让您再给说房姨太太。""哟！师长不是娶了三房姨太太了嘛，怎么还娶呀？""您不知道，那仨姨太太不争气呀，没有一个给他养活儿子呀！他让你给他找一个保险能养活儿子的。""哟！这可不好办，哪个姑娘脸上都没写字，谁知道她能不能养活儿子呀？""不好办也得办，这是师长的命令！"

乙　仗势压人。

甲　"我们师长给您两百块钱彩礼，限你三天，他要拿轿子抬人。要是找不着，可要送您上警察局！"王副官丢下钱就走。

乙　啊？不讲理呀！

甲　急得媒婆在屋里转圈儿！

乙　没法儿不急！

甲　喂！这个媒婆还真有能耐，没到三天，就给他送去一个大姑娘。

乙　哪儿来的呀？

甲　乡下买的。那会儿乡下穷人多呀，她花了一百块钱彩礼买了个穷姑娘，连骗带哄地给送去啦！

乙　这媒婆坑人哪！

甲　事儿办得也挺简单。成亲以后，头两个月挺客气，第三个月不高兴啦，到了三十晚上，绷脸啦！

乙　是呀？

甲　他问四姨太："你过门儿天啦？""仨月啦！""仨月怎么还没响动？"他媳妇一听，什么响动呀？三个月还得打锣是怎么着？

乙　没听说过。

甲　"三个月什么响动呀？我是问你三个月怎么还不给我养活孩子。""什么？三个月就要养活孩子呀？面捏的呀！""媒婆没告诉你吗？我娶你，就是叫你三个月给我养活孩子呀！"

乙　怎么养啊？

甲　"媒婆没有告诉我呀？""不管媒婆说没说，我花钱娶你就为的是给我生儿子。这三个月就不谈啦，因为你不知道这件事儿。我再给你三天限，你要能给我养活个儿子，我给你扶正，你就是大太太啦，每月胭脂粉儿钱给你五十块。"

乙　给五百块她也没法呀！

甲　"三天你要是还不给我养活个儿子，你可别说我拿鞭子抽你。"说完喽，他把被窝儿一裹，睡啦！

乙　这都叫什么事呀？

甲　他倒睡啦，四姨太太可一宿没合眼！

乙　心里有事儿，睡不着呀！

甲　越想越难受。心想：媒婆太可恶啦！这事儿你怎么不跟我妈说呀，我要是知道喽，要了命我也不来！

乙　现在后悔也来不及啦，想个办法吧！

甲　有什么法儿呀！只有第二天回娘家找妈商量商量去。

乙　也只有这么办啦！

甲　第二天一早，师长出门去啦！她换了一身衣裳，雇了一辆车，回乡下娘家去啦！进门就哭。她妈吓了一跳。问她："谁欺侮你啦？""妈，您不知道！过门才三个月，他就让我给他养活儿子。要养活不下来他要打我，您看怎么办呀？"

乙　没办法。

甲　她妈一听，笑啦！

乙　笑啦？

甲　"我还以为什么大不了的事哪，不就是要个儿子吗？别说三天，有仨钟头就行啦！"

乙　啊？拿气儿吹糖人儿呀？

甲　"你别着急，明儿我给你抢一个去！"

乙　哪儿抢去呀？噢！捡个私孩子。

甲　那也没有那么凑巧的呀！她妈有办法，在猪市上花了五块钱买了个猪秧子，有八九斤重，还是白毛的。包了包给送去啦！

乙　啊？猪秧子呀！那能行吗？

甲　这么着当然不行喽，得给它改装改装！

乙　好嘛！

甲　到了师长家里，听差的认识呀！亲家太太。给带到后院四姨太太那儿去啦！"姑娘，你爷们要的儿子我给你送来啦！"姑娘打开一看："哟！妈，这是猪秧子呀！"

乙　可不是猪秧子嘛！

甲　"妈！这行吗？""这样当然不行啦，给它捯饬不就行了嘛！""怎么捯饬呀？""找把剃头刀来，给它刮个脸。"她姑娘真听话，把师长刮胡子的剃刀拿来啦！"你摁着，我刮。"她妈拿起刀来就刮，刮得这猪秧子嗷嗷直叫唤。

乙　这猪也倒了霉啦！

甲　找了床红夹被连头带脑袋一包，就剩嘴露在外面啦！

乙　留着出气。

甲　用绳一绑，往床上一放。"你也得装扮装扮呀！睡下睡下。盖上被子，找张帕子把脑袋包上，把帐子放下来。等会儿他回来你别言语，我来对付他。"

乙　全看她妈的啦！

甲　天黑啦，师长回来啦！"他娘的，屋里怎么不开灯呀？"推门进房，"嗯！这屋里怎么这味儿呀？"

乙　是呀！这屋成了猪圈了嘛！

甲　她妈搭茬儿啦，"姑爷，别喊！看把孩子吓着喽！""什么？孩子。真养活啦！"

乙　这帅长也是个浑蛋。头天说，第二天就养活啦，能有这事吗？

甲　他不那么想呀，他想儿子都成了魔怔啦，只要快他就高兴！

乙　好嘛！

甲	"快把灯开开,我瞧瞧。""不能开灯,这孩子来得快呀,要避三光。""是大喜是小喜呀?"
乙	大喜是儿子,小喜是姑娘。
甲	"大喜!"——其实大喜还麻烦,还得找劁猪的劁。
乙	嘻!
甲	"我抱抱。""别动。才下地的孩子,脐带还没长好哪,看得了四六风。""我得瞧瞧像谁呀?""你的儿子像你呀,还能像别人吗!"
乙	得!这师长也成了猪啦!
甲	"不让抱,我摸摸总行啦!"伸手就摸,"嚯!个儿不小嘛!"
乙	敢情十来斤哪嘛!
甲	"您都身强力壮,您儿子还能不壮实吗?"他来回一摸,摸得那小猪直吭哧。"哟!这孩子声音怎么那么粗呀?"
乙	没法儿不粗。
甲	"声音粗好呀,长大了好像你一样训人骂下级呀!"
乙	她妈真能说。
甲	他东一摸西一摸的,把捆脑袋的包袱皮给摸开啦!"哟!这孩子脑袋上怎么长这些毛呀?"——糟啦!刚才没刮干净。
乙	嘿!
甲	"这是胎毛。当官儿的人胎毛长。""唔!这像我,长大了起码当军长。"
乙	比老子升了一级。
甲	又一摸,摸到耳朵啦:"这孩子耳朵怎么这么大呀?""耳朵大有福呀!"再往下一摸:"哟!这孩子嘴怎么这么长呀?""嘴长好,嘴长吃八方嘛!""唔!闯荡江湖的好汉哪!"
乙	顺毛摸,舒服。
甲	他足这么一摸,那小猪受得了吗!四蹄一蹬,一只脚露出来啦!他一摸,"啊!这小子怎么脚上有蹄呀?"——要命!姑娘她妈也急啦!"他……他……他不是跟你一样爱穿马靴吗?"
乙	猪蹄子是马靴呀?
甲	再一蹬,小尾巴露出来啦!一甩一甩地给他手上来了一下。"哟!这又是什么玩意儿?"
乙	得!要露馅儿。
甲	"有这玩意儿才像你哪!""怎么有这玩意儿才像我呀?""您不是

爱骑马吗，您儿子也爱骑马呀！""你怎么知道？""您看呀！您骑马手里拿着马鞭，他学您呀，自己把马鞭子都带来啦！"

乙　嘻！

（叶利中述　叶利中　张继楼整理）

大戏魔 *

甲　我这个人最喜欢看戏。

乙　唔，你是戏剧爱好者。

甲　不但爱看，而且爱唱。不论干什么事儿，都要唱两句儿。

乙　那不成戏迷了？

甲　我是受你爸爸的传染。

乙　哦，我爸爸也是戏迷？

甲　比戏迷迷得厉害，外号叫"戏魔"。

乙　"戏魔"？我就知道我爸爸爱看戏，还不知道他叫"戏魔"。

甲　吃喝拉撒睡，行动坐卧走，全要唱几句，这叫戏迷。你爸爸是吃的、使的、用的，家庭一切东西都要带个戏名，这件东西如果找不到个戏名，连这件东西扔了不要，这我都知道，你爸爸叫"戏魔"。

乙　你知道我们在哪儿住？

甲　你们家住《太平庄》。

乙　这就是一出戏。

甲　周围有《渭水河》《渡银河》《孟津河》《阴阳河》四面护庄河。

乙　好嘛！我们家一出门就过河。

甲　过河有桥。东西南北有《金雁桥》《金水桥》《洛阳桥》《当阳桥》吊桥四座。那道庄墙虽然不如《万里长城》，也赛过《徐策跑城》《冀州城》。四面还有四个关口。

乙　哪四道关口？

---

* 张寿臣在 20 世纪 30 年代初期创作了相声《五百出戏名》，本篇即其传本。

甲　《牧虎关》《独木关》《高平关》《凤鸣关》庄门四处。庄南有《武家坡》《白马坡》《长坂坡》。庄西有《景阳冈》《通天犀》《蜈蚣岭》《神亭岭》，紧挨着《摩天岭》。

乙　山不少哇。

甲　庄南有一片《黑松林》《野猪林》。林内有《五元哭坟》《打侄上坟》《小上坟》。庄北有一道《黄泥冈》，当中有《断密涧》《卧虎沟》《塔子沟》，还有一片《打瓜园》，常见《小放牛》《贩马记》来往不断，四面八方，还有几个村子。

乙　哪几个村子？

甲　《四杰村》《恶虎村》《霸王庄》《东皇庄》《溪皇庄》《善宝庄》《祝家庄》《李家店》《扈家庄》《三家店》《殷家堡》《薛家窝》《曾头市》《招贤镇》《朱仙镇》。还有《七星庙》《虮蜡庙》寺院数处。庄西有一座大庙叫《斗牛宫》，里边有《佛门点元》《大登殿》《长生殿》。每年七月七开庙门，真是热闹非常，有《大逛庙》《小逛庙》，善男信女都上那里去赶会。

乙　全有什么会？

甲　《盂兰会》《英雄会》《群英会》《父子会》《母女会》《双摇会》《蟠桃会》《古城会》《桑园会》，各会的弟子都上那里去走会。

乙　还真热闹。

甲　会上有《打花鼓》的，《卖符》的，《请医》的，《定计化缘》的，《卖一匹布》的，《卖胭脂》的，《卖绒花》的，《也是斋》在那儿卖鞋，《双铃记》在那儿《卖线》，《小磨房》在那儿卖面，七十二行，行行都有。进庄门有一条大马路。

乙　叫什么？

甲　《华容道》。

乙　好嘛！在那儿挡曹操哇。

甲　走过《三门街》《三岔口》《失街亭》《汉津口》，到了你们的住宅。真是《顶花砖》修一片《连环套》的《汉阳院》，路北有个大门叫《南天门》。门上有《巧连环》《连环计》一对门环。门框上还有个牌子。

乙　叫什么？

甲　《假金牌》。门洞两旁放着《演火棍》，左右《黄金台》《白蟒台》上下马石，《摇钱树》门槐四棵，《一缕麻》晃绳上拴着牲口；《盗御马》《卖黄骠》《千里驹》《红鬃烈马》，还有一条"告状"的"黑驴"。

乙　嘿！还真齐全。

甲　隔壁是大车门，里边有《挑滑车》《打囚车》汽车两辆。进大门，上有四言门心的对子。

乙　上联是？

甲　"出将入相。"

乙　下联是？

甲　"讲古论今。"

乙　横批是——

甲　"准演不谎。"大门道，上面挂着《七星灯》，下放两条《背板凳》，迎门影壁一面《忠孝牌》，再往里走就进你家院子了。

乙　叫什么？

甲　《乌龙院》。

乙　怎么叫这名字？

甲　乌龙院里有几座高楼。

乙　哪几座楼？

甲　有《黄鹤楼》《白门楼》《望儿楼》《艳阳楼》《狮子楼》《贾家楼》《赵家楼》《富春楼》，到客厅门前还有副对联。

乙　上联！

甲　"门迎二黄魁生旦净末文武丑。"

乙　下联？

甲　"堂前三大王富英连良周信芳。"

乙　横匾？

甲　上写《文殊阁》。进客厅迎门摆着丈八《双包案》，上摆《完璧归赵》《长寿星》，左右古铜《举鼎》,《朝金顶（鼎）》《对金瓶》一对，墙上挂着《百寿图》一张中堂，两边有《疯僧扫秦（琴）》，一口《鱼藏剑》《铁弓缘》《一箭仇》《辕门射戟》《雌雄镖》的镖囊，八仙桌上摆着文具，一块《击曹砚》，一支《春秋笔》，《朱砂痣》的印色盒装《双狮图》图章，里边几桌椅凳全是硬木镶大理石，天然的花样，《龙虎斗》《胭脂虎》《罗四虎》《麒麟豹》。靠东墙摆着一条很长的案子。

乙　叫什么？

甲　《铡美案》。

乙　怎么叫这个名字？

甲　案子上摆着三颗大印，《取帅印》《血手印》《状元印》。再看三面墙上字画不少，画的山水儿，满带山名。

乙　全有哪些山？

甲　有《二龙山》《铁龙山》《牛头山》《牧羊山》《双锁山》《九里山》《四平山》《丁甲山》《百草山》《云蒙山》《银空山》《大香山》《青石山》《马鞍山》《五台山》《璎球山》《剑峰山》《芒砀山》《九里山》《飞虎山》《火焚绵山》……三八二十四条山水儿，名人字画。还有八张美人儿。

乙　哪八张美人儿？

甲　《黛玉葬花》《嫦娥奔月》《太真外传》《木兰从军》、《佳期拷红》《尼姑思凡》《晴雯撕扇》《天女散花》，全是唐伯虎的笔体。有《采石矶（鸡)》《蝴蝶梦》《鸿雁捎书》翎毛花卉。《麒麟阁》一张中堂，有武侯出师表，靠西墙有张《沉香床》，床前六面围屏，床上挂着《闯帐》，两边拴着《盗钩》，床下放着《捉放曹》的灰槽子，床上铺着《金钱豹》豹皮两张。你爸爸喜欢躺在床上看书，床前有一盏《宝莲灯》，有一部《清官册》、一部《三国志》、一部《济公传》、一部《水浒传》。你爸爸正看到《武十回》《宋十回》《林冲夜奔》。

乙　我爸爸就喜欢看书。

甲　不但爱看书，你爸爸还喜欢看报。

乙　全看的什么报？

甲　《奇冤报》《贪欢报》《天雷报》《妻党同恶报》。

乙　哪儿找这个报馆去！

甲　往左一拐，就到书房了。门前有副对联。

乙　书房是有对联。上联是？

甲　"家无别韵，西皮、二黄、原板、三眼、四平调。"

乙　下联呢？

甲　"庭右余音，长锤、纽丝、住头、起霸、紧急风。"

乙　横批是？

甲　"嗯嗻，打台"！

乙　开戏了。

甲　书房里请位教员，还是位女士。

乙　谁呀？

甲　三娘，在你家《教子》。

乙　全跑我们家去了。

甲　往西一拐，是个大花园。

乙　那花园可不小。

甲　花园门前还有副对联。

乙　我们家爱贴对子，上联是？

甲　"梅兰芳遍地芙蓉草。"

乙　下联呢？

甲　"程砚秋开放牡丹花。"

乙　横匾？

甲　《御果园》。花园子山石亚赛《花果山》，底下通着《水帘洞》《洪羊洞》《盘丝洞》《无底洞》。周围一片《白水滩》，里边开着《大莲花》《铁莲花》，那真赛过《莲花湖》。湖边有《上天台》，可以在那里钓鱼。走过《御河桥》，《跑坡》到山顶，有一座《万花楼》，楼上有棋盘，左右《凤仪亭》《御碑亭》《清风亭》《风波亭》。当中一通《李陵碑》。《扫松》一片，《折柳》数株，山上花草有《盗灵芝》《戏牡丹》《红菊花》《白菊花》，招来了《花蝴蝶》《红蝴蝶》飞来飞去，那天是你爸爸《生辰纲》，又是《嫁妹》的日子。请亲友入府拜寿，实在不少。

乙　全有谁呀？

甲　有《三进士》《四进士》各位官员。有《泗水驿》《辛安驿》《临江驿》的驿丞。有《郿邬县》《钱塘县》《中牟县》《新野县》的知县。

乙　全是县官。

甲　还有《潞安州》《泗州城》的知州。

乙　州官。

甲　还有《嘉兴府》《大明府》的知府。

乙　知府也来了。

甲　还有两位大军阀，一位"打"过"登州""镇"过"潭州""破"过"洪州""取"过"荥阳""取"过"洛阳""取"过"金陵"；那一位"闹"过"江州""战"过"宛城""战"过"北原"，还"刀劈"过"三关"。从《让成都》之后，就《回荆州》安居了。还来了把关口的大将不少。

乙　全哪些？把过哪些关？

甲　《山海关》《雁门关》《泗水关》《南阳关》《文昭关》《草桥关》《临潼关》《界牌关》《葭萌关》《天水关》十几位镇守使。又来了《查头关》税务局的局长，《白帝城》特别市的市长，《水淹七军》总司令，《三岔口》的保长，《法门寺》的和尚，《虮蜡庙》的喇嘛都来了。还送了不少的寿礼。

乙　寿礼？全送些什么？

甲　有送《十万金》的，有送《拾黄金》的，有送《马蹄金》的，有送《千金全德》的，有送《千金一笑》的，有送《蝴蝶杯》《对银杯》的，还有送《富贵长春》寿匾的。寿幛子不少，幛文新鲜，有三个字的有四个字的。

乙　三个字？

甲　《喜荣归》《忠孝全》《三世修》《双官诰》。

乙　四个字呢？

甲　《天官赐福》《加官进禄》《麻姑献寿》等等不一。老夫妻欢迎亲友，你爸爸头戴一顶《破毡笠》。

乙　怎么戴一顶破帽子？

甲　别看帽子破，上边安着一颗《庆顶珠》。身穿一件《斩黄袍》，上绣《龙凤配》，腰系一根《乾坤带》，足蹬《借靴》，左手拿着《黑风帕》，右手拿着《芭蕉扇》。

乙　这是什么打扮呀？

甲　你母亲打扮得漂亮，头戴《荆钗记》，扦着朵翠花，耳戴《玉玲珑》的耳环，身穿《狄青借衣》，内衬《咬指换袄》，外套《珍珠汗衫》，左手拿着《盗宗卷》，右手拿着《桃花扇》，鞋上绣着《双珠凤》，手腕戴着《拾玉镯》。

乙　刘媒婆。

甲　开席了。男宾入《琼林宴》，女宾入《鸿门宴》。大家落座，来了小丫鬟《宝蟾送酒》，大家端《九龙杯》《日月杯》《温凉盏》，同饮《岳阳楼》《吕洞宾》的长生寿酒。

乙　光喝酒，怎么没有菜呀？

甲　菜品是《雅观楼》的全席，有《刘全进瓜》《偷桃盗丹》《佛手橘》

《太公钓鱼》《时迁偷鸡》《送馉馉》《送盒子》。《黄一刀》的酱肉、《混元盒》《抱妆盒》《斩窦娥》《斩蔡阳》，上来一碗"羊肚汤"。

乙　怎么上这个汤？

甲　又换一碗《审头刺汤》。唱的曲是《断臂说书》。那天亲友们都喝醉了，端起酒来碰杯，你爸爸喝得《醉打山门》，你母亲也有点儿《贵妃醉酒》。

乙　别喝了！

甲　为给你爸爸祝寿，唱一出戏。你母亲说："我点一出戏好不好，唱出《杀子报》。"

乙　大喜日子，怎么唱这个戏？

甲　这出戏不吉祥。对，换出《活捉三郎》。

乙　这戏也不好。

甲　你爸爸说："我来唱一出《双沙河》。"他演的人是驸马张天龙。

乙　唱得怎么样。

甲　唱得不错，亲友们直叫好，大家《三击掌》。本当见好就收，他又唱了一出《丑表功》。结果把句子唱错了，成了《花田八错》。大家叫倒好，你爸爸脸上挂不住。急得周身发烧，似《烧骨计》一般，出了一身的《楚汉（汗）争》。气得你爸爸直骂街。

乙　他骂谁呀？

甲　他《骂城》《骂殿》《骂杨广》《骂毛延寿》。又拿出一条五花棒乱打下人，《打金枝》《打金砖》《打龙袍》，跑到厨房《打砂锅》《打面缸》，把灶王也打了，《打刀》《打店》《打棍出箱》，老妈儿劝他，他给老妈儿一个嘴巴，《老妈儿辞活》也走了。你爸爸气得要《碰碑》《三上吊》。

乙　怎么没有人给劝劝？

甲　他的把兄弟《五人义》《八义图》也没劝好。外祖母来《探亲》，正赶上他《三气周瑜》。你母亲过来《打狗劝夫》，也算白说。最后还是我用戏名劝住了他。

乙　你劝得好。

甲　我说，您本当是《渔家乐》，就是唱了《错中错》，何苦去找那《苦中苦》，为这点事何必生气呢？结果你爸爸还真给我面子啦。

乙　你给劝好了。

甲　他跳河自杀了。

乙　啊！赶快救哇！

甲　大家用绳子往上拉，刚拉到一半，你爸爸高兴了。他说："这是一出好戏。"

乙　什么戏？

甲　《钓金龟》。

（康立本整理）

戏迷药方[*]

甲　人的爱好不一样。

乙　百人有百好嘛。

甲　好走东的不走西，好骑马的不骑驴，好打球的不下棋，好吃鸡蛋的……

乙　怎么样？

甲　不吃鸡蛋皮。

乙　废话！鸡蛋皮能吃吗？

甲　人有爱好还是不错的，但是不能迷喽。

乙　要是迷了呢？

甲　那就会出乱子，闹笑话。

乙　有这么严重吗？

甲　有啊！您就拿我来说吧，我这人对戏剧有特殊的爱好。

乙　这么说您爱听戏？

甲　我不但爱听戏，而且还爱唱戏。

乙　好啊！您是唱哪工的？

甲　生、旦、净、末、丑，神仙、老虎、狗我全行。

乙　您在舞台上唱啊？

甲　不，我净在生活里唱。

乙　在生活里头唱？

甲　我讲究的是生活戏剧化。人家唱戏是戏词，我能即兴编词，见什么唱什么，走哪儿唱哪儿。您常听人说"戏迷""戏迷"，就是说

＊　这是刘化民和高元钧在 1980 年河南曲艺座谈会期间演出录音的记录本。

的我。

乙　噢，您就是"戏迷"？

甲　是我，哪儿都唱。要过桥的时候，我就唱《金雁桥》；走到河边儿，我就唱《渭水河》；走到墙跟前，我就唱《墙头记》；走到城门口，我就唱《冀州城》。

乙　您这唱法可有意思！

甲　还有意思哪？净惹祸！那天我刚打家里出来，我们门口停着好几辆三轮车，我一瞧这个，就犯了戏迷了。

乙　想起哪出来了？

甲　《挑滑车》，我要去高宠。找了半天没有花枪，我一瞧靠墙那边儿立着根扁担，抄起来我就奔三轮车那边去了。嘴里还"众将官！你们闪开了。"蹦登锵！把三轮儿给挑翻啦。

乙　好家伙！像您这戏迷谁受得了哇？

甲　不要紧，现在我这戏迷病好了。

乙　好啦？

甲　要不好，跟您说这几句话，几出戏也开出去了。

乙　哎，您这戏迷怎么治好的呢？

甲　朋友送了我一个偏方，抓了一服药吃下去就好了。

乙　您这药方还有吗？

甲　有哇。

乙　那您借我用一用怎么样？

甲　干吗呀？

乙　不瞒您说，我也有点儿戏迷。

甲　您是初犯哪，还是老病？

乙　我是初犯。

甲　初犯没关系，也用不着吃药，我把这个药方给你念上一遍，一听就好了。

乙　那我太谢谢您了。

甲　别客气。这个药方乃是北京一位著名的老大夫所授。

乙　中医研究院的。

甲　北京戏剧学院的。

乙　戏剧……哪位呀？

甲　萧大夫。

乙　萧大夫?

甲　萧长华先生。

乙　萧长华不是京剧名丑吗?

甲　是啊,他还是著名的治戏迷的大夫。

乙　那您快念念吧。

甲　"此药方专治男女老幼一切戏迷症。"

乙　都治什么病啊?

甲　"内治《女起解》,外治《男起解》还治《麻疯女》和《宇宙锋》。"

乙　噢,这都是病啊!治这病都得用什么药材哪?

甲　"要用《盗灵芝》一枝,《盗仙草》一棵,《摇钱树》一棵,《采桑》两根,《二度梅》三棵,《庆顶珠》七粒,《海潮珠》九颗,《纺棉花》一捆,《天女散花》五朵,《黛玉葬花》六朵,《新茶花》一对,《芦花计》两包,《孙夫人祭江》三片,可得要《贵妃醉酒》的引子。"

乙　这药怎么煎法?

甲　"买来药你送到《小磨房》,拿过《乌盆计》,研成《戏中戏》,放在《打砂锅》之内,倒点儿《马前泼水》,对好《池水驿》,拿过《演火棍》,点着《火焰驹》,扇起《桃花扇》,药煎好了,倒在三个杯里喝。"

乙　哪三个杯?

甲　"《蝴蝶杯》《九龙杯》《日月雌雄杯》,千万别倒在《温凉盏》里。"

乙　要是倒在《温凉盏》里哪?

甲　"那就变成《反西凉》啦。"

乙　这药凉不凉啊?

甲　怕凉加上《十粒金丹》。

乙　那要是热了呢?

甲　再加上二钱《朱砂痣》。

乙　这药什么味?

甲　苦哇,《苦中苦》。

乙　吃您这药,忌口不忌口啊?

甲　忌口,要忌《野猪林》《鱼藏剑》《铁公鸡》《羊肚汤》,千万别吃《龙虎斗》,鲜的别吃《打樱桃》。

乙　这服药得多少钱哪?

甲　得《拾万金》。

乙　嗬,太贵了!

甲　少点儿也得《马蹄金》一锭。

乙　要是给银子哪？

甲　得《陈三两》。

乙　给现洋呢？

甲　《一元钱》。

乙　说铜子儿吧。

甲　也得《三上吊》。

乙　要是给铜钱呢？

甲　那得《十五贯》。

乙　《十五贯》也出来啦。这药店在哪儿啊？

甲　药店可远了。在《雁荡山》前，《五台山》后，《凤凰山》左，《剑峰山》右。

乙　那得坐车去吧？

甲　不行，交通不便。

乙　要是坐船呢？

甲　水路不通。

乙　那我怎么去呀？

甲　你拉过《红鬃烈马》，或者《千里驹》，备好《马鞍山》，摘下《霸王鞭》一直奔《山海关》。出了《山海关》，你走《连营寨》《李家店》《武家坡》《潞安州》《中牟县》《善宝庄》《景阳冈》《快活林》《开山府》《洪羊洞》，就到了《摩天岭》，过去《摩天岭》前面就是《汾河湾》，《汾河湾》的船你千万别坐。

乙　怎么啦？

甲　那是《荡湖船》，它是有帮没底。

乙　我要是坐了呢？

甲　你要坐了这船，把你掉在《渭水河》里头，谁去《搜孤救孤》啊？再说也没人给你《请宋灵》啊，你永远见不着你那《王华买父》《四郎探母》，也瞧不见你那《秋胡戏妻》啦，你怎么《少年立志》啊？

乙　那我怎么办呢？

甲　要是赶上下雨，再碰上许仙，你就跟他《搭船借伞》。

乙　好嘛，我成白娘子啦。

甲　你上了船，《借东风》的力量，来到《九江口》，千万别赶上《赤壁之战》。

乙　我要是赶上呢?

甲　那要《火烧战船》可就要《满江红》了!到了《九江口》可别下船,
越过六个码头,你可以到《三岔口》下船,一下船就是《金沙江
畔》,你就能见到《龙女放羊》,她必定向你叙述她的身世。

乙　她怎么说呀?

甲　(学)"哟,我家住在《闹龙宫》,我是东海龙王的三女儿《文成公
主》,小名叫《刘巧儿》。"

乙　嗨!这都是哪儿的事啊!

甲　"因当年我父允许我《天仙配》,就把我许配给当朝驸马《刘三姐》
为妻。"

乙　哎!刘三姐是女的!

甲　所以都叫她《女驸马》,她说她也是上了《芦花荡》的。

乙　怎么上的当?

甲　只因为当年沙陀国打来连环战表,命我母《昭君出塞》,由《孙安
动本》,扎下了《淮河营》,招募《水淹七军》,那时候《刘三姐》
正在家中《春香闹学》,见到了《牛皋扯旨》,她就想《投笔从戎》,
《精忠报国》,《替父从军》。

乙　哎!你说的还是刘三姐吗?

甲　这是《花木兰》。

乙　我说呢!

甲　《花木兰》带领《三女除霸》。

乙　哪三女除哪三霸?

甲　《花木兰》《智斩鲁斋郎》,《秦香莲》《义责王魁》,《祥林嫂》《打
严嵩》。

乙　什么乱七八嘴的!

甲　这才搬出来《杨门女将》,由《穆桂英挂帅》,《詹天佑》为前部先
行官,他们《六出祁山》,《反徐州》,《下河东》,《过五关斩六将》,
《梵王宫》,《野火春风斗古城》。

乙　我越听越乱。我得赶快抓药去。

甲　别忙,到了《野火春风斗古城》,你可就……

乙　到了!

甲　还早着呢!

戏
迷
药
方

乙　那我再怎么走？

甲　过去《野火春风斗古城》，你得《赶三关》。

乙　都赶什么关？

甲　《陈塘关》《草桥关》《瓦口关》《雁门关》《两狼关》《阳平关》《南阳关》《怀都关》《界牌关》《牧虎关》《查头关》《白良关》《虎牢关》《雍凉关》《战蒲关》《天水关》《凤鸣关》，好难过的《独木关》，过去《独木关》你一问《文昭关》……

乙　就到了！

甲　还早着呢！

乙　那我再怎么走哇！

甲　往前走，有几座桥。

乙　都是什么桥？

甲　有《金雁桥》《金水桥》《当阳桥》《洛阳桥》《清河桥》《赵州桥》《太平桥》，留神别在半道上碰上《断桥》。

乙　那我就掉河里啦。

甲　过了《太平桥》，你可就……

乙　这回到了。

甲　还早着呢！

乙　还没到哇！

甲　你再走几座山。

乙　都什么山？

甲　《大蟒山》《二龙山》《花果山》《牛头山》《丁甲山》《四盘山》《璞球山》《少华山》《青石山》《翠屏山》《云罗山》《银空山》《双锁山》《九里山》《铁龙山》《定军山》《屯土山》《滑油山》《大香山》《探阴山》《火烧绵山》。山前有座《泗州城》，一进《泗州城》你可就……

乙　到了。

甲　还早着呢！

乙　我就知道是这句。咱慢慢走吧！

甲　《泗州城》里可真热闹。

乙　有什么热闹的？

甲　有《大逛庙》《小逛庙》《郑州庙》《天齐庙》，最热闹不过《虷蜡庙》。

乙　我不愿意逛庙。

甲　有会呀，《安天会》《父子会》《双龙会》，最热闹的《蟠桃会》。

乙　我也不愿意逛会。

甲　看灯啊，《大观灯》《小观灯》《七星灯》《宝莲灯》《薛刚酒醉闹花灯》。

乙　灯我也不看。

甲　你来个《拿高登》。转过《三门街》《五花洞》《祥梅寺》《双塔寺》《能仁寺》《金山寺》。你到了《醉打山门》《大登殿》，殿里头放着一张《采茶奇案》，案上摆着一对《武松单臂擒方腊》，当中供着《济公活佛》，转过《二进宫》，左边有《自由钟》，右边有《打金枝》，当中坐着《呼延庆》，桌上放着《哭灵牌》，地上竖着《李陵碑》。

乙　这是什么庙哇？

甲　你绕过《佛门点元》，就到了《御果园》，里头有三座亭子。

乙　都是什么亭子？

甲　《清风亭》《凤仪亭》《风波亭》。《风波亭》上挂着《珠帘寨》，里边通着两个湖。

乙　哪两个湖？

甲　一个叫《落马湖》，一个叫《莲花湖》。一出《莲花湖》，往东走是《东皇庄》。

乙　往西走呢？

甲　那叫《溪皇庄》。

乙　径直走呢？

甲　径直走有两个村子。

乙　哪两个村子？

甲　《四杰村》《恶虎村》。左边有《金钱豹》，右边是《黑松林》。《黑松林》里有个《打杠子》的，此人叫《罗四虎》，背后背着《八大锤》，手执《辕门射戟》，他一见你就给你来个《枪挑小梁王》。

乙　为什么呢？

甲　你们二人是《一箭仇》。只皆因《三世修》，你二人在《黄金台》上，《两将军》《大卖艺》，你给他来了个《张保摔子》，反倒把他《双官诰》，拿到《大名府》是《三堂会审》，《审刺客》《审李七》《审潘洪》，判了他个《斩华雄》。他有个姐姐不答应，上告了你一状。

乙　谁呀？

甲　《杨三姐告状》。上告你《十道本》，改判为《伐子都》，发出《七百里》。今日一见你，准得给你来个《刺巴杰》。

乙　那我怎么办呢？

甲　你赶紧《滚钉板》。给他来个《罗章跪楼》。你就《哭长城》《哭祖庙》，你掉下《荒山泪》，他看你《可怜虫》，就放你走了。

乙　我往哪儿走哇？

甲　《走麦城》啊。你赶快《徐策跑城》，防备他《萧何月下追韩信》。跑出《界元关》，雇一辆《挑滑车》，来到《梅龙镇》。

乙　跑到这时候我都饿了。

甲　那儿备有《鸿门宴》。

乙　吃宴太贵。

甲　镇上有小饭馆儿，专卖家常便饭，你可以《喝面叶儿》。

乙　我要喝杯牛奶呢？

甲　牛奶没有，有羊奶。给你来五瓶羊奶再来碗白菜汤。

乙　这叫什么饭哪？

甲　这叫《杨乃武与小白菜》。

乙　嗨！我要喝茶奔哪儿？

甲　《三雅园》。

乙　洗澡呢？

甲　《柳林池》。

乙　住店呢？

甲　《辛安驿》。

乙　谁开的店？

甲　《马寡妇开店》。

乙　我抓药上哪儿？

甲　抓药你上《乌龙院》。进了《乌龙院》，瞧见《珍珠塔》，你由《塔子沟》过去，就是《天门阵》《朱仙镇》《万仙阵》，对过就是《南天门》，你《上天台》，瞧见《百草堂》，就是药店。

乙　药店有什么记号？

甲　门外挂着《二匹布》，印着两块《血手印》，有一条《背板凳》，上坐《打周仁》，头戴《逍遥津》，身穿《斩黄袍》，腰系《宫门带》，足蹬一双《借靴》，左手拿着《芭蕉扇》，右手拿着《清官册》，脸上有一块《三疑计》，戴着《四进士》的眼镜。

乙　瞧这别扭的！

甲　进了门迎面就是《吴三桂》，柜台上有《小放牛》《盗御马》为记。

乙　说了半天你没离开戏啊？（用手碰甲）

甲　打我？这叫《打金枝》。

乙　哟，又打出一出戏来，那我还打。

甲　这叫《打銮驾》。

乙　还打。

甲　《打龙袍》。

乙　还打。

甲　《打城隍》。

乙　还打。

甲　《打灶王》。

乙　还打。

甲　《棒打薄情郎》。

乙　我不打啦。

甲　你不打我，我打你。（用手碰乙）

乙　你打我没戏啊？

甲　这叫《打面缸》。

乙　好嘛！

甲　再打一下。

乙　这是哪出？

甲　《打砂锅》。

乙　嘿！没好的。

甲　再打一下。

乙　又是哪出？

甲　《打侄上坟》！

乙　到我这儿全这戏呀？

甲　这最后一打好！

乙　这是哪出啊？

甲　《打狗劝夫》。

乙　我呀？

（刘化民　高元钧演出稿　张建中记录）

巧对春联 *

甲　辛苦先生。

乙　哦，你辛苦。

甲　你瞧不出我来吧？

乙　你恕我眼拙，瞧不出你是干什么的。

甲　我是学生。

乙　哟，你长得这么苦累脑袋，还是学生哪。

甲　你别瞧不起我。

乙　不敢。

甲　满腹珠玑，口似悬河，目数群羊，问一答十，走马观碑。

乙　你要说别的我不知道，这走马观碑我可知道。

甲　怎么样？

乙　在列国有一个苏季子，他老先生能够走马观碑。

甲　他是骑着马观碑呀。我问你，是马快呀，是电车快？

乙　那一定是电车快。

甲　我坐电车观碑。

乙　这是多早晚？

甲　这话昨天。

乙　在哪儿呀？

甲　打天桥直奔正阳门。

乙　噢。

甲　电车放得挺快，一抬头，写的什么，我把它念下来。

---

* 本篇系《人民首都的天桥》第四章的迻录。

乙　这碑在哪儿？

甲　前门楼子上。

乙　这碑写的什么呀？

甲　"打倒帝国主义！"

乙　你别挨骂啦，那几个字，二尺多高，谁都瞧得见。

甲　那不叫碑吗？

乙　所说的碑，是石碑，字，核桃大小，好几千字，马要放欢了，一过，要把它全念下来，一字不差。

甲　那你还找苏季子去吧。

乙　你怎样？

甲　我连记数也记不下来。

乙　那你说它干什么？

甲　对答如流，我不让你。

乙　这么说，你能对对子。

甲　嗯。

乙　对对子可有规矩。

甲　晓得。

乙　讲的一三五不论。

甲　二四六分明。

乙　佳人配才子。

甲　土木对山林。

乙　雷隐隐，雾蒙蒙。

甲　开市大吉，万事亨通。

乙　这么说，你行？

甲　是呀。

乙　我说上联，你能给我配下联吗？

甲　五分钟之内，准有下联。

乙　噢，我先试探试探你。

甲　可以，可以。

乙　我说俩字。

甲　我也对俩字。

乙　"笔筒。"

甲　"剑囊。"

乙　我这"笔筒"是文的。

甲　"剑囊"是武的。

乙　噢，我"马牙枣"。

甲　我对"羊角葱"。

乙　"三座塔前三座塔，塔塔塔塔。"

甲　"五台山后有五台，台台台台。"

乙　"北雁南飞，双翅东西分上下。"

甲　"前车后辙，两轮左右走高低。"

乙　噢，我"南柳巷，北柳巷，南北柳巷无柳巷"。

甲　我对"东安门，西安门，东西安门没安门"。

乙　你这是什么呀？别挨骂了！

巧对春联

甲　您辛苦。

乙　您辛苦。

甲　您认识我吗？

乙　我眼拙，不敢认。

甲　我是干什么的，能看出来吗？

乙　看不出来，您是干什么的？

甲　我是个学者。

乙　就您这模样还是学者呢？

甲　看不起我？你好好看看，我这满腹的经纶，口似悬河，问十答百，对答如流，目识群羊，走马观碑。

乙　要说别的我不知道，走马观碑我可知道，列国有个苏季子能走马观碑。

甲　苏季子他是骑着马观碑，那算什么能耐？我是坐电车观碑。

乙　坐电车观碑？

甲　电车比马快呀。

乙　在什么地方观过碑？

甲　昨天我坐电车由北京前门过，一抬头我看到了一个碑，电车刷一下过去啦，我把碑文也背下来啦。

乙　碑文上都写的什么？

甲　"打倒帝国主义！"

乙　你走吧，二尺多见方的一个字谁背不下来？

甲　这不也叫观碑吗？

乙　那算什么观碑呀？石碑上刻着核桃大的字好几千个，骑马跑过去把碑文全背下来，这才叫走马观碑呢。

甲　那你找苏季子去吧。

乙　你怎么样？

甲　甭说念碑文，我连数都数不过来。

乙　不行吧？

甲　您别看这个我不行，要讲对个对联我行，可以说对答如流。

乙　对对联有规矩，讲究一三五不论，二四六分清，云对月，雨对风，大陆对长空，楼台对殿阁，古木对苍松，佳人对才子，和尚对圣僧。

甲　这个我懂。

乙　我出个上联？

甲　我给您对个下联。

乙　我这上联俩字"笔筒"。

甲　我下联一双对"剑囊"。

乙　这"笔筒"是文的。

甲　我这"剑囊"是武的。

乙　我出"马牙枣"。

甲　我对"羊角葱"。

乙　我"马牙枣"是八月生的。

甲　我"羊角葱"是二月长的。

乙　我出"上清膏"。

甲　我给你对"下疳散"。

乙　我上清膏治头痛。

甲　我下疳散医腿疼。

乙　我出"热面茶"。

甲　我对"冷米汤"。

乙　我出"十五月半月不半"。

甲　我对"二九年终年未终"。

乙　我这上联有讲。

甲　我的下联有批。

乙　十五月半月不半，是一个月三十天，由初一到十五为半月，这叫十五月半。

甲　月不半呢？

乙　每月的十五，天上的月亮就圆啦，不是半拉的这叫月不半。

甲　我这个二九年终年未终，凡是阳历年都在二九，是阳历年终啦。

乙　年未终呢？

甲　还有一个阴历年还没过呢，这叫年未终。

乙　我再出个上联是"南柳巷，北柳巷，南北柳巷无柳巷"。

甲　我给您对"东安门，西安门，东西安门没安门"。

乙　我这南柳巷北柳巷并没有柳树，有名无实。

甲　我这东安门西安门东西安门没安门，就是东华门那年着火烧啦，到现在还没安上门哪。

乙　"三座塔前三座塔，塔塔塔塔。"

甲　"五台山后有五台，台台台台。"

乙　"一盏灯四个字，酒酒酒酒。"

甲　"二更鼓双面锣，当当当当。"

乙　"鹭鸶戏水找银鱼，鱼白水白鸟白白白白。"

甲　"印度唐山去挖煤，煤黑洞黑人黑黑黑黑黑。"

乙　"妈妈骑马马慢妈妈骂马。"

甲　"舅舅架鸠鸠飞舅舅揪鸠。"

乙　"姥姥喝酪酪落（lào）姥姥捞酪。"

甲　"妞妞撵牛牛拧妞妞拧牛。"

乙　"姥姥问姥姥，姥姥问老姥姥。"

甲　"回回拜回回，回回拜回回回。"

乙　"劝同胞出苦海别吸鸦片。"

甲　"我不抽实难受骨头生疼。"

乙　我说上联。

甲　我说下联。

乙　我说南。

甲　我对北。

乙　我说东。

甲　我对西。

乙　我是"北雁南飞双翅东西飞上下"。

甲　我对"前车后辙两轮左右走高低"。

乙　"红粉佳人鬓边斜插一枝嫩海棠。"

甲　"白面书生腰间倒挂半段硬山药。"

巧对春联

405

乙　我能添俩字。

甲　我能加俩字。

乙　"红粉佳人鬓边斜插一枝连叶嫩海棠。"

甲　"白面书生腰间倒挂半段带毛硬山药。"

乙　"红粉佳人鬓边斜插一枝连叶嫩海棠垂落海棠花瓣三片。"

甲　"白面书生腰间倒挂半段带毛硬山药夺拉山药豆子两枚。"

（焦德海　刘德智唱片记录本）

卖春联

甲　我念了二十多年书。

乙　书底儿够深的。

甲　念了二十多年书，吃亏的是学而未成。

乙　半途而废。

甲　做别的事就更不容易啦。

乙　这个年月谋不上。

甲　对啦。

乙　你干什么维持生活呢？

甲　就依仗着有圣人这个门路。

乙　是啊。

甲　对付着混碗饭吃。

乙　依靠什么职业？

甲　夏天卖卖扇面儿。

乙　也不错呀。

甲　写一面儿画一面儿，什么梅、兰、竹、菊。

乙　好啊。

甲　到冬天卖卖对联。

乙　过年时卖对子？

甲　收入个七万八万的凑合着花。

乙　你这话说得太大啦。

甲　怎么？

乙　卖对子能赚七万八万的，谁信哪？二十个铜子一副，横批带福字儿外搭"抬头见喜"。

甲　你说那是什么对子，那是街面上卖的。

乙　你这对子是什么对子？

甲　我这对子有特别的地方。

乙　有什么特别的意思？

甲　你要是当官儿啦，到前清时代有门对儿——进入到民国时就没有啦——贴上我的对子，有人从门前一过，看见这副对子就知道你是什么官职。

乙　有这个好处？

甲　买卖铺子不用挂幌子，贴上我的对子就知道是卖什么的。

乙　作用不小啊。

甲　你们生意人贴我的对子更有好处。

乙　是啊？

甲　你们生意人爱赊账。

乙　对啦。

甲　有外债，短人家的钱，还不了啦，怎么办哪？五月节不给，支到八月节，八月节不给，支到节后，一直支到年根儿底下，推不过去啦。

乙　那是啊。

甲　人家堵着门口儿要钱，你这年怎么过吧？

乙　就怕这个事。

甲　你把我的对子贴上，账主子不但先不向你要钱，多少还能给你几块钱让你过年花。

乙　真有这个好处？

甲　什么话呢。

乙　那劳你驾，给我写一副对子吧。

甲　干什么？

乙　你给我挡挡账主子吧。

甲　你短人多少钱？

乙　五百多元。

甲　你的外债不少啊。

乙　不是我的外债。

甲　谁的？

乙　我爸爸的。

甲　噢……老头儿的。

乙　啊！

甲　你父亲短的钱？

乙　对啦。

甲　他还在不在啦？

乙　死啦。

甲　他死啦让你还债？

乙　我替他还。

甲　好吧。

乙　劳你驾。

甲　到年下你这么写："父债未还皆因窄。"

乙　这是怎么个意思？

甲　子承父业，父债子还。

乙　皆因窄？

甲　没有钱还不了啦。

乙　下联儿呢？

甲　"成心要钱谁过年。"

乙　什么内容？

甲　你成心要钱我没有哇，咱俩就吵架，谁也过不好这个年。

乙　横批？

甲　"过年再说。"

乙　对啦，又支过去啦。

甲　也就是这个意思。

乙　不成，他要不走呢？

甲　不走，写一副厉害的准把他吓跑。

乙　有这好处，上联怎么写？

甲　"催马拧枪赛霸王之勇来讨债。"

乙　噢，真是要账的，下联是？

甲　"拼着死命用孔明之计不还钱。"

乙　太厉害啦，横批？

甲　"真得动刀。"

乙　不成，得求求人家才行呢。

甲　说点儿软话？"人家过年二上八下。"

乙　下联儿？

甲　"我除旧岁九外一中。"

乙　这个怎么讲解？

甲　告诉账主子，人家过年到三十儿晚上都包饺子。

乙　对呀。

甲　包饺子两个手指头在上边捏饺子边儿，八个手指头在下边托着，这就叫二上八下。

乙　下联儿呢？

甲　"我除旧岁九外一中。"你家过年吃不起包饺子，光吃窝头。

乙　九外一中怎么讲？

甲　做窝头时九个指头在外边团团儿，一个指头在中间钻眼儿，九外一中。

乙　横批？

甲　"穷死为止。"

乙　嘿！你给说相声的来副对联。

甲　可以，"相貌品学歌古今酒色财气。"

乙　下联儿？

甲　"声音洪亮论高低真假虚实。"

乙　横批？

甲　"早晚喂狗。"

乙　没有好结果。你给坤角儿写一副对联儿。

甲　小姑娘？

乙　唱大鼓的。

甲　"穿红挂绿献千娇慢动朱唇调新韵。"

乙　下联儿？

甲　"着紫披蓝生百媚轻敲牙板唱欢歌。"

乙　横批？

甲　"老了，完啦。"

乙　哟！怎么老了完啦？

甲　老了还唱个什么劲儿呀？

乙　对，牙都没啦还怎么唱啊。

甲　不能唱啦。

乙　你给演双簧的来副对子。

甲　"假说真学演成一个。"

乙　怎么个讲法?

甲　后边那个假说,前边的真学,"假说真学演成一个",仿佛一个人似的。

乙　下联儿?

甲　"前演后唱喉咙两条。"

乙　这是什么意思?

甲　前边假唱后边的真唱,两个人唱,喉咙两条。

乙　横批?

甲　"不准放屁。"

乙　我知道,前边的一放屁,后边的正闻着!

甲　就是嘛。

乙　你再给卖煎饼馃子的来副对联儿。

甲　卖煎饼馃子的也贴对联儿呀?

乙　大小是个买卖呀。

甲　可以,"铛圆面稀刮开大",铛是圆的,面是稀的,刮开就大啦。

乙　下联儿?

甲　"葱多酱少卷上长。"

乙　横批?

甲　"越吃越短。"

乙　再吃没啦,你给唱戏的戏园子写一副。

甲　"学君臣学父子学夫妇学朋友汇千古忠孝节义细细看来漫道逢场作戏。"

乙　下联?

甲　"或富贵或贫穷或喜怒或哀乐将一时离合悲欢重重演出管叫拍案惊奇。"

乙　横批?

甲　"出来进去。"

乙　光出来不进去后台没人啦。给盐店来副对儿。

甲　"以水为本千里有源非私卖。"

乙　下联?

甲　"借土成形虽然纳税是官行。"

乙　横批?

甲　"盐是咸的。"

乙　废话，酸的是醋！你给茅房来一副对儿？

甲　行。"进门来龇牙咧嘴。"

乙　这是怎么回事？

甲　他找不到茅房啦，憋得龇牙咧嘴。

乙　下联儿？

甲　"出户去展眼舒眉。"

乙　噢，拉痛快啦。

甲　任什么事没有转脸走啦。

乙　横批？

甲　"先拉后擦。"

乙　噢！你给变戏法的来一副对儿。

甲　"弹指亮手巧妙彩。"利落。

乙　下联儿？

甲　"搓揩摘掠果通神。"

乙　横批？

甲　"不变火车。"

乙　他拿不动嘛。你给班子行院来一副对儿。

甲　"更鼓初交淫情媚意千般乐。"

乙　下联？

甲　"鸡鸣三唱人离财散落场空。"一到明天什么也没有啦。

乙　横批？

甲　"没钱别去。"

乙　没钱干什么去呀？

（张寿臣　陶湘如唱片记录本）

对春联

甲　做一个相声演员也不容易，首先说得有文化。

乙　那是呀！你看我们天天都在学习嘛！

甲　你念过书吗？

乙　我念过两天。

甲　什么学校毕业？

乙　嘻！我念的还是过去那个经书哪。

甲　"五经""四书""十三经"啊。

乙　是呀！

甲　那些书我也念过，什么"三字文""百家经""千字姓"……

甲　不是……三眼井儿（北京地名）。

乙　还三里河儿哪！

甲　对啦！三里河儿（北京地名）。

乙　什么呀？"三百文""百千姓"……我也乱啦！《三字经》《百家姓》《千字文》。

甲　对啦！你说念完这几部书念什么？

乙　念念《大学》。

甲　念完大雪念小雪、冬至、小寒、大寒、立春、雨水……

乙　叫你在这儿背历书哪！

甲　你不是说念大雪吗？

乙　我说念《大学》。

甲　对……对。"大学之道在明明德"嘛！念完《大学》念什么？

乙　《中庸》。

甲　念完中用念不中用，等你念到废物点心就算毕业啦。

乙 那我就没用啦。我说念《中庸》。

甲 念完《中庸》念《论语》《孟子》《礼记》《春秋》。

乙 对了。

甲 这些书光念不行，得会讲，不会讲就不能开笔做文章。比如你吟个诗，对个春联，都要从书中寻章摘句才行。

乙 那倒是。

甲 你看我这个人没了事儿最喜欢对春联，最近在家中我搜集到几副绝对儿。

乙 绝对儿？

甲 就是有上联没下联，谁也对不上来，我走过多少个地方，访问过多少个大文豪，结果一个对上来的也没有，这几副绝对儿太好了，我准备登报。

乙 登报干吗？

甲 征求下联儿。

乙 你这绝对儿是什么词句呀？

甲 怎么？你打算对呀？

乙 我不是打算对，我想听听。

甲 大文豪都没对上来，就阁下您听了有什么用啊？

乙 你可不能那么说，绝对儿碰巧了对得才妙呢！

甲 好，我说一说你听听，你可别胡对呀！

乙 当然啦。

甲 不明白就问我。

乙 当然向你请教。

甲 第一副，"买卖兴隆通四海。"

乙 完啦！

甲 啊。

乙 我当什么绝对儿呢？（故意假谦虚）我给你对对行吗？

甲 我这儿正找不着下联儿呢？

乙 可我对得也不一定恰当。

甲 没关系你对吧！

乙 你那上联是什么？

甲 "买卖兴隆通四海。"

乙 我给你对"财源茂盛达三江。"

甲　哎呀，高才。

乙　这也不是我的高才，过去我们家对过儿煤铺就贴这么一副对联儿。

甲　好，你再听这第二副，"根深叶茂。"

乙　"本固枝荣。"

甲　嗯。"开市大吉。"

乙　"万事亨通。"

甲　你听最后这一副。

乙　你说。

甲　"忠厚传家久。"

乙　"诗书继世长。"

甲　（无可奈何）我完啦。

乙　就这个呀，这叫什么绝对儿哪？满都是对子本儿上的。

甲　这是开玩笑，我真喜欢对春联。

乙　对春联的规矩你懂吗？

甲　那我懂，对春联讲究是"一三五不论，二四六分清。天对地，雨对风，大陆对长空，雷隐隐，雾蒙蒙，开市大吉对万事亨通。山花对海树，赤日对苍穹，平仄平仄平平仄，仄平仄平仄仄平"。苏东坡有一句话："天下无语不成对。"

乙　当什么讲。

甲　任何一句话都可以做对联，只要你对得恰当巧妙，那再好也没有了。

乙　是是！

甲　譬如有这么两句俗语就是一副对联。

乙　哪两句？

甲　"清官难断家务事。"这就是上联。

乙　下联呢？

甲　"上梁不正底梁歪。"哎！你听这两句虽然不够工整（摇头），可是很好玩（读玩念重音，表现出文绉绉的）。

乙　咱们两人联联句怎么样？

甲　可以呀。

乙　我出个上联儿。

甲　我对个下联儿。

乙　譬如我说"上"。

甲　我对"下"，有上就有下嘛！

乙　我说"天"。

甲　我对"地"。"天对地，雨对风，大陆对长空，雷隐隐，雾蒙蒙，开市大吉，万事亨通。"

乙　"言"。

甲　我对"醋"（甲把"言"误为"盐"了）。

乙　醋？

甲　啊！油盐酱醋，五味调和，你那是咸的，我这是酸的。

乙　"好"。

甲　我对"歹"，好好歹歹分得清楚。

乙　"事"。

甲　我对"炮"（甲把"事"误为"士"了）。

乙　炮！那对得上吗？

甲　你支士我拨炮，你跳马我出车。

乙　咱们这儿下象棋来啦！

甲　联句有什么啊！

乙　我这五个字凑在一块儿是对子的上联："上天言好事。"

甲　那我给你对："回宫降吉祥。"

乙　你等等，你刚才不是这么对的。我说"上"。

甲　我对"下"。

乙　我说"天"。

甲　我对"地"。

乙　我说"言"。

甲　我对"醋"。

乙　我说"好"。

甲　我对"歹"。

乙　我说"事"。

甲　我对"炮"。

乙　我这是："上天言好事。"

甲　我这是："下地醋歹炮。"

乙　你这当什么讲啊？

甲　谁叫你不一块儿说啦？你要说"上天言好事"，当然给你对"回宫降吉祥"。你一个字一个字往外蹦，我可不给你对"下地醋歹炮"吗？

乙　这还怨我啦。

甲　当然啦。

乙　好，你听这两个字的："笔筒。"

甲　在桌上放的笔筒。

乙　对啦。

甲　我给你对："箭囊。"

乙　就是装宝剑的那个。

甲　不！那是剑匣，我说的是拉弓射箭的那个皮囊子。

乙　我这笔筒是文的。

甲　我这箭囊是武的，一文一武咱们二位文武全才。

乙　我可不敢当，再听这个："羊肉。"

甲　我给你对"萝卜（luóbo）"。

乙　那对得上吗？

甲　羊肉氽萝卜焖干饭……

乙　这位没吃什么哪！"绸缎。"

甲　"萝卜。"

乙　萝……我们这是绸缎你也对萝卜？

甲　啊！绸缎包萝卜。

乙　没听说，我那是穿的绸子和缎子。

甲　是呀！我说的也是穿的，绫罗绸缎的罗，呢绒布匹的布。"罗布。"

乙　噢！罗布听不出来就是萝卜，再听这个："钟鼓。"

甲　"萝卜。"

乙　我说是撞的钟打的鼓。

甲　我是敲的锣打的钹，"锣钹。"

乙　行了行了！你再听这个。

甲　（顺口而出）萝卜。

乙　我还没说呢？

甲　我先说下搁着。

乙　急性子。"马牙枣。"

甲　"大萝卜。"

乙　我这是仨字的啦。

甲　我这也仨字。"大萝卜。"

乙　我要四个字呢。你"好大萝卜"，我五个字，你"好大个萝卜"，你这筐萝卜全卖给我啦？不行。重对。

甲　你刚说的什么？

乙　"马牙枣。"

甲　我给你对："羊角葱。"

乙　我这儿有"马牙"。

甲　我这儿有"羊角"。

乙　"枣"。

甲　"葱"。

乙　我能加字。

甲　我能添字。

乙　"马吃马牙枣。"

甲　"羊啃羊角葱。"

乙　我这儿吃。

甲　我这儿啃。

乙　好哇！我这马牙枣是八月当令。

甲　我这羊角葱是二月当令。二八月春秋题，"虽不中不远矣"。

乙　你就别犯酸了。

甲　怎么样？

乙　行！听这个："山羊上山。"两头儿山。

甲　我给你对："水牛下水。"两头儿水。

乙　我能加字。

甲　我能添字。

乙　"山羊上山山碰山羊角。"

甲　碰脚啦？

乙　不！犄角。

甲　"水牛下水水没（mò）水牛腰。"没腰啦。

乙　我还能加字。

甲　我还能添字。

乙　"山羊上山山碰山羊角，（学羊叫）咩呀！"

甲　这是怎么回事儿？

乙　碰疼啦。

甲　"水牛下水水没水牛腰，（学牛叫）哞儿！"

乙　（学羊叫）咩呀！咩呀！

甲　（学牛叫）哞儿！哞儿！

乙　咱们到屠宰场啦。

甲　谁叫你叫唤来着？

乙　"三塔寺前三座塔，塔、塔、塔。"

甲　"五台山后五层台，台、台、台。"（学打小锣声音）

乙　他又开戏啦。"大大妈大模大样骑大马。"

甲　"老姥姥老夫老妻赶老羊。"

乙　"姥姥喝酪，酪落（lào）姥姥捞酪。"

甲　"舅舅架鸠，鸠飞舅舅揪鸠。"

乙　"妈妈骑马，马慢妈妈骂马。"

甲　"妞妞轰牛，牛拧（nìng）妞妞拧（níng）牛。"

乙　啊！绕口令也来啦。

甲　你说什么我给你对什么。

乙　我说"南"。

甲　我对"北"。

乙　我说"东"。

甲　我对"西"。

乙　我说"上"。

甲　我对"下"。

乙　你听这个："北雁南飞双翅东西分上下。"

甲　你怎么都给占上啦。

乙　这叫抻练抻练你。

甲　好！你听下联："前车后辙两轮左右走高低。"

乙　你对得上吗？

甲　当然对得上。

乙　"北雁南飞。"

甲　"前车后辙。"

乙　"双翅东西。"

甲　"两轮左右。"

乙　"分上下。"

甲　"走高低。"高低即是上下，上下即是高低，"虽不中不远矣"！

乙　嘿！这份儿酸哪。

甲　这叫气气你。

对
春
联

乙　咱们不定谁气谁哪，听这个："墙上芦苇，头重脚轻根基浅。"

甲　嗬！我给你对："林内竹笋，嘴尖皮厚腹中空。"

乙　好！你再听这个："空树藏孔，孔进空树空树孔，孔出空树空树空。"

甲　什么呀，乱七八糟的？

乙　这是个孔子的典故，又是个对子上联儿。

甲　还有这么一个典故哪！

乙　孔子周游列国的时候，有一天走到某处，忽然天降大雨，上不着村，下不着店，没处躲，可巧道旁有一棵树里面是空的，孔子一想这里可以藏藏躲躲，这就叫空树藏孔。

甲　孔进空树呢？

乙　孔子进了空树啦，孔进空树。

甲　空树孔？

乙　空树里面有孔子，空树孔。

甲　孔出空树？

乙　雨过天晴，孔子由空树里面出来啦，孔出空树。

甲　空树空？

乙　空树里面就没有孔子啦，这就叫："空树藏孔，孔进空树空树孔，孔出空树空树空。"（做喘不上气来的样子）我差点儿没放炮。

甲　听我的："柔（róu）、吧嗒、当、哗啦、扑腾腾、哎哟哟、嗖嗖嗖、吱吱吱。"

乙　我说你这是什么呀？

甲　你那是什么呀？

乙　我这是列国典故。

甲　我这是本人实事。

乙　典故可以对实事，可是你那有多少字啦？

甲　你那多少字啊？

乙　我这是十八言。

甲　咱们数数。

乙　"空树藏孔，孔进空树空树孔，孔出空树空树空。"十八个字儿。你呢？

甲　我这也十八个呀。

乙　我听着有三十多啦。

甲　不信你数着，"柔、吧嗒、当、哗啦、扑腾腾、哎哟哟、嗖嗖嗖、吱吱吱。"

乙　也十八个字，可是当什么讲啊？

甲　那年北京打仗，我正在床上躺着哪，就听柔——飞过来一个枪子儿。

乙　吧嗒？

甲　撞墙上啦，吧嗒。

乙　当？

甲　落院里一个炮弹，当。

乙　哗啦？

甲　房塌啦，哗啦。

乙　扑腾腾？

甲　我由床上掉下去啦，扑腾腾。

乙　哎哟哟？

甲　碰了我腰了，哎哟哟。

乙　嗖嗖嗖？

甲　当时掉了三根头发。

乙　吱吱吱哪？

甲　压死仨老鼠。

乙　嘿！

（中央广播说唱团相声组整理）

对对子

甲　你们是做什么生意的？

乙　是说相声的。

甲　噢！我知道啦！就是相貌的"相"字，声音的"声"字，讲究说学逗唱，对不对？

乙　对对！您怎么知道呢？

甲　好嘛！我不知道还成？

乙　您怎么就应当知道呢？

甲　您不知道，因为我也是说相声的，怎么不应当知道？不知道成吗？

乙　噢！原来哥儿俩同行，失敬了？

甲　岂敢！岂敢！

乙　您跟谁在一块儿呢？怎么今天这么闲着，没做买卖去？

甲　我现在不说相声了，改行啦！

乙　噢！您改行啦？改的是哪一行？今天没有事？

甲　我今天特地来给您帮忙。

乙　我先谢谢您的高情美意！

甲　好说！好说！全是自己弟兄，不必客气。

乙　您到底改的是哪一行？干什么又改行呢？

甲　说相声这碗饭，实实在在的不好吃。

乙　怎么？您说说我听听。要是说得对，等过几天我也改行，请您给我维持一下。

甲　好吧！那没有什么，只恐怕您不成。

乙　什么事我不成？请您先说一说我听一听！

甲　好！您听听：我改的这一行是临时的买卖。

乙　什么呀？

甲　现在不是腊月了吗？

乙　是呀。

甲　我会写一笔好字，您知道吧？

乙　我不知道！

甲　您真不知道吗？

乙　我真不知道！咱们二位不认识我怎么会知道？

甲　对呀！我忘啦！（稍一顿）可是话又说回来了，您当真的不认识我吗？

乙　当真不认识！

甲　果然不认识？

乙　果然不认识！

甲　哎呀！

乙　怎么啦？

甲　要唱！

乙　别打哈哈！

甲　对啦，别打哈哈！

乙　可是您会写字又怎么着呢？是给人家衙门里当书记去吗？

甲　不是！不是！我改的是卖对子。

乙　噢！您改的是卖对子，就是年下家家门口贴的红对子？

甲　对啦！

乙　好哇？年下卖对子可真是好买卖。您全写的什么词儿呢？

甲　我这对子词儿，并不是平常人家所写的什么"国恩家庆，人寿年丰"；"爆竹两三声人间是岁，梅花四五点天下皆春"；"忠厚传家久，诗书继世长"的这些俗而且厌的词句。

乙　那么您用什么新词呢？

甲　我这对子词儿全是新编。

乙　嗬！这一说您的肚子里真叫不错！真有一点儿学问，不然能自己编对子词吗？可有一样，我听见朋友讲究过，做对子可并不是容易的，必须要对仗工整，平仄分明。别打哈哈，要是做得不好写出去叫人家会做的人看了，可难看哪！

甲　那是一定！我告诉你吧兄弟，没有金刚钻决不敢做瓷器活儿！你忘啦！去年不是英国使馆请我去做对子？

乙　对啦！可是那一回你怎么去的，做的是什么词？我全不知道！

甲　我告诉你，那天我到使馆，那位公使迎接出来，见了我非常的欢迎，他要着洋腔，好似做诗念平仄似的说："×××（此处谁说就用谁的名字）久仰大名，如雷震耳！今天可见着你了！好好！快快地请到客厅里边坐，洋使唤小子！快去给×先生开咖啡去。"

乙　一个公使怎么叫他们听差的"洋使唤小子"呀？

甲　那是在心里说。

乙　好！这就是公使欢迎你吗？

甲　是呀，你不信是怎么着？

乙　我信，我信！请您说吧！

甲　把我让到客厅里，吃了两碗咖啡，先让我说两个笑话，他们的洋太太也出来了，听了我的笑话，把他们乐得直往起蹦。

乙　这是公使吗？公使还蹦哪？

甲　不是公使，是公使的狗。

乙　我说哪，公使虽然听了可笑的笑话也不能蹦起来呀！

甲　那个小娘们儿听得直抿着小嘴笑，那小眼睛直跟我吊线。

乙　这是公使太太？

甲　不是公使太太，是我媳妇！

乙　噢！那就是了！

甲　说完了两个笑话，那公使非常的欢喜。当时便给了我五十元现大洋，那公使太太给了我一百块。

乙　嗬！这一说公使太太比公使开通啊？

甲　可不是嘛！然后公使又对我说："听说你会写对子，是真的吗？"

乙　你说什么？

甲　我说："不敢！不敢！只草草地瞎写一气，哪里敢说会写！"

乙　那么公使说什么？

甲　公使说："好！请你不要客气！现在我的这里正短一副大对子，请你给写一写吧！写好了我要寄到我们国里去，我们国王要是看着好，一定要接你到我们国里去玩玩。"我说："好吧。"说着那一个洋使唤小子拿出一张上等的贡宣纸来，又拿出笔墨砚来，把纸铺在大桌子上，我刚要往纸上写，那个公使赶忙地就把我的手托住了。

乙　又不让你写了吧？

甲　不是！是问我写什么词，公使说："你写什么词句？可不要那俗的！"我说："您看着吧，俗不了！"说着我拿起笔来就写。

乙　你上联写的是什么？

甲　我上联写"英名千古普照世界"，外国人看了非常的欢喜，又拿出一百块来给我。

乙　嗬！真美！

甲　又写下联。

乙　下联写的是什么？

甲　下联写"国家万载永乐太平"。外国人看了更喜欢了，又拿出二百块来，直伸大拇指头，耍着洋腔说了两声"好"！

乙　真不错！上下联还有"英国"两个字。

甲　这也有理，这叫"凤顶格"，你知道吗？

乙　我不知道！

甲　写完了这对子。又拿出一张纸来，叫我写一个横幅，说："这副对子是给我们国王的，我不敢求你写对子，请你给写一张横幅吧！"

乙　瞧瞧！公使都不敢求你写对子。

甲　我一看这横幅写四个字很好。

乙　你写的是什么呢？

甲　我把笔蘸好了墨，一挥而就，写完了外国人说："来呀！"

乙　不用说是给你洋钱。

甲　说："把洋钱全留下，把他给我打出去！"我一声没敢言语，我就跑啊！

乙　怎么写完了不但不给钱反倒把你打出去呢？

甲　不能不打呀！

乙　你写的是什么？

甲　我那四个字写得真好，写的是"卷毛绿眼"！

乙　嘿！我再考你一个，有一家两口子，全是瘸子，要一副对联。

甲　公母俩全是瘸子？好！你听着！上联是："男行走风摆荷叶。"

乙　怎么讲？

甲　当然有讲！你想瘸子走道是一摆一摆的不是？

乙　是！

甲　这上联是说他走道如风摆荷叶一般。

乙　下联呢？

甲 "女卧床长短不齐。"

乙 怎么讲?

甲 我问你瘸子腿一般长吗?

乙 不一般长。

甲 还是呀! 说她躺在床上是一长一短不齐,不对吗?

乙 对! 一个人是拉洋车的,也要一副对子。

甲 拉人力车的?

乙 对啦!

甲 你听着:"两腿如飞脊背向上。"

乙 下联!

甲 "一脚蹬空仰面朝天!"

乙 怎么讲?

甲 上联是说他拉起车来,两腿如飞一般的快。

乙 脊背向上呢?

甲 他低头拉车,不是脊背向上? 难道说拉人力车的还仰着脸吗?

乙 对! 对! 什么叫"一脚蹬空仰面朝天"?

甲 他跑得太快了,忽然一步没站住,躺下了,不是"一脚蹬空仰面朝天"吗?

乙 好! 还有,一个开汽车的,也要一副对子。

甲 开汽车的?

乙 对啦!

甲 你听着! 上联是:"两手动机关汽车飞走去。"

乙 下联?

甲 "一眼没看到行人趴下来。"

乙 还有一个开电车的,也要一副对联。

甲 又有一个开电车的? 好! 上联是:"脚铃当当响。"

乙 下联呢?

甲 "车下哼哼声!"

乙 车下边哼哼什么呀?

甲 轧了人啦!

乙 有两个唱戏的,也要一副对子。

甲 两个唱戏的?

乙 对啦!

甲　好！你听着，上联是："台下少柴无米。"

乙　下联呢？

甲　"台上富贵风流！"

乙　又有两个唱戏的结婚，可是这两个唱戏的女的是唱老生的，男的是唱花旦的，也要一副对子。

甲　怎么净这样不好弄的对子？

乙　对啦！您说吧！

甲　上联是："在台上是假男假女。"

乙　下联呢？

甲　"到家下成真阴真阳。"

乙　有一个要账的人，非常的厉害，到一家去要账，这家也非常可恨，偏不爱还账，这也要一副对子。

甲　你听着！

乙　你说吧，我听着哪！

甲　上联是："催马拧枪赛霸王之勇来要账。"

乙　下联呢？

甲　"稳坐家中用孔明妙计不还钱！"

乙　天桥戏棚的女戏子，你也给她们做一副对子。

甲　就是天桥大棚的唱戏的？

乙　啊！

甲　"此出彼入这唱那唱。"

乙　下联呢？

甲　"破衣烂帽爱穿不穿。"

乙　怎么讲？

甲　你瞧她们唱戏的全是这儿一出那儿一出，出这个戏园子门，进那个戏园子门，这就叫，此出彼入这唱那唱。

乙　下联呢？

甲　她们的行头是戏棚里预备，没有好的，全是些破烂的，这就是："破衣烂帽爱穿不穿。"

乙　好！你再给唱坤书的做一副对子。

甲　就是那女子唱大鼓的？

乙　对啦！

甲　上联是："慢启朱唇出妙曲。"

乙 下联呢?

甲 "轻敲檀板放佳音。"

乙 您给窑子也写一副对子!

甲 窑子不一样,有头等小班,二等茶室,三等下处。

乙 您先写头等小班的!

甲 头等小班的上联是:"鼓打二更你欢我爱一处乐。"

乙 下联呢?

甲 "鸡鸣三唱人离财散两分开!"

乙 二等茶室呢?

甲 二等茶室的对子,上联是:"兰房夜夜迎旧客。"

乙 下联呢?

甲 "闺阁日日接新人!"

乙 三等下处呢?

甲 三等下处就差一点了。

乙 那也要说一说。

甲 "××××××。"①

乙 下联呢?

甲 "××××××。"②

乙 茶馆也要一副对子。

甲 就是那大茶馆子!

乙 对啦!

甲 上联是"南山采得高龙井。"

乙 下联呢?

甲 "北海汲来水底泉。"

乙 药铺也要一副对子。

甲 药铺?

乙 啊!

甲 上联是:"架上有丸散均为长生妙药。"

乙 下联呢?

甲 下联是:"壶中藏膏丹俱是不老仙苓!"

---

① 此句删去六个字。
② 此句删去六个字。

乙　理发馆也要一副对子。

甲　就是剃头的铺子？

乙　对啦？

甲　可以！上联是："推光犹如耕地。"

乙　下联呢？

甲　"剃头好似打柴！"

乙　澡堂子也要一副对子。

甲　洗澡的地方？

乙　对啦！

甲　上联是："进门来好像打架。"

乙　怎么会像打架？

甲　洗澡的人进门摘帽子脱衣裳，不是像打架吗？

乙　对！下联呢？

甲　"出堂去满面放光。"

乙　戏园子也要一副对子。

甲　戏园子的对子可难一点。

乙　怎么？

甲　戏园子的对联太多了，所说的话全被前人占去了，所以很难，我做一个看，可不一定好！

乙　可以可以！您说一说！

甲　上联是："虽然假哭假笑是真面目。"

乙　不错！下联呢？

甲　"即使新腔新调用古衣冠！"

乙　还对付！可是我这样地问你，上下联只你一个人去做，容易得多，我出一个法子好不好？

甲　你说吧！什么法子？

乙　我出上联，你答下联好不好？

甲　好！那没什么！你说吧！

乙　"忠厚传家久。"

甲　"诗书继世长。"

乙　"春风和煦千门柳。"

甲　"暖雨晴开一径花。""春风春月春光好，人德人心人寿长"；"五风十雨皆为瑞，万紫千红总是春"；"五族共和斯为民国，一阴乍转即是新年"。就是这个呀！得啦，您家里待一待去吧！这对子谁都知道，要不然花四枚铜子到大街书摊上买一本，有好几百副。

乙　别打哈哈！

甲　对啦！您说点新鲜的。

乙　好！"笔筒。"

甲　"夜壶。"

乙　什么夜壶哇！不好！

甲　不能对夜壶哇？

乙　不能对夜壶！

甲　那么对什么？

乙　我知道你呀，我要说了还用你对？

甲　"箭囊。"

乙　这个好！一文一武，"笔筒"对"箭囊"。我再说一个："马牙枣。"

甲　我对"羊角葱"。

乙　咱们要一个字一个字地对一对看能不能对上。

甲　可以！可以！

乙　我的"马"。

甲　我对"羊"。

乙　我的"牙"。

甲　我对"角"。

乙　我的"枣"。

甲　我对"葱"。

乙　好！我还有！

甲　你说！

乙　"风吹窗棂纸犹如放屁。"

甲　"雨打房檐瓦好似撒尿。"

乙　我的有讲解。

甲　我的也有讲解。

乙　我的是窗户上漏了一个小窟窿，夜风一吹，噗噗的一响就如同放屁一样。

甲　我的雨打在房檐瓦上，滴滴答答地往下流水，就好像撒尿一般。

乙　"因火为烟若不抛去终是苦。"

甲　"官舍是馆入难回头怎为人。"

乙　我的有讲解。

甲　我的也有批语。

乙　我的说是因火合在一处是一个"烟"字，若要不能抛了，终归落一个"苦"字，这是说吸大烟的。

甲　我的说是官舍合在一处是一个"馆"字，就是鸦片烟馆，入进去如难回头，就不能成一个人了。

乙　你对得真不错！

甲　什么话呢！我学过这个。我跟你一说你就知道我是怎么样了：做诗讲究平仄声，分韵。诗韵分平（上平、下平）、上、去、入四声，上平的诗韵是东冬江支微鱼虞齐佳灰真文元寒删十五韵，下平的诗韵是先萧肴豪歌麻阳庚青蒸龙侵覃盐咸等十五韵，上声的诗韵是董肿讲纸尾语麌荠蟹贿轸吻阮旱潜铣筱巧皓哿马养梗回有寝感俭豏等二十九韵，去声的诗韵是送宋绛寘未御遇霁泰卦队震问愿翰谏霰啸效号个祃漾敬径宥沁勘艳陷等三十韵，入声的诗韵是屋沃觉质物月曷黠屑药陌锡职缉合叶洽等十七韵，这是做诗用的。要是对对子容易多了，什么天对地，雨对风，大陆对长空，山花对海树，赤日对苍穹。我告诉说吧，我研究这很有几年了，你如何考得住我？

乙　就听你这一说，倒是一个行家了，虽然这样，我还是要考一考你。

甲　请你考！

乙　我出"上"。

甲　我对"下"！

乙　我出"南"。

甲　我对"北"！

乙　我出"左"。

甲　我对"右"！

乙　好！你听着！

甲　你说吧！

乙　"北雁南飞左右两翅飞上下。"

甲　嗬！全叫你一个人给用了，好！我对："东车西去前后二轮走高低。"

乙　拆开对一对。

甲　可以！

乙　"北雁。"

甲　"东车。"

乙　"南飞。"

甲　"西去。"

乙　"左右。"

甲　"前后。"

乙　"两翅。"

甲　"二轮。"

乙　"飞上下。"

甲　"走高低。"

乙　好！我还有！

甲　你说！

乙　"红粉佳人。"

甲　我对"白面书生"。

乙　我要添字。

甲　我也加字。

乙　"红粉佳人，鬓边斜嵌一枝嫩海棠。"

甲　"白面书生，腰间正插半截老山药"。

乙　我的是说一个佳人鬓边戴着一枝海棠花。

甲　我的是说一个学生裤腰带上插着半截山药。

乙　腰里带着山药做什么用？

甲　因为这个学生上菜市买东西，买得太多了，没有法子拿，就把半截山药插在裤腰带上了。

乙　我还要添字。

甲　我也要加字。

乙　"红粉佳人鬓边斜嵌一枝嫩海棠有三五十朵花。"

甲　"白面书生腰间正插半截老山药带七八百根须。"

乙　"红粉佳人鬓边斜嵌一枝嫩海棠有三五十朵花失去海棠花瓣两个。"

甲　你是多少字？

乙　咱算一算！粉红佳人鬓边斜嵌一枝嫩海棠有三五十朵花失去海棠花瓣两个，一共是二十七个字。

甲　你听着！

乙　好！你说吧！

（甲乙二人均用手指记数）

甲　"白面书生腰间正插半截老山药带七八百根须丢了山药嫩豆二枚。"

乙　"风吹荷叶如卷饼。"

甲　"雨打菱角疙瘩汤。"

乙　有干的有稀的省得噎死。

甲　你喝口吧。

乙　还有"锅漏漏干船漏满"。

甲　"灯吹吹灭火吹焰。"

乙　"船载货物货重船轻轻载重。"

甲　"丈量地土地长丈短短量长。"

乙　"墨童研墨墨抹墨童一目墨。"

甲　"梅香添煤煤爆梅香两眉煤。"

乙　"鹭鸶啾藕戏银鱼鱼白水白鸟白白白白。"

甲　"印度唐山去挖煤人黑煤黑窑黑黑黑黑。"

乙　"妈妈骑马马慢妈妈骂马。"

甲　"妞妞轰牛牛拧妞妞拧牛。"

乙　"南大人向北征东杀西退。"

甲　"春掌柜卖夏布秋收冬藏。"

乙　"一盏灯四个字酒酒酒酒。"

甲　"二更鼓两面锣哐哐哐哐。"

乙　"三塔寺前三座塔塔塔塔塔。"

甲　"五台山上有五台台台台台。"

乙　总算能对。

甲　没叫你问短了吧？

乙　没问短。

甲　该我出个上联了吧？

乙　今天我有事，对不起您明天再对吧！

（张笑侠搜集整理）

打灯谜

——追"把"字

甲　说相声讲究什么？

乙　四个字：说、学、逗、唱。

甲　说，你能说点儿什么？

乙　说的有大笑话、小笑话、反正话、俏皮话，绕口令儿，说个字意儿，打个灯虎儿，对个对子，吟诗、酒令儿这都是说的。

甲　灯虎儿您还成？

乙　我喜欢研究。

甲　正字叫灯谜。白天挂篦子，晚上挂灯。上边贴着纸条儿，分南派、北派。有志（《聊斋志异》）、目、泊号、泊名、四书、谚语，讲究分为白头、粉底、玉带、拢意儿、扣字儿……这都是打灯谜的规矩。

乙　对。看来您打灯谜有两下子！

甲　我最喜欢打灯谜。我家的笔、墨、纸、砚从来没买过，全是打灯谜得来的奖品。

乙　是呀？

甲　我家的挂屏有七十多个，锦旗四十多面，金质奖章五六百枚，奖状无数。有些奖状写的词句太夸张了，我受之有愧。

乙　都写什么呢？

甲　什么"灯谜大将""灯虎大王""灯谜泰斗""灯谜博士"……最近有个朋友送我一面锦旗，上面四个字，很幽默。

乙　写的什么？

甲　"灯虎姥姥。"

乙　什么叫"灯虎姥姥"哇？

甲　你常听说："打灯谜呀，你姥姥也不成。"你姥姥当然比你强了。我就是那个"灯谜姥姥"。

乙　最近我收到一个挂屏，上头也写四个字。

甲　灯虎姥姥？

乙　灯虎姥爷！

甲　……咱俩结婚啦！您老是爱开玩笑。您真要喜欢打灯谜，我帮您研究研究。

乙　可以，咱们得挂点赠品。

甲　笔墨纸砚全可以。

乙　现买来不及了。

甲　那咱们以钱为代价，多了你又拿不出来，少了又犯不上。干脆一个谜语五千万块钱。

乙　（惊）多少？

甲　五千万哪！

乙　五千……万！

甲　你咬什么牙？五千万这不是玩儿吗？

乙　玩儿？……

甲　玩儿——命！

乙　咱玩命呀？咱们就挂一张电影票。

甲　好，你先说一个我猜。

乙　对，你要猜着？

甲　你给我一张电影票。

乙　好，你要猜不着？

甲　我拿你一张电影票。

乙　干脆，我给你两张电影票。

甲　那也好。

乙　什么好呀？猜着为赢，猜不着为输。

甲　好，您先说一个我猜。

乙　成，听着："看看来到五月中，佳人买纸糊窗棂，丈夫出外三年整，一封书信半字空。"四句话，打四味中草药。

甲　说呀？

乙　完了。

甲　噢，这就完了，给张电影票。

乙　嘿，真猜着啦？

甲　废话，猜不着能要电影票吗？

乙　你说说，是什么？

甲　干吗非得说呀，你说的你明白不明白？

乙　我当然明白了。

甲　我猜着我知道不？

乙　你猜着就知道呗。

甲　还是的，你也明白，我也知道，咱俩心里会得啦。

乙　什么事就心里会，你得说出来这是什么？

甲　噢，还非得说出来？

乙　多新鲜哪！

甲　你刚才说什么来的？

乙　好嘛，没听见。

甲　听见了。

乙　这灯谜？

甲　一张电影票。

乙　好，他净惦记电影票哪！我的灯谜哪？

甲　这倒马马虎虎。

乙　你注意："看看来到五月中，佳人买纸糊窗棂，丈夫出外三年整，一封书信半字空。"四句打四味中草药。

甲　就这四句！

乙　猜着啦？

甲　猜不着。

乙　猜不着你乐什么呀？

甲　我听着挺有意思，你这得合乎情理。头一句"看看来到五月中"是哪味药材？

乙　"半夏"。

甲　对，有这味药材。为什么叫半夏呢？

乙　你想啊，正、二、三月为春，四、五、六月为夏，五月的正当中是不是半夏？

甲　噢，五月的正当中就是"半夏"，要是闰五月呢？

乙　……啊，那不算！

甲　怎么还有不算的？

乙　没讲还有闰月的。

甲　好。第二句"佳人买纸糊窗棂"？

乙　"防风"。你想，佳人买纸把窗户糊上，岂不为防风？

甲　这没道理。

乙　怎么？

甲　你想想，五六月，天正热，谁不钉纱窗，换冷布。小佳人糊那么
　　严，她不怕热吗？

乙　啊……她不怕热……她怕风。

甲　她为什么怕风呢？

乙　她……生小孩……坐月子哪！受了风是产后风，你给治？

甲　好，别急。第三句："丈夫出外三年整"？

乙　"当归"。丈夫出外三年了，应该回来了，这叫"当归"。

甲　噢，出外三年就该回来了，回来没有呀？

乙　没回来呀？

甲　那更不对啦，丈夫出外三年，应该回来还没回来，小佳人这孩子
　　由哪儿来的？

乙　啊！这是塑料的！

甲　不像话。

乙　他是这么回事，小佳人的丈夫在外边工作，小佳人看望丈夫去了，
　　在那儿住了两个月，回家生小孩儿，这不允许吗？

甲　你怎么知道得这么详细？

乙　我是他们的街坊。

甲　你这街坊，调查人家这事干吗？

乙　……我给小孩儿报的户口，你管得着吗？

甲　急什么？第四句"一封书信半字空"。

乙　有意思就在这句："白芷"。来封信，打开一瞧，上边连半个字都
　　没有，白纸一张。

甲　噢，来信打开一瞧，连半个字都没有？

乙　对。

甲　邮局怎么给寄来的？

乙　没经邮局……托人带来的……

甲　带张白纸干什么？

乙　啊……糊窗户。

甲　嘿，又接上了！

乙　走！我这本来不是一回事，他连在一块儿问我。

甲　你又急，算我输了。

乙　你净跟着捣乱，一会儿买电影票去。我再说一个。

甲　你别说了。再说，我非家败人亡不可。

乙　就为三角五哇？

甲　这回，我说一个你猜，我说的不像你那么费事。

乙　你说吧。

甲　"咕叽儿。"

乙　说呀？

甲　完了。

乙　嘿，他这也太省事啦，我那儿一大套，他这儿"咕叽儿"完了。
打什么？

甲　打一吃物。

乙　哪位吃过"咕叽儿"呀？猜不着。

甲　认输了？这是贴饼子的。

乙　怎么？

甲　你想啊，面是凉的，锅是热的，拿起面块团一团往锅帮上一贴，
"咕叽儿"一个。

乙　嘿，吃个贴饼子三角五。

甲　什么吃呀，听听。

乙　买斤苞米面七分，听听三角五。再说一个。

甲　"咕叽儿。"

乙　说呀。

甲　完了。

乙　我全输在"咕叽儿"上了。

甲　刚才那个你没猜着，这个更猜不着了。

乙　比那个还深奥？

甲　当然了。

乙　我认输了。

甲　又贴一个。

乙　又贴一个！你这一盆面"咕叽儿、咕叽儿"，我得多少钱哪？

甲　你也糊涂，我说"咕叽儿"，你猜贴饼子，我就认输了。

乙　是呀！

甲　当然了。

乙　好，你说吧。

甲　"咕叽儿。"

乙　贴饼子！

甲　我来个卷子。

乙　改白面的啦。

甲　我看你很认真，换点儿白面奖励你。

乙　算了。一会儿你来个枣儿的，一会儿改个馅儿的。告诉你，连刚
　　才那"咕叽儿"，都白"咕叽儿"啦，你说好的吧！

甲　全完了？行，你听这个："说一个瓢……"

乙　"掉地下找不着"——放屁！这是哄小孩儿的玩意儿。

甲　是你说还是我说？

乙　谁说全一样。

甲　不一样。一个瓢的谜语多了。"一个瓢里外净是毛。"

乙　这是牛耳朵。

甲　"一个瓢掉地下找不着。"

乙　这是屁。

甲　还是的，我这是新鲜的。

乙　你说。

甲　"说一个瓢，掉地下……"

乙　"找不着"？

甲　找着了。

乙　这可新鲜，"找不着"是屁，他这找着了，我认输了。

甲　猜不着了，"一个瓢掉在地下找着了！"

乙　这是什么？

甲　破瓢！

乙　破瓢！谜面上有瓢，我还猜瓢呀？这不算！

甲　说好的？因为我学问太大，怕你打不着！

乙　我打得着。

甲　你一定打不着。

乙　我一定打得着。

甲　猜吧。

乙　说呀。

甲　完了。

乙　说什么了？

甲　我说"你打不着"，你说你"打得着"！我说"你一定打不着"，你说你"一定打得着"！这就是灯谜！

乙　……那我猜不着。

甲　告诉你。这是我死后棺材头里那个幡儿。我说你呀"打不着"！

乙　我说我打……

甲　我说你一定打不着！

乙　我说我一定打……走！你有好的没有？

甲　这回我说个扣字儿你猜猜。

乙　那行，得说好的！

甲　听着："小孩醒了要撒尿（suī），半夜敲门问声谁，二人见面忙拉手，铁匠师傅抡大锤。"这四句，一句儿七个字扣一个字。

乙　好，我先猜头一个字："小孩醒了要撒尿。"小孩儿都和妈妈一块睡，半夜醒了尿尿，叫妈妈："妈，我撒尿！""来！我把你。"这字念"把"。说别的字难听。"妈，我撒尿！""来！我提拉你！"不像话。我猜着了，这字念"把"。

甲　不念"把"。

乙　不信，咱就成样成样。

甲　破谜还做比成样什么？

乙　我当你儿子！

甲　不像呀！

乙　是不像！你当我妈。

甲　爸爸好，能挣钱。

乙　挣钱也不行，小孩跟妈妈睡，你当妈。

甲　我当你妈，我可当你寡妇妈。

乙　那是干吗？

甲　我知道你爸爸什么脾气呀？

乙　咱俩睡觉，我要撒尿，你说"把"就输。

甲　要不说"把"呢？

乙　那你就赢了。

甲　好，抬床去吧！

乙　真睡呀？就是成样。

甲　好，睡觉可不许说话。

乙　对。

甲　睡着了没有？

乙　睡着了。

甲　睡着了还说话。

乙　你问我嘛。睡觉了。"妈！"

甲　呼……

乙　"妈！"

甲　呼……

乙　"妈！"

甲　呼……

乙　你喝豆腐脑儿哪？

甲　太累了。

乙　好，答应。"妈！"

甲　咩——

乙　"妈！"

甲　咩——

乙　羊叫唤哪？别捣乱！"妈！"

甲　"干吗呀？"

乙　"撒尿！"

甲　"撒尿啊……撒吧！"

乙　撒吧，往哪儿撒？尿了炕又打孩子！

甲　"妈不打你，疼你！"

乙　被卧湿了！

甲　晒！

乙　阴天？

甲　用火烤！

乙　被卧着了？

甲　做新的！

乙　你这寡妇妈哪来的那么多钱？

甲　你甭管有钱没钱，一点儿小孩儿就跟妈犟嘴！

乙　你得说"把"。

甲　说"把"输了！

乙　怕输别玩儿，来！"妈！"

甲　"干吗？"

乙　"我撒尿！"

甲　"撒尿呀？刚躺下就撒，今儿没有，明儿再说吧！"

乙　像话吗，得说"把"！

甲　说"把"就输了。

乙　怕输，别来！"妈！"

甲　"干吗？"

乙　"撒尿。"

甲　"撒尿，下地撒去。"

乙　一点儿小孩会下地吗？

甲　往下出溜！

乙　要摔了哪？

甲　摔伤了，治！

乙　摔死了。

甲　我再养。

乙　你是寡妇，能养吗？

甲　你妈这寡妇，就那么回事儿。

乙　啊！你得说"把"！

甲　说"把"就输了。

乙　怕输别来，给一张电影票。

甲　是呀，何必脸红脖子粗的！

乙　"妈！"

甲　"干吗？"

乙　"我撒尿。"

甲　"这孩子，刚撒完又撒！"

乙　我多咱撒了？

（于连仲整理）

打灯谜
——憋"我"字

甲　听说您对打灯谜很有研究。

乙　谈不上有研究，我喜欢。

甲　打灯谜您可不行。您要是跟我比，您是王奶奶和玉奶奶——

乙　这话怎么讲？

甲　您差一点儿。

乙　我怎么差一点儿？

甲　"王"字和"玉"字不是差一点儿吗？

乙　噢，我差哪一点儿呀。

甲　哎，您别生气。

乙　你不要骄傲，要谈起打灯谜来，您是冯奶奶和马奶奶——您差两
　　点儿！

甲　那你是王奶奶跟汪太太——您差五点儿。

乙　"王"和"汪"差三点儿呀。

甲　太太还有两点哪！

乙　嘿！他这儿凑点儿哪！

甲　这回咱俩打回灯谜，您先说一个我猜。

乙　好！你要是猜着，我给你一张电影票。

甲　好吧，我要是猜不着，我拿您一张电影票。

乙　干脆，我给你一张电影票吧。

甲　那也成！

乙　什么也成？猜着为赢，猜不着为输。

甲　好，您说吧。

乙　"千里随身不恋家，不贪酒饭不贪茶，水火刀枪全不怕，日落西山

不见它。”

甲　说呀。

乙　完了。

甲　这太简单了。

乙　简单，你猜呀。

甲　您这是骆驼。

乙　怎么会是骆驼哪？骆驼千里随身不恋家？

甲　啊。人拉骆驼走一千里一万里。人想家，骆驼不想。您多咱见走着走着骆驼不走了，说：“你们去吧，我回家看看，我想小骆驼啦！”

乙　没听说过。

甲　千里随身不恋家。

乙　那“不贪酒饭不贪茶”哪？

甲　拉骆驼的到地方喝酒吃饭，骆驼喝凉水、吃草料，您看哪有骆驼趴那儿沏壶茶，来半斤酒，炒四个菜。

乙　没见过。“水火刀枪都不怕”？

甲　是呀，水火刀枪骆驼不怕！……这是傻骆驼！

乙　像话吗？您猜得不对。

甲　不对，电影我就看半场吧！

乙　不行，猜不着你输了。

甲　你这谜底得合乎情理。

乙　那当然了。

甲　您这是……

乙　人影。

甲　人影怎么“千里随身不恋家”。

乙　人走一千里、一万里，人想家，人影不想家，总跟人走，走到哪儿跟到哪儿。

甲　有不跟着的时候没有？

乙　没有。

甲　阴天。

乙　……不算。

甲　您这里还带不算？“不贪酒饭不贪茶”哪？

乙　人吃人喝，人影就比画比画。

甲　“水火刀枪全不怕”？

乙　人怕水火刀枪，人影不怕。

甲　可我要把您脑袋砍下来，人影也少一脑袋。

乙　你砍我脑袋干吗？

甲　"日落西山不见它"？

乙　有意思就在这句上。

甲　怎么哪？

乙　你看太阳一落，人影儿就不见了。

甲　月亮又出来了？

乙　……

甲　在电灯底下。

乙　全不算！没你这么刨根儿问底儿的！

甲　好，我认输！这回我说一个你猜。

乙　可以。

甲　"一到碗上不下来。"

乙　我猜着了，这是鸟儿。

甲　鸟儿怎么"一到碗上不下来"？

乙　白天飞一天，晚上回窝啦！

甲　开枪哪？

乙　那样下来了。对！苍蝇。

甲　苍蝇怎么"一到碗上不下来。"

乙　白天到处飞，晚上落棚顶上了。

甲　你拿扇子轰它！

乙　别轰哇。猜着了，臭虫。

甲　臭虫？

乙　啊，白天它在窝里爬着，一到晚上……下来了。

甲　我说的"不下来"！

乙　我猜不着了。

甲　认输了？

乙　你说吧。

甲　这是铜盆儿铜碗儿用的锔子。

乙　锔子怎么一到晚上不下来。

甲　你看哪，它一到茶碗上，就不下来了。

乙　茶碗哪，咱猜早晚的晚，他说茶碗。成心绕人。你说好的！

甲　你听这个：你摸得着我的，我摸得着你的，就是自己摸不着自己的。

乙　啊！这是鼻子。

甲　鼻子怎么"你摸得着我的"？

乙　我能摸着你的鼻子。

甲　那"我摸得着你的"哪？

乙　你能摸着我的鼻子呀！

甲　自己摸不着自己的？

乙　我这鼻子我自己就摸……呦，我摸得着呀！

甲　我说的是"摸不着"。

乙　我猜不着了。

甲　告诉你，这是胳膊肘儿。

乙　胳膊肘儿？怎么"我摸得着你的"？

甲　你看哪，我摸得着你的，你摸得着我的。

乙　就是自己摸不着自己的？

甲　他自己怎么摸自己的呀？够不着啊！

乙　对！

甲　怎么样？

乙　不怎么样！你说一个四、六、八句的。听着有意思、有回味的。

甲　行！说个四、六、八句的："一个人儿做得，两人做不得；人人都做的，就是没看着过做的。"你猜吧！

乙　这猜着了。

甲　这是什么？

乙　一人儿坐的那小凳儿。

甲　那怎么"一个人儿坐得"？

乙　这凳子只能坐一个人嘛！

甲　"俩人坐不得"？

乙　这凳子坐不下俩人哪！

甲　挤着点儿哪？

乙　挤着点儿？凳子坏了！只能坐一个人。

甲　"人人都坐的"？

乙　这凳子谁都可以坐的。

甲　"就是没看见过坐的"？

乙　这……全看着过！噢，猜这不对？

甲　我说这是睡觉做梦！

乙　做梦，怎么会"一个人儿做得"？

甲　一个人儿睡着了，做梦。

乙　"两个人儿做不得"？

甲　有两人商量做梦的？"二哥，没事吧？咱俩人做梦玩儿！"

乙　没听说过！

甲　"俩人做不得"。

乙　"人人都做的"？

甲　谁没做过梦啊？

乙　"就是没看过做的"？

甲　谁看见过做梦的？

乙　没有。

甲　你看见过？你回家，看你妈睡觉呢，你在旁边儿看着："呦，我妈睡觉了，做梦哪，梦见跟和尚打起来了！"

乙　没有！

甲　梦是心头想啊。

乙　你妈才想和尚哪！这不算。

甲　好，干脆，我说一个扣字儿的。你好好猜猜。

乙　可以。

甲　"半夜叫门问声谁。"七个字，扣一个字。猜着我给您买一条香烟。

乙　这有意思。"半夜叫门问声谁"，半夜有人叫门，笃笃笃，"谁呀？""我！"这字念我。

甲　不念"我"。

乙　我也别说念"我，"您也别说不念"我"。咱俩人表演表演。

甲　打灯谜表演什么呀？

乙　省得你矫情啊！半夜你来叫门，我问："谁呀？"你一说"我"就算输了。

甲　我要不说"我"呢？

乙　算你赢了。

甲　好。

乙　这就是我的家！

甲　您就住在这儿？

乙　这是打个比方，这是门。

甲　行了，我去找×××，还不知道他在哪儿住。"呦，你在门口站着哪！"

乙　没有，半夜我在门口站着干吗？你得叫门，

甲　好，叫门。笃笃笃！笃笃笃！笃笃笃！没在家。

乙　在家呢！

甲　在家你不说话？

乙　你得叫门呢！

甲　叫门也不念"我"！笃笃笃！"×××！"

乙　谁呀？

甲　"出来瞧！"

乙　"出来瞧"像话吗？

甲　你出来了。

乙　没有，往出诓啊！你得说"我"。

甲　说"我"就输了。

乙　怕输别玩儿呀。

甲　笃笃笃！"×××！"

乙　"谁……"

甲　"张老师告诉你，在中心公园南边见面，不见不散！"

乙　回来！你干吗来了？

甲　别人带的信儿！

乙　那不成。重来！

甲　这本来不念"我"嘛。那非叫人说"我"呀！笃笃笃！"×××！"

乙　"谁呀？"

甲　"明儿见！"

乙　"明儿见？"像话吗？明儿见，今天来干什么？

甲　定个约会儿不成啊？

　　（甲、乙边说，边换位置）

乙　重来！

甲　您才回来？

乙　家里等我来了？出去！

甲　急什么？

乙　是"我"你不说"我"，要赖呀？

甲　干吗这么脸红脖子粗的？就为玩儿急得这模样儿！

乙　你得说"我"。

甲　说"我"不认输？

乙　那不是东西。

甲　好，说"我"不认输，那是耍赖。

乙　重来！

甲　笃笃笃！"谁呀？"

乙　"我！"

甲　你输了！

乙　倒叫门哪！

（于连仲整理）

打灯谜

——憋"好"字

甲 我最喜欢听您说相声。

乙 是啊?

甲 因为您吐字清楚,声音洪亮,表情优美,外观大方,赠送亲友,最为相当。

乙 我成礼品啦!

甲 不,我是说您聪明,脑子来得快。咱们打开看看!

乙 不成。

甲 那我是不是可以化验化验您?

乙 可……化验我呀?

甲 就是我说个灯谜,叫您猜猜,看您脑子怎么样?化验化验您。

乙 啊,那种智力测验,考验考验我。

甲 对,考验您。

乙 咱们不能白来,挂点儿赠品。

甲 行,一盒香烟怎么样?

乙 好,你说一个我猜。

甲 你听着:"一棵树落着十只鸟,用枪打死一只,还有几只?"

乙 还有九只。

甲 不对,一只也没有了。

乙 怎么?

甲 全飞了。

乙 …………

甲 依着您,打死一只,那九只不动,"喂,再给我来一枪怎么样?"这鸟缺心眼儿。

乙　你这是绕人，我思想没做准备。

甲　好，这个不算。

乙　对，再说一个。

甲　"鱼缸里有十条鱼，用棍儿打死一条，还有几条？"

乙　一条也没有了。

甲　怎么？

乙　全飞了。

甲　鱼会飞吗？

乙　对，我糊涂了！这还有九条。

甲　怎么还有九条哪？

乙　您想呀，鱼缸里十条鱼，打死一条，剩下九条了。十减一等于九嘛。

甲　不对，还是十条。

乙　十条？

甲　啊，死的那条，还在上边漂悠着哪。

乙　捞出去，扔掉！

甲　没来得及捞哪。

乙　你让各位听听，像话吗？

甲　好，我再说一个。

乙　说有意思的。

甲　这是智力测验。"嫌短去一块。"

乙　短了。

甲　长了。

乙　他这玩意儿都新鲜。嫌短去一块——倒长了？

甲　费费脑子，好好猜猜。

乙　比如，我这条裤子，嫌短去一块，那更短了。

甲　不，长了。

乙　怎么能长呢？

甲　你把哪儿去一块？

乙　裤子去一块。

甲　不，你把腿去一块，裤子就长了！

乙　腿可瘸了！

甲　这好吧？

乙　好什么呀？干脆，我说一个你猜："愈刮吃愈粗。"

451

甲　愈刮吃愈粗？这支铅笔铅粗，愈刮吃愈细呀。你说错了，应该是愈刮吃愈细。

乙　不，愈刮吃愈粗。

甲　这我猜不着了。

乙　认输了。

甲　这是什么呢？

乙　农村挖土井的。你看先挖一个土坑，人跳进坑里，用铁锹往外刮吃，愈刮吃愈粗，愈刮吃愈粗……

甲　往外刮吃呀？

乙　那你刚才说去腿，这我也会。

甲　好，你再听这个："一个西瓜，一刀切捂半拉。"

乙　你这刀准有毛病。一般的刀切两个半拉，这把刀三个刃，能切五个半拉。

甲　你净胡猜。就是普通的刀，就切捂半拉。

乙　怪了，我猜不着，你说说这五个半拉怎么切的？

甲　你看看，一个西瓜，一刀切开，我这儿捂着半拉。

乙　用手捂呀？

甲　哎。

乙　你听这个："一个西瓜一刀切捂大瓣儿拾小瓣儿。"

甲　这是怎么切的？

乙　你猜呀！

甲　猜不着。

乙　听着：一个西瓜，一刀切开我这捂着大瓣儿。

甲　十小瓣儿哪？

乙　小瓣儿的掉地下了，我把它拾起来，拾小瓣儿。

甲　捡起小瓣儿的。

乙　对。

甲　怎么掉地下啦？

乙　我没捂住呀！

甲　您这可不怎么样！

乙　我跟你学的。

甲　这回我说个好的。

乙　你有好的吗？

甲　你听啊："远瞧是电车，近瞧是电车，电车是电车……"

乙　"就是不动窝"，破电车。你这个，有黄花鱼那年就有。这叫什么呀？

甲　你这嘴太损了，哪年有的黄花鱼？

乙　就是说你这玩意儿全老掉牙了。

甲　你这不对。我说的是新的，你猜着我就认输呀。

乙　是这话？你敢说我就敢猜！

甲　你猜呀。

乙　这次我们的赠品不是一盒香烟，改成一条儿香烟。

甲　十条也成。

乙　你说吧。

甲　"远瞧是电车，近瞧是电车，电车是电车，就是不动窝。"

乙　破电车。

甲　不对，没电！

乙　没电啊？你再说。

甲　"远瞧是电车，近瞧是电车，电车是电车，就是不动窝。"

乙　破车、没电，正赶上红灯，司机没在……

甲　全不对！

乙　你这是……

甲　卖票的没按铃哪！

乙　你走吧！这是什么呀，儿童游戏。

甲　真要猜，我说个有意思的。

乙　你会吗？由一上台你就没正经的。

甲　说个好的，你费费脑筋。

乙　说吧！

甲　"二人见面忙握手。"这是七个字，扣一个字。

乙　这是扣字儿。

甲　你用心猜猜。

乙　"二人见面忙握手。"……我好好考虑考虑，二人见面……这字一定念"好"。走街上两人一拉手："你好啊？"那位回答"好！"换个字，难听。见面拉手："你还没死哪？"非打走不可，我猜着了，这字念"好"。

甲　不，不念"好"！

乙　念"好"。

甲　不念"好"。

乙　我也别说念"好"，你也别说不念"好"，咱俩成样成样。

甲　打灯谜，成样什么？

乙　咱俩人见面一拉手，谁一说"好"，就算输。

甲　不说"好"哪？

乙　算赢啊！

甲　行，来吧！

乙　哎，你好哇？

甲　你输了！

乙　怎么？

甲　你说"好"了！

乙　嘿！瞧我这倒霉劲儿的……哎，这灯谜谁说的？

甲　我说的！

乙　谁猜呀？

甲　你猜。

乙　还是的，我猜念"好"，你说不念"好"，咱俩才成样。我说一千
　　个"好"，一万个"好"，全不算输，你说一个"好"就为输，为
　　的是用我说的"好"，引出你的"好"。你就是好不好，把"不"
　　字去掉，还有"好"字。跟你说吧，什么好，不好，好冷、好热、
　　好家伙，耗子药……这都不成。

甲　一沾"好"字音就算输？

乙　对。

甲　那我认输了。

乙　怎么？

甲　从现在问我到明天，准得说出来。

乙　限定个时间，五分钟。

甲　五分钟内说出"好"字？

乙　那为输。

甲　五分钟以外说出来。

乙　你爱怎么说，怎么说。

甲　来吧！

乙　哎，你好吗？（握手）

甲　我不认识你！

乙　不认识我？我吃饱了上街瞧谁跟谁握手，像话吗？得认识！

甲　认识？可以。

乙　（握手）你好啊。

甲　哑……

乙　哑巴！你没法说出来！

甲　哑巴就不准交朋友啦！

乙　得会说话！

甲　成！

乙　（握手）你好啊？

甲　托福，托福！

乙　家里都好？

甲　托福托福！

乙　老爷子好？

甲　托福托福！

乙　吃饭没有？

甲　托福托福啊！

乙　你老托福啊？

甲　我托福五分钟就得了！

乙　不成，得我有来言，您有去语，老托福受得了吗？

甲　行！

乙　你好啊！

甲　还那样儿！

乙　嘿！不好不坏！家里都好？

甲　看你问谁啦。

乙　老爷子好？

甲　死了！

乙　老太太好？

甲　病着哪！

乙　大哥？

甲　枪毙了。

乙　大嫂子好？

甲　嫁人啦。

乙　孩子们好?

甲　我们一家子就是孩子们……

乙　好。

甲　全长疖哪。

乙　……嘿，他们家没人啦!

甲　你输了!

乙　不到五分钟，我再问问，您是?

甲　还那样儿。

乙　还那样儿就是……

甲　对付。

乙　对……老爷子?

甲　死了。

乙　什么时候没的?

甲　去年。

乙　死那年他……

甲　七十六。

乙　我听说这几年他身体就不好。

甲　落炕了。

乙　炕上吃，炕上拉，我看他死了倒比活着……

甲　舒坦。

乙　这舒坦大劲儿啦! 老太太?

甲　病着哪!

乙　什么病?

甲　七十二了，老病。

乙　没请大夫看看?

甲　请了，打个方子，抓服药，吃完了，出点儿汗，这病……

乙　怎么样?

甲　更厉害了!

乙　找哪个大夫看好?

甲　王大夫。

乙　王大夫可没有李大夫?

甲　个头高。

乙　个头高管什么呀?

甲　有能耐！

乙　在哪儿抓的药。

甲　口外小药铺。

乙　那不成，小药铺没有×××……

甲　给得多！

乙　药给得多能治病吗？

甲　材料真。

乙　对，×××比小药铺……

甲　药材全！

乙　大哥？

甲　枪毙了！

乙　为什么？

甲　倒卖人口。

乙　我听说，大哥这人最近几年不……

甲　不太……怎么样！危险！

乙　大嫂子？

甲　嫁人了。

乙　对，守着也没什么守头儿，嫁的那头儿比你们家……

甲　强！

乙　大嫂子那人？

甲　不错。

乙　听说，她手巧，做的鞋比外边买的还……

甲　美观。

乙　外边买的不如她做的……

甲　结实。

乙　她做的比外边买的……

甲　坚固！

乙　外边买的不如她做的……

甲　经穿！

乙　她做的可比外边买的……

甲　你怎么老问这句，问点儿别的！

乙　孩子们？

甲　长齐了！

乙　没买点儿药擦？

甲　买了，×××疥药，擦上算是……

乙　怎么样？

甲　止痒。

乙　再擦？

甲　见轻。

乙　再擦点儿？

甲　定痂了。

乙　过几天……

甲　就没了！

乙　对！我也没问的啦，嘿，你脑子真好使，甭说五分钟，就是三个钟头，你也说不出……

甲　那个字呀！

乙　哪个字？

甲　"女"字边，一个"子"字。

乙　这念什么？

甲　这念……我不认识！

乙　行唡，我输了，我没带烟卷。走，你等我买了还你，怎么样？

甲　好啊！

乙　哎！

（于连仲整理）

打灯谜

——凑腿

甲　听说你们相声演员都很有学问。

乙　嘻，我们大部分幼而失学，没文化。

甲　那您可不如我。

乙　您念过书？

甲　我是大三。

乙　噢，上过大学？

甲　什么？我大三。

乙　是呀，上过三年大学。

甲　不，我小名叫大三。

乙　嘻！问您念过几年书？

甲　两年书。

乙　粗通文墨，够用。

甲　两年我没全念。

乙　怎么？

甲　身体不好，病了些日子。

乙　病多少日子？

甲　一年零十一个月。

乙　就念一个月书？

甲　还逃了二十九天学。

乙　就念一天。

甲　那月是小建。

乙　他一天没念过！

甲　别看我没念过书，我要考你个字，你不一定认识。

乙　眼目前的字，我全成。

甲　一个"十"字，一个"口"字念什么？

乙　一个"十"字，一个"口"字这字念"古"。

甲　"古"字，怎么一个"十"字一个"口"字？

乙　你看哪，上边一个"十"字，下边一个"口"字。

甲　不对，这字念"田"。

乙　哪个田？

甲　田地的"田"，你看这不一个"十"字，一个"口"字吗？

乙　"十"字跑里边去了？

甲　对啦。

乙　好，我考考你，一个"十"字，一个"口"字。

甲　这字念"古"，念"田"。

乙　不对，念"由"。

甲　由？

乙　啊，你看，这不一个"十"字、一个"口"字吗？（由）

甲　噢，上边儿出头儿啦？我再考你，一个"十"字，一个"口"字。

乙　念"古""田""由"。

甲　不对，念"甲"！

乙　嗯，他这下边出头啦！再考你一个。

甲　来吧。

乙　一个"十"字，一个"口"字。

甲　念"古"，念"田"，念"由"，念"甲"。

乙　不对。

甲　念什么？

乙　念"申"。

甲　上下全出头儿啦！我再考你一个。

乙　你考吧！

甲　一个"十"字，一个"口"字。

乙　念"古""田""甲""由""申"。

甲　全不对。

乙　那念什么？

甲　念"叶"。

乙　叶？

甲　就是树叶的叶。

乙　那怎么一"十"字一"口"字?

甲　你看哪,这不右边一"十"字,左边一"口"字!

乙　"十"字跑外边儿来啦!你行啊!

甲　当然了!

乙　我再考你一个,"一竖一边儿一点儿"

甲　嘻!这字念大小的"小"。

乙　"小"字,怎么一竖儿,一边儿一点儿?

甲　你看哪,一竖儿,一边儿一点儿。

乙　不对!这字念"卜",就是卜卦的卜。

甲　卜,我认识,"卜"字怎么一竖一边儿一点儿哪?

乙　你看哪,一竖,就这边儿一点儿。

甲　那边儿哪?

乙　还没点哪!

甲　你这是绕人。我再考你一个,"李"字去了木。

乙　这字念"子"。

甲　怎么?

乙　"李"字把"木"去掉,就剩"子"啦!

甲　不对,念"一"。

乙　"李"字去了"木"怎么念"一"哪?

甲　你看哪,"了"字连带"木"全去了,就剩一啦。

乙　"了"也去了。

甲　那你说一竖"一"边儿一点儿。

乙　要说"李"字去了一个"木",没字了。

甲　哼,你这进步太大了!

乙　我这就进步哇!我再考你一个,"人有它大,天没它大。"

甲　这也是字?人倒有它大,天倒没它大?

乙　当然了。

甲　猜不着。

乙　还字念"一"。

甲　一,怎么人有它大?

乙　"人"字加上一就念"大",人有它大。"天"字去了一也念"大",
　　天没它大。

甲　这我上哪儿猜去，你这成破谜猜谜啦！真要说破谜猜谜你不成。

乙　不见得。

甲　你看，这念什么？

乙　说吧！

甲　"一钩一钩又一钩，一点儿一点儿又一点儿，左一撇又一撇，一撇一撇又一撇。"

乙　这儿说绕口令哪？

甲　这字念什么？

乙　不认识。

甲　参加的"参"。

乙　那怎么一钩一钩又一钩，一点儿……这我还说不清楚。

甲　你看，（边说边写）一钩一钩又一钩，一点儿一点儿又一点儿，左一撇，右一撇，一撇一撇又一撇。（繁体"参"字。）

乙　这我上哪儿猜去！

甲　这个好吧？

乙　听我这个："一个不出头，两个不出头，三个不出头，不是不出头，全都不出头。"

甲　这是什么乱七八糟的！

乙　这字念森林的"森"。

甲　那怎么一个不出头儿？

乙　我是说一个"不"字出头（木）。

甲　两个不出头？

乙　两个"不"字出头。

甲　三个不出头？

乙　三个"不"字出头（森）。

甲　不是不出头？

乙　不是"不"字不出头。

甲　全是不出头？

乙　全是那个"不"字出头，明白了？

甲　我糊涂啦！我再说一个："一横一竖一横一竖一横一竖，一竖一横一竖一横一竖一横。"

乙　他又来了，我猜不着。

甲　这是繁体字亚洲的"亚"。

乙　是吗？你写写看。

甲　你看哪：一横一竖一横一竖一横一竖；再看这边：一竖一横一竖一横一竖一横（繁体"亚"字）。

乙　嘿！你怎么净是这个呀！我再说一个。

甲　可以呀？

乙　"一撇一捺，一撇一捺，一撇一捺。"

甲　这字念什么？

乙　你猜不着？大众的"众"，简写。

甲　怎么写？

乙　看着点，一撇一捺（人），一撇一捺，一撇一捺（众）。

甲　你也知道啊？

乙　这算什么！

甲　我再说一个好的。

乙　别考字啦，你换换吧！

甲　行。"同是一块地，挖两口井，一井有水，一井没水。"这是物理现象，你好好费费脑子。

乙　一块地，挖两口井，一井有水，一井没水？

甲　对，这太深奥啦。

乙　猜不着。

甲　告诉你。一块地挖两口井，一个有水，一个没水……

乙　这是什么道理呢？

甲　有水的挖得深，没水的挖得浅。

乙　嗐！

甲　物理呀。

乙　这叫什么呀。我说一个你猜："两只手拿两个碗，同时掉地上，一个碎了，一个没碎。"

甲　这跟我那一样。一个劲儿大，一个劲儿小。

乙　不对！

甲　那是怎么回事？

乙　碎的是瓷的，没碎是铁的！

甲　嗐！你再听这个："猫头，猫脸，猫鼻子猫眼儿，比小猫大不多，比大猫小不点儿。"你猜这是什么动物？

乙　我没见过。

甲　见过。

乙　那我猜不着。

甲　告诉你，猫头，猫脸，猫鼻子，猫眼儿，比小猫大不多，比大猫小不点儿。就这个……

乙　是什么？

甲　半大猫！

乙　你走吧！你净是这个，咱别说了。

甲　有好的，说个四、六、八句的，你好好猜猜。

乙　成。

甲　"三头，六耳，八条腿，一只眼。"

乙　这叫四、六、八句呀？行，这好猜，农村庙会，耍狮子的。

甲　耍狮的？那怎么三头六耳，八条腿一只眼？

乙　狮子有两种，一种是太狮，一种是少狮，你这是耍太狮的，两个人耍。

甲　那怎么三头？

乙　狮子一个假头，两人两个真头，三头。

甲　六耳？

乙　狮子两个假耳朵，两人四个真耳朵，六耳。

甲　八条腿？

乙　狮子四条假腿，两人四条真腿，八条腿。

甲　一只眼？

乙　狮子两只……一只眼哪？我可猜不着啦。

甲　老太太坐马车。

乙　那怎么三头？

甲　马一头，坐车的一头，赶车的一头，三头。

乙　六耳？

甲　马俩耳朵，坐车的俩耳朵，赶车的俩耳朵，六耳。

乙　八条腿？

甲　马四条腿，坐车的两条腿，赶车的两条腿，八条腿

乙　一只眼？

甲　就这差点儿。

乙　差点儿？刚才我就在这儿完的。

甲　没一只眼，能赢你吗？

乙　你说怎么会一只眼？

甲　这马是瞎马，坐车的双失目，赶车的一只虎。

乙　瞎人，瞎马坐瞎车啊！

（于连仲整理）

猜灯谜

甲　现在的天气太短了！

乙　正是天最短的时候嘛！

甲　可不是嘛！您看那大买卖的小徒弟，从一黑早就起来了。扫完地，
擦了桌子柜台。出来下窗户上的护窗板，刚把北边的下了下来，
南边的还没下来，接着又上上了。

乙　怎么又上上了？

甲　黑了嘛，不上上能睡觉吗？

乙　别挨骂了，虽说天短可也不能短得那样儿啊！

甲　这个十月里你们这一行才糟心呢。

乙　怎么糟心？

甲　天长可以多说几段，多挣几个钱，天这么一短，才说几回？所以
少挣钱。

乙　到了十一月里就好了吧？

甲　到了十一月里更糟了！

乙　天长一点儿了，怎么能更糟了呢？

甲　你瞧，十一月的天正是三九，冰雪在地，谁不找暖和的地方待着，
谁找到这儿受清风来。有钱的主儿高楼大厦，娇妻美妾，暖暖和
和的，那是多么好！中等人家到茶馆花几个铜子弄一壶茶，那是
多么好，谁也不到这儿来？

乙　那十二月里就好了吧？

甲　十二月里？

乙　啊！

甲　不成不成！

乙　腊月里怎么还不成？

甲　腊月里快到新年了，有的买有的卖，有的要账，家家户户哪一家不忙？谁有闲工夫来听相声！腊月里不成！

乙　腊月不成，等到了正月一定成了？

甲　正月里更不成了！

乙　怎么正月也不成呢？

甲　大正月的谁不找个地方耍耍钱，打一打麻将，或者听一听戏，谁也不来听这个！

乙　正月里不成，二月里一定成了。

甲　二月里也不成！

乙　怎么二月里还不成？

甲　正月里把钱都花完了，到了二月里做买卖的全该干一点儿什么了，谁有工夫来玩儿！

乙　二月里不成，三月呢？

甲　三月里有蟠桃庙会，没有人来！

乙　四月里呢？

甲　四月上半个月金顶妙峰山，二十八日丰台老君庙，没有人到这儿来！

乙　五月里呢？

甲　五月里到了五月节，也没有人来！

乙　六月里呢？

甲　六月里更没有人了。六月连阴天，不定什么时候来一点儿云彩就下雨。回头来到这儿赶上雨，那多糟心。再者说大热的天，家中天棚、鱼缸、石榴树，谁不在家中乘凉？谁也不到这儿来！

乙　七月里呢？

甲　七月里戏园子全唱《天河配》，全去戏园子里听《天河配》去了，谁也不上这儿来。

乙　八月里呢？

甲　哈哈！八月里吗？

乙　成了？

甲　更糟！

乙　怎么更糟呢？

甲　八月的上半个月要节账的要节账，送节礼的送节礼，下半月要过节，打牌的打牌，听戏的听戏，也没有上这里来的。

乙　九月里成了吧？

甲　九月里吗？

乙　成了？

甲　不成！

乙　怎么又不成？

甲　全都刚过节也不出门。

乙　噢，十月里天短，十一月里冰雪在地，十二月忙年，正月过年，二月做买卖，三月闹蟠桃会，四月妙峰山，五月端午节，六月连阴天，七月听《天河配》，八月中秋节，九月刚过完节不出门，我说还有我们挣钱的日子呀！

甲　有哇，有闰月呢！

乙　三年一闰，五年再闰，除去闰月没有买卖做呀！别挨骂了！

甲　今年（民国二十二年）你们可好了，今年闰五月，嗬！你瞧上半月的那个天呀……

乙　就不用提多么好了。

甲　整下了半个月的雨。

乙　真糟！

甲　下半个月可好了。

乙　天晴了不下雨了。

甲　雨是不下了，你瞧那个风啊！

乙　我说你跟我们说相声的有多么大的冤仇哇？一年到头没有做买卖的日子。好容易盼了一个闰月，又下了半个月的雨，刮了半个月的风，把我们全饿死你有什么好处？

甲　这是打哈哈，得了，别打哈哈了。您这是买卖，您这是做什么的？

乙　是说相声的。

甲　噢，说相声的，说相声的讲什么？

乙　讲究说点儿，学点儿，逗逗，唱唱。

甲　说全会说什么？

乙　说点儿小笑话、绕口令、酒令、打灯虎全成！

甲　学呢？全学什么？

乙　天上飞的，地下跑的，水里凫的，草棵儿里蹦的，五方元音，各省人的语言，男女老少的声音全成！

甲　您刚才说会猜灯虎，你真成吗？

乙　怎么不成，不成就敢说了！

甲　今天我也没有事，不妨咱们猜一猜，要看看你的能耐如何。

乙　可以，可以！不过咱们别空猜，大小赌一点东道。

甲　那倒可以，赌什么吧？

乙　赌五十枚 ① 一个吧？

甲　五十枚一个不太少一点儿吗？咱们赌东西吧，不用赌钱。

乙　那咱们赌四两茶叶吧？

甲　四两茶叶可不值当的。

乙　那么赌什么？

甲　这么着吧！咱们赌二斤人参吧？

乙　什么，二斤人参？（咬牙介）

甲　怎么着，二斤人参还多吗？我们那儿一天全都要吃几斤。

乙　一天吃几斤人参还不把人烧死！

甲　我说你见过人参吗？

乙　人参怎么没见过？不是参茸庄的那个人参吗？有五六寸长，有背、有腿、有头、有鼻子有眼，不就是那个吗？

甲　不是那个人参，我说的这个人参，是黄瓤红皮，放在锅里一煮，煮出来非常的好吃。

乙　噢，我知道了，你说的是白薯哇。

甲　对啦，就是白薯。

乙　别挨骂啦！闹了半天，人参人参的，敢情是白薯呀，别招说啦！

甲　咱们还是赌五十枚吧。

乙　好吧！就那么办吧！

甲　你先说一个我猜一猜。

乙　好，我先说一个你猜猜："千里随身不恋家，不用酒饭不用茶，水火刀枪全不怕，日落西山不见它。"

甲　我猜着了，就是这个呀，请你往后别满处去吹牛，会这个会那个的，这算什么呀！快拿五十枚来算完事。

---

①　20世纪30年代中期，北京市面流通的大铜元，每个可换小铜元两枚，所以说"五十枚"实际上是大铜元二十五个。当时银币壹元可换大铜元二百三十个到二百四十个；大铜元二十五个即五十枚约值银币壹角强。

乙　这一个你猜着了？

甲　那还用说，快拿五十枚来！

乙　五十枚一定给你，是什么呀？你猜着了，你说一说我听一听对不对呀。

甲　不用说啦，说出来不好看。咱们两人心照不宣好啦，反正是你知道我知道。

乙　不成，不成，你得说一说我听听！

甲　反正我猜着了，何必非说不可呢？

乙　一定得说一说！

甲　你这个人要钱光棍，输了不算哪！

乙　怎么会不算！

甲　那么我猜着了你不给钱？

乙　你猜着了倒是说出来呀，我输了也心平气和，哪有马马虎虎就把钱给你的道理呢！

甲　看你这个样子你是非叫我说出来不成啊！

乙　对啦！

甲　说了出来你可别说不对！

乙　当然哪，只要是对一定是对，不对一定是不对！

甲　得，就那么办！你说什么来着？

乙　你还猜着了呢，连灯谜全不知道了。

甲　你再说一遍！

乙　可以。"千里随身不恋家，不用酒饭不用茶，水火刀枪全不怕，日落西山不见它。"

甲　噢，就是这个呀！

乙　是什么？

甲　你忙什么？又被你给吓回去了！

乙　你慢慢地猜吧！

甲　啊……是衣裳。

乙　不对，不对，衣裳怎么会"千里随身不恋家"？

甲　衣裳老在人的身上穿，人到哪里它跟到哪里，虽然是出去一千里，它也跟着人，不知道想家，你几时听过衣裳说话，说想家了？这就是"千里随身不恋家"。

乙　"不用酒饭不用茶"呢？

甲　衣裳多会儿也不渴不饿，这就是不用酒饭不用茶。

乙　水火刀枪全不怕哪？

甲　这个……

乙　哪个呀？

甲　人穿的是铁衣裳，所以水火刀枪全不怕。

乙　没有听见说过！你穿的是铁衣服啊？

甲　我倒不穿铁衣裳。

乙　那么"日落西山不见它"呢？

甲　"日落西山不见它"嘛……天一黑了，人们全都睡觉了，把它脱了下来收在箱子里，所以不见它了。

乙　你说了半天满不对。

甲　怎么会不对？（瞪眼介）我会猜得不对？

乙　啊！不对嘛！

甲　不对你说一说我听听！

乙　这是人影儿！

甲　怎么会是人影儿？你也要说一说。

乙　当然要说一说，你听啊。

甲　你讲！

乙　你听着，人走到哪里人影儿随到哪儿，没有人出来没有影儿的，并且不论出去多远的道路，人可以想家，人影儿决不会想家，这就是"千里随身不恋家"。

甲　要是阴天呢？哪里有人影儿？

乙　不能阴天！

甲　怎么不能阴天？

乙　就是不能算阴天，净说的是晴天。

甲　好，就算晴天，什么是"不用酒饭不用茶"？

乙　人能够用酒用饭用茶，你几时见过人影儿喝酒吃馆子吃茶？

甲　算对付。什么叫"水火刀枪全不怕"？

乙　人全怕刀枪，怕水怕火，人影儿全不怕，什么水冲火烧、刀劈枪杀全不怕，这就是："水火刀枪全不怕。"

甲　怎么不怕呀，人要被刀把脑袋削了去，人影儿的脑袋也分了家，怎么会不怕？

乙　那个不算，只说人影儿不怕，不能连人全说上。

甲　没有人就能有人影儿吗？怎么能够不算？

乙　没听见说过，这只是说人影儿不说人。

甲　好！就那么办。什么是"日落西山不见它"呢？

乙　赢你全在这句话呢，太阳一落了，人影儿也就随着没了。这就是"日落西山不见它"。

甲　不见得太阳落了就没有人影儿。

乙　太阳落了哪里去找人影儿？

甲　太阳虽然落了，月亮又上来呀！

乙　月亮又上来了，电灯还又着了呢！

甲　对呀，电灯也着了。

乙　什么对呀！不成，只算白天不算晚间。

甲　好，我输了！

乙　给五十枚吧！

甲　先欠五十枚。

乙　不成！

甲　跟你要钱真阎王，欠一会儿也不成，等我说一个你猜，你要是猜着了，一块儿给你一百枚，你要是猜不着算是两不欠，你看好不好？

乙　好吧！如果我要是猜着了，可不许不给了！

甲　那是一定。

乙　好，你说一个我猜猜。

甲　你听着："三个头，六个耳，八条腿，一只眼。"

乙　这是什么东西呀？（稍一顿）噢，我想起来了。

甲　是什么？

乙　这一个人骑一匹马，有一个人跟着。

甲　怎么会三个头？

乙　两个人两个头，一匹马一个头，合在一处这是三个头。

甲　怎么会六个耳？

乙　两个人四个耳，一匹马两个耳，合在一处是六个耳。

甲　怎么会一只眼。

乙　这个……这一只眼可真没法说。我猜不着，你说吧！

甲　我知道你就是猜不着，本来嘛，你哪儿成？我这个灯虎全是非凡的，凡夫俗子如何猜得着？

乙　非半仙之体不可！

甲　非半身不遂不可！

乙　别挨骂了，我问你倒是什么！

甲　这是两个人赶着一辆马车。

乙　怎么会三个头？

甲　坐车的一个头，赶车的一个头，马一个头，共合是三个头。

乙　怎么会六个耳？

甲　这还用问，坐车的两个耳，赶车的两个耳，马两个耳，这不是六个耳吗？

乙　怎么会八条腿？

甲　这更容易明白，坐车的两条腿、赶车的两条腿、马四条腿，凑在一块儿这不是八条腿吗？要不人说你糊涂哪，我还不信，今天如此看来，果然话不虚传。

乙　得了，你别酸了，该一只眼了。

甲　就是一只眼嘛！

乙　怎么会是一只眼，你说出道理来。

甲　这理由嘛……噢，它是这么回事。

乙　怎么回事？

甲　不怎么回事，就那么回事。

乙　那不成，非得说出一个理由来。

甲　好，说理由，马呀，是一个瞎马没有眼，坐车的是双失目，赶车的是一只虎，所以一只眼。

乙　你瞧这个巧劲儿。怎么全赶到一块儿了，所幸赶车的是一只眼，不然全是瞎子。这不算！

甲　这个不算？

乙　不算。

甲　你听着，再说一个。

乙　说吧！

甲　"到了碗上就下不来。"

乙　这是麻雀！

甲　怎么会是麻雀？

乙　麻雀一到晚上就下不来了。

甲　不对，麻雀到晚上照样往下飞，怎么会下不来。

乙　你说是什么，我认输了。

甲　是镉子。

乙　镉子怎么会到晚上下不来？

甲　镉子到碗上怎么会下来？

乙　噢，你说的是碗上的镉子呀！

甲　对啦。

乙　好绕脖子啦，你再说一个好一点儿的，我猜一猜。

甲　可以，你听着。

乙　你说吧。

甲　"远瞧是一条狗，近瞧也是一条狗，打着它不走，骂它不走，拉着它就走。"这是什么？

乙　这个我猜着了。

甲　是什么？

乙　是一只羊。

甲　怎么会是一只羊呢？

乙　你瞧羊长得像狗吧？

甲　怎么会打着它不走，骂着它不走，拉着它就走呢？

乙　这个我也不知道，干脆你说吧！

甲　这是一条死狗！

乙　骂题了，该死。

甲　什么骂题了？本来嘛，远看它是一条狗，近看它还是一条狗，打着它不走，骂着它不走，拉着它就走。它是一条死狗，它哪里会知道人打它、骂它，拉它当然是要走的！

乙　别挨骂了，这不成。

甲　这还不成？

乙　不成。

甲　不成不要紧，有好的。

乙　说一个好的我猜猜。

甲　好吧，你听着："小孩半夜要撒尿（suī），门外敲门问声谁，二人见面忙拉手，两口子睡觉入罗帏。"这四句话打四个字，每一句打一个字。

乙　这个好，我倒要猜一猜。

甲　你等一等，这个赌五十枚不成，咱们得赌大一点儿。

乙 怎么的大法,你说说我听听。

甲 咱们赌两万块钱吧!

乙 什么?两万块钱(咬牙介)!

甲 怎么着,你嫌少哇?

乙 你有两万吗?

甲 两万我这儿倒是没有,因为我这儿有一个一万,一个三万,叫坎档儿二万。

乙 又打上牌了,要白板不要哇?

甲 不要白板,白板我刚打出去了,我这儿做万字清一色呢。

乙 别招说了,赌两块钱吧?

甲 得,就那么办,快猜。

乙 你等一等,别忙,我得想一想。"小孩半夜要撒尿"(稍一顿),小孩儿到了半夜要撒尿,一定是叫:"妈,我撒尿!"他妈一定说:"来,我把你!"不错,就是这个"把"字,我猜着了。

甲 小孩半夜要撒尿是个什么字?

乙 是"把"字。

甲 怎么会是"把"字!

乙 你瞧,小孩儿在半夜里要撒尿,一定说:"妈,我撒尿。"妈一定说:"来,我把你。"这不是"把"字是什么?

甲 不许说别的吗,非说"把"字不可吗?

乙 那是一定,不信咱们可以比试一下。

甲 可以,咱们怎么比?

乙 你当我妈,我当你的儿子。

甲 我不当你妈,当你爸爸倒可以。

乙 那不成,非当妈不可!

甲 当爸爸不成?

乙 不成。

甲 当你妈也成,咱们两个人可是说开了,我可当你的寡妇妈!

乙 这是什么原因?

甲 我就是不要你爸爸,没有别的原因。

乙 假当一会儿有什么!

甲 好吧,我当你妈,你当我儿子,你当多大的孩子!

乙 三岁的孩子,我假作撒尿叫你,你要是说一个"把"字就算输。

甲　那是一定，来吧！

乙　妈，我撒尿（学小孩儿声）。

甲　你这孩子，刚撒完又撒，别撒啦，等一会儿再撒吧！

乙　撒尿没有等着的，不成。

甲　不许说等着。

乙　不许说。

甲　好，再来。

乙　妈，我撒尿（学小孩儿声）。

甲　又撒尿哇？

乙　啊！

甲　你瞧这个麻烦劲儿，给你尿盆儿。

乙　三岁的小孩儿不会使盆儿，不成！

甲　又不成？

乙　不成！

甲　我看中了，你是非叫我说"把"字不成啊，我偏不说，再来。

乙　好，妈，我撒尿。

甲　你这孩子真可恨，怪冷的天，刚撒完一回又撒，给你盆子你又不会使，来吧，妈端着你撒吧！

乙　没听说过，人家全说"把"，你偏说端着！

甲　端着不成是怎的？

乙　得，就算对付了！

甲　你输了一个，再猜第二个。

乙　"门外敲门问声谁"，门外头有人打门，问："谁呀？"外边一定答应是我，这个字是"我"字。

甲　不是"我"字。

乙　你说不是不成，咱们还得比试一下。

甲　可以，谁当叫门的？

乙　你当叫门的。

甲　好吧！

乙　你叫吧！

甲　开门来呀。

乙　谁呀？

甲　你可真是，一天到晚在一块儿，全听不出语声来了。

乙　你倒是谁呀？

甲　开开门就知道了。

乙　别闹，你要是不说"我"，可不给你开门。

甲　是×××哇（说自己名）。

乙　你这小子真滑头。

甲　怎么会滑头？

乙　怎么问你全不说一个"我"字？

甲　一说就输了，打哈哈呢！

乙　算你赢了。

甲　再猜"二人见面忙拉手"吧。

乙　这个我猜着了。

甲　是什么字？

乙　两个人走在大街上见了面，一拉手，先问"好"。这是一个"好"字。

甲　不对，不对！

乙　怎么会不对？

甲　不对嘛！

乙　两个人见了面，除去问好还有什么？咱们还得比试一下。你要是说"好"字就算输。

甲　那是一定，我要不说"好"字，你可输了。

乙　那是一定，咱们比一下，你从南边来，我从北边来，两个人走了对面，先请安，后问好！

甲　得，就这么办。

　　（二人分开南北后往对面走，走到跟前对着请安。）

乙　大哥，你好哇？

甲　唉！不用提啦！首都也迁啦，省政府也搬了家啦！

乙　我问你好呢，不能乱说。

甲　不准乱说？

乙　不准乱说！

甲　再来！

　　（二人分南北，往对面走，走到跟前各请一安。）

乙　嗬，大哥，你好哇？

甲　不怎么样，买卖也不挣钱。

乙　老爷子好哇？

甲　老爷子死了，你不知道哇？

乙　不知道，唉，老太太好哇？

甲　别提了，老太太病了一个多月了！

乙　上了年纪的人可别打哈哈，赶快给瞧一瞧！

甲　对啦，谁说不是呢！那天在某处叫某大夫（此处不限定）给瞧了一瞧，开了一个方子，买了一剂药吃了，出了一身汗，到了第二天……

乙　好了吧？

甲　更重了。

乙　这小子真鬼，好容易有一点活动气儿了，他又跑了。大哥好哇？

甲　大哥枪毙了！

乙　因为什么呀？几时枪毙的呀？

甲　他抢人家来着，前几天毙的。

乙　大嫂子好哇？

甲　大嫂子嫁人啦。

乙　你媳妇我大嫂子好哇？

甲　我们一家子死走逃亡，还就是她……

乙　她好？

甲　她混事了。

乙　孩子们好哇？

甲　孩子们全长疥哪！

乙　（视观众说）这小子为赢几十个铜子，只闹得一家子死走逃亡。我来骗他一下。我说大哥！你家老爷子死了？

甲　啊！

乙　老太太病着哪，大哥枪毙了，大嫂子嫁人了，媳妇混事了，孩子全长疥呢，你没说个"好"字，你赢了。

甲　对啦。

乙　来吧您啊，这儿有一块洋钱，一块铜元票，您瞧好不好？

甲　好好好！

乙　啊，你说了"好"字啦！

甲　被你骗了！

（张笑侠搜集整理）

五红图

甲　说相声的没有有学问的。

乙　差不离都是从小儿做艺，过去那时候没有念书的机会。

甲　唉，即便是有有学问的也少，相声界比较学问最大的——还就得说是我啦。

乙　啊？有这么说话的吗？您的口气太大啦！

甲　我说我有学问您不信？

乙　本来就不信嘛。

甲　那我说说您听听：我仰面知天文，俯察知地理。过去有人说"天文地理人所测不透的"。

乙　那时候科学不发达。

甲　啊，现在来说吧，天文地理您要是哪点儿不明白，我可以给您讲解。

乙　那好哇！您说说天文吧。

甲　行。我先别讲深的，恐怕您听不明白，咱先说最基本的吧。

乙　好哇。

甲　先叫您知道知道天上都有些什么。

乙　对，说说吧。

甲　其实不用我说您也能知道。

乙　那我怎么能知道？

甲　有这么一句话您知道不知道？

乙　什么话？

甲　"人同天地"。

乙　什么叫"人同天地"？

甲　就是人跟天地一样。"天乃一大天，人乃一小天。"你看人身上有
　　什么，天上准有什么；天上有什么，人身上准有什么。

乙　（不信地）那我问问您。

甲　您问吧。

乙　天有无数的星斗，人身上有吗？

甲　人有无数的毛孔。

乙　天有四时。

甲　人有四肢。

乙　天有五方：东、西、南、北、中。

甲　人有五脏：心、肝、脾、肺、肾。

乙　天有一道天河。

甲　人有……一条大肠。

乙　天有日月：太阳和月亮。

甲　人有二目：两个眼睛。

乙　天有月底。

甲　月底是什么？

乙　光有太阳没有月亮。

甲　人有……一只眼。

乙　天有火烧云。

甲　人有……烂眼边儿。火烧云不是红的吗，烂眼边儿也是红的。

乙　天有下小雨儿。

甲　人有……迎风流泪。

乙　哎，人有时候烂眼边儿又迎风流泪，天呢？

甲　这个……天有时候火烧云，火烧云过去又下点儿小雨儿……有这
　　么个天吗？

乙　那您问谁呀？

甲　别往下问啦，我问问您。天地何为阴？何为阳？

乙　这谁不知道：天为阳，地为阴。

甲　有什么考察？

乙　啊……不知道。你说呢？

甲　天为阴，地为阳。

乙　这有考察吗？

甲　有考察。天为阴：要下雨啦，叫什么天？

乙　阴天。

甲　对呀，"阴"天。你怎么不说"阳"天？

乙　有那么说的吗？

甲　所以说天为阴。

乙　地怎么为阳？

甲　春起了，什么气上升？

乙　阳气上升。

甲　"阳"气上升。你怎不说"阴"气上升？

乙　没有那么说的！

甲　所以说地为阳。天地分阴阳，阴阳生五行嘛。

乙　五行是什么？

甲　就是金、木、水、火、土。天地万物都离不开阴、阳、金、木、水、火、土。

乙　天地万物都离不开这七样？

甲　对了，离开这七样它不成形。

乙　（更不信地）那我问问您。

甲　您问吧。

乙　桌子有阴阳吗？

甲　有哇。桌子面为阳，底为阴。

乙　怎么呢？

甲　太阳出来晒面晒不着底。

乙　金、木，水、火、土呢？

甲　先说金。谁做的桌子？

乙　木匠。

甲　拿什么工具？

乙　锛、凿、斧，锯。

甲　那锯条是什么的？

乙　钢的。

甲　"钢"字怎么写？

乙　"金"字边儿……

甲　这不有金了吗？

乙　"金"字边儿就算哪！木呢？

甲　桌子是木头的。

五红图

481

乙　水呢？

甲　桌子的木头当初是树哇，得浇水。

乙　火呢？

甲　你把桌子劈了烧火。

乙　啊？好好的桌子烧火！

甲　在上古时代人们钻木取火。

乙　土呢？

甲　树在土里生长。

乙　噢！我再问问您，戴的毡帽有阴阳吗？

甲　有哇。帽子面儿为阳，里儿为阴。

乙　怎么呢？

甲　太阳出来晒面儿晒不着里儿。

乙　金呢？

甲　毡帽沿儿很齐，是拿什么剪的？

乙　拿剪子。

甲　那剪子是什么的？

乙　铁的。

甲　"铁"字怎么写？

乙　"金"字边儿……

甲　这不是金吗？

乙　木呢？

甲　得拿木棍擀毡。

乙　水呢？

甲　清水毡最好。

乙　火呢？

甲　戴帽为什么？

乙　为暖火（和）。

甲　暖"火"。

乙　暖"火"也算哪？土呢？

甲　多新的毡帽你一拍它也有土。

乙　我再说一个：鲜货中的苹果有阴阳吗？

甲　有哇。苹果是半面红半面青，红的那面为阳，青的那面为阴。

乙　怎么呢？

甲　红的那面是太阳给晒红了的，青的那面没晒着。

乙　红的是太阳给晒的？

甲　对喽。

乙　金呢？

甲　苹果在哪儿长着？

乙　在苹果树上。

甲　它怎么下来的。

乙　拿小刀拉下来的。

甲　那小刀是什么的？

乙　铁的……"铁"字是"金"字边儿嘛，有金啦。这一动铁器就得
　　有"金"字边儿。木呢？

甲　苹果树不是木头的吗？

乙　水呢？

甲　苹果你一咬它就出水。

乙　火呢？

甲　要是煮苹果吃得用火。

乙　我没听说过煮苹果，有煮梨的。

甲　啊，煮梨得用火呀？

乙　你不是找苹果的"火"吗？

甲　是啊……你口干舌燥吃个苹果为什么？

乙　为败火。

甲　啊，败"火"。

乙　噢！败"火"也算哪！

甲　有火就得了嘛。

乙　土呢？

甲　苹果树底下不是土吗？

乙　是啊！还有红果儿又叫山楂，这有阴阳吗？苹果半面青半面红，
　　红是晒红的，这红果儿全是红的，哪为阴，哪为阳啊？难道说太
　　阳出来围着红果儿转圈儿晒？

甲　是啊……红果儿全是红的，要是掰开看里边什么色啊？

乙　里边是白的。

甲　对了！红果儿外边为阳，里边为阴。

乙　外边没辙又跑里边去啦！金呢？

甲　红果儿在哪儿长着？

乙　红果儿树上。

甲　它怎么下来的？

乙　拿……（留神地）拿竹竿儿梆（bāng）下来的！

甲　"铁"字怎么写？

乙　啊，哪有"铁"字？拿竹竿儿梆（bāng）下来的。

甲　"铁"竹竿儿啊。

乙　有"铁"竹竿儿吗？我不动铁器啦，你找吧。金在哪儿呢？

甲　街上有卖大串儿红果儿的？

乙　有哇。一串儿一串儿的，都拿线穿着。

甲　对了，你说那线很软的，怎么穿过去？

乙　拿……拿竹签儿带过去的。

甲　竹签儿头里得有尖啊？

乙　是啊。

甲　那尖是拿什么削的。

乙　拿……玻璃碴刮的。

甲　街上有卖糖葫芦儿的？

乙　有哇。

甲　糖葫芦儿的红果儿外边儿有糖。

乙　糖葫芦儿嘛！

甲　你说那糖是拿什么锅熬的！

乙　拿……"沙"锅熬的！

甲　那"锅"字怎么写？

乙　金字边……儿。

甲　这不是金吗？

乙　又找着啦！

（马敬伯　王宝童整理）

五行诗

乙　今天咱们说一段"五行诗"。

甲　什么叫五行诗？

乙　用金、木、水、火、土五个字说诗叫"五行诗"。

甲　好，咱们试试。

乙　先说"金"字。咱们每人说四句诗，诗里要有一位古人，最后说
　　四个字，包括诗的内容。二位古人还要一朝一代。

甲　那你先说个样子，我跟着你说。

乙　我先说"金"字诗："金锤一对上下翻，两军阵前砸金蝉。谁人不
　　知岳云勇，力大无穷拔泰山。"

甲　你这里有古人吗？

乙　有，岳云。岳云锤震金蝉子。该你说了。

甲　金，"金枪一杆抖威风，杀退番邦百万兵。秦桧金牌十二道，岳飞
　　尽忠风波亭。"

乙　你这里边有古人吗？

甲　有。你说的古人是谁？

乙　岳云。

甲　我这儿是岳飞，是一朝一代吧！

乙　是一个朝代，父子俩。我这诗后边有四个字。

甲　我这诗后边也有四个字。

乙　"父子英雄。"

甲　"随父尽忠。"（拉乙）

乙　我不去。咱们说"木"字："木梳青丝女婵娟，花园拜月恨苍天。
　　王允巧设连环计，离间父子美貂蝉。"

甲　听我的。

乙　说！

甲　"木栏杆外美英雄，散步来在凤仪亭。抬头看见绝色女，吕布画戟刺奸雄。"

乙　这里有古人吗？

甲　有。你的古人是谁？

乙　貂蝉。

甲　我的古人是吕布，咱们是一个朝代吧？

乙　不但是一个朝代，还是两口子。听我说四个字——眉目传情。

甲　我这是——心神不定。

乙　你怎么"心神不定"？

甲　你对我"眉目传情"嘛！

乙　你这叫找便宜。

甲　碰巧了。

乙　这回咱说"水"字。换个方式。一人说一句，要字头咬字尾，一句一位古人名，还得是一个朝代的。

甲　你先说水。

乙　"水漫蓝桥蓝瑞莲"，你接"莲"字说。

甲　"莲花池旁魏魁元。"

乙　我是蓝瑞莲。

甲　我是魏魁元。我是吕布。

乙　我是貂蝉，前后两对儿。

甲　你接"元"字说。

乙　"辕门救夫穆桂英。"

甲　"英勇宗保到帐前。"

乙　我是穆桂英。

甲　我是杨宗保。

乙　还是跑不了。"前世姻缘白娘子。"

甲　"子都之貌是许仙。"

乙　"仙家之女刘金定。"

甲　"定劈夫牌君保男。"

乙　"男人没有樊梨花勇。"

甲　"勇冠三军薛丁山。"

乙　"山前学艺庄氏女。"

甲　"女与我罗成配姻缘。"

乙　"缘河又把织女渡。"

甲　"渡走牛郎上九天。"

乙　上天了，你也去。

甲　入地我跟着。

乙　"天生潘金莲真好看。"

甲　"看见我西门庆在这边。"

乙　"边关孟姜女寻夫去。"

甲　"去找范喜良未回还。"

乙　"还有婆惜楼上坐。"

甲　"坐楼杀惜宋老三。"

乙　你真狠!

甲　你招的!

乙　"三堂会审玉堂春。"

甲　"春日我王金龙到河南。"

乙　河南你也去?

甲　你到郑州我也跟着。

乙　"南柯惊醒我林黛玉。"

甲　"玉腕搭在我宝玉肩。"（拉乙手搭甲肩上）

乙　你离我远点儿。肩，"肩披金甲花木兰。"告诉你，我这是"花木兰"。替父从军，女英雄，没男人。这回你要给人家找个男人，这叫侮辱妇女。

甲　后来她嫁谁了?

乙　不知道。

甲　人家都说你知道。

乙　知道也不告诉你。你找吧。

甲　"兰花腕挽起魏魁元。"

乙　"辕门救夫穆桂英。"

甲　"英勇宗保到帐前。"

乙　"前世姻缘白娘子。"

甲　"子都之貌是许仙。"

乙　仙……哎，你怎么又回来了?

甲　两世姻缘。

乙　我跟你仇深似海。

甲　别这样儿。

乙　这回咱们别这样说了。说"火"字，每人说四句，字头咬字尾，最后四个小字儿，

甲　你先说"火"

乙　"火纸围新坟。"

甲　坟——

乙　"坟前一佳人。"

甲　人——

乙　"人苦谁似我。"

甲　我——

乙　"我夫早归阴。"

甲　小寡妇上坟。

乙　你说"火"。

甲　"火化纸灰散。"

乙　散——

甲　"散步青年汉。"

乙　汉——

甲　"汉子未结婚。"

乙　婚——

甲　"婚姻把谁怨。"

乙　说四个小字，我接"姻（阴）"字说。

甲　我接"愿（怨）"字说。

乙　"姻缘有份。"

甲　"愿你嫁我。"

乙　我揍你。这回"土"字这么说，每人四句诗，字头咬字尾，还要加点儿话作料儿。

甲　什么叫话作料儿?

乙　嗯、啊、嘛、是……加在四句诗后边，四个小字的前边。

甲　你先说吧，土——

乙　"土生奇花分外香。"

甲　香——

乙　"香躯斜卧象牙床。"

甲　床——

乙　"床上常把情郎想。"

甲　想——

乙　"想到三更伴才郎。"

甲　听我的。

乙　土——

甲　"土山游玩转回归。"

乙　归——

甲　"归来轻轻入罗帏。"

乙　帏——

甲　"帏帐之内佳人唤。"

乙　唤——

甲　"唤上牙床把灯吹。"

乙　我最后一个字是"郎"。

甲　我最后一个字是"吹"。

乙　加话作料儿。

甲　说四个小字。

乙　"哟，郎可来到。"

甲　"哦，吹灯看报。"

（康立本整理）

八大吉祥

甲　说相声离不开笑料。

乙　哪一段儿都可乐。

甲　怎么就可乐了呢？

乙　就是说得可乐嘛。

甲　当然啦，就是先说大话，替自己吹嘘。说来说去，大家越听越不像话，这乐就来啦。

乙　这倒不假！

甲　比如说：有许多的相声演员，往台上一站就吹上啦："我有学问。"其实他没学问，您听着才可乐呢。

乙　怎么呢？

甲　您想这情理呀，哪位真正有学问的人跟人说"我有学问"，绝对没有。真正有学问的，人家就不往外说啦。您多咱听我跟别人说"我有学问"，我从来就没说过。我为什么不说呢？

乙　嗯——您有学问呗！

甲　那您是知道的。

乙　他也吹上啦！

甲　什么叫吹呀？我真有学问。

乙　好吧，您既然说你有学问，那我考考你。

甲　行啊！您出题吧。

乙　咱们说八个字儿。

甲　哪八个字儿？

乙　是"天""桃""林""海""灯""连""香""八"。

甲　就这么说呀？

乙　不。咱们打每个字里找出三位古人，谁问谁，上哪儿去；还得在一个朝代；还得哪个字起，哪个字落。

甲　好吧。先听您的。

乙　先说"天"字。"一大念个天。""天"字怎么写？上边一道的"一"，再加一个"大"字，就念个"天"。"鲁肃问孙权。"

甲　问谁？

乙　问"关羽哪里去"？

甲　哪儿去啦？

乙　"麦城殡了天。"

甲　啊，《走麦城》，《三国》段儿。好！

乙　您说吧。

甲　听我的。说"一大念个天"。

乙　谁问谁？

甲　这"天"字要是出头儿念"夫"；"天"字底下加个"口"字念"吞"；"天"字上边儿加"竹"字头念"笑"；"天"字上边儿加"宝盖儿"，旁边再加"三点水儿"，那边加一"耳刀"……

乙　念什么？

甲　嗯——没有这么个字儿。

乙　这不是废话吗？

甲　说"一大念个天"。

乙　谁问谁？

甲　"鹤仙问鹿仙。"

乙　这是古人吗？

甲　唉！《封神榜》里的鹤鹿童子嘛！

乙　问谁呀？

甲　问"南极翁哪里去"？

乙　南极翁是谁呀？

甲　南极子，老寿星，大脑袋。

乙　上哪儿去啦？

甲　"跨鹤上南天。"

乙　这回说个"桃"字儿。"木兆念个桃。"

甲　谁问谁？

乙　"许褚问张辽。"

甲　还是《三国》上的，问谁？

乙　问"蒋干哪里去"？

甲　哪儿去啦？

乙　"相府献寿桃。"

甲　噢，曹操寿日。

乙　您说啦。

甲　"一大念个天。"

乙　"桃"啦！

甲　"一大念个桃。"

乙　"木兆"！

甲　"木兆念个天。"

乙　"桃"！

甲　木头桃。

乙　木头桃？那怎么吃？

甲　"木兆念个桃。"

乙　谁问谁？

甲　"麋鹿问仙鹤。"

乙　问谁？

甲　问"南极翁哪里去"？

乙　南极翁？

甲　啊，南极子，老寿星，大脑袋。

乙　上哪儿去啦？

甲　"三月三赴蟠桃。"

乙　噢，蟠桃会。这回说"林"。"二木念个林。"

甲　谁问谁？

乙　"张飞问赵云。"

甲　问谁？

乙　"皇嫂哪里去？"

甲　哪儿去啦？

乙　"躲避密松林。"

甲　"二木念个林。"

乙　谁问谁？

甲　"鹤神问鹿神。"

乙　怎么又成神啦？

甲　您就甭管啦。

乙　问谁？

甲　"南极翁哪里去？"

乙　又南极翁？

甲　啊，南极子，老寿星，大脑袋。

乙　这大脑袋来三次啦！

甲　"赴会紫竹林。"

乙　这回说"海"。"水每念个海。"

甲　谁问谁？

乙　"周瑜问黄盖。"

甲　问谁？

乙　"孔融哪里去？"

甲　哪去啦？

乙　"少居在北海。"

甲　说"水每念个海"。

乙　谁问谁？

甲　这个……"鹤崽问鹿崽。"

乙　怎么又"崽"了？

甲　就是麋鹿仙鹤下的小崽子。

乙　您真能找！问谁？

甲　问——"南极翁哪里去？"

乙　南极翁是谁？

甲　南极子，老寿星，大脑袋。

乙　您离不开大脑袋啦！上哪儿去啦？

甲　是这个……"漂洋去过海。"

乙　老寿星过海！这回说"灯"。"火丁念个灯。"

甲　谁问谁？

乙　"马岱问孔明。"

甲　问谁？

乙　问"魏延哪里去"？

甲　哪儿去啦？

乙　"闯灭七星灯。"

甲　说"火丁念个灯。"

乙　谁问谁？

甲　"鹤童问鹿童。"

乙　您还能找哪！问谁？

甲　问"南极翁哪里去"？

甲　南极子……

乙　行了，您别往下说啦。大脑袋是吧！哪儿去啦？

甲　"正月十五去逛灯。"

乙　老寿星还逛灯？这回说"连"。"车走念个连。"

甲　谁问谁？

乙　"鲁肃问孙权。"

甲　问谁？

乙　问"张飞哪里去"？

甲　哪去啦？

乙　"三马并相连。"就是"虎牢关三英战吕布"。

甲　说"车走念个连"。

乙　谁问谁？

甲　这个……"鹤仙问鹿仙。"

乙　又鹤仙啦？问谁？

甲　"南极翁哪里去？"

乙　哪儿去啦？

甲　他这个……"跨鹤上大连。"

乙　这南极翁哪儿全去呀！你这是没词儿啦！说"香"啦。"禾日念个香。"

甲　谁问谁？

乙　"鲁肃问周郎。"

甲　问谁？

乙　"刘备哪里去？"

甲　哪儿去啦？

乙　"甘露寺去降香。"

甲　"禾日念个香。"

乙　谁问谁？

甲　"鹤……"

乙　这回你找不着辙。鹤什么？哼！

甲　"鹤童……"不合辙。"鹤仙……"不行。"禾日念个香，鹤帮问鹿帮。"

乙　怎么又"帮"啦？

甲　哪！就是麋鹿仙鹤下的小崽子太多啦，长大了都"一帮一帮"的啦。

乙　你真能说！问南极翁是不是？上哪儿去啦？

甲　"西天去烧香。"

乙　行，这回说"八"。"一撇一捺念个八。"

甲　谁问谁？

乙　"曹操问夏侯霸。"

甲　问谁？

乙　问"张辽哪里去"？

甲　哪儿去啦？

乙　"帐下吹喇叭。"

甲　说"一撇一捺念个八"。

乙　谁问谁？

甲　这个……"你奶奶问你妈。"

乙　怎么跑我们家来啦？

甲　拿你家人比古人还不好吗？

乙　行！问的那人也得是我们家人。

甲　当然啦"一撇一捺念个八，你奶奶问你妈。"

乙　问谁？

甲　问"你爸爸哪里去"？

甲　哪儿去啦？

甲　"河边儿钓王八！"

乙　去你的吧！

（马敬伯　王宝童整理）

歪批《三国》

甲　说相声的谈今论古，《三国演义》、"东、西汉""红楼""聊斋"、《水浒传》，什么书都看。

乙　要提起"三国"，我可知道得最彻底。

甲　你对"三国"有研究？请问你"三国"里头所有的人物，谁最有能耐？

乙　能耐最大的就是诸葛亮。

甲　诸葛亮有何能耐？

乙　诸葛亮仰面知天文，俯察知地理，明阴阳，懂八卦，运筹帷幄之中，决胜千里之外。抱膝危坐，自比管仲、乐毅；笑傲风月，未出茅庐就知有三分天下。诸葛亮乃一国军师，可称得起世之奇才！"三国"里就数诸葛亮能耐。

甲　诸葛亮要是能耐大，七星灯借寿怎么会死到司马懿手里呢？

乙　这个……那就是司马懿能耐。

甲　司马懿有什么能耐？

乙　司马懿乃是领兵大元帅，统带千军万马，执掌生杀之权，攻、杀、战、守，抽、撤、盘、环，无一不晓。就拿取街亭说吧，不用自己去，派张郃一战成功。司马懿多有能耐！

乙　司马懿要是有能耐，得了街亭，怎么还叫赵云追得满市街乱跑？

乙　那么这一说是赵云有能耐。

甲　赵云有什么能耐？

乙　赵云是常胜将军，百战百胜，长坂坡前一场大战，单枪独马，敌住曹操八十三万人马，闯出重围，救出阿斗。那是多大的能耐！

甲　赵云要有能耐，到了当阳桥，为什么还让张飞给断后哪？

乙　那是张飞有能耐。

甲　张飞要有能耐，虎牢关战吕布，怎么哥儿仨打人家一个？

乙　那是吕布有能耐。

甲　吕布要是有能耐，在白门楼怎么会死在曹操手里？

乙　那是曹操有能耐。

甲　曹操有能耐，火烧战船，怎么把胡子都烧没啦？

乙　要照你这么一说……

甲　谁有能耐？

乙　你有能耐。

甲　我有什么能耐？

乙　你把我问住了，还没有能耐吗？

甲　你就知道看人家优点，你不知道人家的缺点。

乙　缺点我也知道，就是不说。

甲　为什么？

乙　得罪那个人干什么？

甲　你说这话不对，做事情要站稳立场，优点应该提出表扬，缺点应该提出批评。

乙　噢，优点提出表扬，缺点提出批评，话虽然很对，可是我上哪儿找诸葛亮去呀？

甲　我没让你找诸葛亮，我是说事情应该这样做。如此看来，你对《三国演义》还是没什么研究。请问你《三国演义》是谁作的？

乙　罗贯中。

甲　什么人批过？

乙　有好几位哪，金批——金圣叹；御批——四帝乾隆；毛批——毛宗岗。

甲　还有。

乙　还有什么？

甲　还有 ×（以演员姓为代表）批！

乙　什么 × 批？是古人吗？

甲　不，是今人。

乙　姓什么叫什么？

甲　×××。

乙　噢，就是你呀！

甲　对啦！

乙　金批、御批、毛批我全看过，您这 × 批我可没看见过。

甲　可以买一本看看。

乙　书店有吗？

甲　不好买。

乙　缺货？

甲　不，还没出版哪。

乙　废话！没出版说它干什么！

甲　我这可不敢说是批"三国"。

乙　是什么？

甲　我这叫与读者共同讨论。

乙　怎么？

甲　你也爱看"三国"，我也爱看"三国"，我们在"三国"里头提出点问题，互相研究研究，讨论讨论。

乙　那好哇！"三国"里头有不知道的，你就问我。

甲　噢！你都知道？我问你为什么叫"三国"？

乙　北魏，西蜀，东吴，此为三国。

甲　十八路诸侯讨董卓，为什么不叫十八国哪？

乙　那个……他们都没成事。

甲　三分归一统，为什么不叫一国？

乙　那不是以后吗？我说的不对吗？那你说为什么叫"三国"？

甲　"三国"里带"三"的节目多，故此叫"三国"。

乙　全有什么哪？

甲　拿过来"三国"您看，头本第一回那个目录里头就有个三字。

乙　有什么？

甲　"宴桃园豪杰三结义"，有三没有？

乙　有啊！还有什么？

甲　最后一回："降孙皓三分归一统"，有三没有？

乙　就两个三呀？

甲　还有哪，"虎牢关三英战吕布""屯土山关公约三事""刘玄德三顾茅庐""陶公祖三让徐州""荆州城公子三求计""袁曹各起马步三军""三江口曹操折兵""定三分隆中决策""三江口周瑜纵火""诸葛亮智取三城""三气周瑜""三擒孟获"……

乙　七擒孟获！

甲　三擒!

乙　怎么是三擒哪?

甲　先有三擒,然后才有七擒,你得经过三擒,才能到七擒哪,不能由二擒就蹦到四上去!

乙　噢!这么个三擒哪?还有什么?

甲　三出祁山!

乙　六出祁山!

甲　二三如六。

乙　小九九哇!

甲　三伐中原。

乙　哎,九伐中原!

甲
　　三三见九。
乙

乙　我就知道嘛。

甲　这是明三,"三国"里还有暗三。

乙　什么叫暗三?

甲　"三国"里有三妻,三不明,三不知去向,三头驴,三张断三桥,文官三丑,武将三俊,三个不知道,还有三个做小买卖的。

乙　你说这是什么呀?这么乱!你说这话我好有一比。

甲　比从何来?

乙　蛤蟆跳井——

甲　怎么讲?

乙　不懂(扑通)。

甲　不懂不要紧,我可以给你讲。

乙　我先问你什么叫三妻?

甲　妻是夫妻的妻。头一个是猎户刘安杀妻供主。

乙　第二个?

甲　刘备抛妻。刘备要不抛妻,没有《回荆州》。

乙　第三个?

甲　吕布贪妻。吕布要不贪妻,没有《白门楼》。

乙　什么叫三不明?

甲　"三国"里有三个人,他们的姓名不明。

乙　头一个?

甲　是有姓无名。

乙　谁？

甲　乔阁老。

乙　噢，东吴的，他不是姓乔名阁老吗？

甲　不对，阁老是皇亲，说白话就是老丈人，他就是有姓没名。

乙　有名。

甲　叫什么？

乙　乔玄。

甲　你是在"三国"里头看到的？

乙　不是。

甲　哪儿学来的？

乙　听戏听来的，《甘露寺》里头有。

甲　我早就知道你是听戏听来的。

乙　怎么？

甲　唱戏到台口要报名，就是介绍剧中人物。不能报乔阁老，阁老是老丈人。光报姓不报名也不好听，"老夫，乔——"乔什么呀？因此戏剧演员给他编出个名字叫乔玄。

乙　他为什么叫乔玄哪？

甲　"三国"原文上没有，历史纲鉴上查不着，这个名字还在那儿悬（玄）着哪。

乙　噢，这么个乔玄哪。第二个是谁？

甲　第二个有名无姓——貂蝉。

乙　哎，貂蝉有姓。

甲　姓什么？

乙　姓貂名蝉。

甲　不对，她是王司徒的一个歌姬，原文上没姓，就叫貂蝉，是有名无姓。

乙　第三个人是谁？

甲　就是"张翼德怒鞭督邮"，这个督邮无名无姓。

乙　哎！那不是姓督名邮吗？

甲　不对，督邮是当时的官衔，就相当于现在的税务局长。督邮是无姓无名，他刚一露头没等报名，就叫张飞给打回去了。以后再不提他了。我看这个人就是为挨打而来的。

乙　噢，这是三不明。什么叫三不知去向呢？

甲　对，有三不知去向，貂蝉不知去向，徐庶不知去向，督邮被打完了可也不知去向。

乙　啊，还有什么三头驴？

甲　对，"三国"里头有三头驴。

乙　头一头？

甲　吕伯奢骑驴沽酒。

乙　哎，不错，有。第二头？

甲　诸葛亮的岳父黄承彦有一头驴。

乙　他哪有驴呀？

甲　有啊，在三顾茅庐的时候，不是黄承彦骑驴过小桥吗？有一首《梁父吟》，那里就有一头驴。

乙　在哪有？

甲　我念念你听："一夜北风寒，万里彤云厚。长空雪乱飘，改尽江山旧。仰面观太虚，疑是玉龙斗。纷纷鳞甲飞，顷刻遍宇宙。骑驴过小桥，独叹梅花瘦。"这里边不是有头驴吗？

乙　第三头？

甲　诸葛亮有个哥哥诸葛瑾……

乙　对！东吴的谋士，号叫子瑜。

甲　他长的是什么相貌？

乙　他长的是驴脸。

甲　哎，长脸膛，大下巴，长得跟驴一样。哎，他，他，他就算一头驴。

乙　啊？拿人比驴，这叫什么话呀！

甲　哎！他是有一头驴。有一天东吴的孙权大宴群臣，内中就有诸葛子瑜，他是带他的儿子去的。他儿子叫诸葛恪，那年才七岁，一块儿去了。在赴宴的时候，文武百官跟诸葛子瑜开玩笑，一看他那脸长得跟驴脸似的，就拉过来一头驴，在那驴脑门上写了四个字："诸葛子瑜"。大家一看，哄堂大笑。你说诸葛子瑜急又不能急，这是开玩笑；不急吧，当众受辱。正在难受的时候，他儿子诸葛恪一看，他爸爸面红耳赤，小孩子有办法，拿起笔在驴头上那四个字底下又添了两个字。

乙　什么字？

甲　"之驴。"这样一念就好听了："诸葛子瑜之驴"，说明这头驴是他们家的。吃完喝完了，还把这头驴拉他们家去啦。

乙　噢，这是三头驴。那三张断三桥哪？

甲　第一，张飞喝断当阳桥。

乙　二？

甲　张任断过金雁桥。

乙　三？

甲　威镇逍遥津，张辽断过小石桥。

乙　文官三丑？

甲　夏侯惇是猴相，诸葛瑾是驴相，庞统是七孔朝天，这是文官三丑。

乙　武将三俊哪？

甲　吕布、赵云、周瑜，这是武将三俊。

乙　还有什么？

甲　还有三个不知道，问谁谁也不知道。

乙　你不知道问我呀，我全知道。

甲　你知道？我问你：周瑜他姥姥家姓什么？

乙　不知道。

甲　诸葛亮他姥姥家姓什么？

乙　不知道。

甲　张飞他姥姥家姓什么？

乙　也不知道。

甲　哎，这就是三不知道。你不知道，大家也不知道。

乙　那你知道吗？

甲　我当然知道。

乙　周瑜他姥姥家姓什么？

甲　姓纪。

乙　诸葛亮他姥姥家姓什么？

甲　姓何。

乙　张飞他姥姥家姓什么？

甲　姓吴。

乙　"三国"原文没有哇！

甲　有，周瑜在临死的时候，仰面长叹，说了一句。

乙　说什么？

甲　说："既生瑜而何生亮？"这就是说，纪氏老太太生的周瑜，何氏老太太生的诸葛亮。

乙　哎，不对，人家是说既然生周瑜何必再生诸葛亮！

甲　我就这么体会！

乙　好，那张飞他姥姥家为什么姓吴哪？

甲　你没看老太太管小孩儿，不是有那么一句话嘛："你这个孩子，总出去惹祸！真是无（吴）事（氏）生非（飞）！"这就是说吴氏老太太生的张飞！

乙　噢，这么讲啊，像话吗！还有什么？

甲　还有三个做小买卖的。

乙　第一个？

甲　刘备卖过草鞋。

乙　不错，织席贩履嘛！第二个？

甲　张飞卖肉。

乙　对，屠户出身嘛。第三个？

甲　你没听明白吗？刘备卖草鞋。

乙　唉！我问你第三个？

甲　啊！是啊！张飞卖肉。

乙　哎！你等一等。第一个是刘备卖草鞋，第二个是张飞卖肉。这第三个哪？

甲　啊，有啊，你别着急呀！

乙　第三个？

甲　第三个……哎，赵云……

乙　赵云卖什么呀？

甲　赵云卖黏糕嘛！

乙　赵云多会儿卖黏糕？

甲　你看过《天水关》这出戏吗？

乙　看过呀！

甲　《天水关》这出戏，姜维在校场一传令，那几句〔流水板〕，就把赵云卖黏糕给唱出来啦。

乙　怎么唱的？

甲　（唱）"这一班五虎将俱都丧了，只剩下赵子龙老迈（卖）年（黏）高（糕）。"他老卖黏糕！

乙　去你的吧！

（王志民述）

梁山点将

乙　上一场是京韵大鼓《关黄对刀》。

甲　又叫《战长沙》。

乙　唱得好。

甲　是唱得不错。

乙　这回换上我来说一段相声。

甲　变了形式。

乙　其实我不介绍，各位听众也知道我是干什么的。

甲　怎么呢？

乙　因为我经常登台表演，所以有许多观众都认识我。

甲　您这是客气，依我看人人都认识您，您姓赵对不对？

乙　我不姓赵。

甲　噢，您姓钱……

乙　我也不姓钱。

甲　姓孙？

乙　我不姓孙！

甲　姓李怎么样？

乙　啊！这姓什么有现商量的吗？

甲　对了，对了，您姓周。

乙　嘻！你别瞎猜呀！

甲　噢，您姓猜？

乙　你才姓猜哪，他跑这儿胡蒙来啦！

甲　又改姓蒙啦？

乙　对了……没有！跟你说吧，我姓马。

甲　您姓马？巧了，咱们俩是当家子，一家人。

乙　你也姓马？

甲　不！我姓驴。

乙　有姓驴的吗？

甲　什么乱七八糟的，我姓吕。

乙　那也不对呀，姓马的跟姓吕的怎么会是一家人？

甲　咱们都在百家姓儿上，这不是一家人吗？

乙　没听说过，你姓你的吕，我姓我的马。

甲　分家啦！

乙　本来就不是一家。

甲　您是什么地方的人哪？

乙　我是北京人。

甲　北京！咱们是乡亲，还是住对门儿。

乙　你也是北京？

甲　我是南京。

乙　那怎么住对门儿呀？

甲　南京北京不是对门儿吗？

乙　这么个对门儿呀，我和你不同乡。

甲　说笑话，其实我也是北京人。

乙　这还差不多。

甲　您住城里城外？

乙　我住城外。

甲　咱们是相隔一堵墙的街坊。

乙　您也城外？

甲　我住城内。

乙　那怎么是隔着一堵墙的街坊呀？

甲　不是隔着一堵城墙吗？

乙　那也不算街坊，我离北京城还很远呢。

甲　什么地方儿？

乙　北京西，六郎庄。

甲　哎呀，您住京西六郎庄？那我——

乙　你又跟我是街坊？

甲　不！我跟您打听一个人，这个人也住六郎庄，还是跟您同姓。

乙　你打听谁呀？

甲　在六郎庄有一位姓马的，是个大财主，冬天舍棉衣，夏天舍暑汤，长年舍粥饭，有穷光棍儿娶不起媳妇的，还舍老婆。

乙　我怎么不知道哇？

甲　人家就是乐善好施，要不怎么人人都称他为假善人。

乙　什么？假善人？

甲　不！马善人。

乙　噢，那不是外人哪。

甲　谁呀？

乙　那就是我们家严。

甲　加盐，加盐干吗？

乙　家严就是我爸爸。

甲　你就说是你爸爸不得了，干吗非要加盐哪？噢，天气太热，怕他臭了，加点儿盐，好放。

乙　我要吃咸爸爸呀！

甲　是你说的加盐哪。

乙　这位什么都不懂，告诉你，家严这是转文，通俗地讲就是我爸爸。

甲　请您原谅，我是个大老粗儿，所以说您跟我转文我不懂，再说你爸爸那么大学问的人，说话都不像你这样儿，没事儿臭转文。

乙　你见过我爸爸吗？

甲　这叫什么话，告诉你，我不但是见过，就连他的出身历史我都知道。

乙　好，那么你就说说，我爸爸是什么出身？

甲　你爸爸原籍是东海人，他是光绪壬戌年的翰林，做过商部右丞，东三省的总督，协办大学士，体仁阁大学士，内阁侍读学士，津浦铁路总办，民政部尚书，邮传部尚书，实录馆正总裁，弼德院顾问大臣，改换民国之后，做过一任国务卿，一任大总统。

乙　这是我爸爸？

甲　这是徐世昌。

乙　徐世昌？

甲　啊。

乙　废话，我叫你说我爸爸，谁叫你说徐世昌啊！

甲　你爸爸是武的，也不是东海人呀。

乙　你说说。

甲　你爸爸原籍山东人。

乙　山东人？

甲　蓬莱秀才，后来弃文学武，投笔从戎，先充第六旅的旅长，后升
　　第三师的师长，做过两湖巡阅使，浙闽苏皖赣五省联军总司令，
　　前敌总指挥。

乙　这是我爸爸？

甲

乙　这是吴佩孚。

乙　大军阀，我听着就不像我爸爸嘛。

甲　你爸爸早就不做官啦，搂足了。

乙　什么？

甲　纳福了。

乙　我怎么听着像说搂足了，我爸爸是贪官污吏？

甲　您别误会，你爸爸这辈子最恨的就是昏君奸臣，贪官污吏。

乙　唉！这回算您说对啦！

甲　要不你爸爸怎么会远离北京隐居在山东，他在山里自家修盖了一
　　所宅子，亲自监工修了三年才完成？这所宅子，可真好，你多年
　　没回家了，不知道。

乙　那么你说说怎么个好法？

甲　要说你爸爸修建的这所庄院可称得起是天下第一。

乙　这么棒？

甲　你听我说呀。它是三面靠水，一面靠山，山脚下有水寨竹城，竹
　　城上有庄兵把守，竹城下有拦江锁，绞刀绝户网。如若有人进城，
　　必须先通知守城人。有一次我去了，我坐着一只小船来到竹城以
　　外，小船上的人拿一张弓，搭上一支包头响箭，只听得日——叭
　　的一声，射进竹城以内，就听竹城里仓啷啷一阵锣声响亮，吱扭
　　扭水寨竹门开放，由里面划出来四十八只采莲船，每条船上各有
　　庄兵四名，水手四名，当中撑出一只虎头舟，在船首站立一人，
　　此人身高丈余，膀大腰圆，面如蟹盖，扫帚眉，大环眼，高鼻梁，
　　翻鼻孔，血盆大口，一部黄焦焦的钢髯，眉宇正中有一颗鲜红的
　　血瘤子，这是近看。

乙　远看呢？

甲　就像一枚放大的朱砂痣，似观音像如来驾临凡间。

乙 嘿！真美。

甲 一脸的水绣，头戴绛紫色扎巾，顶门中茨菰叶儿，身穿紫缎子箭袖袍，团花朵朵，黄绒绳十字祥，背后灯笼穗儿飘洒，一巴掌宽丝鸾带扎腰，大红的中衣，足下登一双粉底儿战靴，外罩紫缎子英雄氅，上绣一只狮子滚绣球，鹅黄缎子里儿，怀抱一对儿锯齿飞镰刀。双手抱拳，亲自迎接我上了大船，一声令下，庄兵们，撑的撑篙，划的划船，船行如梭，不多时便进入了水寨竹城，来到山坡儿弃舟上岸，往前走一箭之地，便是头道庄门……

乙 好嘛，这才摸着门儿。

甲 但见门外有四十名庄丁把守，清一色的花布手巾蒙头，上身是紫花布的靠袄，身扎腰包，下身着紫花布裤子，花裹腿，脚下每人一双扳尖鱼鳞鞭鞋，各抱双手带，雁摆翅儿的队伍分两旁站立，当中为首一人与众不同，此人身高五尺开外，不足六尺。

乙 到底多大个儿？

甲 是个五短的身材，你看他面如银盆，说白不白，不白又白，白中透亮，亮中透白，两道斗鸡眉能紧能松，一对三角眼半闭半睁，两个扇风的耳朵能听千里之遥，一副薄片嘴唇儿能倒背"三国"。

乙 嚯！真有学问哪。

甲 一嘴的芝麻牙，狗蝇胡子，七根朝上，八根朝下，头戴一顶马尾透风巾，冬暖夏凉，顶门中茨菰叶儿，鬓边斜插一朵蓝绒球，未曾行动它先突突地乱跳，青缎子裤子，青缎子靠袄，白绒绳十字祥，胸前交搭成十字扣儿，腰系一巴掌宽皮鞓带，青布裹腿，双脸儿鱼鳞靸鞋。外罩一件青缎子英雄氅，雪青洋绉的里子，上绣百蝶穿花。每当金风吹过，外罩随风飘荡，百蝶如飞似舞，真假难辨……

乙 活啦。

甲 怀抱短刀一把，抱拳躬身，这才迎接我走进了头道庄门。

乙 总算进来了。

甲 来到二道庄门，也有四十名庄丁把守，这四十名庄丁俱是一色儿青的打扮，头戴青布壮丁帽，身穿青布靠袄、青布裤子，腰间横系一根皮鞓带，脚下踏一双薄底儿兜根儿窄靿儿快靴，左手持雕弓，右肋箭壶，分两旁站立。当中也有一人为首，这个人生得好看，身高九尺，马蜂腰，乍臂膀，面如敷粉，唇似涂朱，颔下无须，正在少年，两道八字眉高扬入鬓，一双俊眼皂白分明，鼻直口阔，大耳垂轮，天庭饱满，头戴粉绫色六瓣壮帽，顶门中茨菰叶儿，鬓边斜插一枝守正戒淫花，身穿粉绫色紧身靠袄，月白色水裙儿，黄绒绳十字祥胸前交搭成蝴蝶扣儿，腰系鹅黄色丝鸾带，粉绫色的兜裆裤，足下登薄底儿快靴，外罩粉绫子英雄氅，上绣三蓝牡丹花，斜挂着镖囊，内装十二支亮银镖，金闪闪光亮亮如十二条飞龙藏身，随时都能驱邪降魔，保定乾坤，手中倒持五股亮银叉……

乙　有两下子。

甲　没两下子也到不了你们家。

乙　这是我们家吗？

甲　这位英雄迎接我走进了二道庄门，来到天井院一看，是三合土砸的院子，两旁刀、枪、剑、戟、斧、钺、钩、叉、鞭、锏、锤、抓、镗、棍、槊、棒、拐子、流星，上三门儿的，下五门儿的，带钩儿的，带刃儿的，带刺儿的，带环儿的，带链儿的，各种兵刃件件俱全，庭院中一杆大旗杆高耸入云，杏黄色的旗帜迎风飘扬哗哗作响，五间待客厅，进客厅一看，真是与众不同，独树一格，别样摆设没有，一共有三十六把金交椅，七十二条银板凳。

乙　够阔的。

甲　那一天是个吉庆的日子，大概正赶上你爸爸的寿日，亲友们纷纷前来道贺，少说也有一百多位，真是高的高，矮的矮，胖的胖，瘦的瘦，丑的丑，俊的俊，胖大的魁梧，瘦小的精神，穿白的白似雪，穿黑的黑似铁，穿灰的灰似蟹，穿红的红似血。

乙　够漂亮的。

甲　再漂亮也没有你爸爸漂亮。

乙　我爸爸？

甲　那真是人才出众，仪表非凡，头戴冲天冠双插雉尾，一对狐狸尾左右交错甩搭于背后自然摆动，身穿赭黄袍，腰横玉带、足蹬朝靴，五缕长髯飘洒胸前，怀抱令旗令箭，指挥千军万马，意在锦绣河山。

乙　这是我爸爸？

甲　这是宋江！

乙　是呀！

（韩子康述　薛永年整理）

哭的艺术 *

甲　相声就是四门口技，说、学、逗、唱。

乙　不错。

甲　您看这个说、学、逗、唱全有规矩。

乙　说学逗唱还有规矩？

甲　没有规矩不能成方圆，没有六律难正五音，不单说、学、逗、唱有规矩，就拿您来说，一动一静全有规矩。

乙　这，我还真不明白，您说一说。

甲　就拿这扇扇子来说，它也有规矩。

乙　扇扇子有什么规矩呀？

甲　扇扇子必得扇脸，您到夏天，大多数人全都这么扇："谭同志①老没见哪，您的工作很忙？听说你们到天津去一趟，小孩念书哪？有工夫您上我那儿去。"您看是不是扇脸好看，那么别处热不热呢？

乙　别外也热呀！

甲　您要是扇别处就不好看了。

乙　您扇别处试一试。

甲　（拿扇子扇一只脚）"谭同志老没见了，您的工作很忙？听说你们到天津去一趟，小孩儿念书哪？有工夫您到我那儿去。有话您快说吧！"

乙　怎么啦？

---

* 本节目原名《哭论》，王长友借鉴于刘桂田演出相声《斩经堂》的长处，对《哭论》从内容到表演上做了加工，成为以表情取胜的段子，经侯宝林建议题作《哭的艺术》。《哭的艺术》是王长友的代表性节目之一。

① 谭同志：相声演员谭伯如曾与王长友搭档演出。

甲　我站不住了。

乙　知道的您是扇扇子哪，不知道的以为您这么跳舞哪。

甲　不单扇扇子有规矩，就拿叫蚊子叮一下，你抓抓痒痒也有规矩。

乙　那有什么规矩呢？

甲　蚊子要是叮在脸上，必得往下抓，蚊子要叮到腿上，必得往上抓。"今天天气真热，你们屋里有蚊子，坏了！"（蚊子叮在脸上，用手先拍，再往下抓）你瞧是不是好看。

乙　要叮在腿上呢？

甲　那就得往上抓。"今天天气可真热，这屋有蚊子，坏了！"（蚊子叮在腿上，用手拍，再往上抓）您瞧是不是这样儿好看？

乙　要把它掉一个个儿成不成？

甲　怎么掉个儿？

乙　上边痒痒往上抓，下边痒痒往下抓。

甲　不成，那您抓着也别扭，您看着也别扭。

乙　您来个试试。

甲　"还没睡哪？天气真热，这屋里有蚊子，坏了！"（蚊子叮在脸上，用手拍，再往上抓）

乙　您这儿干吗哪？

甲　我这儿弹狗蝇哪，您瞧多别扭。

乙　那下边痒痒往下抓好看吧？

甲　也不成。"还没睡哪？这屋有蚊子，坏了！"（蚊子叮在腿上，用手拍，再往下抓）

乙　您这儿干吗哪？

甲　我这儿捯毛哪！不单抓痒痒有规矩，哪一个动作都有规矩，那，您拿喝茶说算什么？

乙　端起碗就喝呀！

甲　它也有规矩。

乙　喝茶有什么规矩？

甲　喝茶的时候，必须把上嘴唇搁到茶碗里边，下嘴唇搁到茶碗外边。

乙　这不是废话吗？要不按这个规矩怎么样？

甲　依着你怎么办？

乙　上下嘴唇全搁在茶碗外边。

甲　那非倒在鼻子里边不可。

乙　上下嘴唇都搁在茶碗里边呢?

甲　也没有那么喝水的呀，把嘴搁在茶碗里头多别扭哇。不单喝茶有规矩，就是吃饭夹菜它也有规矩。

乙　那有什么规矩呀?

甲　看来您是不注意。夹菜的时候必要闭着嘴，菜到碗边儿再张嘴。你看哪位吃饭也是这么夹菜，您要先张嘴后夹菜那就不好看。（做比方）这位要咬人。

乙　那谁还挨着他吃饭哪。

甲　不单吃饭有规矩，就拿众位乐也有规矩。

乙　怎么乐还有规矩?

甲　您看这位乐得很快，他那笑容和他的鱼尾纹回去得很慢。"这段儿相声说得很有意思，挺逗笑，哈哈……挺哏儿哈……"（学乐，慢慢地收回笑容，最后把眼睛慢慢地睁开）这才乐完。

乙　这太麻烦。

甲　依着你呢?

乙　乐完了就绷脸。

甲　旁边坐着那位非吓跑了不可。哪儿有这么乐的："哈哈哈。"（猛一掉脸）

乙　（吓一跳的动作）没有这么乐的!

甲　你看，这个乐分三种。

乙　哪三种?

甲　有真乐，有赔笑，还有冷乐。

乙　什么是真乐?

甲　各位同志这个乐就是真乐，听到可乐的地方，发于肺腑这个乐是真乐，他是打心里乐。

乙　那么这个赔笑在哪儿用呢?

甲　您在马路上遇见朋友，一握手，未曾说话面带笑容，这个乐是赔笑。"啊，老张同志，你怎么老不找我去?""哎呀，老李同志，少见少见，因为我的工作太忙，下星期休息我一定找你去。"双方说话全是面带笑容。

乙　说话不带笑脸行不行?

甲　不成，多好的朋友一说话一绷脸，一瞪眼，对方非吓跑了不可。（绷脸瞪眼说）"老李，你上哪儿?"（学对方吓跑了）

乙　那么这个冷乐在什么时候用呢？

甲　未打架以先就用这个冷乐。现在是用不着啦，人经过学习啦，对方有了缺点，有了错误，我们可以给他提出来，承认错误还是好的。如果你要不承认的话，咱俩人找个地方谈一谈，追求真理，到底是谁的错，如果要是我的错误，我向你承认错误，保证今后改正。过去不成，两个人言语不和就要打架，在打架之前就用这个冷乐。那位走得忙一点，踩这位脚了，踩人的理亏，挨踩的理直气壮。"你往哪儿走？踩我脚了。"对方说两句好话也就完了："对不起，我走得慌一点儿，我有点儿急事，没留神踩您脚啦，您多憋屈，我给您捵一捵。"对方的火儿下去啦："你倒留点儿神哪，你忙什么！"自己捵了，没有这么别扭的人叫对方给捵的。"你往哪儿走，踩我脚了！""对不起，我走得慌一点儿，我有点儿急事，踩您脚啦，您多憋屈，我给您捵一捵。""好吧，捵吧，捵完了我才打你呢！"有这样的人吗？

乙　没有。

甲　对方说客气话就是两句，也别多了，一多说倒显着麻烦讨厌了。

乙　那就多说几句试试。

甲　"往哪儿走，踩我脚啦！""对不起，我实在不是经意，我有一点忙事，我给你捵一捵。""你倒留点儿神哪，错来你踩我一下倒不要紧，我这脚有脚鸡眼，三天不削我就下不来地，就这下子半个月我也好不了，你不如拿刀扎我一下子哪，你走吧，真倒霉！"（学拿手帕捵脚）"您多憋屈。""好啦，好啦。"（学捵脚）"我实在不是经意的。""好啦，好啦。"（学捵脚）"我一躲那汽车。""好啦，好啦，你走不就完了吗？"（学捵脚）"正赶上散戏人多。""我说你还走不走哇？老好啦好啦的那咱俩谁都甭走啦！"就怕对方不说客气话，那就要打起来啦，未打架之前，就要用这个冷乐。

乙　你学一学。

甲　"你往哪儿走，踩我脚啦！"踩人的这位不讲理，比对方还厉害："踩你脚啦，谁让你把脚搁地下啦。""脚不搁地下我扛着走？""你这是怎么说话哪？""我就这么说话！""这么说话我抽你！""你？哼哼哼！"打起来啦，不单是乐有规矩，连哭都有规矩。

乙　哭还有规矩？

甲　哭不单有规矩，而且它还有艺术性。

乙　哭怎么还有艺术性？

甲　你看，这个哭，它有腔有调，有辙有板，你非得按着辙、调、板、眼哭，哭出来它才好听。这个哭，也有真的，也有假的。

乙　什么是真哭？

甲　妈妈哭儿这是真哭，老太太哭儿非得哭肉。

乙　怎么单哭肉呢？

甲　妈妈身上掉下来的肉，老太太哭的时候有腔有调："我的肉哇，你可要了我的命啊，我的肉哇，哈哈哈，噢儿。"

乙　怎么还有个噢儿呀？

甲　这个噢儿是换气，要不怎么说它有艺术性呢？一共是二十个字。

乙　有二十个字吗？

甲　你要是不信我给你数一数。

乙　你数一数。

甲　（用手比画）我的肉哇，你可要了我的命啦，我的肉哇，哈哈哈，噢儿。

乙　整二十个字，不要这个虚字成不成？

甲　怎么哭哇？

乙　小孩死光哭一个字。

甲　那不好听呀，小孩死了，老太太一撮嘴："肉！"卖肉的过来啦？

乙　是难听。

甲　还有真哭。

乙　谁哭谁？

甲　女人哭自己的丈夫，这也是真哭。

乙　这也哭肉？

甲　那像话吗？男人死啦女人哭男人哭肉，那是活着时候夫妻两个人开玩笑。也别说他们家死人不这样哭……

乙　我们家也不这么样哭。那哭什么呢？

甲　在旧社会哭天，解放以后哭名字，还是哭名字对，男女平等嘛！男人死啦，女人哭的时候叫着男人的名字哭，女人死啦，男人哭的时候叫着女人的名字哭。在旧社会拿死了人来说男女就不平等，男的死了，女的是披麻戴孝，孝穿得越重，哭得越恸，亲友们越伸大拇指。女的死了，男的顶多掖根孝带子，有眼泪都不敢掉。

乙　要掉呢？

甲　亲友先笑话："这个主儿，没见过媳妇！"您听这像话吗？

乙　在旧社会就是重男轻女，女人没有地位。

甲　可不是嘛。在旧社会就是男尊女卑，男人在外头胡搞，三房四妾，胡来一气。女人在家里操作一切，一步都不敢错走。男人回家一看女人不顺眼，抓个错儿，找个毛病，写封休书，给休啦。您说这叫什么婚姻制度？

乙　那就是封建婚姻制度。

甲　挺大的一个活人，写一封休书，不要啦！那是在旧社会，解放以后就不行啦。

乙　那是。

甲　在旧社会男人死了哭天儿。

乙　怎么哭天儿呢？

甲　在旧社会那些个文人也是胡批乱讲，把个男人捧得了不起，男子汉大丈夫，丈夫的"夫"字怎么写？

乙　就是"天"字出头。

甲　男人是自己当头人，男人死啦，就是当头人没啦，"夫"字要是去了那个头呢，不就剩了一个"天"字了吗？故此男人死了才哭天儿。

乙　这真是胡批。

甲　在过去，男人死了大多数都是哭天儿，你要哭天儿它好听。你要哭头儿就不好听。再说你要哭头儿，伙计也不答应你呀！我们那头儿招你惹你啦？哭的时候也有三哈哈，一噢儿，里头还有废话。

乙　您成样成样。

甲　"我的天儿呀，只顾你抛下我，撂下他……"也不知道哪儿那么仨人，"我的天儿呀，哈哈哈，噢儿。"

乙　也是三哈哈，一噢儿。

甲　对啦。

乙　合着不能多，不能少，要多拐几个弯儿成不成？

甲　还甭说多拐几个弯儿，就是多拐俩弯儿，你听着也别扭。

乙　那你就多拐俩弯儿。

甲　"我的天儿呀，只顾你抛下我，撂下他，我的天儿呀！哎哎哎……（梆子腔）"改了梆子啦！

乙　是不好听。

甲　还有假哭。

乙　假哭是谁哭呀？

甲　朋情儿，两个人住对门街坊，很要好，时常一块儿下棋，对门这位年长几岁，老病儿死啦。过去讲究出份子，封了两块钱份金，先到账房交完份礼，到灵前鞠四个躬，掏出手绢来哭，这叫探丧。他这个哭，是干打雷，不下雨。

乙　什么叫干打雷，不下雨呀？

甲　就是瞎嚷嚷，没有眼泪，他比谁哭得都凶，胆小一点儿的非吓着不可。（学哭）"大哥呀……哥俩没好够哟！"一个眼泪都没有，你还别劝他，越劝哭得越厉害，谁劝都不成。

乙　那就哭上没完啦？

甲　非得一个人劝他。

乙　谁呀？

甲　招待员。本家儿请出几位朋友来，招待亲友，先来的亲友吃完饭都走啦，又让过九位来，菜也摆上啦，酒也倒上啦，就差一位啦。一嗓子他就不哭啦。（学哭）"大哥呀，哥俩没好够哟……""少恸吧您哪！这儿有九位，还差一位！""唉！我就这儿吧。"他就这儿啦。

乙　这位为吃去的！

甲　这真哭就是两种。老年人哭自己小孩儿，这是真哭。

乙　老怕伤子。

甲　中年人哭自己的爱人，这也是真哭。

乙　中年人怕丧妻。

甲　夫妻两个人全在三十多岁，结婚十几年，没有抬过杠，那真是夫妻相敬如宾，老是情来客去，没红过脸。女人死了，留下两个小孩儿，大的六岁，小的怀抱。两个孩子在里屋床上玩，死尸在外头屋停着，棺材在院里搁着，屋里东西扔得乱七八糟，男的也没有心情归置，等着亲友来帮着给入殓。在这个情况下就好比电影、话剧里头最惨的那么一幕。我学一学这个死媳妇的，连他那个动作带他那个表情，心里非常难过。

乙　您这么一说，我听着就难过，您学一学。

甲　（脸冲里，往后走两步，拿手绢擦眼泪，绕过来，脸冲外，往墙上看）

乙　你瞧什么哪？

甲　他看墙上两个人前十几年结婚的相片，触景伤情，有一阵回想，心里非常不好受（往前迈一步，还瞧墙上挂的相片）。

乙　你就别瞧啦。

甲　十几年的工夫，这个人就完啦！（以下甲的说话，面型都是哭的声色）

乙　完喽！

甲　我们结婚的那一天，多么高兴。

乙　那是比今儿个差多啦！

甲　心里正难过哪，里头屋那个孩子叫他："爸爸，我找我妈。"就在这个时候，比刀子扎心还厉害。赶紧跑到屋里头哄这孩子，怕孩子闹。（给乙揩眼泪）"别哭，宝贝儿。"

乙　我多咱哭啦！

甲　"嘻！你妈找你姥姥去啦。"

乙　有那么找的吗？

甲　小孩子不懂事儿："爸爸，我也去。""别去，去就回不来啦！"心里正难过哪，对门的街坊过来啦，帮着给入殓。赶紧过去给人家道受累："大哥，给您添麻烦，您多受累。"对方还要拿话安慰安慰他："唉！想不到的事情，别难过啦，大热的天气，注意自己的身体，你再有个好歹的，我两个侄子就更苦啦！别人不知道，我是知道的。打弟妹一病，中西医全请到啦，那治不好也没有办法，别难过，往开了想吧！""我不难过。"（还是带着哭声）

乙　还不难过哪！

甲　"我想她怎么这么狠心，把我们爷儿仨扔下。"

乙　她也不乐意呀！

甲　"大哥，您受累，把墙上那个相片摘下来。"

乙　干吗摘下来？

甲　"我瞧着她，我心里难过，您摘下来把它搁在棺材里头。"

乙　干吗搁在棺材里头？

甲　"明儿个她想我的时候，叫她瞧瞧我。"

乙　那瞧得见吗！这人神经啦！

甲　"是她所有的东西，全给她搁到棺材里头。"

乙　叫她带了走。

甲 "您说，把它卖喽，我不至于；把它烧喽，怪可惜的；大哥，您把那皮大衣、长毛绒大衣、马甲、风衣全给她搁棺材里去。大哥您受累，您把那玻璃雨衣给摘下来，活着时候就爱这么一个玻璃雨衣。我托朋友打上海给带来的，买了三年，一回雨都没下。"

乙 白买啦！

甲 "您把那玻璃皮包，连那双皮鞋，抽屉里还有半打玻璃丝袜子全给她搁到里头，是她所爱的东西，我一样儿都不留。"

乙 全叫她带了走！

甲 "您连那蒙头纱带那旱伞，院子里还有一辆自行车……这搁不下去呀！"

乙 搁不下去呀？

（王长友述　李金斗记）

哭笑论

甲 相声不但要有丰富的内容，而且还要有健康的笑料。笑对人是有好处的，常言说得好："笑一笑……"

乙 十年少。

甲 你说什么？

乙 笑一笑，十年少。

甲 你这话不正确，什么叫笑一笑，十年少哪？

乙 就是这个人笑一笑，就能"少相"十年。

甲 笑一笑就减去十岁？

乙 不错。

甲 你今年多大岁数？

乙 我今年三十六岁。

甲 就说你四十岁好啦。

乙 哎？为什么给我添四岁哪？

甲 你要嫌岁数大可以笑一次："哈哈……"减去十岁，四十岁去十岁，你不就三十岁了吗？

乙 三十岁还大。

甲 那你再笑一次："哈哈哈……"二十啦。

乙 二十岁好啦，正在青年。

甲 你如果再笑一次："哈哈哈……"可就十岁啦。

乙 嘿！儿童时代啦，更好。

甲 你可不能再笑啦。

乙 怎么？

甲 你再一笑："哈哈哈……"没啦！

乙　哪去啦？

甲　把你笑化啦。

乙　不像话啦。

甲　应该说："笑一笑，少一少；愁一愁，白了头。"笑，对身体的健康是有帮助的。

乙　对人有什么帮助？

甲　听几段相声，哈哈一笑，能够清气上升，浊气下降，二气均分，能够增加饮食，强壮体格，补助精神之不足。

乙　噢！比吃顺气丸都好，有这么大好处。

甲　笑与笑不同，要分多少种笑。

乙　那笑又有什么区别？

甲　仅我个人知道的，有真笑、假笑、文笑、武笑、冷笑、美笑、哄堂大笑、似笑不笑，还有一种是想笑又不敢笑。

乙　你说这话好有一比。

甲　比从何来？

乙　比做蛤蟆跳井——

甲　此话怎讲？

乙　不懂（扑通）！

甲　我可以给你解释。

乙　那我问你什么是真笑？什么是假笑？

甲　真笑是发自肺腑，打心里笑出来的叫真笑；假笑是装出来的。唱京戏大花脸的笑，那完全是假笑。"哈哈！哈哈！啊哈哈……"干打哈哈他不笑。

乙　噢！这就是假笑。什么是文笑？什么是武笑？

甲　文笑有笑无声，有笑没什么动作；武笑是动手动脚。我要是武笑，你在我旁边，顶少也得挨我两巴掌。

乙　怎么笑哪？（甲笑着打乙）你别打人哪！这武笑我受不了。什么是美笑？

甲　美笑，姐儿俩说话，说了两句笑话，姐俩都笑啦，那是美笑。

乙　怎么美哪？

甲　好比你是我姐姐，我是你妹妹，咱俩学学你看看（二人学女子笑动作）。"哟！这不是姐姐吗？"

乙　"是我，妹妹呀，你干吗去？"

甲　"我上百货公司买牙膏去。"

乙　"哼！哪儿是上百货公司去，又是找你爱人去。俩人还没结婚哪，总找人家干吗？"

甲　"哟！你这是干吗呀？"

乙　"这怕什么呀，说着玩儿哪！"

甲　"你这干吗？这是？"（二人对笑）

乙　噢！这就是美笑。什么是冷笑哪？

甲　就是你不佩服我，我不佩服你，两个人有意见互相不提，心里都憋着气！那种笑，是冷笑。

乙　怎么笑哪？

甲　"嘿嘿！嘿嘿！……"

乙　这就快打起来啦。为什么是这样笑哪？

甲　这里面有一句话没能说出来，说出来就打起来啦！

乙　可以说出来吗？

甲　我说出来咱俩就打起来啦！

乙　你说吧，不要紧。

甲　"你干吗？瞧你这德行！"

乙　"啊！怎么着？打架你行吗？"

甲　"嘿！他妈的！"

乙　"你他妈的！"

甲　你看怎么样？这就快打起来了吧。这就是冷笑。

乙　这笑，有特定的笑。这笑要换一换行不行哪？

甲　不行，你要换过来，把冷笑和美笑换换，应该冷笑的美笑，那打不起来啦。你不信试试："干吗呀？你瞧你这德行！"

乙　"你的德行好！干吗呀？打架你行吗？"

甲　"哟！"（二人美笑）

乙　这好看吗？

甲　好难看。

乙　什么是哄堂大笑？

甲　哄堂大笑的时候笑出来快，回来的时候慢。就是说突然地笑出来，哈哈大笑，笑声没啦，笑容得一点儿一点儿地收回来。

乙　那怎么笑？

甲　我学学你看。（学哄堂大笑）

乙　嗬！这么麻烦。这笑来得这么快，回去得这么慢吗？

甲　对啦。要是回来得跟笑得一样快，那就不好看。

乙　你学一学，来得快，回去得也快。（甲笑两头都快）这是有精神病。

甲　可是也没有这么笑的。

乙　你对笑上真有研究。

甲　当然有研究啦。我来问你，笑从哪儿来？

乙　这很简单，从脸上来。

甲　脸在哪儿长着呢？

乙　这就是脸。

甲　那是腮帮子。

乙　噢，这是脸。

甲　那是鼻子。

乙　这是脸？

甲　那是下巴。

乙　哎，我脸哪儿去啦？

甲　你都没脸啦！

乙　你才没脸哪！

甲　怎么你连脸都找不着啦？

乙　可说呢，哪儿是脸哪？

甲　整个面部叫脸。笑并不是打脸上来。

乙　你说打哪儿来呀？

甲　打嘴犄角和眼犄角。笑，嘴犄角往上，跟眼犄角往一块儿凑合；哭是眼犄角跟嘴犄角往下耷拉。你要不信，你注意我的脸，看我的嘴犄角和眼犄角，我先笑后哭，笑就好看，哭就不好看。

乙　你学学我看看。（甲先学笑后学哭）这哭是不好看。

甲　这哭也分多少种、我个人知道的有真哭、有假哭、有号、有泣、有悲、有恸，还有悲恸交集。

乙　什么是真哭？

甲　女人哭丈夫是真哭，要是北京人哭出来还有腔有调。因为这是风俗习惯。

乙　有什么腔调？

甲　三眼一板，三唉唉一个后钩儿，要哭丈夫不哭夫，哭天。"我的天哪！"

乙　怎么哭哪?

甲　丈夫的灵在那儿停着，女人在那守灵哭，把腿一盘，手里拿块手绢，托着下巴颏，这手拍着膝盖。（学哭）"我的天儿呀！唉……唉……唉……（一个后钩）"

乙　就这味儿呀。

甲　这个后钩，就得搁在后面，要搁前边，把人都吓跑啦，那个唉唉就要三个。

乙　不能多吗?

甲　多了就不像哭啦。"我的天儿呀！唉……唉……唉……唉……唉……"这成唱啦。

乙　什么是假哭?

甲　拿脑袋撞棺材，看着好像真哭，其实是假的。

乙　什么人撞棺材哪?

甲　好比你妈死啦。

乙　为什么单说我妈死啦?

甲　这是个比方。

乙　你这么比方可不好。

甲　你别着急，我给你学这个假哭。你妈一死，你姐姐在婆家那头儿听着信啦，要回来祭奠。可是娘俩感情并不太好，那么你姐姐哭哪，不能显出来娘俩不好，撒泼打滚地一哭，拿脑袋一撞棺材，就哭起来啦。

乙　你学学怎么哭的?

甲　你姐姐坐三轮由婆家来到了娘家，下了车一进门就哭："我的妈呀！你死不给女儿我送信儿哟！三轮车钱还没给哪，账房把车钱给了！狠心的妈呀，你这一死不要紧，撇下了女儿依靠谁? 茶房给我倒碗茶来！"（学哭音）

乙　嗬！还要喝碗茶。

甲　"我难见的妈呀！谁有烟卷给我一支！"

乙　还抽烟哪!

甲　"妈呀！火柴，给我点着。"

乙　这个麻烦。

甲　"你这么一死不管我，撇下了我，闪下了他。你要有灵有圣，把孩儿我也带去吧！"当！脑袋往棺材上一撞，可巧棺材头前有个劈碴儿，把头发挂住啦。她以为她妈真打棺材里伸手抓她来啦，一害怕把实话说出来啦："哎呀！妈呀！我先不去啦！"

乙　不去？别说好不好。什么是悲恸交集哪？

甲　悲恸交集可就不好讲啦，我举个例子来说：夫妻两个人感情挺好，他们自由结婚，结婚后不到四年生了两个孩子，大的刚会走，小的还没有摘奶。婚后这几年俩人甭说打架，连脸都没红过，男的外边工作，女的料理家务，抚养孩子，互助互爱，甭提多和美啦。女的很不幸，突然得急病死啦。这时男的悲恸交集，悲的是两个孩子没人照看，恸的是这么好的爱人死去啦。可是心里头多么难过，也不能哭出声来，你多会儿见女的死了男的大哭大叫："老婆子呀……"没这么一个，虽然不哭出来，可是那滋味比哭还难过。眼泪在眼圈儿里转，怀里抱一个孩子，手里领一个孩子。死去的爱人在床上停着，又正是秋天，树上的叶子不断落下来，天再下着蒙蒙细雨。桌上的药方子有一大摞，床上搁着没补完的袜子，没织完的毛衣。男的在屋子里走来走去，嘴里自言自语地叨念："三寸气在千般用，一旦无常万事休！你要是早死一年没有这第二个孩子，你要晚死几年把这俩孩子全拉扯大了。你今天死，叫我一个人孤苦伶仃的单身汉带着两个孩子，怎么生活下去？"正说着哪，大孩子说："爸爸，我要妈妈！"他听了这句话，那心里有一种说不出的难过，可是还要哄孩子："你不要找你的妈妈啦，你妈上你姥姥家啦。"

乙　上哪个姥姥家去啦？

甲　猛然抬头，看见墙上那张订婚照片，这个时候脑子里就回忆他们在恋爱的时候啦，嘴里说："你还记得，有一天，我们两个在公园一起玩，你在前边跑，我在后边追，你跑得非常快，我就紧紧地追呀，追呀，想不到今天把你追死啦。"在眼前又发现一样东西。

乙　什么？

甲　结婚的相片。"你看你这姿势摆得多么好，在我们结婚那天，很多亲友来贺喜，大家要求你讲我们的恋爱经过，你始终不开口。等大家都走啦，我问你，平常你不是又能说又能唱，说得流利，唱得好，为什么今天那样难为情？你回答了我一句很合理的话，你说：'没有经验。'你的话多幽默。"这时候门外有人叫门。

乙　什么人？

甲　把兄弟老二，不知道嫂子死啦："大哥，开门！"他一听门外有人叫门，赶紧把眼泪擦干，害怕朋友看出来。把门一开，老二一看："哎呀！哥哥……眼睛怎么都红啦？眼泡都肿啦？""兄弟，你嫂子她死啦！""啊？怎么嫂子死啦？哎呀，这是怎么说的！哥哥你可千万别难过，她死了你要注意你的身体。两个孩子还要靠你抚养，千万不要哭坏了身子。"不劝还好，一劝他心里更难过了。可是心里难过嘴里还要说漂亮话，这个表情可难看啦："兄弟，你放心吧，她死了是救不活的，我哭也是没用，再说我也不能哭，我要哭恐怕人家笑话，我哪能哭哪？兄弟！你看我这是哭吗？"

乙　这不是哭是什么？

甲　"哥哥，好啦！我到里边看看去。"到里边一看，果真是死啦。什么时候最悲最痛？就是棺材来了一入殓，棺材盖往上一盖，刚要掩灵，这时候最难过，嘴里说话都变了味儿："别忙！我再看她最后一眼。"把棺材盖打开，抱着两个孩子，走到棺材跟前，拿出手绢先给两个孩子擦擦眼睛，然后再给死人擦擦眼睛："好吧！你去吧。先别盖！兄弟，那床上有一套被褥，给她装棺材里，让她带去吧，免得路上冷。别忙！床底下有一双皮鞋，箱子里还有两双高勒丝线袜子，那是她跳舞穿的，她死啦，不能跳舞啦，给她装在棺材里让她带去吧。这些东西我不能看，将来我看了就要想她。别忙，还有哪，那抽屉里有一个口琴，没事的时候，她吹着，我唱着，她吹得才好哪，1 2 3 4 5……可是现在她一死，这个东西我也不要，让她带去。墙上还有一把胡琴，我拉她唱，这东西给她装上。皮箱里还有两件旗袍，是她最爱穿的，也给她装里头。还有一件大衣，也给她装棺材里。门外还有辆自行车……"

乙　也装进去？

甲　太大，装不进去。

（金涛　张乃勤整理）

小买卖论

甲　方才唱了一段大鼓，很好，字正腔圆。

乙　可不是吗，字正腔圆，那是下过一番苦功夫。

甲　那是一定啦，是得下功夫。

乙　对。

甲　你这场是什么？

乙　相声。

甲　好，我请问您，相声都讲究什么？

乙　讲究四个字。

甲　哪四个字？

乙　说、学、逗、唱。

甲　旁的别说，我先问问您，这"学"都学些什么？

乙　学的玩意儿很多，天上飞的、地下走的、水里浮的、草棵儿里蹦的，各省方言，做小买卖儿吆喝啦。

甲　你提起做小买卖儿吆喝啊，那可不容易。

乙　对啦。

甲　你说这当地做小买卖儿的我还不学，最讲究的是北京做小买卖儿吆喝，讲究九腔十八调，西单、东四、鼓楼、前门；肩担八根绳，街面上出摊子，这都有分别。

乙　听您这个话音儿，您对于做小买卖儿吆喝上有点儿经验。

甲　也不敢说有经验，我从小儿做小买卖出身。

乙　噢，您是做小买卖儿出身，这么说您对小买卖儿吆喝很有研究啦？

甲　那是啊。

乙　我要是提几样小买卖儿，你能吆喝吗？

甲　你随便找，让你扒不短。我要学不好，就向你学习。

乙　我给您找一个，眼前的小买卖儿。

甲　什么买卖？

乙　就是卖包子的！

甲　行，冲你找这个买卖，你也有两下子！这个卖包子的有两种，分回教的和大教的①，吆喝出来不一样味儿。

乙　回教吆喝怎么吆喝？

甲　回教吆喝"咧"字打头。包子蒸好，拉出屉来，往案子上一放，用手活动活动。

乙　干吗活动？

甲　不活动怕托掉底喽。这是规矩。

乙　这还有规矩？

甲　那是当然啦。你听我学学："咧——包来发面包来，得了，热的咧——"

乙　噢！行。那么大教呢？

甲　大教包子蒸得，拉出这屉包子，往前边铺有苇帘的案子上一扣。这头一样就不讲究。

乙　怎么？

甲　街面上行人车马不断，那帘子上能不落灰吗？包子往上一扣，太不卫生啦。

乙　对。现在也都改了。

甲　这吆喝的跟回教的就不一样啦。

乙　怎么吆喝？

甲　我学学你听："发了面的包子（读 céi）好白包儿！我的包儿来羊肉的！包儿热的咧，你不闹点儿包儿咧！要咬开尝尝包儿的馅儿咧呗！"

乙　这不废话吗！

甲　谁吃包子不咬开吃！有抓起来一个整个儿的往嘴里扔的吗？

乙　没有。你学得还像，是这么个意思。我再找一样儿，你还能学不？

甲　随你便！乐意找什么找什么。

---

①　回教的和大教的：此处指回民与汉民。

乙　好！街面上肩担八根绳的小买卖儿，这种买卖上了秋一过七月十五特别风光，可做不了多少日子。

甲　什么买卖？

乙　卖葡萄、脆枣儿的。

甲　能行。

乙　这种买卖可分南北城。

甲　不错。你说说南北城起打什么地方分？

乙　西城由西单牌楼往南是南城调，往北是北城调。东城由东四往南是南城调，往北是北城调。鼓楼前也算北城调。你学吧！

甲　先学哪城的？

乙　你先学个南城调，在七月末八月初，在前门大街上担着挑子，两头两个浅筐，一头儿是几个小篮子，篮子里头有白枣、嘎嘎枣、马牙枣、大酸枣；一头儿放着葡萄，有红葡萄、白葡萄、鸡心葡萄、兔儿粪葡萄。

甲　哎哟！怎么还有兔儿粪葡萄？

乙　你不知道，这种葡萄就像兔粪那么大，所以叫兔儿粪葡萄。

甲　好，你听着。"要甜葡萄来！大嘎嘎枣儿！"这是南城调。

乙　北城调哪？

甲　北城调张嘴就吆喝，没有"咧"字。"要白葡萄啊，郎家园的脆枣儿啊！"对不对？

乙　对啦。你还真有两下子，那我再找一种你能行吗？

甲　可以。说什么买卖吧？

乙　卖柿子的。

甲　卖柿子的也分为两种。

乙　哪两种？

甲　有一种肩担八根绳，在大街小巷来回地卖；还有一种是街面上出摊子的。

乙　那您先学学这个肩担八根绳在街上走着卖的怎么吆喝。

甲　"咧"字打头。"咧！……南瓜大的咧……不涩的咧……涩咧管换的咧！"一共五个"咧"字。

乙　那么街上出摊子的呢？

甲　那没有五个"咧"字。摆好摊子，柿子往上码，他旁边一站，手里甩个鸡毛掸子，这么吆喝："南瓜大的——咬涩了白咬！"对不对？

乙　不错。

甲　不错是不错，这种买卖又好做又不好做。

乙　怎么？

甲　一进八月门儿，霜降以前，在这个期间买卖好做，是人都能做。你要有事儿，搁个小孩儿在那儿都能做。

乙　小孩儿怎么还能做呢？

甲　你临走时告诉小孩儿，卖多少钱一个，少了不卖，有人来买小孩儿就会要价啦。少了不卖，没别的麻烦。

乙　怎么个原因哪？

甲　由打柿子一露面，至顶霜降，这个柿子摘下来去上漤。

乙　什么叫"漤"哪？

甲　就好像渍酸菜似的，漆青的柿子，用开水一烫，用笊篱捞上来，叫风吹一吹，然后码在缸里，盖上盖儿，第二天拿出来，色也变啦，也不涩啦。因为这个，所以是人就能卖。

乙　不好卖哪？

甲　霜降一过，柿子不能上漤啦，就许有涩的，遇着皮儿厚的，一咬舌头上挂蜡，这就不好卖啦。

乙　那就甭卖啦。

甲　久做小买卖的不能闲着，还要照常去卖，铺一块蓝布，前面的柿子五个一堆，码好，后面是一大堆。把柿子擦得锃亮，这叫货卖一层皮。

乙　这叫会做买卖。

甲　对啦。

乙　谁买个涩的谁不问问？

甲　小伙子能说，净卖嘴啦。摆好摊子，往旁边一站，由打那边来了一位阔少，还没走到他摊子那儿，他上前就给人家请安，底下请安，嘴里就说啦："二爷，你老没上街啦，可有日子没卖您钱啦。您看这柿子多好，给少爷兜两堆吧。"没心买也不好意思不买啦。"二爷，您把手绢给我。"这阔少把手绢给他，他给包了两堆，十个，包好系好，净系死扣儿。

乙　干吗呀？

甲　死扣儿不是难解吗？怕他道上拿出一个一尝不坏了吗？

乙　真会做买卖。

甲　柿子递过去，这位阔少问："多少钱？""十个柿子能值多少钱？""嘻！小买卖，赚几个钱？都不要钱不赔本儿啦。""二爷，等多咱我没本钱的时候，我上您府上去要本钱。"

乙　噢！他认识这位？

甲　不认识。

乙　不认识，不要钱叫人拿走，人要真拿走呢？

甲　你也糊涂。谁能买东西不给钱？"你要是不要钱我就不要啦！""二爷，我要不要钱您是不能拿走，这十个柿子我真没法要，我算您个本钱吧——您给五块钱吧！"

乙　多……多……多少？

甲　五块钱。

乙　（咬牙）五块？不要啦！

甲　那多不好看哪。一咬牙掏出五块钱，扔案子上，捏着鼻子就走啦。

乙　假使遇见一个没钱的，张嘴先问涩不涩，怎么办哪？

甲　依你怎么回答？

乙　说不涩。

甲　咬一个尝尝。

乙　说涩。

甲　人家不买啦。

乙　那怎么办呢？

甲　人家这么说："我说涩您不买啦，我说不涩您不放心，您可以尝尝。"

乙　一尝不吹啦？

甲　一尝就算卖给他啦。

乙　那他是讹人。

甲　人家卖柿子会说："二爷，您看现在霜降都过啦，柿子不能婆啦，难免皮厚带点儿涩。您把皮儿啃了去，尝尝。"这位真听话，咬一口，吐一口，把柿子皮都啃啦。

乙　不涩啦？

甲　更涩啦。这位不干啦："给我换吧！更涩啦！"卖柿子的说"二爷，您是个明白人，您想想，您要是在屁股上啃一口，我糊弄还能卖出去，您把皮都啃光啦，我还怎么卖？我家有八十多岁的老母亲就指着我养活。"这位一听点点头："好吧，不换不换吧，我冲你是个孝子，我给钱。多少钱说吧！""方才我们邻居买了十个，给五块，您这一个给五角吧！"他一听，火儿啦，真没吃过这亏，一赌气从腰里掏出一块钱：找五角接过来，想走吧，越想越憋气，一转眼珠有主意啦。

乙　什么主意？

甲　这位受这气消不了，一抬头看见一个杂货铺，他心里话：今儿个跟你没完！他花两角钱买了一个刮舌，卖柿子的在那边卖，他在这边刮。这时又过来一位："柿子涩不涩？"卖柿子的一想：说不涩吧，他在旁边刮舌头；说涩吧，人家不买，一赌气："你问他去！"这位过去："他这柿子涩不涩？"这主儿一肚子火儿没地方发，一抬头说："不涩！"心里话：你没看我这儿刮哪吗，还问！这位一听不涩，过去买了一个，上去一口，咧了嘴啦，舌头嘴唇都木啦："哎！你怎么卖涩柿子？""我柿子是涩，我没告诉你不涩，是他告诉你不涩。"这位过去："他这柿子明明涩，为什么你告诉我不涩？"这位说："你是瞎子，你看不见我这儿刮舌头吗？"

乙　去你的吧。

（祝敏述）

531

大登殿

甲　相声节目和其他曲种不一样。

乙　好啊!

甲　嗯,好走东的不走西。

乙　这话倒对。

甲　好吃萝卜不吃梨。

乙　是啊!

甲　每个人的爱好,有所不同。

乙　各人有各人的爱好。

甲　就拿我本人来说。

乙　您?

甲　我就喜欢唱。

乙　爱唱。

甲　爱京剧。

乙　二黄。

甲　对。当然是了,也根据每个人的特长。

乙　对,您嗓子好。

甲　要是您这样的嗓子,能让您唱去吗?

乙　哎呀!我这嗓音不太好,您听这味儿的(学),哎,您看。

甲　您这嗓子就像破瓢似的。我就爱好唱。

乙　您这嗓子一定豁亮了。

甲　西皮,二黄,太平歌词,时调小曲儿,梆子,落子,我全爱好。

乙　您刚才不是说唱二黄吗?

甲　是啊,对花脸,我最感兴趣。

乙　您唱两句咱们听听。

甲　您不相信？

乙　哎。

甲　我唱两句您听。

乙　唱什么呀？

甲　我给您唱花脸戏《丁甲山》好吗？

乙　好，您来两嗓子。

甲　您听听，花脸讲究鼻音。

乙　噢。

甲　《丁甲山》。（唱）"俺李逵做事太莽撞。"哼——鼻音，哼——

乙　这不好看。行，行。

甲　爱好。

乙　花脸。

甲　花脸分多少种。

乙　还不一样？

甲　哎，有铜锤花脸，有架子花脸。

乙　我说：什么叫架子花脸？

甲　您听过那《法门寺》没有？

乙　听过。

甲　《法门寺》里那刘瑾，就是架子花脸。

乙　就是那位"九千岁"？

甲　哎，对。

乙　他怎么唱？

甲　那道白是这味儿的。

乙　您来来。

甲　"四海腾腾庆升平。"

乙　多足！

甲　"锦绣江山咱大明。"达台，达台。

乙　这是什么小锣？

甲　这是手锣。

乙　噢！

甲　"满朝文武尊咱贵，何必西天把佛成。"

乙　噢。

甲 "咱家——"

乙 "刘瑾。"

甲 猪八戒!

乙 哪出？这是……

甲 这出您会。

乙 我不明白。

甲 告诉您，这就是架子花脸。

乙 咱们研究研究，什么叫铜锤花脸？

甲 您听过那个《捉放曹》没有？

乙 《捉放曹》，我听过。

甲 那曹操，就是铜锤花脸。

乙 怎么个味儿？

甲 一叫板这味儿的。

乙 您学学。

甲 在帘里边："马来！"

乙 俩音儿。

甲 一唱更好听。

乙 怎么唱？

甲 （唱）"八月十六……"

乙 不行！你那个不对您哪。

甲 怎么？

乙 八月十五。

甲 十六。

乙 十五吗？

甲 十六嘛!

乙 怎么十六哪？

甲 我阳历嘛!

乙 阳历呀！我没听说这里有阳历。

甲 这您外行。

乙 八月中秋。

甲 （唱）"八月中秋……"您看我对花脸有研究吗？

乙 您这嗓子还真挺豁亮。

甲 当然是了。

乙　我给您出个主意吧。

甲　什么主意？

乙　您还是唱戏去吧。

甲　您说这话可气。

乙　怎么可气？

甲　您把这戏剧看得非常简单。

乙　不简单？

甲　我这嗓子再好，也不能当戏剧演员。

乙　您够条件。

甲　我没下那么大功夫。

乙　噢。

甲　下了那么大功夫，我这条件也不够。

乙　怎么哪？

甲　唱花脸个儿得高。

乙　得猛。

甲　脸盘儿得大。

乙　大脸盘子。

甲　裘盛戎、袁世海、金少山。

乙　像样儿！

甲　您看这个子，脸盘大，扮出戏来，比如说窦尔敦，往这儿一站，
观众一瞧得像活窦尔敦一样。

乙　得威武。

甲　我给您学。巴拉锵锵巴拉才登锵！观众一瞧，哎，好——活窦尔敦。

乙　英雄气概。

甲　我这个儿，就这么高。

乙　一样。

甲　我也去窦尔敦？

乙　我给您出个主意。

甲　什么主意？

乙　您不是个儿矮吗，您穿个厚底靴子。

甲　哎，穿个厚底靴子。

乙　哎。

甲　别瞧个儿矮，弄个小袍子，戴个小帽子，去窦尔敦。

乙　哎!

甲　家伙点这么一响: 巴拉锵锵巴拉才登锵, 观众一瞧——

乙　窦尔敦?

甲　武大郎。

乙　哎, 那可不行您哪。

甲　咱这条件差得多。

乙　是不行。

甲　听戏也不一样, 爱好也不相同。

乙　当然了。

甲　您看您的说法, 把戏剧看得太简单了。类似像您这种说法, 我有个二大爷, 他就这个看法, 他就以为嗓子好就能唱戏。

乙　是啊?

甲　这个就错了。我这二大爷嗓子的确不坏呀。

乙　他经常唱?

甲　喊。

乙　喊什么呀?

甲　做小买卖儿的。

乙　他是做买卖的?

甲　哎。

乙　那甭说经常吆喝了。

甲　挑个扁担, 几年前大街小巷您没瞧见吗?

乙　干什么的?

甲　卖豆腐脑儿的。

乙　卖豆腐脑儿。

甲　嗓子可真冲。

乙　怎么吆喝?

甲　一吆喝出来能听出五里地去。

乙　您学学。

甲　我给您学学: "豆腐脑儿热乎!"

乙　噢, 我想起来了。

甲　那就是我二大爷。

乙　这可不是外人了。

甲　他就以为嗓子好, 就满可以做一个戏剧演员。

乙　他喜欢什么哪？

甲　他也不爱老生，也不爱青衣。

乙　他爱好什么？

甲　他专门爱好红净戏。

乙　关老爷的戏。

甲　他还经常锻炼。

乙　怎么？

甲　他经常唱的就是《古城会》。

乙　好戏呀！

甲　就唱这点儿。

乙　您学学。

甲　（唱）"适才间与蔡阳大战一番，斗大的人头落在马前！"

乙　好，红净戏好可是好，费力不讨好。

甲　这您是外行。

乙　怎么啦？

甲　您打算要叫好吗？这里有个窍门。

乙　什么窍门？

甲　就在第二句上，一走高腔，脑后发音，保证叫好。

乙　哪点？

甲　第二句。

乙　您来？

甲　（唱）"适才间与蔡阳大战一番，斗大的人……"您瞧，"斗……"

乙　您别憋着。

甲　脑后音。

乙　好。

甲　到那儿准叫好。

乙　那行。

甲　他还经常锻炼。

乙　下功夫。

甲　久练久熟。

乙　对。

甲　您还别说……

乙　怎么的？

大
登
殿

甲　我这二大爷也露过脸。

乙　真露脸了？

甲　在十几年前，班社不健全，有野台子戏，搭个大席棚，他逮谁跟谁套头磕脑。

乙　一定是认识。

乙　有样儿。

甲　到了后台了："辛苦，辛苦，哪位弄碗豆腐脑儿吧。"

乙　张罗买卖。

甲　多给点儿卤。天天去都熟了。

乙　是呀。

甲　有这么一天去了，到后台，后台老板着急，汗都下来了。

乙　什么事？

甲　"老板，怎么着这么大急呀？""哎呀！你不知道，砸锅了！"

乙　什么事？

甲　"戏报贴出来了，演员没来。"

乙　什么戏？

甲　《古城会》。

乙　唱谁的没来？

甲　"就是唱关公那主儿没来。"

乙　这误场可耽误事。

甲　我二大爷一听倒高兴了："谁没来？"

乙　唱关公的没来。

甲　"噢，关公没来，不要紧，我来了。"

乙　"你来管什么用啊？"

甲　"哎，救场如救火，空着场一会儿倒好上来了。"

乙　噢！

甲　"要把我扮上呢？无论如何，上了场就没有倒好了。"

乙　是呀！

甲　后台老板一琢磨，可也对。

乙　真能对付。

甲　"我说来四个人把'豆腐脑儿'扮上。"

乙　把豆腐脑儿扮上？

甲　"把卖豆腐脑儿掌柜的给扮上。"

乙　那倒可以。

甲　你还别说，我这二大爷扮上还真像关公。

乙　有样儿。

甲　他个儿高啊。

乙　猛。

甲　大高个儿，脸盘儿也大，戴上夫子盔，穿上绿袍，拿着把大刀，往这儿一站。

乙　怎么样？

甲　行！后台老板高兴了。

乙　有样儿。

甲　"行，这关公够样儿，准备呀，一撩帘出去，家伙一响，告诉你，卖点力气。"

乙　错不了。

甲　我二大爷高兴，家伙点儿一响：巴拉搭才巴拉才登锵！我二大爷拉帘一看。

乙　怎么样？

甲　台底下压压叉叉四千多位。

乙　人山人海呀。

甲　他高兴要卖点儿力气。

乙　卖吧。

甲　不卖力气好点儿。

乙　卖力气？

甲　倒砸锅了。

乙　怎么的？

甲　这么唱的："适才间与蔡阳大战一番，豆……腐脑儿热乎！"

乙　嗐，那儿卖去了？好嘛！三句话离不开本行。

甲　底下嚷："下去，下去……"

乙　怎么着？

甲　弄个卖豆腐脑儿的上来干什么？

乙　哎哟！不行那个。

甲　硬把我二大爷给轰下去了。

乙　看起来得下功夫。

甲　不是那么简单。

乙　对。

甲　你看还有这么一种人，好听混合戏。

乙　什么叫混合戏。

甲　混合戏你不明白？还有一个名。

乙　叫什么呀？

甲　叫拼盘儿戏。

乙　拼盘儿戏！

甲　哎。

乙　怎么唱戏还有拼盘儿？

甲　什么叫拼盘儿哪？

乙　拼盘儿就是什么菜都有。

甲　就是戏里什么戏都有，有梆子，有落子，也有京戏，什么都有。

乙　凑一块儿唱？

甲　就像是那个联合演出似的。

乙　是了。

甲　听这戏都是咱们街坊上年岁的。老王家二大娘。

乙　她爱去。

甲　哎，老李家四姑。

乙　喜欢。

甲　姐儿四个没什么事了，搭话儿："大妹子。"

乙　"什么事您哪？"

甲　"没事吧？"

乙　"没事。"

甲　"今儿个我请客。"

乙　"干吗去？"

甲　"咱们看戏去。"

乙　"我有钱。"

甲　"今天的戏好哇。"

乙　"什么呀？"

甲　"什么戏全有哇。"

乙　好嘛。

甲　四个老太太买了四张票。

乙　那好。

甲　往那儿一坐，开戏了，头一出戏就不错。

乙　唱什么？

甲　评戏。

乙　哪出？

甲　《马寡妇开店》。

乙　噢！马寡妇开店。

甲　还有一个名儿叫《狄仁杰赶考》。

乙　对。

甲　开始一唱，演员一上场，这位二大娘连批带讲。

乙　人家常听戏，明白。

甲　是呀，一开始她就介绍了。

乙　说什么？

甲　"大妹子，头一出这戏就不错呀！"

乙　"这是什么戏？"

甲　"叫《马寡妇开店》。"

乙　明白。

甲　还有一个名字。

乙　叫什么？

甲　"叫《狄仁杰赶考》。"

乙　对。

甲　"您瞧坐着那看书那小伙子长得多漂亮！"

乙　是呀！

甲　"那个就是狄仁杰。"

乙　噢。

甲　"地下站着那个。"

乙　噢。

甲　"那是书童。"

乙　对。

甲　"拿着茶盘送水那女的。"

乙　谁呀？

甲　"长得多美呀！"

乙　漂亮。

甲　"重眉毛，大眼睛，那就是马寡妇哇。"

乙　怎么叫马寡妇呢？

甲　"为什么管她叫马寡妇呢？"

乙　不知道。

甲　"因为她姓马呀，她当家的死了，所以管她叫马寡妇了。"

乙　您这不是废话嘛！

甲　"你看那马寡妇瞧狄仁杰长得漂亮。"

乙　是呀？

甲　"调戏人家，没羞没臊。"

乙　对。

甲　"小男妇女，寡妇失业的，你调戏人家干什么？"

乙　对呀。

甲　满带感情的。

乙　你管那事干吗？

甲　一会儿换戏了。

乙　噢。

甲　京戏。

乙　唱什么呀？

甲　《玉堂春》。

乙　噢。

甲　剧中四个人物。

乙　好。

甲　中间坐着一个。

乙　谁？

甲　英俊小生王金龙，一边一个是蓝袍、红袍。

乙　俩老生。

甲　当间跪着一个，穿着罪衣罪裙，扛枷戴锁的。

乙　谁？

甲　那是苏三。

乙　噢！苏三。

甲　其实她也不知道。

乙　噢。

甲　不知道也要讲。

乙　是呀。

甲　"哎，大妹子，你看咱说什么来着。不让马寡妇调戏人家，死乞白赖地调戏人家。调戏吧，你看马寡妇犯罪了吧？"

乙　那是马寡妇吗？

甲　"哎，别死乞白赖地问。小男妇女的明个儿慢慢改了就好了。"

乙　还带改的？

甲　你琢磨，《玉堂春》！慢三眼哪，连流水，带原板一唱四十多分钟。

乙　是得唱一会儿。

甲　老太太听不明白。

乙　是呀？

甲　一不明白，她坐在那儿睡着了，呼——

乙　真着了。

甲　她这一睡不要紧，那姐儿仨要了命了。

乙　怎么的？

甲　没有说明员了。

乙　不明白。

543

甲　现叫，还得打听。"哎，大姐呀，你别睡，你看这阵儿怎么了？"

乙　说得是哪！

甲　她不知道，她还出主意。

乙　怎么出主意？

甲　"嗳，咱问那个干什么？"

乙　怎么哪？

甲　"咱们姐儿四个睡吧。"

乙　睡吧？

甲　睡醒了你就明白了。

乙　怎么着？

甲　判决书就下来了。

乙　有判决书吗？

甲　齐的乎的姐儿四位坐在那儿全睡了。

乙　都着了。

甲　不然还醒不了。

乙　怎么醒的？

甲　换戏了。

乙　什么戏？

甲　换的是武戏。

乙　哪出？

甲　《长坂坡》。

乙　噢，赵云救阿斗。

甲　对，去赵云的勇猛武生，个头儿高，戴着护背旗，拿着大枪，家伙点儿一响，巴拉锵巴拉登锵！拿大枪拍打这曹八将。锣鼓一响，把这老太太震醒了。

乙　醒了。

甲　拿过手帕，擦擦眼睛，往台上一瞧，可高兴了。

乙　乐了。

甲　"哟！大妹子，这回马寡妇这官司可好打了。"

乙　你怎么知道？

甲　"她娘家哥哥来了。"

乙　那是她娘家哥哥吗？

甲　赵云变成大舅子了。

乙　这何苦呢！

甲　说到戏剧问题，中国的戏剧多种多样。

乙　都有什么？

甲　那可太多了，我给您介绍介绍。

乙　介绍介绍吧。

甲　就拿梆子来说吧，有多少种类。

乙　种类不少。

甲　梆子有：山东梆子、山西梆子、河南梆子、河北梆子，鞋帮子。

乙　鞋帮子？

甲　白菜帮子、腮帮子。

乙　哪有腮帮子！

甲　这个山东梆子，您听过没有？

乙　我听说过，我可没听唱过。

甲　您没听过？

乙　没有。

甲　我给您来两句。

乙　什么戏？

甲　山东梆子。京戏也有，叫《托兆碰碑》。

乙　梆子呢？

甲　梆子叫《李陵碑》。

乙　噢，这两出戏都一样。

甲　哎，表演手法不一样。

乙　怎么不一样？

甲　不一样的形式嘛！我先给您介绍介绍京剧的表演手法。

乙　那好。

甲　老令公在碑前唱的是〔反二黄〕。

乙　一大段。

甲　唱完了以后要道白。道完了四句白开始碰碑。

乙　您学学这几句。

甲　我给您学学。"庙是苏武庙，碑是李陵碑，令公来到此，卸甲又丢盔！"崩登仓！

乙　碰死碑下。

甲　就这碰碑，你要听山东梆子呀……

乙　跟这一样？

甲　不一样。

乙　也是道白。

甲　干脆。

乙　怎么着？

甲　没废话。

乙　噢。

甲　都是大实话，性情耿直，拿过来冲着碑就唱。

乙　噢，张嘴就唱。

甲　唱这四句可真有点意思。

乙　您学学？

甲　真是实话。

乙　咱听听。

甲　头一句这么唱的。

乙　嗯。

甲　冲着碑直眉瞪眼。（唱）"李陵碑本是石头的。"

乙　这不是废话嘛！

甲　"俺要不碰它不依。"

甲　拽他了？

甲　"俺有心上前将它碰。"

乙　碰。

甲　"又怕碰破了脑瓜皮！"

乙　那你碰它干吗？这何苦呢！

甲　这就是山东梆子。

乙　噢，这有点意思。

甲　还有一种叫河北梆子。

乙　那就是直隶梆子。

甲　对，谈到这儿，我心里非常难受。

乙　什么事？

甲　在这以前，旧社会，梆子演员好悬没失了业。

乙　对，那会儿没人管。

甲　在那个社会，受了京剧的排挤，唱词也没人整理。

乙　噢。

甲　看看现在的梆子，灯光，布景，唱词，连动作上完全都改了。

乙　都好。

甲　在那时候，我记得有这么一出戏。

乙　哪出？

甲　梆子也有，京剧也有。

乙　说说。

甲　又叫《大登殿》，又叫《回龙阁》。

乙　噢，梆子叫《大登殿》。

甲　二黄叫《回龙阁》。

乙　不错。

甲　他们的表演手法也不同。

乙　哪点儿不同？

甲　我给您介绍介绍。

乙　哎。

甲　京剧表演手法，王宝钏王娘娘唱词有规矩。

乙　叫什么？

甲　叫"七字珍"。

乙　什么叫七字珍？

甲　七个字一句，七个字一句。

乙　是吗？

甲　一共是四句，娘娘化了装，后台那儿一站。

乙　等着。

甲　幔帘挡着，马大、江海宣娘娘一上殿，她叫板喊："接旨！"

乙　喊？

甲　我给您学学。

乙　您来来？

甲　"圣上有旨，宣王娘娘上殿啊！"

乙　这回，后台？

甲　喊"接旨"。

乙　搭茬儿了。

甲　"接旨……"

乙　这是叫板吗？

甲　火车进站。

乙　瞧这个乱劲儿。

甲　小锣儿，台台……台不令台令台，要唱，你数着，没错儿，准是七个字一句。

乙　试验试验。

甲　（唱）"忽听万岁一声宣，寒窑来了王宝钏，大摇大摆上金殿。"台……台个令台令令令台，"参王驾来问王安。"

乙　四七二十八个字，没错儿。

甲　过去那梆子那词儿，我研究了多少年，我也不知道多少字。

乙　那您不知道那原词儿是什么。

甲　那原词儿现在我还记着哪。

乙　那您说说我能数出多少字来。

甲　头一句是："金牌调来银牌宣。"

乙　您看看，您不识数儿不是？"金牌调来银牌宣"，当间数也是七个字。

甲　是啊，数着七个字，一唱就抓瞎。

乙　不是七个字？

甲　您识数儿吗？

乙　这不是废话嘛！

甲　那么我唱，您要数完了，您能知道多少字吗？

乙　我要数完了不知多少字，我叩头拜您为老师。

甲　您要能知道多少字，我承认您是我的老师。

乙　咱俩试验吧。

甲　甭说数字，马大、江海宣娘娘一上殿，你就抓瞎。

乙　不见得。

甲　您就不知道哪朝哪代。

乙　哪儿有那事呀？

甲　我给您学学。

乙　来来。

甲　"圣上有旨，宣王母娘娘上殿哪。"

乙　王母娘娘？

甲　二哥别走了。

乙　怎么了？

甲　换戏了。

乙　什么戏？

甲　《蟠桃会》。

乙　怎么了？

甲　有王母娘娘嘛。

乙　什么呀！他说错了。

甲　娘娘在帘里边叫板是哭梆手。

乙　搭茬儿了。

甲　"哎——"

乙　哭什么呀？

甲　我脚脖子崴了。

乙　这倒霉劲儿。

甲　家伙点儿一响。台……台个高台是台。

乙　唱吧。

甲　您要是数完了知道多少字，我就承认您是我的老师。

乙　你唱我数。

甲　注意。

乙　来。

甲　（唱）"金牌这个调来呀哈，银牌哟得儿宣哪那呼……那呼。"这多少字了？

乙　我也数不上来了。

甲　您在这儿抽风哪。

乙　我这是抽风吗？

甲　您今年多大岁数了？

乙　三十四了。

甲　太聪明了。

乙　怎么了？

甲　三十四岁您就会抓挠儿了。

乙　我这是抓挠儿哪！

甲　您再往下听。

乙　来。

甲　"王相府又来了我王氏宝钏。"

乙　怎么又来了？

甲　你不知道，早上四点多钟来了一趟。

乙　是呀？

甲　拉门一瞧，一个人没有，又回去了。

乙　这是第二趟呀！

甲　"九龙口用目看。"

乙　看什么哪？

甲　大概看飞机哪。

乙　那会儿有飞机呀！

甲　看她的丈夫当皇上了。

乙　高兴。

甲　这个动作太野蛮了。

乙　怎么个样儿？

甲　"我的天爷爷哟！"

乙　干吗哪？

甲　贴大饼子哪。

乙　好嘛！

甲　要夸她丈夫。

乙　高兴。

甲　有点儿意思。

乙　夸？

甲 "但只见平郎丈夫，头戴王帽，王帽一顶，身穿蟒袍，蟒袍一身，腰横玉带，玉带一根，足蹬朝靴，靴子两只，左脚一只，右脚一只，两只一双，一双两只……"这是王宝钏哪——

乙 啊？

甲 卖破鞋哪！

乙 去你的吧！

（彭国良　王志民演出稿　白泉记录）

评剧杂谈

乙　这回呀是我给大家说相声……

甲　（唱）"我闻听我的陈郎啊……"

乙　唱上了。这个相声……

甲　"又回原郡……"

乙　我说这段……

甲　"低呀头不语暗沉吟。"

乙　没完了！

甲　"扑簌簌，泪珠儿就往腮下边滚……"

乙　难过啦。

甲　"乜呆呆，目不转睛眼望着仇人！"（看乙）

乙　仇人？

甲　"咱二人窃玉偷香情有过半载，奴拿你呀……"

乙　怎么样？

甲　"当做了'列巴'①……"

乙　"列巴"？

甲　"敬如宾……"

乙　别唱了！什么乱七八糟的！

甲　其实我唱几句你就应当把我拦下，你打算让我把这出戏唱完了那
　　哪儿行啊。

乙　唱得还真不错。

甲　您别说了，唱得好还得说人家评剧演员。

———————————

①　列巴：借用俄语"面包"一词的读音，把面包叫作"列巴"。

乙　那倒是。

甲　人家那条件好，嗓子好，注意保养嗓子，不吃咸的，不吃辣的。

乙　保养得好。

甲　老怕嗓子受了损失，吃东西都加小心，吃蛋糕都拿白开水把它泡碎了吃。

乙　这干吗？

甲　怕拉着嗓子。吃大米饭，把大米粒两头那尖儿都拿剪子铰了去。

乙　那大米都没了。

甲　那嗓子多细呀，吃面条都一根根往里抽着吃。

乙　嘻！

甲　像咱俩这嗓子，这么大馒头，俩俩往里扔！

乙　噗！像话吗？

甲　评剧演员不但嗓子好，扮出戏来也好看。

乙　漂亮。

甲　曲线美，可以说是杨柳细腰。

乙　对。

甲　像咱俩这是杨柳……

乙　细腰。

甲　牛腰。

乙　好嘛，更粗！

甲　从哪方面咱也比不了评剧演员。

乙　对。

甲　评剧过去不叫评剧。

乙　叫什么？

甲　叫"落子"。

乙　落子？

甲　又叫"蹦蹦戏"。

乙　噢。

甲　正字叫"半班戏"。

乙　怎么又叫"半班戏"？

甲　那里边没有武生，没有老生，没有花脸，就卖小生和花旦两个演员。

乙　对，不够一班。

甲　所以叫"半班戏"。

乙　噢。

甲　唱腔不但不好听，音乐伴奏也很简单。

乙　什么乐器？

甲　就用一个唢呐。

乙　就是喇叭。

甲　演员唱一句，喇叭吹一声。可是喇叭的声音超过了演员的唱腔。

乙　是吗？

甲　从前有一出叫《老妈儿开嗙》。

乙　对。

甲　唱出来那个调非常难听。

乙　怎么唱？

甲　（唱）"小老妈儿在上房掸扫尘土吧您哪。"再听那喇叭，哒——

乙　嗐！玩儿命哪这是！

甲　"掸扫完东屋到在了西屋里您哪。"白打扫了。

乙　怎么哪？

甲　打扫完东屋哇，全倒西屋里了。

乙　全倒这屋了？

甲　就说哪。

乙　不对，人家是来到了西屋。

甲　可是观众听起来很模糊。

乙　听不明白。

甲　旧戏像这样模糊的词句也不止这一出。

乙　还有？

甲　还有很多，咱们再举一出作为参考，《二美夺夫》这出戏您看过没有？

乙　看过，小红找大红嘛。

甲　对，小红到花园里没找着大红，看见芭蕉树上绑着个公子叫董良才，结果这小红嫁给他了。可那小姐也嫁给董良才了。你说这出戏说明什么哪？

乙　就说是哪。

甲　是说那小姐大仁大义，还是说那小红见义勇为，还是说董良才那小子走贼运？

乙　走贼运？

甲　他一个人弄俩媳妇。

乙　是啊？

甲　宣扬一夫多妻制。

乙　对。

甲　从内容来说是荒诞的。

乙　哎。

甲　从唱词上来说听不懂。

乙　听不懂？

甲　就小红夸董良才长得怎么漂亮这段唱词儿，我记得我从六岁就听这出戏，已经听了二十几年了，这段唱词儿到现在我还没弄清楚。

乙　没听懂？

甲　第一句我就不太懂。

乙　你学学？

甲　（唱）"有小红细细地留神儿"，细细地留神儿，这个字写出来念什么？

乙　念"神"。

甲　这就对了，说闲话也得说神，对方他喜欢听。

乙　是吗？

甲　"×先生，老没见了，看您这精神多好哇！"

乙　"精神不错。"

甲　"没事吗？"

乙　"没事。"

甲　"回见。"

乙　"好您哪。"

甲　你看，这你就高兴，神！要说神儿你就不愿意听。

乙　一样。

甲　咱来来。

乙　来吧。

甲　"老刘哇？"

乙　"是我。"

甲　"几天没见。"

乙　"可不。"

甲　"你看你这神儿！"

乙　"你看你这德儿！我这神儿呀？"

甲　不爱听不是。他唱神儿，"细细地留神儿，从上下打量这个被绑的人儿，大大的两个眼儿哟，弯弯的两道眉儿。"这不是眼眉吗？

乙　是呀。

甲　他唱门儿！这地方是门儿呀？这要是贴上对子还怎么走道儿哇？

乙　嘻！

甲　"雪白的小脸蛋呀，人家没有一个麻子儿。"她说董良才呀没有"一"个麻子。

乙　长得干净。

甲　要有都五个一摞！

乙　一摞？

甲　一夸奖他那岁数我就更听不明白了。

乙　怎么唱的？

甲　"看他年纪儿，满不过十四五、十五六七、十七八九，嘿，二十郎当岁。"他没准岁数！

乙　到底是多大呀？

甲　他这户口是怎么报的我都纳闷儿。

乙　是嘛！

甲　像咱们这省事。

乙　噢。

甲　你今年多大岁数？

乙　四十四。

甲　一句话就完了。

乙　对。

甲　要像他那么回答，户籍员多大本事，一天顶多查两家。

乙　怎么？

甲　麻烦哪。

乙　你来来。

甲　"你今年多大了？""啊，十四五。""不像啊？""十五六七。""到底多大？""十七八九。""你说准了？""二十郎当岁儿哪！"

乙　嘻！不像话。

甲　到底二十几呀？

乙　没说清楚。

甲　究竟这董良才长得什么模样，在唱词里也没把它定下来。

乙　他怎么唱的？

甲　"他好像终南山上韩湘子儿，他手中缺少一个花篮子儿。又好像洞宾老祖下了界，他背后缺少宝剑一根儿。又好像金吒、木吒、哪吒三位太子儿，他足下缺少一个风火轮儿。"这人四不像！

乙　什么模样儿？

甲　究竟是什么模样儿不知道。

乙　没唱出来。

甲　使我最难懂的就是末尾那一句。

乙　怎么唱的？

甲　"他的爹妈必是长得嘚（dě）儿呀！"

乙　什么叫"嘚儿"？

甲　也不知道什么叫"嘚"儿？后来我仔细研究一下，这小红可能是山东人。

乙　你怎么知道？

甲　这个"嘚儿"就是好看。（学山东人）"你看这个小小子儿长得真嘚儿呀！"（指乙）

乙　谁呀！他跑我这儿来了！

甲　你说这个词儿谁听得懂啊？不仅内容不好，而且唱词也不固定。光为了赶辙，净是水词儿。

乙　可不是嘛。要叫你这么一说，过去的旧评戏没有好的？

甲　也不能这么说，如果说旧戏一点儿好的也没有，那咱们就不挖掘整理传统剧目了。

乙　对。

甲　那是我们老先生留下来的遗产。

乙　哎。

甲　我不是提倡旧戏，而是分析这个旧戏。我们说传统的戏剧在唱腔上有好的地方应该继承下来。

乙　对。

甲　在音乐伴奏上有好的地方我们也应该继承下来。

乙　这是实话。

甲　对不对？不足之处可以加以改进。取其精华，去其糟粕。咱们再举一出旧戏研究研究。

乙　你说说。

甲　有一出《海棠红》您听过没有？

乙　看过，过去上过银幕。

甲　《海棠红》这出戏，虽然存在一定的问题，但是在它的唱腔上、伴奏上，有些地方值得我们吸取。

乙　哦。

甲　把它继承下来，再加以改进，就是好的东西，头一样儿说这剧本写得就比较好。

乙　对。

甲　海棠红本人就是个唱戏的。

乙　就是做艺的。

甲　她的丈夫吃喝嫖赌抽白面，无所不为。

乙　您听听。

甲　就指着海棠红唱戏挣钱养活他，有一天海棠红在舞台上演戏，有个大官儿看戏，把她看上了，第二天打发个当差的，写了个条子把她叫到官府里去唱。

乙　上他那儿去唱？

甲　唱完了不让走，留他那儿过夜。

乙　晚上让她陪着那官儿打牌，在打牌的时候，这官儿拿手一摸海棠红这手，海棠红抡圆了给他一个嘴巴子。

乙　打得好！

甲　能白打吗？

乙　怎么？

甲　就说这作者，笔法好，斗争性强。给他一嘴巴，那官儿一撩衣裳襟把手枪就掏出来了。

乙　要枪毙她？

甲　旁边的狗腿子还给讲情。

乙　说什么？

甲　"老爷，您别把她枪崩了，您要是枪崩了她，您想的事不就完了吗？""依你怎么办？""依我您把她送到监狱，等老妈子给她送饭的时候，劝劝她，多咱她答应给您做第七房的姨太太了，您再把她放出来。"

乙　多缺德呀！

甲　海棠红就这样被关进了监狱。

乙　那她丈夫哪?

甲　只有卖着吃,把海棠红的戏装和家里所有的东西全卖光了。后来实在没的可卖,把自己亲骨肉的儿子都卖了。

乙　多惨哪!

甲　卖俩钱儿花光了,他冻饿而死。

乙　嘿!

甲　等海棠红从监狱里再出来,到家一看什么都完了,丈夫死了,孩子也没了,唱戏没有戏装。

乙　那怎么办?

甲　找她干娘去了,干娘给个琵琶。

乙　干什么?

甲　叫她抱着琵琶大街唱曲。

乙　噢,要饭吃。

甲　有一天,在街上要饭,看见她的孩子了。

乙　她还认识吗?

甲　孩子可不认识妈妈了。

乙　怎么回事?

甲　年头儿太多了。

乙　对。

甲　知道是自己的孩子,可不敢上前去认。

乙　那为什么?

甲　她如果说那孩子是她的,花钱买孩子那主儿能用金钱买动官府,还把她押进监狱。

乙　还把她押起来?

甲　他能花钱买儿子,就能花钱买动官府。

乙　对。

甲　母子连心,难舍难离,孩子在前边走,妈妈抱着琵琶在后边跟着,眼看着那个老头儿领着自己亲骨肉的孩子进了大院,妈妈。

乙　干吗?

甲　在门外边弹琵琶唱曲。

乙　瞧瞧。

甲　这段曲子叫《寻子曲》。这个腔调悲,感染力非常强,这个乐器伴奏配唱也非常好。琵琶，嗡子，南弦子，四胡。这个唱腔直接传到后院，小学生听见了，越听越难过，越听越伤心，听着听着是放声大哭。本家给买什么都不要。

乙　要什么？

甲　就要那个唱曲儿的。

乙　哦。

甲　没办法，把海棠红找到后院母子相会。这出戏谁唱得最好？

乙　谁？

甲　那得说是老白玉霜。

乙　对。

甲　我记得，民国二十八年我在天津中国大戏院看的这出戏。看到《寻子曲》这段唱儿时，我观察了一下，楼上楼下好几千观众就没有一个不掉泪的。

乙　唱得太悲了。

甲　就没有一个不哭的。

乙　唱得太苦了。

甲　前三排有个老太太都哭出声来了。

乙　哭出声来了？

甲　"哟，你别唱了！哎哟……"（哭）

乙　这是何苦的。

甲　老太太放声大哭？

乙　这不是没有的事嘛。

甲　我过去劝劝她："老大娘，这是唱戏。我知道唱得好，唱得好也不至于这么哭。您这么一哭，别人还怎么听？"老太太回答得清楚。

乙　说什么？

甲　"她唱得好坏我不管。"

乙　那哭什么？

甲　"我胃病犯了！"

乙　嘻！

甲　老大娘为什么把胃病犯了？上了年纪了，体格不好，尤其在旧社会吃不饱穿不暖，哪有闲心去看戏？儿子孝顺妈妈，听说这出戏演得好，现借钱买张票，雇辆车把妈妈拉到戏院。

乙　您瞧瞧！

甲　意思是让老人家看看戏，散散心。万没想到，让剧情一感动，老大娘的眼泪下来了。

乙　噢。

甲　反正我跟您这么说，老白玉霜主演的这出《海棠红》，不管谁听都得掉几个眼泪。

乙　嗯？

甲　谁看都得哭！

乙　谁看都得哭？

甲　对。

乙　那可不一定。

甲　怎么？

乙　那得看遇见谁。

甲　遇见你，你也得哭！

乙　我就不哭！

甲　这出戏苦。

乙　苦我也不哭！

甲　腔调悲。

乙　悲我也不哭！

甲　感动人。

乙　感动人我也不哭！

甲　没有你那么心狠的！

乙　我就这么心狠！

甲　没有你这么倔脾气的！

乙　我就这么倔脾气！

甲　没有你这么不听话的！

乙　我就这么不听话……我是小孩儿啊？你给我亏吃！

甲　你这不是抬杠吗？

乙　这怎么叫抬杠？你要不信，你把老白玉霜找来，在这儿唱，看能把我唱哭了不！

甲　我哪儿找去？咱为了证实这个问题，我也不用找老白玉霜，她的这段《寻子曲》我学会了，我在这儿学一学，就能把你唱哭了。

乙　你学学？真的我都不哭，你学学就能把我唱哭了？

甲　你要哭了怎么办？

乙　这么着，你今天在这儿唱，倘若把我唱哭了，我磕头拜你为老师。

甲　是这话？让同志们给做个评判。我学一学白玉霜的《海棠红》，我唱这段《寻子曲》，我要是把他唱哭了，您想着给我鼓鼓掌，给我贺喜。

乙　贺什么喜？

甲　我又收个大徒弟！

乙　像话！大徒弟？你得把我唱哭了算。

甲　你非哭不可！

乙　没那事。你别说把我唱哭了，您看见没有？我这儿有个手绢，我只要拿它一擦眼泪，这支钢笔我送给你。

甲　你把它放在这儿吧。你把手绢准备好了。

乙　干吗？

甲　留着擦眼泪。

乙　我没听说过。

甲　你非哭不可！

乙　你唱！

甲　（唱）"大大的风雪呀夜冷天，娘想……"你瞧哭了不是？

乙　谁呀！谁哭了？

甲　你这不是哭哪吗？

乙　我这是乐哪！

甲　你这是乐哪？

乙　啊。

甲　怎么您这乐比那哭还难看哪？

乙　你管得着吗？我就这模样！你有能耐你把我唱哭了！

甲　一会儿你就得哭！

乙　你唱！

甲　（接唱）"娘想娇儿夜不眠。想娇儿，想得我肝肠儿痛断，盼娇儿，盼得我两眼望穿。那夜冷风紧，独自暗叹，思想起经过的事如在眼前。那儿在家每日里围着娘转，扑在胸抱在怀耍笑儿玩。那儿会说又会笑，亲着娘的脸，哪一样哪一宗都讨娘喜欢。最可恨儿的是他好事不干，好吃喝，好穿戴，又好耍钱。可恨他骨肉情完全都不念，也不知将娇儿卖在了哪边。我只说今生一世难见面，要相逢无非是在那鬼门关。我那难见面的儿呀……"

乙 （哭）你别唱了……哎哟……

甲 你怎么哭起没完了？

乙 我钢笔没了！（哭）

（师世元述　师胜杰整理）

学评戏

甲 （模仿河南坠子音乐伴奏过门）噌冷冷噌冷冷噌啊（唱）"要罢了钱，书归了正，他管拉我管唱诸君管听啊。"他管拉我管唱诸君管听，合算他不拉我不唱您也甭听了。噌冷冷噌冷冷噌啊。（唱）"要罢了钱，书归了正，他管拉我管唱诸君管听啊。你老爱听文来爱听武，爱听奸来爱听忠，你要听文的我不会，你要听武的我还没学成，半文半武我也唱不了哇……"

乙 那就甭唱啦。

甲 "哎……"

乙 还拉腔儿哪。

甲 （唱）"苦辣酸甜没学成。回文书单表哪一个？再表八爷名罗成……"

乙 噢，罗成出世。

甲 （唱）"罗八爷一同老罗艺，哥儿俩迈步下了大厅。"噌冷噌冷冷啊……

乙 哎哎哎！罗成跟罗艺那是爷儿俩！

甲 （唱）"罗成他爱拜把兄弟，跟他的爸爸是联盟"。

乙 拉平儿啦？

甲 （唱）"爷儿俩他迈开了八条腿……"

乙 四条腿呀？

甲 （唱）"在后边跟着一匹马走龙。"

乙 嘿，凑腿哪！

甲 （唱）"这个罗八爷，一催战马往前奔，连人带马上了城。"

乙 啊？马怎么上去的？

甲　（唱）"你要问马它怎么上去的呀……这个人能驾云马腾空。"

乙　哼！上去啦。

甲　（唱）"罗八爷马上留神看，在坟地出来一位将英雄。"

乙　坟地里的事呀？

甲　（唱）"明公要问怎么打扮，列位不知听我明。九梁道巾头上戴……"

乙　噢，老道。

甲　（唱）"身穿袍子是大红。"

乙　嗯？

甲　（唱）"下面的金莲刚三寸，他五绺长髯飘前胸。"

乙　妖精啊？

甲　（唱）"左手拿着文明棍，右手拿着勃朗宁。罗八爷一见害了怕，他没脱裤子出了恭！"

乙　嘻，行了，你别唱了，什么乱七八糟的！

甲　这叫武坠子，过去零打钱，男人这么唱；还有一种叫文坠子，小姑娘们唱，唱出来是这味儿。

乙　你给学两句儿。

甲　（唱）"大宋天子他坐汴梁，我表一表花魁大姑娘啊。小花魁送客就在大门外，来了秦重卖油郎。肩担着油挑子门前过，瞧见了花魁站立门旁。我只见她头上的青丝如墨染，她的柳叶儿眉弯了又的弯，滴溜溜一对好看的眼哪，通关鼻梁，玉米银牙在口内含。"好听吧？

乙　好听。

甲　也有时候唱错了，让你听着可乐。

乙　她怎么唱的？

甲　（唱）"玉米银牙，通关鼻梁在口内含哪。"鼻子跑嘴里去了！

乙　好嘛！

甲　过去有一位叫乔清秀的，那是乔派坠子。

乙　对，有这么一派。

甲　她的《王二姐思夫》唱得好。

乙　你学两句儿。

甲　（唱）"王二姐儿泪答撒，思想廷秀二哥他老没还家。二姐儿她在房中坐，忽听见窗户上头响刷啦。王二姐儿端起银灯照一照，（白）可了不得啦！（唱）原来是小蝎子窗户棱磴爬。小蝎子见银灯麻了它的爪儿呀，噗啦啦掉至在就地下呀。王二姐生来她是好淘气，她用她的金莲将蝎子拨拉，左边拨拉往右边跑哇，右边那个拨拉左边爬。这个王二姐儿来……她的泪如梭，思想起呀廷秀奴家的二哥（拉腔）啊……哎……哎……呀哎哟！"

乙　你怎么回事？

甲　我牙疼。

乙　牙疼啊！

甲　还有一个演员叫张永发，他唱的坠子你这么一听后边那腔儿呀，正跟天津那卖破烂儿的似的。

乙　是吗？

甲　不信我给你学两句儿。（唱）"圣贤爷端酒杯两泪双流，尊一声徐先生你细听从头。曾记得我弟兄结拜了北斗，杀白马祭地天还有乌牛。徐老母修书一首，扶保我的大哥驾坐龙楼。怕只怕此一去他不能回转，好一似万把钢刀把我的心抠哎……"破烂的卖呀！

乙　好嘛！

甲　我不但对坠子有研究，而且对评戏也有研究。

乙　噢，那您给谈谈。

甲　评戏它原来不叫评戏。

乙　对，评戏早先叫蹦蹦儿戏。

甲　外行了不是！

乙　评戏过去不是叫蹦蹦儿吗？

甲　叫蹦蹦儿，那是叫白了；其实是"半班儿"，"半班儿戏"。

乙　为什么叫半班儿戏？

甲　因为他们不够整班儿人。他们没有武戏，只唱文戏，不能开打，武功很少，以花旦小生为主。在那时候经常唱的像什么《花为媒》《回杯记》《王少安赶船》《杜十娘》《马寡妇开店》，最大的戏是《杨三姐告状》。

乙　噢。

甲　过去你听蹦蹦戏，像《老妈儿进京》啊，（唱）"小老妈儿在上房打扫尘土哇，打扫了东屋里，西屋里，哎我们套间儿屋呀……"这种唱法多么简单啊。

乙　对。

甲　后来唱《二美夺夫》，小红唱那几口儿就进了一步啦。

乙　对。

甲　我给你学学喜彩莲，我唱的这个腔儿，这个调儿，这个词儿，这个味儿，要是跟喜彩莲不一样——那就算我对了。

乙　哎。啊？唱得跟她一样才算你对了哪！

甲　唱得一样那得你来。

乙　我唱不了哇。

甲　不是的。我只不过是学习人家一点皮毛儿。反正我唱您得蒙着眼睛听，跟喜彩莲完全一样；您可别睁眼，您要是睁眼听，怎么听怎么像……

乙　喜彩莲？

甲　像×××。

乙　嗐，我还以为学得像喜彩莲哪！

甲　我这嗓音差点儿，您就凑合着听。

乙　行啦，您就学两句儿吧。

甲　剧情是：小红在北楼奉了小姐之命，去花园儿找大红，下楼后来到花园里，看见花儿开放，她还要报一报花名儿。我给你学这点儿啊？

乙　好。

甲　"在北楼……"你别看我嗓子不怎么样，可是词儿让你听得清楚。

乙　应该这样，你唱吧。

甲　"在北楼……"这三个字都得送到各位耳音里去。

乙　啊。

甲　"在北楼……"您就算站在最后边，也让您听得见。

乙　嗯。

甲　"在北楼……"要不怎么说……

乙　我说你还有完没完了？

甲　这不是怕人家没听清楚嘛！

乙　全听清楚啦。

甲　咱这里有多少位？

乙　有四五百位。

甲　每位三句。

乙　啊？那就甭唱啦！大家一句就行啦。

甲　别让人家挑了眼。

乙　就别磨烦了，唱吧。

甲　这人还急性子。（做欲唱状）啊……他……头一句什么词儿来着？

乙　（大声）"在北楼！"

甲　嗬，我说你干吗哪？你吃了炸弹啦！怪吓人的。

乙　穷磨烦半天，结果又忘了。快唱吧！

甲　（唱）"在北楼我领了小姐的命，我一人到花园去找大红；手扶栏杆把楼下啊。"台台台！

乙　噢，你这是下楼哪？

甲　我这儿蹬三轮儿哪。

乙　嘻！

甲　（唱）"下来了八五哇一十三层，我们穿宅过院……"

乙　你怎么啦？

甲　我踩电门上啦。（接唱）"……来得好快，花园不远就在面前迎，迈步我把后花园进……"台台台台！"有小红我细留神儿……"

乙　你干吗哪？

甲　我找烟头儿哪。（接唱）"花开四季就爱死个人儿。那一盆儿开的本是老来少，这一盆儿开的本是玉美人。那一盆儿有枝儿无叶儿是个光棍儿，这是一盆儿有叶儿无枝儿是个寡居儿。那一盆花儿也有叶儿也有，好像一对美貌夫妻儿。这一盆儿有个花儿它张着一个嘴儿，好像我呀，十七八的姑娘，哎哟！"瞧我眼睛！（唱）"我们没有一个女婿儿啊！"

乙　好嘛！就这转眼珠儿我就来不了。

甲　眼神必须得活呀，才能显出剧中人那么活泼天真、可爱嘛！后边夸公子那段儿，小红唱也是小辙儿。

乙　什么词儿呀？

甲　（唱）"有小红细留神儿，上下打量那被绑的人儿，大大的俩眼儿喏（rě）噢……"眼睛她唱"眼儿"，临完唱成"眼儿喏噢"，你"揉"它干吗呀？（接唱）"弯弯的两道眉儿……"眉毛哇！她唱"门儿"。你想，这儿要是门儿，这儿是门框，往哪儿贴对子？（接唱）"雪白的呀小脸蛋儿，人家没有一个麻子儿……"脸嘛，唱"脸蛋儿"，麻子唱"麻子儿"。没有"一个"麻子，都是五个一撮！（接唱）"红嘴唇儿不笑不说话，一笑俩酒窝儿。人家的爹妈必是长得嗝儿，要不然不能养下这样白胖小小子儿。"由这儿往后，年岁看不准了。（接唱）"看年纪儿十四五哇，十五六七儿，十七八九呀，二十郎当岁儿。"这到底是多大呀？

乙　这……我也不知道！

甲　后来人家的唱词儿越来越细致了。

乙　对。

甲　有的戏真是风行一时，大街小巷男女老少要是对这个戏熟悉，张嘴一唱就是这句。

乙　过去在街上流行的是什么戏呀？

甲　过去一度流行过爱莲君的《烧骨计》。你正好好儿走着道儿，不知起哪儿就冒出这么一句来，"娘怀儿呀，一个月呀……"怎么样怎么样，就这点儿，大家都熟悉。那天有一个人唱这句把我给逗乐了。我在前边走，她在后边唱："娘怀儿呀……"我回头一看，敢情是六七岁的一个小姑娘，她也唱"娘怀儿"！

乙　那是因为大家对那个戏太熟啦。

甲　爱莲君在天津红啊！她成名的戏就是刚才我说的那出《烧骨计》，还有一出是《于公案》。哎呀，那简直是太好啦！

乙　怎么个好法呢？

甲　这是个悲剧，她能把看戏的全给唱哭了！

乙　没那事，我要是在那儿听，她就唱不哭我。

甲　怎么呢？

乙　因为我这个人从来不爱掉眼泪。

甲　你多狠的人也能让你哭了。

乙　没那事，我们家死了仨耗子，我就没哭它！

甲　废话！你要是不信，我学一学爱莲君的这出《于公案》，唱不过五六句就能把你给唱哭了。

乙　没那事。连她本人都唱不哭我，你学人家怎么能把我给唱哭了呢？

甲　是这话？我要是唱不哭你，我改姓，姓你的姓！

乙　甭吹大话，你唱吧。

甲　你把手绢儿预备好吧！

乙　干吗呀？

甲　等着擦眼泪。

乙　你就唱吧。

甲　（唱）"八月中秋，雁儿往南飞，跑腿儿在外总有三不归。头不归呀，二老面前不能尽孝；二不归，恩爱的夫妻不能奉陪；三不归呀，倘若病在了招商(哭味儿逐步加强)儿店，煎汤熬药依靠谁？(哭)夫哇！"

乙　(随着甲的唱腔，做越来越难受的表情)要不你甭唱啦，这玩意儿是让人酸得慌！

甲　啊……哇……

乙　你这是怎么啦？

甲　我钱包丢了！

（郭全宝忆记）

群口相声

金刚腿

（甲、乙、丙同时上台，丙站中间，甲在右）

乙　这回咱们三个人说段相声。

丙　咱怎么说呀？

乙　我出个主意，你们俩随着。

甲　说什么呢？

乙　咱们说一回金刚腿，又叫一百二十八条腿儿。

丙　怎么叫一百二十八条腿儿？

乙　比如说，咱们说出一样物件，不论是吃的、使的、用的，都得叫它带着四条腿儿。好比说，有这么一座山，山当然是没腿啦，也不能满街上溜达山哪！

甲　对啊！

乙　比如说这山叫"牛头山"，牛几条腿啊？

丙　四条腿儿啊。

乙　打这儿起，句句都不许离开牛啦。你们俩给数着点儿。

甲
丙　行。

乙　有这么一座山……

甲
丙　四条腿儿。

乙　山上有什么庙？

甲
丙　四条腿儿。

乙　庙里有什么神？

甲
丙　四条腿儿。

乙　庙门口有什么树?

甲
丙　四条腿儿。

乙　树上落着什么鸟儿?

甲
丙　四条腿儿。

乙　鸟嘴衔着什么果子?

甲
丙　四条腿儿。

乙　下山过的什么桥?

甲
丙　四条腿儿。

乙　上哪儿去?

甲
丙　四条腿儿。

乙　谁家里?

甲
丙　四条腿儿。

乙　叫门谁给开的门?

甲
丙　四条腿儿。

乙　里边给的什么座?

甲
丙　四条腿儿。

乙　坐下说的什么故事?

甲
丙　四条腿儿。

乙　给什么吃的?

甲
丙　四条腿儿。

乙　给什么喝的?

甲 丙	四条腿儿。
乙	给的什么钱？
甲 丙	四条腿儿。
乙	这就完啦。
甲 丙	四条腿儿。
乙	（故意地说）你们两人。
甲 丙	四条腿儿。
乙	起哄啊？
甲 丙	四条腿儿。
乙	没完啦？听明白了吗？
甲 丙	早明白啦。
乙	那么我先说，你（指丙）二说，你（指甲）末说。
丙	你先说什么山？
乙	二龙山。
甲	你等等吧。龙没有腿儿，龙有爪。
乙	啊？那爪在哪儿长着？
甲	在腿上。
乙	还是的。
丙	山上有什么庙哇？
乙	"龙"王庙。
丙	庙里有什么神？
乙	"龙"王。
丙	庙门口有什么树？
乙	"龙"爪槐。
丙	树上落着什么鸟？
乙	"龙"鹋子。
丙	鸟嘴衔着什么果子？

乙 "龙" 元果。

丙 下山走的什么桥?

乙 青"龙"桥。

丙 噢,京北呀,上哪儿去?

乙 "隆"福寺。

丙 噢,北京啊! 谁家里?

乙 老"龙"家。

丙 百家姓没有这姓!

乙 这是外姓。

丙 好嘛,外姓也来啦。叫门谁给开的门?

乙 "聋"子。

丙 聋子? 那你叫门他也听不见哪。

乙 这个……是啊,旁边有一个不聋的人告诉他的。

丙 这不像话。他还告诉聋子开门去,他不会给开门吗?

乙 讲这巧劲儿嘛!

丙 把您让进去给的什么座?

乙 "龙"墩。

丙 嘿! 龙墩! 给什么喝的?

乙 "龙"井茶。

丙 什么碗?

乙 团"龙"盖碗。

丙 给的什么吃?

乙 "龙"凤饼。

丙 不娶媳妇哪来的龙凤饼啊?

乙 是啊,隔壁聘姑娘给我的。

丙 瞧这巧劲儿! 那你给人讲的什么故事?

乙 《"龙"图公案》。

丙 噢,就是《包公案》。人家乐了吗?

乙 乐啦。

丙 给的什么钱?

乙 乾"隆"钱。哎! 这钱必须都得带窟"窿"眼儿。

丙 行! 还真没把你问短。

乙 唉! 我说完啦。该你(指丙)说啦! 你的什么山?

丙　我的首阳（羊）山。

乙　噢，伯夷、叔齐不吃周家饭，饿死首阳山。山上有什么庙？

丙　"杨"继业的庙。

乙　庙里有什么神？

丙　"杨"继业。

乙　庙门口有什么树？

丙　大叶"杨"。

乙　树上落着什么鸟？

丙　户巴腊①。

乙　户巴腊没"羊"！

丙　啊，"洋"户巴腊！

乙　"洋"户巴腊呀！鸟嘴衔着什么？

丙　"羊"头。

乙　羊头？鸟嘴衔得动大羊头吗？

丙　小"羊"头。

乙　那也不像话呀！

丙　苹果。

乙　苹果也没"羊"啊？

丙　"洋"苹果。

乙　嘿！添上个"洋"就算。下山过的什么桥？

丙　"洋"灰桥。

乙　上哪儿去？

丙　沈"阳"路。

乙　谁家里？

丙　老"杨"家。

乙　叫门谁给你开的门？

丙　"杨"大娘。

乙　让进去给的什么座？

丙　椅子。

乙　椅子没"羊"。

丙　"洋"椅子。

---

① 户巴腊：即伯劳鸟。

乙　给你什么喝?

丙　"羊"奶。

乙　给你使的什么碗?

丙　"洋"瓷碗。

乙　给你什么吃?

丙　面包。

乙　面包没"羊"。

丙　"洋"点心。

乙　我就知道嘛。你给他们说的什么故事?

丙　《"杨"家将》。

乙　他们乐了吗?

丙　乐了。

乙　给的什么钱?

丙　给了十块大"洋"钱。

乙　洋钱没眼儿!

丙　我现錾!

甲　您把那银子渣给我点儿行吗?

乙　(指甲)问你了吗?

甲　你们俩都说上来啦。该我说了吧?

乙　好,你说吧。什么山?

甲　我的鸭鸡山。

丙　不行! 鸭子两条腿儿。

甲　啊,是啊,那不还有一只鸡哪吗?

乙　噢,凑腿儿来啦。什么庙哇?

甲　鸭鸡庙。

乙　庙里有什么神?

甲　一只鸭,一只鸡。

乙　我就知道是这手儿嘛! 有给鸭子、鸡磕头的吗? 不行,你单找吧!

甲　"马"鞍山。

乙　噢,俞伯牙摔琴。山上有什么庙?

甲　"马"王庙。

乙　庙里有什么神？

甲　"马"王爷。

乙　好么！三只眼！庙门口有什么树？

甲　"马"尾松。

丙　大叶杨。

乙　配对儿来啦！树上落着什么鸟？

甲　"马"鹩儿。

乙　噢，黄胆马鹩儿。鸟嘴衔着什么果子？

甲　"马"蔺。

乙　马蔺干吗？

甲　拴他（指丙）那羊头。

乙　不行，羊头都没了，还马蔺哪！你得另找！

甲　枣！

乙　"枣"没"马"！

甲　啊，是啊，"马"牙枣。

丙　"洋"苹果。

乙　又来啦！让你们做小买卖来啦？下山过的什么桥？

甲　"马"石桥。

乙　上哪儿去？

甲　四"马"路。

乙　谁家里？

甲　老"马"家。

乙　叫门谁给开的门？

甲　"马"大哥。

乙　让进去给的什么座？

甲　"马"桶。

乙　给的什么喝？

甲　"马"尿。

乙　给的什么吃？

甲　"马"粪！

乙　这都什么呀！

（马敬伯　王宝童整理）

找五子

（乙站当中，甲站右，丙站左）

甲 这回咱们三个人说一回。

乙 三人相声可不好说。

丙 怕您不行（指乙）。

乙 我不行？那我出主意，你们俩跟着我说。

甲 您出主意吧。

乙 咱们打字上说点东西。

丙 行。

乙 说一回"一字一像，一升一降"。①

甲 什么叫"一字一像，一升一降"？

乙 咱们仨每人说出一个字来，还得说说这个字像什么，它做过什么
官，又因为什么丢官罢职。

丙 这个不容易。谁先说？

乙 我先说，你（指丙）二说，你（指甲）最末说。

甲 行，你说个字吧。

乙 我说个"一"字。

甲 它像什么？

乙 像一根擀面棍儿。

甲 啊？不像。擀面棍儿是当中粗两头细；这"一"字写出来是两头
粗当中细。

乙 你不知道，我这擀面棍儿使得年头多了，把当中都磨细啦。

甲　嘿！它做过什么官？

乙　做过"巡案（按）"。

甲　噢，八府巡按钦差大臣。

乙　不是那个巡按。擀面棍儿不得在案板上擀面吗？"巡"这个"案"。

甲　它要在木墩儿上擀呢。

乙　那叫"巡墩儿"——有这个官儿吗？

甲　因为什么丢官罢职？

乙　因为是"新瓷面软"。

甲　因为这巡按心慈面软，不能执掌大权？

乙　不是那么个"心慈面软"，是"新"买的"瓷"盆，把"面"和"软"了，不能擀啦。

甲　要是擀呢？

乙　一擀就粘上啦。

甲　行，你说上来啦。

乙　该你（指丙）说啦。

丙　我说一个"二"字。

甲　它像什么？

丙　像一双筷子。

乙　啊……不像。筷子应当俩一般儿长；"二"字写出来是一长一短。

丙　您不知道，我这筷子是捅炉子给烧了一截去。

乙　你怎么拿筷子捅炉子？

丙　我那火钩子没找着。

乙　它做过什么官？

丙　做过"净盘大将军"。

乙　噢，就是"御膳房"给皇上敬菜的那位？

丙　不是，有它就能把"盘"子里的菜吃得干"净"，这么叫"净盘大将军"。

乙　因为什么丢官罢职？

丙　因为它好搂。

乙　噢，贪赃受贿。

丙　不是那个搂。搂菜。

乙　搂菜？怎么不夹菜吃？

丙　夹不上来。

乙　怎么夹不上来?

丙　两根筷子不一般儿长。

乙　对呀,我把这茬儿忘啦。该你(指甲)的啦。

甲　我说个贸易的"易"字。

乙　这个字是有了,像什么?

甲　像个扫地的笤帚。

乙　啊……不像。

甲　怎么不像?

乙　我问问你,笤帚把儿?

甲　上边儿那"日"字儿好比笤帚把儿。

乙　笤帚苗儿呢?

甲　下边那"勿"字儿好比笤帚苗哇。

乙　不对。那"勿"字才四笔呀,那笤帚有四根苗儿的吗?

甲　是啊……我这不是破笤帚吗?

乙　嘿!老擀面棍儿、折(shé)筷子、破笤帚,全凑到一块儿啦!它做过什么官呢?

甲　做过"督(都)察院"。

乙　嗬,这官可不小,是王金龙那官儿?

甲　不是那个都察院,是因为总拿它扫院子,所以才叫"督察院"。

乙　要拿它扫胡同呢?

甲　啊……那就叫"督察胡同"啦!

乙　有这官儿吗?因为什么丢官罢职?

甲　因为"地面不清"。

乙　因为什么"地面不清"啊?

甲　您想啊,就四根笤帚苗,那能扫得干净吗?

乙　这么个"地面不清"啊!这回改了,每人说两个字,得同旁;另外再说一个字,拆开念成两个字。再从这里边找出两样东西,这两样东西得相似,还得前言搭后语。

甲　还得您先说。

乙　二字同旁"猴"跟"猿"。

甲　一字拆开呢?

乙　"出"字拆开两个"山"。

甲　前言搭后语?

乙　这山上出猴，那山上出猿。

甲　好，说上来啦。

乙　该你（指丙）说啦。

丙　二字同旁"梁"跟"柱"。

乙　一字拆开呢？

丙　"林"字拆开两个"木"。

乙　前言搭后语？

丙　这块木料是梁，那块木料是柱。

乙　该你（指甲）的啦。

甲　二字同旁"疮"跟"疥"。

乙　一字拆开呢？

甲　"朋"字拆开两个"月"。

乙　前言搭后语？

甲　这月你（指乙）长疮，下月他（指丙）长疥。

乙　我们招你啦？

甲　没法子，这不是赶上了嘛！

乙　这回咱们说回三字同头，三字同旁；也得前言搭后语。

甲　您说吧。

乙　三字同头"芙""蓉""花"。

甲　对，"芙""蓉""花"都是草字头。三字同旁呢？

乙　三字同旁"姐""妹""妈"。

甲　对，"姐""妹""妈"三个字都是女字旁。前言搭后语？

乙　要戴芙蓉花，除非姐妹妈；不是姐妹妈，戴不了芙蓉花。

甲　这还真合辙呀！

乙　该你（指丙）说啦。

丙　说三字同头"常""当""当"。

乙　对，都是尚字头。三字同旁呢？

丙　三字同旁"吃""喝""唱"。

乙　对，都是口字边儿。前言搭后语？

丙　皆因我爱吃喝唱，故此我才常当当；要是不爱吃喝唱，我何必常当当！

乙　嗬！这贫哪！该你（指甲）的啦！

甲　说，三字同头"疮""疥""疗"。

乙　好嘛，又来啦！都是病字头儿。三字同旁呢？

甲　三字同旁"哎""哟""哼"。

乙　噢，都是口字边儿。前言搭后语？

甲　"因为你们（指乙、丙）长疮疥疔，所以才哎哟哼，要是不长疮疥疔，何必哎哟哼！"

乙
丙　咱们怎么啦？

乙　这回说一回四字连音。

甲　什么叫四字连音？

乙　就是每人说四句话，要合辙押韵；最末那句要把音连上，所以叫四字连音。

甲　好，您说吧。

乙　说，一碗冷粥，倒在阴沟。狗钻沟眼，狗够沟粥。

甲　这怎么讲？

乙　冷粥就是剩稀饭，给倒在阴沟里啦。来了一条狗要喝这粥，它拿嘴盔子够着喝。这么叫"狗够沟粥"。

甲　真费事！

乙　该你（指丙）说啦。

丙　二董同铺，横搭一褥，西董翻身，东董冻肚。

乙　什么乱七八糟的？

丙　有讲儿啊。

乙　怎么讲？

丙　头一句"二董同铺"，就是两个姓董的同在一个床铺上睡觉，这叫"二董同铺"。

乙　"横搭一褥"呢？

丙　他们俩横着盖一个褥子，叫"横搭一褥"。

乙　唉！那被子都哪儿去啦？

丙　啊……不是这个"常当当"都当了吗？

乙　噢，跟前边又接上啦！"西董翻身"呢？

丙　就是西边那姓董的一翻身，把褥子都裹过来啦，东边儿那姓董的把肚子都给晾出来啦。

乙　四字连音呢？

丙　这么叫"东董冻肚"。

乙　好嘛，掉河里啦！该你（指甲）的。

甲　说，一领细席，席上有泥；溪边去洗，溪洗细席。

乙　瞧这劲费的！你这怎么讲啊？

甲　就是炕上铺的席子，有粗的有细的；我这是一领细席。

乙　二句呢？

甲　"席上有泥"，沾上泥啦。

乙　第三句呢？

甲　"溪边去洗"就是把席子拿到溪边洗洗席上的泥。

乙　四字连音呢？

甲　就是"溪洗细席"。

乙　嘿！这回咱们说回五个字的。每人以一样东西找出五个"子"来。

丙　那有什么！我能以一样东西找出六个"子"来。

甲　我能找出八个"子"来。

乙　咱们到底依着谁呀？我看，干脆，咱们每人找出七个"子"怎么样？

甲
丙　行！

乙　最好咱们仨一个人起一个带"子"字儿的名字。

甲　行，我给你们俩起名字：你（指乙）叫"油瓶子"，你（指丙）叫"盐罐子"。

乙　嗨！这叫什么名字？

甲　这不是都有"子"字儿吗？再说这名字也是临时的。

乙　嗯。那么你叫什么呢？

甲　我叫——"君子"。

乙　嘿！你倒好啊！我给你起名字吧，你叫"茄子"。

甲　咱们仨一个"油瓶子"，一个"盐罐子"，一个"茄子"，咱就炒着吃吧！

乙　咱们在说之前先得报自己的名字。

甲　行。您先说吧。

乙　我叫"油瓶子"。你（指甲）给我记着有一"子"啦。

甲　哼。

乙　我手拿把扇子。

甲　两个"子"啦。以扇子找，可不能离开扇子啦！

乙　当然啦。有扇骨子。

甲　三"子"。

乙　是竹子。

甲　四"子"。

乙　有扇轴子。

甲　五"子"。

乙　还有扇面子。

甲　才六个"子"呀。

乙　（为难地找了半天）唉！这儿（指扇面儿）撕了个口子。

甲　瞧这寸劲儿！

乙　该你（指丙）说啦。

丙　我叫"盐罐子"。

乙　有一"子"啦。

丙　我穿着褂子。

乙　两"子"。

丙　有领子。

乙　三"子"。

丙　还有袖子。

乙　四"子"。

丙　上有纽子。

乙　五"子"。

丙　还有兜子。

乙　六"子"。还差一"子"呢！

丙　（找了半天）唉！这儿还有个线头子。

乙　嘿！也找上来啦！该你（指甲）的啦。

甲　我——我叫什么来着？

乙　你叫"茄子"。

甲　有一"子"啦。

乙　不行，得你自己说。

甲　我叫"茄子"。

乙　有一"子"了。

甲　我娶了个媳妇儿。

乙　这没有"子"。

甲　她是个女子。

乙　多新鲜哪！两"子"。

甲　跟我过日子。

乙　三"子"。

甲　生了俩孩子。

乙　四"子"。

甲　那天她跟我打架"子"。

乙　这不像话！没有说叫打架"子"。

甲　是啊，她挠了我胳膊一道子。

乙　这才五个"子"呀！

甲　我一赌气，摔了"油瓶子"，砸了"盐罐子"！

乙
丙　噢，咱俩人哪！

（马敬伯　王宝童整理）

四字联音

乙　二位别起哄，帮我说一回行吗？

甲　行啊。

丙　我们梆当你一回。

乙　梆当？帮着。

甲　对，帮着你说一回。

乙　咱们说回字意儿。

丙　什么叫字意儿呀？

乙　就是一字一像，一升一降。

甲　怎么讲？

丙　什么叫一字一像，一升一降？

乙　就是写一个字要像一件东西，一升是叫这东西是个官衔。

甲　降呢？

乙　因为不称其职，还得丢官罢职。

丙　你先说个样子，我们随着你说。

乙　好，我先说。

甲　我二梭。

丙　我三饼①。

乙　嗯，我和了。

甲　我抓局。

丙　我抢钱！

乙　什么乱七八糟的！我先说是我第一说。

---

① "二梭""三饼"都是纸牌牌张的名称。

甲　我第二桌。

丙　我第三桌。

乙　我末了儿吃。又饿啦？别起哄，听明白了没有？

甲　听明白了，你先说吧。

乙　我先说啊，我写个"一"字儿，它像个擀面棍儿，像不像？

丙　不像，擀面棍儿是两头儿细当中粗。

甲　对，不像。

乙　你听着呀，我这使唤年头儿多啦，把当中磨细啦。

甲　噢，这是一字一像？

乙　哎。

丙　那么一升一降呢？

乙　就是做官丢官。

甲　擀面棍儿做过什么官？

乙　它做巡案（巡按）。

甲　噢，八府巡按？

乙　它不是擀面吗？净在案板上巡。

甲　噢，巡那个案哪？它为什么丢官罢职？

乙　因为它新瓷面软。

甲　好，做官的心慈面软不能掌权。

乙　和面盆是新瓷，面软都裹到棍儿上啦。

丙　不错。

乙　（对甲）你说。

甲　我写个"半"（最后一笔拉长）字儿。

乙　这个字写的，像什么东西？

甲　像个电线杆子。

乙　像吗？

甲　当然像啦。

乙　那两点儿？

甲　疙瘩儿。

乙　两横儿。

甲　横梁儿。

乙　一竖儿？

甲　木头杆子。

乙　怨不得他那么写呢。字行啦，它做过什么官？

甲　支线（知县）。

乙　七品知县？

甲　不，它支那个电线。

乙　支那线哪？它为什么丢官罢职？

甲　因为它问事不明。

乙　对，做官问事不明还行？

甲　它问事不明。

乙　它问什么事呀？

甲　人家打电话老不通。

乙　怎么不通呢？

甲　它没安电线。

乙　怎么不安线呢？

甲　安上线就不像字啦。

乙　对。（对丙）该你啦。

丙　哪儿吃？

乙　什么吃啊？该你说了。

丙　我写个"二"字。

乙　像什么东西？

丙　像一双筷子。

乙　你这筷子白色的？

丙　象牙筷子。

乙　那也不行啊，筷子是一般儿长，你这一长一短哪。

丙　我夹红煤球儿烧去半截儿。

乙　用象牙筷子夹红煤球儿？

丙　那你就甭管啦。

乙　你这筷子做过什么官儿？

丙　净盘大将军。

乙　它为什么丢官罢职？

丙　因为它好搂。

乙　好搂哇？

丙　不搂，菜怎么没的？

乙　抢菜呀！咱们再改个说法：两个字一样的音；有个故事有个人物，

还要前言搭后语。

甲　好啊，听你的。

乙　我说：土啬念个墙，户方念个房，张生围着西厢转，不知他要跳墙，还是要上房。

甲　啊，就是这么说啊。

乙　听你的。

甲　目垂念个睡，西卒念个醉，李太白翻身，不知他是睡，还是醉。

丙　我说：口昌念个唱，水良念个浪，×××（演员名）上台，不知他是唱，还是……

乙　嗯？

丙　……还是唱。

乙　行，这也说上来了啊。咱再改一个：三字同头，三字同旁，要前言搭后语。

甲　先听你的。

乙　我说：三字同头大丈夫，三字同旁江海湖，要闯江海湖，还得大丈夫，不是大丈夫，怎闯江海湖？

甲　好。

乙　听你的。

甲　我说：三字同头常当当……

乙　嘿，全是尚宝盖。三字同旁呢？

甲　吃、喝、唱。

乙　前言搭后语？

甲　皆因我吃喝唱，所以才常当当，若不是吃喝唱，干吗我常当当？

乙　我哪儿知道啊。（对丙）该你啦。

丙　我说，这个这个这个这个……（苦思）

乙　怎这么麻烦啊！

丙　我说：三字同头疮疥疔……

乙　噢，全是病偏厦儿。三字同旁？

丙　唉哟哼。皆因我长了疮疥疔，所以我才唉哟哼，我如不长疮疥疔，干吗我唉……哟……哼……

乙　行啦行啦。咱们再改一个吧，叫四字联音。

甲　什么叫四字联音？

乙　一人说四句，末了儿一句要四个同音字，联在一起像一句话。

甲　还是先听你的。

乙　檐前一燕，就是房檐儿那儿有个燕儿窝，檐下生炭，房檐底下生了一个炭盆，炭着生烟，联在一起是：烟腌燕眼。（指甲）你说。

甲　一领细席，席上有泥，溪边去洗……

乙　干吗上西边儿啊？不会上东边儿洗去？

甲　不是东西的西，是流水小溪，溪边去洗……

乙　噢，小河沟，四字联音……

甲　溪洗细席。

乙　好。（对丙）该你啦。

丙　我说：这个这个这个这个……（苦思）

甲　怎么到你这儿就麻烦哪。

丙　我说，二董同铺……

甲　这好。俩姓董的开一个铜铺。

乙　字号是？

甲　"二合义"。

丙　你别胡出主意。俩姓董的在一个床铺上睡觉。

乙　第二句？

丙　横搭一褥。就是俩人没被，横搭一条褥子。

乙　被哪儿去啦？

丙　当啦。

乙　啧，怎么连被都当啦？

甲　因为我常当当嘛。

乙　呃，又接上啦。

丙　二董同铺，横搭一褥，西董翻身，西边儿这个姓董的一翻身，把褥子裹过去了……

乙　四字联音——

丙　东——董——冻——肚。

乙　这费劲儿。咱们再改一个，"找五子"，又叫"五子登科"。

甲　这怎么个说法？

乙　一个人在一件东西上，找出五个带"子"字的话。

甲　再找六个"子"不好吗？

乙　没有吉祥话儿。

甲　"六国封相"嘛。

乙　那没有"子"啊。

丙　那么找七个"子"，"七子八婿"。

甲　对，（唱"十不闲"）"七子八婿满床笏，亚似文王百子图。"

丙　呛！

乙　别唱啦，找五子就够难的，七子就更不好找啦。

丙　那不要紧，咱们一个人起一个名字。

乙　干吗起名，我有名啊，我叫×××。

甲　我叫×××。

丙　不行，你们这名字没有"子"字儿啊，我给你们起个名字，可不能不同意啊。（指乙）你这嘎不唧的，你叫嘎杂子。

乙　我怎么叫这个啊！

丙　不能不同意。

乙　好，那么（指甲）他呢？

丙　他叫——哏怎子。

乙　那么你呢？

丙　我是你们俩的老爷子。

乙　老……

甲　打你个兔崽子。

乙　不成，你这个名字不行。

甲　我给你起个名字吧，你叫孙泥帮子。

丙　怎么讲？

甲　你这人孙子，掉泥里头了，还捡块白菜帮子。

乙　这好，这好。

丙　这不怎么样。

乙　哎，不能不愿意。说道以前，咱先道字号。我叫——嘎杂子。

甲　我叫——哏怎子。

丙　我……

乙　这，这样儿不行，你还得高高兴兴的，横打鼻梁儿。

丙　我叫孙、泥、帮、子。

乙　我先找啊。我叫嘎杂子。

甲
丙　（合说）一"子"。

乙　我这儿有把扇子。

甲
丙　（合说）两"子"。

乙　有扇面子。

甲
丙　（合说）三"子"。

乙　有扇骨子。

甲
丙　（合说）四"子"。

乙　有……有……扇轴子。

甲
丙　（合说）五"子"。

乙　有扇边子。

丙　六"子"。

甲　牵强！

乙　（手持扇子反复苦思）哎，这儿还有个"口子"！

丙　七"子"。

甲　唉，可找上啦。

乙　听你的。

甲　我叫哏怎子。

乙　一"子"。

甲　我穿的是大褂子。

乙　都在这上找啊，（指大褂）可就不能离开大褂子啦。

甲　有袖子。

乙　废话！没袖子那成坎肩儿啦。三"子"。

甲　有领子。

乙　四"子"。

甲　有兜子。

乙　五"子"。

甲　有袢子。

乙　六"子"。

甲　（翻弄大褂）

乙　完了吧，不好找——这东西！

甲　这儿还有个线头子！

乙　穷凑！（对丙）该你啦。

丙　我怎么说？

乙　先报名。

丙　我怎么说？

乙　先报名。

丙　我叫……什么？

乙　孙、泥、帮、子。

丙　一"子"。

乙　我说啦。你自己说。

丙　我叫孙泥帮子。

甲　一"子"。

丙　我有个媳妇儿。

乙　没"子"。

丙　她是个姑子。

乙　嘻！两"子"。

丙　跟我过日子。

甲　三"子"。

丙　给我养了两个儿子。

乙　四"子"。

丙　都是我给起的名子。

乙　五"子"。

丙　一个叫嘎杂子，一个叫哏怎子。

乙　（看甲）咱们俩人啊！

（刘宝瑞　郭启儒　郭全宝　侯宝林述）

大 审[*]

甲　有人请你堂会，你能应吗？

乙　成成，不知道全要什么玩意儿，是几时的日子，到谁家去？

甲　是我们家。

乙　什么，你们家里？

甲　可不是我们老爷家吗，你看不起呀？

乙　噢！你们老爷家呀！成。我说呢，你们家哪儿配呀！

甲　我们家是不配。

乙　到底是全要什么玩意儿？

甲　要女落子、戏法儿、单弦儿、双簧，还有你们的相声，一天一夜要多少钱？

乙　咱们自己哥儿们，何必说价呢？你看着办就得啦！

甲　不！不！你说一说价，我好跟我们老爷说。

乙　好，你给四百块钱吧！

甲　等一等，我问问您，几个唱女落子的，全是多大岁数呀？

乙　十一二岁的也有。

甲　太小点儿。

乙　二十上下的也有，共十二个。

甲　二十上下倒可以，十二个，每一个一天一夜才三十几块钱，真贱！带到奉天去哪一个不值五六百呀！……

---

* 本篇于 1929 年 12 月 10 日发表在上海大东书局出版的《戏剧月刊》上，原有题解说："这一个活，差不多全是两个人使，因为其中本是三个人，有一个人要代表两个人，词本不大好写，故写三个人，以便读者看了一目了然，甲、丙是一个人做，乙是一个人做。"

乙　得啦！得啦！你算什么哪？又不是卖给你！

甲　不卖呀？那是干什么呀？

乙　就管唱，什么全不管。

甲　也不陪着吃饭……

乙　不成！不成！

甲　得，就那么办！全由着你！明天你得先去见一见我们老爷。

乙　可以。

甲　我们老爷可有点儿特别脾气，是一个爱戴高帽子的，你要是见了他，得屈一屈膝。

乙　干吗？

甲　给他下一跪，然后可以大兜子地得洋钱，要不一定把你打出来，说你不知道规矩。

乙　给他下一跪，他给洋钱？成！

甲　我们今天先排演一回，不然赶明天说得不对，我要落不是的。

乙　好，好！

（说话时候甲往前走两步，对着正面，请一个安）

甲　给大人请安，小人我把说相声的×××拿来了。

丙　带上来。

甲　喳！喳！

（甲走回来拉着乙往前走）

甲　跪下，跪下！

丙　下边跪的可是×××？

乙　是，正是小人。

丙　你可是那里的头儿哇？

（乙听了这话，把甲拉在一边问甲）

乙　我是哪儿的头儿呀？

甲　浑蛋，你不是应堂会的头儿吗？

乙　是呀。

甲　是嘛你问我？快点儿跪下！

丙　你们为什么要反革命？

（乙站起来把甲拉到一边说）

乙　你们老爷要我的命呀！

甲　怎么啦？

乙　怎么说我反革命呀？

甲　你听错啦！他问的是你为什么演滦州影！

乙　我听错啦！再来！

　　（乙又跪下）

丙　你为什么要反革命？

乙　（回过头来对大众说）诸位听这是滦州影吗？

　　（甲催乙快说）

乙　是！因为迎合大家的心理，才唱滦州影。

丙　你们是何时起的意？

乙　这……不成！

　　（又把甲拉在一边）

乙　这不是问案吗？什么事呀？

甲　你没长着耳朵呀？

乙　一个人怎么会没有耳朵呢？

甲　有耳朵听不真话！他问的是你几时学的艺。

乙　是！又是我的错，您问吧！老爷子！

丙　你们是何时起的意呀？

乙　我们是民国二年学的艺。

丙　你们都在何处隐藏？

　　（乙把甲拉到一边）

乙　不成，不成，这哪里是讲堂会，简直是问贼啦！

甲　他问的是你都住在何处栈房。真的！你别麻烦！快跪下！

乙　这！这！我这两只耳朵真糟！好坏话全听不出来，真可恨！您请
　　问吧！（又跪下）

丙　你们都在何处隐藏？

乙　平、津、沪、汉全有。

丙　哈哈！你们好大的胆子！

乙　什么？我没有胆子！我不是贼，也不是路劫，明伙，要胆子干吗？

　　（说着又把甲拉去问甲）

甲　你不知道吗？我们大人是个特别的人，无论谁，在我们大人跟前，
　　没有不害怕的，他说你的胆子大，是赞成你，你怎么不愿意呢？

乙　噢！他是赞成我的胆子大！那么我应当说什么？

甲　你说：哈哈！胆子小到得了这儿吗！

乙　好！问吧！

丙　你好大的胆子！

乙　胆子小也到不了这儿！

丙　我前前后后问你的话屈不屈？

乙　屈！屈！（说着又站起来）

甲　你这个人真做不了大事！我们大人爱的是大胆人，你就说不屈，他一定大把给你洋钱。

乙　真的吗？

甲　可不是真的！

乙　得，再来试一回。

甲　请大人安！您从头再问一次吧！

丙　下边跪的可是×××？

乙　是！正是小人！

丙　你可是那里的头儿呀？

乙　是那儿的头儿。

丙　你们为什么要反革命？

丙　是因为迎合大家的心理。

丙　你们是何时起的意？

乙　民国二年。

丙　你们都在哪里隐藏？

乙　平、津、沪、汉各处。

丙　哈哈！你们的胆子真不小呀！

乙　胆子小也到不了这儿。

丙　我前前后后问你的话屈不屈？

乙　不屈！不屈！

丙　来呀！

甲　喳！

乙　拿洋钱！

丙　枪毙！

乙　屈！屈！屈！

（张笑侠编写）

大审诓供[*]

甲 为人不当差，当差不自在，刮风也得去，下雨也得来。嗐！最近本地出了一件杀人案，老爷限我三天之内将凶犯拿到，眼看着三天期满了，连一点线索还没有，这……这……便如何是好？哎！有了，我如此这般，准能交上差。正是：只要交差了事，哪管他人受屈。（走圆场）哎，来到了，里边有人吗？（乙上）

乙 谁呀？噢，您来了。有事吗？

甲 哼！你是干什么的？

乙 我是说相声的。

甲 我们老爷过生日，想找个堂会，你们去吗？

乙 可以去，我们得要俩钱儿。

甲 可以，你要多少钱吧？

乙 一共几场？

甲 要五场女大鼓，一场戏法儿，一场河南坠子，一场双簧，一场相声。

乙 好啦，您给五十两吧！

甲 （惊奇）你要多少？五十两。

乙 我没多要啊。

甲 那我得还个价。

乙 你给多少？

甲 （用一个手指比量）

乙 噢！给我们十两？

---

* 一名《大审案》。

甲　不对！给你们一百两。

甲　哎？你这不是还价，你这是多给我们钱。这是什么意思？

甲　唉！你不知道，我是跑上房的，这钱我不花，是我们老爷花，所以我这是向着你，你心里还能糊涂吗？

乙　噢！这么回事儿。我再打听您点儿事：你们老爷是不是有什么忌讳？什么倒霉、丧气、别扭等等……

甲　哎！你还真挺聪明，我们老爷倒没忌讳，就是有几样话不许你说。

乙　哪几样？

甲　"我屈！""我冤！""我不知道。""我睡着了。""我没看见。"假使你说出来，不但不给你钱，还得包赔损失。

乙　那好，我记住了。

甲　记住就好，你跟我来吧。

（乙跟甲圆场）

甲　到了。你先在门外等一会儿，我把我们老爷请出来。（对内）有请老爷！

丙　（到桌子正中间一坐，像老爷过堂的样子）

甲　（用手绢把乙胳膊绑上拉着）

乙　哎，你绑我干什么？

甲　这不是绑你，这是袖标，要不人不认识你，怕不叫进去。

乙　噢，这是袖标，这不是绑我。

甲　你站起来，先领你到班房。

乙　哪儿？上堂会怎么先上班房？

甲　班房就是门房。

乙　噢。

甲　你先在旁边坐着等一会儿，我给你回禀一声。（甲向内请安）回禀老爷，×××叫我办着啦！

丙　你怎么去了这些日子？

甲　因为他没在本地。

丙　他跑哪儿去啦？

甲　他上趟上海，到了上海他就抢了两家银行，回到本地装模作样说相声，当时我没敢动手，不知道他带什么家伙。后来我追他到旅馆，翻出来两杆自来得，两箱子假钞票。老爷您甭动刑啦，他全都招啦。

乙 （害怕，要跑）

甲 哎！你上哪儿去？

乙 你别唬我啦，我全听明白啦，你不是找堂会，你是办案办不着啦，要拿我顶缸。

甲 你胡说八道，怎么拿你顶缸啦？

乙 你看你们老爷那神气，惊堂木一拍，你说："×××办着啦……"

甲 唉！你听错啦，我说×××我见着啦。

乙 怎么还说我"没在本地"？

甲 你不是出了趟门儿吗？

乙 怎么还"去趟上海"？

甲 你不是由本地到上海去了一趟吗？

乙 怎么还说我"抢了两家银行"？

甲 我说你到上海遇见两个同行。

乙 怎么还"当时没敢动手"？

甲 我说的是当时你很忙，我没能跟你接手——谈话。

乙 怎么还"不知道我带什么家伙"？

甲 你们管扇子不是叫家伙嘛。

乙 怎么还追到我旅馆？

甲 我能说你蹲小店儿吗？

乙 怎么还翻出来两杆"自来得"？

甲 我说你会说流口辙。

乙 怎么还翻出两箱"假钞票"？

甲 我说你还会唱莲花落。

乙 怎么说"甭动刑啦"？

甲 唉！我说老爷您甭上"玉明"啦，不是有个玉明茶社吗？

乙 那怎么还说我"全都招啦"？

甲 我说我全都邀啦。

乙 我全听错啦！这多耽误事。——我说，这是堂会吗？

甲 是堂会，没错儿，没错儿！有错儿还有我哪。

乙 那可就没我啦。

甲 你等一会儿，我再去给你回禀一声吧。——回禀老爷，×××带到。

丙 （拍惊堂木）把他带上来！

甲 站起来，站起来，在外边那么精神，到这阵儿怎么傻啦？

乙　哎，这叫什么话啊？

甲　我说你在外边说相声多精神，到这儿说怎么没精神哪？跪下！跪下！

乙　怎么，还得跪下呀？

甲　哎，你浑蛋，我这是向着你，跪不能白跪，跪完了有赏钱。

乙　你赏钱也不行。

甲　（强迫的样子）你快跪下吧，浑蛋！

乙　哎？你怎么还骂人哪。

甲　唉！不是骂你，这是我心里骂我们老爷小气，跑坏鞋还得我自己买。

乙　噢！不是骂我，是骂你们老爷，下跪的可是我呢。

甲　跪下吧！

丙　（拍惊堂木，做察言观色样子）

乙　（回头叫甲）喂，我不干啦，这不是堂会，你们老爷把惊堂木一拍，我明白这个。

甲　唉，不是。我们老爷近视眼，不细看，看不出来是谁。

丙　（拍惊堂木）下面跪的是×××吗？

乙　是我。

丙　你好大胆子！

乙　不，我没胆子。（叫甲）出来，出来，怎么我上堂会还来个"好大胆子"？

甲　你不知道，我们老爷夸奖你。昨天找堂会找来×××，见我们老爷不敢说话，今天你敢说话，我们老爷夸奖你好大胆子。

乙　那我说什么呢？

甲　你得这么说："哟嗬，胆子小还闹不到你这儿呢。"

乙　这么说行吗？

甲　没事，有事都有我呢。

乙　有你就没我啦。

丙　你叫×××吗？

乙　是我。

丙　哈哈！你好大胆子。

乙　哟嗬！胆子小还闹不到你这儿呢。

丙　你抢过银行吗？

乙　没有。（叫甲）喂，出来吧，你们老爷怎么问我"抢过银行"呢？

甲　你听错啦。我们老爷问你找过同行吗？

乙　别忙，我合计合计："我抢过银行"，"我找过同行"，这字眼儿可别扭。找我们同行，那是我出的主意。

甲　那你就说"我出的主意呗"。

乙　噢，抢银行是我的主意?

甲　唉，找你们同行。

乙　我听这字眼儿老害怕。

丙　是你抢的银行吗?

乙　（对观众说）我听着还像抢银行。（对丙）啊，是我出的主意。

丙　现在你们有多少人马?

乙　净人没马。（叫甲）出来呗，怎么还闹出"人马"啦?

甲　对呀! 我们老爷问你们有多少人?

乙　不是五场吗? 那二十多人。

甲　别说五场二十多人，多说一个人多给一块钱车钱，你说"原先一百多人，现在还有五六十人"。

乙　干吗说这些呀?

甲　多说一个人不多给一块钱嘛。

乙　还点名吗?

甲　不点名。有什么错儿还有我哪。

乙　有你就没我啦。（转过脸冲丙跪）

丙　现在你们有多少人马?

乙　原先一百多人，现在还有五六十人。

丙　人马都在何处窝藏?

乙　都在你们家哪。（叫甲）哎，怎么"都在何处窝藏"?

甲　问你们住的哪个栈房?

乙　我不是住小店儿嘛。

甲　别说住小店儿，远点儿说多给路费。

乙　那我怎么说哪?

甲　你说"天津、北京、上海，沈阳抽冷子也来两回"。

乙　这么说行吗?

甲　行。有什么错儿都有我哪。

乙　有你就没我啦。（冲丙跪）

丙　人马都在何处窝藏?

乙　天津、北京、上海，沈阳抽冷子也来两回。

丙　你可是那个头儿啊？

乙　我是……（叫甲）出来吧！我才听明白，我成头儿啦。

甲　什么头儿，找堂会找的谁？

乙　找的我呀。

甲　还是的呀，你不是找的那个头儿吗，有什么不得朝你说吗？钱也交给你呀。

乙　噢！那我怎么说哪？

甲　你说"我就是头儿"。

乙　这么说行吗？

甲　没错儿，有事还有我哪。

乙　有你就没我啦。（冲丙跪）

丙　你可是那个头儿？

乙　啊，我就是头儿。

丙　老爷问你这话屈不屈？

乙　屈！（指甲）全都是他教给我的，怎么不屈哪。

甲　（过来）倒霉就倒到这句话上啦。方才我讲堂会，我不是告诉你，我们老爷忌讳这些字，什么"我屈"，"我冤"，"我不知道"……都不许说。你怎么说屈呀？这堂会你要多少钱？

乙　我要五十两。

甲　我给你一百两。我们老爷问你屈不屈，你一说屈，就不给钱了。

乙　那我怎么说？

甲　你得说"不屈"。我们老爷往下还得问你怎么不屈，你说"情实不屈"。

乙　什么叫情实不屈？

甲　就是情属实处不屈。我们老爷说"来人哪……"

乙　来人干什么？

甲　给你赏啊。

乙　噢，这就给钱。

甲　先给钱后听玩意儿。咱俩先试验试验吧。屈不屈？

乙　不屈。

甲　怎么不屈？

乙　情实不屈。

甲　来人哪！

乙　老爷赏钱。

甲　这不就对了嘛，打头儿来吧。回禀老爷，×××叫我办着了。

丙　你怎么去了这些日子？

甲　因为他没在本地。

丙　他跑哪儿去啦？

甲　他上趟上海，到了上海他就抢了两家银行，回到本地装模作样说相声，当时我没敢动手，不知道他带什么家伙。后来我追他到旅馆，翻出来两杆自来得、两箱子假钞票。老爷您甭动刑啦，他全都招了。

丙　（拍惊堂木）把他带上来！

甲　跪跪跪！

乙　一跪老爷就给钱。（丙看乙）老爷眼神儿不好。

丙　下面跪的是×××吗？

乙　是我。

丙　你好大胆子！

乙　哟嗬，胆子小还闹不到你这儿呢！

丙　你抢过银行吗？

乙　啊，是我出的主意。

丙　现在你们有多少人马？

乙　原先一百多人，现在还有五六十人。

丙　人马都在何处窝藏？

乙　天津、北京、上海，沈阳抽冷子也来两回。

丙　你可是那个头儿？

乙　啊，我就是头儿。

丙　老爷问你这话屈不屈？

乙　不屈。

丙　怎么不屈？

乙　情实不屈。

丙　来人哪！

乙　老爷赏钱。

丙　枪毙！

乙　（高声）屈！

（白万铭述）

垛　字

乙　这回咱们仨说一段。

甲　这回咱们仨说一段。

丙　这回咱们仨说一段。

乙　各人说各人的词儿。

甲　各人说各人的词儿。

丙

乙　是怎么回事啊?

甲　是怎么回事啊?

丙

乙　怎么还跟我学呀?

甲　怎么还跟我学呀?

丙

乙　嘿!

甲　嘿。

丙

乙　是成心!

甲　是成心!

丙

乙　真学?

甲　真学?

丙

乙　行咧!

甲　行咧!

丙
乙　我不是东西!

甲　你是什么呀?

丙
乙　这，这句怎么不学了?

甲
丙　这句再学我们吃亏了。

乙　别捣乱，这回咱们仨人说一段。要是说呀，我一说，谁二说?

丙　好，我二桌。

甲　对，我等三桌。

乙　开饭啦?

甲　你不是一桌吗?

乙　嘿，我头一个说。

丙　我那二一个说。

甲　我三一个说。

乙　这回我们说一回……哎，咱们在戏名上找点儿玩意儿。咱每人哪，
　　接这一道的"一"找个戏名，接这戏名的底字找它两句成语，找
　　它两位古人，还要合辙押韵。

甲　那我先听您的。

乙　我说呀，《一捧雪》，有这出戏没有?

甲　有，您再找两句成语，找两位古人。

乙　雪里送炭，锦上添花;雪梅吊孝，刘全进瓜。

丙　好。

乙　好啊? 该你说了。

丙　我也接"一"字找出戏?

乙　当然啦!

丙　我说《一匹布》。

乙　好，有这出戏。两句成语呢?

丙　布匦一块。

乙　布……布匦一块? 那句呢?

丙　长杆烟袋。

乙　我说你这叫什么成语吧? 找两位古人。

丙　安儿送米。
乙　那位呢？
丙　王二卖菜。
乙　我说你找一位古人。
丙　是啊，卖菜的王老二，就是古人。
乙　他怎么算古人呢？
丙　水臌。
乙　水，水臌呀？（指甲）该你说了。
甲　我说什么？
乙　接“一”字找戏名。
甲　我说，这个这个这个……
乙　怎么哪，开机关枪呀？
甲　哎，“一进宫”。
乙　这……《二进宫》。
甲　那个，“一大锤”。
乙　《八大锤》。
甲　是这个，“一月雪”。
乙　《六月雪》。
甲　“一雷阵”。
乙　《五雷阵》。我说你找得上来找不上来？
甲　哎，《十一郎下山大战青面虎》。
乙　这个嘛……
甲　哎！
乙　嘿，不行，老要“一”字的，不要“十”字的。
甲　我说《一元钱》。
乙　哎，这个好找。
甲　《一元钱》。钱能通神，下雨挨淋。
乙　这叫什么成语呀？二位古人呢？
甲　时迁偷鸡，老王卖盆。
乙　卖盆的老王也算古人呀？
甲　啊，气臌。
乙　好嘛，一个水臌，一个气臌。这回不这么说了，咱们改一下，咱说段“穷富论”。

甲　什么叫"穷富论"?

乙　咱们仨人要是说阔就特别阔，要是说穷就特别穷。

甲　啊!

乙　看谁说得最阔，谁说得最穷。

甲　行，先听你的。

乙　说我阔，我真阔，我见天出门坐汽车。

甲　说你穷!

乙　我真穷，我见天窝头就大葱。

甲　行。

乙　(指丙)该你的了。

丙　说我阔，我真阔，金银财宝码成垛。

乙　说你穷。

丙　我真穷，浑身上下没有一文铜。

乙　行。(指甲)该你说了。

甲　我说阔，我真阔，我们家有翡翠碾子金刚钻儿的磨。

乙　嚯! 要是说你穷呢?

甲　说我穷，我真穷，我上吊没钱买麻绳。

乙　死都死不起!

(刘宝瑞述)

双字意

甲　这回咱们说一段相声。

乙　你们这相声都能说什么？

甲　说些个文明词句，韵诗、字意儿、词句、灯谜等等。

乙　我最喜欢字意儿，有文化的人听了有趣味。

甲　那好吧，我就喜欢说字意儿。

丙　你们二位喜欢说字意儿，我看都是口头吧！大概没有多大文化，
　　净是瞎白话。

甲　哎！我们有学问，不信，当场演习。

乙　好吧，你们说什么我就随着说。

丙　那也不能叫你较量短了。

甲　那么我头一个说。

乙　我第二个说。

丙　我第三个说。

甲　我出题目啊。

乙　你出什么题目？

丙　我们听一听。

甲　好吧，咱们说出一个字来，要把它拆开念成两个字，找出两样东
　　西来，要一样颜色，看着像一样东西，还得要前言搭后语。

乙　你说吧。

甲　"吕"字拆开两个口，一色两样汤跟酒。

丙　不对！

甲　怎么不对？

丙　不是一个颜色？

甲　怎么不是一个颜色？

丙　酒是白的，汤里有酱油，哪能是白的？

甲　好，我换一换行吧？

乙　行。

丙　只要说出来颜色一样就行。

甲　"吕"字拆开两个口，一色两样浓茶配老酒。

丙　前言搭后语。

甲　大口喝浓茶，小口喝老酒。这回颜色一样，东西是两样啦吧？

乙　听我的。"吕"字拆开两个口，一色两样象牙白的萝卜配白莲藕。

甲　不行，那不一样。

乙　怎么不一样？

甲　萝卜有叶有皮没有窟窿，白莲藕里边有窟窿，那怎么一样？必须搁到一块儿看不出两样才行哪。

乙　我改改行吗？

甲　好！看你怎么改。

乙　"吕"字拆开两个口，一色两样掰了叶、除了皮、钻了眼的象牙白萝卜配白莲藕。

甲　前言搭后语。

乙　"吕"字拆开两个口，一色两样掰了叶、除了皮、钻了眼的象牙白萝卜配白莲藕。大口吃掰了叶、除了皮、钻了眼的象牙白萝卜，小口吃白莲藕。

丙　"吕"字拆开两个口，一色两样大饼子配窝窝头。

甲　那不行，不一样。

丙　怎么不对，不是都一样颜色吗？

甲　形象不一样，窝窝头有眼儿，大饼子是扁的，还有嘎渣儿，那能一样吗？

丙　我修理修理。

甲　我看你怎么修理吧。

丙　"吕"字拆开两个口，一色两样揭了嘎渣儿的大饼子配摁扁了的窝窝头。小口吃揭了嘎渣儿的大饼子，大口吃摁扁了的窝窝头。

甲　"林"字拆开两根木，一色两样梁跟柱。

乙　前言搭后语。

甲　"林"字拆开两根木，一色两样梁和柱，这根木做梁，那根木做柱。

乙　"林"字拆开两根木，一色两样船跟"渡"。这根木做船，那根木做"渡"。

丙　"林"字拆开两根木，一色两样电线杆子和松树。

甲　不行，不一样。

丙　怎么不一样？

甲　电线杆子是直的，松树有枝有叶，又是弯弯的，那一样吗？

丙　我修理修理。

甲　你怎么修理？

丙　不是许修理吗？

甲　行，你修吧，看你怎么修理。

丙　"林"字拆开两根木，一色两样电线杆子配剥了皮、去了枝、没了叶的一根独挺儿死松树。

甲　嗬，他真能修理！前言搭后语。

丙　"林"字拆开两根木，一色两样电线杆子配剥了皮、去了枝、没了叶的一根独挺儿死松树。这根木是电线杆子，那根木是死松树。

甲　好！再听我的。"圭"字拆开两个土，一色两样土豆配白薯。

乙　前言搭后语。

甲　"圭"字拆开两个土，一色两样土豆配白薯。这块土种土豆，那块土种白薯。

乙　"圭"字拆开两个土，一色两样黍子配黏谷。

甲　前言搭后语。

乙　"圭"字拆开两个土，一色两样黍子配黏谷。这块土种黍子，那块土种黏谷。

丙　"圭"字拆开两个土，一色两样蛐蛐配"油葫芦（lǔ）"。

甲　不行，不一样。

丙　修理修理。

甲　嘻！到你这儿就修理！看你怎么修。蛐蛐个儿小，是两尾儿。"油葫芦"个儿大，是三尾儿。

丙　你看着吧！"圭"字拆开两个土，一色两样大个儿母蛐蛐配掰去一个尾儿的"油葫芦"。

甲　嗬，真行。前言搭后语。

丙　"圭"字拆开两个土，一色两样大个儿母蛐蛐配掰去一个尾儿的"油葫芦"。这块土出大母蛐蛐，那块土出"油葫芦"。

甲　看这回的。"出"字拆开两座山，一色两样锡跟铅。

乙　前言搭后语。

甲　"出"字拆开两座山，一色两样锡跟铅。这座山出锡，那座山出铅。

乙　"出"字拆开两座山，一色两样百合配水仙。

甲　前言搭后语。

乙　"出"字拆开两座山，一色两样百合配水仙。这座山出百合，那座山出水仙。

丙　"出"字拆开两座山，一色两样韭菜配马蔺。

甲　不对，不一样。

丙　怎么不一样？

甲　马蔺叶子多宽，韭菜叶子多窄。

丙　修理修理。

甲　哎！你怎么老修理？

丙　你甭管，你听着吧！"出"字拆开两座山，一色两样宽叶韭菜配窄叶马蔺。

甲　行！前言搭后语。

丙　"出"字拆开两座山，一色两样宽叶韭菜配窄叶马蔺。这山出宽叶韭菜，那座山出窄叶马蔺。

甲　听这回的。"炎"字拆开两个火，一色两样画匠铺的纸轿配纸车。

乙　前言搭后语。

甲　"炎"字拆开两个火，一色两样画匠铺的纸轿配纸车。这把火烧纸轿，那把火烧纸车。

乙　"炎"字拆开两个火，一色两样鸭和鹅。

甲　不对！鸭子个儿小，头小没包，鹅个儿大，头上有包。不一样。

乙　那我改一改。

甲　我看你这个活物怎么改，鹅的包割下来鹅就死了，不割还不一样！

乙　你甭管。

甲　那你说吧。

乙　"炎"字拆开两个火，一色两样鸭子配母鹅。母鹅没包。

甲　甭改了，换个母鹅就行了。前言搭后语。

乙　"炎"字拆开两个火，一色两样鸭子配母鹅，这把火烧鸭子，那把火烧母鹅。

丙　"炎"字拆开两个火，一色两样你和我。

甲　哎！你跟我是什么啦？

乙　你是说相声的，我也是说相声的，岁数、个头儿都一样。

甲　行！前言搭后语。

丙　"炎"字拆开两个火，一色两样你跟我。这把火烧你，那把火烧我。

甲　"仈"①字拆开两个八，一色两样唢呐和喇叭。

乙　前言搭后语。

甲　"仈"字拆开两个八，一色两样唢呐和喇叭，初八吹唢呐，十八吹喇叭。

乙　"仈"字拆开两个八，一色两样炮和花。

甲　前言搭后语。

乙　"仈"字拆开两个八，一色两样炮和花。初八放炮，十八放花。

丙　"仈"字拆开两个八，一色两样面包和列巴。

甲　前言搭后语。

丙　"仈"字拆开两个八，一色两样面包和列巴。我初八吃面包，十八吃列巴。

甲　啊！你净想吃啦！

（白万铭述）

双
字
意

615

---

①　仈："别"字的古写。

训　徒

甲　在这儿表演哪？

乙　啊，在这儿表演哪。

甲　我听说相声演员都有学问。

乙　不行，不行。相声演员过去都没念过几天书，大多是口传心授，也就那么点儿记问之学。

甲　那么说，你们和我比起来可差多了。跟我比，你们也就是"九牛一毛"的千分之零点儿零一吧。

乙　我们也不剩吗儿了。这么说，您有学问？

甲　当然。我是无不知，百行通。古今中外，诸子百家，文学历史，医卜星相，就没有我不知道的。

乙　我看，您就不知道一样儿！

甲　我不知道什么？

乙　你不知道"寒碜"！

甲　您夸奖。

乙　还夸奖哪！瞪着眼儿说大话，你有什么学问？

甲　我那学问，跟你说你也不明白。你文化太低，知识太少，阅历太浅，水平太洼。我说出话来，你听不懂，既耽误我宝贵的时间，又令你当众受窘，瞠目结舌。跟你谈学问，岂不等于对牛弹琴乎？

乙　你这话可太损了！今儿个，我非得好好领教领教你的学问不可。

甲　你要真打算请教的话，用不着我亲自向你传授学业，吾之闭门小徒对你指点一二足矣！

乙　你还有徒弟？

甲　废话，想当初孔丘孔夫子尚有弟子三千，何况敝人。

乙　敝人？

甲　明白什么叫敝人吗？

乙　明白。

甲　什么叫敝人？

乙　就是枪毙的人！

甲　嘻，敝人就是我。

乙　是呀，毙的就是你呀！

甲　这是怎么说话？

乙　人家孔夫子有弟子三千，最杰出的是七十二大贤人。

甲　孔夫子的徒弟都是"咸"（贤）人，我的徒弟就不那么咸。

乙　怎么哪？

甲　刚腌不几天儿。

乙　鸭蛋呀！

甲　我有个最得意的徒弟，岁数不大，能耐可不小，我所有的学问都
　　教给他了。

乙　你这个徒弟有什么能耐？

甲　我这个徒弟是仰知天文，俯察地理，中晓人和。明阴阳，晓八卦，
　　识六爻，知遁甲，运筹帷幄之中，决胜千里之外，未出茅庐先定
　　三分天下。

乙　这是你徒弟？

甲　这是诸葛亮。

乙　你提诸葛亮干吗呀？

甲　不提诸葛亮显不出我徒弟的能耐来。

乙　你徒弟有什么能耐？

甲　我徒弟是走马观碑，目识群羊，问一答十，对答如流，无所不知，
　　无所不晓，真乃万物之精灵，人类之英豪啊！

乙　我看他不是人类之英豪！

甲　他是——

乙　菜市场儿的蒜毫。

甲　嘻，蒜毫呀！

乙　这么办吧，你徒弟要真有能耐，把他请出来，我跟他见一见。

甲　噢，你打算跟我徒弟学点儿能耐，长点儿见识？

乙　啊，你把他请出来，我跟他谈谈。

甲　那好吧。（做四处找状）哎，刚才还在这儿扇"啪叽"来着哪！

乙　冲这玩儿法，能耐不怎么样！

甲　（对侧幕喊）别扭！别扭！……

乙　您等等。您这是找谁哪？

甲　找我徒弟哪。

乙　您徒弟叫……

甲　别扭。

乙　噢，找别扭呀！

甲　别扭，别扭——

　　（丙在侧幕应："哎——"拉着长音儿傻呵呵地上，笔管儿条直，目光呆滞地前、后、左、右，四鞠躬）

乙　您徒弟这是干吗哪？

甲　这是师父我教导有方，我徒弟待人接物有礼貌。

乙　方才那是……

甲　行了一个由打外国进口的西洋礼。

乙　这哪是西洋礼呀！

甲　你看这是……

乙　牛犊子拜四方哪。

甲　这是你浅陋无知，少见多怪。趁我徒弟这会儿有空儿，有什么疑难问题，你赶紧向他请教。等会儿我徒弟扇"啪叽"去了，你可没处找去。

乙　我得抓紧时间。（仔细打量丙）就这个模样能有学问？

甲　人不可貌相。你那模样倒不错，怎么没替熊猫出口哪？

乙　嗨，我可要问他了？

甲　问吧。

乙　我总瞧这孩子"毛登扔"的。

甲　学问大着哪。

乙　（自语）我先问点儿简单的。（对丙）学生，你来了吗？

丙　来了。

乙　嘿，好赖不说，是活的。

甲　废话，死的早臭了。

乙　你跟谁来的？

丙　跟我师父来的。

甲　听听，声音洪亮。

乙　干什么来了？

丙　说相声来了。

甲　简捷扼要。

乙　会几段儿呀？

丙　会三段儿。

甲　有志不在年高。

乙　（自语）这回呀，我跟他转转文，用文话问问他。（对丙）学生，你贵庚了？

丙　吃饭了。

甲　说话脆快。

乙　啊！学生，我是问你贵庚了？

丙　吃的炸酱捞面。

甲　干净利索。

乙　（对甲）我说，漏了！

甲　什么？

乙　漏了。

甲　噢，漏了？你找房产局去呀！

乙　房子漏了？

甲　什么漏了？

乙　你徒弟让我给问漏了。

甲　（晃头）不能，不能……

乙　（扶住甲头）别晃，别晃！

甲　怎么？

乙　加小心别散了黄儿。

甲　我这是鸡蛋呀！

乙　别酸了，你徒弟确实让我给问漏了。

甲　你都问什么了？

乙　我问他，"来了吗"。

甲　他怎么答的？

乙　他说"来了"。

甲　还是的，我们爷儿俩来了就是来了，能像你似的吗，瞪眼说瞎话！

乙　我问他"跟谁来的"，他说"跟我师父来的"。

甲　回答得对呀，他是徒弟，我是师父，跟我来的当然就是跟他师父来的了。能说是跟他师娘，跟你来的吗？

乙　嘻。我问他"干什么来了"，他说，"说相声来了"。

甲　我们本来就是说相声来了嘛，谁像你呀！

乙　我怎么了？

甲　投机倒把来了。

乙　我呀！我问他"会几段儿"，他说"会三段儿"。

甲　这是孩子谦虚。传统段子会说三段儿，新编的没算上，谁像你呀，有骆驼不吹牛！

乙　我最后又问他两句。

甲　问多少句也没关系。

乙　我问他"贵庚了"。

甲　他怎么回答的？

乙　他说"吃饭了"。

甲　对呀，都几点了还不吃饭？我们饮食起居都有规律，到时候就吃饭。

乙　什么呀！我问他贵庚了，他说"吃的炸酱捞面"，这都对吗？

甲　对呀，我们刚才吃的是炸酱捞面呀。告诉你，我们教徒弟净给好的吃，馅饼、饺子是家常便饭。就这顿差点儿：蘑菇肉卤，精粉挂面。不像你教徒弟舍不得给好吃的，顿顿儿喂豆饼。

乙　谁呀！这"贵庚了"，是"吃饭了"？这"贵庚了"是"吃炸酱捞面"？嗯，对吗？

甲　什么，什么？"贵庚了"是"吃饭了"？"贵庚了"是"吃的炸酱捞面"？这都像话吗，堂堂七尺之躯，洋洋洒洒，脱口而出，"贵庚了"就告诉人家是"吃饭了"，"吃的炸酱捞面"，有何面目活在世上！今天必须给我解释清楚，你为什么厚颜无耻地把"贵庚了"说成是"吃饭了""吃的炸酱捞面"？说！

乙　我说什么！你可听明白了，方才那话是谁说的？

甲　不是你说的吗？

乙　嘻，搁我身上了！我说，方才那话不是我说的。

甲　谁说的？

乙　你徒弟说的。

甲　（晃头）不能不能……

乙　又来劲儿了。没错儿，是你徒弟说的。

甲　真是我徒弟说的？

乙　一点儿也没错。

甲　我问问。

乙　问问吧。

甲　（对丙）来了吗？

丙　来了。

甲　（对乙）对不对？

乙　往下问。

甲　跟谁来的？

丙　跟您来的。

甲　嘿，小孩儿说话多招人稀罕，你方才问他，他怎么说的？

乙　"跟我师父来的。"

甲　我问他哪？

乙　"跟您来的。"

甲　瞧瞧，说话多有礼貌，您长您短，有老有少。不像你。

乙　我怎么了？

甲　没大没小。

乙　你往下问。

甲　干什么来了？

丙　说相声来了。

甲　会说几段儿呀？

丙　会三段儿。

甲　（对乙）这还没算上新的。

乙　你往下边问呀！

甲　下边还有吗？

乙　有，问吧。

甲　下边该问什么了？

乙　问他贵庚了。

甲　有这句吗？

乙　废话，关键就是这句话呀！

甲　（仔细端详丙）徒弟呀，徒弟，师父没问你之前，要嘱咐你几句。
　　咱爷儿们来到这儿可不容易呀，这句话你要反复考虑成熟之后再回答。这句话关系重大啊！

乙　有什么关系呀？

甲　关系到咱师徒胜负成败，荣辱哀乐；关系到咱爷儿们今后是能吃馒头、饺子，还是能吃窝头、烤地瓜呀！

乙　好嘛。

甲　你可千万千万谨慎、细致、全面、周到，仔细酝酿再作回答呀。

乙　赶紧问吧。

甲　师父我问你：贵庚了？

丙　吃饭了。

乙　嘻。

甲　别忙，别忙，这两天我徒弟净吃好的了，火大，耳朵有点儿沉，没听清楚。我问你徒弟：你贵庚了？

丙　吃的炸酱捞面。

乙　好嘛。

甲　（气急败坏）徒弟呀，徒弟，你白辜负了师父一番心血呀。你怎么不三思而后再言呢？事不三思脱口而出，岂不贻笑大方？真乃荒唐已极！师父方才我把你捧得"乌丢乌丢"的，可你把师父我捽得"啪叽啪叽"的。我说平时你那些能耐都哪儿去了呢？

乙　他有什么能耐啊！

甲　今儿个我有心打你吧——

乙　那就打他！

甲　我还打不过你。

乙　瞧这能耐。

甲　师父我有心骂你吧——

乙　那就骂他几句。

甲　我还怕你骂我！

乙　这都怎么教育来着。

甲　不打不骂你，我这口恶气又难出。

乙　那怎么办哪？

甲　待会儿去北市场"三合盛包子铺"，我买五百包子撑死你！

乙　这是什么刑法呀！

甲　可惜师父平时教你的那些能耐，你一句也没记住。其实说起来，拿出来哪句，不都比"贵庚"这句话深？太可气了！

乙　这孩子太气人。

甲　你看咱们这样儿好，说是说，该教给孩子的能耐还照样教给孩子能耐，不能让你捡笑话。

乙　那哪儿能呢。

甲　（对丙）徒弟呀，方才那句话你回答得不对。好好记住，今后再有人问你"贵庚了"，你千万千万别跟人家说什么"吃饭了，吃炸酱捞面"，这都不对。

乙　可不是嘛。

甲　今后如果再有人问你："学生，你贵庚了？"那就是问你结婚没有。

乙　走！上一边儿去，（对甲）站好了，这都哪儿跟哪儿呀！我说这孩子怎么直冒傻气呢，闹了半天都是让你给教的。我说你平时拿什么教孩子？

甲　我平时净拿开水浇孩子。

乙　好嘛，差点儿没把孩子"秃噜"死，这么好的孩子不都让你耽误了吗？嗯，吹了半天，贵庚这句话你也不明白，什么"结婚没有"，像话吗？为人师表，一肚子糨子，岂不误人子弟！"子曰：知之为知之，不知为不知。不患人之不己知，患不知人也，求为可知"呀！

甲　哪儿那么些个知呀！

乙　好好儿听着。今个儿幸亏你遇见我，要是遇见别人，大牙都笑掉了。别嬉皮笑脸的！

甲　是，是。

乙　（转脸对丙）你这个小孩儿也太可气了！跟谁学能耐不好，偏跟他学，他会什么呀？

甲　你会什么呀？

乙　少废话。告诉你们，都好好听着，该着你们今儿个遇见我能长能耐。我这个人儿还一点儿也不保守，今天让你们学点儿真玩意儿。学生，记住，贵庚这句话，不是问你吃饭没有，也不是什么吃的炸酱面，更不像你那浑蛋师父说的什么"结婚没有"，这一概都不对。我今儿个告诉你真正正确的答案，这个"贵庚"啊，就是问你呀"脚气好没好"。

甲　玩儿去！我说这句话你到底明白不明白？

乙　我……也马马虎虎的。

甲 好嘛，满台仨浑蛋。你以为我们真不明白哪？那是成心逗你玩儿，你上哪儿瞧人去。俗话说得好：强中自有强中手，能人背后有能人。那能人背后不还有三千六百个脓（能）塞子哪嘛！

乙 嘻！

甲 瞧把你给牛的，我要是没能耐，敢收徒弟吗？今后遇事谦虚点儿，有道是三人同行，必有吾师焉。金砖何厚，玉瓦何薄。礼下于人，必有所求。虚心点儿，矮不了你，也高不了我。

乙 对对。

甲 说了半天，不能白训你们，得亮出点儿学问来，让你们见识见识。徒弟呀，这句话你怎么老也记不住呢？贵庚了，这是问你多大岁数了。

乙 对喽。

甲 师父我问你，去年你十七，今年十几了？

丙 十六。

甲 呀！
乙

乙 好嘛，罐里养王八——越养越抽巴。

甲 不对，去年你十七，今年你不都十五了吗？哎呀，我也乱了！今年你十八了。十八了，你属什么的？

丙 属驴。

甲 有属驴的吗？十八属马，属大马。说，十八了，属什么的？

丙 属大马哈。

乙 嘻！

甲 属大马哈呀！你不属墨斗鱼的呀？属大马，没有哈。

丙 属大马，没有哈。

甲 没哈别说呀。徒弟，贵庚了？

丙 十八了。

甲 属什么的呀？

丙 属大马。

甲 瞧瞧，这孩子多聪明，记得多扎实。（对乙）我说。这回你去问吧。

乙 好。（对丙）学生，你贵庚了？

丙 十八了。

乙 十八了，属什么的呀？

丙　属大马。

乙　贵庚了？

丙　十八了。

乙　属什么的？

丙　属大马。

乙　贵庚了？

丙　十八了。

乙　属什么的？

丙　属大马。

　　（反复问答数次）

甲　（拦乙）行了，行了。一会儿把孩子给问傻了。还是咱们哥儿俩

　　聊吧。

乙　对。哎，家里都好吧？

甲　都挺好。

乙　老爷子身板儿？

甲　硬实着哪。

乙　哎，真格的，老爷子今年贵庚了？

甲　你问我爸爸？

丙　十八了。

乙　嘻！

甲　（对丙）问你了吗？问的是我爸爸。

丙　噢。

甲　你得叫师爷。

丙　啊。

甲　走！你跑这儿"哏儿嘎"过雁来了。问我爸爸，有你什么事呀？

　　真可气。（转身对乙）再说，你也不对，问老爷子能问贵庚吗？

乙　得问什么哪？

甲　得问您高寿了。

乙　我四十七了。

甲　问你了吗？你拿这话问我。

乙　老爷子今年高寿了？

甲　十八了……哎呀，我也乱了！七十八。

乙　老爷子七十八了，真格的，属什么的？

甲　你问我爸爸？

丙　属大马。

甲　啊？

丙　没说哈。

甲　没说哈也不行。这孩子太可恶了，净乱插话，从现在起，你不许说话了。要是有人问：你怎么不说话呀？你就告诉他：我不让你说话。这孩子太顽皮。

乙　别跟小孩儿一般见识。

甲　招人生气。

乙　上礼拜天呀，我看见你爸爸了。

甲　在哪儿呀？

乙　北陵公园。

甲　我爸爸好遛弯儿。

乙　老爷子真不见老，俺们爷儿俩一晃有二年没见面了。

甲　你应当说话。

乙　离老远我就打招呼：大爷，您好呀？

甲　我爸爸说话了？

乙　没说话。

甲　您别挑礼，老爷子到岁数了，耳朵背，您走近点儿。

乙　我走到老爷子身子跟前儿，一拉衣裳襟儿，我说：大爷，您好呀？

甲　我爸爸说话了？

乙　您爸爸还没说话。

乙　我爸爸他怎么就不说话呢？

丙　你不让我说话嘛！

乙　嘻。

（张权衡述）